Anonymous

Das Freiberger Stadtrecht

Anonymous

Das Freiberger Stadtrecht

ISBN/EAN: 9783744698900

Hergestellt in Europa, USA, Kanada, Australien, Japan

Cover: Foto ©Suzi / pixelio.de

Weitere Bücher finden Sie auf **www.hansebooks.com**

DAS

FREIBERGER STADTRECHT.

HERAUSGEGEBEN

VON

DR. HUBERT ERMISCH

K. S. ARCHIVRATH.

—— MIT EINER TAFEL. ——

LEIPZIG

GIESECKE & DEVRIENT

1889.

FESTGABE

ZUM

ACHTHUNDERTJÄHRIGEN

REGIERUNGS-JUBILÄUM

DES

HAUSES WETTIN.

INHALT.

EINLEITUNG.

Künste und Wissenschaften wetteifern, die bedeutungsvollen Gedenktage zu feiern, die das Jahr 1889 dem Hause Wettin und den unter seinem Scepter blühenden Landen bescheert.

So möge es denn auch der sächsichen Rechtsgeschichte vergönnt sein, eine bescheidene Festgabe darzubringen. Wenngleich dieselbe nicht den Anspruch erheben kann, in so weiten Kreisen Interesse zu erwecken als vielleicht manches andere der aus diesem Anlasse erscheinenden Werke, so verdient die Quelle, die den Gegenstand unserer Publication bildet, doch ohne Frage in vollem Maaße die Ehre, die ihr durch die Herausgabe gerade bei dieser Gelegenheit zu Theil wird.

Nachdem die alten Stammesrechte ihre Geltung verloren, hatte das deutsche Volk Jahrhunderte lang nach ungeschriebenem Rechte gelebt. Auf uraltem Herkommen beruhend, aber ungehemmt durch den Zwang des Buchstabens, hatte sich dieses Gewohnheitsrecht, dessen Kenntnis sich im Wissen derer fortpflanzte, in deren Kreise es galt, in der mannichfaltigsten Weise fortentwickelt, und so war jene bunte Fülle von Formen entstanden, die das mittelalterliche deutsche Recht zu einer unerschöpflichen Fundgrube für den Geschichtsforscher sowohl wie für den Rechtsgelehrten macht.

Andrerseits aber ist es begreiflich, daß gerade diese durch nichts als durch den Instinkt der Volksseele geleitete Weiterbildung des Rechts nach und nach zu einer großen Rechtsunsicherheit führen mußte. Etwa seit dem 12. Jahrhundert machte sich mehr und mehr das Bedürfnis fühlbar, an die Stelle der flüssigen Tradition wieder geschriebenes Recht zu setzen. Ganz von selbst hatte dies zur Folge, daß manches Unklare durch Uebereinkunft der Genossen des Rechtskreises geregelt und so feste Grundlagen für die Rechtspraxis geschaffen wurden. Namentlich im 13. und 14. Jahrhundert entwickelte sich in fast allen Theilen Deutschlands eine reiche Rechtslitteratur[1]).

Die Mark Meißen und die mit ihr vereinten Lande, das Oster- und Pleißnerland, waren im Allgemeinen kein fruchtbarer Boden für die Codification des geltenden Rechts. Insbesondere scheint in den Städten, die, wenn sie auch schon in frühen Jahrhunderten durch Gewerbfleiß und gute Verwaltung zur wirthschaftlichen Blüthe Sachsens den Grund gelegt haben, doch während des ganzen Mittelalters in eng beschränkten Verhältnissen geblieben sind und keinen Vergleich mit den großen Handelsstädten des deutschen Nordens, Westens und Südens zulassen, nur selten das Bedürfnis nach einer Fixirung des bestehenden Rechts hervorgetreten zu sein. Sehen wir von dem wahrscheinlich in einer unserer Städte entstandenen „Rechtsbuch nach Distinctionen" ab, in welchem eine allgemeine Darstellung des geltenden Stadtrechts versucht wird, und lassen wir die knappen Privilegien und Willküren über einzelne Punkte der Stadtverfassung und Stadtverwaltung, wie sie fast jede Stadt aufzuweisen hat, außer Acht, so vermögen wir nur drei einigermaßen durchgearbeitete Stadtrechte aufzuweisen. Das älteste enthält der von Markgraf Heinrich dem Erlauchten ausgestellte Rechtsbrief für die Stadt Altenburg vom 3. December 1256[2]). Der Mitte des 14. Jahrhunderts gehört das noch ungedruckte Recht der Stadt Zwickau an[3]). Beiden an Werth bedeutend überlegen ist das der Zeit nach zwischen ihnen stehende Freiberger Stadtrecht. Es ist ohne Frage die umfassendste und am meisten durchgebildete Codification des in einem bestimmten Bezirke geltenden Rechts, zu der es während des Mittelalters in unseren Landen gekommen ist. Wie die goldene Pforte am Dome zu Freiberg das kunstgeschichtlich bedeutendste Bauwerk des

---

[1]) Vergl. Stobbe Rechtsquellen 1,269 ff. Stintzing Geschichte der deutschen Rechtswissenschaft 1,7 ff.

[2]) Gengler Deutsche Stadtrechte 5 ff. Gaupp Stadtrechte 1,210.

[3]) Vergl. Herzog in Gautsch Archiv f. sächs. Gesch. 1,86 ff. Den vollen Wortlaut wird einer der nächsten Bände des Cod. dipl. Sax. reg. bringen.

Landes, so ist das Freiberger Stadtrecht das wichtigste meißnische Rechtsdenkmal, und gewiss kann die ehrwürdige Bergstadt stolz darauf sein, daß sie dem Lande und seinem Herrscherhause nicht bloß die reichen Schätze, die der Schoß der Erde barg, Jahrhunderte lang darbringen durfte, sondern daß ihr auch in der Geschichte der heimischen Kunst und Wissenschaft ein hervorragender Platz gebührt.

Die älteren Chronisten der Stadt, unter ihnen auch der treffliche Andreas Möller, haben dies freilich noch nicht erkannt; nur beiläufig gedenken sie des Stadtrechts. Der erste, der sich eingehender mit demselben beschäftigt hat, wenn auch lediglich vom lexicographischen Standpunkte aus, war Christian Gottlob Haltaus[1]). Eine eigene kleine Untersuchung über das Stadtrecht veröffentlichte im Jahre 1766 Joh. Gottlob Grundig[2]). Die gründlichsten Forschungen aber verdanken wir dem um die Geschichte seiner Vaterstadt vielfach verdienten Freiberger Oberstadtschreiber Johann Friedrich Klotzsch, der neben gelegentlicher Besprechung einzelner Theile im Jahre 1775 dasselbe herausgab[3]) und der Ausgabe eine umfangreiche „Geschichte des Freybergischen Stadtrechts" vorausschickte, die, obwohl einige verhängnisvolle Irrthümer ihren Werth beeinträchtigen, doch auch heute noch der Ausgangspunkt für weitere Untersuchungen sein kann[4]).

Seit das Stadtrecht in einer ziemlich brauchbaren Ausgabe vorlag, ist es dann bis auf die neueste Zeit nicht allein in der Local- und Landesgeschichtschreibung[5]) vielfach benutzt worden, sondern hat auch die Aufmerksamkeit der Rechtshistoriker auf sich gezogen; für die Geschichte des Privat- und Strafrechts wie insbesondere auch für die

---

[1]) S. u. S. XLVI ff.

[2]) De statutis Fribergensibus illustr. iure ctorum ordinis auctoritate praeside Ioh. Theoph. Segero a. d. XVIII. Iunii a. ae. chr. MDCCLXVI colloquium instituet libelli auctor Iohannes Gottlob Grundig. Lipsiae, litteris viduae Langenhemiae. 4°.

[3]) S. u. S. L f.

[4]) Lediglich auf ihr beruht der Aufsatz von Joh. Chr. Fr. Gorlach. Geschichte der Freyberg. Statuten, in den Freiberger gemeinnützigen Nachrichten 3 (1802), 259 ff. 267 ff.

[5]) So von Benseler, Geschichte Freibergs und seines Bergbaus (Freiberg 1846 ff.), der freilich manche Stellen nicht verstanden hat, von Tittmann, Heinrich der Erlauchte (Dresden u. Leipzig 1845 ff.).

des Gerichtsverfahrens hat es so viel Material geliefert, wie nur wenige andere Stadtrechte.

Bei dieser hohen Bedeutung des Freiberger Stadtrechts konnte es mir, als ich die Bearbeitung des Freiberger Urkundenbuchs für den Codex diplomaticus Saxoniae regiae übernahm, von vorn herein nicht zweifelhaft sein, daß eine neue Edition desselben, wenn es auch nicht unter den engeren Begriff der „Urkunde" fällt, gleichwohl zu meinen wichtigsten Aufgaben gehöre. Wenn ich dieselbe aus den gleichen Gründen, wie die sächsischen Bergrechte[1]), in der vorliegenden Sonderausgabe weiteren Kreisen zugänglich machen möchte, so weiß ich, daß ich damit in noch höherem Grade als bei jenen den Wünschen mancher entspreche. Wohl aber bedarf es vielleicht einer Entschuldigung, daß diese Sonderausgabe schon vor dem übrigens dem Abschlusse entgegengehenden dritten Bande des Freiberger Urkundenbuchs erscheint. Möge diese Entschuldigung in dem persönlichen Wunsche des Herausgebers gefunden werden, aus dem Studiengebiete, das ihn seit mehr als ein Jahrzehnt beschäftigt hat, auch seinerseits eine kleine Jubiläumsgabe darbringen zu dürfen.

1. Zur Entstehungsgeschichte des Freiberger Stadtrechts.

Wann sich aus den Ansiedlungen, die theils schon vor der etwa in die Jahre 1162—1170 zu setzenden Entdeckung der Freiberger Bergwerke[2]) im Thale der Münzbach vorhanden waren, theils eben infolge dieser Entdeckung entstanden, ein städtisches Gemeinwesen entwickelt hat, läßt sich nicht mit völliger Sicherheit angeben; an anderer Stelle habe ich es wahrscheinlich zu machen versucht, daß es zwischen 1185 und 1190 geschah[3]). Auf eine eigentliche Stadtgründung, eine ausdrückliche Begabung mit Stadtrecht läßt der Wortlaut einer vielbenutzten Urkunde vom 8. August 1241[4]) schließen. Die Stadt machte nach dieser geltend, daß ein angeblich von Markgraf

[1]) Vergl. H. Ermisch Das sächsische Bergrecht des Mittelalters. (Leipzig 1887.) VII f.

[2]) Cod. dipl. Sax. reg. II. 12. XVII.

[3]) Ebenda XX.

[4]) Ebenda 10.

Dietrich dem Bedrängten dem Kloster Altzelle ertheiltes Privilegium, durch welches demselben ein gewisser Antheil an den auf Klosterboden fündig werdenden Bergwerken gewährt wurde, gegen das *jus quod consulibus Vribergensis opidi in prima constructione sui concessum fuit* verstoße. Wenn hier in einer landesherrlichen, wenig mehr als ein halbes Jahrhundert nach den Anfängen der Stadt in ihrer nächsten Nähe[1]) niedergeschriebenen Urkunde von einer *prima constructio* derselben die Rede ist, so möchte man in der That annehmen, daß sich in dieser Wendung die Erinnerung an eine förmliche Begründung der Stadt Freiberg erhalten hat. Dieselbe dürfte namentlich darin ihren Ausdruck gefunden haben, daß die Verwaltung der Stadt einem dem landesherrlichen Vogte zur Seite stehenden Rathe übertragen wurde. Von besonderer Wichtigkeit ist, daß diesem Rathe und damit der Stadt selbst gewisse Rechte verliehen worden sind. Denn wenn auch die Urkunde nur ein auf den Bergbau bezügliches Recht namhaft macht, so ist doch gewiß nicht zu bezweifeln, daß gleichzeitig noch eine Reihe anderer Rechte gewährt wurden, die theils ebenfalls den Bergbau, theils die Verfassung und Verwaltung der Stadt, vielleicht auch das geltende Privat-, Straf- und Proceßrecht betrafen. Wie in anderen Bergstädten, so deckten sich auch zu Freiberg in ältester Zeit die Begriffe Bürger und Bergmann und entstanden und entwickelten sich Stadt- und Bergrecht in unmittelbarem Zusammenhange. Wir haben also in jenen bei der „ersten Erbauung" der Stadt verliehenen Rechten die Anfänge des einen wie des anderen zu suchen[2]).

So wichtig aber auch jene grundlegenden Bestimmungen gewesen sein mögen, so entziehen sie sich doch unserer näheren Kenntnis, weil sie allem Anschein nach urkundlich nicht aufgezeichnet worden sind. Abgesehen davon, daß eine Fundationsurkunde sich weder aufgefunden hat noch auch irgendwo auf eine solche Bezug genommen wird, sprechen hierfür insbesondere folgende Umstände.

Als am 6. Juli 1255 Heinrich der Erlauchte den Bürgern und Bergleuten zu Freiberg jene Rechte bestätigte, welche sie schon zur

---

[1]) Die Urkunde rührt aus der Altzeller Klosterkanzlei her, vergl. O. Posse Lehre von den Privaturkunden (Leipzig 1887) 21. 49.

[2]) Ermisch Das sächs. Bergrecht des Mittelalters XXV.

Zeit seines Vaters besessen hatten, bestimmte er, daß das eidliche Zeugnis des Rathes über den Besitz dieser Rechte maßgebend sein solle[1]). Ein solcher Beweis würde nicht nothwendig gewesen sein, wenn eine Urkunde über diese Rechte vorhanden gewesen wäre.

Auch der Umstand, daß ein Streit zwichen Freiberg und Dippoldiswalde über den Verkauf von Bier und andern Verbrauchsgegenständen auf den an letzterem Orte in Betrieb gekommenen Bergwerken im Jahre 1266 durch Schiedsrichter ausgetragen werden mußte, die auf dem Wege des Weisthums feststellten, was Rechtens war[2]), läßt erkennen, daß die wohl auch zu den ältesten Rechten von Freiberg gehörende Ausdehnung des Bannmeilenrechts auf die gesammten Bergwerksbezirke in einer irgendwie bindenden Form damals noch nicht schriftlich fixirt war.

Die gleichlautenden Confirmationsbriefe des Markgrafen Friedrich (Tuto) von Landsberg und des Landgrafen Albrecht von Thüringen vom 8. Februar 1288[3]) sowie das Privilegium Friedrichs des Freidigen vom 27. August 1291[4]) nehmen auf die *instrumenta* und *privilegia* ihrer Vorgänger Bezug; darin liegt auch eine Bestätigung der ungeschriebenen Rechte der Stadt, da dieselben in der erwähnten Urkunde Heinrichs des Erlauchten von 1255 ausdrücklich mit confirmirt worden waren.

Immerhin kann man der landesherrlichen Verleihung nur eine untergeordnete Rolle in der Entstehungsgeschichte des Freiberger Stadtrechts zutheilen; Freiberg unterschied sich darin nicht von den meisten anderen deutschen Städten. Weit wichtiger waren die Keime, die sich in der Einwohnerschaft der jungen Stadt selbst entwickelten. Bunt zusammengesetzt, wie diese war[5]), hatte sie aus verschiedenen

---

[1]) *talia jura — qualia habuerunt temporibus patris nostri et qualia illi viginti quatuor de Vriberc suo juramento et fidelitate, qua nobis tenentur, ausi fuerint optinere et eciam confirmare.* Cod. dipl. II. 12,15. Irrthümlich interpretirt von Klotzsch bei Schott Sammlungen zu den Deutschen Land- und Stadtrechten 3,13. Vergl. Grundig 7f. Ermisch Bergrecht XXVI.

[2]) Cod. dipl. II. 12,19.

[3]) Ebenda 29f.

[4]) Ebenda 35.

[5]) Ermisch Bergrecht XVI ff.

Gegenden Deutschlands Rechtsanschauungen und Rechtsgewohnheiten mitgebracht, welche sich mit dem einheimischen Rechte verbanden und dasselbe mannichfach umgestalteten. Wie dieser Umstand auf das Bergrecht einwirkte, habe ich an einer anderen Stelle angedeutet[1]). Ebenso ist aus demselben der in mancher Hinsicht eigenartige Character des Stadtrechts zu erklären.

Die letzten Jahrzehnte des 13. Jahrhunderts sind für die Geschichte der sächsischen Städte, die unter der Regierung Heinrichs des Erlauchten einen erfreulichen Aufschwung genommen hatten, insofern von großer Bedeutung, als überall ein Zurücktreten des landesherrlichen Vogtes, der bis dahin allgemein als das Haupt der städtischen Verwaltung erscheint, und eine grössere Selbstständigkeit der Selbstverwaltungsbehörde, des jährlich wechselnden Rathes, an dessen Spitze wir nunmehr selbstgewählte Vorsteher, die Bürgermeister, sehen, bemerkbar ist[2]). In Freiberg scheinen besonders tiefgehende Verfassungsveränderungen stattgefunden zu haben. Der Rath, der die städtischen Geschäfte seit der Begründung der Stadt leitete, bestand in älterer Zeit aus 24 Mitgliedern[3]); eine nur selten vorkommenden Zahl[4]), für die eine befriedigende Erklärung bis jetzt noch nicht gegeben worden ist[5]). Statt seiner begegnet uns zuerst im Jahre 1279 ein Rath von zwölf

---

[1]) Ermisch Bergrecht XLV.

[2]) Vergl. die Beispiele bei O. Richter Verfassungsgeschichte der Stadt Dresden 65 f.

[3]) Zuerst 1227: *hii xxiiii*^or *dicuntur de civitate.* Cod. dipl. II. 12,7 1. Vergl. ferner die schon angeführten Urkk. von 1241 und 1255 ebd. 10. 11. 15.

[4]) Ein weiteres Beispiel bietet Brünn, vergl. Brünner Schöffenbuch 221 und Stadtrecht Wenzels I. (1243) § 33, bei Rößler, Die Stadtrechte von Brünn 107, 354, vergl. LVI.

[5]) Versucht hat eine solche — abgesehen von der ganz unwahrscheinlichen Erklärung von Klotzsch bei Schott Samml. zu den deutschen Land- und Stadtrechten 3,8 — Tittmann Heinrich d. Erl. 1,328 (danach Hingst in den Mitth. des Freiberger Alterthumsvereins 6,564 ff.); er will in den 24 eine Vereinigung des städtischen Rathes mit den Berggeschwornen erkennen. So ansprechend diese Vermuthung auch in mancher Hinsicht ist, so ist ihre Richtigkeit doch sehr zweifelhaft. Wenn Tittmann a. a. O. meint, daß es sich in allen Fällen, wo von den 24 die Rede ist, um Bergsachen handele, so trifft das für die Urk. von 1227 nicht zu. Auch nennt das Bergrecht A (§ 4) und das Stadtrecht (XXXVII § 9. 11.) die Berggeschwornen nur als Beisitzer in den Gerichten der Bergrichter, welche die

Personen; denn für einen solchen dürfen wir jedenfalls die 12 *burgenses nostri de Vriberc* halten, welche in einer Urkunde Heinrichs des Erlauchten vom 24. April 1279 unter den Zeugen genannt werden[1]). Ein Bürgermeister (*magister burgensium*) wird in Freiberg zuerst 1291 erwähnt[2]).

Welchen äußeren Anlaß diese Verfassungsänderungen gehabt haben, wissen wir nicht. Doch gehen wir wohl nicht fehl, wenn wir annehmen, daß sie nicht ganz ohne unruhige Bewegungen zu Stande gekommen sind. Eine für die Geschichte des Stadt- wie des Bergrechts hochwichtige Urkunde vom 27. Mai 1294[3]) macht durchaus den Eindruck, als bezeichne sie den Abschluß eines längeren Streites zwischen Landesherrn und Stadt, bei welchem letztere in der Hauptsache Siegerin geblieben. Der Hauptinhalt der Urkunde lautet: „*Unse gesworn suln gewaldic sin unse recht zu jagene*[4]) *unde zu seczene alliz, daz uns unde unsir stat unde unseme berewerke nueze ist, unde swes wir mit in uberkumen, daz sal niemand widerreden. Wenne si uns daz*

Gerichtsbarkeit in den der Stadt Freiberg benachbarten Bergwerksbezirken wahrnahmen, während dies in Freiberg selbst der Bergmeister wahrscheinlich mit Urtheilern, die dem Umstande entnommen wurden, that (vergl. mein Bergrecht XLIII f.). — Da eine Herabsetzung der Mitgliederzahl auf die Hälfte nicht glaubhaft ist (Tittmann a. a. O.), so scheint mir am Wahrscheinlichsten doch noch die Annahme, daß während des ersten Jahrhunderts der Stadt zum vollen Rathe neben dem sitzenden auch der Rath des Vorjahres gerechnet wurde (wie z. B. in Erfurt vergl. Michelsen Die Rathsverfassung von Erfurt im Mittelalter 13), obwohl die Einrichtung eines doppelten (bez. dreifachen) Rathes in den sächsischen Städten sonst einer späteren Zeit angehört (vergl. für Leipzig Cod. dipl. II. 8, XXXI, für Chemnitz ebenda II, 6, XXVI, für Grimma Lorenz Die Stadt Grimma 1163, für Dresden O. Richter a. a. O. 68) und in Freiberg sogar erst Ende des 15. Jahrh. (wieder?) eingeführt wurden; s. u. S. LXXI.

[1]) Cod. dipl. II. 12,27. Ebenfalls zwölf Zeugen haben Urkunden von 1294 Mai 27 und 1300 (ebenda 38.42); wenn in einer Urk. von 1288 März 20 dreizehn Zeugen vorkommen, so hat man den letzten vielleicht für den Untervogt zu halten (ebenda 31; vergl. 3 32).

[2]) Cod. dipl. II. 12,36.

[3]) Ebd. 38. Vergl. dazu mein Bergrecht LVII f. Ganz unglücklich sind die Erklärungsversuche von Klotzsch bei Schott 3,15 ff.

[4]) Ueber *jagen* (= forschen, ausführen) vergl. Frensdorff, Recht und Rede, in: Historische Aufsätze dem Andenken an Georg Waitz gewidmet (Hannover 1886) 468.

gelobt haben, so gelobe wir in daz wider, daz si irs libes irs gutes immer ane vare suln vor uns sin. Vorwirket sich ymand gein uns, daz wolle wir jagen unde teidingen nach irme rate." Das Versprechen persönlicher Sicherheit, das der Landesherr den Rathsmitgliedern für den Fall giebt, daß auch sie ihm gewisse Gelöbnisse leisten, sowie das Zugeständnis, daß auch bei Vergehen — natürlich nur von Freibergern[1]) — gegen den Landesherrn nicht ohne Zuziehung des Rathes verfahren werden solle, deuten auf vorhergegangene Streitigkeiten, von denen wir nichts Näheres wissen. Am Wichtigsten aber sind für uns die ersten Sätze. Durch sie wird dem Rathe ein Doppeltes zugestanden. Einmal wird ihm die Wahrnehmung der landesherrlichen Gerichtsbarkeit übertragen, wie diese ja in allen größeren Städten des Landes nach und nach, wenn auch meist erst später, an den Rath gekommen ist; damit stimmt überein, daß im Stadtrechte überall als der eigentliche Richter nicht der vom Landesherrn angestellte bez. belehnte Obervogt, sondern der vom Rathe bestätigte Untervogt erscheint. Ferner aber wird dem Rathe eine weitgehende Autonomie zugesichert: er soll alles, was der Stadt und dem Bergwerke nützlich ist, „setzen" d. h. statutarisch ordnen, und diese Ordnungen sollen, sofern sie die landesherrliche Genehmigung gefunden haben, unwiderruflich gelten. An sich ist diese Bestimmung durchaus nicht auffällig; eine derartige Autonomie gehörte zum Wesen

[1]) In allgemeinerem Sinne versteht die Stelle Klotzsch bei Schott 3,45 ff. und findet in derselben die Erklärung für die Hinrichtung des Kunz von Kaufungen in Freiberg (1455); ihm schließen sich im Wesentlichen an Schäfer Der Montag vor Kiliani 128 f. und Coith in den Mittheil. des Freiberger Alterthumsvereins XIII, 1187 ff. Mir scheint dies gerade so unwahrscheinlich als die Annahme, daß die Verurtheilung des Kunz auf Grund des Stadtrechts Cap. V § 6 u. 8, wonach auf Jungfrauenraub der Tod durchs Schwert stand, erfolgt sei. Da das Rathsarchiv keinerlei Notiz über das Verfahren gegen Kunz enthält, obwohl man eine solche in den Stadtbüchern (insbesondere dem Verzählbuch) wohl hätte erwarten sollen, so halte ich es überhaupt für zweifelhaft, ob das Verfahren vor dem Stadtgerichte und nicht vielmehr vor dem landesherrlichen Hauptmann (und ritterlichen Beisitzern) stattgefunden hat; Möller Theatr. Freib. chron. 2,101 sagt, Kunz sei durch „etliche darzu verordnete Churfürstliche Justitien-Räthe" verurtheilt worden. Klarheit wird in diese in mehr als einer Hinsicht dunkle Sache wohl nur kommen, wenn die Auffindung neuer gleichzeitiger Quellen gelingen sollte; hier ist jedenfalls nicht der Ort dazu, sie weiter zu verfolgen.

der mittelalterlichen Stadtverfassung[1]), und jedenfalls hat sie auch der Freiberger Rath schon lange vor dieser förmlichen Beurkundung besessen. Aber daß er sich eine solche auswirkte, hatte doch zweifellos einen bestimmten Grund. Bei dem Aufschwunge, den die Stadt im 13. Jahrhundert genommen, mag es sich herausgestellt haben, daß die mannichfachen bisher nur mündlich überlieferten Rechte und Gewohnheiten dringend der schriftlichen Fixirung bedurften. Die Urkunde Friedrichs des Freidigen bedeutet die landesherrliche Autorisation des Rathes zur Sammlung und Aufzeichnung des Stadtrechts und des Bergrechts.

Der Zusammenhang zwischen der Urkunde von 1294 und der Codification des Stadt- und Bergrechts ist auch den Freiberger Geschichtsschreibern nicht entgangen. Wohl auf Grund der ältesten, von Wilhelm Hirschvogel verfaßten Chronik[2]) macht Laurentius Fleischer in seinem handschriftlichen Werke[3]) zum Jahre 1294 die Angabe, daß „der Rath zu Freiberg Berg- und Stadtrecht in der Fürsten Namen geordnet und gemacht habe“. Ebenso heißt es in der dem Georg Fabricius[4]) zugeschriebenen „Freibergi descriptio atque annales“: *Anno MCCXCIV leges civiles et jura metallica Fribergensibus conscripta.* Diese Notiz wurde schon im 16. Jahrhundert auf das erste Blatt der ältesten Stadtrechtshandschrift des Freiberger Rathsarchivs eingetragen und hat dadurch eine unverdiente Autorität erlangt[5]).

[1]) Vergl. z. B. Stobbe Geschichte der deutschen Rechtsquellen 1,490 ff. Maurer Geschichte der Städteverfassung 1,615 ff.

[2]) Vergl. Cod. dipl. Sax. reg. II. 12, XIII.

[3]) Kgl. Bibliothek zu Dresden L 83. fol.

[4]) Georgii Fabricii Chemnicensis Freibergi descriptio atque annales A. C. MDLXIV ab ipso collecti, nunc autem ex *ἀντιγράφῳ* optimae fidei A. MDCCIX editi, studio et opera M. Godofredi Wagnori Iutrebocensis Saxonis. Vittembergae in Saxonibus, ex officina Kreusigiana. 4°. Eine zweite Ausgabe, der eine Series collegarum Gymnasii Freibergensis 1514—1709 beigefügt ist, erschien (Vitempergae impensis Christ. Theoph. Ludovici) 1710.

[5]) Vergl. Riccius Entwurf von Stadtgesetzen 277. Klotzsch Das Verzellen 8.54. Grundig a. a. O. 8. Gerlach in den Mitth. des Freiberger Alterthumsvereins 4,328. Vorsichtiger drückt sich Möller a. a. O. 1,169. 2,33 aus. Vergl. auch Walch Verm. Beytr. zu dem deutschen Recht 3,150.

Das Richtige ist wohl, daß bald nach der Urkunde von 1294 mit der Compilation des Stadtrechts begonnen wurde, die Arbeit aber eine Reihe von Jahren in Anspruch genommen hat[1]). Urkundliche Nachrichten über den Zeitpunkt der Vollendung liegen nicht vor. Ungefähr läßt sich derselbe jedoch aus einigen interessanten Varianten der Stadtrechtshandschrift schließen[2]).

Das Stadtrecht gedenkt im Allgemeinen nur selten des Landesherrn. Wo dies aber geschieht, da bezeichnen ihn die jüngeren Handschriften (B, C) stets als König[3]). In der ältesten Handschrift (A) dagegen heißt er Markgraf; aber dieses Wort steht überall auf einer Rasur und ist offenbar von einer jüngeren Hand nachgetragen. So in der Klageformel: „*He klaget unsem herren gotte, unsem herren dem konige* (bez. *maregrefen*) *und uch herre her richter*"[4]); so in den Wendungen: „*in des koniges (maregrefen) stat*"[5]), „*in des koniges (maregrefen) lande*"[6]); so heißt es vom Obervogte, daß er sein Gericht „*von dem konige (maregrefen)*" habe[7]). An einer anderen Stelle, wo in A (ebenfalls auf Rasur und von jüngerer Hand) von des *maregrefen* Friede die Rede ist[8]), findet sich in den jüngeren Handschriften zufällig eine Lücke; in A hat sicher auch an dieser Stelle *kuniges* gestanden.

Wir werden später nachzuweisen haben, daß B und C vielfach einen besseren Text zeigen als A; es kann keinem Zweifel unterliegen, daß sie hier diejenige Lesart überliefern, die vor der Rasur auch in A gestanden hat, daß also das Stadtrecht in seiner ältesten Form als Landesherrn einen König voraussetzt. Da unsere Ausgabe eben diese älteste Form wiedergeben soll, so haben wir

---

[1]) Klotzsch bei Schott 3,28. Benseler Gesch. Freibergs 267.

[2]) Vergl. Grundig 4. Klotzsch Schrotamt 63 f. und bei Schott 3,20 ff. (v. Wagner) Chursächs. Bergwerksverfassung LIV f. S. a. unten S. LXII.

[3]) Nur in Cap. XXVII § 11 (N. 9) liest B *fürsten*. Sämmtliche Hss. lesen so Cap. XLIII § 2.

[4]) Cap. VII § 4 N. 2. XIX § 10 N. 10. XX § 4 N. 4. XXVII § 11 N. 9. XXVIII § 12 N. 8. XXX § 10 N. 4.

[5]) Cap. XXVII § 13 N. 16, 23, 27. XXX § 12 N. 4.

[6]) Cap. XXXVII § 1 N. 1. XXXIX § 6 N. 3, 5.

[7]) Cap. XXXIV § 3 N. 3. Vergl. das Facsimile am Schlusse des Bandes.

[8]) Cap. I § 35 N. 4.

unbedenklich überall wieder die Lesart von BC in den Text aufgenommen[1]).

Die Veranlassung zu diesen Aenderungen liegt nahe[2]). Die Redaction des Stadtrechts war wohl noch in den Anfängen, als König Adolf im Jahre 1296 die Stadt eroberte. Sie blieb dann bis 1307 in königlichem Besitz[3]). In diese Zeit also fällt der Abschluß der Codification. Wahrscheinlich war sie schon im Jahre 1305 vollendet. Eine merkwürdige Willkür des Freiberger Rathes vom 24. Juni 1305 setzt Ausnahmebestimmungen für das Verfahren gegen solche fest, welche einen geschwornen Bürger tödten, verwunden oder bedrohen[4]). Eben der Umstand, daß hierdurch das Stadtrecht in einigen Punkten abgeändert wird[5]), gestattet die Vermuthung, daß dessen Einzelheiten damals schon vollkommen feststanden, während die in der Urkunde vorkommende Erwähnung des „Stadtrechts“[6]) allerdings nichts beweist, da sie sich ebenso gut auf ein ungeschriebenes Stadtrecht beziehen kann, das auch in den Statuten selbst oft erwähnt wird[7]).

Wann innerhalb dieses Jahrzehnts die einzelnen Abschnitte des Stadtrechts entstanden sind, läßt sich nicht bestimmen. Die Annahme von Klotzsch, daß die älteste Hdschr. (A) „zwar gleich Anfangs zur Zusammentragung durchaus ein- und vorgerichtet war, hieran aber nach und nach, sowie neu aufgestiegene Gewohnheiten auch nach und nach

---

1) Auch Cap. XXXVII § 12 N. 3, worüber unten S. LXII zu vergleichen ist.

2) Wenn Klotzsch a. a. O. zu ganz anderen Folgerungen gelangt, so verleitete ihn dazu die irrige Anschauung, daß der Freiberger Vogt des 13. Jahrhunderts ein kaiserlicher Beamter gewesen sei. Die einzige Stelle des Stadtrechts, wo vom „Kaiser“ die Rede ist, ist die Formel des Landfriedenseides Cap. XII § 5 und hier haben alle Hss. die gleiche Lesart. Das Richtige hat schon Benseler Gesch. Freibergs 278 f. (vergl. auch Mitth. des Freiberger Alterthumsvereins 5,508).

3) Vergl. Cod. dipl. II. 12, XXIV f. und mein Bergrecht LVIII. Hingst, Freiberg in unmittelbar kaiserlichem Besitz: Mitth. des Freiberger Alterthumsvereins 7,663 ff.

4) Cod. dipl. II. 12, 43; vergl. XXV f.

5) Vergl. insbesondere Cap. XVIII. XXVII § 1.

6) *den sal man vorczelin uffe sienen hals nach der stat rechte.* Cod. dipl. II. 12,43 37.

7) I § 8. 20. XIX § 6 (*nach der burger kure unde nach der stat recht*) u. ö. Vergl. Grundig 9. Klotzsch bei Schott 3,28.

gesetzlichen Nachdruck erhielten, gearbeitet worden sei", ist schon deshalb kaum möglich, weil A, wie wir noch nachzuweisen haben werden, nicht als Original, sondern als Abschrift anzusehen ist. Erkennbar als Nachträge sind (abgesehen von den noch zu besprechenden Zusätzen zu Cap. V, XXI, XLVIII und XLIX) die Capitel XLVIII und XLIX; doch sind auch diese von derselben Hand, die das Ganze geschrieben hat, und wohl noch innerhalb der Jahre 1296—1305 hinzugefügt worden. Zwar nimmt Klotzsch[1]) als zweifellos an, daß Cap. XLVIII später sein müsse, als die Urkunde des Markgrafen Friedrich des Freidigen über die Rathswahlordnung vom 19. Nov. 1307, die inhaltlich durchaus mit Cap. XLVIII § 4 übereinstimmt und daher von Klotzsch als Quelle dieser Bestimmung angesehen wird. Allein wir haben in dieser Urkunde doch wohl nur die nach dem Wechsel der Landesherrschaft nothwendig gewordene Bestätigung einer schon zur königlichen Zeit getroffenen und ins Stadtrecht aufgenommenen Anordnung zu sehen; denn an einer späteren Stelle des Cap. XLVIII ist von dem Eide die Rede, welchen die Geschworenen „dem Reiche" gethan haben, und auch an dieser Stelle hat A eine Rasur und am Rande den Nachtrag „dem Herren": ein Beweis, daß auch dieses Capitel vor Beseitigung der königlichen Herrschaft niedergeschrieben worden ist[2]). Daß die Veränderung des alten Raths der 24 in einen Rath von 12 nicht erst durch diese Urkunde bewirkt worden, sondern schon dem 13. Jahrhundert angehört, wurde bereits oben nachgewiesen[3]). — In Cap. XLIX finden wir keine auf die Entstehungszeit deutende Stelle; aber wir werden doch wohl auch dieses oder wenigstens die ersten 29 Paragraphen desselben in die Zeit vor 1305 setzen müssen.

Eine landesherrliche Bestätigung des Stadtrechts nach erfolgter Codification, die man nach dem Wortlaute der Urkunde von 1294 erwarten könnte, liegt nicht vor[4]). Markgraf Friedrich confirmirte am 24. Nov. 1307 alle Privilegien, Rechte und Freiheiten der Stadt, ohne

---

[1]) a. a. O. 27.

[2]) Cap. XLVIII § 5 N. 2.

[3]) Oben S. XIII f. Vergl. auch Cod. dipl. II. 12,44 (Anm.).

[4]) Sehr mit Unrecht scheint Beyer Otia metall. 1,20. 2,307 die Urk. von 1294 selbst für eine solche zu halten.

jedoch des Stadtrechts ausdrücklich Erwähnung zu thun[1]). Da dasselbe auch in der wenige Tage vorher ausgestellten Urkunde über die Rathswahl, die doch gerade einen im Stadtrecht behandelten Gegenstand betrifft, nicht genannt wird, so ist vielleicht anzunehmen, daß der Markgraf das Stadtrecht noch nicht als völlig abgeschlossen ansah, sondern Modificationen erwartete, welche den veränderten Herrschaftsverhältnissen entsprachen. Aber auch spätere Privilegienconfirmationen gedenken nicht des Stadtrechts[2]).

So ist es überaus wenig, was wir aus Urkunden über die Entstehungsgeschichte des Freiberger Stadtrechts erfahren. Auch das Werk selbst bietet uns nicht viel Einblicke in die Werkstätte, aus der es hervorgegangen.

Es beginnt mit einigen Versen, in welchen der Verfasser die Hülfe Gottes für sein Vorhaben, die Aufzeichnung des „*Vriberschen rechts*", erbittet. Ein derartiger gereimter Eingang findet sich nicht selten in mittelalterlichen Rechtsdenkmälern; neben der bekannten praefatio rythmica des Sachsenspiegels ist dies z. B. in ausgedehntem Maaße der Fall beim Zwickauer Stadtrechte[3]). Wenn es in den Versen heißt: „*Ich hebe an in gotes namen*", so berechtigt uns dies wohl, von einem Verfasser oder Redactor des Stadtrechts zu sprechen[4]). Daß derselbe ein Geistlicher war, wie Klotzsch nach dem frommen Inhalt der Verse vermuthet[5]), scheint mir nicht wahrscheinlich; eine so genaue

---

[1]) Cod. dipl. II. 12,45.

[2]) S. u. S. XXXVII.

[3]) Vergl. Herzog in Gautsch's Archiv f. Sächs. Gesch. 1,88. Andere Beispiele bei Grimm Rechtsalterthümer 1,33.

[4]) Es schließt dies nicht aus, daß dem Redactor eine Commission zur Seite stand, wie anderwärts üblich war; vergl. Stobbe, Rechtsquellen 1,496. Um 1300 werden in Hildesheim vier aus dem Rath und vier aus den Aemtern beauftragt, „*dat se der stat recht bescriven laten*" (Döbner Hildesheimer Urkundenbuch 1,279); doch bezweifelt Frensdorff Gött. Gel. Anzeigen 1883. 1,332, daß es sich hier um eine eigentliche Redactionscommission handele.

[5]) Schott 3,28. Die „Münchsschrift" der Hdschr. A beweist natürlich, auch abgesehen davon, daß dieselbe keineswegs nur von Geistlichen geschrieben wurde, gar nichts, da A nicht Autograph ist. Eben deswegen würde die Vermuthung, der landesherrliche Notar Tirmann, von dessen Hand vielleicht A geschrieben ist (s. u. S. XL), habe Antheil an der Redaction des Stadtrechts gehabt, eine ganz grundlose sein.

Rechtskunde, wie sie offenbar der Redactor besaß, konnte sich nur ein fleißiger Besucher der vier Bänke erwerben, und ich möchte deßhalb eher dem Vogte oder einem Rathsmitgliede, am wahrscheinlichsten vielleicht dem damaligen Stadtschreiber die Autorschaft zuweisen[1]). Genauer wird sich seine Persönlichkeit schwerlich je feststellen lassen.

In der Gliederung des Stoffes ist das Freiberger Stadtrecht kein Meisterwerk, wie wir denn überhaupt in den meisten Rechtsbüchern des Mittelalters eine streng systematische Darstellung vermissen; ihre Verfasser waren zu wenig juristisch geschult, um in die Massen des in seinen Einzelheiten ihnen wohlbekannten Gewohnheitsrechts eine logische Ordnung bringen zu können[2]). Es liegt also kein Grund vor, aus der bunten Aufeinanderfolge der Gegenstände mit Klotzsch[3]) Schlüsse auf die verschiedene Entstehungszeit der einzelnen Abschnitte zu ziehen.

Wie das sächsiche Landrecht, das Rechtsbuch nach Distinctionen, das Goslarer und Iglauer Stadtrecht und andere Codificationen dieser Zeit beginnt auch unser Werk mit dem Erbrecht und dem ehelichen Güterrecht; entsprechend der Doppelbedeutung von *erbe*[4]) ist damit die Darstellung einzelner Abschnitte des Immobiliarsachenrechts mit Einschluß des Erbzinsrechts sowie des Pfandrechts verschmolzen (Cap. I). Da der Grundbesitz für die persönlichen Rechte des Einzelnen von maßgebender Bedeutung war, so verbinden sich hiermit ungezwungen Ausführungen über die rechtliche Stellung der einzelnen Klassen der ansässigen und der nichtansässigen Stadtbewohner (Cap. II) und im Gegensatze hierzu der Gäste (Cap. III). Auch das vom Geschoß handelnde Cap. IV gehört in diesen Zusammenhang, weil die Beitragspflicht des Einzelnen zu den Lasten der Stadt sich nach dem Umfange und der Art seines Besitzes richtete. Cap. V endlich enthält noch eine Reihe von Bestimmungen auf dem Gebiete des Erb- und Familienrechts sowie des Personenrechts und dient so als Ergänzung zu Cap. I und II.

Man könnte wohl sagen, daß Cap. I—V den privatrechtlichen

---

[1]) Vergl. auch mein Bergrecht LXV.

[2]) Vergl. z. B. die Bemerkungen Homeyers Sachsenspiegel 1 (3. Aufl.), 20.

[3]) Bei Schott 3,29.

[4]) Vergl. das Glossar.

Haupttheil des Stadtrechts bilden. Allein einerseits enthalten diese Capitel doch auch manche Einzelheiten über das Verfahren, andererseits finden sich in den folgenden Abschnitten, in denen die Darstellung des letzteren im Vordergrunde steht und das Strafrecht ganz besonders ausgebildet erscheint, auch manche für das Privatrecht wichtige Angaben.

Die zusammenhängenden Capp. VI und VII behandeln die Münze und das Münzstrafrecht; ergänzend schließt sich ihnen das die Stellung des Münzmeisters betreffende Cap. XXXVII an.

Eine weitere Gruppe bilden die Capp. VIII—XVII. Sie stellen das Beweisverfahren durch Zeugen bei Ungerichts- und Schuldklagen, den Beweis durch Gerichtszeugnis, durch das Zeugnis gewillkürter Schiedsleute und deren Stellung überhaupt, endlich das dem Freiberger Recht eigenthümliche Verfahren, wie man einen Zeugenbeweis durch einen anderen Zeugenbeweis „brechen" kann, dar. Eine besondere Stellung innerhalb dieser Gruppe nehmen die den „Anvang" behandelnden Capp. IX—XI ein.

Die Capp. XVIII—XXX sind im Wesentlichen, doch nicht ausschließlich strafrechtlichen Inhalts. Cap. XVIII handelt von den Fällen, in welchen der Beklagte das Recht verloren hat, sich durch einen Vormund vor Gericht vertreten zu lassen. Obwohl auch andere Gründe dafür maßgebend waren, so steht doch im Vordergrunde die „Verzählung", jene eigenthümliche Art des Verfahrens gegen den abwesenden Verbrecher, über die wir aus den folgenden Capiteln, besonders XXI, XXII und XXVI, werthvolle Einzelheiten erfahren. Ebenso war die gerichtliche Vormundschaft, über die außer Cap. XVIII noch Capp. XXIII—XXV handeln, am wichtigsten im Strafprocesse. Cap. XIX und XX betreffen das Beweisverfahren gegen Diebe und Räuber, Cap. XXVII den bei Todschlag und schweren Verwundungen noch üblichen Beweis durch Zweikampf, Cap. XXVIII die „Heimsuchung" d. h. den schweren Hausfriedensbruch, Cap. XXX diejenigen strafrechtlichen Fälle, in denen der Richter als Kläger für den Verletzten aufzutreten hat. Davor stellt Cap. XXIX sehr ausführlich dar, wie — hauptsächlich bei Klagen um Schuld — Ersatz für das Gerichtszeugnis zu schaffen ist, wenn der Richter, vor dem etwas geschehen, aus irgend welchem Grunde nicht persönlich das Zeugnis leisten kann.

Gehörte schon hiervon manches in das Gebiet der Gerichtsverfassung, so beschäftigen sich die Capp. XXXI—XXXIII ausführlich mit derselben. Cap. XXXI handelt über Ort und Zeit des Dinges, über Vorsprechen, über die Urtelfindung und die Urtelstrafung; Cap. XXXII über die Stellung des Untervogts, der, wie schon bemerkt, der eigentliche Richter war, dem Gebot zur Antwort u. a.; Cap. XXXIII über die Vorklage *(ere clage)*, die Ladung, das Zwangsverfahren gegen solche, die sich dem Gerichte nicht stellen wollen u. s. w.

Hieran schließen sich (Capp. XXXIV—XL) Abschnitte über die anderen obrigkeitlichen und Gerichtspersonen: den Obervogt, den Gerichtsschreiber, den Büttel, den Bergmeister, die Münzmeister, den Landrichter, den Zöllner.

Nachdem hierauf in Cap. XLI die ausdrücklich als alt bezeichneten Rechte der Stadt hinsichtlich des Verfahrens in Schuldsachen, gegen die sonst dem Stadtrecht nicht unterworfenen „Landherren" über welches Freiberg nicht wie andere Städte, z. B. Pirna und Dresden, eine besondere landesherrliche Urkunde besaß, ihre Darstellung gefunden haben, folgen in Cap. XLII—XLVII die ältesten Innungsordnungen.

Cap. XLVIII und XLIX endlich bilden eine Art Anhang, sind aber auch wohl noch vor 1305 entstanden[1]). Cap. XLVIII betrifft den Rath und die Rechte seiner Mitglieder. Cap. XLIX schließt sich gewissermaßen als Nachtrag an die Gruppe Capp. XXXI—XXXIII an, behandelt die Verpflichtung zur Antwort und die gerichtliche Vertretung anderer, wobei auch die Gesindeordnung und die Grundsätze über den Ersatz des durch Thiere verursachten Schadens entwickelt werden.

An einige Capitel schließen sich auf dem freien Raume, der in A hinter den meisten derselben gelassen ist, ergänzende Nachträge an. Dieselben gehören den Jahrzehnten kurz nach der Entstehungszeit an[2]) und verdanken daher wohl der wiederholten Revision des Ganzen ihren Ursprung, sind also auch noch als Ergebnis der Stadtrechtsredaction anzusehen, im Gegensatz zu späteren Zusätzen, welche nachher

---

[1]) Vergl. oben S. XIX.

[2]) S. u. S. XL f.

zu behandeln sein werden. Es sind dies Cap. V § 37—40 (Nachträge zum Erb- und Immobiliarsachenrecht), XXI § 3 (Publication der Verzählung), XLVIII § 8 (Buße des, der vor Rathsmitgliedern Unfug treibt), endlich XLIX § 30—47 (Nachträge über Klage, Antwort, Beweisverfahren, namentlich in Schuldsachen, über die außergerichtliche Beilegung von Streitigkeiten und endlich über Spielschulden von Haussöhnen).

Dies mag genügen, um einen Ueberblick über den reichen, wenn auch etwas ungeordneten Inhalt des Stadtrechts zu geben. Eine systematische Darstellung desselben ist eine Aufgabe, die an dieser Stelle schon mit Rücksicht auf den Raum nicht gelöst werden kann.

Auch über die Quellen des Freiberger Stadtrechts können wir nur einige Andeutungen geben.

Daß der Redactor bei seiner Arbeit schriftliche Vorlagen benutzt hat, läßt sich aus dem Stadtrecht selbst nirgends schließen. Bereits oben bemerkten wir, daß es eine urkundliche Aufzeichnung stadtrechtlichen Inhalts aus dem 12. oder 13. Jahrhundert aller Wahrscheinlichkeit nach niemals gegeben hat. Die Existenz anderer Niederschriften über das bestehende Gewohnheitsrecht oder einzelne Theile desselben[1]) kann man nicht so entschieden in Abrede stellen, noch weniger freilich beweisen; ich wüßte keine Spur von solchen anzuführen. Daß eine von außen her erbetene Rechtsmittheilung, wie dies ja oft der Fall, oder daß ein vorhandenes Rechtsbuch, insbesondere der Sachsenspiegel[2]), benutzt worden sei, ist ebenfalls nicht wahrzunehmen. Vielmehr ist weder ein unmittelbares noch ein mittelbares Abhängigkeitsverhältnis zu einer der gleichzeitigen oder älteren Rechtsquellen nachweisbar; eine Erscheinung, die bei Stadtrechtscodificationen nicht ganz selten ist[3]).

Die einzige Quelle, auf die sich der Redactor angewiesen sah, war, wie es scheint, das in der Bürgerschaft lebende und kraft der

---

[1]) Vergl. mein Bergrecht XXVI f.

[2]) Wie z. B. in Herford, Hamburg, Magdeburg, Goslar. Stobbe Rechtsquellen 1.497. 509. 515 ff. 519.

[3]) Vergl. z. B. Chr. Meyer Das Stadtbuch von Augsburg XXVI.

Autonomie der Gemeinde sich fortentwickelnde Gewohnheitsrecht[1]). Diese Quelle vollständig zu erschöpfen, war freilich eine Aufgabe, welche die Kräfte des Compilators weitaus überstieg. Bei aller, oft die Geduld des Benutzers auf harte Proben stellenden Ausführlichkeit in der Behandlung einzelner Dinge sind andere übergangen, und in Freiberg wie wohl an allen anderen Orten bedurfte das geschriebene Recht nach wie vor der Ergänzung durch das ungeschriebene.

Wo den Redactor sein Gedächtnis im Stiche ließ oder wo er über das, was Rechtens, im Zweifel war, da ließ er sich wohl durch ein Weisthum rechtsverständiger Gemeindemitglieder belehren. Interessante Spuren dieses Verfahrens bei der Codification bietet die älteste Freiberger Bergrechtsaufzeichnung[2]); das Stadtrecht, dessen Redaction im Gegensatze zu jener unfertigen Arbeit zu einem Abschlusse gelangt ist, gestattet uns allerdings nicht solche Einblicke in sein Werden, jedoch kommen auch hier an einigen Stellen Fragen vor, die man wohl als Zeugnisse für jene Art der Rechtsfindung ansehen darf; nur fehlen nicht, wie im Bergrecht A, die Antworten auf diese Fragen[3]). Die zur Ertheilung des Weisthums berufenen Personen waren ohne Zweifel ausschließlich oder doch vorzugsweise Mitglieder des Rathes, der in Freiberg durchaus als die letzte Quelle des geltenden Stadtrechts erscheint[4]). Sie gaben bei ihrem Amtseide Auskunft auf die Fragen des Redactors[5]).

---

[1]) Vergl. Stobbe Privatrecht I[2], 143 ff. u. a.

[2]) Vergl. Ermisch Bergrecht LXVI f.

[3]) Vergl. Cap. I § 8: *Wi geschit den stifkindern, ab si nicht abegewiset sint?* § 17: *Oder stirbit he ane erben, wi tut di vrowe mit den stifkindern?* II § 5: *wes sint di zwene bestanden, ab deme kleger bruch wirt an siner vorderunge?* V § 33: *Mugen eninkil . . . erbeteil behalden an ires elderveters gut oder nicht?*

[4]) Vergl. die oben S. XIV ff. besprochene Urk. von 1294 sowie Stadtrecht Cap. XLVIII § 1. 2, Cap. XXXI § 25. 27. 28. 30. 31. 35. 36. Dazu Planck Gerichtsverfahren 1,260.

[5]) Vergl. die oben S. XI f. besprochene Urkunde von 1255. Ein Leipziger Schöffenspruch (um 1450) entschied auf die Frage des Raths der Stadt Meißen, wie er das Bestehen einer bestrittenen Willkür beweisen solle: der Bürgermeister solle sie *gnugelich von der stat wegen behalden mit zweren syner ratsfrunde uff den heyligen, ap man on deß sust nicht glouben wolde.* Cod. dipl. Sax. reg. II. 4,398. Vergl. auch die Urkunde Markgr. Friedrichs des Ernsthaften von 1343 Sept. 21.

Die weitere Frage, aus welchen Quellen nun jenes hier codificirte Gewohnheitsrecht geflossen war, welche Einflüsse zusammenwirken mußten, um es zu schaffen, ist eine sehr schwierige. Sie würde vor allem eine systematische Bearbeitung des Stadtrechts voraussetzen, von der wir, wie schon bemerkt, absehen müssen. Aber auch eine solche würde nicht genügen; es würde vielmehr weiter zu untersuchen sein, auf welchen Grundlagen denn überhaupt das in den Landen der Wettiner und insbesondere in den meißnischen Städten während des Mittelalters geltende Recht beruhe: eine Untersuchung, zu der es an Vorarbeiten so gut wie vollständig fehlt. So beschränken wir uns denn auf wenige Bemerkungen und hoffen, daß dieselben von berufener Seite bald weitere Ausführung finden werden.

Die Stadtrechte wachsen in der Regel aus dem Landrechte hervor[1]). Das in unseren Landen geltende Landrecht aber überliefert uns bekanntlich der Sachsenspiegel[2]), von dem sich in den sächsichen Archiven und Bibliotheken zahlreiche, freilich wohl ausnahmslos erst aus der 2. Hälfte des 14. und dem 15. Jahrhundert stammende Handschriften finden. Es ist also durchaus erklärlich, wenn unser Stadtrecht zahlreiche Parallelen zum Sachsenspiegel bietet; doch deutet, wie ich schon oben bemerkte, nichts darauf hin, daß dies Rechtsbuch selbst dem Redactor des Stadtrechts bekannt gewesen wäre.

Von nicht geringerer Wichtigkeit für die Rechtsgeschichte der wettinischen Lande ist jene interessante, bis jetzt leider weder in genügender Form herausgegebene noch hinreichend untersuchte

---

in welcher der Stadt Torgau alle Rechte bestätigt werden, *sicut hucusque residerunt et vixerunt et prout poterunt testimoniis seu documentis vivis vel mortuis legaliter comprobare.* Knabe Geschichte der Stadt Torgau 42. Endlich mag auf eine Urk. des Bischofs Siegfried II. für Hildesheim von 1281 Jan. 6 hingewiesen werden, in der es heißt: *Si vero de aliqua sentencia juris vel aliquo jure inter nos et ipsos discrepancia vel dubium aliquod orietur, tunc, quod justum fuerit et ex antiquo servatum et quod duodecim consules Hildessemenses ad hoc juramento suo prestito justum dixerint, hoc justum erit et debebit pro justicia observari.* Döbner Urkundenbuch der Stadt Hildesheim 1,181.

[1]) Vergl. Gaupp Deutsche Stadtrechte des Mittelalters XVI. Gaupp Das magdeburg-hallische Recht 68. 102 ff.

[2]) Ueber den Umfang des „Landes der Sachsen“, zu welchem auch die Mark Meißen gehört, vergl. Ssp. III, 62 § 2; dazu Homeyer Sachsenspiegel I. 18.

Compilation des 14. Jahrhunderts, welche sich selbst als „*buch der rechten in wichbilden in sechsischer art*“ bezeichnet, jetzt aber unter dem Namen des Rechtsbuchs nach Distinctionen oder des vermehrten Sachsenspiegels bekannt ist und sich eben die Darstellung des in den Städten unserer Lande geltenden Rechts zur Aufgabe macht[1]). Auch dieses Buch genoß eine große Autorität; zahlreiche Handschriften waren nicht bloß in den sächsischen Landen, sondern auch in der Mark Brandenburg, in Schlesien, Böhmen und Polen verbreitet. Von einer Benutzung desselben im Freiberger Stadtrecht kann natürlich nicht die Rede sein, da es jünger ist als letzteres; eher könnte man umgekehrt einen Einfluß des Freiberger Stadtrechts auf das Distinctionenwerk erwarten, aber auch ein solcher ist nicht vorhanden[2]). Dagegen beweisen zahlreiche von uns angeführte Vergleichsstellen, daß beide aus denselben Wurzeln erwachsen sind.

Das Rechtsbuch nach Distinctionen benutzt neben dem Sachsenspiegel hauptsächlich das Stadtrecht von Goslar[3]), dessen Codification in dieselbe Zeit fällt wie die des Freiberger Rechts[4]). Dieser Einfluß eines norddeutschen Stadtrechts auf ein mitteldeutsches Rechtsbuch ist kaum auffällig, wenn man bedenkt, daß Altenburg bereits nach dem Stadtprivileg von 1256[5]) seinen Rechtszug nach Goslar nahm, also vermuthlich von hier aus bewidmet worden ist[6]). Da es nun unbestreitbar ist, daß unter den ersten Ansiedlern in Freiberg harzische Bergleute gewesen sind[7]), und da auch anderweit feststeht, daß diese Niedersachsen ihre heimischen Rechte selbst in ferne Länder, wie nach Ungarn, mitnahmen[8]), so liegt es nahe genug, nach einem Zusammenhang zwischen dem Rechte der meißnischen und der niedersächsischen Bergstadt zu

---

[1]) Fr. Ortloff Das Rechtsbuch nach Distinctionen (Jena 1836) XXXIV ff. Schröder Gesch. des ehel. Güterrechts II, 3,82.

[2]) Vergl. Ortloff a. O. XXIX N. 71.

[3]) Vergl. Ortloff XXIII. Gaupp Stadtrechte 1. XXIV. 206.

[4]) Vergl. Ermisch Bergrecht XII.

[5]) Gedr. bei Gaupp Stadtrechte 1,210 u. ö.

[6]) Gaupp Stadtrechte 1, XXIV. 206 f. Vergl. v. Martitz Das eheliche Güterrecht des Sachsenspiegels 27 f.

[7]) Ermisch Bergrecht XVI f.

[8]) Graf Sternberg Gesch. der böhm. Bergwerke 2,38 f.

suchen[1]). In der That finden sich im Stadtrecht wie im Bergrecht manche Vergleichspunkte[2]); aber dieselben sind nicht derart, daß man nach ihnen eine eigentliche Uebertragung von Rechtsgrundsätzen aus Goslar nach Freiberg annehmen könnte, sondern gestatten nur die Annahme, daß die letzten Quellen beider einander verwandt sind. — Sehr wenig Aehnlichkeiten zeigt das eben erwähnte Altenburger Recht von 1256; dasselbe verbietet z. B. den Zweikampf (§ 28), den das ein halbes Jahrhundert jüngere Freiberger Recht noch bestehen läßt.

Die meisten Städte des heutigen Königreichs Sachsen gehörten bekanntlich dem magdeburgischen Rechtskreise an; von Magdeburg aus war Halle, von Halle Leipzig, von Leipzig waren Dresden, Pirna und viele andere meißnische Städte bewidmet worden[3]). Die Vermuthung, daß auch in Freiberg magdeburgisches Recht eingeführt worden sei, lag daher nahe und ist auch ausgesprochen worden[4]). Aber trotz einzelner Parallelen mit den Magdeburger Rechtsaufzeichnungen und insbesondere mit dem (ungefähr gleichzeitig mit unserm Rechte oder etwas später) entstandenen sächsischen Weichbilde, dessen Handschriften sich in den sächsischen Stadtarchiven ebenfalls vielfach fanden, ist Freiberg doch nicht eigentlich zum magdeburgischen Rechtskreise zu rechnen. Es zeigt sich dies schon darin, daß man sich während des ganzen Mittelalters nur in höchst seltenen Fällen nach Leipzig[5]) oder Magdeburg[6]) um Rechtsbelehrung wandte; in der Regel fand lediglich ein Rechtszug vom Gerichte an den Rath statt[7]). Erst

---

[1]) Einen solchen vermuthet bereits Gaupp Stadtrechte 1,207, während Frensdorff Recht und Rede 467 f. ihn für wenig wahrscheinlich hält.

[2]) Für das Bergrecht vergl. Ermisch XLV.

[3]) Vergl. Stobbe Rechtsquellen 1,540 f.

[4]) Hingst Mitth. des Freiberger Alterthumsvereins 6,564.

[5]) Einen *rechtspruch der von Lipczk* erbrechtlichen Inhalts erwähnt ein Archivrepertorium des 15. Jahrh. (Cod. dipl. II. 12,140 19); doch war derselbe nicht aufzufinden.

[6]) Der einzige mir bekannte nach Freiberg ergangene Magdeburger Schöffenspruch betrifft die Ausmessung der Meile Cod. dipl. II. 12,325.

[7]) Stadtrecht Cap. XXXI § 28. 30. 31. 35. 36. Vergl. Cod. dipl. II. 13, XXXIII f. Der Rath als Berufungsinstanz erscheint z. B. auch im (noch ungedruckten) Zwickauer Stadtrecht von 1348 fol. 24[b]: *Wa dri scheppfen kiesen, daz einer wider si ist amme rechten zu sprechen, oder zwene gegen zwein sich zweigen durch*

im 16. Jahrhundert wurde es gebräuchlich, aus Leipzig Rechtsbelehrungen zu holen[1]).

Schon mehrfach ist die Verwandtschaft des Freibergischen Stadtrechts mit dem deutschen Rechte, wie es sich in Böhmen und Mähren entwickelt hatte, bemerkt worden. So scheint namentlich das in Meißen weit verbreitete „Drittheilsrecht", das Erbrecht der Wittwe auf den dritten Theil der Hinterlassenschaft des verstorbenen Gatten, zu dessen ältesten Vertretern unser Stadtrecht gehört, auf böhmisch-mährischen Ursprung zurückgeführt werden zu müssen[2]). Aber auch sonst bieten die Stadtrechte von Iglau, Brünn, Prag, Deutschbrod u. a. sowie die Schöffensprüche der Oberhöfe Iglau und Brünn manche Vergleichspunkte, von denen unsere Noten nur verhältnismäßig wenige hervorheben. Bei den schon im 13. Jahrhundert vorhandenen Beziehungen zwischen Freiberg und Iglau[3]) wird man zunächst an diese Stadt zu denken geneigt sein[4]). Nun hat allerdings eine Uebertragung des Iglauer Bergrechts nach Freiberg stattgefunden, wenn auch wahrscheinlich erst in den auf die Stadtrechtscodification folgenden Jahrzehnten[5]). Allein von der in der Regel damit verbundenen Uebertragung des Stadtrechts findet sich keine Spur; die Verwandtschaft zwischen dem Freiberger Stadtrechte mit dem Iglauer ist nicht näher als die mit anderen böhmisch-mährischen Stadtrechten[6]).

So hat man auch hier nach gemeinsamen Grundlagen zu suchen. Nun ist längst nachgewiesen, daß das deutsche Recht in Mähren und

des willen, daz einer den andern nicht vordenke, so ziehen si sich mit eren in den rat und in daz buech, waz in daz recht dorinne sait, dabi sullen si bliben. Vergl. ferner für Erfurt Michelsen Thüring. Rechtsdenkmäler 362 ff. (339. 356 ff.), für Dortmund Frensdorff Dortmunder Statuten LXIX, für Reval v. Löhers Archival. Ztschr. 11,55 u. dergl. m.

[1]) Vergl. unten S. LXXIV. LXXXI f. Stobbe Beiträge zur Geschichte des deutschen Rechts 125 ff.

[2]) Für czechischen Ursprungs und von den deutschen Einwanderern angenommen hält es Schröder Gesch. des ehelichen Güterrechts II. 3,97. Vergl. v. Gerber Ges. jurist. Abhandl. 2,363. v. Martitz Das ehel. Güterrecht des Sachsenspiegels 27 f.

[3]) Ermisch Bergrecht XLVIII ff.

[4]) Vergl. Klotzsch bei Schott 3,21. 25.

[5]) Ermisch a. a. O. LXVII ff.

[6]) Vergl. Tomaschek Oberhof Iglau 7.

Böhmen sich großentheils aus flämischen und fränkischen Rechtselementen entwickelt hat[1]). Da wir auch in unseren Landen sowohl den Franken als den Flamländern häufig begegnen[2]), da die Anfänge der Kolonisation und Germanisation des Landes wohl zunächst auf sie zurückzuführen sind[3]), so würde es nicht auffallend erscheinen können, wenn eine Vergleichung der fränkischen, flandrisch-wallonischen und niederländischen Rechtsquellen ebenfalls manche Parallelen ergeben würde. Die auffälligste, die mir begegnete, bietet das Verfahren gegen den Entführer (Cap. V § 6—8), das ganz ähnlich im Iglauer und Brünner Stadtrecht und in einigen flandrischen Keuren beschrieben wird[4]). Doch muß ich mit Rücksicht auf Raum und Zeit davon absehen, die Vergleichung nach dieser Seite hin weiter auszuführen.

Römisch-rechtliche Einflüsse lassen sich in unserem Stadtrechte, vielleicht mit einziger Ausnahme der Bestimmung über die Testamente Cap. V § 1[5]), nicht nachweisen.

Unsere allerdings nur sehr skizzenhafte Uebersicht über die Quellen des Stadtrechts dürfte wenigstens so viel ergeben, daß dasselbe als das Ergebnis des Zusammenwirkens verschiedener Einflüsse anzusehen ist. Es tritt dies namentlich deutlich hervor auf dem Gebiete des ehelichen Güterrechts, auf das wir, um ein Beispiel der eigenartigen Zusammensetzung zu geben, schließlich noch einen Blick werfen.

---

[1]) Rößler Die Stadtrechte von Brünn CI ff. Tomaschek Deutsches Recht in Oesterreich 80 ff.

[2]) Rößler a. a. O. CIV. Ermisch Bergrecht XVII (N. 7).

[3]) Erwähnt mag werden, daß auch zur Zeit der Stadtrechtsredaction Handelsbeziehungen zwischen Freiberg und den flämischen Landen bestanden; so lieferten Gent, Ypern, Brüssel Tuch, vergl. Cap. XLVII § 1.

[4]) Vergl. Tomaschek Deutsches Recht 254 f. 87. Auch auf den *sinneboten* ist aufmerksam zu machen, vergl. Warnkönig Flandr. Rechtsgeschichte III, 1,280. Frensdorff Recht und Rede 468 stellt einige Ausdrücke der Rechtssprache des Freiberger Stadtrechts zusammen, die auch in fränkischen, nicht aber in niedersächsischen Quellen vorkommen. Es sind meist solche, die auch im böhmisch-mährischen Rechte nachweisbar sind; vergl. außer *verzalen* und der Frist von 100 Jahr und 1 Tag auch für *jagen* Tomaschek Oberhof Iglau 127 *(wy urtail wider urtail gejaget sint)*. für *lidlon* ebend. 110. 366 und Rößler Stadtr. von Brünn 87. Unser Glossar bietet dem Kundigen Gelegenheit zu weiteren Untersuchungen.

[5]) Vergl. über sie Beseler Erbverträge 1,256.

Wir bemerkten bereits, daß hinsichtlich des Erbrechts der Ehegatten unser Stadtrecht einer der ältesten Vertreter des in unseren Landen so verbreiteten Drittheilsrechts ist[1]). Aber es steht doch nicht ganz auf dem Boden desselben. Allerdings ist ihm die Gerade (und ebenso Mustheil und Heergeräthe) ein ganz unbekannter Begriff und hat auch später in Freiberg niemals Eingang gefunden[2]), während viele andere meißnische Städte, die hinsichtlich des Immobiliarnachlasses durchaus auf dem Boden des Drittheilsrechts stehen, diese Institution im Gegensatz zum Rechtsbuch nach Distinctionen (I, 11 d. 1) kennen[3]). Auch erbt bei bekindeter Ehe die Wittwe ein Drittel des gesammten, als einheitlicher Vermögenscomplex behandelten Nachlasses ihres verstorbenen Gatten[4]) und zwar als vollkommen freies Eigenthum, das sie bei Eingehung einer zweiten Ehe in dieselbe mitbringt, wodurch es unbeschränkt in das Eigenthum des zweiten Mannes übergeht und den Kindern aus der ersten Ehe der Frau entzogen wird (Cap. I § 17)[5]). Ferner entspricht das alleinige Erbrecht des Ehemanns am gesammten ehelichen Vermögen, welches eintritt, wenn die Gattin vor ihm stirbt[6]), ganz dem, was sonst im Gebiete des Drittheilsrechts üblich ist[7]).

Anders aber war es, wenn die Ehe kinderlos geblieben war. In diesem Falle unterscheidet unser Stadtrecht als einen besonderen Gütercomplex die Errungenschaft. Stirbt der Mann, so erbt die Wittwe unter Ausschluß der (im Uebrigen erbberechtigten) Seitenverwandten, was sie mit einander „erarbeitet und gewonnen" haben[8]). Ebenso erbt der überlebende Theil, was die beiderseitigen Eltern in die Ehe mitgegeben haben, wenn nicht bei Eingehung derselben

---

[1]) Vergl. über dasselbe namentlich Schröder Gesch. des ehel. Güterrechts II, 3,80 ff. 137 ff.

[2]) Vergl. Klotzsch bei Schott 3,72.

[3]) Schröder a. a. O. 88.

[4]) Cap. I § 1 vergl. § 8. Vergl. dazu die Ausführung des Freiberger Raths vom 29. Apr. 1576 bei Schott 3,122.

[5]) Cap. I § 17. Vergl. dazu Schott 3,123.

[6]) Cap. I § 11. Vergl. Schott 3,123.

[7]) Vergl. Schröder a. a. O. 216. 138 f.

[8]) Cap. I § 7.

besondere Vereinbarungen darüber gemacht worden sind[1]); es entspricht dem, wenn der Ehemann, der eine Wittwe mit Drittheil geheirathet hat, dieses Drittheil unter Ausschluß der ersteheliehen Kinder der Wittwe erbt[2]). Nur in einem Falle gilt auch bei kinderloser Ehe Drittheilsrecht. Stirbt nämlich der zweite Ehemann einer Wittwe, die schon aus erster Ehe Kinder hat, vor ihr, ohne mit ihr Kinder gezeugt zu haben, so nimmt sie — gewissermaßen als Ersatz für das eingebrachte Drittel — den dritten Theil von allen seinen Gütern[3]).

Jene besondere Behandlung der Errungenschaft nun hat Schröder als eine characteristische Eigenthümlichkeit des fränkisch-thüringischen Rechts nachgewiesen[4]). Das Erbrecht des Freiberger Stadtrechts steht also wie das einiger anderen Stadtrechte (Altenburg, Saalburg, Zeulenroda[5]) auf der Grenze zwischen dem meißnischen Drittheilsrecht und dem Rechte der fränkisch-thüringischen Städte.

Uebrigens ist Freiberg später ebenso wie Altenburg[6]) zu dem Grundsatze des Alleinerbrechts des überlebenden Ehegatten gelangt[7]). Es war dies einer der Punkte, die im 16. Jahrhundert ganz besonders den Unwillen des Kurfürsten August und seiner Rechtsgelehrten erregten[8]).

Auch auf dem Gebiete des vertragsmäßigen Güterrechts der Ehegatten zeigt das Freiberger Recht eine Mischung von thüringisch-fränkischen Grundsätzen und von denen des Drittheilsrechts: es kennt sowohl die im Gebiete des letzteren und zwar besonders in

---

[1]) Cap. I § 15. Die Annahme Schröders, daß nur die Fahrhabe ganz in das Eigenthum des Ueberlebenden übergegangen sei, während er an den Immobilien lediglich die Leibzucht besessen habe, läßt sich aus der Quelle selbst wohl nicht begründen.

[2]) Cap. I § 17.

[3]) Cap. I § 17. Anders versteht die Stelle Schröder a. a. O. II. 3,215.

[4]) A. a. O. 69 ff. 77 ff.

[5]) Schröder a. a. O. 214 ff.

[6]) Schröder a. a. O. 78; vergl. auch Brünn: Schröder II, 1,220 ff. 3,99.

[7]) Man las für *irerbeit* (Cap. I § 7) später *ererbet* (Schott 3,99. 105; Schröder II, 3,77): ein (durch das Fehlen der Worte *unde gewonnen* in der Handschrift A begünstigter) Lesefehler, der gewiß mehr als Folge wie als Ursache der veränderten Rechtspraxis anzusehen ist.

[8]) Vergl. Schott 3,54 ff. Schletter Die Constitutionen des Kurf. August 242 ff.

den böhmisch-mährischen Städten übliche gelobte Morgengabe, deren characteristische Eigenthümlichkeit ist, daß sie nur bei kinderloser Ehe Geltung behält, als auch das ohne diese Beschränkung bestellte Leibgedinge[1]).

Allerdings ist der Ausdruck Morgengabe im Freiberger Rechte nicht gebräuchlich; aber die Sache ist wohlbekannt[2]). Wurde eine Ehe durch besonderen Ehevertrag abgeschlossen (*wo sich eine ee gesament mit rate*), da pflegte der Mann (vor den „Rathleuten", d. h. vor den Vermittlern des Ehevertrags, auch wohl vor dem Gerichte oder dem Rathe) der Gattin einen bestimmten Vermögensantheil für den Fall des Todes zu geloben und das Gelöbnis durch Bürgenstellung zu verstärken[3]). Ueber das gelobte Gut hinaus hatte dann die Frau beim Tode des Mannes keine Erbansprüche. Gewöhnlich war ein solcher Ehevertrag wohl, wenn ein Wittwer (mit Kindern) eine Jungfrau heirathete; auf diese Weise wurde den Kindern erster Ehe das väterliche Erbe sicher gestellt[4]). Nichts anderes dürfte es sein, wenn bei Eingehung der Ehe das von beiden Ehegatten eingebrachte Vermögen „*wizzentliche mit gelubde*" unterschieden wird[5]). Alle derartigen Eheverträge verloren aber ihre Gültigkeit, wenn aus der Ehe Kinder hervorgingen; dann trat statt ihrer das gesetzliche Erbrecht ein.

Dagegen schloß die Bestellung eines Leibgedinges, d. h. die Anweisung eines Gutes, in dessen lebenslängliche Nutznießung die Frau nach dem Tode des Mannes treten sollte, in beiden Fällen, sowohl bei bekindeter als bei kinderloser Ehe, weitere Erbansprüche der Frau aus[6]). Wie es scheint, wählte man als Leibgedinge meist Lehngüter, mit denen der Mann die Frau *iure dotalicio* belehnen ließ[7]); diese

---

1) Vergl. Schröder II. 3,342 (N. 45).

2) Ebenso ist es im Rechtsbuch nach Distinctionen. Wenn hier (I, 14 d. 4) behauptet wird, in Städten mit Drittheilsrecht gebe es weder Leibgedinge noch Morgengabe, so trifft dies zweifellos nicht allgemein zu; vergl. I, 12 d. 1, wo die Morgengabe unter dem Namen der Leibzucht neben dem Leibgedinge erscheint. Vergl. Schröder II. 3,342 f.

3) Cap. I § 16.

4) Vergl. Cap. I § 14.

5) Cap. I § 15.

6) Cap. I § 12.

7) Vergl. die Lehnbriefe Cod. dipl. II. 12,107. 152. 216. 13,83 N.

Form des Ehevertrags war also wohl ausschließlich bei reicheren Familien gebräuchlich. So lange der Mann lebte, hatte er die Mitbenutzung des Leibgedinges, auch wenn dasselbe der Frau aus einer früheren Ehe zustand[1]). Beim Tode der Frau fiel das Leibgedinge an die Rechtsnachfolger des Mannes, von dem es herrührte[2]).

Wenn R. Schröder, auf dessen Untersuchungen wir uns im Vorstehenden hauptsächlich gestützt haben, unser Stadtrecht ebenso wie das Rechtsbuch nach Distinctionen eine „bunt aus verschiedenen Systemen zusammengeschweißte Rechtsquelle“ nennt[3]), so ist dies insofern richtig, als das zu Freiberg im 13. Jahrhundert geltende Recht, dessen Codification der Redactor versuchte, sich aus verschiedenen Elementen zusammengesetzt hatte; dagegen wäre es falsch, dieses „Zusammenschweißen“ auf die Thätigkeit des Redactors zu beziehen, und daher kann die Zusammenstellung mit dem Distinctionenwerke, das eine wirkliche Compilation aus verschiedenen Vorlagen ist, leicht falsche Vorstellungen erwecken.

Wahrscheinlich würde eine eingehende Bearbeitung der meißnisch-osterländischen Rechtsgeschichte zu dem Ergebnisse führen, daß dasselbe, was wir hier vom Freiberger Stadtrecht behauptet haben, in gewisser Weise vom gesammten Rechte unserer Lande gilt, daß sich in ihnen verschiedene Rechtssysteme begegnen, deren Zusammenwirken allenthalben zu erkennen ist. —

Das Geltungsgebiet des Freiberger Stadtrechts erstreckte sich von Anfang an nicht allein auf die Stadt und ihr Weichbild, sondern auch auf die sie umgebenden Bergbaubezirke[4]); Freiberg sollte deren Hauptstadt sein, nur hier sollten sie sich in Zweifelsfällen Recht holen. Die eigenthümliche Bestimmung, daß derjenige, der in einem Umkreise von vier Meilen um Freiberg wohne, hinsichtlich gewisser Punkte des gerichtlichen Verfahrens nicht als Gast zu behandeln sei[5]), hängt

---

[1]) Cap. I § 13 ist doch wohl dieser Fall gemeint.

[2]) Cap. I § 12. 13.

[3]) A. a. O. II. 3.252.

[4]) *daz gebirge, daz in di stat zu Vriberc gehoret* Cap. I § 1. XVIII § 1. XL § 3. XLVIII § 1. Vergl. auch II § 11. IV § 4. 5. XL § 3. 4. XXXIX § 6 u. 6. Ermisch Bergrecht XXXIX f.

[5]) Cap. III § 4. V § 39.

insofern vielleicht mit der Ausdehnung des Rechts auf die Bergbaubezirke zusammen, als man bei der weiteren Verbreitung des Bergbaus nur die in diesem Bereiche gelegenen Bergwerke als zur Stadt gehörig ansah; die Behauptung, daß das gesammte Stadtrecht in einem Umkreise von vier Meilen um die Stadt, d. h. in einem nicht unbedeutenden Theile der Mark Meißen gegolten habe, ist selbstverständlich irrig[1]. Nachweisbar ist es von mehreren innerhalb dieses Gebiets belegenen Bergstädten, daß sie nach Freiberger Stadtrecht lebten. So wissen wir, daß um 1370 das Städtchen Siebenlehn von Markgraf Friedrich dem Strengen mit demselben begnadet wurde. Es erhielt insbesondere die Befugnis „zu verzellen umb einen Frevel und Ungehorsam, so offt es sich begiebet, by Sonnenschein aus dem Städtlein ohne allen Behelffe zu gehen auf Strafe Verliesung des Halßes, wo solches nicht geschehe, und nicht hereinzugehen hinter Nachlassunge und Wissen eines Rathes, doch also, daß dem Rathe von dem Verzellten als von einem Ungehorsamen 12 Gr. zur Poen gegeben und dargeleget werden vor Ungehorsam und gethanen Frevel." Ferner sollte es sich in erbrechtlicher Hinsicht „nach der Stadt Freiberg halten und richten." In Zweifelsfällen holte sich Siebenlehn beim Freiberger Rathe Rechtsbelehrung[2]. Daß auch Dippoldiswalde nach Freiberger Recht lebte, ersehen wir aus einem allerdings erst dem Ende des 15. Jahrhunderts angehörigen Urtel, das der Rath zu Freiberg als Oberhof in einer erbrechtlichen Frage abgab[3]. Damit sind aber auch die Belege für die Verbreitung des Freiberger Rechts bereits erschöpft.

---

[1]) Grundig 9. Klotzsch bei Schott 3,33 f

[2]) Analecta Saxonica 1,85 ff. Vergl. auch Cod. dipl. II. 13,93 8.

[3]) Bergurtelbuch (im Freiberger Rathsarchiv) fol. 72: ... Ist zwo zeeit eyne iunckfrawe, dovonn in den gemeltenn gesetczenn angetzeigt wirdet, todes halbenn abegangenn unnd den gemeltenn Domaßen Lenger iren bruder vonn halber geburt eins, ire naturliche muter unnd frawenn Margaretan itzunt Micheln Reichels eliche hußfrawe als ire swester vonn voller geburt, darneben erbe unnd gut, so sie vonn Pawln Lenger irem vorvorstorbenn eevater angefallenn ist, des andern teils nach ir gelassenn, so hat sie solch erbe unnd gut uf frawen Margaretan Micheln Reichels eliche hawsfrawe als uf ire swester vonn voller geburt alleyne geerbet, bracht unnd gefellet, unnd ire muter unnd Domas Lenger ir bruder vonn halber geburt haben daran nichts gehabenn mogenn. Es ist auch Domaßenn Lenger darzu

Die im 15. Jahrhundert entstehenden Bergstädte wandten sich nur in bergrechtlichen Angelegenheiten nach Freiberg[1]).

Von der weiteren Entwicklung des Stadtrechts legen die von uns veröffentlichten 14 Zusätze Zeugnis ab[2]). Der älteste derselben ist ein wohl im 4. Jahrzehnt des 14. Jahrhunderts niedergeschriebener Zolltarif. Die wichtigste Erweiterung und Veränderung des Stadtrechts enthält Zusatz 2: eine um die Mitte des 14. Jahrhunderts entstandene Stadtwillkür, durch welche bestimmt wird, daß wöchentlich nur einmal, statt, wie bisher, drei Mal das Stadtgericht abgehalten werden solle, und verschiedene andere Punkte des gerichtlichen Verfahrens näher geregelt werden. Eine landesherrliche Urkunde vom 6. März 1373 bestätigte den ganzen Inhalt der Willkür und fügte ihr noch einige Nachträge bei[3]). Weitere Zusätze sind acht Innungsordnungen des 14. und 15. Jahrhunderts, ein dem Rechtsbuche nach Distinctionen entnommener Abschnitt über die Klage um verliehene oder versetzte Fahrhabe, eine Taxe für Rechtssprüche an Auswärtige, beide im Anfange des 15. Jahrhunderts in die Stadtrechtshandschrift A eingetragen, endlich einige im Anfange des 16. Jahrhunderts gefaßte Rathsbeschlüsse über Bürgerrechtsgebühren.

Selbstverständlich geben diese wenigen Nachträge nur ein unvollständiges Bild von der Fortbildung des Stadtrechts während des Mittelalters. Die meisten kraft der Autonomie des Raths erlassenen Verordnungen wurden nicht in die Stadtrechtshandschrift, sondern in die Stadtbücher eingetragen[4]). So fehlt in ersterer auch die wichtige, am 10. Juni 1427 von Kurfürst Friedrich dem Streitbaren bestätigte Willkür[5]) über die „alte Gewohnheit" der Stadt, nach welcher im Gegensatz zum sächsischen Landrecht von mehreren Geschwistern eines das andere unter Ausschluß der Mutter beerben sollte: eine

---

unbulflich, das solch erbe unnd gut der verstorbenenn iunckfrawenn anfenglich von syme vater an sie kommen ist. Nach Fribergisschem stadtrechte.

[1]) Vergl. Cod. dipl. II. 13. XXXV f.

[2]) Vergl. die Anmerkungen zu denselben.

[3]) Cod. dipl. Sax. reg. II. 12,92.

[4]) Vergl. z. B. Cod. dipl. II. 12,119. 124 ff. 129. 131. 133 f. u. ö.

[5]) Ebenda 140.

Satzung, die später auf das Lebhafteste angefochten worden ist. Der Rath sorgte dafür, daß dieselbe in den Confirmationsurkunden, welche Herzog Wilhelm (am 16. Oct. 1466) und die Brüder Ernst und Albrecht (am 10. Dec. 1469) über die gesammten Stadtprivilegien ausstellten, neben einer Anzahl anderer Urkunden besonders angeführt wurde[1]). Des Stadtrechts ist zwar auch in diesen Urkunden nicht ausdrücklich gedacht; aber die Bestätigungen galten doch zweifellos auch für dieses, da neben den einzeln aufgeführten Rechten auch „alle und jegliche andere Freiheiten, Rechte, Ehren und Gnaden", welche die Stadt erworben, gebraucht und hergebracht habe, bestätigt werden. Alle späteren Privilegienconfirmationen bis auf die Zeit des Kurfürsten August schließen sich an jene beiden wörtlich an[2]). So wurde die Rechtsbeständigkeit des Stadtrechts immer von Neuem gesichert, bis die gesetzgeberische Thätigkeit des Kurfürsten August, wie wir im letzten Abschnitt dieser Einleitung sehen werden, sie schwer erschütterte.

2. Handschriften und Ausgaben. Zur Textkritik.

Die Zahl der **Handschriften**, in denen das Freiberger Stadtrecht überliefert ist, ist eine nicht bedeutende; daß sie durch neue Funde erheblich vermehrt werden würde, wie wir dies hinsichtlich des Bergrechts für nicht unwahrscheinlich halten[3]), ist nicht anzunehmen, da das Geltungsgebiet des Stadtrechts doch ein sehr beschränktes war und zu Mittheilungen des Rechts nach außen kein Anlaß vorlag.

1. Die für uns weitaus wichtigste Handschrift ist die ältere Stadtrechtshandschrift des Rathsarchivs zu Freiberg[4]) (A);

[1]) Cod. dipl. II. 12,225. 262. Es sind dies seit 1307 (s. oben S. XIX f.) die ersten landesherrlichen Privilegienbestätigungen, die das Stadtarchiv besitzt; in der Zwischenzeit scheint sich der Rath um solche nicht bemüht zu haben.

[2]) Es sind die der Herzöge Albrecht von 1486 Juni 9, Georg 1501 Febr. 6, Heinrich 1505 Nov. 11 und 1539 Aug. 18, Moritz 1541 Nov. 21 und des Kurf. August von 1554 Apr. 3 (Origg. im Rathsarchiv K. 11). Wörtlich übernommen sind überall die Sätze Cod. dipl. II. 12,225 13—31 und 262 23—27. Wohl nur ein Schreibfehler ist es, wenn in der Conf. von 1505 (anscheinend auf Rasur) in der auf die Urkunde von 1427 bezüglichen Stelle *erblos* statt *erbes* steht.

[3]) Ermisch Bergrecht CIX.

[4]) Vergl. (Beyer) Otia metallica 1,19. Kreysig Historische Bibliothek von

auf Pergament, folio: 24 × 33,5 cm. Der wohl aus der Entstehungszeit der Handschrift stammende Einband besteht aus Holzdeckeln, die mit rothem Leder überzogen und stark mit Messing beschlagen sind; die einst vorhandenen Schließen sind abgerissen.

Die Handschrift enthält 174[1]) liniirte und in 2 Columnen getheilte Pergamentblätter. Die erste (Vorsatz-)Lage besteht aus 8 Blatt und hat keine Blattzählung. Dann folgen 17 Lagen, welche auf der Rückseite des jedesmal letzten Blattes mit fortlaufenden Zahlen (I⁹—XVII⁹), theilweise auch mit Custoden versehen sind; sie bestehen mit Ausnahme der Lagen XII und XIII, welche 7 Bll. haben, aus je 8 Bll. Sie zeigen römische Blattzahlen von einer wohl dem 15. Jahrhundert angehörigen Hand (fol. 1—134). Die nächsten Lagen entbehren der Lagenzahlen und sind vielleicht nachträglich hinzugeheftet worden. Es sind 2 Lagen zu 8 Bll. (fol. 135—150) und je 1 Lage zu 2 Bll. (fol. 151. 152), zu 8 Bll. (fol. 153—160) und zu 6 Bll. (fol. 161 bis 166). Die ältere römische Blattzählung geht bis fol. 148. Die folgenden Blätter erhielten wohl im 16. Jahrhundert arabische Blattzahlen.

Die Vorsatzlage enthält auf der Vorderseite des ersten Blattes Citate aus Cicero Somnium Scipionis, Petrarca's Epos Africa und Cicero De republica sowie eine *definitio iuris scripti specialis*, sämmtlich von einer Hand aus dem Ende des 16. oder Anfang des 17. Jahrhunderts, vielleicht der des Stadtschreibers Joh. Hornicaeus (1603—1617). Daran schließt sich auf der Rückseite des ersten und der Vorderseite des zweiten Blattes das Register zum Stadtrecht, welches zum größten Theile von derselben Hand (I) geschrieben ist, von welcher das Stadtrecht selbst herrührt; nur die beiden letzten Capitel sind von einer wenig jüngeren Hand (II) hinzugefügt worden. Die Capitelzahlen und die Anfangsbuchstaben sind roth geschrieben. Die nächsten

Obersachsen 1,291. Klotzsch Das Verzellen 7 f. Derselbe Das Schrotamt 64. Grundig De Statutis Fribergensibus 4 ff. Walch Vermischte Beyträge zu dem deutschen Recht 3,148. Dreyer bei Schott Samml. 1.7. Klotzsch ebenda 3.28 ff. (Wagner) Ueber die Chursächs. Bergwerksverfassung LIV f. Adelung Directorium 140. Coith in den Mitth. des Freiberger Alterthumsvereins 13,1185 f.

[1]) Irrthümlich sind die Angaben von Klotzsch Das Verzellen 8 (130 Bll.) und von Grundig 4 (153 bez. 163 Bll.).

drei Seiten füllt ein in unsere Ausgabe nicht aufgenommenes „Register des buch noch dem abc", d. h. ein kurzes alphabetisches Sachregister, von der Hand des Stadtschreibers Thomas Reße (1468—1486)[1]) mit einigen späteren Nachträgen. Dieses Register berücksichtigt die Handschrift nur bis fol. 148, d. h. so weit die römischen Blattzahlen reichen; vermuthlich rühren die letzteren von Reße her. Die nächste Seite zeigt von einer Hand des 16. oder 17. Jahrhunderts folgenden Vermerk: *Aequum esset, ut singulis civibus et inhabitatoribus hujus reipublicae statim ab initio copia hujus juris municipalis fieri et impertiri posset, ne illis objici queat, quod Servio Sulpitio C. Mutius Scaevola dixit, turpe esse causas oranti jus, in quo versatur, ignorare l. 2 § Servius ff. de origine juris.* Der Rest der ersten Lage, fast 5 Bll., ist unbeschrieben.

Die folgenden (numerirten) 17 Lagen sowie die erste Hälfte der 18. (fol. 1—141) enthalten das eigentliche Stadtrecht. Am oberen Rande von fol. 1 hat eine Hand des 16. oder 17. Jahrh. bemerkt: *Ao: 1294 leges civiles et jura metallica Fribergensibus sunt conscripta.* Daß dieser Satz wörtlich der Schrift des Georg Fabricius über Freiberg entnommen ist und daher für die Zeitbestimmung des Stadtrechts nicht in Betracht kommt, wurde bereits oben bemerkt[2]).

Das erste Wort des Textes, *Got*, ist prächtig ausgemalt[3]). Ueberhaupt ist die graphische Ausstattung der Handschrift eine sehr elegante; geschmackvolle Initialen beginnen jedes Capitel (mit Ausnahme von Cap. XLVIII u. XLIX, wo der für die Initiale freigelassene Raum nicht ausgefüllt ist); die Ueberschriften der Capitel sind roth; rothe, blaue und grüne C theilen die Capitel in Unterabtheilungen, die jedoch keine Ueberschriften haben.

Das gesammte Stadtrecht ist, abgesehen von einigen Nachträgen, von ein und derselben kräftigen, der Grenzscheide des 13. u. 14. Jahrhunderts angehörigen Hand geschrieben (Hand I)[4]). Eine Untersuchung der gleichzeitigen Urkunden des Freiberger Rathes ergab,

[1]) Vergl. Möller Theatr. Freib. chron. I,399.

[2]) Vergl. S. XVI.

[3]) Vergl. das der Ausgabe bei Schott beigegebene Facsimile des ersten Blattes der Handschrift.

[4]) Vergl. die Schriftproben am Schlusse dieser Ausgabe und bei Schott.

daß eine von ihnen, nämlich die über das Testament des Sifridus Topper von 1300[1]) — beiläufig bemerkt, wohl die älteste in der Kanzlei des Rathes geschriebene Urkunde, die uns erhalten ist —, sehr ähnliche Schriftzüge zeigt. In dieser Urkunde erscheint hinter den Zeugen, die wir wohl sämmtlich für Rathsmitglieder zu halten haben, ein sonst nicht nachweisbarer *magister Tirmannus notarius domini marchionis*[2]); die Vermuthung, daß derselbe zugleich als Stadtschreiber gedient und die vorliegende Urkunde geschrieben habe, liegt nahe; dann würden wir in ihm vielleicht auch den Schreiber der Handschrift A zu sehen haben. Jedenfalls hat die Herstellung derselben längere Zeit in Anspruch genommen; daraus erklären sich die kleinen Ungleichmäßigkeiten, die auf den ersten Blick eine Mehrzahl von Schreibern vermuthen lassen könnten[3]). Hinter den meisten Capiteln hat der Schreiber einen leeren Raum von größerem oder geringerem Umfange gelassen, der für Nachträge bestimmt war[4]), jedoch nur in wenigen Fällen benutzt worden ist[5]).

Auch die auf der wahrscheinlich nachgehefteten 18. Lage stehenden Capitel XLVIII und XLIX, welche das Fehlen der Capitelzahlen[6]) und Initialen sowie der Umstand, daß ihre Ueberschriften dem Register von späterer Hand hinzugefügt worden sind, als Nachträge kennzeichnet, sind von Hand I geschrieben[7]).

Noch drei andere Hände haben im Anfange des 14. Jahrh. Nachträge gemacht: nämlich die mit I ziemlich gleichzeitige Hand II[8]), welche eine gewisse Aehnlichkeit mit den Schriftzügen einer in der

---

[1]) Cod. dipl. II. 12,42.

[2]) Vergl. Posse Lehre von den Privaturkunden 233.

[3]) Klotzsch bei Schott 3,28.

[4]) Er fehlt nur zwischen Cap. I—IV, VI/VII, XV/XVI, XLI/XLII.

[5]) Dieselbe Einrichtung findet sich z. B. in der aus dem Ende des 13. Jahrh. stammenden Handschrift des Augsburger Stadtrechts, die auch sonst manche Parallelen bietet. Vergl. Chr. Meyer Das Stadtbuch von Augsburg XXIII.

[6]) Bei Cap. XLVIII ist dieselbe nachträglich am oberen Seitenrande zugefügt worden.

[7]) Vergl. Klotzsch Samml. verm. Nachr. 6,47 f. Oben S. XIX.

[8]) Cap. V § 37—40, XLVIII § 8, XLIX § 30—44 und Schluß des Registers.

Rathskanzlei entstandenen Urkunde von 1305 Juni 24[1]) zeigt, ohne daß wir jedoch die Schreiber mit Sicherheit für identisch halten könnten, ferner die charakteristische Hand III[2]), die wir ganz zweifellos in einer Urkunde von 1318 Febr. 24 wiederfinden[3]), endlich Hand IV[4]). Von diesen jüngeren Händen mögen auch einzelne der Correkturen im Texte oder am Rande herrühren; größtentheils sind sie von Hand I. Die meisten Randvermerke, so einzelne kurze Inhaltsangaben, die zur Erleichterung beim praktischen Gebrauch des Stadtrechts dienen sollten, Hände, die auf gewisse Stellen aufmerksam machen u. ä., sind aus dem 16. Jahrh., auch wohl noch jünger.

Eine größere Anzahl von Zusätzen aus dem 14.—16. Jahrhundert findet sich auf fol. 141ᵇ—166 sowie auf dem freien Raume hinter Cap. XLVII (fol. 134) und XLVIII (fol. 136ᵇ). Nach der Zeitfolge der Schreiber, die mit der Reihenfolge in der Handschrift nicht übereinstimmt, sind es die nachstehenden:

(fol. 161—163) Zolltarif (Zusatz 1): von einer in die erste Hälfte oder Mitte des 14. Jahrh. gehörigen Hand, anscheinend derselben, welche in der Bergrechtshandschrift des Freiberger Rathsarchivs das Iglauer und das ältere Freiberger Bergrecht eingetragen hat[5]).

(fol. 144ᵇ—145 und 134) Innungsartikel der Tuchmacher und Schmiede (Zusatz 3 und 4): von der Hand des Stadtschreibers Paul Balksleger (1381—1389); eine Spalte der ersteren (fol. 144ᵇ) von einer anderen gleichzeitigen Hand, die auch in den Stadtbüchern mit jener wechselt.

(fol. 166) Ein etwa 1395 bewirkter Eintrag des Stadtschreibers Barthol. Brunsdorf über den Stadtmauerbau (gedr. Cod. dipl. II. 12,105).

(fol. 136ᵇ) Aeltere Innungsartikel der Messerschmiede (Zusatz 5): von einer auf der Grenzscheide des 14. und 15. Jahrh. stehenden Hand, die ich sonst nicht nachweisen kann.

---

[1]) Cod. dipl. II. 12,43.

[2]) Cap. V § 41. XLIX § 45—47.

[3]) Cod. dipl. II. 12,51.

[4]) Cap. XXI § 3.

[5]) Vergl. Ermisch Bergrecht LXXI. XCIX und Cod. dipl. Sax. reg. II. 13, XIX; ebenda Schriftprobe I.

(fol. 166b) Zwei Vermerke von einem Schreiber aus den ersten Jahrzehnten des 15. Jahrh. (Zusatz 12 und Anm. zu Zusatz 10[1])). Ungefähr in dieselbe Zeit gehört ein Vermerk auf dem hinteren Einbanddeckel (Zusatz 11).

(fol. 166) Vermerk des Stadtschreibers Paul Lindner[2]) über Befestigungsarbeiten von etwa 1425 (Cod. dipl. II. 12,138).

(fol. 146) Jüngere Innungsartikel der Messerschmiede (Zusatz 6): wahrscheinlich von der Hand des Stadtschreibers Heinricus Sitz von Eisenach (1445—1450).

(fol. 147b) Innungsartikel der Bender (Zusatz 7): von einer anderen Hand aus ungefähr derselben Zeit.

(fol. 141—143) Innungsartikel der Goldschmiede und Sensenschmiede (Zusatz 8. 9): von einer dritten wenig späteren Hand.

(fol. 149) Innungsartikel der Leineweber (Zusatz 10): von der Hand des Stadtschreibers Thomas Reße[3]) (1468—1485).

(fol. 150) Zwei Rathsbeschlüsse von 1516 (Zusatz 13. 14): von der Hand des Stadtschreibers Valentin Sporer[4]).

Endlich sind auf fol. 151—159 unter der Aufschrift: „*Churf. neue Constitutiones. Wie treulich ein E. Rath uber dem Stadtrechten gehalten und wie vleissig unterthäniglich man es beim Churf. gesucht*" im Jahre 1576 von dem damaligen Stadtschreiber Adam Bellmann[5]) die wichtigsten Actenstücke, welche die Bemühungen des Stadtraths um Aufrechterhaltung des Stadtrechts gegenüber den Constitutionen des Churf. August betreffen, abschriftlich eingetragen worden: der Schreiber schließt mit den Worten: *Jus vetus exoluit Freibergae atque ecce novum jus claruit antiquans insita conjugiis.* Weitere auf das Stadtrecht bezügliche Schriftstücke aus den Jahren 1577, 1582 und 1604 trugen Bellmann und seine Nachfolger auf den folgenden Blättern (159b—166) nach[6]).

---

[1]) Vergl. unten S. 295 Z. 23.

[2]) Vergl. Möller Theatr. Freib. chron. 1,398.

[3]) Vergl. Möller 1,399.

[4]) Vergl. ebenda.

[5]) Vergl. ebenda 400.

[6]) Alle diese Schriftstücke sind nach dem vollen Wortlaut bei Schott 3,102—140 mitgetheilt (No. XV, XVI, XIX, XX, XXVI, XXVII, XXXII—XXXVII). Vergl. unten S. LXXVII ff.

Von Interesse für die Stadtgeschichte sind endlich die auf der Innenseite des hinteren Einbanddeckels befindlichen gleichzeitigen Vermerke über den Amtsantritt der Stadtschreiber Paul Lindner (1423 Juli 11), Caspar Ludewigk (1450), Thomas Reße (1467), Valentin Sporer (1505 Apr. 14) und Adam Bellmann (1568 Mai 14).

2. Die jüngere Stadtrechtshandschrift des Rathsarchivs zu Freiberg[1]) (B): auf Papier mit einzelnen Pergamentblättern; folio: 40,5 × 29 cm. Geheftet in einen weichen, dunkelgrün gefärbten Pergamentdeckel. Vor dem ersten Blatte ist ein Originalschreiben des Dr. Christoff Reich an seinen Schwager, den Stadtschreiber Adam Belman zu Freiberg, d. d. Leipzig 11. April 1582, eingeklebt, das eine gleichgültige Schuldsache betrifft; an dem unteren Rande findet sich folgende für die Geschichte der Handschrift wichtige Notiz: „*Dieser herr doctor undt schwager hatt meinem sehligem in Gott ruhenden Vatter Adamo Bellmanno dieses buch mihr zum besten sub obgesetzten datirten jahre geschencket, so seine hochachtbarkeitth von dem gewalttigen Churfürsten Augusto, hochlöblichster gedächtnüß, zum geschenck empfangen*".

Von den 88 Bll., aus denen die Hdschr. besteht, sind zwei Lagen zu je 7 Bll., mit denen sie beginnt und schließt, unbeschrieben. Zwischen ihnen befinden sich 4 Lagen von je 12, 1 Lage von 14 und noch 1 Lage von 12 Bll.; das erste und das letzte Doppelblatt jeder dieser 6 Lagen sind von Pergament, die anderen Bll. von Papier. Die Lagen sind nicht gezählt, aber meist auf der letzten Seite mit Custoden versehen. Die Foliirung, welche sich nur auf die beschriebenen Bll. bezieht, ist neueren Ursprungs.

Die ganze Hdschr. ist in zwei Spalten von ein und derselben kräftigen Hand beschrieben. Ihre Zeit ergiebt sich aus den Schlußworten (fol. 75^b): *Anno etc. XXXIII. finitus est liber iste*[2]). Sie wurde also 1433 vollendet.

Bl. 2^b—6 enthält ein Register, das weit ausführlicher ist als das der Hdschr. A. An dieses schließen sich (fol. 6) die das Stadtrecht

---

[1]) Vergl. Klotzsch Schrotamt 64 f. Samml. Verm. Nachr. 6,49 f. Grundig De Statutis Fribergensibus 7. Walch Verm. Beyträge zu dem deutschen Recht 3,148. Klotzsch bei Schott 3,29 ff. (Wagner) Ueber die Chursächs. Bergwerksverfassung LIV. LXI f. Cod. dipl. II. 13, XX. Ermisch Bergrecht CI.

[2]) Vergl. Freiberger Bergrecht A § 23 N. b.

einleitenden Verse an. Mit fol. 6[b] beginnt der Text des Stadtrechts, der ohne Unterbrechung bis fol. 69[b] (Cap. I—XLIX) reicht. Unmittelbar darauf folgen die von uns als Zusatz 2 mitgetheilte Rathswillkür und die Innungsartikel der Wollenweber (Zusatz 3). Den Beschluß endlich bildet (fol. 71[b]—75[b]) das Bergrecht A. Durchweg sind die Ueberschriften, die Capitel- und Paragraphenzahlen, die jedes Capitel eröffnenden Initialen und die ¶, welche die Capitel in Unterabtheilungen scheiden — auch da, wo das Register solche nicht aufzählt —, roth geschrieben, auch sonst nicht selten ein Buchstabe oder Interpunktionszeichen roth ausgemalt. Cap. XLIX hat keine Capitelzahl. Eine Eigenthümlichkeit des Schreibers ist die häufige Anwendung von ꝛc., das sehr oft Capitel und Paragraphen schließt, ohne daß etwas ausgelassen wäre; in der Ausgabe konnte dies Zeichen unberücksichtigt bleiben.

3. Handschrift der Kgl. Bibliothek zu Berlin Ms. Germ. fol. 258 (C)[1]). Papier; folio: 32,5 × 22 cm. Der Einband ist ein schlichter Holzband mit Lederrücken; er trägt die Aufschrift „Freybergische Statuten" von einer Hand des 17. oder 18. Jahrh.

Die Hdschr. besteht aus 90 Bll. Nach einer nachträglich vorgehefteten Lage von 6 Bll., welche eine *Ordenunge fewers not halbenn vom rate, hantwergenn unnd gemeyne eyntrechtiglichenn gesatzt unnd beslossenn sonntags nach Viti anno etc. XCI°* (1491 Juni 19) von der Hand des Stadtschreibers Joh. Brückmann[2]) enthält, folgen 7 Lagen zu 12 Bll., mit Custoden auf je der letzten Seite. Von diesen sind die ersten 6 gleichzeitig mit römischen, neuerdings aber die letzte mit arabischen Ziffern und die Vorsatzlage mit Buchstaben bezeichnet.

Abgesehen von den Vorsatzblättern ist der Codex von ein und derselben Hand geschrieben. Ihre Zeit ergiebt sich aus der Schlußbemerkung (fol. 78): *Et sic est finis hujus operis LVIII. in die decollacionis sancti Iohannis* (1458 Aug. 29).

---

[1]) Vermuthlich ist die von Klotzsch bei Schott 3,77 erwähnte „alte nicht ganz unechte andere Copey", welche „der am Ende beygesetzten Anmerkung nach im Jahre 1457 vollendet" worden, trotz der abweichenden Jahreszahl identisch mit dieser Hdschr.

[2]) Vielleicht identisch mit derjenigen, welche Möller 2,123 ins Jahr 1484 setzt.

Auf fol. 79—83 findet sich das Register, das in der Hauptsache dem Register zu B entpricht, nur daß die Paragraphenüberschriften in B meist fehlen. Mit dem Register stimmen wiederum die Capitel- und Paragraphenüberschriften der Texte überein[1]). Zahlen und Ueberschriften sind roth geschrieben; von Cap. VIII an finden sich einzelne rothe Randbemerkungen, welche die Benutzung der Hdschr. erleichtern sollen. Cap. XLV steht aus Versehen hinter Cap. XLVI; die Numerirung ist jedoch richtig. Wie B, so enthält auch C die Zusätze 2 und 3; letzterer ist hinter Cap. XLVII (im Register vor Cap. XLII) eingeschaltet, ersterer steht hinter Cap. XLIX.

Auf dem letzten Blatt finden sich einige Federproben Saec. XVI z. B.

Eyn schon weib yn armuth,	Frawen list
Dy do alweg nach eren thut	Betreugt als was do ist,
Unde liebt got und yren man,	Unnde wer got eyn gauch,
Dy ist wol der eren eyn kron.	Sy betrugen auch.

Herrenn hulde unnd aprilenn wetter,
Huren gunst und rosenbletter,
Der würfel unnd der karten spil
Vorckeren sich offt, wers glauben wil.

4. Handschrift der Universitätsbibliothek zu Göttingen Cod. ms. jurid. 468 (D)[2]). 328 Bll. Pap., fol. In neuerem Einbande.

Nach einigen Rezepten u. ä. und einem kurzen Abschnitt aus Cap. XXXIV des Stadtrechts (fol. 1. 1[b]) folgt auf fol. 2—54 von einer Hand aus der Mitte des 16. Jahrh. mit der Aufschrift „Freybergysch Stadt-Rechtt" ein Theil desselben (Cap. I—V, VIII—XIX § 10). Derselbe ist in 97 Artikel eingetheilt, und zwar in folgender Weise:

Art. 1	= Cap. I	§ 1. 2.		Art. 13	= Cap. I	§ 21 (Schluß). 22.
„ 2	= „	§ 3. 4.		„ 14	= „	§ 22.
„ 3	= „	§ 5.		„ 15	= „	§ 23. 24.
„ 4—10	= „	§ 14—20.		„ 16	= „	§ 24 (Schluß).
„ 11. 12	= „	§ 21.		„ 17—19	= „	§ 25—27.

[1]) Vergl. die Noten zum Register BC.

[2]) Wohl identisch mit der bei Schott 3,77 als in einer Privatbibliothek befindlich erwähnten Hdschr. Vergl. Stobbe Beiträge zur Gesch. des deutschen Rechts (Braunschw. 1865) 125.

Art.		Cap.	
Art. 20	=	Cap. I	§ 28. 29.
„ 21	=	„	§ 29. 30.
„ 22—24	=	„	§ 31—33.
„ 25. 26	=	„	§ 34.
„ 27—29	=	„	§ 35—37.
„ 30. 31	=	„	§ 38.
„ 32. 33	=	„	§ 39. 40.
„ 34—41	=	Cap. II	§ 1—8.
„ 42. 43	=	„	§ 9.
„ 44—48	=	„	§ 10—14.
„ 49. 50	=	Cap. III	§ 1.
„ 51—53	=	„	§ 2—4.
„ 54	=	Cap. IV.	
„ 55	=	Cap. VIII	§ 1—3.
„ 56. 57	=	„	§ 3—4.
„ 58	=	„	§ 4 (Schluß).
„ 59—61	=	Cap. IX—XI.	
Art. 62	=	Cap. XII	§ 1—5.
„ 63	=	„	§ 5 (Schluß).
„ 64—69	=	Cap. XIII—XVIII.	
„ 70	=	Cap. V	§ 1—8.
„ 71—74	=	„	§ 9—12.
„ 75	=	„	§ 13. 14.
„ 76	=	„	§ 15.
„ 77	=	„	§ 16—18.
„ 78—83	=	„	§ 19—24.
„ 84	=	„	§ 25. 26.
„ 85	=	„	§ 27. 28.
„ 86—91	=	„	§ 29—34.
„ 92	=	„	§ 35. 36.
„ 93	=	„	§ 37. 38.
„ 94—96	=	„	§ 39—41.
„ 97	=	Cap. XIX bis § 10 (N. 24).	

Die einzelnen Artikel haben Ueberschriften, welche vielfach denen in BC ähnlich sind; von einer Wiedergabe derselben konnte abgesehen werden.

Der von anderen Händen des 16. und 17. Jahrhunderts herrührende sonstige ziemlich bunte Inhalt der Hdschr. braucht an dieser Stelle nicht näher besprochen zu werden. Es finden sich hier u. a. lateinische Schreiben des Baccalaureus Christophorus Elogius von Radeberg an den Vater seines Zöglings, den Freiberger Gerichtsschreiber Johannes Hermann[1]), aus den Jahren 1553 und 1554 (fol. 65ᵇ—77ᵇ), verschiedene auf den Tod des Kurfürsten Moritz bezügliche Gedichte u. dergl. (fol. 81ᵇ—85), Abschriften der Willküren von Roßwein 1528 (fol. 140 ff.) und von Dresden 1559 (fol. 215), namentlich aber eine große Menge von Formeln und Urteln. Von letzteren hat Stobbe[2]) eine Anzahl Leipziger Schöffensprüche, Urtel des Hofgerichts zu Wittenberg, ein Magdeburger und ein Dohnisches Urtel sowie einige Urtel geistlicher Gerichte, im Ganzen 87 Stück, mitgetheilt.

5. Nicht auffindbar war die Handschrift, welche Christian Gottlob Haltaus zu seinem Glossarium Germanicum medii aevi

[1]) Vergl. über ihn Möller 1,410.

[2]) A. a. O. 127 ff.

(Lipsiae 1758) vielfach benutzt hat (H)[1]. Sie gehörte nach der Schreibweise der dort mitgetheilten Stellen ohne Frage auch dem 16. Jahrhundert an, enthielt aber im Gegensatz zu der vorher besprochenen einen vollständigen Text des Stadtrechts und hatte vielfach bessere Lesarten als D[2]. Die Eintheilung in „Capitel" oder „Artikel" weicht sowohl von der Capiteltheilung der älteren Hss. als von der Eintheilung in D ab, wie sich aus den in der nachstehenden Tabelle in Klammern angegebenen Zahlbezeichnungen dieser Abschnitte ergiebt. Auch die hie und da von Haltaus mitgetheilten Ueberschriften der einzelnen Abschnitte stimmen weder mit denen in BC noch mit D überein, sind übrigens nicht von Interesse. Die nachstehende Uebersicht enthält alle diejenigen Abschnitte des Freiberger Stadtrechts, aus denen Haltaus einzelne Sätze aufgenommen hat.

Cap. I	§ 2	cf.	Haltaus	Sp.	1000. 1769. (III).[3]
„	§ 3	„	„	„	582. (IV.)
„	§ 4	„	„	„	715.
„	§ 10	„	„	„	633. (IX.)
„	§ 20	„	„	„	965. (XIX.)
„	§ 21	„	„	„	55. 1469.
„	§ 26	„	„	„	2118. (XXVI.)
„	§ 30	„	„	„	1768. 2025. (XXX.)
„	§ 32	„	„	„	1812. (XXXIII.)
„	§ 34	„	„	„	2025. (XXXIV.)
„	§ 36	„	„	„	1533. (XXXVI.)
„	§ 37.40	„	„	„	1091.
Cap. II	§ 3	„	„	„	145. 1508.
„	§ 7	„	„	„	145.
„	§ 9	„	„	„	145.
„	§ 12	„	„	„	1833. 1895.

---

[1]) Vergl. Grundig De Statut. Frib. 9. Klotzsch bei Schott 3,78. Nach einigen Stellen scheint es, daß Haltaus nicht eine, sondern zwei Hss. vorlagen; vergl. z. B. Sp. 288 *(Der forderer soll dingenn)* mit Sp. 949 *(Dem forderer sol man dingen)*, Sp. 1495 *(si mögen heissen richten zu handt oder uber quere nacht)* mit Sp. 2188 *(sie mugen heischen den richter zu handt oder uber zwerche nachtt)*.

[2]) Klotzsch a. a. O. bezeichnet die Hdschr. daher richtig als „ziemlich zuverlässig", während Grundig ihren Werth geringer anschlägt (e codice . . . valde corrupto ac minus accurate scripto).

[3]) c. IV § 3 (Sp. 1000) ist wohl ein Versehen.

Cap. III	**§ 1 (?)**	**cf.**	**Haltaus**	**Sp.**	**1259. (XXXVIII.)**
„	§ 2	„	„	„	160.
„	§ 4	„	„	„	586.
Cap. IV	§ 8	„	„	„	2089. (LX.)
„	§ 11	„	„	„	2079. (LX.)
Cap. V	§ 1	„	„	„	1533. (LXI.)
„	§ 2	„	„	„	278. 388.
„	§ 4.5.	„	„	„	115. (LXIII.)
„	§ 6	„	„	„	1668. (LXIV.)
„	§ 8	„	„	„	119. 206. 1668. (LXIV.)
„	§ 27	„	„	„	1532. (LXXV.)
„	§ 34	„	„	„	1401. (LXXXII.)
Cap. VI	§ 13	„	„	„	1022.
Cap. VII	§ 1.2	„	„	„	424. (LXXXIX.)
„	§ 4	„	„	„	1774.
Cap. VIII	§ 1	„	„	„	552. 1093. 2004. (XC.)
„	§ 2	„	„	„	248.
„	§ 3	„	„	„	1719.
Cap. IX	§ 1	„	„	„	787. 1991. 2159.
„	§ 2	„	„	„	228. 787. 949. 1991. 2159. (XCL.)
Cap. XII	§ 1	„	„	„	248. 1257. 1508. 2082. (XCIV.)
„	§ 3	„	„	„	662. 1985. (XCIV.)
„	§ 5	„	„	„	516.
Cap. XIII	§ 1.2	„	„	„	238.
„	§ 3	„	„	„	2006. (XCV.)
„	§ 5	„	„	„	314.
„	§ 6	„	„	„	1719.
„	§ 7	„	„	„	118. 2118.
Cap. XIV	§ 1	„	„	„	219. 1502. (XCVI.)
„	§ 2	„	„	„	219.
Cap. XV	§ 1	„	„	„	2190.
Cap. XVI		„	„	„	2190.
Cap. XIX	§ 1	„	„	„	223.
„	§ 3	„	„	„	1495. 2188.
„	§ 5	„	„	„	2155.
„	§ 10	„	„	„	224.
„	§ 14	„	„	„	206.
Cap. XX	§ 2	„	„	„	950. 2155. (CII.)
„	§ 4	„	„	„	1505. (CII.)
Cap. XXI	§ 2	„	„	„	145.
Cap. XXII	§ 3	„	„	„	197.
Cap. XXIII	§ 3	„	„	„	388.
„	§ 4	„	„	„	388. 696. (CV.)

Cap. XXVI	§ 2	cf. Haltaus Sp.	197.
Cap. XXVII	§ 1	„ „ „	1635.
„	§ 2	„ „ „	2004.
„	§ 7	„ „ „	144 f. 1649. 2155. (CIX.)
„	§ 8	„ „ „	2155.
„	§ 13	„ „ „	662. (CIX.)
Cap. XXVIII	§ 1	„ „ „	869.
„	§ 3	„ „ „	1066. 1851. 1916. 1984. 1994.
„	§ 4	„ „ „	1066.
„	§ 8	„ „ „	149.
„	§ 9	„ „ „	296.
„	§ 14	„ „ „	206.
Cap. XXIX	§ 4	„ „ „	314 (?). 683. 1938.
„	§ 5 (a. E.)	„ „ „	1466.
Cap. XXX	§ 3	„ „ „	1635.
Cap. XXXI	§ 3	„ „ „	560.
„	§ 4	„ „ „	560. 1753.
„	§ 5	„ „ „	560.
„	§ 23	„ „ „	950. 2180.
„	§ 28	„ „ „	1752.
Cap. XXXII	§ 6	„ „ „	683.
Cap. XXXIII	§ 5	„ „ „	555.
„	§ 11	„ „ „	235. 555.
„	§ 19	„ „ „	2049.
Cap. XXXV		„ „ „	674.
Cap. XXXVI	§ 1	„ „ „	197. 205.
„	§ 2. 3	„ „ „	205. 1641.
„	§ 4	„ „ „	205. 561.
Cap. XL	§ 12	„ „ „	2030.
Cap. XLIX	§ 5. 7	„ „ „	695.
„	§ 8	„ „ „	2117.
„	§ 20	„ „ „	1994.
„	§ 31	„ „ „	1635.

6. 7. Ebenfalls nicht mehr nachweisbar sind die beiden vollständig mit einander übereinstimmenden, also zweifellos von einander abhängigen Handschriften, welche Walch seiner Ausgabe zu Grunde legte; nach dieser letzteren können wir ihnen keinen Werth für die Textkritiken des Stadtrechts beimessen[1]). Sie gehörten ohne Zweifel dem 16. Jahrhundert an. In beiden ging dem Texte der Statuten eine

[1]) Vergl. u. S. LI.

„Sammlung von landesherrlichen Rescripten und rechtlichen Gutachten“ voraus und schloß sich an denselben ein „Anhang von neueren Entscheidungen“ an[1]). Die eine von beiden Hss. enthält am Schlusse noch eine Ausführung über den Ursprung und die Verwaltungsverhältnisse des Armenkastens von 1531 und ferner 31 „sonderliche Constitutiones“[2]).

8—11. Endlich besaß A. F. Schott nicht weniger als vier Hss. der Freiberger Statuten[3]), über deren Verbleib ich nichts zu ermitteln vermochte. In der Ausgabe werden nur zwei als in seinem Besitze befindlich erwähnt; er bezeichnet dieselben selbst als vollständig werthlos[4]). —

Gehen wir zu den bisherigen **Ausgaben** des Stadtrechts über, so haben wir deren zwei anzuführen.

1. Die einzige, die als brauchbar bezeichnet werden kann, war die, welche der um die Geschichte seiner Vaterstadt so vielfach verdiente Freiberger Oberstadtschreiber Johann Friedrich Klotzsch[5]) gemeinschaftlich mit dem Leipziger Professor Dr. August Friedrich Schott besorgt hat und welche den dritten Theil der von dem letzteren herausgegebenen Sammlungen zu den Deutschen Land- und Stadtrechten (Leipzig, Heinsius 1775) bildet, eine für ihre Zeit sehr tüchtige Arbeit. Auch die von Klotzsch als Einleitung vorausgeschickte „Geschichte des Freibergischen Stadtrechts“ verdient trotz mancher Irrthümer auch heute noch Beachtung. Ihr sind 37 Beweisurkunden beigefügt, von denen die älteren neuerdings im Freiberger Urkundenbuche nach den vorhandenen Originalen wieder abgedruckt worden sind[6]), die übrigen aus den Jahren 1498—1604 stammen und

---

[1]) Vergl. Walch Verm. Beyträge 3,151 f.

[2]) Ebenda 274. Vergl. Schletter, Handbuch der wichtigsten sächs. Gesetze (Leipz. 1837) 113 ff.

[3]) Catalogus Bibl. Aug. Frid. Schott (1793) 377 sub No. 6760—6763.

[4]) Vergl. Schotts Unpartheyische Critik über die neuesten jurist. Schriften. Stück 51 (1773), 14. Klotzsch bei Schott 3,77.

[5]) Vergl. über ihn Cod. dipl. Sax. reg. II. 12, XV f. Schon vor dieser Ausgabe hatte Klotzsch einzelne Abschnitte der Handschrift, mit der er sich viel beschäftigt hat, abgedruckt; vergl. seine Schriften über das Schrotamt 17. 24. 64 f. 67, über das Verzollen 9 ff. 37. 91. 143 ff., ferner Sammlung verm. Nachr. z. Sächs. Gesch. 3,238 ff. 6,94 ff.

[6]) Cod. dipl. II. 12 No. 49. 56. 91. 122. 193. 218.

die spätere Geschichte der Stadtverfassung und des Stadtrechts, hauptsächlich aber die wegen des letzteren entstandenen Differenzen zwischen dem Kurfürsten August und dem Rathe betreffen (s. u. S. LXXVI ff.). Die Ausgabe selbst ist ein fast durchweg correcter Abdruck der Handschrift A, von welcher eine aus der Bibliothek des Geh. Kriegsraths von Ponickau in Dresden mitgetheilte und wiederholt mit dem Originale collationirte Abschrift von der Hand Grundigs dem Setzer vorlag; beigefügt sind die wesentlicheren Varianten der Handschrift B[1]). Nach letzterer richtete sich auch die Eintheilung der einzelnen Capitel in Paragraphen. Wir bezeichnen die Ausgabe mit Kl.

2. Einen durchaus andern Character trägt die zwei Jahre früher erschienene Ausgabe der „annoch geltenden Freybergischen Statuten" von Carl Friedr. Walch im dritten Theile seiner „Vermischten Beyträge zu dem deutschen Recht" (Jena 1773), S. 147ff. (W). Die beiden von ihm benutzten, jetzt nicht auffindbaren Hss. (vergl. oben S. XLIX) enthielten nicht den wirklichen Text des Stadtrechts, sondern eine zwar auf diesem beruhende, aber vielfach gekürzte, hie und da durch spätere Zuthaten erweiterte, wohl zweifellos im 16. Jahrhundert entstandene Privatarbeit, die niemals offizielle Geltung in Freiberg gehabt hat[2]).

Dem Texte der Statuten gehen, jedenfalls wie in den Handschriften, eine Urkunde Kurfürst Friedrichs I. von 1427 Juni 10[3]), die Declaration des Kurfürsten August von 1577 März 12[4]), ein Leipziger Schöffenspruch über die Legitima und ein Erlaß des Kurfürsten August von 1576 Juli 6[5]) voran. Den Beschluß bilden die unmittelbar auf Cap. XLIX folgenden Zusätze 13 und 14.

Zahllose Lese- und Druckfehler und andere Verderbnisse schlimmster Art entstellen die Ausgabe bez. deren Vorlagen; sie ist für die

---

[1]) Vergl. die Vorrede.

[2]) Vergl. die scharfe Kritik von Klotzsch in Schott's Unparth. Critik über die jüngsten jurist. Schriften Stück 51 (1773), 7 f. und desselben Ausführungen bei Schott 3,75 ff. Die Erwiderungen Walchs Verm. Beyträge 4,16 ff. und Grundriß der Gesch. der in Deutschland geltenden bürgerlichen Rechte (Jena 1780) 427 f. sind belanglos.

[3]) Cod. dipl. II. 12, 140.

[4]) Schott 3,133.

[5]) Ebenda 124.

Kritik des älteren Stadtrechts so gut wie werthlos, und es wurde deshalb nur eine beschränkte Auswahl von Varianten aus derselben mitgetheilt; auch die absichtlichen Veränderungen, die der Redactor an einzelnen Stellen vorgenommen hat, um das alte Recht mit der Praxis des 16. Jahrhunderts in Einklang zu bringen, habe ich unbeachtet gelassen.

Leider ist der Walch'sche Text trotz seiner offenkundigen Mängel noch bis in die neueste Zeit nicht selten benutzt worden. Es empfiehlt sich deshalb, an dieser Stelle eine Uebersicht über die Eintheilung und die Seitenzahlen der Walch'schen Ausgabe im Vergleich mit der unseren zu geben.

Walch	§ 1. 2.	(S. 163)	=	Cap. I	§ 1.
„	§ 3.	(S. 164)	=	„	§ 2.
„	§ 4.	(„)	=	„	§ 3.
„	§ 5. 6.	(S. 165)	=	„	§ 4.
„	§ 7.	(„)	=	„	§ 5.
„	§ 8. 9.	(„)	=	„	§ 6.
„	§ 10.	(S. 166)	=	„	§ 7.
„	§ 11. 12.	(„)	=	„	§ 8.
„	§ 13.	(„)	=	„	§ 9.
„	§ 14. 15.	(S. 167)	=	„	§ 10.
„	§ 16.	(„)	=	„	§ 11.
„	§ 17.	(„)	=	„	§ 12.
„	§ 18.	(„)	=	„	§ 13.
„	§ 19.	(S. 168)	=	„	§ 14.
„	§ 20.	(„)	=	„	§ 15.
„	§ 21.	(„)	=	„	§ 16.
„	§ 22.	(„)	=	„	§ 17. 18.
„	§ 23.	(S. 169)	=	„	§ 19.
„	§ 24. 25.	(„)	fehlt; Cap. I § 20 fehlt dagegen bei Walch.		
„	§ 26–29.	(S. 170)	=	Cap. I	§ 21.
„	§ 30. 31.	(S. 172)	=	„	§ 22.
„	§ 32.	(S. 173)	=	„	§ 23.
„	§ 33–36.	(„)	=	„	§ 24.
„	§ 37.	(S. 175)	=	„	§ 25.
„	§ 38.	(„)	=	„	§ 26.
„	§ 39.	(„)	=	„	§ 28.
„	§ 40.	(S. 176)	=	„	§ 29.
„	§ 41.	(„)	=	„	§ 30.
„	§ 42.	(„)	=	„	§ 31.

Walch	§ 43. 44.	(S. 177) =	Cap. I	§ 32.
„	§ 45–47.	(„) =	„	§ 33.
„	§ 48. 49.	(S. 179) =	„	§ 34.
„	§ 50.	(S. 180) =	„	§ 34. 35.
„	§ 51–53.	(„) =	„	§ 36. (37.)
„	§ 54.	(S. 182) =	Cap. II	§ 1.
„	§ 55.	(„) =	„	§ 2.
„	§ 56.	(S. 183) =	„	§ 3.
„	§ 57.	(„) =	„	§ 5.
„	§ 58.	(„) =	„	§ 6.
„	§ 59.	(S. 184) =	„	§ 8.
„	§ 60.	(„) =	„	§ 7.
„	§ 61.	(„) =	„	§ 9.
„	§ 62.	(„) =	„	§ 10.
„	§ 63.	(S. 185) =	„	§ 11.
„	§ 64.	(„) =	„	§ 12.
„	§ 65.	(„) =	„	§ 14.
„	§ 66–70.	(„) =	Cap. III	§ 1.
„	§ 71.	(S. 187) =	„	§ 2.
„	§ 72.	(S. 188) =	„	§ 3.
„	§ 73.	(„) =	„	§ 4.
„	§ 74–76.	(„) =	Cap. V	§ 1.
„	§ 77.	(S. 190) =	„	§ 2.
„	§ 78.	(„) =	„	§ 3.
„	§ 79.	(„) =	„	§ 4.
„	§ 80.	(S. 191) =	„	§ 5.
„	§ 81.	(„) =	„	§ 6.
„	§ 82.	(S. 192) =	„	§ 7.
„	§ 83.	(„) =	„	§ 8.
„	§ 84.	(S. 193) =	„	§ 9.
„	§ 85.	(„) =	„	§ 10.
„	§ 86.	(„) =	„	§ 11.
„	§ 87.	(S. 194) =	„	§ 12.
„	§ 88.	(„) =	„	§ 13. 14.
„	§ 89–91.	(„) =	„	§ 15.
„	§ 92.	(S. 195) =	„	§ 18.
„	§ 93.	(„) =	„	§ 20.
„	§ 94. 95.	(S. 196) =	„	§ 21.
„	§ 96.	(„) =	„	§ 23.
„	§ 97.	(S. 197) =	„	§ 24.
„	§ 98.	(„) =	„	§ 25.
„	§ 99.	(„) =	„	§ 26.
„	§ 100.	(S. 198) =	„	§ 27.

Walch	§ 101.	(S. 198)	=	Cap. V	§ 28.
„	§ 102.	(S. 199)	=	„	§ 29.
„	§ 103.	(„)	=	„	§ 31.
„	§ 104.	(S. 200)	=	„	§ 32.
„	§ 105.	(„)	=	„	§ 33.
„	§ 106.	(S. 201)	=	„	§ 34.
„	§ 107.	(„)	=	„	§ 35.
„	§ 108.	(S. 202)	=	„	§ 36.
„	§ 109.	(„)	=	„	§ 38.
„	§ 110. 111.	(S. 203)	=	„	§ 39.
„	§ 112.	(„)	=	„	§ 40.
„	§ 113.	(S. 204)	=	„	§ 41.
„	§ 114. 115.	(„)	=	Cap. VIII	§ 1.
„	§ 116.	(S. 205)	=	„	§ 2.
„	§ 117.	(„)	=	Cap. IX	§ 1.
„	§ 118.	(S. 206)	=	Cap. IX	§ 1—6. X.
„	§ 119.	(S. 210)	=	Cap. XI.	
„	§ 120.	(S. 211)	=	Cap. XIII	§ 1.
„	§ 121.	(„)	=	„	§ 2.
„	§ 122.	(„)	=	„	§ 3—6.
„	§ 123. 124.	(S. 213)	=	„	§ 7. 8.
„	§ 125.	(S. 214)	=	Cap. XIV. XV. (?)	
„	§ 126.	(„)	=	Cap. XVII	§ 1.
„	§ 127.	(S. 215)	=	„	§ 2.
„	§ 128.	(„)	=	Cap. XIX	§ 1.
„	§ 129.	(S. 216)	=	„	§ 2. 3.
„	§ 130.	(„)	=	Cap. XXI	§ 1.
„	§ 131.	(S. 217)	=	Cap. XXV	§ 1.
„	§ 132.	(S. 218)	=	„	§ 2.
„	§ 133.	(S. 219)	=	Cap. XXVII	§ 1.
„	§ 134.	(„)	=	„	§ 2. 3.
„	§ 135.	(S. 220)	=	„	§ 4.
„	§ 136.	(S. 221)	=	„	§ 5.
„	§ 137.	(S. 222)	=	„	§ 6.
„	§ 138.	(S. 223)	=	„	§ 7.
„	§ 139.	(„)	=	„	§ 7. 9. 10.
„	§ 140.	(S. 224)	=	„	§ 13. (?)
„	§ 141.	(„)	=	Cap. XXVIII	§ 1. 2.
„	§ 142–144.	(S. 225)	=	„	§ 3.
„	§ 145.	(S. 226)	=	„	§ 4.
„	§ 146.	(„)	=	„	§ 5. 7.
„	§ 147.	(S. 227)	=	„	§ 8.
„	§ 148.	(„)	=	„	§ 9

Walch	§ 149.	(S. 228) =	Cap. XXVIII	§ 10—13.
„	§ 150.	(S. 230) =	„	§ 14.
„	§ 151.	(S. 232) =	Cap. XXIX	§ 1. 2.
„	§ 152.	(S. 233) =	„	§ 3. 4.
„	§ 153.	(S. 234) =	„	§ 4. 5.
„	§ 154.	(S. 235) =	Cap. XXX	§ 1.
„	§ 155.	(„) =	„	§ 2.
„	§ 156.	(S. 236) =	„	§ 3.
„	§ 157.	(„) =	„	§ 4—8.
„	§ 158.	(S. 237) =	„	§ 9. 10.
„	§ 159.	(S. 238) =	„	§ 10—13.
„	§ 160.	(S. 239) =	Cap. XXXI	§ 1—3.
„	§ 161.	(„) =	„	§ 4. 5.
„	§ 162.	(S. 240) =	„	§ 7. 8.
„	§ 163.	(S. 241) =	„	§ 10.
„	§ 164.	(„) =	„	§ 11.
„	§ 165.	(„) =	„	§ 20.
„	§ 166.	(„) =	„	§ 23.
„	§ 167.	(S. 242) =	„	§ 25.
„	§ 168.	(S. 243) =	„	§ 26.
„	§ 169.	(„) =	„	§ 27.
„	§ 170. 171.	(„) =	„	§ 28.
„	§ 172.	(S. 244) =	„	§ 30.
„	§ 173.	(„) =	„	§ 33.
„	§ 174.	(„) =	„	§ 36.
„	§ 175.	(S. 245) =	„	§ 37.
„	§ 176.	(„) =	Cap. XXXII	§ 1.
„	§ 177.	(„) =	„	§ 2—5.
„	§ 178.	(S. 246) =	„	§ 6.
„	§ 179.	(„) =	„	§ 7.
„	§ 180.	(„) =	„	§ 8.
„	§ 181. 182.	(S. 247) =	„	§ 9.
„	§ 183.	(„) =	„	§ 12.
„	§ 184.	(S. 248) =	„	§ 14. 15.
„	§ 185.	(„) =	„	§ 17.
„	§ 186. 187.	(„) =	„	§ 18.
„	§ 188.	(S. 249) =	Cap. XXXIII	§ 1. 2.
„	§ 189.	(„) =	„	§ 3.
„	§ 190.	(„) =	„	§ 4.
„	§ 191.	(S. 250) =	„	§ 5.
„	§ 192.	(„) =	„	§ 7.
„	§ 193.	(„) =	„	§ 6.
„	§ 194.	(„) =	„	§ 8.

Walch	§ 195.	(S. 251)	=	Cap. XXXIII	§ 9.
„	§ 196.	(„)	=	„	§ 11.
„	§ 197.	(S. 252)	=	„	§ 12.
„	§ 198.	(„)	=	„	§ 18.
„	§ 199.	(S. 253)	=	„	§ 19.
„	§ 200.	(„)	=	Cap. XXXIV	§ 1—3.
„	§ 201.	(„)	=	„	§ 4.
„	§ 202.	(S. 254)	=	Cap. XXXV.	
„	§ 203.	(„)	=	Cap. XXXVI.	
„	§ 204.	(S. 255)	=	Cap. XXXVII	§ 1.
„	§ 205.	(„)	=	„	§ 2.
„	§ 206.	(„)	=	„	§ 3.
„	§ 207.	(„)	=	„	§ 4.
„	§ 208.	(S. 256)	=	„	§ 5.
„	§ 209.	(„)	=	„	§ 6.
„	§ 210.	(„)	=	„	§ 7.
„	§ 211.	(„)	=	„	§ 8.
„	§ 212.	(S. 257)	=	„	§ 11. 12.
„	§ 213.	(„)	=	Cap. XXXIX	§ 1.
„	§ 214.	(„)	=	„	§ 2.
„	§ 215.	(„)	=	„	§ 3.
„	§ 216.	(„)	=	„	§ 4.
„	§ 217.	(S. 258)	=	„	§ 5.
„	§ 218.	(„)	=	„	§ 6. 7.
„	§ 219.	(„)	=	„	§ 8.
„	§ 220.	(S. 259)	=	Cap. XL	§ 1.
„	§ 221.	(„)	=	„	§ 3.
„	§ 222.	(„)	=	„	§ 5.
„	§ 223.	(„)	=	„	§ 6.
„	§ 224.	(S. 260)	=	„	§ 7.
„	§ 225.	(„)	=	„	§ 8.
„	§ 226.	(„)	=	„	§ 9.
„	§ 227.	(S. 261)	=	„	§ 10.
„	§ 228.	(„)	=	„	§ 12.
„	§ 229. 230.	(„)	=	„	§ 13.
„	§ 231.	(S. 262)	=	„	§ 14.
„	§ 232.	(„)	=	„	§ 15.
„	§ 233.	(„)	=	„	§ 16.
„	§ 234.	(S. 263)	=	„	§ 17.
„	§ 235.	(S. 264)	=	Cap. XLVIII	§ 1—3.
„	§ 236.	(S. 265)	=	„	§ 5.
„	§ 237.	(„)	=	„	§ 6.
„	§ 238.	(„)	=	„	§ 7.

Walch	§ 239.	(S. 266)	=	Cap. XLVIII	§ 8.
„	§ 240.	(„)	=	Cap. XLIX	§ 3.
„	§ 241.	(„)	=	„	§ 4.
„	§ 242.	(„)	=	„	§ 5.
„	§ 243.	(„)	=	„	§ 6.
„	§ 244.	(S. 267)	=	„	§ 7.
„	§ 245.	(„)	=	„	§ 8.
„	§ 246.	(„)	=	„	§ 9.
„	§ 247.	(S. 268)	=	„	§ 10.
„	§ 248.	(„)	=	„	§ 11.
„	§ 249.	(„)	=	„	§ 12.
„	§ 250.	(„)	=	„	§ 13. 14.
„	§ 251.	(„)	=	„	§ 16.
„	§ 252.	(S. 269)	=	„	§ 20.
„	§ 253.	(„)	=	„	§ 17.
„	§ 254.	(„)	=	„	§ 21.
„	§ 255.	(„)	=	„	§ 22.
„	§ 256.	(S. 270)	=	„	§ 23.
„	§ 257.	(„)	=	„	§ 24. 26.
„	§ 258.	(„)	=	„	§ 27.
„	§ 259.	(„)	=	„	§ 28.
„	§ 260.	(„)	=	„	§ 29.
„	§ 261.	(S. 271)	=	„	§ 30.
„	§ 262.	(„)	=	„	§ 31.
„	§ 263.	(„)	=	„	§ 31. 32.
„	§ 264.	(„)	=	„	§ 33.
„	§ 265.	(S. 272)	=	„	§ 34.
„	§ 266.	(„)	=	„	§ 35.
„	§ 267.	(„)	=	„	§ 36.
„	§ 268.	(„)	=	„	§ 41.
„	§ 269.	(„)	=	„	§ 42.
„	§ 270.	(S. 273)	=	„	§ 46.
„	§ 271.	(„)	=	„	§ 47.
„	§ 272.	(„)	=	Zusatz 13.	
„	§ 273.	(S. 274)	=	„ 14.	

Zur Textkritik. Sowohl Grundig[1]) als Klotzsch[2]) halten A für die Originalhandschrift und somit die mittelbare oder unmittelbare Quelle aller übrigen[3]). Nach Klotzsch wäre A nach und nach

[1]) Grundig De Statutis Friberg. 4.

[2]) Schott 3,28.

[3]) So soll B nach Klotzsch bei Schott 3,29 ff. eine mittelbare Ableitung sein.

zusammengetragen worden, je nachdem die Redaction der einzelnen Abschnitte vollendet wurde; er erklärt hieraus die wenig systematische Ordnung des Stoffes und die Ungleichmäßigkeit der Handschrift. Allein die erstere hat das Freiberger Recht mit anderen gleichzeitigen Rechtsaufzeichnungen gemeinsam; und die letztere läßt nur annehmen, daß der Schreiber längere Zeit zur Herstellung des Codex gebraucht hat, characterisirt denselben aber nicht als authentische Aufzeichnung[1]).

Vielmehr macht A ganz den Eindruck einer mit Fleiß, aber immerhin mechanisch ausgeführten Reinschrift. An zahlreichen Stellen zeigt die Hdschr. kleine Versehen, Auslassungen, Schreib- und Lesefehler, wie sie in Abschriften vorzukommen pflegen. Cap. I—XLVII sind wohl ohne erhebliche Unterbrechungen niedergeschrieben, Cap. XLVIII und XLIX bald darauf von derselben Hand zugefügt worden.

Nun könnten ja allerdings dieser Reinschrift als Vorlagen einzelne Willküren und Weisthümer gedient haben: und dann würde Klotzsch mit seiner Behauptung, daß diese „Urschrift" das „erste und älteste Exemplar" des Stadtrechts und daß kein älteres „jemals im Zusammenhange vorhanden gewesen" sei, Recht haben. Aber dieser Annahme widerspricht das Verhältnis von A zu den andern von uns benutzten Handschriften. Dasselbe läßt erkennen, daß auch die Vorlage von A bereits ein vollständig redigirtes Stadtrecht war.

Vergleichen wir nämlich die Lesarten der vier von uns benutzten Hss., so ergiebt sich, daß dieselben in zwei Klassen zerfallen. Die erste wird nur durch A, die zweite durch BCD vertreten.

Daß B und C unter sich verwandt sind, lehrt schon ein flüchtiger Blick auf das Register, die Paragrapheneintheilung und die Capitel- und Paragraphenüberschriften. Beiden eigenthümlich ist ferner Zusatz 2. Noch wichtiger sind die zahlreichen Uebereinstimmungen der Lesarten, für die jede Seite unserer Ausgabe Beispiele bietet. Die Lesarten lassen auch erkennen, daß der Text von D meist dem von B und C entspricht; die Eintheilung ist in D zwar eine andere, aber die Aufschriften der Abschnitte stimmen wieder größtentheils mit BC überein.

[1]) Vergl. oben S. XL

Auch die verlorne Handschrift, welche Haltaus benutzte (H), gehörte mehr zur Gruppe BCD als zu A, während der Walch'sche Text (W) im Allgemeinen auf A zurückzuführen ist; doch finden sich auch Fälle, in denen W mit BCD gegen A übereinstimmt. Da von H nur verhältnismäßig wenige Stellen überliefert sind und der Text von W durchweg stark verderbt ist, so ist das Verhältnis nicht ganz klar; eine genauere Untersuchung desselben lohnt nicht der Mühe, weil der Werth, den H wie W für die Textkritik haben, ein sehr geringer ist.

Unter einander stehen B, C und D (auch H und W) in keinem unmittelbaren Abhängigkeitsverhältnisse, d. h. keine dieser Handschriften ist als Vorlage der anderen anzusehen. Ihre Uebereinstimmung kann also nur durch die Annahme einer gemeinsamen Quelle erklärt werden. Diese gemeinsame, von A unabhängige Quelle, deren ursprüngliche Gestalt wir mit X bezeichnen wollen, war ohne Zweifel schon durch verschiedene Hände gegangen, verschiedenfach abgeschrieben, redactionell geändert, auch hie und da corrumpirt worden, bevor sie die in BCD uns vorliegende Gestalt erhielt. Trotzdem können wir auch in dieser Gestalt noch ihren nicht geringen Werth erkennen und A in vielen Punkten danach berichtigen[1]).

Im Einzelnen bemerke ich folgendes über die gemeinsame Quelle von BCD.

Sie enthielt vollständig den alten Text Cap. I—XLIX nebst den Zusätzen, welche die Hände II und III in A bewirkten (Cap. V § 37—41, XLVIII § 8, XLIX § 30—47). Obwohl diese Zusätze in A zu verschiedenen Zeiten eingetragen sind und ganz den Eindruck von Originalzusätzen machen, sind doch auch sie keinesfalls aus A in X übergegangen, sondern A zeigt auch in ihnen einen mangelhafteren Text als X und mußte hie und da nach X emendirt werden. So fehlen in den Nachträgen von Hand II zu A verschiedene für das Verständnis erforderliche Wörtchen, die sich aus BC ergänzen lassen (Cap. V § 37 N. 2, 41 N. 3, XLIX § 38 N. 2, 40 N. 2, 41 N. 5. 6, 43 N. 2); auch die Zusätze zu Cap. V § 37 N. 5 und XLVIII § 8 N. 6 (wo A eine Rasur zeigt) gehören sicher zum ursprünglichen Text. Fast noch mehr characterisiren den Schreiber von A die in unserer Ausgabe nach BC

[1]) Schon Grundig a. a. O. 7 betont, daß B vielfach bessere Lesarten habe als A.

verbesserten Lesefehler *clan* für *slan* (V § 39 N. 8) und *virebilt* (statt *vrevilt!*) für *unfugit* (XLVIII § 8 N. 3). Aehnliche Mängel zeigen die Nachträge von Hand III in A (XLIX § 46 N. 1. 3. § 47 N. 1. 4). Es ist danach wohl anzunehmen, daß die Originaleinträge dieser Zusätze sich in X fanden oder die getreu copirte Vorlage von X bildeten, während A einen unzweifelhaft abgeleiteten und zwar verderbten Text hat. Da wir freilich wissen, daß die Hände II und III in A noch den ersten Jahrzehnten des 14. Jahrh. angehören, so ist der Nachtrag dieser Zusätze in A wohl ziemlich gleichzeitig mit den Originalniederschriften, vielleicht sogar von demselben Schreiber wie diese bewirkt worden. Auffallend ist, daß ein weiterer Zusatz von Hand III in A (Cap. XXI § 3) der Gruppe BC fehlt. Der Schluß von Klotzsch[1]), daß dieser Zusatz jünger sei als die Handschrift B, ist unzweifelhaft falsch; vielmehr ist er nach der Handschrift um mehr als ein Jahrhundert älter[2]); er hat jedoch aus irgend welchem unbekannten Grunde in X keine Aufnahme gefunden.

Aber auch in den ursprünglichen Theilen des Stadtrechts lassen sich in einer langen Reihe von Fällen die Lesarten von A nach BCD = X emendiren. So wurden Schreib- und Lesefehler verbessert I § 3 N. 4, IV § 19 N. 2, VII § 2 N. 13, VIII § 4 N. 1, XI N. 8, XV § 1 N. 29, XVIII § 1 N. 5, XXVI § 3 N. 21, XXX § 5 N. 16, 7 N. 6, XXXII § 8 N. 4; ausgelassene Wörtchen ergänzt I § 6 N. 1, 7 N. 1, 29 N. 6, 30 N. 8, 36 N. 61, II § 7 N. 1, III § 1 N. 20, V § 7 N. 1, 8 N. 2, 30 N. 7, VIII § 3 N. 3, XV § 1 N. 24, XVII § 2 N. 9, XXVI § 3 N. 16, XXVII § 5 N. 14, XXXIII § 18 N. 4, XLIII § 1 N. 4; auch längere Zusätze aufgenommen I § 36 N. 46, VIII § 3 N. 16, XII § 8 N. 9, XXVII § 3 N. 4, XXIX § 5 N. 17, XXX § 4 N. 16, 10 N. 13, XXXI § 15 N. 2, XXXII § 3 N. 5, 10 N. 3, XXXVIII § 3 N. 5[3]). Manchmal ließ sich sogar auf Grund nur einer Handschrift die Verbesserung des Textes vornehmen (z. B. XXX § 11 N. 2). — Alles dies

[1]) Schott 3,215.

[2]) S. o. S. XLI.

[3]) Im letzteren Falle ist es besonders deutlich, daß auch in der Vorlage von A der volle Text stand; das Anfangswörtchen desselben ging in die Abschrift über und wurde bei einer Revision derselben getilgt, weil es ohne die folgenden Worte sinnlos war.

sind Fälle, wo BCD ganz unzweifelhaft bessere Lesarten haben als A, und nur in solchen habe ich die ersteren in den Text aufgenommen; in vielen anderen, wo vielleicht auch BCD den Vorzug vor A verdienen, wurde, um nicht durch Vermuthungen die Zuverlässigkeit des Textes zu gefährden, die Lesart in die Noten verwiesen. So ist hie und da vielleicht die ausführlichere Fassung von BCD die ursprüngliche (z. B. IV § 7 N. 4, V § 26 N. 2, VII § 2 N. 10. 11, § 3 N. 5, § 4 N. 13. 14, XV § 1 N. 57, XXVI § 6 N. 8), während man umgekehrt zuweilen zweifelhaft sein kann, ob nicht A den ursprünglichen Text durch Zuthaten erweitert habe (z. B. XIX § 11 N. 11, XX § 6 N. 9, XXVII § 14 N. 5. 6), wie dies H und W nicht selten thun. Noch viel zahlreicher sind die Fälle, in denen die Lesarten von A und BCD gleichwerthig sind.

Andrerseits fehlt es freilich auch nicht an Beweisen dafür, daß X in den verschiedenen Wandlungen, die es durchgemacht, auch manche Textverderbnisse erfahren hat. Uebereinstimmende Corruptionen in BCD, die also jedenfalls aus der gemeinsamen Vorlage stammen, finden sich z. B. I § 32 N. 2, II § 2 N. 6, V § 3 N. 7, 20 N. 15, XXVIII § 12 N. 11. 12, XXXI § 12 N. 2, kleinere und grössere Lücken z. B. I § 35 N. 4, VII § 6 N. 4, XII § 4 N. 23, 10 N. 2, XVIII § 2 N. 3. 4, XXVII § 9 N. 24, XL § 19 N. 4. Besonders häufig sind redactionelle Zuthaten, die vielleicht schon in der ältesten Handschrift X im Laufe der Zeit zur Erleichterung des practischen Gebrauchs hinzugefügt worden und gelegentlich ganz geeignet zur Erklärung einzelner Stellen sind, aber doch kaum dem ursprünglichen Texte angehörten. Hierhin gehören z. B. die Varianten I § 8 N. 12, 12 N. 3, 33 N. 43, VI § 8 N. 1. 2, 9 N. 1, 17 N. 4, 22 N. 2, VII § 6 N. 6, VIII § 1 N. 1, XII § 1 N. 25, XVII § 1 N. 7, XXIX § 4 N. 33. Besonders interessant ist die Note 4 zu Cap. VI § 3. BC machen zu A den Zusatz: *„Also waz is zeum ersten von alder“*, der zunächst zur Annahme verleiten könnte, daß X weit jünger als A gewesen sei, wahrscheinlich aber für eine Randbemerkung zu dieser Hdschr. zu halten ist. Auch die sprachlichen Eigenthümlichkeiten von BCD, die auf ein jüngeres Alter ihrer gemeinsamen Vorlage hinzudeuten scheinen, wie das Vorherrschen der Formen *wo*, *wenne*, *wer* statt der volleren *swo*, *swenne*, *swer* in A, die Auslassung von *nicht* hinter *kein*, dessen Bedeutung „irgend ein“ nicht mehr recht verstanden wurde, das Eintreten der Formen *ok, oc, ouch* statt der veralteten Partikel *ot* (auch statt *niwan*), sind wohl lediglich auf die Rechnung späterer Ueberarbeiter zu setzen.

Die interessantesten Varianten, welche wir wegen ihrer Wichtigkeit für die Geschichte des Stadtrechts schon oben aufgezählt und besprochen haben[1]), sind diejenigen, in welchen B und C und, soweit diese zum Vergleich herangezogen werden können, auch D[2]) und H[3]) jedenfalls auf Grund ihrer gemeinsamen Quelle X den König nennen, während sich in A auf einer Rasur das von späterer Hand geschriebene Wort „marcgreven" findet. Auch hier ist die Lesart von X ohne Frage die ältere und hat sich vor der Rasur auch in A gefunden. An einer Stelle[4]) ist in A das Wort *riche* trotz des Versuchs einer Rasur noch deutlich erkennbar; die Correctur wurde in A am Rande bewirkt, während die verderbten Lesarten in BC (*gerichte, richtere*) annehmen lassen, daß auch in X oder der Vorlage von X *riche* gestanden habe. Am schwierigsten zu erklären ist Cap. XXXVII § 12 (N. 3), wo von dem Rechte des Bergmeisters zur Verleihung freier Gänge die Rede ist. In A ist dieser Satz von der ältesten Hand eingetragen; das Wort *marcgreven* steht ganz wie an den anderen angeführten Stellen auf einer Rasur, also jedenfalls an der Stelle eines früheren *kuniges*. In B fehlt der ganze Paragraph. Wäre dies auch in C der Fall, so würde man eine der vielen Lücken in X annehmen müssen[5]); allein C hat den Satz und zwar auffälliger Weise mit der Lesart *margraphen* statt *kuniges*. Vielleicht ist er in X oder in derjenigen Ableitung von X, welche die unmittelbare Quelle von C bildet, zu einer Zeit nachgetragen worden, in welcher das Wort „kuniges" keinen Sinn mehr hatte. —

Fassen wir schließlich unsere Resultate kurz zusammen, so ergiebt sich, daß es im Anfange des 14. Jahrhunderts mindestens zwei Handschriften des um diese Zeit entstandenen Stadtrechts gegeben hat, von denen die eine (A) noch vorliegt, die andere (X) nur in Ableitungen (BCDH) erhalten ist. A und X sind nicht unmittelbar von einander

---

[1]) Vergl. S. XVII.

[2]) Cap. XIX § 10 N. 10.

[3]) Cap. VII § 4 N. 2. Cap. XX § 4 N. 4.

[4]) Cap. XLVIII § 5 N. 2. Vergl. oben S. XIX.

[5]) Vergl. die oben S. XVII besprochene Stelle Cap. I § 35 N. 4.

abhängig, stehen nicht in dem Verhältnis von Urschrift und Abschrift zu einander, sind daher wohl aus einer gemeinsamen dritten Quelle geflossen und erst diese ist das Originalmanuscript. Die Genealogie der Hss. ist also, wenn wir die wahrscheinlich zwischen X und seinen Ableitungen liegenden unbekannten Mittelglieder unberücksichtigt lassen, folgende:

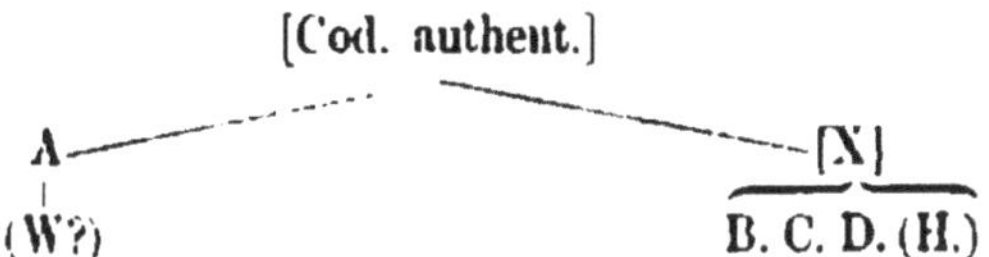

Zur Erklärung der vielleicht etwas auffälligen Annahme eines doppelten Exemplars des Stadtrechts schon in seiner ältesten Zeit könnte man die Vermuthung aufstellen, das eine Exemplar sei das des Vogtes, das andere das des Rathes gewesen. Wahrscheinlicher scheint mir die Annahme, daß X das officielle, sowohl beim Rathe als im Gerichte benutzte Handexemplar war und sich im Dinghause befand, während wir in A ein zweites, im Archiv der Stadt bei deren Privilegien verwahrtes Prachtexemplar sehen möchten, bei dessen Herstellung mehr Gewicht auf die Ausstattung als auf die Genauigkeit des Textes gelegt worden: eine Erscheinung, die ja bei Prachthandschriften nicht selten ist. Eine solche Vorsichtsmaßregel hat wohl kaum etwas Auffallendes, wenn wir berücksichtigen, daß der Freiberger Rath stets viel auf sein Archiv gegeben hat; trotz aller Feuersbrünste hat es sich in der Hauptsache bis auf den heutigen Tag erhalten. War X das officielle Exemplar, so ist es erklärlich, daß Abschriften zu öffentlichem oder zum Privatgebrauch nicht von A, sondern von X genommen wurden; ebenso können dann die redactionellen Aenderungen, erläuternden Zusätze u. s. w. nicht auffallen.

Auch auf die Frage, was aus der Dinghaushandschrift X geworden sei, möchten wir mit einer naheliegenden Vermuthung antworten. Bei dem großen Brandunglücke, das am 17. März 1375 die Stadt Freiberg traf[1]), wurde auch das Dinghaus ein Raub der Flammen[2]). Aller Wahrscheinlichkeit nach sind damals sämmtliche ältere Stadt- und

---

[1]) Vergl. Cod. dipl. Sax. reg. II. 12,94.

[2]) Moller I,133.

Gerichtsbücher zu Grunde gegangen; die vorhandenen beginnen erst mit dem Jahre 1378. Ihr Schicksal mag auch die im Dinghause aufbewahrte Handschrift X getheilt haben. Dagegen blieb das Archiv und in ihm auch die Handschrift A verschont. Letztere als die zweite amtliche Stadtrechtshandschrift wurde nun aus ihrem archivalischen Stillleben herausgezogen und für den täglichen Gebrauch bestimmt. Vorher aber mag sie einer Durchsicht unterworfen worden sein, die in der Hauptsache nur die Veränderung des „*kuniges*“ in „*maregreven*“ (bez. „*riches*“ in „*herren*“) und vielleicht einige andere Rasuren, wie am Ende von Cap. XLVIII (§ 8 N. 6) zur Folge hatte. Die älteren Zusätze von Hand II und III waren, wie wir sahen, etwa gleichzeitig mit ihrer Abfassung wie in X so auch in A nachgetragen worden. Außerdem aber enthielt A, als man es dem Archiv entnahm, nur noch die Abschrift eines etwa um 1336 entstandenen und nicht viel später eingetragenen Zolltarifs (Zusatz 1), dessen Original sich vermuthlich in den Händen der seit dem 23. April 1336 mit dem Zolle beliehenen Herren von Honsberg befand und den auch in X aufzunehmen eben aus diesem Grunde keine Veranlassung vorlag, weshalb er sich auch in BCD nicht findet. Dagegen fehlten in A zwei größere Abschnitte, welche in X eingetragen worden waren: eine um die Mitte des 14. Jahrhunderts gemachte wichtige Rathswillkür über verschiedene Punkte der Gerichtsverfassung und des gerichtlichen Verfahrens (Zusatz 2) und die Innungsartikel der Wollenweber (Zusatz 3). Die nachträgliche Aufnahme der ersteren mochte mit Rücksicht auf die im Archiv liegende markgräfliche Urkunde von 1373 März 6, welche den Inhalt jener Willkür nicht allein vollständig wiederholte, sondern auch erweiterte[1]), als überflüssig erscheinen. Die Ordnung der Wollenweber aber trug nach dem Untergange von X der Stadtschreiber Paul Balkaleger (1381—89) gemeinsam mit einem anderen Schreiber auf Grund irgend einer Abschrift[2]) in A nach. — Alle späteren Zusätze in A, die wohl

[1]) Cod. dipl. II. 12,92.

[2]) Dieselbe war im Ganzen schlechter als der Text in BC; ich habe trotzdem der Gleichmäßigkeit wegen und weil Balkslegers Abschrift unter den vorhandenen Copien die älteste ist, auch hier A zu Grunde gelegt, aber nach BC statt der moderneren *tuchmecher* die *wullenweber* eingesetzt und einige andere Besserungen vorgenommen (vergl. § 1 N. 1. 2, § 3 N. 1, § 4 N. 1, § 5 N. 2. 3, § 6 N. 2. § 10 N. 1, § 12 N. 1. 2).

größtentheils für Originaleinträge, nicht für Abschriften anzusehen sind, fehlen den jüngeren Handschriften; dieselben stellen also nur die Textgestalt des um 1375 abhanden gekommenen X dar.

Soviel über das Verhältnis von X zu A. Was die Ableitungen von X anlangt, so wurde ihre Verwandtschaft sowie der Umstand, daß dieselbe nicht auf unmittelbarer Entlehnung beruhe, schon oben erörtert. Im Einzelnen bemerke ich noch folgendes.

B, der Zeit nach die älteste Ableitung von X, steht ohne Frage an Werth der Handschrift C nach. Zahlreiche, von den andern Hss. der Gruppe X wie von A abweichende Lesarten, größere und kleinere Lücken (z. B. Cap. VIII § 1 N. 6, § 2 N. 15, XII § 4 N. 1, § 6 N. 2, § 7 N. 7, § 8 N. 11, XIV § 1 N. 55, XXVIII § 12 N. 20, XXIX § 4 N. 14, XXX § 4 N. 3, § 6 N. 6, § 10 N. 17, § 11 N. 2. 4, XXXI § 6 N. 1, § 9 N. 1, § 16 N. 2, XXXIII § 13 N. 3, § 15 N. 1, XL § 16 N. 8, XLI § 2 N. 6, XLII § 3 N. 2, § 6, XLIX § 10, § 41 N. 1), Zusätze, die theilweise den Text glücklich ergänzen und erläutern (z. B. Cap. XXIX § 4 N. 11, XLII § 14 N. 3), oft aber auch Flüchtigkeit verrathen, Verderbnisse anderer Art (wie VIII § 1 N. 5, XII § 4 N. 22, 9 N. 10. 11, XIX § 7 N. 1, 10 N. 31, XXVII § 19 N. 1, XLI § 1 N. 3, XLIX § 3 N. 4) beweisen, daß der Schreiber zwar seiner Aufgabe mit einer gewissen Selbständigkeit nachkam, aber doch vielfach nachlässig verfuhr.

Für den besten Repräsentanten der Gruppe X halten wir C. Diese Hdschr. liefert einen im wesentlichen nur orthographisch überarbeiteten Text; Corruptionen mancher Art, stilistische Veränderungen, Auslassungen (z. B. V § 2 N. 29, VII § 4 N. 21, VIII § 2 N. 19, 3 N. 14, IX § 2 N. 48, XII § 8 N. 13, XVI N. 10, XVIII § 5 N. 2, XIX § 5 N. 17. 19. 25, 6 N. 6, 10 N. 18, XXVI § 2 N. 2, XXVII § 11 N. 3, 14 N. 18, XXVIII § 11 N. 5. 6, 14 N. 40, XXIX § 5 N. 26, XXX § 4 N. 11, 7 N. 3, 10 N. 9, XXXI § 24 N. 2, 35 N. 3, XXXII § 4 N. 1, XXXIII § 10 N. 1, XXXVII § 6 N. 2, XXXIX § 4 N. 3, XLII § 4, XLIV § 1 N. 2) kommen zwar auch vor, sind aber doch seltener als in B. Der Umstand, daß die Verderbnisse und besonders die Lücken in C sich vielfach nach B richtig stellen bez. ergänzen lassen und umgekehrt, beweist zur Genüge, daß B und C von einander unabhängig sind und gemeinschaftliche Fehler der gemeinsamen Quelle zur Last fallen.

Ebenso ist auch D weder von B noch von C unmittelbar abhängig und schließt sich in seinen Lesarten bald jenem (z. B. VIII § 2 N. 9, IX § 3 N. 7, 4 N. 1, XII § 1 N. 3. 12, 2 N. 6, 3 N. 5, XIII § 4 N. 7), bald diesem (z. B. VIII § 2 N. 7. 12, IX § 2 N. 13, XII § 4 N. 32, 8 N. 12, XIII § 1 N. 8, 3 N. 6, 4 N. 16, 6 N. 5, XVI N. 12, XIX § 6 N. 6) näher an. Hie und da scheint auch A eingewirkt zu haben (z. B. I § 1 N. 5. 11. 12, 2 N. 3, V § 37 N. 5, 41 N. 2, XIII § 6 N. 24, 7 N. 7. 14, XVII § 2 N. 3, XVIII § 2 N. 7). Durch dieses Mischverhältnis und durch zahlreiche kleine Aenderungen redactioneller Art, die sich der Abschreiber des 16. Jahrhunderts erlaubte, wird der Werth von D sehr beeinträchtigt, und wir haben deshalb seine Lesarten weniger oft berücksichtigt als die von B und C.

Aus demselben Grunde hat auch H wenig kritischen Werth[1]). Am niedrigsten aber steht der durch die ärgsten Verderbnisse entstellte Text von Walch (W). —

Unserer Ausgabe wurde überall der älteste vorhandene Text zu Grunde gelegt, also A (bez. B für das zweite Register und die Zusätze 2 und 3). Offenbare Fehler und Lücken wurden nach den jüngeren Hss. verbessert und ergänzt, wobei ich der Gleichmäßigkeit wegen die Schreibweise derselben in die sehr consequente Schreibweise von A verwandelt habe, ohne dies überall besonders anzugeben. Sternchen und eckige Klammern wurden zur Bezeichnung solcher Emendationen und Ergänzungen verwandt, die sich auf keine handschriftlichen Grundlagen stützen können, sondern lediglich auf Conjectur beruhen. Die Lesarten von A, die im Text nicht Aufnahme fanden, wurden, abgesehen von einigen kleinen und offenbaren Schreibfehlern[2]), ohne Ausnahme in die Varianten gesetzt. Von den Lesarten von BCD wurden alle irgendwie

---

[1]) Daß H Randbemerkungen hatte, ergiebt sich aus Haltaus Sp. 1506 (Cap. XX § 4 N. 8), wo eine solche überliefert ist; erläuternde Zusätze vergl. z. B. I § 3 N. 2, § 10 N. 2. Hier und da zeigt sich eine redactionelle Verwandtschaft mit W; so waren wie hier Cap. I § 37—40 in einen Abschnitt vereinigt unter der Ueberschrift: „wie man zu heussern und anderer fahrender habe klagen und helffen soll" (Haltaus Sp. 1091). Vergl. auch I § 36 N. 9.

[2]) Auch die zahlreichen am Rande oder zwischen den Zeilen vorhandenen Correcturen des Schreibers I von A, die lediglich geringfügige Versehen desselben verbesserten, wurden nicht besonders hervorgehoben.

für das Handschriftenverhältnis wichtigeren aufgenommen. Unberücksichtigt blieben dagegen: a) rein orthographische Varianten, die keinerlei Aenderung des Sinnes herbeiführen oder nicht von irgend welchem sprachlichen Interesse sind (so auch das in der Schott'schen Ausgabe stets angemerkte *kein* = *dehein*, da beide Wörter schon in A in ganz gleicher Bedeutung stehen), während eine selbst leise Schattirung des Sinnes (z. B. der Wechsel der Formen *wo*, *wer* etc. mit *swo*, *swer*) zu einer Variante Anlaß gab[1]); b) der überaus häufige Wechsel der Negationsformen (*en-*, *in-*, *ne* oder das Fehlen der vorgesetzten Negation bei folgendem *nicht* oder *kein*); c) die Vorsilbe *ge-*, wo dieselbe keine sachliche Bedeutung hat (*gehaben* für *haben*, *gephenden* für *phenden* u. ä.); d) Zusammenziehungen wie *vonme* für *von deme*, *uffen* für *uff den* u. dgl.; e) Umstellungen von Wörtern ohne Aenderung des Sinnes, die sehr häufig sind und bei denen ebenfalls die ohnedies hinreichend belegte Verwandtschaft von BCD gegen A bemerkbar ist; f) conjunctivische Formen statt der indicativischen (*sulle* für *soll*, *bite* für *bitet*), die namentlich in D sich oft finden, ohne daß irgend welche Aenderung des Sinnes denkbar ist; g) Aenderungen wie *ime* für *jeme*, *er* für *der*, *der* für *dirre* u. dergl., die ebenfalls D besonders liebt; endlich h) alle offenbaren Schreibfehler, Doppelsetzungen eines Wortes, Correcturen, die lediglich auf die Unachtsamkeit des Abschreibers zurückzuführen sind u. dergl. m.

Was die Eintheilung des Stadtrechts in Capitel und Paragraphen anlangt, so stand die Capiteltheilung fest: die Ueberschriften sind natürlich die von A. Das Bedürfnis nach weiteren Unterabtheilungen wurde schon früh empfunden; bereits A zerlegt die meisten Capitel durch farbig ausgemalte C in eine Anzahl Abschnitte[2]), ohne diese jedoch mit Zahlen zu bezeichnen. In BCD sind dagegen die Capitel I—III, V, VI, XVIII, XIX, XXIV, XXVII, XXXI—XXXIII, XXXVII—XXXIX, XLIX in eine Anzahl numerirter Paragraphen abgetheilt,

[1]) Wo mehrere Hss. dieselbe Lesart, jedoch verschiedene Orthographie zeigen, ist nur die älteste Form gesetzt; z. B. *tut* BCD bedeutet, daß B *tut* liest, C und D aber vielleicht *thut* oder *thutt*.

[2]) Bei den Nachträgen V § 38 ff., XLIX § 30 ff. fehlen die C, doch bezeichnen Lücken im Texte die Abschnitte; ebenso XXXII § 19.

welche im Register von B und im Texte von C auch besondere Ueberschriften haben[1]). Die Klotzsch-Schott'sche Ausgabe hat diese Eintheilung angenommen und so wird oft nach ihr citirt. Allein da sie sich nicht auf alle Capitel erstreckt und auch sachlich sehr mangelhaft ist, so habe ich es vorgezogen, auch der Paragraphenzählung die Eintheilung von A zu Grunde zu legen. Hat auch diese ihre Mängel, so schien mir eine Anlehnung an die älteste Quelle doch empfehlenswerther als der Versuch einer Paragraphentheilung nach eigenem Gutdünken. Eine solche erfolgte nur in Cap. VII und in den Zusätzen 3—10 und 14, während die sonst in A nicht abgetheilten Capp. X, XI, XVI und XXXV auch hier ohne Unterabtheilungen bleiben konnten. Durch Hinzufügung der Schott'schen Paragraphenzahlen am Rande ist das Aufsuchen der nach diesen angeführten Stellen leicht möglich. Aus demselben Grunde habe ich auch die Seitenzahlen der Schott'schen Ausgabe angemerkt.

Bei den Zusätzen, die nach der Zeit geordnet sind — nur Zusatz 11 und 12 wurden, um die Innungsartikel nicht aus einander zu reißen, hinter diese gesetzt — waren die Angabe der Quelle und früherer Drucke sowie Hinzufügung von Anmerkungen über die Entstehungszeit erforderlich.

Sonst habe ich sachliche Anmerkungen vermieden, da eine Interpretation des Stadtrechts meiner Ansicht nach außerhalb der Aufgabe des Herausgebers liegt und viel mehr Zeit beansprucht hätte, als mir zu Gebote stand. Nur dadurch glaubte ich dem künftigen Bearbeiter des Freiberger Stadtrechts vorarbeiten zu sollen, daß ich in aller Kürze und ohne jede kritische Erörterung auf diejenigen Werke der neueren rechtsgeschichtlichen Literatur verwies, in denen einzelne Stellen unseres Stadtrechts benutzt und erläutert worden sind. Es verlangte dies eine überaus mühselige und langwierige Arbeit; wenn die Angaben nicht so erschöpfend ausgefallen sind, wie es in meiner Absicht lag, so möchte ich zur Entschuldigung namentlich auch darauf hinweisen, daß die sonst so vortreffliche Kgl. Bibliothek in Dresden gerade für diesen Zweck nicht völlig ausreichte und ich mich vielfach

---

[1]) Vergl. oben S. XLIV f.

auf auswärtige Unterstützung angewiesen sah[1]). Noch mehr muß ich hinsichtlich der ebenfalls beigefügten Parallelstellen aus einigen mehr oder weniger nah verwandten Rechtsquellen um Nachsicht bitten; sie sind mehr das Resultat gelegentlicher Notizen, als daß sie auf einer genauen vergleichenden Untersuchung beruhten. Leicht hätten sie sich ganz erheblich vermehren lassen; aber auch hier setzte die Rücksicht auf die Zeit Schranken.

Einen gewissen Ersatz für erläuternde Anmerkungen soll das Wort- und Sachregister bieten. Da auch in lexicographischer Hinsicht das Freiberger Stadtrecht von nicht geringer Bedeutung ist[2]), so schien eine möglichst vollständige Zusammenstellung seines Wortvorraths, so weit derselbe irgendwelche Besonderheiten bietet, wünschenswerth. Ich habe damit eine Uebersicht über den Inhalt zu verbinden gesucht, wobei die mittelalterlichen Ausdrücke als Stichworte dienten. Benutzt wurden außer den bekannten Wörterbüchern von Grimm, Müller-Zarncke, Lexer, Schmeller u. a. auch die Glossarien und Sachregister von Homeyer (zum sächsischen Land- und Lehnrecht und zum Richtsteig Landrechts), Hildebrand (zum Sachsenspiegel ed. Weiske), Gengler (zum Schwabenspiegel) und einige andere; Verweise auf diese Hülfsmittel habe ich mit Rücksicht auf den Raum nicht gegeben. Wie zeitraubend und mühevoll die Herstellung eines derartigen Wort- und Sachregisters und wie schwer es ist, allen Anforderungen, die von verschiedenen Seiten an dasselbe gestellt werden, zu entsprechen, kann wohl nur derjenige ganz würdigen, der selbst eine ähnliche Arbeit gemacht hat. Deshalb möge auch in dieser Hinsicht freundliche Nachsicht walten, wenn die Ausführung hinter dem Wollen zurückgeblieben ist.

---

[1]) Ich benutze die Gelegenheit, um den Universitätsbibliotheken zu Leipzig und Göttingen und der Kgl. Bibliothek zu Berlin, sowie der Bibliothek des hiesigen Oberlandesgerichts für vielfache Unterstützung meinen Dank auszusprechen.

[2]) Vergl. Frensdorff, Recht und Rede, in: Histor. Aufsätze und Abhandlungen dem Andenken an Georg Waitz gewidmet (Hannover 1886) 468.

3. Zur Geschichte des Freiberger Stadtrechts im 16. und 17. Jahrhundert.

Vielleicht war schon bei der Codification des Freiberger Stadtrechts manche Rechtsgewohnheit mit aufgenommen worden, die bereits im Anfange des 14. Jahrhunderts nicht mehr in Geltung stand oder doch im Absterben begriffen war. So ist wohl, um nur ein Beispiel anzuführen, kaum anzunehmen, daß der in vielen anderen Städten schon im 13. Jahrhundert abgeschaffte Beweis durch gerichtlichen Zweikampf sich in Freiberg bis ins spätere Mittelalter erhalten haben sollte; die urkundlichen Quellen und Stadtbücher enthalten keine Spur von der Anwendung dieses letzten der Gottesurtheile. Allein ebenso wie für weitere Rechtskreise der Sachsenspiegel, der ja gleichfalls manche schon in seiner Entstehungszeit veralteten Sätze enthält[1]), so blieb auch unser Rechtsbuch trotz der Nichtanwendbarkeit vieler Paragraphen das ganze Mittelalter hindurch und weit über dasselbe hinaus die unangefochtene und hochgeachtete Grundlage des Freiberger Stadtrechts. Auch das Eindringen des römischen Rechts in die sächsische Rechtspflege[2]) änderte zunächst nichts hieran. Erst der wachsenden Fürstenmacht, die im 16. Jahrhundert immer entschiedener der Autonomie der Städte und ihren particularistischen Bestrebungen gegenübertrat, gelang es, das Stadtrecht in seinen Grundfesten zu erschüttern.

Schon Herzog Georg scheint an manchen freibergischen Eigenthümlichkeiten Anstoß genommen zu haben. So an der Rathsverfassung. In den meisten sächsischen Städten gab es „bestätigte Räthe", d. h. der Gesammtrath bestand aus einer größeren Zahl auf Lebenszeit gewählter Rathsherren, von denen in regelmäßigem zwei- oder dreijährigen Turnus ein Theil als sitzender Rath die Geschäfte führte, während die anderen theils als berathende Mitglieder hinzugezogen wurden, theils überhaupt ruhten. Freiberg dagegen hatte einen jährlich neu zu wählenden Rath von 12 Personen, die allerdings theilweise dem Rathe des Vorjahres zu entnehmen waren, aber doch ohne Anspruch

---

[1]) Vergl. Stobbe Gesch. der deutschen Rechtsquellen 1,312 f.

[2]) Vergl. ebenda 2,125. 370.

auf Wiederwahl gewählt wurden[1]). Im Jahre 1489 ließ der Herzog den Rath fragen, was er zu Gunsten dieser von der sonst gebräuchlichen abweichenden Rathsordnung anführen könnte. Der Rath berief sich darauf, daß dieselbe auf ihrem Stadtrecht beruhe und der Stadt stets zum Nutzen gereicht habe, daher von den Landesherren, die schon früher mehrfach angefragt hatten, warum es in Freiberg keine „bestätigten Räthe“ gebe, auch immer confirmirt worden sei[2]); er bat, es bei dieser Einrichtung zu lassen, und seiner Bitte wurde entsprochen. — Nicht viel später aber entschloß sich der Rath, vielleicht nicht ohne daß ein gewisser Druck von oben geübt worden, selbst zur Aenderung der Verfassung. Auf seinen Antrag gestattete ihm Herzog Georg im Jahre 1498 einen Versuch mit der Wahl „bestätigter und bleiblicher“ Räthe zu machen[3]) und führte, da dieser Versuch günstig ausfiel, ebenfalls auf Bitte des Raths im Jahre 1500 eine neue Rathsordnung ein, wonach der Gesammtrath aus 22 auf Lebenszeit gewählten Mitgliedern bestehen sollte, von denen immer ein Jahr ums andere zwölf im Rathsstuhle sitzen und zehn ruhen sollten[4]).

Noch unmittelbarer machte sich der landesherrliche Einfluß geltend, als Herzog Heinrich durch den Vertrag mit seinem Bruder Georg vom 30. Mai 1505 die Aemter Freiberg und Wolkenstein erhalten und auf dem Schlosse zu Freiberg seine Residenz aufgeschlagen hatte[5]). Schon 1255 hatte Markgraf Heinrich versprochen, Sachen, die vor das Stadtgericht gehörten, nicht an den Hof zu ziehen[6]); die späteren Privilegienconfirmationen der Landesherren, auch die des Herzogs Heinrich von 1505, nahmen ausdrücklich Bezug auf diese Urkunde[7]).

---

[1]) Cap. XLVIII § 4.

[2]) Originalschreiben des Raths von 1489 Apr. 19. Hauptstaatsarchiv Dresden Loc. 9865. Des Raths zu Freiberg Bestätigung u. s. w. 1489.

[3]) Or. d. d. Dresden 1498 Aug. 17 im Freiberger Rathsarchiv K. 4; gedr. Schott 3,94. Vergl. Klotzsch ebenda 51. Benseler 340 f.

[4]) Or. d. d. Dresden 1500 Jan. 31 ebenda; gedr. Schott 3,94. Vergl. Möller Theatr. Freib. chron. 1,182 f. 343 f. und die in N. 3 angef. Stellen.

[5]) Vergl. Hingst, Herzog Heinrichs Hofhaltung in Freiberg: Mitth. des Freiberger Alterthumsvereins 10,881 ff.

[6]) Cod. dipl. II. 12,15.

[7]) Vergl. Cod. dipl. II. 12,225 15—17; dazu oben S. XXXVII.

Das Stadtrecht bedrohte es mit hoher Buße, wenn Jemand zu Hofe klagen würde, ohne daß ihm in Freiberg Recht versagt worden sei, und bestimmte, daß Niemand über ein gescholtenes Urtel entscheiden solle, als der Rath[1]). Eine Verletzung dieser Bestimmungen lag sehr nahe, wenn der Landesherr so bequem zu erreichen war wie Herzog Heinrich. Es war zweifellos eine Beschwerde des Raths gegen eine dem Stadtrecht widersprechende Berufung an den Herzog, was letzteren im Jahre 1517 zu einer ziemlich scharfen Abfertigung veranlaßte; „weil wir derselben eur Freyheit“, so heißt es darin, „do wirs sampt andern sollen bestätigt, nit wissen gehabt haben, uns auch zur selben Zeit davon kein sunderlich anzaig geschehen, auch solches in disen noch unzweyfelich in andern landen nit preuchlich, Wissen wir derhalb *on glaubwirdig urkundt,* die sich von Euch beschwert an uns beruffen haben und werden, nit abzuweyßen, sundern achten uns schuldig, ynen und ydern, waß sie Recht, zu gestatten“[2]). Der Herzog sah also das Stadtrecht, auf das sich der Rath berufen hatte, nicht ohne Weiteres als eine glaubwürdige Urkunde an und bezeichnete damit unzweideutig die Stellung, die er und seine Nachfolger zu demselben nahmen.

Wenn dagegen ein anderer Erlaß des Herzogs vom 30. Juli 1525 dem Rathe befiehlt: „das ir niemandes ferner vortzelen noch vorweysen möget dan euch gerichte oder gebiette vorliehen“, so bedeutet derselbe keineswegs, wie man gemeint hat, eine Abschaffung des „Verzählens“, jener dem Stadtrecht eigenthümlichen Form des Verfahrens gegen Abwesende bez. der Stadtverweisung, sondern soll nur eine misbräuchliche Ausdehnung desselben abstellen[3]). Thatsächlich kommt übrigens seit der Zeit Heinrichs das Verzählen außer Uebung.

Die für uns interessanteste Verordnung des Herzogs Heinrich ist ein Abschied vom 3. Mai 1526, durch welchen zahlreiche Streitigkeiten zwischen dem Rathe und der Gemeine beigelegt wurden[4]). In demselben heißt es: *„Des stadtrechten sal ein copei ader abschrifft gestellet,*

---

[1]) Cap. XXXIV § 4. XXXI § 36.

[2]) d. d. Freiberg 1517 Juni 30. Schott 3,96. Vergl. ebenda 53. Benseler 338.

[3]) Or. Rathsarchiv Freiberg K. 2. Gedr. Klotzsch Das Verzellen 126. Vergl. Klotzsch bei Schott 3,53. Benseler 338. Eingehender werde ich bei anderer Gelegenheit auf diesen Punkt zurückkommen.

[4]) 3 Orr. im Rathsarchiv Freiberg K. 27. Schott 3,96 vergl. 54. Benseler 342 ff.

etzlichen wolgeschigkten erfarnen zu besichtigen und gemeiner stadt nutz sich daraus zu entschliessen unttergeben werden, dasselbige in ein ordenunge zu bringen, und alsdan, so es ordentlich begrieffen und uns vorgetragen, wollen wir darop sein, das es in druck bracht und den einwonern umb den kosten, so es gestehet, behendet und gereicht werde." So war also zu einer Neubearbeitung des Stadtrechts der Anstoß gegeben. Allein es fehlt an jeder Spur, daß der Rath dem Befehle des Herzogs nachgekommen wäre; vielleicht ließen die unruhigen Zeiten, die das siegreiche Eindringen der lutherischen Lehre für Freiberg herbeiführten[1]), die Sache in Vergessenheit gerathen.

Auch derjenige Theil des Stadtrechts, der später die größten Schwierigkeiten machen sollte, das Erbrecht, beschäftigte schon damals die Landesherren. Die ersten uns bekannten Fälle endeten freilich mit zweifellosen Siegen der althergebrachten Gewohnheit.

Im Jahre 1538 klagte Magister Benedict Pachul in ehelicher Vormundschaft seiner Frau, die in erster Ehe mit Michael Kütner vermählt gewesen war und aus derselben keine Kinder hinterlassen, gegen die Geschwister Michael Kütners auf Herausgabe des von ihnen zurückgehaltenen Theils der Kütnerischen Erbschaft[2]). Der Kläger behauptete, daß seine Frau nach Stadtrecht I § 7[3]) die alleinige Erbin ihres verstorbenen Mannes sei; die Beklagten dagegen erkannten diesen Grundsatz nur hinsichtlich der im Weichbilde von Freiberg liegenden Güter an, beanspruchten aber die außerhalb desselben gelegenen, die in Bergtheilen auf dem Brande und in Schuldforderungen auf den Gütern des Abts zu Altzelle bestanden. Sie beriefen sich dabei auf einen Schiedsspruch zwischen der Stadt Freiberg und dem Abt zu Altzelle von 1437 März 19, in welchem es heißt: „was sich irsterbe yn lantrechte, daz gebe man noch lantrechte, unde was sich irsterbe

---

[1]) Vergl. meine Mittheilungen im Neuen Archiv f. sächs. Gesch. 3,295 f. 5,321 ff. 8,129 ff. und die dort angeführte Literatur.

[2]) Die umfänglichen Akten dieses (zuerst im Hofgerichte des Herzogs Georg anhängig gemachten) Processes enthalten zwei Fascikel im Hauptstaatsarchiv Loc. 8053. Vergl. auch Loc. 8050 Die Verlassenschaften unterschiedl. bürgerl. Personen Vol. III fol. 6. Die bei Schott 3,97 ff. gedruckten Schriftstücke nach Abschriften im Rathsarchiv Freiberg K. 27.

[3]) Vergl. oben S. XXXI f.

noch statrechte, daz gebe man noch statrechte." Die Leipziger Schöffen sprachen sich dahin aus, „das sich das angegebene Freibergische Statut auf die Güter, so in der Stadt Freiberg Weichbilde nicht gelegen, nicht erstrecken möge"[1]). Dagegen legten die Magdeburger Schöffen der Wittwe den Beweis auf, daß in Freiberg bei kinderloser Ehe auch diese Güter der Wittwe folgten[2]), und ihnen schloß sich Herzog Heinrich in seinem am 27. Jan. 1541 publicirten Urtel hinsichtlich des Immobiliarnachlasses an, während er die „persönlichen Schulden", die Kütner außerhalb des Weichbildes hinterlassen, ohne Weiteres der Wittwe zusprach. Pachul leistete den verlangten Beweis in befriedigender Weise[3]). Auf Grund desselben erkannte Kurfürst Moritz (5. Apr. 1543), daß die fraglichen Bergtheile und sonstigen unbeweglichen Güter der Wittwe Kütners folgen müßten, und dabei blieb es auch ungeachtet der von der unterliegenden Partei verlangten Läuterung.

Ein ganz ähnlicher Fall kam 1559 zur Entscheidung des Kurfürsten August. Die Geschwister des verstorbenen Valtin Wendekamp klagten gegen die Wittwe desselben auf Herausgabe seiner im Amte Freiberg belegenen Güter, Aecker, Wiesen und Gärten. Diese bezog sich auf Stadtrecht I § 7, und die mit der Untersuchung der Sache beauftragten landesherrlichen Räthe, denen die Stadtrechtshandschrift und jenes Urtel des Herzogs Moritz von 1543 Apr. 5 vorgelegt wurde, entschieden am 29. Novbr. 1559 den Fall zu ihren Gunsten: vergeblich bemühten sich die Kläger ein anderes Urtel zu erlangen. Nur für den Fall, daß, wie letztere behaupteten, die von Freiberg in solchen Erbfällen „Ungleichheit hielten und also ihre Gewohnheit durch widerwärtige Exempel selbst schwächten". erklärte der Kurfürst, sie bei derselben nicht schützen zu können[4]).

So war ein Punkt des Erbrechts — und zwar gerade derjenige, bei dem die spätere Praxis den ursprünglichen Sinn der stadtrechtlichen Bestimmung abgeändert zu haben scheint — durch landesherrliche Entscheidungen bestätigt worden. Daß auch andere Punkte

---

[1]) Loc. 8053 Acta Mag. Bened. Pachul ꝛc. fol. 51.

[2]) Ebenda fol. 66.

[3]) Loc. 8053 Michael Kuttners Erben 1542 fol. 1—114.

[4]) Schott 3,98 ff. (nach Abschriften u. Orr. im Rathsarchiv K. 27); vergl. 55 ff.

Anlaß zu solchen gegeben haben, ist an sich sehr wahrscheinlich, doch habe ich keine Belege dafür zu finden vermocht.

Von einer Beschäftigung mit dem Stadtrecht in seiner Gesammtheit zeugen die in der zweiten Hälfte des 16. Jahrhunderts entstandenen Handschriften desselben. Erhalten ist von ihnen die Göttinger Handschrift (D), die jedoch nur einen Theil des Stadtrechts enthält; die veränderte Eintheilung des Ganzen und die gewiß nicht zufällige Auslassung einzelner Abschnitte[1]) characterisiren sie als Versuch einer neuen Redaction. Aehnlich mag es mit der von Haltaus benutzten Abschrift stehen, die ja auch eine veränderte Eintheilung zeigt. Vor allem aber ist die von Walch herausgegebene Fassung der Statuten für eine derartige Ueberarbeitung zu halten; auch hier finden wir eine andere Eintheilung und viele Auslassungen[2]) und Kürzungen, auch einige Zusätze[3]). Ein Einfluß der Constitutionengesetzgebung ist in diesen drei Quellen nicht zu bemerken.

Es liegt unserer Aufgabe fern, nachzuweisen, wie das Eindringen des römischen Rechts in das bunt zusammengesetzte einheimische allmählich eine Unsicherheit in der Rechtsprechung herbeiführen musste, die das Eingreifen der landesherrlichen Legislative unvermeidlich machte. Nach langjährigen Vorarbeiten wurden am 21. April 1572 die Constitutionen des Kurfürsten August veröffentlicht[4]). Sie sollten bekanntlich weder neues Recht schaffen noch ein vollständiges Compendium des geltenden enthalten; ihr Zweck war lediglich die bestehenden Zweifel zu lösen, die mannichfachen Verschiedenheiten in

---

[1]) Das Fehlen der Capp. VI und VII läßt annehmen, daß die Abschrift nach der 1556 erfolgten Verlegung der Münze nach Dresden (vergl. Klotzsch Versuch einer kursächs. Münzgeschichte 1,338 ff.) entstanden ist.

[2]) Auch hier fehlen Cap. VI, VII und das dazu gehörige Cap. XXXVIII, wohl aus demselben Grunde wie in D. Für andere Lücken mag ein Verweis auf die oben S. LII ff. gegebene Vergleichstabelle genügen.

[3]) Z. B. § 24 u. 25 (mit der Ueberschrift Erbschafft Abraham Bauer); vergl. Schott 3,77.

[4]) Vergl. H. Th. Schletter Die Constitutionen Kurf. Augusts von Sachsen. Leipzig 1857. Stobbe Gesch. der deutschen Rechtsquellen 2,369 ff. Stintzing Gesch. der deutschen Rechtswissensch. 1 (1880), 551 ff. Die brauchbarste Ausgabe der Const. bei Schletter Handbuch der wichtigsten Sächs. Gesetze (Leipzig 1837) 1 ff.

der Praxis auszugleichen. Es war dies freilich ohne eine gewisse Gewaltsamkeit nicht möglich; der Gesetzgeber konnte, wollte er sein Ziel erreichen, unmöglich die bunte Masse der particularen Rechte unangetastet lassen, die namentlich in den Städten eine Fülle von eigenartigen, dem am römischen Rechte geschulten Juristen vielfach als barbarisch erscheinenden Gebilden hervorgebracht hatten. Wohl weil man voraussah, daß dies zu manchem Widerspruch den Anlaß geben würde, waren die Städte, obwohl gerade aus ihren Kreisen heraus die ersten Anregungen zur neuen Ordnung gekommen waren[1]), doch zur landständischen Berathung der Constitutionen nicht zugezogen worden[2]). Die meisten fügten sich dem Willen des Kurfürsten, theils vielleicht in der Erkenntnis, daß das Opfer, welches sie mit einem Theile ihrer Eigenthümlichkeiten brachten, auch für sie ein segensreiches sei, theils weil ihre Widerstandskraft dem Herrscher gegenüber damals schon gelähmt war.

Eine Ausnahme machte Freiberg[3]). Wie man hier über die Constitutionen dachte, davon zeugen schon die Worte, die der Stadtschreiber Adam Bellmann damals in sein „Zeitbuch"[4]) eintrug: „Diese Zeit des Jahres ließ Churf. Augustus etliche von der Ritterschaft und Doctores von den Universitäten versammeln zu Meißen, welche neue Landes-Constitutiones geordnet, die machten unser alt Stadtrecht löcherig."

Noch bevor der Rath eine officielle Zufertigung über das neue Gesetz erhalten hatte, wurden am 23. Juni 1572 der Bürgermeister Laurentius Fleischer, die Rathsherren Wolf Reichel, Christof Meischel und Bernhard Hanemann und der genannte Stadtschreiber beauftragt, die Constitutionen durchzusehen und diejenigen Artikel auszuziehen, die dem Stadtrecht widersprächen[5]). Diese Commission war mit ihrer

---

[1]) Schletter Constitut. 38.

[2]) Vergl. Biener bei Schletter 363.

[3]) Außerdem wissen wir nur von einem schwachen Versuche, den Caspar von Schönberg zu Purschenstein zu Gunsten seiner Stadt Sayda machte; vergl. Schott 3,108.

[4]) Zeitbuch (Rathsarchiv Freiberg) fol. 48. Vergl. fol. 49: und seindt hierdurch den Stedten an vielen Ortten ihre alte Constitutiones und lang erhaltene Stadtgebreuche auffgehoben, welchs den Stedten viel zu schaffen gemachtt.

[5]) Rathsarchiv Freiberg. Stadtprotokolle 1571 ff. fol. 162[b].

Arbeit noch nicht fertig, als die Constitutionen am 20. August dem Rathe mit dem Befehl zugingen, sie zu publiciren[1]). Der Rath beschloß, dies vorläufig nicht zu thun; „alt und neuer Rath soll sich domit bekummern, domit dem Stadtrechten nichts zuwider gehandelt wird"[2]).

Dem entsprach es, wenn der Rath die Constitutionen einstweilen ganz ignorirte. Bereits am 30. Juni war die Frage, ob man sich in einer Klagsache nach den Constitutionen verhalten solle, dahin entschieden worden: man solle sich so verhalten, wie es in Stadt und Gerichten gebräuchlich sei[3]). Ebenso wurde am 14. Febr. 1573, als man versuchte, auf Grund der neuen Constitutionen, welche „heimlichen Kummer" verboten (I, 29), früher verhängte Arreste umzustoßen, der Beschluß gefaßt: man sollte über den alten Stadtgebräuchen halten[4]).

Am 5. März 1573 legte die Commission ihre Bedenken dem Rathe vor. Man beschloß, den regierenden Bürgermeister (und kurfürstlichen Zehntner) Wolf Prager sowie die gewesenen Bürgermeister Laurentius Fleischer und Wolf Hilliger nach Dresden zu Dr. Georg Craco, dem damals noch allmächtigen Rathe des Kurfürsten, der an der Abfassung der Constitutionen den wesentlichsten Antheil gehabt hatte, und zum kurfürstlichen Sekretär Hans Jenitz zu senden, um nach ihrem Rathe die Sache an den Kurfürsten zu bringen[5]).

Die Beschwerdepunkte betreffen theils das Civilproceßrecht, theils das Erbrecht und sind folgende[6]).

1. Im Gegensatz zu Const. I, 28, wonach die Wittwe vor Befriedigung der Gläubiger des verstorbenen Ehemanns zunächst ihr eingebrachtes Gut aus der Masse herausnehmen soll, bestimmt das Stadtrecht, dem überhaupt eine besondere Behandlung des Eingebrachten

---

[1]) Im Allgemeinen erfolgte die Versendung am 14. Juli; Schletter 77. Der Freiberger Rath aber hat das Exemplar erst am 20. Aug. erhalten; vergl. Schott 3.110. 115.

[2]) Stadtprotok. fol. 184.

[3]) Stadtprotok. fol. 165[b].

[4]) Stadtprotok. fol. 240. Vergl. Klotzsch bei Schott 3.59 f.

[5]) Ebenda fol. 252. 252[b].

[6]) Vergl. Stadtrechtshdschr. A fol. 151. Schott 3.102.

unbekannt ist, daß, sofern nicht vertragsmäßig etwas anderes festgesetzt worden (I § 15. 16), die Wittwe nach Bezahlung der Schulden des Erblassers (I § 18) bei bekindeter Ehe ein Drittel (I § 1), bei kinderloser Ehe das ganze noch übrige Erbe (I § 7) nehmen solle.

2. Der in Const. I, 29 allgemein verbotene heimliche Arrest auf Güter des Schuldners sei in Freiberg von jeher üblich gewesen und entspreche den Eigenthümlichkeiten einer Bergstadt, da im allgemeinen Interesse der Credit des Einzelnen hier besonders schonend zu behandeln sei, um ihm nicht die Möglichkeit des Bergbaubetriebs und damit die Aussicht auf Gewinn zu nehmen. Darum sei aber auch die Bestimmung Const. I, 28, nach welcher derjenige, der ein Gut erklagt, vor anderen, auch wenn diese schon vor ihm Arrest auf dasselbe gelegt haben, zu befriedigen sei, für Freiberg nicht anwendbar, weil dadurch gerade die Gläubiger geschädigt würden, die aus Schonung für den Schuldner heimlichen Arrest auf dessen Güter gelegt hätten.

3. Wider den Stadtgebrauch sei auch die nach Const. I, 32 auf Antrag der einen Partei vorzunehmende anderweite Taxation der dem Gläubiger zugesprochenen Güter durch die Landschöppen, sowie die Bestimmung, daß um baar Geld und auf Zeit geschätzt werden solle; bisher wurde in Freiberg nur „auf Tagezeiten taxirt"[1]).

4. Die Gerade, von der die Const. an verschiedenen Stellen (II, 13. 14. III, 11 u. ö.) handeln, wurde in Freiberg nicht gegeben[2]).

5. Wenn Const. III, 8 der völlige Ausschluß der Mutter vom Erbe der Kinder als rechtswidrig bezeichnet wird, so widerspreche dem die 1427 bestätigte Freiberger Willkür, nach welcher von mehreren Geschwistern ein Kind das andere, nicht aber die Mutter die Kinder beerbe; diese nehme nur Erbe, wenn keine Geschwister vorhanden seien. Es entspräche dies der Billigkeit gewissermaßen als Ausgleich von I § 17 des Stadtrechts, wonach die Kinder erster Ehe einer Wittwe beim Tode ihres zweiten Mannes keinen Antheil an ihrem Drittheil hätten.

6. Const. III, 12, wonach bei kinderloser Ehe neben der Wittwe

---

[1]) Vergl. unten S. LXXXII.

[2]) S. oben S. XXXI.

auch die Eltern des verstorbenen Ehemannes erbberechtigt seien, widerspreche dem im Stadtrecht (Cap. I, § 7. 15) ausgesprochenen Alleinerbrecht[1]) des überlebenden Ehegatten.

Die Abgeordneten trugen diese Punkte[2]) am 8. März Craco vor und baten ihn um seinen vertraulichen Rath. Die Antwort war eine wenig befriedigende[3]). Craco erklärte zwar, daß die Constitutionen keineswegs gegen die löblichen alten Stadtgebräuche, Ordnungen und Gewohnheiten gerichtet seien, sofern dieselben mit dem natürlichen Recht und dem Völkerrecht in Einklang stünden; aber aufgehoben werde das „grob unvernunftig Recht", das in einzelnen Städten gelte. Dazu rechnete er namentlich die oben unter 5 und 6 angeführten erbrechtlichen Satzungen. Der Ausschluß der Wittwe vom Erbe ihrer Kinder sei „wider der wilden Thiere Recht", wahrscheinlich „durch alte Gebräuche, weil es dem Walde nahe, aus Böhmen in diese herrlichen Lande geflohen"; diese Gebräuche aber müsse man ausrotten, „denn die Böhmen haben auch das gröbste, unbilligste, unnatürliche Recht, das da sein mag". Bei Erbfällen, die vor Erlaß der Constitutionen ergangen seien, müsse es natürlich beim Alten bleiben; für die Zukunft aber seien die Constitutionen trotz der Privilegien, auf die man sich berufe, allein maßgebend. Beerbe aber die Mutter das Kind, so müsse umgekehrt auch das Kind die Mutter beerben. Auch hinsichtlich der übrigen vom Rathe vorgetragenen Punkte machte er nicht die geringste Aussicht, daß der Kurfürst der Stadt Freiberg eine Ausnahmestellung zugestehen würde; nur wegen der Gerade glaubte er, der Rath werde bei seiner Gewohnheit, nach welcher in Freiberg überhaupt keine Gerade gegeben werde, bleiben können. Er empfahl schließlich, vor allem der Gemeinde die Constitutionen vorzulesen und nur dann sich an den Kurfürsten zu wenden, wenn dieselben auf Widerstand bei der Bürgerschaft stießen.

Trotzdem beschloß der Rath zunächst noch von der Publication der Constitutionen abzusehen und die Sache dem Kurfürsten selbst

---

[1]) Vergl. oben S. XXXII.

[2]) Außerdem noch ein die Schuldhaft betreffendes Bedenken Schott 3,107 (vergl. Const II, 22).

[3]) A fol. 153. Gedr. Schott 3,106 ff.

vorzutragen[1]). Am 14. März begaben sich die beiden Bürgermeister Wolf Prager und Wolf Hilliger in Begleitung des Stadtschreibers Adam Bellmann nach Torgau, wo der Kurfürst damals Hof hielt, überreichten Craco ein Schreiben des Rathes vom 11. März[2]), in welchem derselbe sein gegen den Rath Cracos unternommenes Gesuch damit entschuldigt, daß die Gemeinde ihm einen Vorwurf daraus machen würde, wenn er das beschworne Stadtrecht so leicht aufgäbe, und ersuchten ihn um günstige Förderung. Sie selbst haben solche wohl nicht erwartet, und bei der abfälligen Weise, in der sich Craco, jetzt auch persönlich verletzt, nochmals über das alte Stadtrecht und ihre gegen die Constitutionen gerichteten Bestrebungen aussprach[3]), konnte es sie nicht überraschen, wenn der Kurfürst noch an demselben Tage ihr schriftlich vorgetragenes Gesuch[4]) sowohl in einer mündlichen Erklärung gegen Wolf Prager als auch in einem Erlasse an den Rath[5]) rund abwies und nochmals die Publication der Constitutionen anbefahl.

Der Rath mußte sich, obwohl er „nicht wenig bekümmert war, auch geflissen, ob dem Stadtrecht zu halten", doch dem Befehle fügen[6]), und so erfolgte denn am dritten Osterfeiertage[7]), dem 24. März 1573, in feierlicher Weise die Publication der Constitutionen, wobei der Gemeinde zugleich von den Bemühungen des Raths um die Erhaltung des alten Stadtrechts Mittheilung gemacht wurde[8]).

Die practischen Folgen dieser Veränderung des Stadtrechts zeigten sich sofort, um so mehr als im Jahre 1572 die Pest in Freiberg gewüthet hatte[9]) und hierdurch zahlreiche Erbfälle eingetreten waren. So

---

[1]) Protokolle der Rathssitzungen vom 10. u. 11. März 1573, Stadtprotok. fol. 253[b], vergl. Schott 3,62.

[2]) Rathsarchiv Freiberg Copialbuch 1571 ff. fol. 236[b]. Schott 3,109 vergl. 62.

[3]) A fol. 155. Schott 3,111 vergl. 62.

[4]) Schreiben vom 13. März 1573. Copialbuch fol. 237. Schott 3,110 vergl. 62.

[5]) Hauptstaatsarchiv Cop. 382 fol. 19. A fol. 155[b]. Schott 3,113 vergl. 63.

[6]) Vergl. das Protok. vom 18. März 1573, Stadtprot. fol. 258[b], dazu Schott 3,63.

[7]) uff den letzten „feiertag" nach Pascha, nicht „Freitag", wie Schott 3,63 hat.

[8]) Prot. vom 24. März 1573. Stadtpr. fol. 260.

[9]) Vergl. Möller Theatr. Freiberg. chron. 2,311 ff.

waren im August 1572 und am 1. Januar 1573 zwei Söhne der Wittwe Philipp Jägers gestorben; um das Erbe stritten die Geschwister, die sich auf die Willkür von 1427 beriefen, und die Mutter, die auf Grund der Constitutionen Antheil verlangte. Der Rath erbat sich daher bei Craco und bei der Landesregierung Auskunft, ob für die Geltung der Constitutionen das Datum ihrer Publication durch den Landesherrn oder das der Verordnung vom 14. März 1573 maßgebend sein solle, und wies darauf hin, daß im ersteren Falle viele Schwierigkeiten entstehen würden, weil die meisten während des Sterbens vorgekommenen Erbfälle bereits nach dem Stadtrecht geordnet seien[1]). Craco scheint hierauf gar nicht geantwortet zu haben; die Landesregierung aber schrieb absichtlich unklar: „sie lasse es wegen S. Churf. Gn. bei der Publicirung ermelter Constitutionen, welche von S. Churf. Gn. geschehen, und der Antwort des Churf. an den Rath bewenden“[2]). Nunmehr beschloß der Rath am 3. April 1573, daß man vom 14. März an nach den Constitutionen judiciren solle[3]). Neue Streitigkeiten veranlaßten den Rath, am 25. April 1573 den Kurfürsten um eine ausdrückliche Erklärung darüber zu bitten, daß diese ihre Auffassung die richtige sei[4]). Die Landesregierung, welcher der Kurfürst die Sache zur Entscheidung übertragen hatte[5]), erklärte: was im Sterben schon vertheilt sei, dabei solle es bleiben; was aber noch nicht vertheilt sei, solle nach der neuen Constitution vertheilt werden[6]). Nunmehr fügte sich der Rath und beschloß: „*Weil mans nun vier Mahl gesucht und keinen andern Befehlich erlangt*, so soll man sich nach *den neuen Constitutionen halten von dem Dato an, do es der Churfürst publicirt hat. Wo Irrungen vorfallen*, so soll man sich *Urtheil in den Schöffenstühlen holen*[7]).“ Letzteres geschah denn auch in manchen

[1]) Schreiben vom 27. und 30. März 1573, Copialbuch fol. 239[a], 242, gedr. Schott 3,114 f.

[2]) Hauptstaatsarchiv Dresd. Cop. 381 Bl. 111[a]. Schott 3,64 vermißt das Schreiben.

[3]) Stadtprot. fol. 263[b], vergl. Schott 3,64.

[4]) Copialbuch fol. 251, Schott 3,116. Nach den Stadtprotok. fol. 271[b] wurde der Beschluß einer Eingabe an den Kurfürsten erst am 28. Apr. gefaßt. Vergl. auch das Schreiben an Craco vom 1. Mai Copialb. fol. 252, Schott 3,118.

[5]) Durch Verordnung von 1573 Mai 8. Hauptstaatsarchiv Cop. 382 fol. 67[b].

[6]) d. d. 14. Mai 1573 ebd. Cop. 381 Bl. 169[b]. Vergl. Schott 3,64.

[7]) 19. Mai 1573. Stadtprot. fol. 279. Schott 3,64.

Fällen[1]); allein es scheint, daß der Rath gerade bei den Schöffenstühlen keine Unterstützung fand, daß ihre Entscheidungen im Widerspruch mit dem Stadtrecht gestanden haben[2]). Auch an Beschwerden beim Kurfürsten gegen die erbrechtliche Praxis des Raths fehlte es nach wie vor nicht[3]).

Ein anderer Punkt, der zu Schwierigkeiten Anlaß gab, war das Verfahren in Schuldsachen. Am 26. Februar 1574 trug der Rath dem Kurfürsten vor, es sei in der Stadt stets üblich gewesen, „daß man die heuser und gutter alhier nicht umb pahr gelt, sondern uff tagzeit (wie den gemeiniglich alle heuser alhier uff tagzeit mit zimlichem angelde vorkaufft werden) je und allewege geschatzt, hiemit die burgerschafft und ihre nachkommen nicht ganz und gar von demjenigen, so sie noch uff iren heusern stehen haben, so wenig auch ihr Armut anlanget, kommen möchten, sondern auch noch ahnweisung der schulden etwaß iren weißen zur austewr vorlassen mugen“. Damit stünden die Bestimmungen der Constitutionen (I, 32), daß man die Güter nicht allein auf Zeit, sondern auch auf baar Geld abschätzen solle, in Widerspruch; manche Gläubiger wollten „die Erbegelder (domit zuvorn je und allewege, obß woll uff langwierige tagzeiten gefallen, die gleubiger gulden vor gulden bezalt) uff pahr gelt geschatzt haben und sich außer dessen wie zuvorn doran nicht weisen lassen“[4]). Allein auch in dieser Hinsicht war der Kurfürst nicht geneigt, der Stadt ihr altes Recht zu lassen, da dasselbe zu einer Benachtheiligung der Gläubiger führe[5]).

---

[1]) Vergl. die am 11. Aug. 1573 an die Schöffen zu Leipzig gerichteten Fragen, Freiberger Copialbuch fol. 269, gedr. Schott 3,119. Andere Fragen an die Leipziger Schöffen aus den Jahren 1573 u. 1574 in demselben Copialbuch fol. 279[b]. 305. 317[b]. 332.

[2]) Vergl. die Bemerkungen bei Schott 3,121.

[3]) Vergl. eine Eingabe der Erben Donat Bergers vom 28. Juni 1573, worin dieselben als Kinder des einzigen Bruders von Donat nach den Const. ein Drittel seines Nachlasses beanspruchen, während die Wittwe auf Grund des Stadtrechts sie auszuschließen suchte. Or. Rathsarch. Freiberg K. 21 (Convolut einzelner Befehle des Kurf. August Vol. III). Der Rath beschloß am 27. Juli 1573 die Erbschaft nach Stadtrecht zu vertheilen (Stadtprotok. fol. 300) und, da er von der beim Kurfürsten erhobenen Beschwerde vernahm, demselben darüber „fein sachte und nicht so gar schleunig“ zu berichten (12. Aug. 1573). Stadtprot. fol. 305[b].

[4]) Freib. Copialbuch fol. 331.

[5]) Verordnung vom 1. März 1574 Hauptstaatsarchiv Dresden Cop. 393 Bl. 69.

Um dieselbe Zeit hatten die kryptocalvinistischen Wirren den jähen Sturz des Geheimen Raths Craco, des energischsten Vertreters der Constitutionen, bewirkt; im April 1574 wurde er eingekerkert, am 17. März 1575 erlag er der grauenvollen Behandlung, die ihm zu Theil wurde[1]). Diese Ereignisse mögen dazu beigetragen haben, wenn der unermüdliche Rath sich zu dem nochmaligen Versuche entschloß, von dem in Trümmer gehenden Stadtrechte so viel als möglich zu retten. Man beschloß am 26. April 1576, diejenigen erbrechtlichen Punkte, an deren Erhaltung besonders gelegen war, nochmals dem Kurfürsten vorzutragen und um eine endgültige Ordnung derselben zu bitten[2]). Die Eingabe an den Kurfürsten trägt das Datum des 29. April, giebt eine kurze Uebersicht über die erbrechtlichen Bestimmungen des Stadtrechts und bezeichnet schließlich als die am meisten streitigen Fragen folgende: 1. ob es den Wittwen gestattet sein solle, statt des ihnen nach Stadtrecht zukommenden Drittels nach den Constitutionen ihr eingebrachtes Gut herauszunehmen und damit allen Gläubigern vorzugehen, und 2. ob auch fortan nach der Willkür von 1427 die Geschwister sich unter Ausschluß der Mutter unter einander beerben sollten[3]). Man sollte meinen, daß auf die letzte Frage schon oft genug geantwortet worden sei; und das mag auch der Grund gewesen sein, wenn die Sache, die der Kurfürst zur Entscheidung an die Landesregierung abgab[4]), ziemlich schleppend behandelt wurde[5]).

---

[1]) Vergl. Calinich Kampf und Untergang des Melanchthonismus in Kursachsen 1570—1574 (Leipz. 1866). Kluckhohn in v. Sybels histor. Zeitschrift 18,110 ff. S. a. die Randbemerkungen Bellmanns zu dem Protokoll vom 8. März 1573 bei Schott 3,106. 108.

[2]) Stadtprotokolle 1574 ff. fol. 260. 261. Die dasselbe einleitende Zusammenstellung der fraglichen Punkte betrifft die oben S. LXXVII ff. unter 1,3—6 aufgeführten; doch fallen bei den späteren Verhandlungen mehrere fort.

[3]) A fol. 157. Schott 3,121, cf. 65. Schreiben an den Kammersecretär Jenitz mit der Bitte um Unterstützung ihres Gesuchs 1576 Apr. 29. Freiberger Copialb. 1574 ff. fol. 199[b].

[4]) Schreiben von 1576 Mai 3. Hauptstaatsarchiv Dresden Cop. 413 fol. 104. Cop. 422 fol. 58. Ein Gutachten von Laur. Lindemann über die Freiberger Angelegenheit d. d. 16. Juni 1576 Cop. 425 fol. 30[b].

[5]) Weitere Anfragen des Raths vom 21. Mai und 23. Juni 1576 Copialbuch 1574 ff. fol. 210. 217. Am 26. Juni antworten die Räthe, die Sache sei dem Kurfürsten noch nicht vorgetragen, sie müßten sich noch gedulden; ebenda.

Unter dem 6. Juli 1576 erging endlich der ersehnte Bescheid des Kurfürsten[1]); auch er entsprach freilich nicht den Wünschen des Raths. Der erste Punkt wurde ganz im Sinne der Constitutionen dahin entschieden, daß die Wittwe allerdings die Wahl haben solle ihr Drittheil oder unter Verzicht auf dasselbe ihr eingebrachtes Gut zu nehmen. Der Ausschluß der Mutter vom Erbe der Kinder zu Gunsten der Geschwister wurde noch entschiedener verworfen, da er „dem gemeinen beschriebenen, vornehmlich aber in allen unsern Landen üblichen sächsischen Rechten gänzlich zuwider und entgegen sei", es auch „an ihm selbst der natürlichen Vernunft und Billigkeit viel gemäßer sei, daß der Kinder Erbschaft ihren Eltern heimfalle, als daß sie hiervon durch die andern Geschwister, ihre eigenen Kinder, ausgeschlossen werden sollten". Auch in allen anderen Erbfällen sollte Eltern und Kindern dasjenige, was ihnen nach den Constitutionen zukomme, nicht durch die bisherigen Gewohnheiten entzogen werden.

Dem Rathe blieb nichts übrig als sich zu fügen. Am 13. August beschloß er, da man nun oft genug um Belassung des alten Stadtrechts gebeten habe, in Zukunft die Erbfälle nach den Constitutionen und den gemeinen sächsischen Rechten zu entscheiden[2]). Zugleich erhielt der Stadtschreiber den Auftrag, die wichtigeren in dieser Sache ergangenen Schriftstücke in die altehrwürdige Stadtrechtshandschrift einzutragen; nicht ohne Wehmuth mag Adam Bellmann dem nachgekommen sein.

Man wird dem Freiberger Rathe das Zeugnis nicht versagen können, daß er mit Muth und Ausdauer für die Erhaltung der heimischen Rechtsgewohnheiten gestritten hat. Damals freilich fehlte es auch nicht an solchen, die ihm gerade im Gegentheil vorwarfen, er habe sich nicht genügend darum bemüht. Um solchen Vorwürfen entgegenzutreten, fand am 6. November 1576 eine Sitzung beider Räthe statt, in welcher die bezüglichen Schriftstücke nochmals verlesen und sämmtliche Mitglieder des Raths um ihre Meinung gefragt wurden. Ihre vollinhaltlich in das Protokoll aufgenommenen Vota stimmen darin überein, daß man weitere Schritte beim Kurfürsten nicht thun könne. Wolf Prager, der als Zehntner einigen Einfluß bei letzterem besaß,

[1]) Or. im Rathsarchiv K. 27. Gedr. (nach A fol. 158) Schott 3.124. Walch 3.169.

[2]) Stadtprotok. fol. 307. Schott 3,67.

wies darauf hin, daß der Kurfürst immerhin in manchem Punkte Zugeständnisse gemacht habe und daß es dem Rathe jedenfalls nicht gezieme, sich ihm zu widersetzen; er erklärte sich zugleich bereit, wenn es der Rath wünsche, gelegentlich den kurfürstlichen Rath Hans von Bernstein und Joh. Jenitz um ihre Meinung zu fragen; nur wenn diese es empföhlen, könne man ein neues Gesuch an den Kurfürsten zu richten wagen[1]).

In der That verhandelte Prager bald darauf mit den genannten Herren. Nach dem Bericht, welchen er am 24. December 1576 dem Rathe erstattete[2]), betrafen diese Verhandlungen wieder hauptsächlich den Zeitpunkt, nach welchem für die Erbfälle die Constitutionen statt des Stadtrechts maßgebend sein sollten. Den Anlaß dazu hatte wohl die verwickelte Schafhirt'sche Erbschaftssache gegeben, auf die wir hier nicht näher eingehen können[3]). Die endgültige Entscheidung brachte eine Declaration des Kurfürsten vom 12. März 1577, in welcher angeordnet wurde, daß es in den vor Erlaß der „Reformation“ vom 6. Juli 1576 ergangenen Fällen bei dem alten Stadtrecht bleiben, von da an aber die Constitutionen maßgebend sein sollten[4]).

Trotz dieser unzweideutigen Verordnung, die immerhin als ein Zugeständnis an den Rath anzusehen ist, kam es auch in den nächsten Jahren zu Beschwerden, weil sowohl die Schöffen zu Leipzig als das Hofgericht zu Wittenberg auch ältere Fälle nach den Constitutionen entschieden. Der Rath mußte sich nochmals an den Kurfürsten wenden und erwirkte von ihm einen Befehl vom 1. Februar 1582 an die beiden genannten Spruchbehörden, in welchem dieselben zur Beachtung jener früheren Verordnung angewiesen wurden[5]).

Mit diesem Erlasse schließen die Verhandlungen der Stadt

---

[1]) Stadtprotok. fol. 287; gedr. Schott 3,126 ff.

[2]) Stadtprotok. fol. 328; vergl. Schott 3,68.

[3]) Vergl. Schott 3,69 ff. 130 ff. Stobbe Beitr. zur Gesch. des deutschen Rechts 142. Die über diesen Fall ergangenen umfänglichen Acten (Schott 3,69) habe ich im Rathsarchiv und im Archiv des Amtsgerichts zu Freiberg nicht aufzufinden vermocht.

[4]) Or. im Rathsarchiv Freiberg K. 21 Convolut einzelner Befehle des Kurf. August Vol. III. Gedr. (nach A fol. 160) bei Schott 3,133, auch bei Walch 3,154.

[5]) A fol. 160; gedr. bei Schott 3,134, cf. 71. Vergl. Stadtprotok. 1580—1583 fol. 226. 228. 229[b]. 237.

Freiberg mit ihrem Landesherrn. Sie hatten zwar nicht zur völligen Aufhebung des alten Stadtrechts geführt[1]; ja man faßte die Verordnung des Kurfürsten August vom 6. Juli 1576 hie und da sogar als eine Bestätigung desselben auf. Aber es waren doch nur Trümmer davon übrig geblieben. Man empfand das Bedürfnis einer kürzenden Redaction des Stadtrechts, die nur das noch Verwendbare enthielt. Eine solche entstand vielleicht schon im Jahre 1576; sie liegt uns in mehreren Handschriften vor[2]) und enthält 32 Paragraphen, von denen § 1—18 dem Cap. I § 1—20 des Stadtrechts, die übrigen dem Cap. V § 13, 33, 27, 28, 5, 35, 36, 38, 34, 1—5 entsprechen. Diese Statuten von 1576, wie man sie nennen kann, sind eine sehr nachlässige Arbeit, der eine ziemlich schlechte, in ihren Lesarten mehr an BC wie an A sich anschließende Handschrift zu Grunde lag und die durch viele Mißverständnisse und Auslassungen entstellt ist. Für unsere Zwecke ist sie völlig werthlos. Erwähnt aber mag werden, daß auf sie der bei Gottfr. Aug. Hoffmann, Statuta localia II, 307 ff. abgedruckte „Extract aus der Stadt Freyberg Statuten und deroselben Willkühr" zurückzuführen ist.

Auch auf die Form der Privilegienbestätigung hatten die Maßnahmen des Kurfürsten August Einfluß. Der Satz, in welchem von dem die Mutter ausschließenden Erbrecht der Geschwister die Rede ist, wurde von Kurfürst Christian I. gestrichen[3]) und fehlt in den folgenden Confirmationen[4]). —

[1]) In der im Jahre 1604 spielenden Breitingschen Erbschaftssache, deren Acten auch theilweise abschriftlich in die Stadtrechtshandschrift A (fol. 163ᵇ—166) eingetragen wurden (gedr. Schott 3,136 ff. vergl. 71 f.), erklärte Kurf. Christian II. am 25. Juni 1604 ausdrücklich, daß für den Begriff der Gerade nicht die landüblichen sächsischen Rechte, sondern die Freiberger Stadtwillkür maßgebend sei: Schott 3,140.

[2]) Kgl. Bibl. Dresden L 398 (Saec. XVIII). Ponickausche Bibl. Halle Mscrpt. Jurid. 26 (in 4°) fol. 313—318. Bibliothek der Bergakademie zu Freiberg. Mscrpt. 185 fol. 1 ff. und Mscrpt. 197.

[3]) Vergl. das Concept dieser Bestätigung (12. Oct. 1586). wo der betr. Passus durchstrichen und am Rande bemerkt ist: *Ditz ist in der reformation aufgehoben* (Hauptstaatsarchiv Confirmat. Privileg. III fol. 178ᵇ). Das Or. dieser Bestätigung fehlt in Freiberg.

[4]) Vergl. die Confirmationsurkunden von 1593 Jan. 17, 1602 Juli 16, 1612

Fast ein Jahrhundert verging, ein Zeitraum, der wie über das ganze Land so auch über die Stadt Freiberg viel Jammer und Elend gebracht hat, bevor man sich zu einer Neubearbeitung des Stadtrechts entschloß.

Die Anregung dazu ging von der Bürgerschaft aus, welche im Jahre 1670 durch die Viertelsmeister den Rath auffordern ließ, die Statuten revidiren und in Druck bringen zu lassen[1]), und diese Bitte im folgenden Jahre wiederholte[2]). Der Rath erkannte die Berechtigung dieser Bitte an, fand die Sache aber doch nicht unbedenklich und setzte, während er gleichzeitig den Stadtschreiber mit Ausarbeitung der ebenfalls vorgeschlagenen Vormundschaftsordnung beauftragte, einen Ausschuß nieder, um einen Beschluß über die Neubearbeitung des Stadtrechts vorzubereiten[3]). Erst am 9. April 1674 kam es zu einem solchen; der regierende Bürgermeister Jeremias Graupitz wurde gebeten, sich der Ausarbeitung der Statuten zu unterziehen[4]). Am 13. September 1675 theilte derselbe mit, daß er die Statuten „zum Project gebracht" habe, wünschte aber, daß sie, bevor er sie dem Rathe vorlege, zunächst von einigen Deputirten durchgegangen würden. Es wurde eine Commission zu diesem Zwecke gebildet[5]). Am 8. April 1676 gelangte nunmehr das Concept der Statuten in den Rath; es wurde beschlossen, dasselbe zunächst im Colleg durchzuberathen, dann dem Hofrath Leickher in Dresden, einen namhaften Juristen, und den in Freiberg wohnenden Rechtsgelehrten zur Prüfung zu übergeben, hierauf um Verordnung einer Deputation aus dem Hofrathscollegium behufs nochmaliger Durchsicht zu bitten, sodann die Einwilligung der Bürgerschaft einzuholen und endlich das Werk dem Kurfürsten zur Confirmation zu unterbreiten[6]). Ohne daß wir es auf diesen seinem

Febr. 20, Orr. im Rathsarchiv zu Freiberg K. 11. Die folgenden Kurfürsten stellten, trotz wiederholter Gesuche, keine Privilegienbestätigungen aus: vergl. Rathsarchiv Freiberg D lit. F. no. 23.

[1]) 1670 März 9, Stadtprot. 1669—76 fol. 65.

[2]) 1671 Febr. 6, ebenda fol. 122.

[3]) 1671 Febr. 20, ebenda fol. 124.

[4]) Ebenda fol. 531.

[5]) Ebenda fol. 738.

[6]) Ebenda fol. 802.

weiten Wege begleiten wollen[1]), bemerken wir nur, daß schließlich in allen Hauptpunkten Uebereinstimmung erzielt und am 17. September 1677 die Statuten der Bürgerschaft „bis auf kurfürstliche Confirmation" publicirt wurden[2]).

Um diese Bestätigung hatte der Rath zuerst bereits am 6. December 1676 gebeten; er wiederholte sein Gesuch am 16. December 1678, am 3. Februar 1680, am 25. Juni 1683, am 2. December 1685, stieß aber immer von Neuem auf Schwierigkeiten[3]). Am 15. März 1686 erging der Befehl, nochmals die gesammte Bürgerschaft über das neue Stadtrecht zu vernehmen und mit dem Bericht darüber die alten Statuten, Feuer-, Polizei- und andere Ordnungen sowie die Urkunden, auf welche in dem Project Bezug genommen wurde, einzusenden[4]). Die letzte Notiz, die mir vorliegt, ist ein Rathsbeschluß vom 25. August 1691, nach welchem der Rath sich bereit erklärte, zu Gunsten des Oberhofjägermeisters von Erdmannsdorf auf das Geleit zu Neukirchen zu verzichten, „wann zumal derselbe in Beförderung der Stadtprivilegien, Vormundschaftsordnung und Statuten, damit solchs umb so viel eher zur gnädigsten Confirmation und Unterschrift gelangen könnte, soviel möglich an Hand gehen wollte"[5]).

Von da an schweigen Protocolle und Acten. Offenbar haben die Statuten von 1676 niemals die landesherrliche Bestätigung erlangt[6]); es ist dies auch der Grund, aus welchem es zu der beabsichtigten Drucklegung nicht gekommen ist.

Die uns bekannt gewordenen Handschriften der Statuten legen von dem großen Eifer, den man auf ihre Bearbeitung und Revision verwandt hat, beredtes Zeugnis ab.

(A) Für das dem Rathe am 8. April 1676 vorgelegte Concept ist

---

[1]) Vergl. Stadtprot. 1677—1685 fol. 1. 1b. 2. 3. 5. 6. 61. 74. 75. 82.

[2]) fol. 86.

[3]) Hauptstaatsarchiv Loc. 30595 Canzley-Acta die Statuten u. Privilegien der Stadt Freiberg betr. fol. 26. 144 f. Rathsarchiv Freiberg ♃ Lit S. No. 122. Vergl. Stadtprot. 1677 ff. fol. 663. 669. 1685 ff. fol. 37. 38. 71.

[4]) fol. 147 des N. 3 angeführten Actenstückes des Hauptstaatsarchivs. Stadtprot. fol. 119. 475.

[5]) Stadtprot. fol 820.

[6]) Vergl. Benseler Gesch. Freibergs 1090.

wohl eine Handschrift des Rathsarchivs zu Freiberg (Pap., fol., 99 Bll.) zu halten, die betitelt ist: „Project derer Freybergischen Statuten auf E. E. Rathes Begehren wohlmeinend verfertiget von Jeremias Graupitzen p. t. cons. ib. mpp. Anno 1676". Auf der Rückseite folgt der Wortlaut des für den Druck bestimmten Titelblatts: „Der Churfürstlichen Sächßischen alten freyen Bergstadt Freyberg Statuta und Ordnungen wie auch Privilegia mit Churfürstl. gnädigster Approbation und Confirmation vom Rathe doselbst theils Renovirt theils von neuem auffgerichtet und zusammengetragen, anjetzo aber zu männiglicher Wissenschaft und Nachachtung in öffentlichen Druck gegeben Anno 1676". Die 20 Beilagen, deren Verzeichnis Bl. 2 folgt, sämmtlich Schriftstücke, auf die im Texte selbst Bezug genommen wird, fehlen. Der Text ist vielfach corrigirt und zeigt, wie erheblich der ursprünglich vorgelegte Entwurf geändert worden ist. Doch würde es zu weit führen, dies im Einzelnen zu verfolgen[1]).

(B) Eine genaue Abschrift der Statuten in ihrer corrigirten Fassung findet sich in dem oben angeführten Actenstück des Hauptstaatsarchivs Loc. 30595 Canzley-Acta die Statuten und Privilegien der Stadt Freiberg betr. 1294 ff. fol. 28—114, 116—143. Es ist das am 6. December 1676 an den Kurfürsten eingesandte Exemplar. Dasselbe enthält auch die Beilagen.

(C) Eine weitere, zur Unterlage für den Druck[2]) bestimmte Abschrift des corrigirten Originalconcepts befand sich im Rathsarchiv[3]), bis sie Klotzsch für die Bearbeitung einer Ausgabe der Statuten benutzte und mit zahlreichen Anmerkungen versah. Zu dieser Ausgabe, welche sich an die des alten Stadtrechts anschließen sollte, kam es nicht. Nach Klotzsch' Tode (1789) gelangte das Manuscript in den Besitz des späteren Markscheiders und Kämmerers Joh. Friedr. Freiesleben; wo es sich jetzt befindet, ist mir unbekannt. Im Jahre 1803 veranstaltete Joh. Chr. Friedr. Gerlach einen correcten Abdruck

---

[1]) Weitere Momente in der Entwicklungsgeschichte des Stadtrechts bezeichnen die beiden Abschriften in den Acten des Freiberger Rathsarchivs 2) Lit. S. No. 122, die ich nicht näher untersucht habe.

[2]) Sie enthielt sogar den Entwurf eines Titelkupfers, vergl. Schott 3,75.

[3]) Vergl. Schott Unparth. Critik St. 51 (1773). 16.

dieser Handschrift, der auch die Anmerkungen von Klotzsch wiedergiebt[1]). Die Vorrede zeigt einige stilistische Aenderungen gegenüber A und B; im Uebrigen aber entspricht der Text durchaus der corrigirten Fassung von A. Wenn statt der 20 Beilagen, auf die A und B und ebenso der Text der Ausgabe verweisen, nur 11 beigefügt sind, von denen No. II den Beilagen 2 und 3, No. VIII—XI den Beilagen 13—16 und 20 jener Handschriften entsprechen, die anderen Nummern aber neu hinzugekommen sind, so ist dies auf Rechnung der redactionellen Thätigkeit von Klotzsch zu setzen, der bereits gedruckte oder ihm unwesentlich erscheinende Beilagen durch andere ersetzte[2]); störend ist nur, daß er im Text die alten Beilagenummern (mit einer einzigen Ausnahme [III § 6], wo im Manuscript die Nummer offen gelassen war) beibehielt, während er in den Anmerkungen richtig auf seine Beilagen verweist.

Abschriften des 18. Jahrhundert, die aber neben den genannten keinen Werth beanspruchen können, fanden sich noch in der Königl. Bibliothek zu Dresden[3]) und in der von Ponickauschen Bibliothek zu Halle[4]).

Ueber den Plan und Zweck der neuen Statuten spricht sich die Einleitung zu denselben aus. Da die alten auf Grund des Privilegs von 1294 aufgezeichneten Stadtgesetze nie gedruckt, auch zum Theil durch Veränderung der Zeit u. a. „in desuetudinem gerathen", dagegen andere Gewohnheiten eingeführt worden seien, so habe der Rath „nicht nur die alten Statuten alles Fleißes durchsehen und, so weit sichs fügen wollen, verneuert, erkläret und ad modernum statum eingerichtet, sondern auch selbigen die übrigen hergebrachten Jura non scripta, Stadtgebräuche, Willküren und Gewohnheiten, so zeithero als ein jus non scriptum aus der bloßen Observanz erlernet werden müssen, ingl. eine und die andere zur Erhaltung guter Polizei und gemeiner Stadt

[1]) Statuta der Stadt Freyberg vom Jahre 1676 mit Anmerkungen und Beweisurkunden herausgegeben von Joh. Chr. Friedr. Gerlach. Freyberg, Craz und Gerlachsche Buchhandlung 1803. 4°.

[2]) Vergl. Gerlach Statuten 92 Note x. 93 Note ff.

[3]) L. 381. 4°. Pap. 61 Bll.

[4]) Jurid. 26. 4°. Pap. 547 Bll. und Jurid. 25. 4°. Pap. 213 Bll. (letztere eine Abschrift der ersteren).

Privilegien, Freiheit und Gerechtigkeit dienliche Verordnung nach Veranlassung allgemeiner landüblicher Rechte oder anderer Orte sonderbaren Gewohnheit beigefüget und in gewisse Capita verfasset." Näher auf den Inhalt dieser neueren Statuten einzugehen, liegt außerhalb meiner Aufgabe; denn für eine Edition des alten Stadtrechts kommen sie nicht in Betracht.

Als im Jahre 1814 sämmtliche Städte des Landes veranlaßt wurden ihre Statuten einzusenden, weil man die städtische Verfassung nach preußischem Muster einheitlich zu ordnen beabsichtigte, überreichte der Rath zu Freiberg das alte Stadtrecht und die Statuten von 1676 (in den Ausgaben von Klotzsch-Schott und Gerlach) als „die in hiesiger Stadt theils bisher noch in Gültigkeit gewesenen theils bereits außer Uebung gekommenen statutarischen Verfügungen[1])". Noch damals also sah man als die Grundlage des Freiberger Stadtrechts neben den Statuten von 1676 auch unser altes Rechtsbuch an. Erst die allgemeine Städteordnung vom 2. Februar 1832 machte gesetzlich seiner Rechtsgültigkeit ein Ende.

---

[1]) Schreiben des Raths vom 18. Juli 1814 Hauptstaatsarchiv Dresden Loc. 30839. Local-Statuten betr. 1819 fol. 31.

DAS FREIBERGER STADTRECHT.

INHALTSVERZEICHNISSE.

Register in A.

XVIII. Von den, di ir vormunden verlorn haben.

p. 144. **XIX.** Von deme diebe, wi man den gewinnen sal.

XX. Von deme roubere, wi man den gewinnen sal.

XXI. Von den, di ein man vercelen wil umme dube oder umme roup uf iren hals mit rechte.

XXII. Von den, di da verzalt sin umme dube oder umme roup uf den hals, wi man di gewinnen sal.

XXIII. Von den vormunden, der einen uz sal zihn umme totslege oder umme wunden.

XXIIII. Von den vormunden umme den vride unde umme schult.

XXV. Von der vormundeschaft, wer des anderen vormunde wirdet.

XXVI. Von der burger brive, waz rechtis der hat unde di haben, di daran sten.

XXVII. Von deme kampfe, wi man den zu rechte teidingen sal uffiz ende.

XXVIII. Von der heimsuche, wi man di zu rechte volbrengen sal.

XXIX. Von deme richter zu irsetzene an eime gezuge.

XXX. Von den wunten luten, di der richter vorderen muz zu rechte.

XXXI. Von deme gerichte, di wile der richter sitzet unde dinget.

XXXII. Von dem aftervoite, waz he gewalt unde rechtis hat.

XXXIII. Von der eren klage, wo unde wi man di beheldet.

XXXIIII. Von deme obersten voite, waz he gewalt unde rechtis habe.

XXXV. Von der burger schriber.

XXXVI. Von den butelen.

XXXVII. Von deme beremeistere, waz der gewalt unde rechtis habe.

XXXVIII. Von den munzmeisteren, waz di gewalt unde rechtis haben.

XXXIX. Von dem lantrichtere, waz der gewalt unde rechtis habe.

XL. Von dem tzolnere, waz der gewalt unde rechtis hat.

XLI. Von den lantherren, waz di rechtis haben.

XLII. Von der becker innunge.

XLIII. Von der vleischower innunge, waz di rechtis haben.

XLIIII. Von den schuworchten unde von ir innunge.

XLV. Von der schroter innunge.

XLVI. Von der cremer innunge, waz di rechtis haben.

XLVII. Von den koufluten, di in dem kouflıuse sten, waz di rechtis haben.

XLVIII[1]). Von den burgerin, di habin gewalt ubir disc alle.

XLVIIII[1]). Von der antwurte, welch man dem andirn antwurtin sulle zu rechte.

Reg. A. [1]) *Die beiden letzten Zeilen sind nachträglich von einer gleichzeitigen ähnlichen Hand (II) hinzugefügt. Vergl. den Vorbericht.*

Register in BC.

Von begynnen[1]) **des rechtis der stat zcu Friberg.** *p. 145.*

Capitulum primum.

[I.][1]) Von anefalle gutis noch dem tode.

II. Von ußgesaczter kynder rechte noch des mannes tode.

III. Von kynder rechte, die zcu iren tagen komen seyn.

IIII. Von kynder rechte, die under iren jaren synt.

V. Von geczweyten kyndern mutter halben.

VI. Von unelicher kynder rechte.

VII. Von mannen, die da sterben ane kynder unde frawen laßen.

VIII. Was stiefkynder behalden an des mannes gute noch der mutter tode.

IX. Was[2]) frawen rechtis haben an der manne erbe unde eigen[2]).

X. Von der manne rechte noch der frawen tode unde ouch vor.

XI[3]). Von der frawen lipgedingis rechte[3]).

XII. Von des mannes rechte, das her hat an der frawen lipgedinge.

XIII[4]). Von witwern, die iungfrawen nemen unde en gut geloben[4]).

XIIII[5]). Von eegutis rechte[5]).

XV[6]). Von eegelubdes rechte[6]).

XVI[7]). Von mannen, die witwen nemen mit[8]) irem dritteil[7]).

XVII[9]). Von scholt zcu geldene noch toder hand[9]).

XVIII[10]). Von bescheidunge[11]) unde von vorgebunge[12]) der frawen[13]).

XIX[14]). Von der[15]) frawen unde der kynder rechte an gute, ab der man entwichen muß[14]).

XX[16]). Von erbczinsis rechte[17]).

XXI. Von bekantes erbczinsis rechte[18]).

XXII. Wie man vorsessin erbczins behalden moge.

XXIII. Von uffgeslagens erbczinsis rechte.

XXIIII. Von erbczinse czweier manne an eynem gute[19]).

XXV. Von czinshusern, do man czinshaftige[20]) zcu keuffet.

XXVI. Von fryen husern, do man czinshaftige[21]) zcu keuffet.

XXVII. Von czinshaftigen husern[22]), do man frie[23]) zcu keuffet.

XXVIII. Von[24]) eynes iczlichen mannes rechte, der erbczins had[24]).

XXIX[25]). Von iarczinses rechte unde von leukenunge iarczinses.

XXX. Von gemitter herwerge zcu behaldene bis zcu irem tage.

XXXI. Von hußgenossen, die iren gemitten tag behalden wollen widder der[26]) wirthe willen[27]).

XXXII. Von gebuwede iczliches mannes uff deme synen.

XXXIII. Von gruben zcu synkene, die heymlichkeit heissen.

p. 146. **XXXIIII.** Von gebrechlichem gebuwede czwisschen nakebuwern.

XXXV. Von gewalt eynes iczlichen mannes an husern unde hȯven[28]).

XXXVI. Von uffgebunge huser adder hȯve adder[29]) was is sie vor gerichte.

XXXVII. Von husern adder erben, die ym eyn man eygenen wil lassen.

XXXVIII[30]). Von beschuldigunge umbe geeignete pfand.

XXXIX. Von vordrossenheit geczugis uber geeigente pfand.

XL. Von kystenpfanden unde von allerhande varnder habe zcu eigenen.

Capitulum secundum.

[I.] Von besessener[1]) lute rechte zcu[2]) Friberg, die mit erbe unde mit eigen besessin synt.

II. Von erbes unde nicht[3]) eigens rechte zcu Fryberg.

III. Von eigens rouches unde von gemitter herwerge rechte.

IIII. Von den, die besessin wollen sien unde nicht besessin mogen geseyn.

V. Von den, die besessinheit beczugen[4]), wes die bestanden seyn.

VI. Von den, die besessin syn unde unbesessin werden nach der bewisunge.

VII. Von den, die nicht so wol besessin sien, daz sie ymandis[5]) geborgen mogen.

VIII. Von bewisunge bekanter scholt, daz eyn[6]) man so wol besezzen[7]) sie[8]).

IX. Von besessener lute recht, die beclayter scholt lewkenen.

X. Von bescheidunge czweyer manne vor gerichte[9]).

XI. Von besessener lute rechte zcu Friberg, daz sie uff allem gebirge haben.

XII. Von bergluten, die[10]) uff deme gebirge besessin sien, zcu antworten. p. 147.

XIII. Von besessener lute recht zcu Friberg, den nymand bynnen der mile vorbieten mag[11]).

XIIII. Von inheyschunge der lute, die in der mile gesessin synt.

XV. Von besessenen luten, die ire gewald vorantworten wollen ane inheyschunge.

Capitulum tercium.

[I.] Von gesten, die yn der stat mit wirthen zcu teidingen haben.

II. Von synneboten.

III. Von siechen luten, den man zcu dinge gebutet.

IIII. Von gesten, die[12]) vorboten werden yn irer herwerge.

V. Von den, die zcu Friberg geste heißen adder nicht.

Capitulum quartum.

Von dem geschosse zcu Fryberg.

Capitulum quintum.

[I.] Von den, die in siechtagen ire kint unde ir eigen unde erbe berichten[1]).

II. Von bescheidunge des mannes an dem ende.

III. Von bewisunge der beschidunge nach dem ende.

IIII. Was iungfrawen erbteylis behalden, die sich vorandern widder der eldern willen.

V. Von knechten, die sich vorandern widder der eldern willen.

VI. Von kyndern, die sich begeben widder der eldern willen adder mit[2]) irem willen[3]).

VII. Von[4]) knechten, die meyde enpfûren.

VIII. Wie hoch man des mannes son vorpflegen sulle an spile, der unbestatet ist.

IX. Wie vil der man des tagis vorspilen sulle ane busse.

X. Wie vil eyn man des tagis gewynnen sulle ane busse.

XI. Von pflegerechte, wer uber das gesectze spilen leßit.

XII. Von frawen, die ire kint tuschen welden an[5]) erbe unde an[5]) gute[6]).

XIII. Von pfandunge zcu doldene von eyme iczlichen manne[7]).

XIIII. Von ußborgene umbe totslege adder umbe kampfewunden[8]).

p. 118. XV. Von inheischunge des lantgerichtes vor der burg.

XVI. By welcher frist man geeigente huser entrumen[9]) sulle.

XVII. Von ungerechtem[10]) gebuwede.

XVIII. Von pfandung vor erbezins[11]).

XIX[12]). Von pfandunge vor iarczinß[13]).

XX. Von gesworner manne rechte an wunden ader an todslegen[13]).

XXI. Von eigens unde erbes rechte, das man zcu pfande[14]) seteczen wil.

XXII. Von erben, die man ansprechе machen wil.

XXIII. Wie eyn man erbe unde eigen behalde noch der stat rechte.

XXIIII. Von erbteile, das[15]) pfaffen angehoret.

XXV. Von den, die sich mit der hand loßen entwerten.

XXVI. Von pfanden zcu schatczen.

XXVII. Von den, die geentwert werden mit[16]) der hand vor scholt.

XXVIII. Wie enygkil[17]) mogen erbteil behalden an ires eldervater gute.

XXIX. Von den, die da sterben ane erben.

XXX. Von den, die da sterben und nicht gutis laßen.

XXXI. Von bestorbenem erbe, das yn derselben hand blibet.

XXXII. Von eigen unde erbe, das an ungesunderte kynder erstirbit.

XXXIII[18]). Von den, die huser haben in dem wigbilde unde sint doch wonhaftig ußerhalb dem[19]) wigbilde[20]).
XXXIIII. Von erbczins zcu[21]) vorsprechen.
XXXV. Wie lang man erbe unde eigen in geweren sulle halden, das is hulflich sie.

Capitulum sextum.

[I.] Von[1]) der munteze recht zcu Friberg unde das[2]) sie zcu[3]) rechte angehort[1]).
II. Von der muntczmeister rechte an silber unde an pfenningen[4]).
III. Von waltworchten, die unlotig[5]) silber brengen yn die munteze.
IIII. Von wechsels rechte.
V. Von beschuldigunge wechsels.
VI. Von der bergkost zcu nemen in der munteze.
VII. Von beschuldigunge der bergkost von dem muntczmeister[6]).
VIII. Von der lenheuwere[7]) recht an erczkouffe.
VIIII. Von fristunge der munteczekost.
X. Von der Fribergischen munteze rechte.
XI. Von bergares[8]) silbers rechte. p. 149
XII. Von der burger rechte zcu Friberg an keuffen mit lotigem silber.
XIII. Von der waltworchten rechte, die lotig silber vorkeuffen.
XIIII. Von keuffen mit golde adder mit Fribergischen pfenningsilber[9]).
XV. Von den, die mit falschen pfennyngen begriffen werden.
XVI. Von falsches silbers rechte.
XVII. Von geseygertes silbers adder geldes[10]) rechte.
XVIII. Von der woge rechte, die man eynen seiger nennet.
XIX. Von der scheren unde der[11]) abschroten rechte.
XX. Von den brennegademen.

Capitulum septimum.

Wie[1]) die muntczmeister eynen felscher[2]) uffhalden sullen unde ouch[3]) vorbrengen[4]) sullen zcu rechte[1]).

Capitulum octavum.

Wie man cynen fredebruch[5]) unde[6]) blutrunste geczugen[7]) sal[6]).

Capitulum nonum.

Wie man eyn pfert anfangen sal unde[9]) mit gebaren sal[9]) zcu rechte.

Capitulum decimum.

Wie[10]) man eyne kwe anefangen sal unde mit gebaren sal zcu rechte[10]).

Capitulum undecimum.

Wie man anfangen sal cleyder ader cleynot zcu[11]) rechte.

Capitulum duodecimum.

[I.] Wie eyn[12]) man synen[12]) koufschacz geczugen[13]) sal zcu[14]) rechte.

II. Wie ofte eyn man geczugen moge zcu rechte.

Capitulum tredecimum.

Wie eyn[12]) man dingsachen[15]) geczugen[16]) sal[17]) zcu rechte[16]).

Capitulum quartum decimum.

Wie man die mit rechte vorwinden sal[19]), die eynen rat unde eyne ebenunge brechen[20]) umbe wunden adder[21]) umbe[22]) todslege.

Capitulum XV.

[I.] Wie man gelubde mit rechte gewynnen sal uff[1]) bergen an teylen, das zcu beßerunge getan ist[1]) umbe wunden adder[2]) totslege.

II. Umbe[3]) welche sachen der man nicht zcu vorwinden sie mit ratluten sunder gerichte.

Capitulum sextum decimum.

Von[4]) luten, die sich umbe eyn ding[5]) beyderseyt czihen unde vorwillikorn[6]) an erhaftige lute[4]).

Capitulum XVII.

Wie man geczuge mit geczuge[7]) brechen sulle zcu rechte[8]).

Capitulum XVIII.

[I.] Von den, die[9]) vorczalt werden uff den hals ader uff die buße[10]).

II[11]). Von den, die nicht vormunden mogen gehaben, unde wie man yn den man[12]) gebrechen moge. *p. 150.*

Capitulum XIX[13]).

[I.] Wie eyn man synen diep vorczelen sal[14]) adder vorbrengen[15]) mit[16]) rechte, ab her yn begriffet[17]).

II. Von dube[18]), die hynweg kommet.

III. Von der rechte, die uff den leip gefangen sitczen.

IIII. Das ist der rechte diebesgruß.

Capitulum XX[13]).

Wie eyn man synen rewber, der yn had vor iaren berowbet, unde yn[14]) ansichtig wirdet ane[19]) syne[20]) habe, uffhalden sal unde yn die hafte brengen sal unde vorbrengen[21]) sal zcu[14]) rechte[14]).

Capitulum XXI.

Wie eyn[1]) man, der berowbet wirdt, synen reuber in die achte brengen sal[2]).

Capitulum XXII.

Wie man den rewber[3]), der vorczalt ist, angreiffen sal, ab man yn ansichtig wirdt, unde[4]) yn die veste brengen sal unde gewynnen vor gerichte[5]).

Capitulum XXIII.

Wie man fordern sal totslege adder wunden unde wie man sich der forderunge erweren sal mit vormunden nach der stat rechte.

Capitulum XXIIII.

[I.] Wie eyn man synen vormunden beheldet unde wie man yn ym[6]) brichet mit rechte.

II. Von den, die sich umbe scholt bieten an iren vormunden.

Capitulum XXV.

Von[7]) vormunden zcu antworten[7]).

Capitulum vicesimum sextum.

Von den, die[8]) wund werden unde an der burger brieff sten[9]).

Capitulum XXVII.

[I.] Wie, wo unde[10]) wenne man wunden clagen unde fordern[11]) sulle mit[6]) rechte[6]), die geslagen werden, unde von dem kampfe[12]).

II[13]). Von fristunge uber wunden zcu bittene.

III. Von vorswigunge des nehsten dinges[14]).

IIII. Von der eern clagen an wunden.

V. Von den, die boten uber wunden bitten[15]).

VI. Von heischunge umbe wunden unde wie man sie fordern sulle.

VII. Wie[16]) hebit sich an[17]) der kampf.

Capitulum XXVIII.

Wie man eyne heymsuche fordern sal[18]) unde welchs[19]) eyne heymsuche[20]) sien moge[21]).

Capitulum XXIX.

Wie man eynen[22]) richter irsetczen sal an eyme geczuge, den man leyten sal[23]) umbe gut, daz vor eyme andern richter gelobit ist[24]).

p. 151.

Capitulum XXX.

Von der forderunge des voytes, die her sal zcu rechte thun umbe elende[25]) lute, die da werden erslagen ader gewundet[26]) yn der stat ader dovor[27]).

Capitulum XXXI.

[I.] Zcu welchen czieten man zcu rechte gerichte siteczen sulle ader zcu not unde wie man sich in den vier benken unde[1]) dovor halden sulle an vorsprechen unde[2]) an andern sachen.

II. Von den, die ir wort selber sprechen unde in bruch wirdt, daz sie eynes vorsprechen bedůrften[3]).

III. Von unvolendeten[4]) teydingen.

IIII. Von den, die da[5]) selber antworten.

V. Von vorsprechen zcu bitten.

VI. Von vorsprechen, die mit orteiln gebeten werden yn den benken.

VII. Von den, die man zcu vorsprechen bittet unde in der richter nicht gebieten mag.

VIII. Von vorsprechen zcu bitten, die iß nicht geweigern mogen ane busße[6]).

IX. Wie[7]) gebetene vorsprechene[8]) der busse ledig mogen[9]) werden.

X. Von vorsprechen zcu bittene.

XI. Von gebeten vorsprechen, die seyn mit rechte mogen ledig geseyn.

XII. Von den, die vorsprechen bitten mit urteiln, unde von den, die sie bitten ane urteil.

XIII. Von gesworneu mannen, die man zcu vorsprechen bittet[5]).

XIIII. Von den, die man zcu vorsprechen bittet und[4]) die der voit dar getwungen had.

XV. Von willikor des vorsprechen zcu teydingene.

XVI. Von des vorsprechen teiding, do der man nicht an syn wort gicht[10]).

XVII. Von vorsprechen, die der holunge nicht erdingen unde der sachwalde an seyn wort nicht engicht[11]).

XVIII. Von geswornen mannen, die der lute wort reden[12]).

XIX. Wider gesworne lute.

XX. Wider gesworne lůte[13]).

XXI[13]). Von geswornen lute recht, die man zcu boten bittet in den benken.

XXII[13]). Von stroffunge eynes geswornen mannes urteil von eynem gemeynem manne.

XXIII[13]). Von den, die eynes[4]) urteils gefrogit werden unde uß- *p. 152.* wendig den benken seyn.

XXIIII[13]). Von den, die urteils gefrogit werden unde in den benken seyn.

XXV[14]).

XXVI[15]). Von den, die urteils gefrogit werden unde das enpfuren, das sie is nicht enwissen[16]).

XXVII[15]). Von den, die urteils gefrogit seyn[17]), das ire frund antrit.

XXVIII[18]). Von den, die urteils gefrogit werden unde seyn frevelichin entgen[19]), daz sie is[20]) nicht vinden.

XXIX[18]). Von urteiln zcu vyndene.

XXX[18]). Von urteiln, die eyn teil burgere teylen ußerhalbe irer morgensprache.
XXXI[18]). Von urteiln zcu straffene und wie man urteil straffen sulle.
XXXII[18]). Wenne man urteil straffen sulle, ab man sie straffen wil.

Capitulum XXXII.

[I.] Wie die burger den undervoit bestetigen sullen zcu dem gerichte unde welche[1]) gewalt her habe ader[2]) wo her recht zcu[3]) habe ader nicht[4]).
II. Wie der richter syn vording hegen sulle.
III. Von des undervoites[5]) rechte unde was der buße sie, wer syn wort selber teydinget.
IIII. Von der vier benke recht an entwortene.
V. Von des richters gebote, wer[6]) ußerhalp[7]) den benken ist.
VI. Von beschuldigunge, wer in die vier benke komet unde nicht antwortet[8]).
VII. Von beschuldigunge benanter scholt in den vier benken.
VIII. Von erteilter buße, do der man nicht umme wissen wil.
VIIII. Von lewkenhafter busse, wie die der richter gewynnen müße.
X. Von anderweydunge der buße.
XI. Von entscheidunge eyner sache, die an den richter geczogen wirdt, bie welcher frist her die entscheiden sulle.

Capitulum XXXIII[9]).

[I.] Von der eeren clage unde von des richters rechte.
II. Von[10]) luten, die man vorburgen wil.
III. Von den, die sich gerichtes weren.
IIII. Von deme undervoite.

Capitulum XXXIIII.

[I.] Von des obersten voitis recht unde[11]) gewalt.
II. Von clage zcu hofe.

Capitulum XXXV.

Von des schribers rechte.

Capitulum XXXVI.

Von der buttele[12]) rechte.

Capitulum XXXVII.

[I.] Von des bergmeisters[13]) rechte.

II. Von den richtern unde den geswornen uff dem gebirge. p. 153.

III. Von der rechte, die zcu Friberg beseßen syn uff allem gebirge.

Capitulum XXXVIII.

[I.] Von der munczemeister rechte, das sie haben an[14]) pfennigen unde an[3]) silbere.

II. Von berggareß silbers rechte.

Capitulum XXXIX.

[I.] Wo der lantrichter richten sulle unde was rechtes her habe.

II. Von aller der rechte, die zcu der stat gehoren, im lantgerichte.

III. Von wunden, die geslagen werden, wo[16]) man die zcu rechte fordern[16]) sulle[17]).

Capitulum XL.

Von[18]) des czolners rechte, das her had an gesten[19]), an czolle unde an allen den, die zcu der stat gehoren[18]).

Capitulum XLI.

Von dem gemeynen rechte[1]) der stat, das sie had von den[2]) fursten, den lanthern ire pferd zcu vorsprechen unde ire lute ufzcuhalden umbe allerhande scholt[3]).

Capitulum XLII[4]).

Von der beckere innunge unde rechte[5]).

Capitulum XLIII.

Von der fleischhawer innunge unde rechte[6]).

Capitulum XLIIII.

Von[7]) der schuworchten innunge unde rechte[7]).

Capitulum XLV[8]).

Von der schroter innunge unde rechte[9]).

Capitulum XLVI

Von der kromer innunge unde rechte[9]).

Capitulum XLVII.

Von der gewandsnyder innunge unde rechte[10]).

Capitulum XLVIII.

Von der czwelf geswornen craft unde was ir ambacht[11]) sie.

Capitulum XLIX.

[I.] Wie eyn man sien gesynde czuchtigen moge[1]).

II. Von bewisunge gemitter boten.

III. Wie man umbe lidelon clagen sulle unde wie vil eyn bote des behalden moge.

IIII. Von tagelones ader anders lones rechte.

V. Von den, die des mannes gewalt mogen geheissen an[2]) clage unde an antworten[2]).

VI. Von des mannes rechte umbe unfuge, die man an syme gesynde begeht.

VII. Von[3]) pferden, die da schaden tun.

VIII. Von den, die uff pferden reyten unde schaden tun.

IX. Von wegenen, die mit[4]) pferden ane hute syn unde schaden tun.

X. Von antworte vor hunde, die da[4]) lute beysßen.

XI. Von hawenden swynen, die da[6]) schaden[7]) tun.

p. 154. XII. Von nerswynen, die da[6]) schaden thun.

XIII. Von wilden ader czamen thyren, die schaden thun.

XIIII. Worumbe man den antworten sulle[8]), die gut vor[9]) ere nemen.

XV[10]). Worumbe man den antworten muße, die an der burger brife sten.

XVI[10]). Von antworte vorbannener[11]) lute.

XVII[10]). Von den, do nymand vor clagen[12]) nach antworten[13]) darff[14]).

XVIII[15]). Von den, do nyemant vor geclagen noch geantworten mag[15]).

XIX[15]). Von den, die nymand vorteidingen mag mit urteiln.

XX[15]). Von den, die nymand antworten durfen.

XXI[15]). Welchen[16]) vrowen[17]) man[18]) nicht antworten darff.

XXII[15]). Von willekor der frawen, das man en muß antworten.

XXIII[15]). Von frawen vormundeschaft, die eliche man haben.

XXIIII[15]). Von den, den nymant antworten darff.

XXV[15]). Von pferden zcu vorantworten in den[18]) herwergen.

XXVI[15]). Von den, die vor gerichte antworten sullen.

XXVII[15]). Wie mancher clage eyn man dem andern scholt moge gegeben.

XXVIII[15]). Wie lang eyn man dem andern in syner clage behalden moge.

XXIX[15]). Von beschuldigunge umbe den frede.

XXX[15]). Von clage umbe schaden geleukenter scholt.

XXXI[15]). Von beschuldigunge eyner sache unde schadens domitte.

XXXII[15]). Von bekanter scholt, der sich eyn man zcu tagen czuhet.

XXXIII[15]). Von bekanter scholt, der sich eyn man zcu tage czuhet, biß das[19]) her is gehaben mag.

XXXIIII[15]). Von bekanter scholt, der sich eyn man zcu tagen vormist zcu geczugen[20]).

XXXV[15]). Von geczugis rechte mit dem richtere.

XXXVI[21]). Von getzûge[22]) umme koufschatz, dez sich der man bynnen der iarvryst vermisset[21]).

XXXVII[21]). Von geczuge[22]) umbe koufschacz, doran man vorgoldene scholt volbrengen wil.

XXXVIII[21]). Von bekantem adder gelobtem gelde vor dem richtere zcu volkomen.

XXXIX[21]). Von beschuldigunge umbe geld, do der man spricht, her habe pfand dovor gesaczt.

XL[21]). Von volkomunge vorgoldener scholt.

XLI[21]). Von geczogis rechte.

XLII[21]). Von sachen, die zcum[23]) rate gelaßen werden.

XLIII[21]). Von pflegerechte an spile unde ab der son dem vater syner habe icht vorspilet.

Noten zu Register BC.

Dem Register in B (fol. 2b) und C (fol. 79) entsprechen durchaus die Eintheilung des Textes in B (welche für die von mir am Rande angegebenen Unterabtheilungen der Capitel in der Schottschen Ausgabe maßgebend war) und in C, sowie auch die Ueberschriften der Capitel im Texte von B und C und der Paragraphen im Texte vom C; B läßt letztere bis auf die in den Noten hervorgehobenen Ausnahmen ohne Ueberschriften. Die Varianten dieser in der vorliegenden Ausgabe nicht mitgetheilten

Capitel- bez. Paragraphenüberschriften im Texte, nach denen sich einzelne Verderbnisse in den Hss. B und C des Registers berichtigen ließen, sind unter B* und C* angegeben worden. Wo nichts bemerkt ist, findet sich im Texte dieselbe Ueberschrift wie im Register (und zwar entspricht dann C* in der Regel der Hdschr. C des Registers, nur in besonders hervorgehobenen Ausnahmefällen der Lesart von B). — [1]) begynne C. Cap. I. [1]) Hier und in den späteren Fällen, wo [] gesetzt wurde, blieb in B der erste § des Capitels ohne Zahl, während dieselbe in C sich meist findet. [2]) Was—eigen BC*. Von vrôwen rechte nach dez mannez tode unde von Ire beschydunge. Waz vrôwen rechtez haben an der manne erbe und eygen. Waz der man vor dş vrowe phflichtyg sş czů geldene C. [3]) XI. Von den, die leipgedinge haben B*. [4]) XIII. Von den witwern, die sich vorandern B*C*. XIII. Von wyttowern, dy iuncvrôwen nemen und in benant gůt geloben C. [5]) XIV. Von iungen luten, die man zcu der ee brengit B*. [6]) XV. Von der ee B*. [7]) XVI. Von witwon B*. [8]) yn B. [9]) XVII. Von dem erbteil B*. [10]) XVIII. Von bescheidene an dem ende B*. [11]) bescheydene C. [12]) vorgebêne C. [13]) an irme ende Zusatz C (fehlt C*). [14]) XIX. Von der frawen unde kinder rechte, ab der vater schaden tut ader vorlust des hern hulde unde entwichet B*. [15]) fehlt B. [16]) XX. Von erbczinß rechte B*. XX. Von leukonunge erbetzynses (am Rande: Von erbeczynses rechte) C*. [17]) und wş man den gewynnen sůlle Zusatz C. [18]) ader von leukenunge orbetzynses Zusatz C (fehlt C*). [19]) huze wi^e itzlicher behalde C. huze C*. [20]) czynshafftige húsere C. [21]) czynshaftige hůsere C. czinshaffte C*. [22]) czinshaftigen husern BC. czynshousern C*. [23]) vryo hůsere C. [24]) Von eynes — had B. Von gewalt erbeczynses einz itzlichen mannez C. Von gewalt orbeczynses C*. [25]) § XXIX ist in C* in zwei §§ zerlegt (XXIX. Von iarczynse bis S. 30 Z. 6 pfenden vor den cins und XXX. Von leukonunge iarczynses). Da jedoch auch der folgende § mit XXX bezeichnet ist, so bewirkt dies keine Störung in der Paragraphenzählung. [26]) dş C*. [27]) fehlt C*. [28]) an — hôven B. an hůze und an hove C. [29]) eygens ader erbes ader Zusatz C*. [30]) XXXVIII ist in C* in zwei §§ zerlegt (XXXVIII bis S. 35 Z. 25 bite darummo gerichtes und XXXIX. Von bekentnysse geeygenter phfande). Daran schließt sich ohne Paragraphenzahl § XXXIX unter der Ueberschrift: Von vordrossenheyt getzůges über geeygente phfand. — Cap. II—IV. [1]) unbesessener B. [2]) zcu BC* fehlt C. [3]) fehlt B. [4]) getzůgen C. [5]) nymandiz C*. [6]) der C*. [7]) wol besczzen C. beschen B. [8]) syn C*. [9]) unde von clage czů irvolgene vor gerichte Zusatz am Rande C (fehlt C*). [10]) fehlt C*. [11]) vorbieten mag B. nicht vorbůten mag dez yren (dez yren fehlt C*) und waz rechtez dş stat habe an bakken und an brůwen C. [12]) vorsprochen ader Zusatz C* — Cap. V. [1]) unde erbe berichten BC. und ir erbe berichten C*. erb unde gut berichten unde von iungfrawen, die sich ane irs vater willen vorandern, von spilern unde von anderm rechte B*. [2]) in B. [3]) fehlt C*. [4]) den Zusatz C*. [5]) an BC*. ane C. [6]) nach dez mannez tode Zusatz C. (fehlt C*). [7]) unde von gewalt uzczůtrybene Zusatz C. In C* steht obige Ueberschrift vor S. 60 Z. 21 (Kein man, der da hus unde hof hat), während der Zusatz bei Z. 26 (Welch man busgenozen hat) am Rande beigefügt ist. [8]) kampere wunden C. [9]) rühmen C. [10]) unrechtem C. [11]) waz rechtez man daran habe Zusatz am

*Rande C**. [12]) XIX. Von iarczynses phfandunge rechte C*. [13]) an wunden ader an todslegen *fehlt B.* [14]) phfandunge *C.* [15]) dÿ *Zusatz C**. [16]) in *B.* [17]) daz sind kyndezkynd *Zusatz C**. [18]) *Dieselbe Ueberschrift B**. [19]) den *C.* [20]) vier miln *C.* [21]) und *C.* czû *C**. — **Cap. VI.** [1]) Von—angehort *BC.* Von der muntczc rechte unde der waltworchten unde der lehenwere *(sic)* unde der wechseler unde der brennegadem unde von anderm mehr, daz die muncz antrit *B**. [2]) waz *C**. [3]) von *C.* [4]) und von deme czûsatze *Zusatz C**. [5]) unlouffig *B.* unlôtyg *C.* unletyg *C**. [6]) wegen *Zusatz C; fehlt jedoch C**. [7]) lehenwere *B.* [8]) berggares *C.* [9]) pfenningen silber *B.* [10]) goldes *B.* geseygertez geldez *C.* [11]) *fehlt C**. — **Cap. VII—XIV.** [1]) Wie — rechte *BC.* Wie man eynen fel[s]cher uffhalden sal unde volbrengen mit rechte *B**. [2]) felchser *B.* [3]) *fehlt C.* [4]) volbrengen *C.* [5]) vryde *C**. [6]) ader eyne *C**. [7]) beczugen *B**. [8]) czû rechte *Zusatz C.* mit rechte *desgl. B**. nach der stat recht *desgl. C**. [9]) unde—sal *fehlt B**. [10]) Wie—rechte *BC.* Von dem anefange, wie man domit gebaren sulle nach rechte *B**. [11]) mit *B**. [12]) *fehlt B**. [13]) beczugen *B**. [14]) mit *B**. [15]) eine dyngsache *CB**. [16]) beczugen *B**. [17]) sulle *B**. [18]) unde was eyne dingsache sye *Zusatz B*C**. *In C ist ferner ein § II* Von beschydûnge czweyer manne vor gerichte *(= § 2ff. unserer Eintheilung) abgesondert.* [19]) *fehlt B.* sal *B**. sûlle *C.* [20]) die erbafte lute machen *Zusatz B**. [21]) unde *C.* [22]) *fehlt C.* umme *C**. — **Cap. XV—XX.** [1]) uff—ist *BC.* das uff bergen an teylen ader an gute getan ist zcu besserunge *B**. [2]) und *C.* ader umbe *B*C**. [3]) Umbe — gerichte *BC.* Von vorwindunge gelubdez *(am Rande) C**. [4]) Von — lute *B.* Wo czwene man umbe ire teydinge czihen an czwene andere man ader an eynen andern man *B**. [5]) eyn ding *B.* ire teydung *C.* [6]) unde vorwillikorn *fehlt C.* [7]) geczuge *CB**. geczugen *B.* [8]) zcu rechte *fehlt B**. [9]) da *Zusatz B**. [10]) und von den, dÿ iren vormunden nicht gehaben mûgen *Zusatz C. Dieser Zusatz fehlt in C*; dafür am unteren Rande ein Verweis auf Cap. XXIII und XXV.* [11]) *§ II ist in C* nicht abgesondert.* [12]) yn den man *B.* vormunden deme manne *C.* [13]) *Cap. XIX steht in B als Cap. XX hinter dem folgenden, während C die nach B* und C* richtige Reihenfolge einhält.* [14]) *fehlt B**. [15]) volbrengen sal *CB**. [16]) yn zcu *B**. [17]) irwischt *C.* erwischet *B**. begryfet *C**. [18]) duberye *C.* dûbe *C**. [19]) an *B**. [20]) syner *B**. [21]) volbrengen *CB**. wolbrengen *C**. — **Cap. XXI—XXX.** [1]) der *B*C**. [2]) mit rechte *Zusatz B**. czû rechte *desgl. C.* [3]) ader den dÿp *Zusatz C**. [4]) wie man in *Zusatz B*C**. [5]) mit rechte *Zusatz B**. czû rechte *desgl. C**. [6]) *fehlt B**. [7]) Von—antworten *B.* Von vormundeschafft *C.* Von der vormundeschaft *B**. [8]) da *Zusatz B*C**. [9]) *§ 3 nach unserer Abtheilung hat in C* die Ueberschrift:* Von den, dÿ czû tode geslagen werden unde an der bûrgere brÿff sten *(jedoch keine Paragraphenzahl).* [10]) ader *B**. [11]) vorvordern *C**. [12]) unde von dem kampfe *fehlt B**. Daz ist von deme kamphe *C.* Daz ist der kamp *C**. [13]) *§ II hat in C* keine Ueberschrift.* [14]) an wunden *Zusatz C.* [15]) uber wunden—bitten *B.* bÿten ûber wunden *C.* [16]) Hÿ *C.* [17]) an *fehlt C.* [18]) sulle mit rechte *B*C**. [19]) was *B*C**. [20]) heymsuchunge *B**. [21]) sien moge *B.* sÿ *C.* sie ader welche is nicht ensie *B**. sy° ader welchez nicht eyne sy° *C**. [22]) man eynen *B.* ein man synen *C.* [23]) leyten sal *BC.* leytet *B**.

24) had B*. 25) enlende C. ellende unde arme B*. 26) zcu Friberg Zusatz B*. 27) vor der stat B*. — Cap. XXXI. 1) und CB*. ader B. 2) unde BC*. ader C. 3) eynes vorsprechen bedûrften BC. vorspreche dûrffe C*. 4) sachen Zusatz B. 5) fehlt C*. 6) dŷ bûsse C*. 7) der Zusatz C. 8) vorspreche C. 9) mûge C. 10) sicht B. gŷcht C. engŷchet C*. 11) engeht B. ingicht C. engicht C*. 12) sprechen C. 13) XX. Wider gesworne lûte fehlt B; die §§ XXI—XXIIII sind deshalb mit XX—XXIII numerirt. Der Text beweist jedoch, daß C die richtige Lesart hat. 14) § XXV ist im Register BC nicht vertreten; in C* fehlt er ganz. 15) § XXVI und XXVII erscheinen im Register B und in C* vertauscht als XXV und XXIV bez. XXVI und XXV; im Register C fehlt § XXVII und § XXVI hat die Zahl XXV. 16) enwissen BC*. wisen C. 17) werden C*. 18) Die §§ XXVIII—XXXII sind in BC mit XXVI—XXX, in C* mit XXVII—XXXI bezeichnet. 19) triben B. 20) sin C*. — Cap. XXXII—XL. 1) was B*. 2) unde B*C*. 3) fehlt B*. 4) zcu richten Zusatz B*. 5) vordyngez C. 6) der B. 7) uzewendyc C*. 8) unde nicht antwortet fehlt B. 9) Von der eeren klage umme wunden suche anme syben und czwentzgysten capitulo anme vierden articulo Zusatz C (fehlt C*). 10) den Zusatz C*. 11) von syner Zusatz B*. 12) ambacht unde Zusatz B*. 13) bergmeisters CB*. burgermeisters B. 14) yn iren B*. 15) und C*. 16) richten C. richte C*. 17) fehlt C*. 18) Von—geboren BC. Von des czolners rechte B*. 19) an gesten fehlt C*. — Cap. XLI—XLVIII. 1) gerichte B*. 2) demo C. 3) umbe—scholt BC. is sie worummo is sie B*. 4) Vor Cap. XLII, ohne Capitelzahl: Von der willenweber ynnunge C. In C* steht jedoch dieser Abschnitt, ebenfalls ohne Capitelzahl, hinter Cap. XLVII, vergl. unten Zusatz 3. 5) von irme rechte CB* 6) von irem rechte B*C*. 7) Von—rechte B. Von der schuworchten unde der gerbere ynnunge C. Von der schuworchten ynnunge unde der gerwere unde irem rechte B*. Von der schûworchten unde gerbere ynnunge C*. 8) Ist in C als Cap. XLVI hinter das folgende mit XLV bezeichnete Cap. gestellt. C* giebt die beiden Capitel in der Reihenfolge wie B, aber numerirt sie wie C. 9) von irme rechte C. 10) irme rechte C. von irem rechte B*C*. 11) ammecht C. ammacht B*. — Cap. XLIX. 1) mit rechte Zusatz C. mit rechte unde von anderm rechte Zusatz B*. 2) an—antworten BC. czû vorantworten C*. 3) den Zusatz C* 4) in oder m B. 5) dy C. 6) fehlt C. 7) den lûten Zusatz C*. 8) ader mûzze Zusatz C. 9) umme C. 10) In C* fehlt § XV, obwol er im Register aufgeführt ist; § XVI—XLIII sind daher mit XV—XLII bezeichnet. 11) vorbanner C. 12) geclagen C. 13) geantworten C. 14) mag C. 15) § XVIII fehlt B (ist jedoch in B* vorhanden). In Folge dieses Ausfalls haben die §§ XIX—XXXV in B die Zahlen XVIII—XXXIV, während C in Uebereinstimmung mit der Zählung von B* numerirt. Vergl. Note 10 über die Zählung in C*. So kommt es, daß bis § XXXV die Zahlen im Register von B den Zahlen im Text von C* entsprechen und umgekehrt. 16) Welche B. 17) frawe B. 18) fehlt B. 19) fehlt C. 20) geben B. 21) § XXXVI fehlt in B (ist jedoch vorhanden in B*). In Folge hiervon sind die §§ XXXVII—XLIII mit XXXV—XLI in B bezeichnet, während in C § XXXVI mit XXXV und die folgenden §§ mit XXXVI—XLII bezeichnet sind. Vergl. oben Note 10 und 15. 22) getzûges recht C*. 23) czû C.

Got[1]), der himel unde erde geschuf, *p. 155.*
Der helfe uns volbrengen diz buch.
Des[2]) helfe uns got. Amen.
Ich hebe an in gotis namen[2])
Und schribe Vribersch[3]) recht.
Wer mir helfe, der si gotis knecht[4]).

[1]) *Die vier einleitenden Verse fehlen in CDW.* [2]) Des—namen *A.* Ich hebe an in gotis namen. Des helfe uns got. Amen. *B.* [3]) Fribergischis *B.* [4]) Amen. *Zusatz B.*

Cap. I.

Diz ist von deme erbe.

§ 1. Vom Erbrechte der Wittwe und der Kinder. Vom Erbrechte abgetheilter Kinder. § 2—4. Von der Vormundschaft. § 5. Vom Erbrechte der Kinder aus verschiedenen Ehen des Vaters, § 6. unehelicher Kinder, § 7. des überlebenden Gatten bei kinderloser Ehe, § 8. 9. 17. der Stiefkinder. § 10. 19. Von der Verfügungsgewalt der Ehefrau, § 11. des Ehemannes. § 12. 13. Vom Leibgedinge der Ehefrau. § 14—16. Von Eheverträgen. § 17 (s. § 8. 9). § 18. Die Erben haften für die Schulden des Erblassers. § 19 (s. § 10). § 20. Das Vermögen des flüchtigen Verbrechers bleibt der Familie. — § 21. Von der Pfändung um Erbzins und dem Beweise des Erbzinsrechts, § 22. 23. des versessenen Erbzinses. § 24. Vom Vorzuge des ersten Zinsgläubigers vor dem zweiten. Vom Wiederaufbaue abgebrannter Erbzinshäuser. § 25. Von Vereinigung zweier Erbzinshäuser, § 26. 27. eines freien Hauses mit einem Erbzinshause. § 28. Vom Pfändungsrechte des Erbzinsgläubigers. § 29. Vom Jahrzinse. § 30. Von der Miethe auf bestimmte Zeit. § 31. Vom Rechte der Hausgenossen. — § 32—33. Von den Rechten und Pflichten der Hauseigenthümer in baupolizeilicher und § 34. straßenpolizeilicher Beziehung. — § 35. Von Aufgabe von Immobilien. § 36. Von Eignung verpfändeter Immobilien. § 37. Von Eignung von Kistenpfändern.

(§ I.) [§ 1.] Swo[1]) ein man stirbet in deme wicbilde zu Vriberc oder wo iz ist inme lande[2]) uf alleme gebirge, daz in di stat zu Vriberc gehorit, unde lezet eine husvrowen unde kindere unde lezit eigen unde erbe, hus, hof, vorwerc[3]), hutten unde teil, koufschatz[3]) unde schult unde bi namen allerleie varnde habe[4]), daz ist daz dritte teil der vrowen[5]) unde di zwei teil der[6]) kindere. Ist der kindere vire, sechse, cehene[7]),
(§ II.) zwelve oder[8]) zwei oder einz, so ist iz aber also. Ist ouch der kindere einz oder zwei oder druw uzgesatzit, di mugen wider inlegen alliz daz, waz den[9]) wizzentlichen worden ist[10]),

unde teilen mit den anderen kinderen[11]), ab si wollen, mit rechte. Wollen si iz aber nicht tun, so mugen si halden, alse si haben, mit rechte[12]). Di kure haben si wol[13]).

[§ 2.] Ist ouch under den kinderen, di daheime sint, (§ III.) keiniz[1]) zu sinen[2]) tagen kumen zu zwelf iaren oder daruber, daz kint mac kisen zu vurmunden, wen iz wil, unde mac nemen sin[3]) teil allis des erbis unde allis des[4]) gutis, daz sin vater gelazen hat, herabe zu im, ab iz wil, mit rechte[3]).

[§ 3.] Wi vil aber der kinder ist daheime, di under iren (§ IV.) iaren sint, nimit di muter einen man, diselben[1]) kindere beheldet der nehiste getelinc[2]) vater halben an iren aller[3]) danc mit rechte in siner[4]) vurmundeschaft unde alliz daz erbe unde daz gut darzu, daz in gevellet an der teilunge[5]).

[§ 4.] Haben aber di kindere icht[1]) andere[2]) vrunt muter[3]) halben oder swer si sin[4]), di mugen gewisheit[5]) heischen[6]) oder burgen von demeselben vurmunden[7]) mit rechte, daz he[8]) so getan erbe unde gut der kindere icht verkoufe[9]) oder vertu[10]), ee di kindere zu iren iaren kumen. Daz muz[11]) he tun zu p. 156. rechte, wil man is im nicht gelouben. Wenne[12]) aber di kindere zu iren iaren kumen, so mugen si kisen zu vurmunde, swen[13]) si wollen, unde nemen ir erbe unde ir gut herabe mit rechte. Wollen si aber da beliben, daz stet an in.

[§ 5.] Sint ouch di kinder von zwen, von drin oder von (§ V.) viren[1]) eelichen husvrowen unde von einem vatere, si[2]) teilen[3]) alle[4]) gelich di zwei teil des gutis mit einander.

[§ 6.] Waz aber uneelicher kinder sint unde von[1]) amien, (§ VI.) di inhaben chein erbeteil[2]) an ichte[3]).

[§ 7.] Stirbit ein man unde lezet eine vrowen unde nicht (§ VII.) kindere unde lezet erbe unde gut, daz si mit einander irerbeit unde gewonnen[1]) haben, daz beheldet si[2]) wol mit rechte. Ab he wol brudere oder[3]) swestere, omen oder veteren hat, di haben chein erbeteil daran nicht[4]), si ist in ouch nicht pflichtic zu gebene, der man hab iz in dan bescheiden mit irme willen.

(§ VIII.) **[§ 8.]** Nimet ein[1]) man ein wip unde hat kindere unde si hat ouch kindere[1]) unde gewinnen kindere mit einander unde irerbeiten[2]) gut mit einander, he sterbe oder si sterbe, wi geschit den stifkinderen, ab si nicht abegewiset[3]) sint? Stirbit si nach der stat recht[4]), si inmac iren kindern nicht bescheiden noch geben, wen alse der man wil. Stirbit aber he, so beheldit di vrowe daz dritte teil, unde di zweierleie kint von dem vatere di teilen di zwei teil under sich mit rechte unde geben sinen stifkinderen, waz si wollen.

[§ 9.] Hetten aber diselben stifkindere dar icht bracht von iren vatere, daz mochten si eischen[1]).

(§ IX.) **[§ 10.]** Chein vrowe mac irem manne sines erbis noch sines eigenis weder verkoufen noch versetcen nichtesnicht wider sinen willen wen[1]) drittehalben phenninc. Waz abir ein vrowe gelobit[2]) an varnder habe umme kleidere unde umme ir[3]) notdurft, da[4]) muz der man vor antwerten zu rechte.

(§ X.) **[§ 11.]** Ein iklich man hat gewalt uber sin gut, di wile he lebit. Stirbit im[1]) ein wip, he nimet wol ein ander unde tut, wi he wil; sine kint mugen im des nicht gewern, si inhaben ouch nicht zu eischene zu im noch zu vorderne wan also vil, alse he in selbe geben wil.

(§ XI.) **[§ 12.]** Hat ein vrowe lipgedinge von irem manne, da zir geligen ist vonme[1]) herren, der iz zu rechte liet, der man sterbe, ir sal genugen daran zu rechte; si ne[2]) mac chein erbeteil me genemen[3]). Unde si sterbe[4]), so vellet[5]) daz gut wider an di kint.

(§ XII.) **[§ 13.]** Welch man eine vrowen nimit mit lipgedinge, hat si wol einen vurmunden daruber gekorn, aber[1]) des gutis sal zu
p. 157. rechte der man mit ir[2]) gebruchen, di wile si lebit. Si sterbe[3]), so vellet iz[4]) wider an di stat, dannen[5]) iz herkumen ist.

[§ 14.] Nimit ein witewer eine iuncvrowen in sin gut *(§ XIII.)* unde gelobit ir ein genant dinc, he sterbe[1]) ane erben, waz he ir gelobit hat, daz nimit si unde ir kleider mit rechte unde vert wider uz. Haben aber si einen erben mit einander, so blibet si[2]) unde teilet, alse recht ist.

[§ 15.] Vriet ein man sime sune eines mannes tochter *(§ XIV.)* unde geben in[1]) gut beidersit, he oder si sterbe[2]) ane erben, so beheldet daz andere io[3]), waz si zusamne bracht haben[4]), iz insi denne alse vil, daz man iz underscheiden habe wizzentliche mit gelubde.

[§ 16.] Wo[1]) sich eine ee gesament[2]) mit rate, waz der *(§ XV.)* man gelobit oder verburget, daz muz man leisten, ab he stirbit an erben. Gewinnen aber si erben mit einander, so ist die rede inzwei.

[§ 17.] Nimet ein man eine witewen mit irme dritten *(§ XVI.)* teile, si sterbe ane erben bi im, ir kint haben chein teil daran zu rechte; iz ist des mannes, zu deme si iz bracht hat. Oder stirbit he ane erben, wi tut di vrowe mit den stifkindern? Wen si ir dritte teil dar brachte, so sal si zu rechte daz dritte teil wider nemen an alle dem gute, daz der man gelazen hat, iz si bezzer oder erg er, wen[1]) si dar quam, unde vare wider uz.

[§ 18.] Welch man oder[1]) vrowe oder[1]) welch[2]) kint *(§ XVII.)* erbeteil nimit, daz sal ouch di schult mite gelden[3]) zu rechte unde daz[4]) di bigraft kostet, also vil alse im geburt unde also verre alse daz erbe gewenden mac.

[§ 19.] Chein vrowe mac ouch[1]) nichtes nicht[1]) bescheiden[2]) *(§ XVIII.)* noch vergeben ane ires mannes wizzen unde wider sinen willen.

[§ 20.] Tut ein man einen schaden, wi groz he ist, oder *(§ XIX.)* verlusit[1]) des[2]) herren hulde, daz he intwichen muz, waz der erbis unde[3]) gutis lezet, daz ist zu rechte siner husvrowen unde siner kindere; daz inmac in[4]) niman genemen noch versprechen nach der stat recht, weder herre noch ratgeben. Haben aber di burgere icht zu im zu sachene[5]), di bliben dabi[6]) mit rechte. Hat ouch imant uf in icht irteidinget vor gerichte umme schult oder umme phandunge wizzentlichen dem richtere unde den dinewarten, deme[7]) sal der richter helfen phandis[8]) oder sal in wisen an sin erbe[9]) mit rechte.

(§ XX) [§ 21.] Welch man erbecins hat an eime huse, der mac phenden ane gerichte, ab he wil. Unde di wile he[1]) da zu pfendene vindet[2]), so mac he iz nicht ufgebiten zu rechte. Wil he is selbe nicht tun, so sal he nemen des[3]) richteris boten. Vermac is der nicht, so sal he nemen[3]) den richter selbin unde sal pfenden vor sinen erbecins. Vindet aber he da[4]) nicht zu p. 158. pfendene, so sal he treten vor gerichte unde sal sprechen also: „Her richter, erbecins habe ich an deme huse, der wirt mir nicht, ich invinde ouch da nicht zu pfendene unde[5]) bite einis urteils[5]), waz ich nu zu rechte mite tun sulle". So[6]) sal man im teilen[6]): he sul iz ufbiten, alse recht ist. So butet he iz uf[7]) zu drin dingen unde laze iz im eigen. Nu mac iener sprechen: he inhabe an sime huse cheinen erbecins, oder wer des erbecinsis loikenen wolle. So trit der cinsmeister[8]) vor gerichte unde sprichet also: „Her richter, an dem huse hab ich rechtis erbecinsis also vil alle iar unde habe den gehabt in gewalt unde in gewere iar unde tac. Wil he mir des bekennen, daz[9]) ist mir lip. Wil he mir is[10]) loikenen[9]), so wil ich minen erbecins behalden, als ich zu rechte sal, unde[11]) bite einis urteilis[11]), wi ich zu rechte minen erbecins behalden sulle". So[12]) sal man im[13]) teilen[12]): daz he billicher unde baz sinen rechten erbecins behalde mit zwen vingern uffen heiligen, wen[14]) im imant davor geloukenen muge[15]), wer he ioch si. Der cinsmeister, he si besezzen oder nicht oder[16]) he si pfaffe oder leie, so[17]) beheldet be daz cinsgelt mit rechte[17]). Unde get der eit also: daz[18]) he an demselben huse habe rechtis erbecinsis allir iere glich, der sin si[18]), also vil, daz im got so helfe unde alle heiligen. Gestet he also, so hat he daz cinsgelt gewunnen, unde der richter sal is in gewaldic tun.

[§ 22.] Ist aber, daz ein man hat erbecins an eime huse, *(§ XXI.)* des man im bekennit, he kume dar unde eische[1]) sinen cins oder wolle pfenden davor, ienir spreche also: he insi noch cheinen cins im schuldic, oder he ne hab is[2]) noch nicht versezzen, oder der cinstac[3]) si noch nicht vor[4]), oder he spreche, he habe in gegebin, oder wi daz ist, daz he im den vorsezzenen cins wolle intpfirren[5]), di kumen zu gerichte; der cinsmeister[6]) trete dar unde klage also: „Her richter, ich klage uch zu dem manne umme mines[7]) rechten versezzenen erbecinsis also vil unde bite gerichtes“. He ne sal abir nicht me benennen cinsis, wen von eime iare oder darunder, wil he in behalden. Ienir spreche[8]): he si im nicht schuldic. Der cinsmeister[6]) spreche: „Her richter, ich habe geklait umme minen[9]) vorsezzenen erbecins. Nu ich hore, daz he mir loikent[10]), nu[11]) wil ich in behalden, als ich zu rechte sal, unde bite einis urteilis[12]): ab ich in icht[13]) baz[14]) behalden muge, wen he mir davor sweren sulle“. So sal man teilen also: turre he vorsezzenen erbecins behalden mit zwen vingern uffen heiligen, daz he iz baz getun muge, wen im[15]) imant davor gesweren muge. Unde der eit get also: daz im derselbe man schuldic si sines[16]) rechten vorsezzenen erbecinses also vil, daz im got so helfe unde alle heiligen. Gewinnet he in[17]) also mit dem eide, so sal he im[18]) leisten in deme dinge oder he mac phen- *p. 159.* den davor. Unde[19]) nimant mac keinen versezzenen erbecins *(§ XXII.)* behalden uffen andern, he[20]) inhabe in iar unde tac in gewalt unde in[21]) gewere gehabt, als recht ist.

(§ XXIII.) [§ 23.] Welch man hat sinen[1]) erbecins ufgeslagen zwei iar, druw[2]) oder vire, unde setcet[3]) ienen[4]) zu rede[3]) darumme, der loikene, dirre spreche: he wolle sinen erbecins behalden uffen heiligen, so bitet ienre eines urteils: wi vil zu rechte ein man behalden muge erbecinses uffen anderen. So sal[5]) man im[6]) teilen[7]): nicht me den[8]) einen iarcins zu rechte. Umme den uberigen cins, da he im schult umme gibet, kumet iener[7]) zu sime eide, ab he sweren tar davor.

(§ XXIV.) [§ 24.] Wo zwene man erbecins haben an eime huse, der erste cinsmeister[1]) beheldet[2]) an allen sachen. Wenne sin cinstac kumet, so nimit he sinen cins oder pfendit davor[3]) mit gerichte[4]) oder ane gerichte; des inmac im der ander cinsmeister[1]) nicht irwern[5]). Oder vindet he da nicht zu pfendene, so butit he daz hus uf druw dinc unde let iz im eigen[6]) vor sinen cins; des inmac im aber ienre nicht irwern, he wolle im denne sinen cins geben, so sal im ouch genugen billiche. Ist abir, daz he is gestatit also verre, daz im daz hus geeigent wirt vor sinen cins, he gibet dem anderen cinsmeistere[7]) als[8]) vil, als in lustet, zu rechte unde tribet ouch[9]) ienen uz, der da inne ist, wil he, mit rechte. Ist iz abir, daz dem ersten cinsmeistere[10]) sin cins wirdet redeliche, der andere cinsmeister[1]) volget sime tage unde nimet ouch sinen cins oder pfendet davor, oder[11]) vindet he nicht zu pfendene, so volget he dem huse druw dinc, alse recht ist, unde lezet iz im eigen unde tribit ienen uz, der da inne ist, mit rechte; he muz aber doch[12]) dem ersten cinsmeistere[10]) zu rechte[13]) sinen cins geben. Di wile[14]) aber[15]) daz ienre gecinsen mac, der inme erbe sitcet, den cinsmeistern beiden, so behalden si alle dri zu rechte[14]). Ist ouch[16]), daz dazselbe hus abeburnet, wil he iz[17]) wider buwen ienre, der darinne ist gewest, wol unde gut. Wil he des nicht, der ander cinsmeister[1]) mac iz buwen unde gebe[18]) den[19]) ersten cins davon[20]). Ist des nicht, so gewinnet[21]) der erste cinsmeister[1]) di hovestat mit rechte unde genuzet ir, so he meiste[22]) mac. Ist ouch, daz[23]) ein hus vorburnet, daz einen[24]) cinsmeister[1]) hat, der cinsman kume unde spreche also: „Herre, ich inmac der hovestat nicht gebuwen unde laze si uch uf". Wil he is im denne[25]) nicht gelouben, so muz he iz[26]) im zu rechte sweren uffen heiligen, daz he ir[27]) nicht gebuwen muge, unde wirdet[28]) ledic. So ist die hovestat des cinsmeisteris[29]), der buwe wol[30]), habe wol.

[§ 25.] Hat ein man ein hus, daz cinshaft ist, unde (§ XXV.) p. 160. koufet ein ander hus bi im darzu, daz ouch cinshaft ist, unde brichet di husere zusamene, di zwene cinsmeistere[1]) haben gliche gewalt zu pfendene iklicher uf deme sinen also verre, also daz[2]) went, unde nicht uffe des[3]) anderen. Ist, daz he nicht envindet zu pfendene uf dem sinen, so bite he iz uf unde gewinne iz, alse recht si[4]), unde[5]) schize eine want davor unde halde sich dazu[6]) mit rechte.

[§ 26.] Hat ein man ein hus, daz vri ist, unde koufet ein (§ XXVI.) cinshaftiz[1]) bi im darzu unde brichet si zusamene, der cinsmeister[2]) mac nicht gepfenden wen[3]) alse verre, alse[4]) daz sine wendit, iener irloub iz im denne unde willekure iz mit gutem willen, so mac der cinsmeister[2]) pfenden uberal.

[§ 27.] Hat ouch[1]) ein man ein huz, daz da cinset, unde (§ XXVII.) koufet ein vriez bi im dazu unde brichet si zusamene, der cinsmeister[2]) hat abir[3]) keine gewalt verrer[4]) zu pfendene, niwan alse[5]) daz sine wendit, iener der[6]) inwolle im denne gunnen des[6]) der in deme huse ist.

[§ 28.] Ein iklich man, der erbecins hât, der[1]) hat ge- (§ XXVIII.) walt unde recht[2]) zu pfendene an der stat, da sin erbecins lit. Waz he da vindet oder wes[3]) iz ioch[4]) ist, daz nimit he unde pfendit iz[5]) vor sinen erbecins mit rechte, iz insal[6]) noch[7]) inmac im zu[8]) rechte nimant irwern[9]).

(§ XXIX) **[§ 29.]** Hat ein man iarcins an eime huse oder woran iz ist (daz[1]) heizet iarcins, daz man aller iere glich vermitet unde daz man buwen muz unde daz ouch[2]) verburnen mac), der cinsmeister mac ouch wol pfenden vor den cins. Kumit iz abir also verre, daz ienir, der inme huse ist, loikent im des cinses unde sprichet: he si im nicht schuldic, den cins mac der cinsmeister[3]) nicht behalden mit sime eide, wen iz iarcins ist. Iener trit dar unde bitet einis urteils: ab imant keinen iarzins uffen anderen behalden muge; unde daz sal man im[4]) vinden zu rechte. So wirdet ienre des iarcinses baz[5]) ledic mit sime eide, ab he sweren[6]) tar, wenne[7]) dirre uf im[8]) behalden muge.

(§ XXX) **[§ 30.]** Ein iklich man, der ein hus gemitet hat uf einen tac unde wirt darinne ist, daz[1]) he die vir wende inne hat, wil im der cinsmeister sinen[2]) tac brechen oder wil in uztriben, so trete he dar[3]) vor gerichte unde behalde sinen tac mit rechte unde bite eins urteils: wen he daz hus gemitet habe rechte unde redeliche unde ein[4]) wirt si in den vir wenden unde tac[4]) habe also lange unde[4]) den tac behalden wolle, alse recht ist, ab[5]) he iz icht baz getun muge, wen in imant daruz brenge ee sime tage[5]). So sal man im[6]) teilen: turre[7]) he sweren, so behalde he sinen tac baz mit zwen vingeren uffen heiligen, wen in[8]) im imant gebrechen muge. Abir kein man mac keinen lengern tac behalden, wen under einer iaresvrist, welchen tac he wil[9]). Unde get der eit also: daz dazselbe[10]) p. 161. hus sine gemitte herberge si unde he noch darinne sulle sin biz an den tac, daz im got so[4]) helfe unde alle heiligen. Gestelit he also, so muz he in darinne lazen biz an den tac.

(§ XXXI) **[§ 31.]** Chein man, der[1]) husgenoze heizet, der mit dem andern inne ist in sinen vir wenden, der inmac cheinen tac behalden zu keiner cit. Wenne he iz verwirkit oder[2]) sin tac kumit, so muz he uz. Oder[3]) kumen si zu gerichte[3]), der husherre klage[4]) also: „Her richter, ich klage uch zu dem manne, daz he in mime huse[5]) ist mit mir in minen vir wenden wider minen willen“. So mac ienre sprechen: he wolle sinen tac behalden. So bite[6]) der husherre einis urteilis: wen he wirt si in sime huse unde ienre husgenoz, ab he keinen tac behalden muge[7]). So sal man im[8]) teilen: daz he noch kein husgenoze[9]) keinen tac behalden muge wider sines wirtes willen, unde sal im gebiten zu rumene in drin tagen. Tut he is[10]) nicht, he verbuzit[11]) sechzik schillinge.

[§ 32.] Ein iklich man, der hus unde hof hat, der mac *(§ XXXII)* buwen uf dem sinen, waz he wil, unde under sich, wi thief he wil[1]), unde ubir sich, wi ho he wil, unde mac buwen virdehalben vuz[2]) uber di gazze zu rechte; daz mac im nimant irwern[3]). Ist[4]) aber[5]), daz ein man sinken wil eine grube, *(§ XXXIII)* di da heizet ein heimelichkeit[4]), di muz he inbrechen oder inslan[6]) dri vuze von sime nakebure und sal also[7]) vor sich nider[8]) sinken.

[§ 33.] Ein iklich man sal sine vir wende unde[1]) andere *(§ XXXIV)* sine wende[1]) zuschizen[2]) unde zumachen gegen sime nakebure unde sal uf in nicht buwen weder[3]) undene noch obene unde[4]) sal ouch sin wazzer von im leiten unde vuren hindene unde vorne, alse[5]) recht ist. Welch man des nicht tut, den mac sin nakebure zu dinge brengen unde gebe im schult darumme[6]) also: „Her richter, ich klage uch zu im[7]), daz he uf mich gebuwet hat[4]), daz sin swelle uf mir lit zu verre oder daz sin troufe uffe mich vellit oder sine want gegen mir offen stet“, oder daz in sin aizucht[8]) trenkit[9]) oder sin rinne oder waz iz ist[10]), daz unrecht ist, unde bite boten dazu unde bite der mit urteile[11]) zweir[12]) manne oder drier, daz di[13]) besehn[12]) unde besagen, waz he zu rechte liden sulle oder nicht. Ienir mac ouch boten biten mit rechte. Den boten sal der richter gebiten, daz si dahin gen unde besehn, alse[14]) recht si. Di boten sullen dar gen unde besehn[14]) den bu unde sullen sich denne besprechen harte ebene mit einander; unde waz di[15]) danne besagen[16]), daz unrecht si, daz muz man widertun zu[17]) rechte. Ist ouch, daz di boten erigen miteinander, wo di meiste menie[18]) hin wil, daz volget[19]). So mac der vorderer vregen eines urteilis: wenne he iz[4]) zu rechte widertun sulle, *p. 162.* daz da besaget ist zu[17]) unrechte. So sal man im[20]) teilen[21]): man sulle in drin tagen dazu grifen unde sulle also lange daran erbeiten, biz iz widertan[22]) wird. Tut he is nicht unde kumit iz wider zu klage, he verbuzit[23]) sechzik schillinge, di gebutit[24]) man[25]) abezulegene in[26]) virzehn tagen, unde der richter sal im gebiten, daz he dazu grife in dem tage unde sal[27]) iz widertun[28]), alse recht ist. Tut he is nicht unde kumit iz[29]) wider zu klage, he verbuzet abir sechzik schillinge, di sal im[30]) der richter gebiten ouch[31]) abezulegene in virzen tagen. So mac ienir[32]) vragen eines urteilis: wendiz sin dritte klage si umme den unrechten bu, wenne he in zu[33]) rechte widertun sulle. So[34]) sal man im[4]) teilen[34]): he sulle in der dingezit zugrife[35]). So mac he aber einis urteilis biten: ab he des nicht entut[36]) binnen dinges[37]), wer is im[38]) zu rechte helfen sulle, daz iz widertan[39]) werde. So sal man teilen: wen iz also verre kumen si, daz daz di[40]) dritte clage si, tu he is nicht, der richter sulle is[4]) im gehelfen, daz da gebuwet werde, alse recht si. Tut he is dan noch nicht oder beheldit[41]) is nicht[42]) mit siner vruntschaft, so sal he zu dem richtere gen, wo he den vindet, unde sal iz im kunt tun. Der sal denne mit im gen unde sal is[43]) im gehelfen. Vermac he is nicht, so sal he di burgere dazu nemen unde sal is im gehelfen. Ist ouch, daz he der buze nicht abelegit zu der cit, als im geteilet ist, so mac der richter darnach[44]) teidingen also: „Ich vrege uch einis urteilis, wen ich im gebot sechcik schillinge abezulegene in vircen tagen unde he is[45]) nicht getan hat, waz[46]) mines rechtes darumme si". So sal man im teilen: he muge si wol anderweiden zu[47]) rechte[48]). „So anderweide ich si unde teile sechzik schillinge uf di sechcik unde vrege uch[49]) eines urteilis, wenne he nu[50]) di ersten leisten sulle". So sal man im[51]) teilen: in drin tagen. So mac he vregen: wenne man im di anderen leisten sulle. Daz sal he tun in vircen tagen. Leget he si nicht abe in der cit, so[52]) mac si der richter abir anderweiden unde vrege eines urteilis: wenne he nu di ersten leisten sulle, di he geleistet solde haben in drin tagen. Di sal he denne leisten in deme tage unde di anderen denne in drin tagen. Legit he si abir nicht abe in der cit[52]), der richter mac di buze aber anderweiden zume dritten male unde gebite im di erste buze[53]) abezulegene in deme dinge, di andere buze[53]) bi deme tage. Tut he des nicht, so mac der richter in pfenden vor di buze[54]), wo he siner varnder habe icht weiz. Vindet he der[55]) nicht, he grifet[56]) an sin eigen unde an sin erbe unde gewinnet daz mit rechte vor sine buze.

[§ 34.] Ein iklich man, der hus unde hof hat, der hat *(§ XXXVI.)* gewalt unde vride also verre, alse[1]) sine troufe vellet, daz da[2]) nimant gesten noch gevarn mac wider sinen willen. Unde der *p. 163.* mist der[2]) ist sin vor sime huse also[3]) verre, alse sine uzersten sulen sten, biz mittene in di gazze. Unde he sal ouch den wec bezzern vor siner tur[4]), ab he iz vermac.

[§ 35.] Wirt einem manne[1]) ufgegeben vor gerichte hus *(§ XXXVII.)* oder[1]) hof oder eigen unde erbe, alse recht ist, ienre, der iz da[2]) ufgibet, der sal in werin iar unde tac. Dirre[3]), der iz ufnimit, der[1]) mac biten einis urteilis: welchin vride he darubir haben sulle. So sal man im teilen: unsirs herren gotis, unde[4]) unsirs herren des [koniges][4]) vride[5]) unde des richteris[5]) unde alle der, di da vride unde gnade haben wollen. So sal he dem richtere sin urkunde geben, daz ist ein schillinc, unde sal[6]) dem schriber geben zwene pfenninge, daz he iz schribit[7]), ab iz zu rede kumit[8]), daz he wizze, waz da benant si oder[9]) zu welcher cit iz[10]) geschen si[9]), unde sal geben dem butele einen pfenninc, ab he wil. Unde beheldet he daz also[11]) in gewalt unde in[1]) gewere iar unde tac ane ansprache, so ist ienre ledic, der iz im ufgap, wend he hat in gewert, unde he beheldit iz[10]) ouch vorwart[12]) vor allir manne glich[13]) billicher unde baz nach der stat rechte, wen iz[1]) im imant angewinnen[14]) kunne oder muge.

(§ XXXVII.) [§ 36.] Wirt ouch einem manne ein hus gesatcit oder eigen unde erbe vor gerichte unde wil he deme nachvolgen[1]), als recht ist, daz man iz im eigen sulle, so sal he iz ufbiten druw dinc nach einander an underlaz[2]). Alse daz dritte dinc volget[3]), so sal der richter mit im gen, wenne he is in mant[4]), zu dem erbe oder zu dem huse. Da sullen erhafte[5]) besezzene lute bi sin[5]), di daz sehn unde horen, daz iz im geeigent werde, alse recht ist. So sal ienre sprechen: „Her richter, deme erbe oder dem[6]) huse oder dem cinsgelde hab ich also lange nachgevolget mit rechten teidingen uch wizzentlichen unde den dincwarten, daz ir mirz zu rechte eigen sult“[7]). So sal der richter angrifen unde sal ienen ouch heizen angrifen an daz turstadil[8]) oder an den thurrinc oder waz iz ist, daz sal he im in di hant geben unde sal sprechen also: „Set, ich eigene iz uch vor also vil geldis“. So sal he sin urkunde geben deme richtere, daz ist ein schillinc[9]). So sal he eines urteilis biten: waz he zu urkunde gibet, ab he iz zu rechte ich[10]) daruf slan sulle[11]). Daz[12]) sal man im vinden: he sulle

iz zu rechte daruf slan. So mac he einis urteilis biten: welchin vride he darubir haben sulle. So sal man im teilen: unsis herren gotis vride, des richteris unde der[13]) burger arm unde riche. Kumit aber ienre, der daz erbe versatzit hat, in demeselben tage unde brengit silber unde pfenninge unde pfant, di *p. 164.*
man in di iuden versetcen mac, unde wil sin erbe losen, he sal iz im zu losene geben unde sal nicht me den sin urkunde dazu[14]) nemen. Wil he is[15]) nicht tun, so[16]) sal dirre[17]) di nakebure dazu nemen unde sal sin erbe eisschen zu losene. Wil he is den noch[18]) nicht tun[16]), so sal he zu dem richter gen unde sal iz im[6]) kunt tun. Der sal mit im senden oder sal selbe dar[19]) gen unde sal im helfen, daz im daz erbe zu losene werde. Ist abir, daz he den tac versumit unde iz nicht loset, so hat he iz verlorn, so daz he is mit rechte[20])nicht gelosen mac wider ienis willen; ienre mac denne wol sprechen, iz si sin eigen, unde mac iz im[21]) widergeben, ab he wil, unde mac iz[22]) ouch behalden, ab he wil, mit rechte. Unde[22]) ab iz ioch[23]) cehn marke[24]) oder zwenciger[25]) bezzer were, he[26]) beheldit iz[27]), ab he wil[26]). Quem iz ouch also verre[28]), daz *(§ XXXVIII.)*
im ienre schult wolde darumme geben unde brecht in zu dinge unde klaite[29]) also: „Her richter, ich klage uch zu dem manne, daz ich im ein hus oder ein[30]) erbe satzte[31]) vor also vil geldis, daz vil bezzer ist, daz mir daz nicht kan wider werden zu losene, he wil mir ouch nicht widerkeren, daz[32]) iz bezzer ist, unde[33]) bite darumme gerichtes“[33]), so mac dirre antwerten also: „Ich bekenne des[34]), he[35]) satzte mir daz hus oder daz erbe[35]) zu eime tage: dem volgete ich nach, alse recht was, unde liz mir daz eigen, daz iz min ist. Wil he mir des gelouben[36]), daz ist mir lip. Wil he mirs[36]) nicht gelouben, so wil ich iz[37]) bezugen[38]), alse recht ist[39]). Unde bite einis urteilis, wen ich iz[37]) bezugen[40]) wil, ab ich im keine antwerte

darumme[41]) durfe geben. Daz sal man im ouch vinden[42]). So muz der richter treten denne an sinen gezuk, der sin urkunde genumen hat, unde ienre besezzenen einer, der dabi gewest ist, unde muzen im[43]) beide gesten. Volvert[44]) he denne mit sime gezuge[45]), so wirdet he[46]) unde sin hus oder[46]) sin[47]) erbe ledic gesait, unde ienre muz verbuzen vir schillinge dem (§ XXXIX.) vogete unde muz si leisten in vircen tagen. Wer iz abir, daz disen[48]) der erbeit verdruzze mit dem gezuge, daz he nicht wolde mite[49]) ummegen, oder daz he des[50]) gezuges[51]) nicht gehaben mochte, so mochte he antwerten also denne[52]): „Her richter, daz hus wart[53]) mir gesatzet[54]). Deme volgete ich nach, alse recht was, also lange, biz daz mirs[55]) geeigen wart[56]) rechte[57]) unde redeliche, daz[58]) iz min ist. Wes he mir schult darubir gibet, des bin ich unschuldic unde wil is[59]) unschuldic werden, alse recht ist". So mac ienre vregen: wi he is unschuldic sulle werden. Daz sal he uffen heiligen oder[60]) kein p. 165. den heiligen, ab der heiligen da nicht inist. Den eit mac he sweren[61]) mit gote unde mit rechte, unde get der eit also: wes im der man schult gebe uber daz, daz[61]) he da[62]) bekant habe, des si he unschuldic, daz im got so helfe unde alle heiligen. Gestet he also, so ist he ledic unde daz erbe von im. Wer iz abir, daz he irvile[63]) an dem eide oder an dem gezuge, alse davor stet, so hette he di eigenschaft verlorn an dem erbe.

(§ XL.) **[§ 37.]** Wirt einem manne gesatzit kistinpfant oder allirhande varnde habe, di man getriben unde[1]) getragen mac, di sal man[2]) nirgen eigen zu rechte niwan[3]) in den vir benken, alse man si ufgebutit[4]) zwei dinc; in daz dritte dinc sal he si triben oder[5]) tragen unde[6]) sal sprechen also[6]): „Her richter, diz pfant bite ich uf zume dritten male unde bite einis urteilis: wes ich nu[7]) zu rechte[8]) dran warten sulle". So sal man im teilen: habe he im gevolget, alse recht si[9]), so sull[10]) iz im der richter eigen, unde he sal im sin urkunde geben. So sal der richter an daz pfant grifen unde sal iz im in di hant geben unde sal vregen: wes iz si unde wi vil iz im ste. Daz sal der schriber schriben. So sal he dem richter sin urkunde geben, vonme kistinpfande[11]) dri pfenninge[12]), dem schribere sin recht. Ist abir[13]) daz[14]), daz di pfant thure sint unde groz alse phert unde sotanc[15]) habe, da mac man[16]) wol me von[17]) geben. So sal[18]) he eines urteilis biten: waz he da zu urkunde gebe, ab he daz zu rechte uf di pfant icht[19]) slahn sulle. Daz sal man im ouch[20]) vinden. So sal he eines[21]) urteilis biten: wen im di pfant geeigent sint, wo he si nu zu rechte ufbiten sulle. So sal man im teilen: sint diselben[22]) pfant eines besezzenen mannes[23]) oder wes si sin, der in dem wicbilde wone, deme sal man si zu huse unde zu[20]) hove tragen unde sal si da ufbiten. Sint aber si[24]) eines uzmannis[25]), so sal man si uf dem marcte ufbiten. So muz he dem butele einen pfenninc geben. Der sal di pfant nemen unde[26]) sal si[27]) brengen zu huse unde zu hove[26]) unde sal[20]) zwene nakebure nemen[20]) darzu, di besezzen sint, unde sal[20]) sprechen also: „Dise pfant sint geeigent dem manne, daz uch daz wizlich si. Wold ir si noch losen bi disem tage, daz muget ir tun. Tut ir des nicht, so sint si sin“. Ist aber, daz di pfant sint eines uzmannes[28]), eines[29]) beremannes oder[20]) eines geburis oder wes si sint vonme lande, so sal si der butel uffen marct tragen unde sal erhafte lute darzu[30]) nemen[31]) unde sal[20]) sprechen: „Dise pfant sint geeigent disem manne, als recht ist, daz uch daz wizzelich si“. Queme noch imant, der si losen wolde, he gebe si im zu losene hute[32]), alse recht ist. Kumit[33]) aber nimant, der si lose, si sint[34]) sin eigen mit rechte[33]). Waz[35]) di pfant bezzer sint, wen[36]) si sten, daz mac he behalden, he mac iz *p. 166.*

ouch widergeben, ab he wil[37]). Waz ouch si[38]) erger sint, wen[39]) si sten, da mac he[40]) ieme[41]) umme schult geben, der muz im darumme antwerten zu rechte.

Noten zu Cap. I.

§ 1–20. *Benseler 176 ff.* **§ 1.** *Vergl. Stadtbuch I No. 86. — Ssp. I, 6 § 1. 13 § 1. Gosl. 12,32. Igl. SchB. 61. 311. 332. Brünn. SchB. 364. Dist. I. 11 d. 1. 20 d. 11. — Grundig 12. 14. Ortloff XXXV Anm. 90. Kraut Vormundsch. 2,516. Schletter 280. Hänel: Ztschr. f. RG. 1,325. v. Martitz 321. v. Gerber Abh. 2,363. Schröder II. 3,214. Leuthold Ztschr. f. BR. 21,28. 35. (Stobbe Privatr. 5,45.) Kraut Grundriß 403 (§ 167). Ermisch Bergr. XXXIX f. (Cod. dipl. II. 13, XXXI f.)* **§ 2.** *Vergl. Stb. I No. 23. 62. 76. 108. Stb. II No. 343 u. ö. Gb. No. 176 u. ö. — Gosl. 18,1. 6. Prag. Rb. 105. 106. Dist. I, 49 d. 10. — Kraut Vormundsch. 1,114. (Rive II. 1,59 f.)* **§ 3.** *Vergl. Stb. I No. 8. 16. — Ssp. I, 23 § 1. Gosl. 16,23. 29. 17.1. 20,4. Prag. Rb. 105. 106. Wb. XLVIII § 1. 2. Dist. I, 49 d. 1. 3. 5. 7. 50 d. 5. 10. — (Kraut Vormundsch. 1,166 ff. Rive II. 1,13 ff.)* **§ 4.** *Vergl. § 2. Stb. I No. 9. 23. — Ssp. I, 23 § 1. 2. Gosl. 17.19. 18,1. Igl. SchB. 305. 310. Dist. I, 46 d. 6. 10. — Kraut Vormundsch. 1,93. 118 (Rive II. 1,24).* **§ 5.** *Vergl. § 8. Gb. No. 25. — Ssp. II. 23. Dist. I, 5 d. 5. 24 d. 4. 27 d. 2. — Grundig 14. Hänel: Ztschr. f. RG. 1,326. v. Martitz 321. Schröder II. 3.217.* **§ 6.** *Gosl. 8,28. 29,20. Dist. I, 5 d. 6. 7. 16 d. 1. 47 d. 7. — Grundig 14. (Stobbe Privatr. 5,147.).* **§ 7.** *Gosl. 29,5. Dist. I, 47 d. 4. — Grundig 14 f. Schott 3,54 ff. 97 ff. Scherer 1,22. 192. (Schletter 242 ff.) Hänel: Ztschr. f. RG. 1,326. Schröder II. 3,77 f.* **§ 8.** *Vergl. § 5. — Ssp. II, 23. Gosl. 13,1. Prag. Rb. 157. Dist. I, 24 d. 1. 27 d. 2. — Hänel: Ztschr. f. RG. 1,326. v. Martitz 321. Schröder II. 3,216.* **§ 9.** *Dist. I, 23 d. 1. — Schröder II. 3,216.* **§ 10.** *Vergl. § 19. — Ssp. I, 31 § 1. 45 § 2. Gosl. 11,26. 28,40. 29,27. Brünn. SchB. 277. Wb. LXIV. Dist. I. 20 d. 16. 47 d. 1. 9. 10 (III, 9 d. 10). — Grundig 14. Klotzsch: S. V. N. 6,63. Klotzsch Münzgesch. 1,45. Scherer 1,144. Benseler 140. Agricola 206 f. vergl. 383. Schröder II. 3.219. 275. (Stobbe Privatr. 4,88.) Kraut Grundriß 397 (§ 165).* **§ 11.** *Vergl. Stb. I No. 92. 93 u. ö. — Ssp. II, 23. Igl. 10. Deutschbr. (36). Brünn. SchB. 187. Dist. I, 27 d. 2. — Scherer 1,283. Hänel: Ztschr. f. RG. 1,326. Agricola 26. Schröder II. 3,216. 237. 317.* **§ 12.** *Vergl. Cod. dipl. II. 12,107. 152. 216. II. 13,83 N. Stb. II No. 210. 219. 330. 396 u. ö. — Ssp. I, 21 § 1. III, 75 § 1. 2. S. Lehnr. 2 § 3. 31 § 2. Gosl. 11,1. Prag. St. 98. Prag. Rb. 148. Wb. XXII § 1. LVI § 1. Dist. I, 11 d. 1. 12 d. 1. 14 d. 2. 4. 23 d. 4. — Kraut Vormundsch. 2,516. 3,89. Eckardt: Ztschr. f. D.R. 10,458. Hänel: Ztschr. f. RG. 1,325. Schröder II. 3,78. 354 vergl. 342 f.* **§ 13.** *Ssp. I, 31 § 1. 2. 32. Brünn. SchB. 193. Wb. LVI § 1. Dist. I, 12 d. 1. 14 d. 2. 20 d. 15. — Kraut Vormundsch. 2,533. (3,100.) Hänel: Ztschr. f. RG. 1,325. Agricola 487. 496. Schröder II. 3,328. Kraut Grundriß 408 (§ 171).* **§ 14.** *Vergl. § 16. — Schröder II. 3,78. 342 f.* **§ 15.** *Dist. I, 15 d. 1. — Grundig 14. Schott*

3,105. Scherer 1,23. 192. Hänel: Ztschr. f. RG. 1,326 f. Agricola 594. Schröder II. 3,78. **§ 16.** *Vergl. § 14. — Brünn. SchB. 185. — Schröder II. 3,78. 342 f. (Stobbe Privatr. 5,193.)* **§ 17.** *Igl. SchB. 337. Dist. I, 11 d. 2. 14 d. 4. 23 d. 1. — Kraut Vormundsch. 2,516. Hänel: Ztschr. f. RG. 1,325—327. v. Martitz 321. Schröder II. 3,214—216 vgl. 237.* **§ 18.** *Vergl. § 1. V § 35. 36. Stb. I No. 6 u. ö. — Ssp. I, 6 § 2. Gosl. 6,6. 27. 7,3. Igl. SchB. 332. Brünn. SchB. 362. Prag. Rb. 4. 6. 46. 156. Dist. I, 17 d. 10. — Grundig 16. Kraut Vormundsch. 2,516. Hänel: Ztschr. f. RG. 1,325. Stobbe: Bekkers u. Muthers Jahrb. 5,306. 317. (Lewis 188 ff. v. Martitz 153 ff.) Agricola 202. 401. (Schröder II. 3,290. Stobbe, Privatr. 4,50.) Kraut Grundriß 403 (§ 167).* **§ 19.** *Vergl. die Parallelen bei § 10. — Kraut Vormundsch. 2,392. Agricola 207. Schröder II. 3,218. (228 f.).* **§ 20.** *Vergl. Cod. dipl. Sax. reg. II. 12,43 f. (1305 Juni 24). — Ssp. I, 38 § 2. III, 63 § 3. Igl. IV (B). Igl. SchB. 124. (48. 331). Brünn. St. 73. Deutschbr. (31). Altenb. 1256 § 35. Eisenach 1283 § 3. 22. Dist. IV, 21 d. 37. 38. VI, 17 d. 2. — Schröder II. 3,274.* **§ 21.** *Vergl. § 28. — Ssp. I, 54 § 3. 4. Gosl. 20,27. 21,1. 22,1. Igl. 95. Igl. SchB. 53. Brünn. SchB. 120. 121. Dist. (II, 4 d. 3. 6). III, 14 d. 7. — Albrecht 178. Benseler 135 f. Duncker 73. Wilda: Ztschr. f. D.R. 1,211. Bruns 329. 332 f. Planck Bew. 49. Rückert 152. v. Meibom 208 f. 243. Laband 351. Sickel De poss. leg. 29. Planck GV. 1,448. 660. 665. 2,341. 355. Stobbe Privatrecht 1,596.* **§ 22.** *Gosl. 20,27. Igl. 95. Dist. II, 4 d. 3. — Grundig 17. Benseler 135. Bruns 332. Planck Bew. 49. v. Meibom 209. Laband 351. Sickel De poss. leg. 29. 31. Planck GV. 1,363. 435. 443. 448.* **§ 23.** *Gosl. 20,28. Dist. II, 4 d. 3 cf. d. 6. — Bruns 332. Planck GV. 1,443.* **§ 24.** *Gosl. 21,11. — Albrecht 160. 179. 181. Benseler 137. Duncker 74. 78. 82. Meibom 209. Kraut Grundriß 271 (§ 109).* **§ 25.** *Benseler 138.* **§ 26. 27.** *Albrecht 159. Benseler 138.* **§ 28.** *Vergl. § 21. — Ssp. I, 54 § 4. Gosl. 22,1. Dist. III, 4 d. 6. 14 d. 7. Wilda: Ztschr. f. D. R. 1,211. Benseler 135. Laband 87. Planck GV. 1,395.* **§ 29.** *Vergl. V § 23. — Dist. II, 4 d. 1. — Grundig 17. Wilda: Ztschr. f. D. R. 1,211. Benseler 138. Bruns 333. Planck GV. 1,443. 459. 2,341.* **§ 30.** *Gosl. 20,12. 21,39. Dist. II, 4 d. 2. 5. — Benseler 138. Planck Beweisurtheil 49. Laband 28. 255. Planck GV. 1,585. v. Brünneck: Ztschr. d. Sav.-St. G. A. 1,152. 160.* **§ 31.** *Benseler 139. Löning Vertragsbruch 383. Planck GV. 1,586. v. Brünneck a. a. O.* **§ 32.** *Gb. No. 177. — Ssp. II, 51 § 1. Gosl. 31,8. Brünn. SchB. 210—212. Wb. CXXIII § 3. CXXV § 2. Dist. II, 2 d. 3. 7. 11. — Benseler 133.* **§ 33.** *Vergl. V § 21. Verzählb. B 267. Gb. No. 177. — Ssp. I, 53 § 3. II, 5 § 2. 49. Gosl. 23,16. 53,37. Igl. 16. Igl. SchB. 69. 70. 73. Brünn. SchB. 77. 78. 80. 212. 215. 217. Wb. CXXIII § 1. 2. Dist. II, 2 d. 1. 4—6. 9. 10. 13. — Laband 3. Planck GV. 2,150. 152. 154. 266.* **§ 34.** *Dist. II, 2 d. 11. — Grimm RA. 2,549. Benseler 133. 143. Osenbrüggen Hausfriede 12.* **§ 35.** *Vergl. V § 28. 41. Stb. I No. 28. 98. II No. 52 u. ö. Cod. dipl. II. 12,126 § 20. — Ssp. III, 83 § 2. Gosl. 14,4 ff. 26,17. 20. 27,15. 94,32. Igl. 25. Brünn. SchB. 280. 325. 327. 330. Prag. St. 119. 121. Prag. Rb. 145. Wb. XX. XXI. XXX § 2. LXXII § 3. Dist. I, 31 d. 1. 44 d. 1. 2. 46 d. 4. 5. II, 1 d. 1. IV, 47 d. 8. — Albrecht 101. Benseler

145. 227. Osenbrüggen Hausfr. 14. Sickel De poss. leg. 28. 31. 33. 42. (Planck GV. 1,638 f.). **§ 36.** *Vergl. § 37. Stb. II No. 348. Frb. BR. A § 15. — Ssp. I, 70 § 1—2. Gosl. 27,15. Igl. 23. Brünn. SchB. 387. Brünn. St. 91. 102. Prag. St. 119. Prag. Rb. 13. 18. Dist. I, 15. 31 d. 1. III, 14 d. 1. — Grundig 17. Grimm RA. 1.175. Albrecht 152 f. 178. Budde De vind. 33. Madai: Ztschr. f. D. R. 8,320. Benseler 136 f. Osenbrüggen Hausfr. 14. v. Meibom: Bekkers u. Muthers Jahrb. 4,451. Behrend Observ. 18. 28. v. Meibom 421. 435. Laband 252. 255. Planck GV. 1.411. 434. 436. 2.257. 343 f. Behrend Anevang 22. Kraut Grundriß 253 (§ 102).* **§ 37.** *Vergl. V § 23. Cod. dipl. II. 12,126 § 20. — Dist. I, 14 d. 1. III, 14 d. 1—3. 8, vergl. 17 d. 15. 16. 19. Prag. St. 119. Prag. Rb. 23. Gosl. 67,27. — Albrecht 133. 152. Budde De vindic. 32—34. Benseler 199. Madai: Ztschr. f. D. R. 8,320. Budde: ebenda 9,433. Platner Entw. 201. v. Meibom: Bekkers u. Muthers Jahrb. 4,449. Lewis 113. v. Meibom 109. 335 f. 338. 424. v. Gerber Abh. 2,253. Planck GV. 2,337 f. (339 N. 15). Kern Entw. 15. Stobbe Privatr. 2,692. Kraut Grundriß 250 f. (§ 102). Heusler Instit. 2,205.*

[§ 1.] [1]) Wo *BCDW.* [2]) inme lande *A.* in dem (im) lande *CD.* in dem lande uff dem lande *B.* [3]) vorwerk — koufschatz *ACD.* forberg unde hütten unde eyn teil koufschacz *B.* [4]) bi namen—habe *ABC.* wie allerley farende habe nhamen hatt *D.* [5]) der vrowen *AD.* syner husfrawen *BC.* seiner frauen *W.* [6]) syner *B.* [7]) oder *W.* [8]) *fehlt CDW.* [9]) ynn *C.* [10]) den wizzentlichen worden ist *fehlt D.* [11]) den—kindern *AD.* cynander *BC.* [12]) so mugen—rechte *A.* so halden sie wol alles das sie haben *B.* so halden se woll alz se haben *C.* so mugen sie halthen das sie haben mit rechte *D.* [13]) Die kure—wol *A.* die kore steht an yn *BC.* die chüre haben sie, so sie wollenn *D.* die kühr haben sie *W.* — **[§ 2.]** [1]) eines *H.* [2]) iren *B.* [3]) sin—rechte *AD.* synen teil herab zcu ym des erbes unde alles des gutes, das seyn vater gelaßen had, unde hab is wol mit rechte *B.* sin teyll herabe deß erbes czů ym unde alle dez gutes, daß syn vatter gelassenn hatt, ab iß will, mit rechte *C.* seinen theil herabe zu ihme all des erbes unnd guts, das sein vater gelassen hatt, unnd hatt es wol mit recht *H.* [4]) allis des *fehlt D.* — **[§ 3.]** [1]) die *BC.* [2]) goteling *B.* gôtelink *C.* schwerdtmagenn *DW.* götling das ist der negste schwertmage vatterhalben *H.* [3]) *fehlt BCH.* [4]) sine *ADW.* syner *BC.* [5]) darzu—teilunge *ADW.* doreczu das en gebûret *B.* daz ynn gebûrt darczů *C.* — **[§ 4.]** [1]) *fehlt D.* nicht *W.* [2]) *fehlt BH.* [3]) der muter *DW.* [4]) oder—sin *fehlt BCH.* [5]) gewissinheit *BCD.* [6]) fordern *B.* [7]) oder burgen—vormunden *fehlt B.* ader bürgen von deme manne *C.* odder bürgen von denselbigen vormunden *D.* oder mögen von dem manne burgen forderen *H.* [8]) sie *DW.* [9]) vorkauffenn *D.* verkauften *W.* [10]) vorthuenn *DW.* [11]) sal *BC.* [12]) So *BC.* [13]) wen *BCDW.* — **[§ 5.]** [1]) von zwen—viren *ABC.* von zweyen odder dreyen *D.* [2]) die *B.* [3]) doch *Zusatz BC.* [4]) *fehlt D.* alles *W.* — **[§ 6.]** *Fehlt D.* [1]) *fehlt A.* [2]) teil *B.* [3]) an ichte *A.* doran nicht *B.* an nichte *C.* — **[§ 7.]** *Fehlt D. § 10 W. In A hat eine neuere Hand am Rande bemerkt:* Dieses statutum erstreckett sich auch auf die außer dem weichbilde gelegenen güttere, wie auß denen zuerst beygehefteten Churf. vortrag und zuvor ergangenen urtel zu sehen. *Vergl. die betreffen-*

den Schriftstücke bei Schott 3,97 fgg. [1]) unde gewonuen fehlt A W. [2]) die frawe BC. [3]) fehlt BC. [4]) fehlt B. — [§ 8.] Fehlt D. [1]) ein—kindere A. eyn man der kinder had eyn wip die ouch kynder had BC. [2]) gewynnen mit irer erbeyt BC. [3]) angewiset B. [4]) zcu Friberg Zusatz BC. — [§ 9.] Fehlt D. [1]) heischen unde fordern mit rechte B. vorderen und heyschenn mit rechte C. heischen und fordern W. — [§ 10.] Fehlt D. [1]) mer wenne B. nicht wenne C. [2]) gelobet das ist borget H. [3]) fehlt BCH. [4]) das BHW. — [§ 11.] Fehlt D. § 16 W. [1]) fehlt B. — [§ 12.] Fehlt D. [1]) von dem B. [2]) fehlt BW. in C. [3]) nach gefordern Zusatz BC. [4]) Unde si sterbe A W. Stirbet sie BC. [5]) gefellet B. — [§ 13.] Fehlt D. [1]) fehlt C. [2]) fehlt C. [3]) Si sterbe A W. Stirbit sie BC. [4]) daß gût C. [5]) von dannen B. — [§ 14.] [1]) he sterbe A W. stirbit her BCD. [2]) so blibet si ACDW. sie blibet B. — [§ 15.] [1]) Fehlt BC. [2]) sterben BD. [3]) fehlt BD. iv C. [4]) bracht haben ACDW. brachten B. — [§ 16.] [1]) Aber wo B. [2]) gesammelt had B. — [§ 17.] [1]) wenne da B. — [§ 18.] [1]) Fehlt DW. [2]) fehlt CD. [3]) mite gelden ADW. mit helfen gelden BC. [4]) was B. — [§ 19.] [1]) Fehlt DW. [2]) an irme ende Zusatz CD. — [§ 20.] [1]) her Zusatz BCH. [2]) eynes B. [3]) ader B. [4]) ime D. [5]) sprechenn D. [6]) bÿ C. [7]) den D. [8]) pfendenn D. [9]) an seine erben D. — [§ 21.] [1]) das BC. fehlt D. [2]) ist ader vyndet BCD. [3]) des—nemen fehlt B. [4]) fehlt CD. [5]) unde—urteils fehlt C. [6]) So—teilen fehlt C. So sal man teilen B. So finde man H. So bittet man W. [7]) alß recht ist Zusatz CD. [8]) dar Zusatz C. [9]) daz—loikenen fehlt B. [10]) sin C. [11]) unde—urteilis fehlt C. [12]) So—teilen fehlt C. [13]) fehlt B. [14]) eher B. [15]) will D. [16]) fehlt BC. [17]) so—rechte fehlt B. [18]) daz—sin si ABC. das er an dem hauße ierlichenn rechtes erbzinses habe D. — [§ 22.] [1]) vordere C. [2]) in CD. [3]) der Zusatz B. [4]) erfur D. vorüber W. [5]) enpfuren B. enpferren C. empfrembdenn D. [6]) zinsherre D. [7]) mynen CD. [8]) spricht BD. fehlt C. [9]) rechten Zusatz B. [10]) lewken wil B. [11]) so D. [12]) einis urteilis fehlt C. [13]) nicht C. [14]) fehlt B. [15]) fehlt CD. [16]) sines fehlt D. [17]) fehlt B. [18]) in ym C. [19]) fehlt D. [20]) ader her C. [21]) fehlt D. — [§ 23.] [1]) Fehlt BCD. [2]) fehlt BCD. [3]) seteet—rede AC. beclaget ienen DW. [4]) eynen B. [5]) fehlt C. [6]) fehlt CD. [7]) urtheylen D. zu theilen W. [8]) wenne B. [9]) kumet iener AW. so kome iener B. do kumpt ienre umme C. so kumptt ihener D. — [§ 24.] [1]) zinsherre D. [2]) ihn Zusatz D. [3]) mit rechte Zusatz CD. [4]) fehlt D. [5]) geweren C. wheren DW. [6]) let—eigen A. lassit im is eigenen B. lest iß ym eygenen C. unnd leßet ime es (das) eignenn D(W). [7]) zinsherrnn D. [8]) also BCW. so D. [9]) fehlt BCD. [10]) zinsherren D. [11]) fehlt B. [12]) fehlt DW. [13]) zu rechte fehlt BCD. [14]) Di wile—rechte fehlt DW. [15]) fehlt BC. [16]) Ist ouch AW. Ist is aber ouch B. Ist iß auch C. Ists sache D. [17]) aber B. iß aber C. [18]) geben BCD. [19]) dem BW. denn C. [20]) doran D. [21]) si Zusatz A. [22]) so he meiste ABC. auffs beste er D. [23]) Ist ouch daz ABCW. Unnd so ein D. [24]) der erste B. ein DW. [25]) fehlt BCD. [26]) fehlt BD. [27]) is B. es W. [28]) unde wirdet A. unde wirdt domit B. so wird er CD. und würde W. [29]) zinsherrnn D. [30]) unnd Zusatz D. — [§ 25.] [1]) zinsherren D. [2]) also daz ABC. es D. als der W. [3]) dem D. [4]) alse recht si A. also recht ist BD. alß iz recht C. also recht *W.* [5]) unde uñ *A.* (unde um *KL*) [6]) dar *B.* darzû *CDW.* — [§ 26.] [1]) zinshauß *CD.* [2]) zinsherre *D.* [3]) denne *C.* dan *D.* [4]) also verre alse *ABC.* so weit *D.* — [§ 27.] [1]) *Fehlt C.* [2]) zinsherre *D.* [3]) *fehlt D.* [4]) *fehlt C.* [5]) niwan alse *A.* nicht wenne als *BC.* dan *D.* [6]) der—des *AB.* wolle iß ym denne gunnen *C.* wolle ime es dan gunnhenn *D.* — [§ 28.] [1]) *Fehlt D.* [2]) unde recht *fehlt D.* [3]) was *D.* [4]) ouch *BC. fehlt D.* [5]) is da *B. fehlt D.* [6]) kan *D.* [7]) und *D.* [8]) mit *BCD.* [9]) geweren *BC.* wherenn *DW.* — [§ 29.] [1]) daz da *BC.* [2]) ouch *fehlt B.* [3]) zinsherre *D.* [4]) *fehlt B.* [5]) *fehlt BD.* [6]) *fehlt A.* [7]) denne in *C.* [8]) en *B.* in *C.* inen *D.* — [§ 30.] [1]) also daß *C.* [2]) don *BD.* [3]) *fehlt BDH.* [4]) *fehlt D.* [5]) ab he iz—simo tage *fehlt D.* [6]) *fehlt CD.* [7]) thutt *D.* [8]) *fehlt ADH.* [9]) wolle *BD.* welle *C.* [10]) das *D.* — [§ 31.] [1]) der do *C.* [2]) ador als *BC.* odder wan *D.* [3]) Oder—gerichte *ABC.* Komen sie aber vor gerichte *D.* [4]) klaget *D.* [5]) in mime huse *AB.* ynne *CD.* [6]) bit C. bittett *D.* [7]) wider synen willen *Zusatz CD.* [8]) *fehlt CD.* [9]) man der hußgenoße sey *BCD.* [10]) des *B.* [11]) vorburett *D.* — [§ 32.] [1]) he wil *fehlt D.* [2]) virdehalben vuz *AHW.* wedirhalben uß *B.* baydenthalben uuß *CD.* [3]) weren *BW.* gewehren *H.* [4]) Ist—heimelichkeit *ABCW.* Wyll aber ein mann eine grube odder heimligkeit sinckenn *D.* [5]) ouch *C. fehlt W.* [6]) inbrechen oder inslan *ABCW.* sincken odder brechenn *D.* [7]) wider *Zusatz B.* [8]) widder *B.* — [§ 33.] [1]) unde—wende *fehlt BCDH.* [2]) zuschließen *DHW.* [3]) *fehlt B.* [4]) *fehlt D.* [5]) wie *D.* [6]) und spreche *Zusatz CD.* [7]) deme *D.* [8]) in sin aizucht *ABD.* sine ayczucht mich *C.* [9]) drengeth *D.* [10]) sŷ *CD.* [11]) urteiln *BCW.* [12]) zweir—besehn *ABC.* das zwene odder drey manne das besehenn *D.* [13]) sie *B.* [14]) also — besehn *fehlt BD.* [15]) sie *D.* [16]) sprechen *D.* [17]) mit *D.* [18]) menige *BD.* menge *C.* meinung *W.* [19]) daz volget *AW.* das geht vor sich *BCD.* [20]) *fehlt CD.* [21]) urtheylenn *D.* [22]) wider gethabenn *D.* [23]) vorlust *B.* vorleurett *D.* [24]) gebûrn *C.* [25]) ym *C.* man me *D.* [26]) ym in *B.* [27]) *fehlt C.* [28]) widerthû *C.* [29]) *fehlt BD.* [30]) *fehlt B.* [31]) gebiten ouch *ABD.* aber gebûten *C.* [32]) aber *Zusatz C.* [33]) nû czû *C.* [34]) So—teilen *fehlt C.* [35]) darczû gryfen *C.* [36]) nicht entut *B.* nichtn tut *A.* nicht entû *C.* nicht thue *D.* [37]) dingis cziit *BCD.* [38]) ym denne *C.* [39]) wider gethan *D.* [40]) syne *C.* [41]) beldet *C.* [42]) *fehlt B.* [43]) syn *C. fehlt D.* [44]) das noch *B.* [45]) deß *C.* [46]) waz nû *C.* [47]) mit *CD.* [48]) So spricht der *Zusatz B.* So spricht der richter *desgl. C.* Sprech der richter *desgl. D.* [49]) vrege uch *ABD.* bite *C.* [50]) im *BD.* [51]) *fehlt C.* [52]) so mac—abe in der cit *fehlt BCD.* [53]) *fehlt BCD.* [54]) vor di buze *ABD.* vor zû bûzzen *C.* [55]) dann *D.* [56]) greiffe *BCD.* — [§ 34.] [1]) also verre alse *ABC.* so ferne *D.* als ferne *W.* [2]) *fehlt D.* [3]) so *W.* [4]) vor siner tur *fehlt D.* — [§ 35.] [1]) *Fehlt D.* [2]) *fehlt BD.* [3]) tûrre *C. fehlt D.* [4]) unde—koniges *fehlt BCD. Für* koniges *hat A* marcgreven *auf einer Rasur von späterer Hand; ich habe die ursprüngliche Lesart aufgenommen; vergl. den Vorbericht.* [5]) vride—richteris *ABC.* des richters reichs *D.* [6]) *fehlt B.* [7]) schreibe *CD.* [8]) kome *BC.* keme *D.* khommen *H.* [9]) oder—si *fehlt B.* [10]) *fehlt C.* [11]) *fehlt BCD.* [12]) vorwert *BCD.* [13]) maune glich *AW.* meniglich *BCD.* [14]) abegewynnen *B.* — [§ 36.] [1]) folgen *B.* [2]) an underlaz *ADW.* ane allis underlassen *B.*

ane alle underlas *C.* [3]) vorgeht *BCD.* [4]) in mant *ACD.* vormanet *B.* [5]) erhafte—sin *ABC*(*W*). erhaffte leute sein unnd beseßen *D.* [6]) *fehlt B.* [7]) sullit helfen der voit *B.* [8]) thürstöckel *W.* [9]) ein schilling *ABCD.* vom haus eigen und erben einen schillingk, von kystenn pfande 3 pf. *HW.* [10]) auch *D.* [11]) darff *D.* [12]) So *D.* [13]) *fehlt CD.* [14]) doruff *B.* [15]) syn *B.* [16]) so—tun *fehlt B.* [17]) er *D.* [18]) den noch *fehlt D.* noch *fehlt C.* [19]) mit ime *D.* [20]) mit rechte *fehlt B.* [21]) *fehlt BCD.* [22]) *fehlt C.* [23]) noch *B.* auch *D.* [24]) were *Zusatz B.* [25]) czwenczig ader *B.* zwentzig marcke *CD.* [26]) he—wil *fehlt C.* [27]) he beheldit iz *AB.* so beheldt ers *D.* [28]) also verre *ABC.* ferner *D.* [29]) spreche *B.* spreche clagende *CD.* [30]) *fehlt D.* [31]) vorsatzte *D.* [32]) was *BCD.* [33]) unde—gerichtes *ABC.* unnd darumb frage ich gerichtts *D.* [34]) daß *CD.* [35]) he — erbe *ABC.* er mir das hauß odder erbe saczte *D.* [36]) glouben—mirs *fehlt BCD.* [37]) *fehlt C.* [38]) getzügen *C.* [39]) alse recht ist *A.* als ich zcu rechte sal *BCD; ebenso in A am Rande von einer etwas jüngeren Hand (H).* [40]) geczügen *C.* [41]) fürder *D.* [42]) geben *D.* [43]) dann *D.* [44]) vorferhett *D.* [45]) mit sime gezuge *ABC.* ynn seinem gezeugnuß *D.* [46]) he—oder *fehlt A. Dafür:* v̄n. [47]) sin *fehlt BD.* [48]) *fehlt B.* [49]) domit *B.* darmite *CD.* [50]) synes *BCD.* [51]) nicht gehaben mag ader *Zusatz B.* [52]) *fehlt D.* [53]) was *D.* [54]) geschatzt *D.* [55]) daz mirs *A.* is mir *BC.* ich mirs *D.* [56]) geeigen wart *ABC.* eignen ließ *D.* [57]) wie recht *D.* [58]) biß *D.* [59]) sein *D.* [60]) oder—sweren *ABC.* behalthen unnd ob der heiligen nicht da werhen, so mag er ein eidt schwerenn *D.* [61]) *fehlt A.* [62]) *fehlt BCD.* [63]) vile *BD.* — **[§ 87.]** [1]) aber *B.* oder *H.* [2]) *fehlt B.* [3]) wenne *BCH.* dan *D.* [4]) auffbeuth ynn *D.* [5]) und *BCD.* [6]) unde—also *AC.* also sal her sprechen *B.* unnd sprechen also *D.* [7]) nur *C.* [8]) zu rechte *fehlt B.* [9]) whar *D.* [10]) sulle *BC.* [11]) kastenpfande *B.* [12]) *Vergl. § 36 i.* [13]) ab her *C.* [14]) *fehlt BC.* [15]) sogetane *BC.* gethaene *D.* [16]) ime auch *Zusatz D.* [17]) davbonn *D.* [18]) mag *BD.* [19]) *fehlt BD.* [20]) *fehlt D.* [21]) *fehlt B.* [22]) die *BD.* [23]) syn *Zusatz B.* [24]) aber si *A.* sie aber *BCD.* [25]) frembdenn mannes *D.* [26]) unde—hove *fehlt BD.* [27]) dz *C.* [28]) eines uzmannes *fehlt C.* eines frembdenn mannes *D.* [29]) als eines *D.* [30]) darbey *D.* [31]) habenn *D.* [32]) an desim tage *Zusatz BCD.* [33]) Kumit—rechte *fehlt A.* [34]) sie sint *B.* so sint se *CD.* [35]) Was aber *BCD.* [36]) denne *BC.* dan *D.* [37]) Das steht an im *Zusatz BC.* Das stehett bey ime *desgl. D.* [38]) ouch si *A.* sie auch *BD.* ouch widir *C.* [39]) dan *D.* [40]) *fehlt B. In A am Rande nachgetragen.* [41]) im *B.*

Cap. II.

Ouch von dem erbe.

§ 1—4. Von den Klassen der Ansässigen und ihren Rechten hinsichtlich der Bürgschafts- und Zeugnisleistung sowie der Einheischung. § 5—6. Vom Verfahren bei falschem Zeugnis über Ansässigkeit. § 7. Lehngut gewährt nicht Ansässigkeit. § 8. Von Sicherstellung bekannter Schuld. § 9. Vom Verfahren bei Klagen um

geleugnete Schuld. § 10. Von den Rechten der in Freiberg Ansässigen auf dem Gebirge. § 11. Der auf dem Gebirge Ansässige muß in der Stadt antworten. § 12. Von den Rechten der in Freiberg Ansässigen innerhalb der Meile. § 13. der innerhalb der Meile Ansässigen in der Stadt, § 14. der Söhne und des Gesindes der in Freiberg Ansässigen.

(§ I.) [§ 1.] Hat ein man eigen unde erbe[1]) in[2]) Vriberc, da he nicht von cinset, der ist wol also besezzen, daz he einen iklichen man mac borgen[3]) umme einen totslac oder umme kampere[4]) wunden ane widerrede. Iz inwere denne also[5]) vil, daz di klegere nicht inwusten[6]), daz he also wol besezzen were, so muste he iz bewisen mit zwen sinen nakeburen.

(§ II.) [§ 2.] Hat ein man erbe unde nicht eigen, daz sint[1]) husere unde hove, da[2]) man erbecins von[3]) gibet, der ist ouch besezzen, daz he mac borgen einem iklichen man, dem man schult gibet umme volleist unde[4]) umme[1]) vride, umme[4]) schult unde umme allirleie eide unde[5]) bieicht[6]) ane widerrede[5]).

(§ III.) [§ 3.] Hat ein man eigen rouch, daz ist gemitte herberge, der[1]) heizet ouch besezzen, daz in nimant ingeeischen[2]) mac ane umme wunden. Wen he muz schozzen unde wachen; so muz man im zu dinge gebiten. He mac ouch eime iklichem manne wol[3]) gesten an sime gezuge, waz he bezugen[4]) wil, iz si umme koufschatz[5]) oder umme den[6]) vride oder umme dincteidinc, daz vor gerichte geschit, ab ein man sine clage irvolgit oder ab ein man ledic wirt gesaget, der sache[7]) gestet he allir wol, also bescheidenliche ab he anders sin echt[8]) unde sin recht behalden hat, daz he an der burger brive nicht inste[9]) noch[10]) in dem banne nichtn si[10]).

(§ IV.) [§ 4.] Welch man sich bitet an sinen vormunden vor gerichte, der mac nicht besezzen sin, hette he[1]) ioch[2]) zwu gazzen, he muz burgen setzen. Unde queme he nicht zu dinge, als im bescheiden wirt[3]), so irvolget ienre sine klage uf sineme[4]) burgen.

[§ 5.] Sprichit ein man vor gerichte, als[1]) he beklaget (§ V.) wirt, he si besezzen, unde[2]) ist nicht besezzen[2]), unde bewisit iz doch mit zwen besezzenen mannen als recht ist, wes[3]) sint di zwene bestanden, ab deme kleger bruch wirt an siner[4]) vorderunge? Diselben zwene sint bestanden zu rechte mit alle[5]) der klage, der[6]) ieme[7]) schult was gegeben, wenne si im sine vorderunge intpfirret[8]) haben[9]) mit der valschen bewisunge. Wer iz, daz si im nicht wolden gerne abelegen di p. 167. sache, he brechte si wol zu dinge unde gebe in schult also: „Her richter, ich klage uch zu den luten, daz si[10]) traten her vor gerichte an eine bewisunge unde sprachen: in were wizzenlich, daz der man besezzen were. Da was nicht an. Unde haben mir min gelt oder mine[11]) klage damite inttwant". Bekenten[12]) sis, so musten si im daz[13]) abelegen in drin tagen. Loikenten sis, so bezuget he si[14]) wol, wen iz vor gerichte geschen ist; so muzen si im abelegen in dem dinge, unde ir iklich verbuzet vir schillinge darzu.

[§ 6.] Ist abir ein man besezzen in der cit, als he iz (§ VI.) bewiset mit erhaften luten sinen nakeburen, den iz ouch wizzenlich ist[1]), wirt he darnach unbesezzen an ir wizzen, so haben si nicht unrecht getan; wenne man mochte in zu rechte keine schult darumme nicht[2]) gegeben, sine hetten iz denne geraten. Wen[3]) ein iklich man[4]), der da weiz, daz sin nakebur besezzen ist[5]), unde gestunde he is nicht, alse he darumme gevraget oder gemant wurde, he tete unrecht.

[§ 7.] Hat ein man lengut, smiden oder lenhove[1]), der (§ VII.) ist nicht besezzen, wen he verschozzet sin[2]) nicht. Darumme mac he nicht[3]) besezzen gesin, wen he der stat kein recht[4]) tut. He mac ouch zu rechte[5]) sich selbin noch nimande[6]) geborgen.

[§ 8.] Ist ein man wol besezzen unde wirdet[1]) beklait (§ VIII.)

vor gerichte umme celn[2]) marc oder[3]) umme zwencic oder umme vircic marc[3]) unde bekennit he des silbers, wil is[4]) der kleger nicht inpern, he muz[5]) bewisen, daz he so wol besezzen si, alse[6]) des geldes ist, des he da bekennet. Daz muzen sprechen zwene erhafte besezzene man mit im. Mac he is nicht also bewisen, so muz he burgen setzen. Hat he der burgen[7]) nicht, so muz he sich antwerten mit der hant deme kleger vor[8]) daz silber, alse recht ist, ab he is[9]) nicht inperen wil.

(§ IX.) **[§ 9.]** Ist ein man besezzen unde wirt beklait umme silber[1]), zwenzik marc oder virzik oder[1]) wi vil is ist, unde loikent he des, der darf keinen burgen setcen vor daz recht, wen he besezzen ist unde schozzet unde wachet. He darf ouch nicht[2]) keine bewisunge tun, daz he so wol besezzen si, als he im schult gibet, wend he im loikent unde nicht verwunden ist.
(§ X.) Man sal in beiden bescheiden in daz nehiste dinc. Kumit der kleger nicht zu dinge unde volvorderet, ienre wirt[3]) ledik gesait der klage mit[4]) rechte, unde der kleger verbuzet vir schillinge dazu. Kumit abir der kleger zu dinge unde ienre nicht, so irvolget he[5]) di klage uf in mit rechte, unde ienre buzet[6]) ouch vir schillinge dazu. Unde[2]) wenne he in des verwindet[7]) mit dem richtere unde mit den[8]) dincwarten, so muz he so wol[9]) besezzen sin oder[10]) burgen setcen, di so wol besezzen sint[10]), alse des geldes ist, oder muz sich antwerten mit der hant.

(§ XI.) **[§ 10.]** Ist ein man besezzen in Vriberc, der ist ouch[1]) besezzen[2]) uf allem gebirge, daz[3]) man im[4]) uf keinem[5]) berge sin pfert verbiten[6]) mac noch[7]) sin bir noch waz he hat an koufschatze[8]). Wen hat imant zu im icht zu sachene, der
p. 168. muz im in der stat vorgebiten[9]) unde teidingen zu im, alse recht ist[10]).

[§ 11.] Ein iklich bereman muz antwerten in der stat, wi wol he besezzen ist uffeme gebirge, man verspricbet im sine pfert oder verburget in, he muz antwerten, wes man im schult gibet. (§ XII.)

[§ 12.] Welch man ouch besezzen ist in Vriberc, deme mac des[1]) sinen[2]) nimantnicht[3]) verbiten noch versprechen binnen[4]) einer mile uffeme lande. Wenne ouch di mile von alder in di stat gehort[5]), daz nimant da inne sal backen noch bruwen veile[6]), man sulle[7]) iz in der[8]) stat holen[9]). (§ XIII.)

[§ 13.] Welch man ouch gesezzen ist oder wonit in derselben mile umme Vriberc unde alle tage in die stat wandert, den mac ouch nimant ingeeischen umme den[1]) vride, he muge denne bewisen, daz der vride an im gebrochen si, mit erhaften besezzenen luten, alse recht ist. (§ XIV.)

[§ 14.] Ist ein man besezzen in Vriberc unde hat süne oder[1]) gesinde, vor di he antwerten wil oder pfandunge liden wil[2]), di mac ouch[2]) nimant ingeeischen ane wunden, man muz in lazen[3]) vorgebiten[4]), alse recht ist. (§ XV.)

Noten zu Cap. II.

§ 1. *Vergl. V § 17. XXIII § 3. XXVII § 7. — Gosl. 57,19. 33. 72,34. Igl. 68. Dist. IV, 21 d. 3. — Albrecht 172. Benseler 147. Platner Bürgsch. 56. Planck GV. 1,63.* **§ 2.** *Albrecht 172. Benseler 147. Stobbe: Ztschr. f. D. R. 19,183. Planck GV. 1,63. Kraut Grundriß 270 (§ 109).* **§ 3.** *Vergl. IV § 15. VIII § 1. 2. XII § 1. XIII § 1. XXVII § 7. 13. XXIX § 1. XLIX § 41. — Ssp. II. 63 § 2. Gosl. 62,3. 93,3. Dist. IV, 21 d. 28. 46 d. 11. — Klotzsch Verzellen 108. Budde Rechtl. 147. Benseler 147 f. Platner Entw. 2,351 f. Osenbrüggen Hausfr. 6. 28 f. v. Kries 16. Planck GV. 1,810.* **§ 4.** *Vergl. XXIV § 2 (XXIII—XXV).* **§ 5. 6.** *Benseler 151. Planck GV. 2,101.* **§ 7.** *Benseler 147. 151.* **§ 8. 9.** *Vergl. V § 30. 32. — Ssp. I, 53 § 1. Wb. XXVII § 3. — Benseler 135. 148. Platner Bürgsch. 15 f. 59. Löning Vertragsbr. 275. Planck GV. 2,243. 405. 407—409. Leuthold: Ztschr. f. BR. 21,38.* **§ 10.** *Vergl. Frb. BR. A § 2. Cod. dipl. II. 12,53 (1320?). — Tittmann 1,203. Benseler 149. Leuthold: Ztschr. f. BR. 21,28.* **§ 11.** *Tittmann 1,203. Leuthold a. O. Ermisch Bergrecht XXXIX.* **§ 12.** *Vergl. Zus. I § 33. Cod. dipl. II. 12,127 (§ 7). 144. 156. 158. 225. 265 ff. 325. — Tittmann 1,357. Hingst: Frb. Mitth. 6,568. Leuthold: Ztschr. f. BR. 21,29.* **§ 13. 14.** *Vergl. oben § 3. XLIX § 5—7. — Benseler 148 f. Planck GV. 1,810.*

[§ 1.] [1]) eigen unde erbe *ACW*. erbe unde eigin *BD*. [2]) zcu *BDW*. [3]) *fehlt B*. [4]) kampfe *B*. eyne kampere *C*. eine kampffer *D*. kämpfer *W*. [5]) so *D*. [6]) dorumme *Zusatz BCD*. — [§ 2.] [1]) *Fehlt B*. [2]) daß *BD*. [3]) doron *BD*. [4]) *fehlt D*. [5]) unde—widerrede *fehlt C*. [6]) billich *B*. bezeugt *D*. — [§ 3.] [1]) das *D*. [2]) geheyschen *CD*. [3]) *fehlt BCD*. [4]) geczugen *BC*. [5]) koufmanschaft *B*. kauffmanschatz *DW*. [6]) *fehlt D*. [7]) sachen *B*. [8]) eyd *BD*. [9]) enstet *C*. stehe *D*. [10]) noch—si *fehlt BCD*. — [§ 4.] [1]) *Fehlt B*. [2]) auch *D*. [3]) ist ader wirdt *BD*. [4]) synen *BCD*. — [§ 5.] [1]) *wan D*. [2]) unde—besezzen *fehlt B*. [3]) was *D*. [4]) clage odder an seiner *Zusatz D*. [5]) aller *BC*. [6]) die *BC*. [7]) ime *D*. [8]) enpfuret *B*. enphfieret *C*. entpfüreth *D*. [9]) hatt *D*. [10]) dii *C*. [11]) oder mine *ABC*. unnd *D*. [12]) Bekennen *CD*. [13]) im daz *A*. is im *B*. ym *CD*. [14]) *fehlt D*. — [§ 6.] [1]) *Fehlt D*. [2]) *fehlt CD*. [3]) Dan *D*. [4]) *fehlt B*. [5]) sey *D*. — [§ 7.] [1]) oder lenhove *fehlt A*. smiden oder l. *fehlt HW*. [2]) sie *B*. [3]) *fehlt C*. [4]) dar abe *Zusatz C*. [5]) nicht *Zusatz BC*. [6]) iemandes anders *H*. — [§ 8.] [1]) her *Zusatz BC*. [2]) czwen *C*. [3]) oder—marc *fehlt D*. [4]) wil is *ABC*. unnd wils *D*. [5]) iß *Zusatz C*. [6]) als der *D*. [7]) *fehlt C*. [8]) wie *B*. vor sin gelt ader vor *C*. [9]) syn *C*. — [§ 9.] [1]) silber — oder *ABCD*. geldt und umb gutt *HW*. [2]) *fehlt D*. [3]) ienre wirt *A*. so wirt iener *BCD*. [4]) yn *B*. [5]) iener *D*. [6]) vorbüsset *CD*. [7]) überwindeth *D*. [8]) dem *B*. [9]) *fehlt C*. viell woll *D*. [10]) oder—sint *fehlt BCD*. — [§ 10.] [1]) *Fehlt BCD*. [2]) gesessen *C*. [3]) also das *D*. [4]) *fehlt B*. [5]) gebirge nach auff keinem *Zusatz D*. [6]) vorsprechen *CD*. [7]) vorbietten *Zusatz D*. [8]) kauffmanschatz *DW*. [9]) vorbieten *B*. [10]) *fehlt D*. — [§ 12.] [1]) das *DHW*. [2]) seine *DHW*. [3]) *fehlt DHW*. [4]) unther *D*. bey *HW*. [5]) had *Zusatz BCD*. [6]) *Fehlt DW*. ader *Zusatz C*. [7]) sal *BDW*. [8]) die *B*. [9]) holen unde nemen *BC*. nhemen unnd holenn *D*. — [§ 13.] [1]) keinen *D*. — [§ 14.] [1]) unde *B*. [2]) *fehlt D*. [3]) *fehlt B*. [4]) ingebieten *B*. gebiettenn *D*.

Cap. III.

Von dem gaste, der da teidingit*) mit dem wirte.

§ 1. Vom Verfahren bei Klagen eines Gastes gegen einen Einheimischen. § 2. Vom Verfahren gegen Kranke. § 3. Vom Verfahren bei Klagen eines Einheimischen gegen einen Gast. § 4. Wer gilt als Gast.

(§ I.) [§ 1.] Hat ein gast zu teidingen mit eime wirte, der da
beseczzen ist in Vriberc, der wirt[1]) beheldit sin recht; der gast
muz im in daz dinc lazen[2]) gebiten. Kumit he nicht zume
(§ II.) ersten dinge, der voyt sal in pfenden vor einen schillinc. Ist
abir he daheime nicht gewesen[3]) unde kumit sin sinnebote in
daz dinc, iz si knecht oder mait, unde wil daz geweren[4]),

daz he zu der cit nicht daheime were, do man im vorgebot, so mac in der voit nicht gepfenden. Wil der gast[5]) des sinneboten[6]) eit nemen, daz mac he tun. So muz he sweren also: daz he zu der cit daheime nicht were, do man im vorgebot[7]), unde noch daheime nicht si, daz im got so helfe unde alle heiligen. So muz der gast warten eines anderen dinges. Kumit he zume anderen vorgebote nicht vor zu[8]) dinge, so sal in der voit pfenden vor vir schillinge. Ist abir sin sinnebote da unde tar sweren[9]), daz he daheime nicht gewest si, so mac in der voit[10]) nicht gepfenden. Kumit he zume dritten vorgebote nicht zu dinge, so sal in der richter[11]) pfenden vor sechzic schillinge. Zume virden dinge abir vor sechzic schillinge[12]). Daz mac he triben alse lange he[13]) wil uf sine[14]) pfenninge[15]) oder uf sine pfant unde[16]) ouch di wile der richter di[17]) buze uf sin erbe slan wil. Ist abir, daz he sinneboten[18]) hat von eime dinge zume anderen, di daz[19]) sweren turren, di wile mac man keine buze uf in geteidingen. Di wile muz der gast ligen unde warten[20]). Ist abir, daz der wirt vorkumit, wes in der gast schuldiget[21]), des muz he im[22]) zu hant iehen oder loikenen[22]). Loikent he im alles dinges, so muz he im zu hant sweren davor. Bekennet he, so gebutit im der richter zu geldene in drin tagen. Ist abir, daz he im ein teil bekennit unde ein teil loikent, daz bekante sal he im gelden in drin tagen; vor daz geloikente hat he vrist biz[2]) zume nehisten dinge nach den drin tagen, in den he gelden sal. Gildet[23]) he[24]) nicht in den drin tagen, so muz in der gast abir zu dinge brengen unde schuldigen[25]), daz he im nicht vergolden habe. Bekennit he denne[26]) derselben schult, so sal im der richter gebiten zu geldene in dem tage, unde vir schillinge muz he verbuzen dem voite[27]), daz he nicht vergolden[28]) hat; di sal he leisten in vircen tagen. Ist, daz he nicht gildet an deme

p. 169.

tage, so muz he in abir zu dinge brengen unde klagen, daz he im nicht vergolden habe, zume dritten male. So sal im der richter gebiten zu geldene in deme dinge, unde he muz abir verbuzen vir schillinge, daz he[29]) nicht vergolden hat, als im der richter gebot; di sal he[30]) ouch leisten in vircen tagen. So mac der gast einis urteilis vragen: wen he dri stunt geklaget habe, ab he[22]) im binnen dinges nicht gelde[31]), wer im zu rechte pfandes sulle helfen vor sine gulde[32]). So sal[33]) man[34]) teilen: daz sulle der richter tun zu rechte. Get he ubir daz hinwec unde gildet im nicht, so verbuzit he sechzik schillinge dem voite, daz he nicht vergolden hat binnen dinges; di sal he leisten ouch in[35]) vircen tagen. Unde der richter sal deme kleger pfandes[36]) helfen, wo he in uf daz sine wiset, ane widerrede, wen iz vor im geteidinget ist uf ein eil.

(§ III.) [§ 2.] Ist ein man sich[1]), dem man vorgebutit zu dinge, der muz ouch sinneboten[2]) haben oder man pfendit in. Abir[3]) nicht lenger mac he sinneboten[4]) haben, wen[4]) zu drin dingen[5]). Unde wil mans nicht inperen, der[7]) sinnebote[8]) muz ouch[7]) sweren also: daz der man so[9]) suchte sich[10]) si, daz he daz dinc noch kein[11]) dinc[12]) gesuchen muge, daz im got so helfe[13]) unde alle heiligen. Alse di druw dinc volgen[14]), so sal der richter gen mit dem kleger ubir sin bette[15]) unde sal da richten zu alleme rechte[16]) glicher wis als in den vir benken.

(§ IV.) [§ 3.] Wirdet abir ein[1]) gast versprochen oder verboten in siner herberge von eime anderen gaste oder ioch[2]) von eime beseczenen wirte[3]), der gast sal gen zu dem richter unde sal sprechen: „Her richter, ich bin ein gast unde bin wegevertik. Hi bin ich unde wil rechtis pflegen. Tut wol unde vertiget mich". Der richter sal ienen besenden, der in verboten hat, unde sal im gebiten, daz he vordere, unde sal richten alzuhant[4]), iz si welch[5]) eit iz si; ist iz wol[6]) vigilie oder vaste[7]), ein gast der[8]) swerit wol zu hant. Wil man abir in ubirzugen, daz muz man tun zu rechte[9]) ubir twerc[10]) nacht, wen he ein gast ist. p. 170.

[§ 4.] Welch man in den vir milen[1]) umme Vriberc ge- (§ V.) sezzen ist, der ist kein gast nicht[2]), alse zu Misne, zu[3]) Kemnitz, zu[3]) Dresden unde dabinnen. Di mugen zu dinge wol kumen, den sal man bescheiden in daz dinc[4]). Welch man abir uz den vir milen[1]) gesezzen[5]) ist, der ist ein gast; deme sal man richten zu hant oder bezugen[6]) ubir di[7]) twere[8]) nacht.

Noten zu Cap. III.

§ 1. Vergl. IX § 1. XXIV § 1. Zus. 2 § 5. — Dist. III, 15 d. 1. — Grimm RA. 847. Benseler 149 f. Laband 3. 18. Löning Vertragsbr. 296. 351. 354. Planck GV. 1,358. 2,151. 249. 413—416. § 2. Vergl. Zus. 2 § 14. Cod. dipl. II. 12,93. — Ssp. II, 7. Gosl. 73,26. Dist. III, 7 d. 1. 2. — Benseler 150. (Planck GV. 2,328.) § 3. Vergl. IX § 1. Zus. 2 § 12. 13. Verzählb. B 605. — Gosl. 63,28. Wb. LXV. — Tittmann 1,148. 164. Planck GV. 2,416. § 4. Vergl. V § 39. — Brünn. SchB. 18. — Klotzsch Verzellen 40. Grundig 9. Klotzsch: S. V. N. 3,164. 6,18. Klotzsch bei Schott 3,33. Tittmann 1,148. Benseler 119. Planck GV. 2,412. 414. Leuthold: Ztschr. f. BR. 21,28. Ermisch Bergrecht LV.

1) teindingit *A.* [§ 1.] 1) der *Zusatz B.* 2) *fehlt B.* 3) Ist abir he—gewesen *A.* Ist her aber—gewesen *BDW.* Ist aber daß her nicht doheyme ist gewost *C.* 4) iz—geweren *BCDW.* unde wil daz geweren, iz si knecht oder mait *A.* 5) voit *B.* 6) des sinneboten *ABD.* syner boten *C.* dessen bothen *W.* 7) so mag in der voit nicht gepfenden *Zusatz B.* 8) zcu dem *B.* 9) unnd sprechenn *Zusatz D.* 10) aber *Zusatz D.* 11) voyt *CD.* 12) Zume—schillinge *fehlt D.* 13) alß her *CD.* 14) soinenn *D.* 15) pfenningk *D.* 16) zu dem virden dinge aber fur 60 schillingk *Zusatz D.* 17) pfand ader die *Zusatz B.* 18) seine bothen *D.* 19) da *BCD.* 20) undo warten *fehlt AW.* 21) schult gibt *C.* schuldt gibt unnd ihnen beschuldigt *D.* 22) *fehlt D.* 23) Gybt *DW.* 24) ers *DW.* 25) beschuldige in *C.* beschuldigenn *D.* 26) abor *D.* 27) dem voite *fehlt D.* 28) gegolthenn *D.* 29) her im *BC.* 30) her ym *C.* 31) engelde *BC.* entgelthe *D.* 32) vor sine gulde *fehlt BCD.* 33) muß *D.* 34) man im *BD.* 35) bynnen *B.* 36) pfenden *C.* — [§ 2.] 1) siech oder kranck *H.* 2) seinen bothen *HW.* 3) oder—Abir *fehlt B.* 4) seine bothen *H.* 5) denne *C.* dan *D.* 6) adder man pfendet in *Zusatz B.* 7) der—ouch *ABC.* so muß der synnebothe schwerhenn *D.* 8) sendebothe *HW.* 9) *fehlt BH.* 10) suchte sich *AB.* süchtelich *C.* siech *D.* krancke *H.* 11) keines *D.* 12) *fehlt D.* 13) so helfe *ABC.* soll helffen *D.* 14) volgehn *BH.* vorgehenn *D.* 15) ubir sin bette *ABCHW.* vor das siechbethe *D.* 16) zu allome rechte *fehlt BCDH.* —

[§ 3.] [1]) mbann odder einn *Zusatz D.* [2]) ouch *BW. fehlt D.* [3]) besezzenen wirte *AB.* wirte der besessen ist *C.* andernn wirthe *D.* [4]) es sey viell odder wenigk *Zusatz D.* [5]) welcher *C.* [6]) ist iz wol *ABCW.* es seindt *D.* [7]) foste *DW.* [8]) *fehlt D.* [9]) Wil—rechte *fehlt D.* [10]) zwere *D.* — [§ 4.] [1]) meil weges *H.* [2]) *fehlt DHW.* [3]) und czû *C. fehlt D.* [4]) gedinge *DH.* [5]) besessin *B.* [6]) oder bezugen *ABCD.* aber zu bezeugen *HW.* [7]) *fehlt CDH.* [8]) zwere *D.* zwerche *H.* zwey *W.*

Cap. IV.

Von dem geschozze, wi daz si.

§ 1. Von Umlage und Erhebung des Geschosses. § 2. Von Verschossung von Gütern außerhalb Freibergs, § 3. von Gütern in Freiberg durch Auswärtige. § 4. Schoßpflicht der Bergleute, § 5. der Waldwerken. § 6. Wer in der Stadt schoßt, soll nicht auch auf dem Lande schossen. § 7—9. Was braucht man nicht zu verschossen. § 10. 11. Was soll man verschossen. § 12. 13. Von der Schoßpflicht zinsbarer Grundstücke, § 14. von Leibgedinge, § 15. vom Miethhäusern, § 16. von Gut „zu Gesellschaft“. § 17. Schoßpflicht der Mälzer, § 18. der Hausgenossen. § 19. Verbot des Betrugs bei Entrichtung des Schosses.

[§ 1.] Swenne[1]) di stat[2]) ein geschoz muz haben, das sullen di burger setzen under einander, wenne si sin an[3]) irme heimelichen rate[4]), also alse[5]) der stat not ist. Unde sullen kisen zwene under in, di da pfenden mit deme richtere, di wile daz geschoz wert, unde sullen kisen zwene ouch[6]) under in, di darubir sitcen unde iz innemen, unde sullen ouch kisen zwene biderbe man[7]) uz[6]) der stat, di ouch bi den burgeren sitcen darubir[8]), di wile iz wert.

[§ 2.] Welch man besezzen ist in Vriberc, waz[1]) der gutis hat uf dem lande oder in anderen landen, daz[2]) sal he verschozzen zu rechte mit den burgeren.

[§ 3.] Ist ouch[1]) ein man gesezzen uffeme lande oder in anderen landen[2]) unde hat he[3]) erbe oder[4]) cins in dem wikbilde[5]), he si pfaffe oder leie, he sal iz verschozzen mit den burgeren.

[§ 4.] Welch man oder bereman gesezzen[1]) ist uf deme

gebirge, waz he[2]) gutis hat, daz sal he herin[3]) verschozzen in di stat[4]) mit den burgeren.

[§ 5.] Welch[1]) waltworchte gesezzen ist inme dorfe oder uf dem vorwerke, di wile he waltwerkis pflit, so sal he sin gut verschozzen[1]) her in di stat mit den burgeren.

[§ 6.] Welch man besezzen ist in der stat unde sin gut verschozzet in der stat, der sal zu rechte uf dem lande nicht schozzen, waz he selbe erbeitit mit sinen pflugen.

[§ 7.] Hat ein man korn, daz he[1]) ezzen wil, oder gerste, di he zu sime tranke wil[2]), oder vleisch zu siner spise oder phert zu sime satele oder kleidere[3]) oder silberin geveze, daz he benutzet, oder kleinote, di nicht veile sint, oder teil an bergen, si sint gut oder bose[4]), daz insal[5]) ein man alliz zu rechte[6]) nicht verschozzen. Unde[7]) waz ein man[8]) schuldic ist, daz sal he ouch[9]) nicht verschozzen.

[§ 8.] Ist ein man schuldic unde ist man im wider schuldic, so sal he schult gein schult slan; so wirdit[1]) des[2]) wet[3]), des indarf he nicht verschozzen. *p. 171.*

[§ 9.] Waz ein man schult hat, der[1]) he sich vercien wil, der darf he[2]) nicht verschozzen. Hat ein man swin, di he ezzen wil, oder kuwe inme[3]) huse zu sime nutce, oder ochsen uf der weide, di nicht veile sint, oder[4]) waz he zu siner notdurf oder zu[4]) kost unde spise[5]) haben sal, des[6]) alles darf he nicht verschozzen. Waz ein man under einer marc hat, he bege[7]) sich is[4]) oder nicht, davon darf he nicht schozzen.

[§ 10.] Was ein man anders[1]) hat uf allem ertriche, iz si begraben in[2]) der erden oder lige uffen[3]) hutten oder si in den vorwerken[4]) oder an schult oder an alle dem, daz got i[5]) geschuf, daz sal ein man verschozzen ane argelist, alse di burger gesetcen, oder he swert unrechte.

[§ 11.] Swer[1]) werbende gut hat[2]) in der stat, daz da[3]) koufet unde verkoufit[4]), he si pfaffe, munich oder nunne, der sal iz verschozzen.

[§ 12.] Swer[1]) da[2]) einen hof hat, der da cinset ein halp pfunt oder me, der gibet halbiz geschoz von der vurstat. Welch hof abir[3]) under eime halben pfunde cinset, der muz volliz geschoz geben alse wol, als[2]) ab he vri were, man wolle im denne gnade tun.

[§ 13.] Welch man cins[1]) verkoufit von sime huse durch geschozzes willen, daz he deste[2]) minner schozze von der vurstat, der hat argelist, in twinge denne ander not zu dem koufe, so swert he unrechte, also dicke als he schozzet.

[§ 14.] Swelch[1]) man oder[2]) wip[3]) lipgedinge hat, daz sal man mit rechte vor halp gut verschozzen.

[§ 15.] Swelch[1]) man iarcins hat, der da verburnen mac oder den man buwen muz, den sal man zu[2]) rechte vor halben cins verschozzen.

[§ 16.] Swaz[1]) ein man gutis hat zu geselleschaft, daz sal he verschozzen zu rechte.

[§ 17.] Swelch[1]) man melcet[2]) unbesezzenen luten, he si coch oder kelner[3]), knecht oder mait[4]) oder nunne, daz sal he verschozzen oder sal daruf wisen, daz iz verschozzit werde, als recht ist. Tut he des nicht, he sweret unrechte.

[§ 18.] Swelch[1]) man husgenozen hat, di geschozzen mugen, der sal si brengen[2]) zu geschozze oder daz si tun, daz recht si, oder sweren, daz si nicht zu verschozzene[3]) haben.

[§ 19.] Kein man noch vrowe sal bose silber noch bose pfenninge in den czuber legen zu geschozze, he reite[1]) iz denne nach sinem werde[2]). Tut he iz uber daz, he hat argelist unde sweret[3]) meineide[4]).

Noten zu Cap. IV.

Vergl. II § 7. XXXIII § 20. XXXV. XXXVII § 1. XXXIX § 2—4. XL § 1. Cod. dipl. II. 6,15. 27. 12,109. 111. Stadtb. I No. 153. — Tittmann 1,339. Benseler 143 ff. Hingst: Frb. Mitth. 6,569. (Arnold 2,265 ff. Gierke Genossenschaftsrecht 2,698 ff. Maurer StV. 2,851 ff.). — **§ 4. 5.** *Leuthold: Ztschr. f. BR. 21,28. Ermisch Bergrecht XXXIX (Cod. dipl. II. 12, XXXI).* **§ 7.** *Leuthold a. O. 21,35.* **§ 10.** *Leuthold a. O. 21,28.* **§ 11.** *Tittmann 1,345. Benseler 151.* **§ 13.** *Vergl. Cod. dipl. II. 12,125 (§ 13). Stb. II No. 293, 295, 361, 448 u. ö. Gb. I, 40. 59 u. ö.* **§ 15.** *Vergl. II § 3. Cod. dipl. II. 8,248.* **§ 17.** *Vergl. § 11.* **§ 18.** *Vergl. V § 15. Cod. dipl. II. 8,248.*

[§ 1.] [1]) Wenne *BC.* Wan *D.* [2]) Friberg *Zusatz BCD.* [3]) in *B.* [4]) unde sullen das thun *Zusatz BCD.* [5]) *fehlt B.* [6]) *fehlt D.* [7]) biderbe man *ABC.* bidermhanne *D.* [8]) unnd es einnbemen *D.* — [§ 2.] [1]) *Fehlt B.* [2]) daz sal he — in anderen landen (§ 3) *fehlt D.* — [§ 3.] [1]) *Fehlt B.* [2]) *vergl. § 2 N. 2.* [3]) *fehlt D.* [4]) unde *BD.* [5]) zcu Friberg *Zusatz BCD.* — [§ 4.] [1]) beseßen *D.* [2]) der *C.* [3]) in *C. fehlt D.* [4]) in di stat *fehlt B.* — [§ 5.] *Steht in D hinter § 6.* — [1]) Welch — verschozzen *A.* Welch waltworchten (waltwerckenn *D*) sint in den dorforn ader uff den forberken (borgkwergenn *D*), die wile sie (sie *fehlt B*) waltwerkens (waltwerkeß *CD*) pflegen, so sullen sie ir gut vorschossen *BCD.* — [§ 7.] [1]) selber *Zusatz CD.* [2]) habenn will *D.* [3]) oder kleidere *fehlt BCD.* [4]) gut oder bose *A.* gewynhaft ader ungewynhaft boze ader gut *BCD.* [5]) daz insal *AC.* dorczu sal *B.* das soll *D.* [6]) zu rechte *fehlt BCD.* [7]) *fehlt C.* [8]) eyne andern *Zusatz C.* [9]) sal he ouch *ABC.* darf er alles *D.* — [§ 8.] [1]) ist *C.* wurt *H.* [2]) is (es) *BDH.* [3]) wette *BCDH.* — [§ 9.] [1]) das *D.* [2]) darf he *ABC.* darffs *D.* [3]) in symo *CD.* [4]) *fehlt D.* [5]) kost unde spise *ABD.* kost redarf *(sic)* und czů syner spyze *C.* [6]) das *D.* [7]) berge *B.* behelff *D.* — [§ 10.] [1]) anders allis *B.* [2]) under *BCD.* [3]) uff *B.* uff den *CD.* [4]) bergwergenn *D.* [5]) i *(mit einem Punkt dahinter) A.* ye *BC.* iho *D.* — [§ 11.] [1]) Wer *BCDH.* [2]) habe odder hatt *D.* [3]) man *H.* [4]) unde verkoufit *fehlt D.* — [§ 12.] [1]) Wer *BCD.* [2]) *fehlt D.* [3]) ader *B. fehlt D.* — [§ 13.] [1]) eyns *B.* [2]) *fehlt D.* — [§ 14.] [1]) Welch *BCD.* [2]) aber *D.* [3]) *fehlt D.* — [§ 15.] [1]) Welch *BCD.* [2]) vor *D.* — [§ 16.] *Steht in C vor § 14.* — [1]) Was *BCD.* — [§ 17.] [1]) Welch *BCD.* [2]) *fehlt, doch ist dafür Raum freigelassen B.* under *Zusatz D.* [3]) keller *D.* [4]) munch *Zusatz D.* — [§ 18.] [1]) Welch *BCD.* [2]) darbringenn *D.* [3]) schossene *BCD.* — [§ 19.] [1]) rechne *D.* [2]) were *A.* [3]) unrecht unde sweret *Zusatz BC.* unrecht unnd *Zusatz D.* [4]) meyneidigk *D.*

Cap. V.

Diz ist ouch von dem erbe unde von der ee.

§ 1. Von Testamenten. § 2. 3. Erbrechtliche Folgen der Verlobung wider Willen der Eltern; § 4. 5. des Eintritts in ein Kloster. § 6—8. Von Entführung einer Jungfrau. § 9. Von Spielschulden der Haussöhne. § 10—12. Wie hoch darf

man spielen und in seinem Hause spielen lassen. § 13. Von Uebervortheilung der Kinder durch die Mutter bei der Erbtheilung. § 14. 15. Von Pfändung des Wirthes für die Hausgenossen. § 16—18. Von Bürgschaft um Totschlag und Kamperwunden. § 19. Wann darf man Ansässige einheischen. § 20. Von Räumung eines gerichtlich geeigneten Hauses. § 21. Von Beseitigung unrechter Bauten. § 22. Von Pfändung um Erbzins, § 23. um Jahrzins. § 24. Vom Rechte der Geschwornen einen unschuldig wegen Wunden oder Totschlag Beklagten „auszuziehen". § 25. 26. Von Pfandsetzung um Schuld. § 27. 28. Von Verjährung von Ansprüchen an Erbe und Eigen. § 29. Vom Erbrecht der Weltgeistlichen. § 30. Wer darf sich nicht in Schuldknechtschaft antworten. § 30. Von Abschätzung von Pfändern. § 32. Von der Schuldknechtschaft. § 33. Vom Erbrecht der Enkel und der Seitenverwandten. Vom Heimfallrecht. § 35. Die Erben haften für Schulden des Erblassers nur mit dem Erbe. § 36. Von Haftung des zweiten Ehemanns einer Witwe für die Schulden des ersten. § 37. 38. Von Absonderung von Kindern, deren Erbe in gesammter Hand geblieben ist. § 39. Von Vorladung solcher, die innerhalb der vier Meilen wohnen und ein Haus oder § 40. Erbzins in Freiberg haben. § 41. Von rechter Gewere.

(§ I.) **[§ 1.]** Swelch[1]) man also sinnik[2]) unde also[3]) selic ist, daz he sin dinc setzet[4]) unde berichtet bi sime lebendigem libe (p. 172.) unde di wile he bi guten sinnen ist unde ouch mit redehafter zunge wizzentliche dem richter unde erhaften luten oder ioch[5]) sinen vrunden oder sinen guten[6]) nakeburen, he lige oder sitze, daz hat craft unde bestet billiche unde mit rechte, ab he denne abeget. Ist iz aber[7]), daz he wider[8]) ufkumit des legirs, so tut he wol, welchiz he wil. Abir waz he elicher[9]) kindere hat, di mac he nicht gesunderen nach der stat recht, daz he eime gebe me, dem anderen minner, des mac nicht gesin; si be- (§ II.) halden alle gliche[10]) teil zu rechte. Ist ouch, daz he hat bruder oder swester, vettern oder omen, waz he den[11]) bescheidet oder zu gotishusern uz sime gute oder von sime (§ III.) erbe zu gebene, daz[12]) bestet ouch billiche. Quem iz also[13]) verre, daz di, di[14]) sich des erbis underwunden, nicht[15]) geben wolden, daz he also wizzentlichen bescheiden hette, di mochten si zu rede[16]) setzen darumme unde sprechen also: „Wir wollen iz bewisen mit erhaften luten, daz he iz[17]) uns beschit[18]), di wile he bi guten sinnen was, unde mit redehafter zunge".

Welcher denne daz bewisen mac mit zwen erhaften besezzenen mannen, di darubir[19]) gewest sin, daz[20]) he iz in[20]) beschit, di wile he bi guten sinnen was, unde iz tet[21]) mit redehafter zunge, daz sal man im[22]) billicher[23]) geben unde leisten uz dem erbe, wen im[24]) imant davor geloukenen muge.

[§ 2.] Welche iuncvrowe loufet uz ires vaters brote mit (§ IV.) einem manne hinwec, oder welche[1]) iuncvrowe[1]) sich verlobit wider ires vater wille[2]) unde ouch der muter[2]), di iuncvrowe[3]) beheldet kein erbeteil nicht[1]) zu rechte, man wolle iz ir[4]) denne gerne geben. Wirdet wol[1]) ir vater ir vrunt, di wile he lebet, nach sime tode so geben ir di[5]) anderen[1]) geswistere[6]), waz si wollen. Were iz abir, daz sich daz[7]) dinc veralte, daz die iuncvrowe loikente der sache oder[8]) spreche, ir vater hette si iz geheizen, oder wi[9]) daz[10]) were[11]), unde mochte si daz denne bewisen unde des volkumen[11]) in deme ersten iare nach ires vaters tode mit zwen erhaften besezzenen mannen, di gemeine weren unde ir nicht besippe[12]) weren[13]), daz si ir vater mit sime guten willen unde zu rechter ee uz hette gegeben, so behilde si billicher[14]) ir erbeteil, denne man iz ir[15]) benemen mochte. Di lute muzen iz abir begrifen mit[16]) dem[17]) eide, wen iz muz ein gezuk sin; unde muz der erste sweren also mit dem eide, den he zu dem vride gesworn habe[18]) zu aller slachte recht: daz im daz wizzentlich si, daz Gerdrud uzgesatzet wurde mit ires vaters gutem willen unde zu rechter ee, alse[19]) sitelich si in der werlde. So muz di iuncvrowe sweren darnach also[20]) mit dem eide, den si zu dem vride[21]) gesworn habe[22]) zu aller slachte recht: daz di rede recht[23]) unde war si, di her Cunrat da[24]) gesprochen[25]) habe[26]). So muz der ander man, den si hat[27]) zu gezuge, sweren darnach also mit dem eide, den he zu dem vride gesworn habe zu aller slachte recht: daz di rede recht unde war si, di her p. 173.

Cunrat vor gesprochen[26]) hat[27]) unde Gerdrud nach[28]). Ist, daz under den mannen keiner irvellet dri stunt, so ist di klage verlorn. Di iuncvrowe mac aber nicht irvallen. Si sweret also lange, biz daz si gestet. Da ist kein gesetze uf. Gesten si[29]) abir alle, als recht ist, so muz man ir ir[30]) erbeteil leisten[29]) unde bewisen in deme dinge. Tut man des[31]) nicht, der richter sal si is[32]) gewaldic machen.

(§ V.) [§ 3.] Ist aber, daz ein knecht loufet uz sines vater erbe mit einer[1]) iuncvrowen[2]) oder verlobit sich wider sines vater willen unde[3]) siner muter, darumme verluset he sines erbeteiles nicht[4]). Sin vater mac im deste[5]) gremer sin; aber nach sime tode muz man im sin erbeteil[6]) geben. Hat he wol geworben[7]), he vert[8]) deste[5]) baz.

(§ VI.) [§ 4.] Welch kint sich begibet mit willen oder mit[1]) unwillen sines[2]) vaters, daz hat kein erbeteil nicht[3]) zu rechte, iz insi denne also vil[4]), ab[5]) iz wider uzvert in deme ersten iare, als im die kure gegeben wirdet; so beheldet iz sin erbeteil billiche, die wile iz ouch[6]) under sinen iaren ist.

[§ 5.] Begibet sich[1]) abir[2]) ein kint, als iz[3]) uz sinen iaren kumet, unde wenne iz gehorsam tut, iz blibe in dem orden oder iz[4]) vare uz, iz inhat kein erbeteil nicht[5]) zu rechte, man wolle iz im danne von mutwillen[6]) gerne[7]) geben.

(§ VII.) [§ 6.] Swo[1]) ein knecht eine magit intpfuret, ir[2]) vrunt mugen[3]) nachvolgen mit gerichte. Der richter sal si vregen mit zwen erhaften mannen, di der iuncvrowen nicht zugehoren, uf ir sele, ab iz ir gute wille si gewest unde ab si im gevolget habe mit gutem willen oder nicht. Sprichet si denne: „Ia, ich habe iz gerne getan", so sal man in beiden vride[4]) geben unde sal si mit gutem gemache lazen. Sprichet si abir: „Nein, iz wart min wille ni", ist denne der knecht da[5]) kegenwertik in dem huse oder[6]) wo iz ist[6]), he bekenne oder loikene, so sal man zu im richten mit dem[7]) swerte, als[8]) recht ist. Wenne[9]) keinis urteilis darf man nicht[10]) me an der stat, wen iz di iuncvrowe uf ir sele nimet kegen deme richtere unde kegen den zwen gemeinen mannen, di ir nicht besippe[11]) sin; damite wirt[12]) he verteilet[13]).

[§ 7.] Ist aber, daz der knecht nicht[1]) keinwertik ist unde intwichet, den sal man vercelen uf sinen hals. Da darf[2]) man nicht[3]) keiner ander bewisunge zu, wen iz der richter gehort hat unde di zwene erhafte man.

[§ 8.] Ist abir, daz he vorkumit oder daz[1]) man in[2]) irwischit[3]), e he verzalt wirdit, an[4]) dem anderen tage, an deme dritten oder an dem virden tage[4]), so sal man in brengen vor gerichte unde sal senden[5]) dieselben zwene man oder andere zwene erhafte[6]) man, di gemeine sin unde[7]) der iuncvrowen nicht zugehoren, zu der iuncvrowen[8]); oder wil si zu gerichte kumen, daz ist aber[9]) gut. So sullen si di lute vregen uf ir sele, ab si mit irem guten willen deme knechte gevolget p. 174.
habe oder ab si in[10]) noch wolle loben[11]) zu eime elichen manne. Sprichet si dennoch[12]): „Ia“, man sal in vride wirken unde sal si im geben zu eime elichen wibe. Ist des[13]) abir nicht[14]), daz[15]) si iz begrifet uf ir sele, iz wurde[16]) ir wille ni[17]), daz si im gerne[14]) gevolgete[18]), damite ist daz[19]) urteil gegeben uber sinen hals, daz man[20]) nicht me[21]) darf[22]) tun. Man[23]) vrege ot[24]), wi man ubir in zu rechte[25]) richten sulle. Daz sal der butel[26]) vinden: mit dem swerte.

[§ 9.] Keines mannes sun, der unbestatet ist, den sal (§ VIII.)
nimant hoer verpflegen an spile, wen[1]) uf[2]) also vil, als he anme halse hat. Wer in hoer verpfliget, man sal iz im nicht gelden, man sal im ouch keine antwerte darumme[3]) zu rechte geben.

[§ 10.] Kein man, he si[1]) iunc oder alt, sal nicht[2]) me (§ IX.)
verspilen eines[3]) tages denne vumf schillinge. Waz he me

verspilt den[4]) vumf schillinge, also[5]) vil muz he an di stat geben zu rechte.

(§ X.) **[§ 11.]** Kein man sal ouch[1]) me gewinnen einis[2]) tages wen[3]) vunf schillinge. Waz[4]) he me gewinnet wen vumf schillinge[4]), iz si von einem manne oder von[5]) zwen oder[1]) von[6]) drin oder von[6]) viren, waz he uber vumf schillinge gewinnet, also vil muz he in[7]) an di stat geben.

(§ XI.) **[§ 12.]** Unde[1]) welch wirt oder wirtinne, in der huse gespilt wirdet ubir vumf schillinge[1]) unde daz[2]) nicht meldet des anderen tages oder des dritten deme burgermeister oder den[3]) burgeren, der[4]) muz cehn schillinge geben den burgeren, oder[4]) man pfendit in davor zu[5]) rechte.

(§ XII.) **[§ 13.]** Wo ein man stirbet unde lezet eine vrowen unde kindere unde eigen unde[1]) erbe unde ouch wizzentliche varnde habe ligende[2]) vor den ougen unde ab di vrowe thuschen wolde unde wolde sweren davor den kinden oder neme einen man, der iz tun wolde, oder ab iz ein vormunde tun wolde, des mac nicht gesin zu rechte. Wande[3]) waz ein man wizzentliche lezet sinen kinden unde ouch vor den[4]) ougen lit, da mac nimant vor gesweren nach der stat recht.

[§ 14.] Kein man, der da[1]) hus unde hof hat, mac nicht[1]) pfandunge geliden zu rechte vor nimande[2]), he[3]) si ein[4]) oder der ander, wer nicht mit im ist in sinen vir wenden[3]). He si denne mit[5]) im inne[1]) zu huse[6]), so[7]) mac he keine pfandunge vor in geliden[7]).

(§ XIII.) **[§ 15.]** Welch man husgenozen hat, di mit im inne sint, oder wer iz ist, der mit im inne ist, vor di[1]) muz he pfandunge liden zu rechte, oder he[2]) sal si uztriben zume[3]) nehisten dinge. Mac he ir[4]) nicht uzbrengen[5]), he sal zu gerichte kumen unde sal[2]) sprechen: „Her richter, ich wil[6]) keine pfandunge vor[7]) in[8]) liden, ich inkan in[9]) ouch nicht uzbrengen“.

So sal der richter dar[10]) gen mit[11]) ieme[12]), der uf in[9]) zu klagene hat, unde sal in verburgen, als recht ist.

[§ 16.] Borget ein man einen anderen man umme einen (§ XIV.) totslac oder umme[1]) kampere[2]) wunden unde sprichet also: „Her richter, ich werde sin burge, ich wil in gestellen in daz dinc", unde sprichet he daz einvaldikliche[3]) unde benennet nicht kein eigen noch[4]) kein[5]) erbe unde geloubet man is im unde kumit ienre nicht vor unde[6]) antwertet, der burge ist be- p. 175. standen mit sime halse, unde ienen sal man[7]) dazu vercelen uf sinen hals.

[§ 17.] Ist abir, daz ein man borget einen anderen man umme einen totslac oder umme[1]) wunden unde sprichet also: „Her richter, ich han einen vrien hof oder[2]) ich habe da einen hof[2]) oder daz erbe oder daz[3]), da wil ich in mite borgen"; gibet man in also zu[4]) borge unde kumet ienre nicht unde antwertet, als recht ist, so ist der hof oder daz[1]) erbe verlorn oder waz he da benante, dabi he in[5]) borgete, unde der burge ist me[6]) ledic; unde ienen sal man dazu verceln uf sinen[7]) hals.

[§ 18.] Ist abir, daz ein man den anderen borget umme totslege oder umme[1]) wunden unde[2]) intwichen si beide mit einander, man sal si beide verceln uf ir helse.

Ouch von demeselben unde von der besezzenkeit[3]).

[§ 19.] Welch man besezzen ist in dem wicbilde zu Vri- (§ XV.) berc, den mac nimant ingeeischen[1]) in dem[2]) lantgerichte vor der burc ane umme wunden. In mac ouch nimant ingeeischen[1]) binnen einer mile al[3]) umme di stat zu rechte[3]) ane umme wunden.

[§ 20.] Wirdet einem manne ein hus geeigent, als recht (§ XVI.) ist, daz sal man im rumen in virzehn tagen; oder ienre, der da inne ist, rumet he[1]) iz nicht, he verlusit[2]) sechzic schillinge. Unde kumit iz wider zu klage, so sal he iz rumen in[3]) drin tagen, oder he verbuzit[4]) abir sechzik schillinge; di sal he leisten in virceln tagen. Kumit iz abir wider zu klage, so sal he iz rumen[3]) in dem tage, oder he verbuzet abir sechzik schillinge; di muz he leisten[5]) in virceln tagen. Kumit iz abir zume virden male[6]) zu klage, so sal he iz rumen in der dinczit, oder he verbuzit abir sechzic schillinge; die sal he ouch leisten in vircen' tagen. Tut he des dennoch nicht, so sal der richter mit im dar gen unde sal im helfen, daz da[1]) gerumet werde ane[7]) widerrede, unde sal von ieme keiner widerrede gehorchen[7]), wen iz an[8]) ein zil geteidinget ist. Ab ienre lichte[9]) spreche, he het im[10]) tac gegeben unde[11]) he wolle iz bezugen[12]), oder he wizze[13]) umme di rede nicht, oder[14]) alse gebundene tage weren, des[15]) sal alles nicht sin[16]), da[16]) sal nimant nicht wider[17]) stozen; bi namen[16]) der richter sal im helfen, daz da[1]) gerumet werde. Ist he zu cranc, he sal di burger zu im nemen unde sal ienen[18]) uzwisen unde sal disen[19]) darin[20]) wisen unde sal[20]) is[21]) in gewaldic machen.

(§ XVII.) [§ 21.] Hat ein man einen unrechten bu[1]) in gewalt unde in gewere vir iar[2]), sechse[3]), cehne oder ioch[4]) zwencic iar von sinen nakeburen, iz si von gunst oder von[2]) gewalt, den hat he nicht mit rechte. Wenne is im sine nakeburen nicht me[5]) gunnen wollen, so muz he rumen zu rechte. Kumit ouch ein p. 176. ander man uf di hovestat unde[6]) bitet boten dazu unde wert[7]) iz im unde brengit iz mit rechte darzu[7]), daz he iz widertun muz, wie lange he in gehabit hat, daz hilfet in nicht zu rechte[6]).

(§ XVIII.) [§ 22.] Hat ein man erbecins an eime huse oder woran iz ist unde pfendit davor, alse sin tac kumit, di pfant mac he setcen in di iuden ane vare, wendiz erbecins ist. He sal aber ienen[1]) darnach wisen, des[2]) di pfant sint; wil he ir[3]) denne nicht losen, der schade ist sin zu rechte, unde dirre[4]) darf im keine antwerte darumme[5]) geben umme[6]) den wucher, wen he iz im kunt hat getan.

[§ 23.] Hat ein man iarcins an eime huse oder woran iz (§ XIX.) ist unde pfendit davor, di pfant muz he ufbiten druw dinc unde muz si gewinnen, alse recht ist, wendiz iarcins ist.

[§ 24.] Wo ein wunde wirt geslagen oder ein totslac[1]), (§ XX.) di man legit[2]) uf einen unschuldigen man, ist daz wizzentlich eime geswornen manne, daz[3]) he unschuldic ist[3]), derselbe[4]) gesworne[5]) mac in uzzihen nach der stat recht, wil he iz tun, daz he[6]) ledic wirdit mit[7]) rechte.

[§ 25.] Hat ein man eigen unde erbe in dem wicbilde (§ XXI.) unde[1]) hat ouch eigen unde erbe uzenwendic des wicbildes, daz doch[2]) in diz gerichte[3]) hort[4]), alse hutten unde teil unde[5]) cremen[1]), unde wirdit beklagit umme gelt, der man bite pfant zu setcene vor die schult unde bite daz erbe, daz da[5]) uzenwendic lit[6]), daz stet an des klegeris willekure zu rechte, ab he iz nemen wil oder nicht, di wile he eigen unde erbe hat in dem wicbilde, unde daz muz he im ouch setcen zu rechte vor di schult, wil he is nicht inperen. Spreche abir he denne: he hettiz versatzit oder hettiz verkoufet oder hettiz ufgegeben[7]), daz muste he bewisen mit eime[8]) richter. Bewisete he iz, als recht ist[9]), so muste der kleger zu ieme grifen, daz uzenwendic lit. Bewiset he iz abir nicht, so muz he im diz[10]) erbe setcen, daz innenwendic lit[11]), vor sine schult[12]).

[§ 26.] Welch man erbe setcen wil vor sine[1]) schult einem[2]) manne, wil is der man nicht inperen, he muz iz alrest behalden uffen heiligen, daz he nicht[3]) habe keine varnde[4]) habe, die so gut si, daz he si davor gesetcen muge. Sprichet abir der kleger also: „Her richter, ich weiz siner varnder habe wol also[5]) vil, als des geldis ist, unde bite einis urteilis, wen ich uch daruf wisen wil, ab he mir davor icht[6]) gesweren muge", so mac ienre einis urteilis biten: wen he iz behalden wolle uf den heiligen, daz he kein varnde gut habe, ab he zu rechte zu sime erbe[7]) icht[4]) grifen sulle. So sal man teilen: wizze he sine varnde habe unde wolle daruf wisen, daz man im billicher helfe[8]) vor sine schult, den he kein erbe zu pfande neme[9]).

(§ XXII.) [§ 27.] Wer erbeansprechc[1]) machen[2]) wil, der sal iz tun zu rechte in der ersten iarisvrist[3]) unde sal ieme[4]) vorgebiten unde sal in zu rede setcen. Daz heizet ansprache[5]). Tut p. 177. he des nicht in dem ersten iare, darnach sal he swigen ouch zu rechte. Daz ein man vil tritet[6]) in di benke[7]) unde machet ansprechc eines guten mannes erbe eines oder[8]) zwir[9]) von iare zu iare oder wi dicke iz ist, daz ist nicht der stat recht, iz insal in[10]) ouch nicht zu rechte helfen.

(§ XXIII.) [§ 28.] Hat ein man eigen unde erbe in gewalt unde in[1]) gewere iar unde tac gehabet ane ansprache unde ist gewert von ieme, der iz im ufgegeben hat, als recht ist, wizzentliche, unde ein ander kume unde setce in zu rede unde spreche: iz si sines vater gut gewest, oder iz si in anirstorben[2]), daz wolle he bezugen[3]), oder spreche: iz si im ufgegeben vor gerichte, daz wolle he aber[4]) bezugen, so sal dirre[5]) einis urteilis biten dakein, wende he dazselbe erbe habe gehabit iar unde tac wizzentliche in gewalt unde in[6]) gewere ane ansprache[7]) unde gewert si von ieme, der[8]) iz im ufgap, wi he daz also lange verswigen habe, daz he gewert si von ieme[8]), unde daruf nicht getheidinget habe in der iarisvrist, als recht ist, ab he nu zu rechte icht swigen sulle unde[9]) ab he[10]) im zu rechte keine antwerte darumme durfe[11]) geben. So sal man teilen zu rechte[12]): habe he iz gehabit also[13]) lange in gewalt unde in gewere, biz daz[14]) he gewert si[15]) wizzentliche[16]), daz he im[17]) keine antwerte darumme durfe geben.

[§ 29.] Ein iklich werltlich pfaffe, he habe kirchen[1]) oder *(§ XXIV.)* nicht, der nimit wol erbeteil mit sinen geswisteren[2]) anme[3]) erbe[4]). Aber[5]) an lengute hat he kein teil nicht, man wolliz im denne gerne geben.

[§ 30.] Kein man, der erbe unde eigen hat, mac sich *(§ XXV.)* nicht geantwerten vor schult[1]) mit der hant zu rechte, ienre wolle in[2]) denne gerne nemen. Sprichet abir ienre: „Her richter[3]), ich weiz sines geldes wol also[4]) vil, als der schult ist, oder me, unde bite einis urteilis, wen ich[5]) wisen wil uf sin erbe oder uf sine[6]) varnde habe, ab ich in icht durfe geantwert nemen mit der hant“, so sal man teilen: wo he wise uf daz sine, daz im des der[7]) richter billicher gehelfen sulle vor sine schult, wen[8]) he sich im[9]) geantwerten muge.

[§ 31.] Wo boten werden gebeten[1]) vor gerichte zu einer *(§ XXVI.)* schatzunge, da man pfant setcen[2]) wil, erbe[3]) oder[4]) pfert oder[4]) kleidere oder waz iz ist, den sal der richter gebiten, daz si dazu gen unde schatcen di pfant. Daz sullen di boten tun, als in ir truwe unde ir ere[5]) lip ist. Unde wi si di pfant schatcen, also muz iz besten zu rechte. Ab in ienre schult darumme wolde geben, des di pfant weren[6]), daz he spreche, si hetten si im zu nahe geschatcet, si sullen[7]) zu rechte darumme[8]) keine antwerte geben, wen si von gerichtes wegen dazu betwungen[9]) sin. Unde[8]) ab ienre spreche, dem[10]) di pfant gesatcet[11]) werden, si hetten si im zu thure geschatcet oder he *p. 178.* hette verlorn daran, unde gebe den boten ouch[8]) schult darumme, si sullen im zu rechte keine antwerte darumme[12]) geben, wen in der richter gebot[13]), daz si si schatcen solden[14]).

[§ 32.] Wirdit ein man geantwert mit der hant vor schult, *(§ XXVII.)* der richter sal sprechen: „Antwertit in uns wider, alse he von uch ledic wirt", unde sal im ienis[1]) hant in sine hant[2]) geben. Der[3]) kleger mac sprechen: „Her richter[4]), vreget in, ab he gutliche mit mir gen wolle unde[3]) ab[5]) he daz willekuren wolle[5]), ab he mir intgehn wolle oder intgeht[6]), daz ich wider[7]) sulle angrifen". Willekurt he daz, so mac he in uz der hant lazen unde laze in[8]) mit im heim gen. Ist denne[3]), daz he im intgeet oder intloufet, he grifet in wider an unde heldet in mit rechte ane gerichte, wende he iz gewillekurt hat. Ist ouch, daz der kleger also cranc ist, daz he in[3]) nicht truwet heim zu brengene, der richter muz im zu rechte helfen dazu[9]), biz daz he in heim brenget unde[10]) beheldet. Ist, daz he im denne[3]) intgeht, daz he in verlust, so ist di schult verlorn, da he im vor geantwertit was[11]), unde muz sechzic schillinge dazu verbuzen deme voite[12]). He sal in ouch also halden unde spannen, daz he bi sime[13]) gesunde blibe, daz[14]) he icht[15]) verlemt werde. Were aber, daz he sturbe in dem gevencnisse geelingen[16]) oder von gotis gewalden oder wi daz were, so antwerte he zop[17]) unde zagel[18]) wider unde ist ledic zu rechte.

(§ XXVIII.) [§ 33.] Mugen eninkil, daz sint[1]) kindeskint, erbeteil behalden an ires eldervaters[2]) gut oder nicht? Hat ir eldervater keinen nehern erben den si, so behalden si[3]) wol mit rechte. Hat abir he erben unde ist ir vater abegewiset, so behalden si[3]) nicht, wen[4]) alse[5]) man in geben wil unde ab he in icht[6]) bescheiden hat. Ist abir ir vater nicht abegewiset, so mugen si treten an des vater stat an die theilunge des erbis unde teilen mit iren vetteren oder[7]) mit iren oemen.

(§ XXIX.) [§ 34.] Stirbet ein man, der weder wip noch kint hat, unde lezetgut, daz ist zu rechte siner neisten[1]) mage, di he gehaben mac[2]); unde hat he nicht andere[3]) sippe[4]) biz an di nagilmage[5]), derselben ist iz zu rechte. Ist[6]) des nicht, daz he also ellende ist[5]), so sullen sich di burger[6]) des gutis underwinden unde sullen iz halden iar unde tac; ab imant kume in der iarisvrist unde daz bewise, daz[7]) he sin mac also na si gewest[7]), daz he recht zu deme gute habe, deme sullen si iz geben. Ist des nicht, so sullen iz di burgere durch got geben oder sullen damite tun, als[8]) in ir[9]) truwe unde ir[9]) ere lip[10]) ist.

[§ 35.] Stirbet ein man unde lezet eine husvrowe unde[1]) *(§ xxx)* kindere unde nicht gutis unde blibet gelt schuldic, di kindere irerbeiten unde[2]) gewinnen gut[2]), di sint der schult nicht pflichtik[3]) zu geldene vor iren vater, wende he in[4]) nicht gelazen hat, si haben iz denne mite[5]) gelobit zu geldene[6]) oder *p. 179.* wollen iz von gutem willen[7]) tun.

[§ 36.] Nimet ouch di vrowe einen[1]) man, der darf vor si nicht gelden noch antwerten umme di schult, di[2]) sin vorvare schuldic bliben ist. He lezet si selbe wol antwerten umme die schult[2]), wil he iz tun. Wil[3]) he si is[3]) abir ubirheben, he tritet dar unde bitet einis urteilis, wende si zu im nicht bracht hat wizzentlichen unde he daz geweren wil uffen heiligen, ab[4]) he zu rechte icht vor sie gelden sulle. So[5]) sal man teilen: turre he daz[6]) behalden uffin heiligen[4]), daz si zu im nicht brachte von sime vorvarn, daz he zu rechte ouch[7]) nicht vor si gelden sulle[5]).

[§ 37.] Wo erbe irstirbit[1]) an kindir unde blibit in der- *(§ xxxi.)* selbin hant, kumin di kindir zu irin iarin, si werdin abegewisit adir nicht. Wollin si erbeteil mit[2]) vordirn[3]) in den erstin drin iarin, man sal in erbeteil gebin adir[4]) sal bewisin mitme richter, daz si abegewisit sin[5]). Mac he des nicht gehabin, so sal he[6]) iz behaldin mit zwen erhaftin besezinin mannin, daz si abegewisit sin von deme erbe, unde wirdit ledic. Ist abir, daz si beitin mit der vorderunge, biz[7]) di[8]) dru[9]) iar vorgen, als iz an si irstorbin ist, so tritit ienir dar mit sin einis hant, tar he swerin[10]), daz si abegewisit sin, unde wirdit ledic.

(§ XXXII.) [§ 38.] Wo eigin unde erbe irstirbit[1]) an[2]) kindir, di wile di kindir bi einandir[3]) sin ungesundirt[4]), so mac sich daz erbe nicht vorierin. Kumin abir di kindir zu irin iarin unde werdin abegewisit, woldin[5]) denne diselbin, di abegewisit werdin, erbeteil vordirn unde mac denne ienir, der in deme erbe sitzit, bezugin mit dem richter adir mac he behaldin ufin heiligin mit zwen erhaftin besezinin mannin, daz si abegewisit sin von dem erbe, daz muz he tun in den erstin drin iarin. Kumit iz abir uze der zit, so tut hez mit sin einis[6]) hant und ist[7]) ledic. Ist danne, daz hez behaldin muz, so muz he selbe swerin alrerst[8]), daz im daz wizlich si, daz derselbe Cunrat abegewisit si von deme erbe, daz ime got so helfe unde alle heiligin; danach muzin zwene swerin denselbin eit, alse recht ist.

(§ XXXIII.) [§ 39.] Hat ein man ein[1]) hus in dem wicbilde zu Vriberc, da luite[2]) inne sin, unde ist selbe wonhaft uzewendic[3]) in[4]) den vire milin na adir verre, deme mac man wol da[4]) vorgebiten[5]) mit rechte. Daz sal im der enpitin, der ime huse[6]) ist. Cumit he denne nicht, so sal der[7]) voit sine buze uffe daz hus slan[8]); he sal nicht[7]) genin[9]) pfendin davor, der in deme huse ist. Ist abir daz hus wueste, so sal der voit ienin be- p. 180. sendin unde der cleger sal iz[4]) lon gebin. Di wile hat der voit keine buze dran. Wirdit abir he besant unde kumit nicht, so sal der voit sine buze schribin uffe daz hus alse vil, als iz[10]) wert si[11]).

(§ XXXIV.) [§ 40.] Wo abir ein man hat erbezins in dem wicbilde, der also[1]) uzewendic wonit, deme sal man do nicht vorgebitin. Abir den zins mac man[2]) vorsprechin adir daz[3]) zinsgelt, ab der schult alse vil ist; daz sal he haldin[4]) iar unde tac. Kumit binnin des der zinsmeistir unde virstet[5]) sinen zins, daz ist recht. Ist des nicht, so sal der cleger di pfenninge ufnemin adir daz zinsgelt an sinir schult, als[6]) iz wert si.

[§ 41.] Welch man eigin unde[1]) erbe hat in gewalt unde[2]) (§ XXXV.) in sinir rechtin gewer iar unde tac unde ist gewert, alse recht ist, ane ansprache, der beheldit iz[3]) vor allirmenglich, he si gewesit uzewendic landis verre adir na, so hat he io[4]) dran nicht zu rechte. Dirre[5]), der daz erbe hat, darf ouch nimme[6]) tun, wanne[7]) daz he dar trit mit sin einis[8]) hant unde swere also, tar he[9]): daz he dazselbe erbe habe gehabit in sinir gewalt unde in[10]) rechtir[11]) gewer iar unde tac ane ansprache, daz ime got so helfe[12]) unde alle heiligin.

Noten zu Cap. V.

§ 1. *Vergl. I § 11. Stb. I No. 106. Matr. civ. No. 34. Stb. II No. 133. Gerichtsb. No. 91. 105. 122 u. ö. Cod. dipl. II. 12,42 (1300). 51 (1318 Febr. 24). — Ssp. I, 52 § 1. 2. 4. II, 30. Gosl. 9,6. Igl. 4. Prag. St. 84. Prag. Rb. 105. 108. Dist. I, 20 d. 3. 32 d. 3. — Grundig 15. Albrecht 210. 216. Beseler 1,255 f. Hänel: Ztschr. f. RG. 1,326. Benseler 175. 177. Schröder II. 3,216. Laband 35. Kraut Grundriß 373 (§ 158). (Stobbe Privatr. 5,204 ff. 209 ff.).* **§ 2.** *Vergl. Matr. civ. No. 25. Stb. II No. 291. Cod. dipl. II. 5,52. 416. 6,68. 8,38. Herzog Zwickau 2,125. — Dist. IV, 43 d. 13. — Klotzsch Verz. 37. Benseler 174. Agricola 195. Laband 36. 40. 379. Planck GV. 2,36. 86. (Rive II. 2,111). Stobbe Privatr. 4,335 f.* **§ 3.** *Klotzsch Verz. 37. Benseler 175. Kraut Vormundsch. 1,324. Stobbe Privatr. 4,334.* **§ 4. 5.** *Vergl. Stb. I No. 43. Gb. No. 173. — Ssp. I, 25 § 1—3. Gosl. 2,30. 10,3. Igl. 63 (dazu Tomaschek Deutsches Recht 167). Prag. Rb. 9. 155. Deutschbr. (35) Dist. I, 7 d. 7. 19 d. 2. 3. — Laband 377. (Stobbe Privatr. 5,19.)* **§ 6—8.** *Igl. 62 (dazu Tomaschek Deutsches Recht 142. 254). Igl. SchB. 217. Brünn. SchB. 492 (513. 515). Brünn. St. 101. Dist. IV, 11 d. 3. — Klotzsch Verzellen 9. Grundig 17. Schott 3,47. Benseler 1,173 f. 322. Schäfer Mont. 128. Coith: Frb. Mitth. 13,1195.* **§ 9.** *Vergl. XLIX § 47. — Tittmann 2,14. Benseler 189. Laband 24.* **§ 10—12.** *Vergl. Verzählbuch A 105. 224. B 276. 312. 1409. Stb. I No. 154 u. ö. Cod. dipl. II. 12,126 (§ 3. 4) — Benseler 189. Knebel: Frb. Mitth. 23,37.* **§ 13.** *Ssp. I, 15 d. 2. Gosl. 81,13. — Delbrück 75. Laband 59 f. Planck GV. 1,418.* **§ 15.** *Vergl. IV § 18. — Benseler 139.* **§ 16—18.** *Vergl. II § 1. XXVIII § 8. — Ssp. I, 65 § 3. — Klotzsch Verzellen 10. Tittmann 1,167. Platner Bürgsch. 78 f. Bienko 30. Löning Vertragsbr. 440. Planck GV. 2,362 f.* **§ 19.** *Vergl. II § 3. XXXIX (§ 7).* **§ 20.** *Vergl. I § 36. 37. Verzählbuch B 24. 35. 38 u. ö. — Grundig 18. Benseler 146. Laband 241. 243. Löning Vertragsbr. 347. 383.* **§ 21.** *Vergl. I § 33. — Albrecht 105. Benseler 135. Delbrück 43. Stein 49. 116.* **§ 22.** *Ssp. I, 54 § 4. Dist. III, 15 d. 3. 4. 7. — Albrecht 101.* **§ 23.** *Vergl. I § 29. 37.* **§ 24.** *Vergl. XLVIII § 5. Bergrecht A § 4. — Planck GV. 2,139. Ermisch Bergrecht LXII.* **§ 25. 26.** *Prag. St. 114. — Benseler 200. Laband 59.*

Planck GV. 1,418. 2,247. **§ 27. 28.** *Vergl. § 41. Gb. No. 85. — Ssp. II, 44 § 1. III, 38 § 1. Gosl. 14,12. 25,18. 28. 26,6. 27,11. Dist. I, 34 d. 3. 5. 43 d. 1—5. 46 d. 3. — Albrecht 101. Benseler 175 f. Platner Entw. 2,226. Delbrück 74. Laband 300. 302. 325. 330. 351. Bülowius 35. Sickel De poss. leg. 37. Planck GV. 1,411. 422. 660 f. 665. 668. 672. Kohler 26.* **§ 29.** *Ssp. I, 5 § 3. 25 § 1. S. Lehnr. II § 1. Prag. Rb. 155. Dist. I, 18 d. 4.* **§ 30.** *Vergl. § 32. — Wb. XXVII § 3. — Benseler § 200. Laband 330. 351. Planck GV. 2,247. (407.)* **§ 31.** *Grundig 18. Sachße 141. Laband 24. Planck GV. 2,247.* **§ 32.** *Vergl. II § 8. 9. V § 30. — Ssp. III. 39 § 1. 2. Gosl. 54,31. 40. 70,28. 71,1. Wb. XXVII § 4. Igl. 37. Igl. SchB. 224. Brünn. SchB. 178. Prag. St. 78. Deutschbr. (36). Dist. III, 9 d. 3. 4. — (Grimm RA. 613 ff.) Benseler 201. Sachße 138. Planck GV. 2, (258 ff.) 262.* **§ 33.** *Ssp. I, 5 § 1. Brünn. SchB. 358. Prag. Rb. 151. Dist. I, 6 d. 3. — Benseler 176.* **§ 34.** *Ssp. I, 3 § 3. 17 § 1. 28. Gosl. 9,1 (114,31). Wb. LVIII. Igl. 3. 5. Brünn. St. 31. 32. 79. 226. Prag. Rb. 107. 109. Dist. I, 4. 20 d. 2. — Benseler 146. Siegel Erbrecht 20. Tomaschek Heimf. (14 f.) 20 f. Stobbe Privatr. 5,69. (161 f.).* **§ 35.** *Vergl. I § 18. — Ssp. I, 6 § 2. 7. Brünn. SchB. 362.* **§ 36.** *Vergl. I § 18. — Planck Beweisurt. 56. Laband 47. Agricola 370. Schröder II. 3,291. 275. Stobbe Privatr. 4,97.* **§ 37. 38.** *Vergl. I § 1. — Benseler 175. Laband 372. 380. Planck GV. 2,87.* **§ 39.** *Vergl. III § 1. 4.* **§ 41.** *Vergl. I § 35. V § 27. 28. — Ssp. II, 44 § 1. III, 38 § 1. Gosl. 25,18. 27,11. Igl. SchB. 47. 49. 60. Brünn. SchB. 322. 327. 330. Prag. Rb. 8. 39. 142. Dist. I, 34 d. 3. 5. 46 d. 3. — Albrecht 101. Platner Entw. 2,226. Stein 33. 35. Laband 299. 308. 324. 342. 351. Bülowius 35. Sickel 47. Planck GV. 1,664 f. 674.*

[§ 1.] 1) Welch *BCDHW.* 2) synnys *C.* 3) *fehlt DHW.* 4) besetzt *CD.* 5) *fehlt D.* ia *W.* 6) sinen guten *fehlt D.* 7) *fehlt C.* 8) *fehlt B.* 9) etlicher *C.* 10) glichen *BCD.* 11) yhn *D.* 12) uz—daz *fehlt D.* 13) ouch also *C.* aber also *DW.* 14) *fehlt B.* so *DW.* 15) daz sie nicht *AW.* 16) si zu rede *ACD.* sich zcu der rede *B.* 17) *fehlt DW.* 18) bescheidett *DW.* 19) darbey *D.* 20) daz—in *AC.* do her is *B.* da ers yhnn *D.* 21) iz tet *fehlt B.* iß ret *C.* 22) *fehlt C.* ihn *D.* ihnen *W.* 23) billichen *B.* billich *DW.* 24) in *C.* — **[§ 2.]** 1) *Fehlt D.* 2) wille—muter *ABC.* unnd mutter willhen *DW.* 3) die *Zusatz B.* 4) iz ir *fehlt B.* es *D.* 5) irhe *D.* 6) geschwisterēde *C.* 7) sich daz *ABD.* diß *C.* 8) unde *B.* 9) wider *B.* 10) es *D.* 11) were—volkumen *A.* were ader mochte gesyn denne des volkomen *B.* wer und mochte se denne deß volkumen *C.* where unnd möchte sie dann das volckommben *D.* 12) gesippe *B.* gesipt *H.* 13) wan *D.* 14) billichen *B.* 15) ime *D.* 16) bei *H.* 17) irem *DH.* 18) hatt *DH.* 19) alß iß *C.* 20) *fehlt B.* 21) vrste *C.* 22) hatt *D.* 23) daz di rede recht *fehlt B.* 24) vor *B.* *fehlt CD.* 25) geschworen *D.* 26) habe—gesprochen hat *fehlt D.* 27) habe *B.* 28) dornoch *B.* 29) si—leisten (geben) *ABD.* *fehlt C.* 30) *fehlt H.* 31) iz *CD.* 32) des *B.* — **[§ 3.]** 1) *Fehlt D.* 2) odder frawenn *Zusatz D.* 3) ouch *Zusatz C.* 4) icht *C.* 5) dester *BC.* 6) teyl *CD.* 7) gefarn *BCD.* 8) had *B.* — **[§ 4.]** 1) *Fehlt DHW.* 2) des *BCD.* 3) *fehlt D.* 4) also vil *fehlt BH.* 5) das *DH.* 6) noch *H.* — **[§ 5.]** 1) sichs *HW.* 2) das *Zusatz HW.* 3) als iz *ABCDW.* also *H.* 4) *fehlt BCDHW.* 5) *fehlt D.* 6) von mutwillen *fehlt BCDH.* von guten willen *W.* [7]) *fehlt W.* — [§ 6.] [1]) Wo *BCDW.* [2]) die *BCD.* [3]) *fehlt B.* [4]) wircken odder *Zusatz D.* [5]) *fehlt BCD.* [6]) oder—ist *fehlt BCDW.* [7]) *fehlt D.* [8]) wie *D.* [9]) Dann *D.* Denn *W.* [10]) *fehlt BCD.* [11]) besippet *BD.* [12]) wart *BC.* [13]) vorurteilet *D.* — [§ 7.] [1]) *Fehlt AW.* [2]) bedarff *C.* [3]) *fehlt BCD.* man nicht *fehlt W.* — [§ 8.] [1]) *Fehlt C.* [2]) *fehlt A.* [3]) irvreyschet *C.* [4]) an—tage *A.* am andern tage ader am dritten ader an dem vierden *B.* anme andern tage anme drytten anme vierden *C.* am andernn drittenn unnd vierdtenn tage *D.* [5]) besenden *CW.* [6]) gemeyne *BCD.* [7]) gemeine sin unde *fehlt BCD.* [8]) zcu der iungfrawen *ausgestrichen B.* *fehlt W.* und sal dỹ czû der iunckfrawen senden *C.* [9]) daz ist aber *ABC.* es ist *D.* [10]) *fehlt B.* ime *DW.* [11]) globen *B.* lebenn *D.* haben *W.* [12]) denne *C.* dann nach *D.* [13]) das *HW.* [14]) *fehlt D.* [15]) unnd *H.* [16]) where *DHW.* [17]) nicht gewesenn *H.* [18]) volgete *CD.* [19]) diß *BCD.* [20]) her *C.* [21]) nicht me *ABC.* ime *D.* [22]) dar *C.* [23]) Ader man *C.* [24]) nymand *B.* nûer *C.* nur *D.* fortt *H.* vor *W.* [25]) zu rechte *fehlt CDH.* [26]) thuenn odder finden *D.* — [§ 9.] [1]) dann *D.* [2]) *fehlt CD.* [3]) *fehlt B.* — [§ 10.] [1]) *Fehlt B.* [2]) *fehlt BCD.* [3]) des *BCD.* [4]) wenne *C.* [5]) so *D.* — [§ 11.] [1]) *Fehlt B.* [2]) des *BCD.* [3]) denne *BCDW.* [4]) Waz—schillinge *fehlt DW.* [5]) oder von *fehlt D.* [6]) *fehlt D.* [7]) iv *AC.* iw *B.* zu *D.* ihm *W.* — [§ 12.] [1]) Unde—schillinge *ABC.* In welchs mannes wirthes adder wirthin hauß uber 4 schillinge vorspielett wirdt *D.* [2]) des *BC.* [3]) *fehlt D.* [4]) der—oder *fehlt D.* [5]) mit *B.* — [§ 13.] [1]) *Fehlt D.* [2]) liegenn *D.* [3]) Dann *D.* Denn *W.* [4]) seinen *D.* — [§ 14.] [1]) *Fehlt D.* [2]) vor nimande *AB.* vor yemande *CD.* von iemanden *W.* [3]) he—wenden *fehlt DW.* [4]) eyner *C.* [5]) bey *D.* [6]) ynn seinen vir wendenn *Zusatz D.* [7]) so—geliden *fehlt D.* — [§ 15.] [1]) den *C.* [2]) *fehlt D.* [3]) czwischen deme *C.* [4]) sie *BD.* [5]) austreiben *D.* [6]) mag *D.* [7]) von *C.* [8]) ym *C.* sie *D.* nicht *Zusatz B.* [9]) sie *D.* [10]) mit im *A.* [11]) zu *D.* [12]) inen *D.* — [§ 16.] [1]) *Fehlt D.* [2]) kampf *B.* eynen kampere *C.* kampffer *D.* [3]) he daz einvaldikliche *ABC.* auffs einfeltigst *D.* [4]) odder *D.* [5]) *fehlt CD.* [6]) *fehlt C.* [7]) ienen sal man *ABC.* man soll in *D.* — [§ 17.] [1]) *Fehlt D.* [2]) oder—hof *fehlt BD.* [3]) oder daz *fehlt D.* [4]) mit zu *D.* [5]) ihn da *D.* [6]) nhun *D.* [7]) denn *D.* — [§ 18.] [1]) *Fehlt D.* [2]) *fehlt BCD.* [3]) *In A steht vor dieser in BCD fehlenden Ueberschrift V., also dieselbe Capitelzahl, unter der auch das Vorstehende mitgetheilt ist.* — [§ 19.] [1]) geheischen *BCD.* [2]) in dem *ABC.* zum *D.* [3]) al—rechte *fehlt D.* — [§ 20.] [1]) *Fehlt D.* [2]) vorbûsset *CD.* [3]) in—rumen *fehlt CD.* [4]) vorlusit *B.* [5]) di muz (sal *C*) he leisten *AC.* aber *BD.* [6]) zume virden male *ABD.* wider *C.* [7]) ane—gehorchen *fehlt D.* [8]) iz an *fehlt D.* [9]) *fehlt BCDW.* [10]) nw *B.* [11]) ader *BD.* *fehlt C.* [12]) geczûgen *C.* zeugenn *DW.* [13]) wise *C.* [14]) unnd *D.* [15]) des—sin *A.* daz sal her allis nicht ansehn *BCD.* [16]) da—namen *fehlt DW.* [17]) under *BC.* [18]) inen *D.* [19]) ienen *C.* [20]) disen darin—sal *fehlt B.* [21]) sin *C.* — [§ 21.] [1]) gebû *C.* [2]) *fehlt DW.* [3]) ader *Zusatz C.* [4]) oder ioch *ABC.* odder *D.* auch *W.* [5]) *fehlt DW.* [6]) unde—rechte *ABC (vergl. g).* unnd muß sie widerthuen unnd hilfft inen nicht, wie lange er sie auch gehalthen hatt zu recht *D.* [7]) wert—darzu *A.* wert ym mit rechte *BC.* — [§ 22.] [1]) inen *D.* [2]) wo *D.* [3]) sie *D.* [4]) er *D.* [5]) *fehlt CD.* [6]) dar umme *C.*

umb *D.* — [§ 24.] [1]) begangenn *Zusatz D.* [2]) di man legit *ABC.* man legetts *D.* [3]) daz—ist *fehlt BCD.* [4]) dor *BCDW.* [5]) *fehlt BCD.* [6]) er mit *D.* [7]) zu *D.* — [§ 25.] [1]) *Fehlt D.* [2]) *fehlt B.* auch *D.* [3]) diz gerichte *ABC.* das weichbilde *D.* [4]) gehoret *BCDW.* [5]) *fehlt BCD.* [6]) ist odder leith *D.* [7]) außgegeben *D.* [8]) dem *B.* [9]) were *BCD.* [10]) das *BW.* [11]) ist *D.* [12]) vor sine schult *fehlt B.* — [§ 26.] [1]) *Fehlt BCD.* [2]) andern *Zusatz BCD.* [3]) *fehlt CD.* [4]) *fehlt D.* [5]) so *D.* [6]) *fehlt B.* auch *W.* [7]) guth *D.* [8]) dartzu helffenn solle *D.* [9]) nemen dürfe *B.* — [§ 27.] [1]) erbe ansprechen *DHW.* [2]) *fehlt HW.* [3]) iarenvryst *C.* iharfrist *D.* [4]) laßen *Zusatz D.* [5]) rechte ansproche *C.* rechte ansprach *H.* anspruch *W.* [6]) vil tritet *ABC.* vortritt *D.* [7]) dingbenke *B.* [8]) eines oder *fehlt D.* [9]) ader *Zusatz BCD.* [10]) ym *B. fehlt C.* — [§ 28.] [1]) *Fehlt D.* [2]) angestorben *BDW.* [3]) bewisen *BCD.* [4]) *fehlt CD.* [5]) er *D.* [6]) *fehlt D.* [7]) ane ansprache *fehlt BCD.* [8]) der—iome *fehlt D.* [9]) ader *B.* [10]) *fehlt D.* [11]) darff *D.* [12]) zu rechte *fehlt C.* [13]) so *D.* [14]) *fehlt B.* [15]) ist *D.* [16]) wissintlich also recht sy *B.* alß recht ist wissenlich *CD.* [17]) ieme *B.* — [§ 29.] [1]) kürchlen *C.* [2]) sinen geswistern *AB.* synen geschwistereden *C.* seinem geschwiester *D.* [3]) an *B.* anhe *D.* ohne *W.* [4]) erbenn *DW.* [5]) Unde *BD.* — [§ 30.] [1]) vor schult *fehlt BCD.* [2]) wolle in *ACD.* der wolle is *B.* [3]) Her richter *fehlt B.* [4]) so *D.* [5]) inen *Zusatz D.* [6]) uf sine *fehlt D.* [7]) *fehlt A.* [8]) dann *D.* [9]) icht *BD. fehlt C.* — [§ 31.] [1]) gegeben *A.* [2]) schatzenn *D.* schätzen oder setzen *W.* [3]) ader erbe *C.* [4]) *fehlt DW.* [5]) ir ere *ABC.* warheitt *D.* [6]) waren *BC.* [7]) si sullen *ABC.* so sollen sie *D.* so sollten sie *W.* [8]) *fehlt D.* [9]) getwungen *BCDW.* [10]) des *D.* [11]) *fehlt BCD.* geschätzt *W.* [12]) *fehlt BD.* [13]) gobithe *D.* [14]) sollenn *D.* — [§ 32.] [1]) ienen *C.* [2]) in sine hant *fehlt D.* [3]) *fehlt D.* [4]) Her richter *fehlt D.* [5]) unde ab—wolle *fehlt B.* [6]) nicht *D.* [7]) in wider *BC.* wider *A.* ienen widerumb *D.* [8]) laze in *fehlt D.* [9]) dorczu thun *B. fehlt D.* [10]) in *Zusatz CD.* [11]) ward *B.* [12]) richter *CW.* [13]) synnen unde *B.* [14]) unnd das *D.* [15]) nicht *DW.* [16]) gehelyngen *BC.* gehlingo *D.* [17]) czopf *B.* czoph *C.* zepff *D.* [18]) czayl *BC.* soll *D.* — [§ 33.] [1]) ist *D.* [2]) großvattern *D.* [3]) sie es *D.* [4]) dann *DW.* [5]) so viell *D.* [6]) be in icht *ABC.* ers inhen nicht *D.* [7]) unde *B.* — [§ 34.] [1]) *Fehlt B.* [2]) gehaben mac *ABCD.* hatt *H.* [3]) andere — nagilmage *ABC.* annderß syppes ane di magenn *D.* [4]) gesip *H.* [5]) Ist — ist *ABC.* Ists das er nicht zu elennde ist *D.* [6]) burgenn *D.* [7]) daz—gewest *ABC.* das er sey ime also nahe gewesenn *D.* [8]) als lieb als *D.* [9]) *fehlt BCDW.* [10]) *fehlt D.* — [§ 35.] [1]) *Fehlt D(W).* [2]) unde—gut *A.* gut ader gewynnen (iß *C*) *BC.* odder gewinnhenn es *D.* [3]) pflictik *A.* [4]) he in *ABC.* ers *D.* [5]) denne mite *ABC.* nicht *D.* [6]) zu geldene *fehlt CD.* [7]) gerne *Zusatz BC.* — [§ 36.] [1]) andernn *Zusatz DW.* [2]) di—schult *fehlt D.* [3]) Wil—is *ABC.* Unnd will sie es *D.* [4]) ab—heiligen *fehlt D.* [5]) So—sulle *fehlt B.* [6]) iß *C.* [7]) *fehlt D.* — [§ 37—40.] *sind in A von einer ähnlichen, ungefähr gleichzeitigen Hand (H) hinzugefügt. Vergl. Vorbericht.* — [§ 37.] [1]) bestirbet *BC.* [2]) *fehlt A.* [3]) nemen *B.* [4]) man *Zusatz B.* [5]) daz—sin *fehlt AD.* [6]) he *fehlt C.* [7]) daß *D.* [8]) daz die *BC.* [9]) *fehlt B.* [10]) tar he swerin *ABC.* unnd schwerett *D.* — [§ 38.] [1]) bestirbet *BC.* [2]) an die *D.* [3]) einem andernn *D.* [4]) unnd gesundertt *D.*

[5]) wellen *BC.* wollen *DW.* [6]) sin einis *ABC.* seiner eigenen *DW.* [7]) wirdet *BCD.* [8]) aller erste *B.* alrſst *C.* *fehlt D.* — [§ 39.] [1]) eyns *B.* [2]) die lute *B.* [3]) usserhalb *B.* [4]) *fehlt BCD.* [5]) gebittenn *D.* [6]) hoffe *D.* [7]) der—nicht *fehlt D.* [8]) clan *A; wohl ein Lesefehler des Abschreibers; c und ſ sehen sich in A (Hand II) sehr ähnlich.* sloen *B.* klagen *W.* [9]) iener nicht *D.* [10]) daz *BCD.* [11]) ist *BDW.* — [§ 40.] [1]) *Fehlt D.* [2]) man do *BCD.* [3]) dez *C.* [4]) behalthenn *D.* [5]) vorsteht *BCD.* verstehet *W.* [6]) so *D.* — [§ 41.] *In A von einer etwas jüngeren Hand (III) hinzugefügt. Vergl. Vorbericht.* — [1]) odder *D.* [2]) in gewalt undo *fehlt BC.* [3]) *fehlt AW.* [4]) iw *B.* iſ *C.* iha *D.* [5]) *fehlt DW.* [6]) nymmer *B.* nicht mher *D.* [7]) dann *D.* [8]) sin einis *ABC.* seiner entz *D.* [9]) tar he *AD.* tuer *B.* dar he *C.* *fehlt W.* [10]) *fehlt D.* [11]) syner rechten *BCW.* [12]) so helfe *ABC.* sollo helffenn *D.*

Cap. VI.

Diz ist der munce recht.

§ 1. Vom Erneuern, § 2. vom Korn und § 3. vom Schrot der Münze. § 4. 5. Von der Beschaffenheit des in die Münze zu liefernden Silbers. § 6. 7. Vom Wechsel. § 8. 9. Besitzer gewinnhafter Theile sollen die Bergkost in der Münze nehmen. § 10. Wie sollen Lehnhäuer ihr Silber verkaufen und § 11. in welchem Falle Bergkost in der Münze nehmen. § 12. Wann soll die Bergkost erhoben werden. § 13. Vom Gebrauch unrechter und § 14. alter Pfennige. § 15. Vom Verkehr mit berkarem, § 16. mit löthigem Silber. § 17. Vom Silberverkauf durch Waldworchten. § 18. Vom Kauf mit Gold und Freibergischem Pfennigsilber. § 19. Von der Strafe des mit falschen Münzen, § 20. mit falschem Silber, § 21. mit geseigerten Pfennigen, § 22. mit der Wage, § 23. beim Beschneiden Ergriffenen. § 24. Von Brenngadem.

[§ 1.] Di munce zu Vriberc sal man nicht dicker ander- *(§ I.)*
weiden noch vernuwen anme slage unde an den pfenningen
wen zu einem male in dem iare, unde daz sal[1]) sin zu unser
vrowen tage lichtewie[2]).

*[§ 2.] Di muntzmeistere zu Vriberc sullen gizen lotic *(§ II.)*
silber unde sullen nicht me setcen wen drittehalben virdunc
cupfirs zu sechzic marken lotigis silbirs. Waz si is[1]) me dazu
setcen, daz stet in zu vare.

[§ 3.] Di munzmeistere zu Vriberc sullen keine pfenninge ringer[1]) lazen wirken, wen daz vir pfenninge unde ein pfunt eine marc wegen zum minnesten[2]) oder sechse unde ein pfunt ane vare. Waz is[3]) andirs ist, daz stet in zu vare[4]). Di pfenninge sullen si geliche besniden unde reine wirken, alse von alder recht ist gewest.

[§ 4.] Der munzmeister sal nicht nemen den lotic silber in der[1]) munce, iz insi denne mit sime guten willen.

(§ III.) **[§ 5.]** Welch waltworchte silber brengit in di munce, daz nicht lotic ist, der munzmeister mac sprechen: „Ich wil
p. 181. des silbirs nicht; lazet iz lotic burnen unde brengit iz denne her wider in“. Brengit he iz nicht wider in, he verbuzet sechzik schillinge zu rechte, wen iz der munzmeister besehn hat, unde muz iz doch wider[1]) in di munce tragen.

(§ IV.) **[§ 6.]** Kein man in Vriberc sal wechseln noch wechsil sitcen noch tun an di munzmeistere alleine[1]), he tu iz denne von iren worte[2]) unde[3]) von irme geheize. Wen ouch si beklagen, daz he gewechsilt habe, der kumit wol zu sime rechte, ab he sweren tar[4]).

(§ V.) **[§ 7.]** Der munzmeister mac nimande besagen noch keine buze angewinnen umme kein wechsil, he inhabe denne einen gesworncn man unde andere erhafte lute, so kumit ienre io zu sime rechte.

(§ VI.) **[§ 8.]** Wer da hat gewinnehafte teil inme lande[1]), der sal bi namen sine berckost von denselben teilen nemen[2]) in der[3]) munce zu rechte unde sal di pfenninge geben sinen[4]) bestelleren unde andirs nimande. Tut he des nicht, he verbuzet sechzic schillinge.

(§ VII.) **[§ 9.]** Beklaget der munzmeister imande, daz he di kost[1]) nicht genumen habe in der munce, als he zu rechte solde, der mac davor sweren, tar he[2]). Sprichet abir he, ein ander man habe si an siner stat genumen, unde inpfellit im des der munzmeister, so verbuzet he sechzic schillinge.

(§ VIII.) **[§ 10.]** Wo[1]) lenhower[2]) sin[3]), di da[4]) erz howen inme lande unde daz verkoufen in den erzkameren[5]), di wile iz wenic gildet, so sullen si iz geben umme munzpfenninge unde nicht umme silber. Wer des[6]) nicht tut, der verbuzit sechcic schillinge, unde[7]) ienre, der iz koufet, verbuzet ouch sechcic schillinge[7]) also wol alse der iz verkoufit.

[§ 11.] Wo abir der lenhower[1]) cende vil gildet inme lande, di lenhower[1]) sullen ir berekost nemen in der munce, unde waz des uberigen ist, daz tun si, wor[2]) si wollen, an iren nutz.

[§ 12.] Ein iklich man, der da kost[1]) sal nemen anme *(§ IX.)* sunnabende in der munce, der hat di vrist wol biz an den dinstac ane vare, daz he si denne neme in der eren tageschicht. Waz he lenger beitet, daz ist unrecht.

[§ 13.] Nimant insal, he si cristen oder iude[1]), mit anderen *(§ X.)* pfenningen ummegen, wen mit rechten Vriberschen pfenningen. Wer mit anderen koufit oder verkoufit, ist he ein inman, he verbuzet sechzic[2]) schillinge. Ist aber he ein uzman, he verbuzit nicht, gibet he si nach iren werde.

[§ 14.] Wer da koufit mit alden Vriberschen pfenningen, der verbuzet nicht. Der munzmeister mac si im wol zubrechen unde mac im daz silber widergeben, ab[1]) he wil. Wil he iz abir senden zu den wechselerin, daz stet an im[1]).

[§ 15.] Nimant sal mit berkarem[1]) silbere[2]) koufen noch[3]) *(§ XI.)* verkoufen keiner hande dinc ane des munzmeistirs wort.

[§ 16.] Di burger in Vriberc mugen koufen mit lotigem *(§ XII.)* silbere alliz, daz si wollen, gewant, bli, win, ros unde alliz, daz si haben sullen, ane vare.

[§ 17.] Verkoufet[1]) abir[2]) ein[3]) waltworchte silber eime *(§ XIII.)* koufman oder wem iz ist unde wirt[4]) begriffen an deme koufe *p. 182.* mit dem richtere unde mit eime gesworenen manne, daz silber ist verlorn, und iklicher verbuzit sechzic schillinge darzu.

(§ XIV) **[§ 18.]** Mit golde unde mit Vriberscheme pfenninksilbere[1]) koufit ein iklich man wol, waz he wil, ane vare.

(§ XV) **[§ 19.]** Wer da[1]) mit valschen pfennigen begriffen wirt, di uf diz Vribersch ysen geslagen sin, wirt he is verwunden, alse recht ist, man slet im abe di[2]) hant.

(§ XVI) **[§ 20.]** Wer mit valschem silbere begriffen wirt, iz si cupfer oder mathan, wirt he verwunden, alse recht ist, man burnet in in dem vure.

(§ XVII) **[§ 21.]** Wer mit[1]) geseigirtem silbere oder mit geseigirten pfenningen begriffen wirt, deme[2]) mac man nicht neher wen zu sime rechte. Zuht he abir sich an sinen wern[3]) unde mac des nicht gehaben[4]) zu siner rechten cit, daz silber ist verlorn, unde he verbuzet[5]) sechzic schillinge dazu.

(§ XVIII) **[§ 22.]** Bi weme man dazselbe hantwerc begrifet di wage, di man heizet seiger[1]), da man di sweren pfenninge mit poisit uz den anderen[2]), unde desselben silberis oder der[3]) pfenninge ein teil[4]), wirt he[5]) verwunden mit dem richter unde mit eime gesworner manne, man slet im abe di hant zu rechte oder he muz dingen an des munzmeistirs genade.

(§ XIX) **[§ 23.]** Wen man ouch mit aschroten[1]), di man von den pfenningen snidet[2]) oder uz den pfenningen[3]), unde mit der schere an hanthafter tat begrifet, iz get im an di hant.

(§ XX) **[§ 24.]** Man sal uf keime gebirge noch in keinen dorferen noch in keinen vorwerken noch nirgen[1]) inme lande kein burnegadem[2]) haben wen in Vriberc[3]) alleine. Wer iz[4]) ubir daz hat, der verbuzet sechcic schillinge unde muz iz[4]) doch lazen abegen. Daz ist von[5]) alder[6]) i[7]) unde i[7]) recht gewest.

Noten zu Cap. VI.

Gedr.: Klotzsch Schrotamt 17 (§ 1—3. 15—18. 21. 24) und: S. V. N. 3,362 (§ 1—3). 6,94 v. Posern-Klett Münzstätten 329. — Vergl. Tittmann 1,205 f. Benseler 84 ff. Ermisch Bergrecht LIX. **§ 1.** *Vergl. XLVIII § 4. — Ssp. II, 26 § 1 (nebst Glosse). Dist. IV. 17 d. 1. — Klotzsch: S. V. N. 6,13. 36 f. 47. Klotzsch*

Münzgesch. 1,42. (Gersdorf: Cod. dipl. Sax. reg. II. 1, XXVIII f.) **§ 2.** *Dist. IV. 17 d. 6. — Klotzsch: S. V. N. 6,34 f. 51 ff. 61 f. Klotzsch Münzgesch. 1,26. 37 f. v. Praun Münzwesen (3. Aufl.) 7. 43. Leitzmann Numismat. Zeitung 7,27. (Gersdorf: Cod. dipl. Sax. reg. II. 1, XXVIII.)* **§ 3.** *Ssp. II, 26 § 3. Dist. IV, 17 d. 3. Klotzsch: S. V. N. 6,30. Klotzsch Münzgesch. 1,29. 39. v. Posern-Klett Münzstätten 96. Gersdorf: Cod. dipl. Sax. reg. II. 1. XXVIII.* **§ 4. 5.** *Klotzsch: S. V. N. 3,351. 6,35. 54 ff. 61 ff. Klotzsch Münzgesch. 1,38. Leuthold: Ztschr. f. BR. 21,38.* **§ 6.** *Klotzsch: S. V. N. 6,30. Klotzsch Münzgesch. 1,53.* **§ 7.** *Frb. BR. A § 9. B § 36. — Ermisch Bergrecht XXXVII.* **§ 8.** *Frb. BR. A § 9. B § 36. — Klotzsch: S. V. N. 3,356. 6,21. 24. Klotzsch Münzgesch. 1,47. Leuthold: Ztschr. f. BR. 21,29. 35. 39. Ermisch Bergrecht XXXVII.* **§ 9.** *Klotzsch: S. V. N. 6,21. 24.* **§ 10.** *Frb. BR. A § 21. B § 28. 38. — Klotzsch: S. V. N. (3,195.) 6.21. 26. Leuthold: Ztschr. f. BR. 21,36. 39. Ermisch Bergrecht XCV.* **§ 11.** *Klotzsch: S. V. N. 6,21. 26. Leuthold: Ztschr. f. BR. 21,36. 39.* **§ 12.** *Leuthold: Ztschr. f. BR. 21,39.* **§ 13.** *Klotzsch: S. V. N. 6,22. 25. 63.* **§ 14.** *Vergl. XXXVIII § 2. — Ssp. II, 26 § 6. Dist. IV, 17 d. 11. — Klotzsch: S. V. N. 6,30. 36. 38 f.* **§ 15.** *Vergl. XXXVIII § 9. 10. Frb. BR. A § 9. B § 36. — Klotzsch: S. V. N. 3,351. 6,22. 32 ff. Leuthold: Ztschr. f. BR. 21,19. 38.* **§ 16.** *Vergl. XL § 6. Frb. BR. A § 8. — Klotzsch: S. V. N. 3,351. 356. 6,22. 24. 34. Leuthold: Ztschr. f. BR. 21,19. 38.* **§ 17.** *Frb. BR. A § 9. B § 36. — Klotzsch: S. V. N. 3,351. 356. 6,22. 26 f. 30. Leuthold: Ztschr. f. BR. 21,19. 38. Ermisch Bergrecht XXXVII.* **§ 18.** *Klotzsch: S. V. N. 6,22. Klotzsch Münzgesch. 1,54. Leuthold: Ztschr. f. BR. 21,38.* **§ 19. 20.** *Vergl. VII § 5—7. — Ssp. II, 26 § 2. Dist. IV, 17 d. 4. 7—9. — Klotzsch: S. V. N. 6,67. 72 ff. Klotzsch Münzgesch. 1,43.* **§ 21.** *Klotzsch: S. V. N. 6,67 ff.* **§ 22.** *Gosl. 38,13. Dist. IV, 17 d. 13. Klotzsch: S. V. N. 6,68. 70 f.* **§ 23.** *Klotzsch: S. V. N. 6,68. 71. — Verzählbuch A 53.* **§ 24.** *Klotzsch: S. V. N. 6,39. Leuthold: Ztschr. f. BR. 21,37.*

Cap. VI *fehlt DW.* **[§ 1.]** [1]) *fehlt C.* [2]) *Febr. 2.* — **[§ 2.]** [1]) *Fehlt B.* — **[§ 3.]** [1]) ryngen *C.* [2]) munczmeister *B.* [3]) *fehlt B.* [4]) Also waz is zcum ersten von alder *Zusatz BC.* — **[§ 4.]** [1]) dſ *C.* — **[§ 5.]** [1]) *Fehlt B.* — **[§ 6.]** [1]) ader *Zusatz C.* [2]) worten *C.* [3]) ader *C.* [4]) will ader tar *C.* — **[§ 8.]** [1]) uff den bergon *Zusatz BC.* [2]) silber *Zusatz BC.* [3]) die *B.* [4]) *fehlt B.* — **[§ 9.]** [1]) bergkost *BC.* [2]) tar he *A.* ab her tar *BC.* — **[§ 10.]** [1]) Wenne *B.* [2]) lehenwere *B.* lenheůwere *C.* [3]) syn die *B.* [4]) dſ *C.* [5]) in den erzkameren *fehlt BC.* [6]) daz *B.* [7]) unde—schillinge *fehlt B.* — **[§ 11.]** [1]) lenheuwer *B.* lenheůwere *C.* [2]) wo *B.* war *C.* — **[§ 12.]** [1]) der da kost *fehlt B.* — **[§ 13.]** [1]) inden *C.* [2]) IX *H.* — **[§ 14.]** [1]) ab—im *BC; in A sind diese Worte ausradirt, jedoch theilweise noch lesbar.* — **[§ 15.]** [1]) dem begaren *B.* den berggaren *C.* [2]) silbern *C.* [3]) koufen noch *fehlt B.* — **[§ 17.]** [1]) Wer keuffit *B.* [2]) ader *B.* [3]) *fehlt B* [4]) her *Zusatz BC.* — **[§ 18.]** [1]) pfenningen silbere *B.* — **[§ 19.]** [1]) *Fehlt B.* [2]) syne *B.* — **[§ 21.]** [1]) mit dem *C.* [2]) den *B.* [3]) geschwern *C.* [4]) gehaben *Nachtrag am Rande von späterer Hand in A.* [5]) vorlusit *B.* — **[§ 22.]** [1]) eynen seygere *C.* [2]) mit—anderen *A.* mit uß den lichten pewset *BC.* [3]) *fehlt C.* [4]) ein teil *A.* bie ym eyn teil vyndet *BC.*

[h]) herz C. — [§ 23.] [1]) abschroten B. abeschroten C. [2]) *fehlt* B. [3]) snydet *Zusatz* BC. — [§ 24.] [1]) nyrne B. nyergyn C. [2]) bornegadem B. brengadym C. [3]) der stat zcu Friberg BC. [4]) sie BC. [5]) vor B. [6]) *fehlt* B. [7]) ye B. § C.

Cap. VII.

Von dem velschere.

§ 1. Von der Festnahme des mit falschen Pfennigen oder falschem Silber Ergriffenen, § 2. 3. der Vorführung desselben im Dinge, § 4. 5. der Klage des Münzmeisters und der Besichtigung des Falsches. § 6. 7. der Verurtheilung und Strafe des Fälschers.

[§ 1.] Wo di munzmeistere einen man ufhalden mit valschen pfenningen oder mit valschem silber, iz si uffem velde oder in der stat, den sullen si brengen dem richtere oder siner gewalt zu huse unde zu hove mit denselben pfenningen oder mit dem silber unde sullen bewisen denselben valsch[1]) deme gerichte unde[1]) erhaften luten unde sullen denselben man oder wip damite brengen in di hafte[2]) unde sullen den valsch[3]) antwerten einem biderben manne, der gemeine si. Unde der richter sal in bescheiden in das nehiste dinc.

[§ 2.] Nu der munzmeister kume zu dinge unde neme *p. 183.* einen man, der sin wort spreche. Der sal teidingen also: „Her richter, der munzmeister hat ufgehalden einen man mit valsche[1]) unde hat den in uwer hafte bracht unde wil zu dem teidingen, alse he zu rechte sal, unde bitet[2]) einis urteilis, wi he in zu rechte hervor sulle brengen“. So sal man im teilen: alse he in in di hafte bracht habe. So mac he einis urteilis vragen: ab he im di pfenninge oder den valsch[3]) in di hant icht binden sulle. Daz sal man im teilen. So mac he vregen: in welche hant he si im zu rechte binden sulle. So sal[4]) man im teilen: in di rechte hant[5]). He indarf uber in nicht schrien, wenne[6]) he ein velscher[7]) ist[8]). He muz wol boten biten durch eine bescheidenheit, daz di mitegen unde sehn, wi he da gebare, daz he im denselben valsch[9]) in di hant also brenge unde gebinde, als recht si. Den[10]) boten sal der richter gebiten[11]), daz si mitegen. Ienre man, dem der valsch geantwert[12]) ist, der sal ouch mitegen unde sal den valsch wider antwerten[13]) an der stat, da man in[14]) ieme in di hant binden sal; daz sullen di boten sehn.

[§ 3.] Nu he brenge[1]) in vor gerichte unde bite den richter, daz he mane di boten, ab he gebart[2]) habe, als recht si. So sal der richter vregen di boten. Di sullen bekennen, ab he in vorbracht habe, als recht si. So muz der velscher einen vorsprechen haben[3]), den sal im der richter geben, ab he is[4]) selbe nicht inhat[5]). So muz he sich nennen. So sal der velscher einis urteilis biten: ab der richter icht bekennen sulle zu rechte, ab he vor in bracht si oder wi he vor in bracht si, e he in sine hafte queme. Da mac der munzmeister nicht wider geteidingen; wenne daz ist ein recht, welchem menschen man[6]) an sinen gesunt teidingen wil, daz io der richter muz bekennen, wi he vor in bracht si oder womite, e[6]) he in di hafte kumen si. Darumme sal man vinden[7]): daz der richter billiche bekennen sulle, wi iz drumme si. Bekennet im der richter so, daz he also vor in bracht si unde ouch in di hafte kumen si, als he da ste, so mac im der munzmeister zuteidingen, als recht ist. Bekennet he abir icht andirs, so wirdet der velscher ledic zu rechte. Ist abir, daz he rechte[6]) bekant hat, so bitet der munzmeister einis urteilis, ab he sich[8]) icht nennen[9]) sulle[10]). He sal sich billiche nennen. Nu he nenne sich Herman. Mit dem namen muz he uz antwerten.

[§ 4.] So sal der munzmeister teidingen also[1]) oder sin vursprече also: „He klaget unseme herren gote, unsem herren dem konige[2]) unde uch herre her richter unde allen den, di vride unde genade wollen haben, ubir denselben[3]) Herman, der da kegenwertic stet, sinen velscher[4]) unde[5]) des landis velscher[5]), daz der[6]) quam an di stat, da der munzmeister unde sin[7]) reine ysen vride unde genade solde haben; da brach he den vride an dem munzmeistere unde an siner munze unde p. 184. hat[8]) im di gevelschet. Da[9]) was he im also lange nachvolgende, biz daz he in begreif mit dem valsche unde brachte in zu gerichte unde von gerichte in di hafte unde hat in uz der hafte her[10]) bracht. Wil he is im bekennen, he bitet uch gerichtes. Wil he is im loiken, he wil[11]) in volbrengen mit denselben valschen pfennigen, alse recht ist“[12]). Hat der velscher boten gehabt zu dem gruze[13]), di mac man manen, als recht ist. Wenne di bekennen, daz he beteidinget si[14]), als recht ist umme einen valsch, so mac der velscher antwerten also oder sin vorspreche: „Her richter, nu he[8]) hort, daz man sine pfenninge valsch[15]) nennet, da bitet he boten zu unde bitet der[16]) mit urteile; unde bitet uch durch got unde durch iz[17]) recht, daz ir im des[18]) gunnet, daz man di pfenninge bese, ab si also sint, daz man im zu rechte mite muge geteidingen an sinen gesunt, oder waz darumme recht si“. Di boten sal im der richter geben, unde der munzmeister sal ouch boten biten dakegen, unde under den boten sullen zwene gesworne man sin zu rechte uz den burgern von[19]) der stat. Der velscher kan[20]) ouch keine widerrede me gehaben an nichte, wen iz also verre kumen ist, noch keine hulfeliche teidinc zu rechte, iz inwere denne, daz in daz icht vortruge, daz man di pfenninge bese. Were iz abir also, daz he sich schuldic wuste, daz[21]) he di pfenninge ungerne lize besehn, so muste[21]) der munzmeister boten biten zu rechte zu denselben pfennigen. Wenne he mochte sin nicht volbrengen[22]), man[23]) muste di pfenninge alrest besagen, daz si valsch oder unrecht weren; darumme muz man boten dazu haben mit rechte, wenne man sweret uf keinen velscher nicht. Der richter sal di boten geben, da sullen zwene gesworne man mite sin; unde sal in gebiten, daz si di pfenninge[24]) besehn, unde waz si daran sehn unde vinden, daz si daz besagen, alse recht si.

[§ 5.] Nu sal man di pfenninge dem velscher uz der hant binden. So sal der muncemeister einis urteilis biten, wenne man di pfenninge besehn muze, ab im daz an keime sime rechte[1]) geschaden kunne[2]), daz man im di pfenninge uzer hant bindet[3]). So sal man teilen: wenne[4]) iz mit urteile bewart si, daz iz im nicht inschade[5]). So sullen di boten den valsch[6]) nemen, iz si silber oder pfenninge, unde sullen den[7]) tragen in di munce unde sullen iz[8]) da besehn. Sint iz pfenninge, so sullen si warten, ab si uf diz[9]) ysen geslagen sint; si sullen si[7]) wegen unde celen. Ist iz silber, daz sullen si burnen unde warten, wi daz[10]) beste. Wenne daz geschit, so sullen si iz[11]) wider brengen in di vir benke. So sal der munzmeister einis urteilis biten: ab man im den valsch[12]) wider in di hant icht[13]) binden sulle. Daz sal man[14]) teilen[15]). *p. 185.*

[§ 6.] Der munzmeister sal biten den richter: daz he mane di boten, daz si bekennen, waz si da gesehn haben. Bekennen si denne, daz di pfenninge uf diz[1]) ysen[2]) geworcht sint unde ungerecht unde zu ringe[3]) sint, ab[4]) si wol wiz silber sint[4]), so darf der munzmeister nicht me tun, wen daz he bite einis rechten urteilis: wen he denselben Herman also verre vollenbracht habe mit den pfenningen, daz di[5]) besehn unde besaget sin uf diz ysen geworcht unde ungerecht[6]) sin, wi he nu zu rechte zu im richten sulle. Des sal man den butel vregen. Da mac der velscher[7]) nicht wider geteidingen, daz im icht hulfelich si; wenne iz also verre kumit, daz di boten di pfenninge oder daz silber valsch oder unrecht[8]) besagen, damite so ist he volbracht, daz man zu im richten sal.

[§ 7.] Der butel sal sin urteil teilen also: wen iz ungerechte[1]) pfenninge sint uf diz ysen geworcht, so sal man im di rechte hant abeslan; ist iz abir valsch silber, cupfer, mathan oder cupferine pfenninge, so sal he in[2]) verteilen mit dem vure[2]). So sal der munzmeister einis urteilis biten: ab he im zu rechte den valsch uz der hant icht binden sulle[3]). So[4]) sal man im teilen: he muge in im wol uz der hant binden[4]). So sal he einis urteilis biten: wes der valsch nu zu rechte si. So sal man im teilen zu rechte[5]): he si des munzmeisteris unde nimandis andirs[6]).

Noten zu Cap. VII.

Gedr.: S. V. N. 6,97. v. Posern-Klett Münzst. 331. — Vergl. XXXVIII. — Benseler 90 ff. Ermisch Bergrecht LIX. **§ 1.** *Igl. 12. — Klotzsch: S. V. N. 6.74. Eschenburg 36.* (schrieu:) *Planck GV. 2,156.* **§ 2.** *Vergl. XIX § 5. XX § 1. 2. — Klotzsch S. V. N. 6,74 ff. Eschenburg 19. 33. Planck GV. 1,770.* **§ 3.** *Vergl. XIX § 5. 7. XX § 2. 3. — Klotzsch: S. V. N. 6,77 f. Planck GV. 1,177.* **§ 4.** *Klotzsch S. V. N. 6,78. Homeyer Richtst. 445.* **§ 5.** *Klotzsch: S. V. N 6,78 f. Eschenburg 36. 39. London 205.* **§ 6.** *Klotzsch: S. V. N. 6,79. Planck Bew. 64.* **§ 7.** *Vergl. VI § 19. 20. — Deutschbr. (33). — Klotzsch S. V. N. 6,79. Benseler 245. (Brunner RG. 1,175.)*

Cap. VII *fehlt DW.* **[§ 1.]** [1]) valsch—unde *AB.* valschen mit deme richter und mit *C.* [2]) handhafft *H.* [3]) valschen *C.* — **[§ 2.]** [1]) valscher *C.* [2]) uch *Zusatz B.* [3]) valschenn *C.* [4]) mag *BH.* [5]) czû rechte *Zusatz C.* [6]) weil *H.* [7]) felcher *B.* valscher *C.* [8]) *fehlt C.* [9]) valschen *C.* [10]) Die *BC.* [11]) geben unde sal den gebieten *BC.* [12]) ingeantwert *B.* [13]) antwerte *A.* [14]) *fehlt B.* — **[§ 3.]** [1]) brengt *C.* [2]) gehört *C* [3]) habe *A.* [4]) in *C.* [5]) zcu thun had *B.* [6]) *fehlt B.* [7]) vynden unde teilen *BC.* [8]) s§ *C.* [9]) nemen *C.* [10]) wenne her zcu ym teidingen wil *Zusatz BC.* — **[§ 4.]** [1]) *Fehlt BCH.* [2]) marcgreven *in A auf einer Rasur von späterer Hand. Vergl. Vorbericht.* [3]) den *BH.* [4]) felcher *B.* [5]) unde—velscher *fehlt B.* [6]) her *C.* [7]) syne myntze und syne *C.* [8]) *fehlt B.* [9]) Deß *C.* [10]) bis her *B.* [11]) he wil *A.* so wil her *BC.* [12]) ader mit deme valschen silber ader mit demeselben valsche, welchiß iz ist, alß recht ist *Zusatz C.* [13]) ader zcu der ansprocho *Zusatz B.* ader czû deme ansprache *Zusatz C.* [14]) unde also angesprochen *Zusatz BC.* [15]) valschez *C.* [16]) bitet der *AB.* dy bitet her *C.* [17]) daz *B.* [18]) das *B.* [19]) in *B.* [20]) mag *C.* [21]) daz—muste *fehlt C.* [22]) wol volbrengen *B.* [23]) wenne man *C.* [24]) ader den falsch *Zusatz BC.* — **[§ 5.]** [1]) icht *Zusatz B.*

2) můge *C.* 3) daz — bindet *in A am Rande wohl von derselben Hand.* 4) wie *B.* 5) zcu schaden kome an synem rechte *B.* inschade an syme rechte *C.* 6) valschez *C.* 7) *fehlt B.* 8) in *BC.* 9) das *BC.* 10) iz *C.* 11) das *B.* 12) valschon *C.* 13) wider icht *C.* 14) man ym *B.* 15) unde tun *Zusatz BC.* — [§ 6.] 1) das *BC.* 2) geslagen unde *Zusatz B.* 3) geryngo *BC.* 4) ab—sint *fehlt BC.* 5) sie *B.* 6) unde falchs *Zusatz B.* und valschz *Zusatz C.* 7) felchor *B.* 8) ungerecht *B.* — [§ 7.] 1) unrechto *C.* 2) in — vuro *A.* urteiln mit fuer *B.* iß teilen mit deme vúere *C.* 3) icht binden sulle *AC.* sal bynden *B.* 4) So—binden *fehlt B.* 5) zu rechte *fehlt BC.* 6) ader dem (weme *C*) her in geben wolle (wollen *C*) *Zusatz BC.*

Cap. VIII.

Diz ist der gezuk umme den vride.

§ 1. Von der Vorklage und dem Vorgebot bei (leichteren) Friedensbrüchen. § 2. Von der Klage, dem Angebot des Zeugenbeweises und dem Vorgebot der Zeugen. § 3. 4. Von der Führung des Zeugenbeweises um Friedensbrüche und der Strafe der unterliegenden Partei.

[§ 1.] Geschit ein urhap[1]) in dem wicbilde zu Vriberc von besezzenen luten, daz sich di werren mit einander mit worten, mit[2]) stozene, mit[2]) hantslanc, mit[2]) roufene, mit[2]) mezzerruckene, wi daz ist, ane wunden di da kamper[3]) sin, welcher alrest kumit zume richtere unde klagit zu huse unde zu hove oder ab iz sin bote tut oder einer sin vrunt von siner wegen, der beheldet di ere clage[4]). He[5]) muz abir ieme lazen vorgebiten dazu[6]), wen he besezzen ist. Lezet he abir im nicht vorgebiten unde lezet ienre diseme vorgebiten[6]) unde brenget in zu dinge, damite verlusit dirre[7]) sin erste clage, wenne in ienre dincstudelic[8]) bracht hat; darumme muz he ieme[9]) ant- *p. 186.*
werten. Wenne eime iklichem manne, der da besezzen ist, den[2]) mac man nicht beklagen zu huse unde zu hove ane wunden[10]), daz iz im icht schedelich si, wen man muz in io[11]) mit vorgebote zu dinge[12]) brengen unde muz im da schult geben, wil he von im antwurte haben. Darumme welch man klagit zu huse unde zu hove, der[13]) besezzen ist, uf einen

anderen besezzenen man, der sal im io[14]) lazen vorgebiten darzu. Ab wol ienre kumit nach deme, daz he geklagit hat, unde klagit ouch unde lezet im vorgebiten, e ienis vorgebot[15]) irgee, iz inhilfet in nicht. Daz ot[16]) ienre, der[2]) alrest geklagit hat, ein vorgebot tu vor oder nach, welch cit iz si, damite beheldit he di ere[17]) klage.

[§ 2.] Derselbe man oder ein ander man[1]), wer he ist, an dem der vride gebrochen wirt[2]), also daz he ubele gehandilt wirt mit worten oder[3]) mit werken, daz erhafte lute sehn unde horen, den vridebruch bezuget he wol nach der stat recht. Hat he zwene erhafte man, di da[4]) besezzen sin mit eigenem rouche, di ir[5]) echt unde ir recht behalden haben, so bezuget[6]) he billicher unde baz, den im[5]) imant davor gesweren muge. Unde get di clage also: „Her richter, he klagit uch zu hern Heinriche, daz he quam an di stat, da he vride unde genade solde haben, unde brach den vride an im mit worten unde mit werken. Wil he im des bekennen, daz ist im lip. Wil he is im[5]) loiken, he wil is[6]) in uberzugen mit erhaften luten, alse he zu rechte sal. Unde bitet einis urteilis, wende he in ubirzugen wil, ab he keine theidinc dakegen brengen muge, he[7]) muze[8]) sinen gezuk liden“. So sal man[9]) teilen: wes sich ein[10]) man vermizzet zu gezugene, gezuget[11]) he als recht ist, he genuzit is[12]) billiche; da kan ienre nicht wider geteidingen, wen he vrege[13]) ot[14]), wenne he iz tun wolle. So mac sich dirre vermezzen zu sime rechten endehaften tage uber ein unde zwenzic nacht oder[15]) darunder, wenne he wil. So mac ienre einis urteilis biten: ab he sinen gezuk icht[15]) nennen sulle. Den muz he nennen zu rechte alda selbis[16]). He nenne einen[17]) Niklaus unde[18]) anderen sinen gezuk; he darf keinen namen me[19]) nennen den einen under sime gezuge. Den namen[19]) sal man schriben unde den tac dazu, der in beiden[20]) bescheiden wirt[21]). So sal der kleger einis urteilis biten: wer im zu rechte sinen gezuk twingen sulle. Daz sal der richter tun, wirt he is gemant, alse recht ist. So mac he einis urteilis vregen[22]): ab he is den richter mant unde ab iz an im werre, ab man im icht anderen[23]) tac bescheiden sulle. .So sal man teilen: wirret iz an dem richtere, daz man im billiche anderen[23]) tac bescheiden sal[24]). Den richter sal he manen des tages, alse he des anderen tages[25]) gezugen sal. Unde sal deme gezuge lazen vorgebiten von des richteris wegen. Mant he den richter nicht *p. 187.* unde kumit sin gezuk nicht zu dinge durch sine[5]) bete, so hat he[26]) di clage verlorn unde[5]) ienre wirdet ledic gesagit unde der kleger[5]) verbuzet[27]) sechzic schillinge. Manet abir he den richter, als recht ist, unde kumit der[28]) gezuk nicht zu dinge, so wirret iz an dem richtere, unde man muz im anderen[23]) tac bescheiden.

[§ 3.] Nu he kume zu dinge[1]) mit sime gezuge unde stadile[2]), den he alrest genant hat, den Niklause. Den[3]) muz he alrest stadiln[4]); gestellet he einen anderen, der gezuc ist verlorn unde he verbuzet sechzic schillinge. Nu he gestelle sinen gezuk. Ienre mac einis urteilis[5]) biten, ab he kein gesprecbe haben sulle. Desselben[6]) bitet ouch dirre, ab ienre keiniz haben sulle. Ir deweder sal[7]) keiniz haben, di wile der gezuk wert. Der kleger mac einis urteiles biten: wi dicke he sich irholen sulle, he[8]) unde ander sin gezuk. Daz sal he zwir nach dem ersten. So mac he abir einis urteilis vregen[9]): wen man alrest manen sulle. Den he alrest genant hat zu rechte. So mac he eines urteilis vregen: wi man in manen sulle zu rechte. Daz sal man[10]) mit dem eide. Da mac ienre nicht kein[11]) geteidingen me. He[12]) bite einis urteilis: ab he icht benennen sulle, waz[13]) he bezugen wolle. Daz sal he benennen zu rechte. So sal ienre boten biten dri man, di da zuhoren, waz he da benenne, ab sin gezuk also beste oder nicht. So muz he benennen, daz he daz[8]) bezugen wolle, daz her Heinrich den vride gebrochen habe an im mit worten unde mit[8]) werken. So mac der vorderer[14]) einis urteilis biten: ab man den eit icht reiten sulle. Den[15]) sal man reiten. Unde[16]) wer im den[17]) reiten sulle[15]). Di boten sullen[18]) reiten[16]) also: man sal[19]) Niklause manen mit dem eide, den he zu dem[20]) vride gesworn habe zu allir slachte recht, ab im daz wizzelich si, daz[21]) Heinrich an[21]) Cunrate den vride gebrochen habe mit worten unde mit[8]) werken. Also sal man manen den ersten den Niklausen. Den[22]) sal der richter[23]) manen also: „Her Niklaus, ich mane uch mit[24]) dem eide, den ir zu dem vride gesworn hat zu aller slachte recht, ab uch daz[8]) wizzelich si, daz her Heinrich den vride gebrochen habe an hern Cunrate mit worten unde[25]) mit[8]) werken“. Also sal he nachsten[26]). Bestet[27]) he also, so sal man di boten manen. Sprechen di, daz he gestanden[28]) si, so ist he gestanden[29]). Sprechen si abir, daz he nicht gestanden[29]) si, so muz man in anderweide manen, wend im di holunge gedinget[30]) ist. Were im abir di holunge nicht irdinget[31]), so were der gezuk verlorn.

[§ 4.] Nu man mane[1]) in zume anderen male, als man vor getan hat. Gestet he nicht, so manet man in abir[2]) zume dritten male. Gestet he denne nicht, so ist der gezuc verlorn. Gestet he aber, als recht ist, daz des di boten bekennen, so sal he einis urteilis biten[3]), wen man nu zu rechte[4]) manen sulle. So sal man im teilen: den selbschuldigen. So mac he einis urteilis biten[3]): wi man in zu rechte manen sulle oder[5]) p. 188. wer. Daz sal tun der richter, der sal in manen mit dem eide[5]) also[6]): „Her Cunrat, ich mane uch mit dem eide, den ir zume vride gesworn hat zu allir slachte recht, ab di rede recht[7]) unde war si, di her Niklaus vor gesprochen hat“. Wenne he also nach gestet, daz des[8]) di boten bekennen, so ist he gestanden. So mac he eines urteilis biten, wen man nu zu rechte manen sulle. Daz[9]) sal man den dritten manen also: „Her Gunter, ich mane uch[10]) mit dem eide, den ir zu dem vride gesworn hat zu allir slachte recht, ab di rede recht unde war ist[11]), di her Niklaus vor gesprochen hat unde her[12]) Cunrat na“. So sal man abir di boten manen. Bekennen[13]) di, daz he ouch gestanden[14]) si[13]), so ist der gezuk vollenkumen. So sal he einis urteilis vregen[15]): wen he volkumen si mit sime gezuge, waz he zu rechte mite gewunnen habe. So sal man im[16]) teilen: zu rechte vunftehalp pfunt, der sint druw pfunt des richteris[17]) unde anderhalb[18]) pfunt[2]) des klegeris. Di[19]) druw pfunt sal he leisten dem voite[19]) in virцehn tagen; di anderhalb pfunt sal he leisten dem vorderere acht tage darnach. Irvellit aber der vorderer an sime gezuge, so verbuzet he seehcic schillinge unde ienre ist der klage ledic; di[20]) muz he leisten dem richtere[21]) in virceлn tagen. Were iz ouch[22]) also vil, daz der kleger oder kein[23]) sin gezuk an der burger brive stunde unde wurde des verwunden[24]) mit dem brive, so were abir der gezuk verlorn.

Noten zu Cap. VIII.

Benseler 147. **§ 1.** *Vergl. II § 3. XII. XXVII § 2—4. XXVIII § 11—14. XXXIII. XXXIV § 1. — Planck GV. 1,810. 2,316.* **§ 2—4.** *Gosl. 92,6. Igl. 54. Dist. IV. 46 d. 10. — Platner Entw. 2,365. Maurer StV. 3,703. Planck GV. 2,142.* **§ 2.** *Vergl. II § 3. — Gosl. 96,32 ff. Dist. IV, 47 d. 3. 12. — Budde Rechtl. 147. Planck Bew. 77. v. Kries 16. 19. 141. 193. Planck GV. 2,212. 216 f. 220. 222. 231. Löning Reinigungseid 133. 266.* **§ 3. 4.** *Homeyer Richtst. 468. 475. Siegel Erhol. u. Wand. 237. 240. 243. Siegel Gef. 127. v. Kries 7 f. Planck 2,86. 94 f. 97. 223.* **§ 4.** *Vergl. II § 3. — Brünn. SchB. 265. Dist. IV. 1 d. 1. 2 d. 1. 3 d. 1. 4 d. 1—4. — Kostlin: Ztschr. f. D. R. 15,407. Laband 40. Löning Vertragsbr. 333. Planck GV. 2,233.*

[§ 1.] [1]) ader cyn gestôre (gestôze *C.* gestreuße *D*) *Zusatz BCD.* oder aufruhr (aufflauffe) *Zusatz H.* oder auch nur *Zusatz W.* [2]) *fehlt D.* [3]) kampf *B.* kampfer *H.* kämpfer *W.* [4]) ere clage *A.* vorclage *B.* eere clage *C.* erste clage *DHW.* [5]) Des *B.* [6]) dazu—vorgobiten *fehlt B.* [7]) or *D.* [8]) dyngstôdelyt *C.*

dingschuldig *D.* [9]) ime *D.* [10]) ane wunden *fehlt BCD.* [11]) iw *B.* iů *C.* ye *D.* [12]) gedinge *H.* [13]) der do *C.* [14]) iw *B.* iů *C.* iba *D.* [15]) *fehlt B.* [16]) ok *B.* oc *C.* auch *D.* [17]) eher *B.* eere *C.* erste *D.* — **[§ 2.]** [1]) *Fehlt C.* [2]) ist ader wirt *CD.* [3]) unde *BCD.* [4]) *fehlt BCDH.* [5]) *fehlt D.* [6]) geczûget *C.* [7]) ader her *CD.* [8]) muß *B.* [9]) man im *BD.* [10]) der *C.* [11]) geczuge *B.* [12]) sein *CD.* [13]) fregit *B.* [14]) ock *B.* oc *C.* auch *D.* [15]) *fehlt B.* [16]) zu—alda selbis *ABD.* alda czû czû rechte *C.* [17]) *fehlt BCD.* [18]) odder *D.* [19]) me—namen *fehlt C.* [20]) in beiden *fehlt B.* in *C.* inen *D.* [21]) ist odder wirdt *D.* [22]) biten *C.* bittenn unnd fragenn *D.* [23]) einen andern *D.* [24]) bescheiden sal *A.* sullo bescheiden *B.* sal bescheyden *C.* bescheidett *D.* [25]) den andern tag *D.* [26]) so hat he *A.* her hat *BCD.* [27]) vorbüreth *D.* [28]) her *C.* — **[§ 3.]** [1]) gedinge *H.* [2]) gestelle *D.* [3]) *fehlt AH.* [4]) gestellonn *D.* gestadeln *H.* [5]) einis urteilis *ACD.* eyn urteil *B.* [6]) dasselbige *D.* [7]) ir deweder sal *A.* ir iglicher sal *B.* ir itzwedir sal *C.* es soll ein yder *D.* [8]) *fehlt D.* [9]) bitten *C.* bittenn odder fragen *D.* [10]) thun *Zusatz D.* [11]) kegin *B.* wider *C.* gegen *D.* [12]) Wenne her *C.* [13]) wez *CD.* [14]) der vorderer *AB.* her vordern *C.* der forder *D.* [15]) Den—sulle *fehlt C.* [16]) Unde—reiten *fehlt A.* [17]) im den *B.* yhn imo *D.* [18]) in *Zusatz C.* [19]) sulle *BC.* [20]) *fehlt B.* [21]) her (hern) *Zusatz C.* [22]) *fehlt BCD.* [23]) voit *BCD.* [24]) bey *D.* [25]) odder *D.* [26]) nach irsten *C.* [27]) Gestebt *BD.* [28]) bestanden *CD.* [29]) bestandenn *D.* [30]) geteidingt *B.* [31]) gedingett *D.* — **[§ 4.]** [1]) man manc *BCD.* sal man *A.* [2]) *fehlt B.* [3]) fragenn *D.* [4]) zu rechte *ABC.* zum recht *D.* [5]) oder—eide *A.* das sal man tun mit dem eide *BCD.* [6]) also der richter *BC.* der richter spricht *D.* [7]) gerecht *C.* [8]) es *D.* [9]) So *BD.* [10]) euch also *D.* [11]) sie *BCD.* [12]) *fehlt D.* [13]) Bekennen—si *ABC.* Bekennen sies auch das gestandenu sey *D.* [14]) bestanden *B.* [15]) bitten *BCD.* [16]) im *fehlt A.* [17]) voites *BCD.* [18]) anderhalbes *B.* [19]) Di—voite *ABC.* Die 3 *ll* des voigts soll er leistenn *D.* [20]) das *D.* [21]) voyte *C.* [22]) aber *D.* [23]) oder kein *ABC.* odder ein ander *D.* [24]) uberwunden *D.*

Cap. IX.

Von dem anvange einis pferdis.

§ 1. Vom Aufhalten eines geraubten oder gestohlenen Pferdes. § 2. 3. Von der Anfangsklage und dem Beweise. § 4—7. Von Gestellung der Gewerен.

[§ 1.] Welch man ein pfert anvangen[1]) wil, der sal sin warten an der vrien strazen oder an dem marcte oder an[2]) der[2]) trenke oder wo he wil, ane in keinis mannis huse, da[2]) mac is nicht gesin. Daz pfert[3]) sal he ufhalden mit des richters bote. Mac he des richteris boten[4]) nicht gehaben, so halde he iz selbe uf also lange, biz he kumit, unde vure iz zu[5]) gerichte, daz ist zu huse unde zu[2]) hove des richteris, unde spreche also: „Daz pfert wart[6]) mir abegeroubet uf der vrien straze mit anderme mime gute oder[7]) wart mir verstoln[7]). Da wil ich mich zu halden unde[8]) zu zihen, alse recht ist. Zu dem zoume unde zu[2]) den[2]) ysen zihe ich mich nicht". Unde gebe sinen vurvanc[9]) dem voite, daz ist ein schillinc. Daz pfert sal man antwerten einem gemeinen manne, unde der voit sal in bescheiden in sin dinc[10]). Sint iz abir geste, so sal man richten zu hant, ab[11]) si is geren[12]). *p. 189.*

[§ 2.] Nu man rufe zu dinge. Welchir dar kumit, der gewinnet; der dar[1]) nicht inkumit[2]), der verlusit. Kumen si abir beidersit zu dinge[3]), der vorderer tritet dar unde bitet eines mannes, der sin wort spreche. Den sal im der voit[4]) geben. Der vorspreche sal im sin wandil dingen unde sin recht unde spreche also: „Her richter, ein pfert wart disem manne[5]) abegeroubit mit anderme sime gute. Daz hat he ufgehalden unde[6]) hat uch[7]) sinen vurvanc[8]) gegeben. Daz heizet im her brengen. Da wil he sich zu zihn, alse recht ist". Daz pfert sal der richter lazen brengen vor di benke. Der vorderer oder sin vorspreche der[9]) spreche also: „Her voit[4]), zu dem zoume noch zu[6]) den[6]) ysen zuht he sich nicht, niwan[10]) zu dem blozen pferde, unde bitet einis urteilis, ab im daz an keime sime rechte gewerren[11]) kunne[12]), daz si dran sin". Daz sal man im teilen: wandiz mit urteile bewarit si, daz iz[13]) nicht schade. Nu der vorderer[14]) spreche[15]) oder sin vorspreche[15]): „Her richter, disem manne[16]) geschach ein ungerete[17]), daz des tuvels boten quamen unde roubeten im abe dazselbe pfert mit anderm sime gute uf der vrien straze. Daz hat he hi ufgehalden unde hat uch[18]) sinen vurvanc[8]) gegeben unde wil sich dazu zihn mit alle dem rechte, als he zu rechte

sal. Unde bitet einis rechten urteilis[19]), wi he sich zu rechte dazu zihn sulle". Ist he denne besezzen in dem wicbilde, so sal man im teilen: he sulle sich dazu zihn mit zwen vingern uf den heiligen. Ist[20]) he abir ein uzman[21]), so muz he sich dazu zihn[22]) selbesibende uffin heiligen[20]). Ist iz denne ein wirt, der iz angevangit[23]) hat, so bite he einis urteilis: ab he daz pfert icht sulle angrifen[24]). So sal man im teilen[25]): wolle he iz gewinnen, he sulle iz billichen angrifen. So sal he vregen: wi he iz sulle angrifen[26]). So sal man im[6]) also vinden: „He sal grifen mit siner linken hant dem pferde ubir den hals an sin[27]) ore unde sal[6]) treten mit sime linken vuze uf[28]) des pferdis rechten vuz unde sal sweren mit der rechten hant". So sal der widersache boten biten dri man, di da zuhoren unde sehn, daz im daz pfert angewunnen werde, als recht ist. Den boten sal der voyt[29]) gebiten, daz si daz tun. Di boten sullen den eit reiten. Der vorderer sal einis urteilis biten: ab sich daz pfert intrucke, als he iz angrifen sal[30]), oder ab iz im abegedrungen werde[31]), ab im daz an keime sime rechte[32]) gewerren[33]) kunne[34]), he muge iz wol wider angrifen also lange, biz daz[35]) he geswere, als[36]) recht ist. Daz[37]) sal man im teilen: wendiz mit urteile bewart ist, daz iz im nicht schade. Der vorderer sal[38]) dingen[39]) sine holunge unde al sin recht, des[40]) he darf[41]) zu dem eide. Di[42]) boten sullen[43]) zuhoren unde sehn. Unde he muz sweren also[42]): daz dazselbe[44])
p. 190. pfert[45]) sin were[46]), e iz im abegeroubet[47]) wurde mit anderme sime gute, unde noch sin si mit mererme rechte denne anderes imandes, daz im got so helfe unde alle heiligen. Nu sal man di boten manen, ab he iz also angegriffen habe[48]) unde also gesworn[48]) habe[49]), alse man vor geteilt hat[50]). Gesten im denne di boten, daz he gebart[51]) habe, als recht ist, so hat he daz pfert gewunnen; des mac he sich denne underwinden mit

rechte. Den zoum sal he widergeben; di ysen sal he im biten, ab he si nemen wil.

[§ 3.] Ist abir, daz ein uzman[1]) ein pfert anvangit, der muz iz ouch also[2]) angrifen[3]), alse davor[4]) gesprochen ist, unde muz denselben eit sweren. He muz abir selbesibende sin. So muzen denne di sechse nach sweren mit einander also: den eit, den Heinrich gesworn hat, der ist reine unde[5]) unmeine[6]), daz in[7]) got so helfe unde alle heiligen. Volkumen[8]) si also unde gesten des[9]) di boten, so haben si daz pfert gewunnen.

[§ 4.] Ist abir, daz der widersache, dem daz pfert abe[1]) angevangit[2]) ist, sinen weren[3]) des pferdes[4]) mac gehaben, der bitet sich wol an sinen weren[5]) mit rechte. Daz muz[6]) aber geschen, e dem[7]) vorderere geteilt werde, wi he sich zu dem pferde cihn sulle. Unde sprichet also sin vorspreche: „Her richter, daz pfert hat he rechte unde redeliche gekoufet mit siner wol gewunnenen habe unde hat des sinen weren[8]) unde bitet sich daran mit urteile unde bitet einis urteiles, ab he sich also daran gebeten[9]) habe, daz he in zu rechte sulle haben“. Daz sal man im teilen zu rechte. So mac der vorderer einis[10]) urteilis[11]) biten: wenne he den weren[8]) zu rechte brengen sulle. Hat[12]) he is[13]) da nicht[12]), so sal he in brengen zume nehisten dinge. Nu also sal in der voit bescheiden. Burgen muz he setcen, daz he sinen weren[14]) gestelle. Brengit he sines weren[14]) nicht, iz get im an den hals unde daz pfert ist verlorn.

[§ 5.] Nu der were werde gestalt. Wil is der vorderer nicht inpern, he muz sweren uffen[1]) heiligen, daz he[2]) rechter were si des pferdes. So muz der vorderer demeselben weren zuteidingen glicher wis, als ab[3]) im daz pfert ufgehalden si[4]), alse davor geschriben stet.

[§ 6.] Hat abir he ouch[1]) vorbaz sinen weren, so mac

he sich daran biten mit urteile, als recht ist. Dem muz man ouch bescheiden in daz nehiste dinc, ab[2]) he is[3]) da nicht inhat[2]). Nu he brenge den[4]) weren zu dinge. Wil[5]) is der vorderer nicht rat gehaben[6]), he muz ouch sweren, daz he rechter[7]) were si des pferdis. Daz ist denne der ander were. Deme muz der vorderer abir[8]) zutheidingen glicher wis, als ab[9]) im ufgehalden were daz pfert. Unde iene[10]) vordersten[11]) weren werden alle ledik gesagit mit urteile.

[§ 7.] Hat abir der ouch sinen weren, da mac he sich ouch an biten mit urteile. Daz ist danne der dritte were.
p. 191. Gestellit he den, alse[1]) recht ist, he si wirt oder gast, deme mac man[2]) nicht nehir zugetheidingen; he beheldit daz pfert mit zwen vingern uffen heiligen.

Noten zu Cap. IX.

(IX—XI.) Benseler 191 ff. Platner Entw. 2,304. Homeyer Richtst. 440. London 136. **§ 1.** *Vergl. III § 1. 3. — Ssp. II, 36 § 1. 8. Gosl. 98,17. 24. 99.21. Wb. CXXXIII. Igl. 66. Igl. SchB. 92. Brünn. St. 208. Deutschbr. (35). Dist. IV, 9 d. 4. 42 d. 2. 10. — Albrecht 85. Budde De vind. 62. Platner Entw. 2,89 f. 317. 322. Fruin 21. Planck GV. 1.825. 828. London 53. 58. 136.* **§ 2.** *Ssp. II, 36 § 2 (Glosse). 4. 7. Mgd. 1295 § 7. Wb. CXXXII § 2. Dist. IV, 9 d. 4. 42 d. 25. — Klotzsch Verzellen 105. Maurer GV. 116. 124 f. Grimm RA. 590. Budde De vind. 63. 82. Bruns 314. Platner Entw. 187. 318. Laband 108. 116. 118. Bülowius 4. 12. Maurer StV. 3,672. Planck GV. 1,708. 724. 829. 831 f. 2,33 f. 321. Behrend Anevang 16 f. Kraut Grundr. 205 (§ 82).* **§ 3.** *Budde De vind. 63. 82. Homeyer Richtst. 469. Maurer StV. 3,672. 715. Planck 2,87 f.* **§ 4.** *Ssp. II, 36 § 2. 5. Gosl. 99,13. 40. Mgdb. 1295 § 7. Wb. CXXIX. CXXXII § 2. Igl. 66. Igl. SchB. 120. 319. Brünn. SchB. 98. Deutschbr. (35). Dist. IV, 9 d. 4. 42 d. 8. — Laband 118. Planck GV. 1,832.* **§ 5—7.** *Ssp. II, 36 § 5. 6. Gosl. 26,43 ff. 99,36. 100,2 ff. Wb. CXXIX. CXXXII § 2. Dist. I, 46 d. 1. IV, 42 d. 11. — Delbrück 54. Laband 126 f. 130. Planck GV. 1,717.*

[§ 1.] [1]) versprechen *W.* [2]) *fehlt D.* [3]) daz *Zusatz C.* [4]) des richteris boten *ABC.* ihn *D.* [5]) vor *D.* ins *W.* [6]) war *H.* [7]) oder—verstoln *AB.* ader wart vorgestolen *C.* wardt mirs gestolenn *D.* oder ward mir gestohlenn *HW.* [8]) zu halden unde *fehlt BCD.* [9]) furbang *B.* vorgang *W.* [10]) gedinge *D.* [11]) wo *D.* [12]) gernen *B.* begerhenn *D.* gerne *W.* — **[§ 2.]** [1]) da *BC. fehlt D.* [2]) zcu komet *B.* kumpt *CD.* [3]) geding *H.* [4]) richter *HW.* [5]) disem manne *A.* im *BD.* mir *C.* [6]) *fehlt D.* [7]) auch *DW.* [8]) vorgang *W.* [9]) *fehlt BCD.* [10]) ogk *B.* oc *C.* dan nur D. allein W. [11]) geschaden BCD. [12]) mûge C. [13]) iß ym CD. [14]) vor vorderer C. [15]) spreche—vorspreche *fehlt* BC. spricht D. [16]) disem manne A. im BCD. [17]) ungerechts H. ungerecht W. [18]) auch D. [19]) einis—urteilis ACD. eyn recht urteil B. [20]) Ist — heiligen *fehlt* BD. [21]) außlendisch mann HW. [22]) sich dazu zihn A. iz thun C. [23]) geaufangit B. geanovaget C. angefangen D. [24]) sulle angrifen A. an sulle greiffen BCD. [25]) teydingen B. [26]) sulle angrifen A. an sulle greiffen BC. angreiffen soll D. [27]) recht ore C. [28]) uber D. [29]) richter DW. [30]) *fehlt* CD. [31]) wurde B. [32]) keime sime rechte ABC. seinen rechten D. [33]) geschaden C. [34]) mûge C. So sal man teylen *Zusatz* C. [35]) *fehlt* BD. [36]) das D. [37]) Dann D. [38]) Der—sal ABCD. Dem forderer sal man H. [39]) sal dingen A. dinget BCD. [40]) daz CHW. [41]) bedarff CD. [42]) Di—also ABCD. unnd muß schweren in beywessen der bothen H(W). [43]) do *Zusatz* BCD. [44]) daz B. [45]) *fehlt* B. [46]) sey D. [47]) geraubeth D. ader gestolen *Zusatz* C. [48]) habe—gesworn *fehlt* C. [49]) als recht ist unnd *Zusatz* D. [50]) habe B. [51]) gethan D. — [§ 3.] [1]) ausländischer mann W. [2]) *fehlt* BD. [3]) anfangen D. [4]) fur D. [5]) *fehlt* DW. [6]) unmeyneid B. *fehlt* DW. [7]) im BDW. [8]) Vorkommben D. [9]) es D. — [§ 4.] [1]) *fehlt* BDW. [2]) anevanget C. angefangenn D. abgefangen W. [3]) geweren C. gewberer D. [4]) des pferdes ABD. mit rechte C. [5]) geweren CD. [6]) ime *Zusatz* D. [7]) *fehlt* C. [8]) gewern C. [9]) geboten B. [10]) eyn B. [11]) *fehlt* B. [12]) Hat — nicht ABC. Ist er da nicht D. [13]) syn BC. [14]) gewehren W. — [§ 5.] [1]) auff die D. auf dem W. [2]) her eyn B. [3]) *fehlt* BCD. [4]) were BCD. — [§ 6.] [1]) *fehlt* BCD. [2]) ab—inhat ABC. er ist da nicht D. [3]) syn C. [4]) ouch synen C. [5]) Weill D. [6]) hatt D. [7]) eyn recht B. [8]) ab her C. [9]) am B. [10]) die D. [11]) vorigen B. vordern CD. — [§ 7.] [1]) den alse ABD. alß den C. [2]) her B.

Cap. X.

Diz ist der anvanc von der ku unde von vihe.

Verfahren bei Zurückforderung geraubter Kühe und andern Viehes.

Welch man anvangen wil eine ku, der muz ouch sinen vurvanc geben unde muz si brengen vor di vir benke unde spreche[1]) also: „Her richter, di ku wart mir abegeroubit mit anderem[2]) minem gute. Di habe ich ufgehalden unde han uch[3]) minen vurvanc gegeben. Unde wil mich dazu zihn mit alle dem rechte, als ich zu rechte sal. Unde bite einis urteilis, wi ich mich zu rechte dazu[4]) zihen[5]) sulle“. Ist[6]) he ein inman[6]), daz sal he tun mit zwen vingern uffin[7]) heiligen. Ist he[8]) ein[9]) uzman, so sal he iz tun selbesibende. So sal he eines urteiles biten: wendiz[10]) eine ku si, wi he zu rechte damite[11]) gebaren sulle. So sal man im teilen: he sulle nicht me tun, wen[12]) daz he di ku sulle nemen[12]) mit deme[13]) seile in di linke hant unde sulle sweren mit der rechten hant also: daz diselbe ku sin were, e si im abegeroubit wurde mit anderem[9]) sime gute, unde noch sin si mit mereme rechte wen anderes imandes, daz im got so helfe unde alle heiligen. Gestet he also, so hat he di ku[14]) gewunnen. Ist iz[15]) aber ein uzman, so muzen di sechse hinden nach sweren also: daz der eit si reine unde unmeine[16]), den[17]) he gesworn hat[17]), daz in[18]) got so helfe unde alle heiligen.

Noten zu Cap. X.

Vergl. IX u. die dort agf. Stellen. — Grimm RA. 590. Platner Entw. 2,318. Maurer StV. 3,672. 715. Planck GV. 1,708. 724. 831. 2,88. London 136.

[1]) muß sprechen *B.* [2]) anderm me *B.* [3]) auch *D.* [4]) rechte dazu *fehlt C.* [5]) halden *BC.* [6]) Ist—inman *ABC.* Er ist innemhann *D.* [7]) auff die *D.* [8]) her aber *C.* [9]) *fehlt D.* [10]) is *BCD.* [11]) mit *BCD.* [12]) wen — nemen *A.* her sulle die kw nemen *BCD.* [13]) der *C.* [14]) *fehlt C.* [15]) er *D.* [16]) unmeyneide *B.* [17]) den—hat *fehlt BCD.* [18]) im *B.*

Cap. XI.

Diz ist der anvanc von gewande unde von allerleie dinge.

Verfahren bei Zurückforderung anderer Gegenstände.

Swelch[1]) man anvangen wil ein gewant, einen[2]) roc oder[2]) mantel oder[2]) bette[3]) oder[2]) swert oder waz iz ist, der muz iz ouch[4]) brengen vor di vir benke, alse davor geschriben steht, unde muz[2]) sprechen also: „Her richter, daz gewant oder[2]) daz[2]) kleinote oder waz iz ist wart mir abegestoln mit anderme[5]) mime gute. Da wil ich mich zu zihen, als ich zu rechte sal, unde bite einis urteiles, wi ich mich dazu zihn sulle“. So teilt man im[6]): mit zwen vingern uffen[7]) heiligen. „Unde bitte[8]) einis urteilis, wi ich iz angrifen sulle, daz[9]) ich rechte tu“[9]). So sal man im[10]) teilen: he sulle iz nemen an[11]) *p. 192.* den linken arm zu rechte unde sulle sweren mit der rechten hant also: daz dazselbe[12]), waz iz ist, sin were, e iz im abegestoln[13]) wurde mit anderem sime gute, unde noch sin si mit mererme rechte wen anders imandes, daz im got so helfe unde alle heiligen. Gestet he also, so treit he iz mit im[14]) sinen wec, wo he hin wil[15]).

Noten zu Cap. XI.

Vergl. IX und die dort angeführten Stellen. — Platner Entw. 2,318. Maurer StV. 3,672 f.

[1]) Welch *BCDW.* [2]) *fehlt D.* [3]) becke *D.* [4]) *fehlt B.* [5]) anderm mo *B.* [6]) So—im *fehlt BCD.* [7]) auff die *D.* [8]) bitet *A.* [9]) daz—tu *fehlt D.* [10]) *fehlt C.* [11]) in *B.* [12]) derselbe ader *B.* [13]) gestolenn *D.* [14]) mit im *fehlt BCD.* [15]) wo—wil *fehlt BCD.*

Cap. XII.

Diz ist der gezuk umme koufschatz.

§ 1. Von der Klage um Kaufschatz und dem Angebot des Beweises mit Leikaufleuten. § 2. Vom Vorgebot der Leikaufleute und § 3. des Beklagten. § 4. Vom Staleln des Gezeuges und anderen Vorbereitungen des Beweises. § 5. Vom Eide zu dem Frieden. § 6—9. Von der Führung des Beweises mit Leikaufleuten. § 10. Wie viel derartige Beweise dürfen in einem Dinge geführt werden.

[§ 1.] Swelch[1]) man sinen koufschatz[2]) wil bezugen nach der stat recht, der muz haben sine likouflute[3]), di den licouf[4]) getrunken haben, oder lute, di iz gesehn unde[5]) gehort haben, oder[6]) wer[7]) si[8]) sin, vrunt oder vremde[9]), di im gesten wollen. Di muzen besezzen[10]) sin mit eigenem[11]) rouche, also daz si schozzen unde wachen in der stat, unde muzen erhafte lute sin, di ir recht unde ir echt[12]) behalden haben, unde daz si nicht an der burger brive sten. Unde get di klage also: „Her richter, he klagit uch uber hern Heinriche umme sines rechten

koufschatzis[13]) eines virdunges minner den cehn marc", oder wi vil he wil klagen[14]) under cehn marken, daz[15]) mac he wol bezugen. Klagit[16]) he umme[17]) cehn marc oder druber, des mac he nicht bezugen[16]) an keime koufschatce[2]) nicht[18]). He muz ouch in[19]) nennen[20]) mit der klage sinen koufschatz[2]). Nennet he nicht sinen koufschatz[2]) mit der klage unde kumit ienre zu antwurte, e he den koufschatz[2]) benennet, so mac he in umme[21]) daz gelt nicht[22]) bezugen. Klagit abir he umme sinen koufschatz[2]) zu im, als recht ist[14]), so muz he sinen gezuk liden. Ienre mac eines urteiles biten, ab he sinen koufschatz[2]) icht nennen sulle. Den muz he zu rechte benennen. Waz he denne benennet, gewant, bli[14]), ros, win[23]), heringe unde[24]) alliz, daz[25]) da koufschatz ist[25]), daz bezugit he alliz[26]) wol[14]), ane silber unde pfenninge, di mac he nicht bezugen den mit dem richtere[27]). So vermizzet he sich des gezuges ubir ein unde zwenzic nacht oder darunder, wenne he wil. Also bescheidet man in[28]) endehaften tac. Der widersache bitit einis urteilis: ab he sinen gezuk icht nennen sulle. Den muz he nennen zu rechte. So sal he[29]) sprechen also: he nennet einen Cunrat unde anderen sinen gezuk. Daz muz man schriben. Den Cunrat muz he[30]) gestellen; gestellet he einen andern mit eime andern namen[31]), der gezuk ist verlorn. So sal der vorderer theidingen: ab sin gezuc durch sine libe[32]) dar nicht
p. 193. kumen wolle[33]), wer in zu rechte dar[34]) twingen sulle. Daz sal der richter tun, wirt he is gemant, als recht ist. So sal he vregen einis urteilis: ab he is den richter mane unde ab iz an im werre unde an diseme nicht, ab man im icht einen[35]) anderen tac bescheiden sulle. Daz sal man teilen: wirret iz an dem richtere unde an im nicht, daz man im billiche anderen[36]) tac bescheide[37]). He mac ouch vregen einis urteilis[38]): ab iz im keine ehafte[39]) not benimit, di he bewisen mac[40]) mit sime

sinneboten, als recht ist, ab man im icht ouch[41]) anderen tac bescheiden sulle. Daz sal man[42]) teilen: bewiset he ehafte[43]) not, als recht ist, daz man[44]) billiche[45]) anderen tac bescheidit.

[§ 2.] Den richter sal he manen umme sinen gezuk, daz he im den[1]) vortwinge[2]) des tages, alse he des anderen tages gezugen sal. Vunde[3]) he des[4]) richteris[5]) nicht, so solde he manen di vrowe oder sin gesinde, welch iz were, unde laze denne deme gezuge vorgebiten[6]) von des richteris wegen. Manet he nicht[7]) umme sinen gezuk unde kumit sin gezuk nicht zu dinge von siner bete oder wi daz ist, so mac der widersache einis urteilis biten: ab der richter icht bekennen sulle, ab he in gemanet habe umme sinen gezuk. So sal man teilen: he sulle is billiche bekennen. Sprichet he denne: he si nicht gemanit noch sin gesinde, so wirdet der widersache ledic gesagit des geldis, unde der vorderer verbuzit vir schillinge. Manit abir he den richter unde lezet deme gezuge vorgebiten, bekennit des der voit unde kumit der gezuk nicht zu dinge, so wirret iz an dem richtere; so sal man billiche[8]) anderen tac bescheiden. Welch man ouch bezugen[9]) sal, ab he[10]) den richter nimmer gemanit, kumit sin gezuk[11]) zu dinge oder brengit he in mit im[12]), he volvert[13]) billiche.

[§ 3.] Der vorderer kume zu dinge unde sin gezuk[1]) ouch. Sin vorspreche dinge im sin wandel unde sin[2]) recht unde spreche also: „Her richter, her Herman hat sich eines gezuges her[3]) vermezzen unde wil volvarn, let is[4]) in got[5]) geramen[6]) unde bewiset sinen gezuk hi[7]) hern Cunrate unde hern Otten unde bitet einis urteilis, ab in nimant[8]) liden wil, ab he sin silber zu rechte icht uf den man irvolget habe“. So sal man teilen: „Her richter, bescheidet in, di wile uwer dinc wert“. Kumit ienre man nicht binnen dinges unde lidet sinen gezuk, so hat dirre man sine klage irvolget zu rechte, wen he sinen gezuk bewiset hat.

[§ 4.] Kumit abir der widersache keinwertik, so sal der richter gebiten den[1]) gezugen, daz si an sinen gezuk[2]) treten. Der vorderer stadele sinen gezuk; den he alrest genant hat, p. 194. den muz he ouch alrest stadelen an sinen gezuk. Der widersache mac vregen: ab he sinen gezuk gestadilt habe. Sprichet he[3]): „Ia", so mac he vregen einis urteilis: ab he kein gespreche me haben sulle. Desselben mac ouch[4]) dirre vregen: ab ienre keiniz sulle haben. Si insullen beidersiten keinez haben. He sal ouch vorbaz sinen gezuk nicht brechen ane loube. Unde der widersache[5]) sal boten biten zu deme gezuge dri man[6]); den[7]) sal der richter gebiten, daz si da[8]) zuhoren, daz he bezuget werde, als recht si. Der widersache sal einis urteilis biten, ab he icht benennen sulle, waz[9]) he bezugen wolle. Daz sal he[10]) benennen[11]) zu rechte; daz sullen ouch di boten vil[8]) rechte[8]) horen unde vernemen, daz si wizzen, wes[12]) si gesten sullen. Der vorspreche des vordereris[13]) mac sprechen: „Wold ir iz vernemen, waz he bezugen wil? Her Herman[14]) wil bezugen, daz im her Heinrich sines rechten koufschatzis[15]) schuldic ist eines virdungis minner den cehn[16]) marc". Dem vorderere sal man dingen sine holunge unde sinen[17]) gezugen beiden[18]); di sullen si haben zwir nach dem ersten. Irvellet ir einer dri stunt nach einander, welchir[1]) iz ist, an deme gezuge, so ist der gezuk verlorn. Nu mac he vregen einis urteilis: wen man alrest manen sulle an deme gezuge. So[19]) sal man teilen: den man alrest genant habe, daz ist ein[20]) Cunrat. Gestellit man[21]) einen anderen mit eime andern namen[22]), so ist der gezuc verlorn. Gestellit[23]) man abir den mit deme ersten namen[23]), so mac he einis urteilis[24]) vragen: wi man in manen sulle. So sal man[25]) teilen: mit dem eide. So sal man[24]) vregen: ab man[26]) den eit icht reiten sulle. Man sal in[27]) billiche reiten. So sal man[28]) vregen: wer[29]) in im zu rechte reiten sulle[29]). Daz sullen di boten tun also[30]): man sal in manen denselben Cunrate mit dem eide, den he zu dem vride getan habe[31]) zu aller slachte recht, ab im daz wizzelich si, daz her Heinrich hern Hermanne schuldic si sines rechten koufschatzis[32]) eines virdunges minner[33]) den cehn[16]) marc[34]). Also sal im der voit manen oder ein ander[35]), den he iz heizet.

[§ 5.] Nu wenne der widersache gehort, daz si also sweren sullen mit dem eide, den si zu dem vride gesworn haben[1]), so[2]) mac he theidingen also oder[3]) sin vorspreche[2]): „Her richter, he[4]) wil demeselben Cunrate nicht gelouben, daz he zu dem vride gesworn habe, unde bitet[5]) eines urteiles, wen he is[6]) im[7]) nicht gelouben wil, ab he zume vride icht sweren sulle alrest, e denne man in[8]) mit deme eide mane“. Daz[9]) sal man im vinden: wil he is in nicht irlazen, daz he iz[1]) zu rechte tun sal. Unde der eit get also: den vride, den der keiser geboten hat, di vursten gelobit haben, di lantherren gesworn[1]) haben, daz he den stete[10]) wolle halden, di wile eiche unde erde stet, daz im got so helfe unde alle heiligen. Den- *p. 195.*
selbin eit muz ir[11]) iklicher sweren under den gezugen, e man in mane, den he is nicht irlazen wil.

[§ 6.] Nu sal man manen den ersten, der da Cunrat heizet. Unde der widersache sal den voit biten, daz[1]) he[2]) den boten gebite[2]), daz si da zuhoren.

[§ 7.] Der richter manit[1]) unde sprichet also[1]): „Her[2]) Cunrat, ich mane uch mit[3]) dem eide, den ir zu dem vride gesworn habit zu aller slachte recht, ab uch daz wizzelich si, daz her Heinrich hern Hermanne sines rechten koufschatcis schuldic si eines virdungis minner[4]) den[5]) cehen[6]) marc“. So[7]) sal[8]) he sprechen darnach[8]) zu hant: „Ich begrife iz mit dem eide, den ich zume vride gesworn habe zu aller slachte recht, daz mir daz wizzelich[9]) ist, daz her Heinrich hern Hermanne sines rechten koufschatzis[10]) schuldic ist eines virdunges minner[4]) den cehn[6]) marc“[7]).

[§ 8.] Nu sal man di boten manen: ab he gestanden si oder nicht. Des sullen di boten bekennen. Wizzen si is nicht rechte, so sullen si sich besprechen darumme herte[1]) ebene; aber[2]) nimant sal zu irme gespreche gen. Ist, daz si is nicht wol kunnen uzgerichten, so mugen si wol di[3]) vrist biten under di burger[4]); die zucht haben si billiche durch eine gerechtikeit[5]). Ist[6]) aber, daz si iz da[7]) intscheiden, wes si bekennen da[8]), daz muz vor sich gen, wenne di boten mac nimant gestrafen[9]). Sprechen si, daz he gestanden si, so ist he gestanden; sprechen si[10]), daz he irvallen si, so sal man in manen zume ander male also selbis, als man in vor gemanet hat. Irvellet[11]) he denne abir[12]), so sal man in manen zume dritten male abir[13]) also[11]). Irvellet he denne[14]), so ist der gezuk verlorn unde[13]) daz gelt damite, unde he verbuzet vir schillinge dazu.

[§ 9.] Wenne abir di boten bekennen, daz he gestanden si, so sal man den selpschuldigen manen ouch[1]) mit deme eide also: „Her Herman, ich mane uch mit dem eide, den ir zume vride gesworn habt zu allir slachte recht, ab di rede recht unde war si, di her Cunrat vor gesworn[2]) hat“. Gestet he also, so ist he wol gestanden. Man muz abir in[3]) di boten manen. Wenne is[1]) di[4]) bekennen, daz einer[5]) gestanden[6]) si, so hat iz craft. Vellet[7]) abir[8]) he ouch dri stunt nach einander, so wirdet ienre[9]) man ledic gesagit von im umme daz gelt. Gestet he abir, als recht ist, ouch der selbschuldige oder der vorderer, so mac he einis urteilis biten: wen[10]) man nu[11]) zu rechte sulle manen, wen di zwene gestanden sin. So sal man teilen: den dritten zu rechte. So mac he vregen: wi man in[12]) manen sulle[13]). Daz sal man mit dem eide[14]) also: „Her Otte, ich mane uch mit dem eide, den ir zume vride gesworn habt zu allir slachte recht, ab di rede recht unde war si[15]), di[16]) *p. 196.* her Cunrat vor[8]) gesprochen hat unde her[9]) Herman nach“. Gestet he denne also unde bekennen des di boten, daz he gestanden si, so mac he einis urteilis biten: wen di boten bekennen, daz he ouch gestanden si der dritte, ab he nu icht[17]) volkumen si mit sime gezuge. So sal man im teilen, daz he wol[18]) volkumen si. So mac he einis urteilis vregen: ab he nu zu rechte sin gelt icht gewunnen habe. So sal man im[18]) teilen: he hab iz[8]) mit rechte gewunnen. So vrege he einis urteilis[19]): wenne he iz im zu rechte leisten sulle[20]). Daz sal man im teilen zu rechte: in deme dinge sulle he iz im leisten zu rechte[21]). So mac he vregen einis urteilis: ab he sinen gezuk[22]) brechen sulle oder muge[23]). Daz mac he wol tun ane vare, so[24]) iz also verre kumen ist. So mac he denne vregen[25]) einis urteilis[25]): ab he[26]) im nicht leistet binnen dinges, als[27]) im irteilit ist[27]), wer im denne zu rechte sines geldes gehelfen sulle oder pfandes davor, als recht ist. So[28]) sal man im teilen[28]): daz[29]) der richter daz zu rechte sulle tun[29]). Der richter mac einis urteilis biten: ab he im nu daz[30]) icht[31]) verbuzen sulle zu[32]) rechte, daz he bezugit ist[32]). So[28]) sal man im teilen[28]): daz[33]) he iz im billiche verbuzen sulle[33]). So[34]) mac he denne vregen danach[34]): wi vil der buze si. So sal man im teilen zu rechte[35]): vir schillinge. So sal he vregen: wenne he si leisten sulle. Daz sal he[36]) in vircehn tagen tun[9]) zu rechte. Get he ubir daz hinwec unde leistet des geldes nicht, daz im[37]) der vorderer angewunnen[37]) hat in dem dinge oder setcet im[8]) nicht pfandes[38]) davor oder machet iz nicht mit im, daz im dran[39]) genugit, so verbuzet he deme richtere sechcic schillinge. Di sal he ouch leisten in virechn tagen zu ienen vir schillingen[40]. Unde der richter sal ieme pfandes helfen vor sin gelt ane widerrede, wo he in uf daz sine wiset.

[§ 10.] Derselben gezuge mac ein iklich man dri vuren[1]) oder leiten uf einen anderen man in eime dinge, ab he wil, oder in zwen oder in drin dingen, unde denne nicht me. Daz ist ein virdunc unde nun unde zwencic marc unde[2]) nicht vorbaz me umme sogetane gulde koufschatzis[2]). Were he im[3]) sechzik oder[4]) hundert marc[5]) schuldic, he mac nicht me uf in gezugen wen also vil sines koufschatzis[6]). Umme daz andere kumit he wol zu sime rechte unde[7]) zu sime eide, ab he davor[8]) sweren tar.

Noten zu Cap. XII.

Vergl. VIII. XIII, 1. 4—8. XXVIII, 11—14. — Ssp. III, 88 § 5. Wb. CXXXII § 1. — Benseler 201 ff. Homeyer Richtsteig 468. 475. Löning Vertragsbruch 339. Planck GV. 1,846. 2,94. **§ 1. 2.** *Vergl. II § 3. VIII § 2. Gb. No. 117. Frb. BR. A § 8. (Ermisch Bergrecht LXII.) — Gosl. 96,32. Dist. IV, 47 d. 3. 12. — Klotzsch Verzellen 109. Sachße 265 f. Stobbe Vertragsrecht 52. Siegel Gefahr 127. Laband 34. Maurer StV. 3,706. Planck GV. 2,216 f. 220. 222 f. 231. Kraut Grundriß 294 (§ 124).* **§ 3.** *Planck GV. 2,223.* **§ 4.** *Vergl. VIII § 3. — Sachße 282. Siegel Erh. u. Wand. 242. Siegel Gefahr 161. Laband 40. Planck GV. 2,85. 93. 95. 97.* **§ 5.** *Ssp. II, 66 § 1. Dist. VI, 2 d. 1. — Nietzsche 6. Planck 2,93. Frensdorff Recht u. Rede 469.* **§ 6.** *Vergl. VIII § 3. — Laband 40.* **§ 7.** *Vergl. VIII § 3. — Laband 40. Planck GV. 1,223. 660. 2,85.* **§ 8.** *Vergl. VIII § 3. 4. — Siegel Erh. u. Wand. 242. Laband 40. Planck GV. 2,85. 97.* **§ 9.** *Vergl. VIII § 4. — Planck Beweisurtheil 46. Behrend Observatt. 31. Siegel Gefahr 121. Planck GV. 2,85 f. 95. 233.* **§ 10.** *Planck GV. 1,846.*

[§ 1.] [1]) Welch *BCDH.* [2]) kauffmanschatz *D.* [3]) lynkouflute *B.* leihnkauffleuthe *D.* leikauffsleute *H.* [4]) kouff *BH.* leyhnkauff *D.* [5]) odder *DH.* [6]) se sin *C.* [7]) wie *D.* [8]) die *D.* [9]) feinde *D.* [10]) gesessin *B.* [11]) einem *D.* [12]) recht—echt *A.* echte unde recht *BD.* echt und ir recht *C.* recht unnd echt *H.* [13]) sines rechten koufschatzis *ABC.* seinen rechten kauffmanschatz *D.* [14]) *fehlt D.* [15]) des *B.* [16]) Klagit—bezugen *fehlt D.* [17]) aber *B.* [18]) *fehlt C.* [19]) iv *A.* iw *B.* iŭ *C.* zu *D.* [20]) iennen *C.* nhemenn *D.* [21]) in umme *ABC.* ime *D.* [22]) mit rechte *Zusatz C.* [23]) *fehlt B.* [24]) odder *D.* [25]) daz—ist *A.* das dar ist das ist koufschacz *B.* daß do ist daz do iz koufschatz *C.* das da ist das da kauffmanschatz heißet *D.* [26]) als *B.* [27]) rechte *C.* [28]) in denne *B.* in den *C.* ienen den *D.* [29]) der *C.* [30]) her ouch *BD.* her ouch von erst *C.* [31]) manne *B.* manen *C.* [32]) sine libe *ABC.* seinen leib *D.* 33) kumen wolle *A.* wolle *BC.* woll keme *D.* 34) *fehlt B.* dartzu *D.* 35) *fehlt BCD.* 36) einen andern *D.* 37) bescheidet *BC.* 38) einis urteilis *fehlt B.* 39) Irhafte *C.* 40) bewisen mac *ACD.* bewiset *B.* 41) ein *D.* 42) man ym *C.* 43) erhaffte *C.* 44) im *Zusatz BCD.* 45) einen *Zusatz D.* — [§ 2.] 1) im den *ABC.* ihn ime *D.* 2) vorbrenge *BCD.* 3) Findett *D.* 4) denn *D.* 5) richter *D.* 6) vorbieten *B.* vorbitten *D.* 7) yhn nicht *D.* 8) ime billich einen *D.* 9) getzûgen *C.* 10) *fehlt C.* 11) zeuge *D.* 12) mit im *AB.* mit ym czû dinge *C.* zu ime *D.* 13) vorferhett *D.* — [§ 3.] 1) sine gezuge *A.* 2) *fehlt D.* 3) *fehlt DH.* 4) let is *A.* lest *B.* lest iz *C.* leßet es ihn *D.* lest es *H.* 5) in got *fehlt BD.* ihme gott *H.* 6) gemanen *D.* 7) alhie *D.* 8) imandts *D.* — [§ 4.] 1) *Fehlt B.* 2) sinen gezuk *ABC.* seine gezeugnuße *D.* 3) her denne *C.* er dann *D.* 4) *fehlt BC.* 5) vorderer *C.* 6) dri man *fehlt D.* 7) dem *D.* 8) *fehlt D.* 9) wez *C.* 10) her billich *C.* 11) benhemen *D.* 12) was *D.* 13) vorsprecbe des vordereris *A.* forderer *BC.* vorder *D.* 14) Her Herman *ABC.* Herr richter man *D.* 15) kauffmanschatzs *D.* 16) czwen *C.* 17) seine *D.* 18) beide *D.* 19) Das *D.* 20) der *D.* 21) her *BCD.* 22) manne *B.* 23) Gestellit — namen *fehlt BCD.* 24) einis urteilis *fehlt BCD.* 25) ym *Zusatz BCD.* 26) im *Zusatz B.* 27) yn im *B.* 28) sal man *A.* mag her *BCD.* 29) wer—sulle *A.* wer in reyten sulle zcu rechte *BCD.* 30) tun also *fehlt A.* 31) getan habe *AD.* gethan had *B.* gesworn hat *C.* 32) koufmanschatzes *CD.* 33) weniger *D.* 34) *Vor* marck *ist* schog *ausgestrichen B.* 35) ander man *BCD.* — [§ 5.] 1) *Fehlt D.* 2) so—vorspreche *ABC.* so mag sein vorsprecher theidingen also *D.* 3) *fehlt B.* 4) ich *D.* 5) bite ym *C.* bitte *D.* 6) sin *C.* 7) *fehlt BCD.* 8) im *B.* 9) So *C.* 10) und gantz *Zusatz CH.* 11) ein *D.* — [§ 6.] 1) dez *C.* 2) daz he—gebite *fehlt B.* — [§ 7.] 1) manit—also *A.* spricht also unde manet *BCD.* 2) hern *B.* 3) ynn *D.* 4) weniger *D.* 5) *fehlt B.* 6) czwen *C.* 7) So — marc *fehlt B.* 8) sal — darnach *A.* sal her nachsprechen *C.* sprecbe er nach *D.* 9) sey odder *Zusatz D.* 10) kauffmanschatz *D.* — [§ 8.] 1) hart *BD.* harte *C.* 2) odder *D.* 3) der *B.* *fehlt D.* 4) burgen *D.* 5) rechtikeit *B.* si billiche durch eine gerechtikeit *fehlt D.* 6) Is is *B.* Ists *D.* 7) do nicht *C.* *fehlt D.* 8) *fehlt BCD.* 9) wenne—gestrafen *fehlt A.* 10) sie aber *D.* 11) Irvellet — also *fehlt B.* 12) *fehlt CD.* 13) abir also—unde *fehlt C.* 14) zcum dritten mole *Zusatz B.* — [§ 9.] 1) *Fehlt BCD.* 2) gesprochen *BCD.* 3) iw *B.* dartzu *D.* 4) sie *D.* 5) ir eyner *C.* 6) bestanden *B.* 7) Irvellet *C.* 8) *fehlt D.* 9) *fehlt C.* 10) wenne *B.* 11) in *B.* *fehlt D.* 12) einen zu recht *D.* 13) czû rechte *Zusatz C.* 14) thuenn *Zusatz D.* 15) ist *A.* 16) das *D.* 17) nicht *B.* 18) *fehlt CD.* 19) einis urteilis *fehlt BCD.* 20) will *D.* 21) zu rechte *fehlt BC.* 22) icht *Zusatz BCD.* 23) oder muge *fehlt BCD.* 24) wenne *C.* 25) vregen—urteilis *A.* eynes urteils bitten *BCD.* 26) ers *D.* 27) als—ist *fehlt BCD.* 28) So—teilen *fehlt BCD.* 29) daz — tun *A.* das sal der richter thun zcu rechte *BCD.* 30) nu daz *fehlt BCD.* 31) icht ouch *C.* ichts *D.* 32) zu—ist *A.* das sint her beczugit ist *B.* sint her ûberczûget ist *C.* sindt ehr bezeugett ist *D.* 33) daz—sulle *A.* das sal her billichen vorbussen *BCD.* 34) So — danach *A.* So frege her *BCD.* 35) zu rechte *fehlt BCD.* 36) Daz sal he *ABD.* So s. m. t. (sal man teylen) *C.* 37) im—

angewunnen *A.* iener gewunnen *BCD.* [38]) pfanndt *D.* [39]) nicht doran *D.* [40]) vir schillingen *A.* vieren *BCD.* — [§ 10.] [1]) dri vuren *fehlt B.* [2]) unde — koufschatzis *fehlt BCD.* [3]) ir *C.* [4]) sechzik oder *fehlt D.* [5]) *fehlt C.* [6]) sines koufschatzis *ABC.* als seiner kauffmannschatz ist *D.* [7]) ader *BCD.* [8]) *fehlt BCD.*

Cap. XIII.

p. 197. **Diz ist der gezuk mit dem richter umme allerleie sache.**

§ 1. Von den Fällen, in denen der Beweis mit dem Zeugnisse des Richters zu führen ist, und von der Klage. § 2. Insbesondere von der Sachfälligkeit des geladenen, aber nicht erschienenen Beklagten und § 3. Klägers bei Klagen um Schuld. § 4. Von der Antwortweigerung des Beklagten bei späteren Ansprüchen des wegen Ausbleibens abgewiesenen Klägers. § 5—8. Vom Beweise der Sachfälligkeit des Klägers in diesem Falle mit dem Zeugnisse des Richters und von der Buße der unterliegenden Partei.

[§ 1.] Welch man bezugen wil eine dincsache[1]), di vor gerichte geschen ist in den vir benken oder wo der richter ist, iz si umme silber, umme[2]) pfenninge oder umme gelubde oder[3]) daz einer bekant hat[3]) oder daz einer uf den anderen irvolget hat oder daz einer ledic ist gesaget vor gerichte[4]) mit rechten theidingen oder daz erbe unde[5]) eigen ufgegeben sin[6]) unde bi namen allerleie teidinc, daz muz he iu[7]) tun mit deme[8]) richtere unde mit eime dincwarten[9]) oder sus mit eime erhaften manne, ab iz in den[10]) vir benken nicht geschen[11]) ist; der muz ouch[12]) beseczzen sin, unde sin echt unde sin[13]) recht muz he[14]) behalden haben[15]). Unde get di klage also: „Her richter, he klagit uch zu im umme cehn marc, der[16]) he im bekante oder di he im gelobte vor gerichte. Sprichet he dawider[17]) icht, des wil he in ubirzugen[18]), alse he zu rechte sal, mit sime richter“.

[§ 2.] Ist[1]) ouch, daz[2]) zwen bescheiden wirt vor ein dinc, daz einer deme anderen schult hat gegeben umme cehn marc, unde der si im nicht[3]) schuldic, ienre, der da[4]) kleger ist[4]), kume zu[4]) dinge[4]) unde dirre nicht, di cehn marc irvolget he uf in[5]) mit rechten theidingen unde gewinnet si im an mit demeselben richtere unde mit eime dincwarten mit gezuge[6]).

[§ 3.] Ist ouch, daz ein man beklagit wirdit[1]) umme zwenzic marc unde[2]) der si si schuldic unde loikene ir, man bescheide in ouch in daz dinc, der vorderer kume nicht unde ienre kume zu dinge unde warte sines rechtes unde[3]) bite einis urteilis[3]): im si dar[2]) bescheiden umme ein[4]) recht zu tune vor[5]) zwenzic marc; ab im nimant[6]) nachvolge, ab he zu rechte icht ledic si. So sal man[7]) vinden: he sulle warten, di wile daz dinc wert, unde hab[8]) im[9]) der richter[10]) endehaften tac bescheiden, volget im nimant nach, daz[11]) he billiche ledic si[12]). Kumit ienre nicht binnen dinges[13]) noch sin sinnebote[14]), so wirt he ledic gesagit zu rechte. Daz sal he besetzen[15]) mit dem richter unde mit[2]) den[2]) dincwarten. Unde alse der richter ufstet, so sal he im sin urkunde geben, daz he der sache gedenke, daz he da ledic si gesaget, unde darumme, ab is im not[16]) gesche, daz he is im[17]) geste an sime gezuge. Unde sal dem schriber zwene pfenninge geben, daz he iz schribe, unde sal lazen einen dincwarten oder zwene dazu schriben, di iz gehort haben; di muzen im ouch gesten, werden sis gemanit, als recht ist. *p. 198.*

[§ 4.] Nu ienre man der[1]) setce in darnach abir zu rede[2]) unde beklage in[3]) umme zwenzic marc, so[4]) mac dirre einis urteilis biten[4]), ab he icht benennen sulle, ab iz di zwenzic marc sin, da he im ouch[5]) schult umme gap vor gerichte, oder andere zwenzic marc[1]). Sprichit he[6]) denne: iz sin diselben zwenzic marc[7]), wende he muz si iu[8]) benennen[9]) zu[1]) rechte[1]), so spreche ienis vorspreche[10]) also: „Her richter, he gab im schult umme diselben zwenzic marc; do sprach he, he were im nicht schuldic. Des wart in bescheiden beiden ein endehaft tac zu dinge zu kumene. Do quam dirre unde warte[11]) sines rechtis[12]) unde ienre quam nicht. Do wart dirre mit rechten teidingen unde mit[13]) urteilen ledic gesagit umme di zwenzic marc. Wil he im des gelouben, daz ist im lip. Wil he is nicht gelouben, so wil he iz bezugen[14]), als he zu rechte sal. Unde bitet einis urteilis, wen he iz bezugen[15]) wil, als recht ist, ab he im keiner anderen[16]) antwerte pflichtik[17]) si". Da mac ienre nicht wider getheidingen[18]), wen[19]) he muz sinen gezuk liden oder muz[20]) in ledic lazen.

[§ 5.] Der kleger mac vregen: wenne he gezugen[1]) wolle. So mac he sich vermezzen under ein unde zwenzic nachten uf einen tac, wenne he wil; oder he mochtiz alda[2]) tun, ab he wolde[3]). Uf welchen tac he sich denne[4]) vermizzet, also[5]) sal in der voit[6]) bescheiden einen endehaften tac. Der kleger mac vregen einis urteilis: ab he[7]) sinen gezuk[8]) benennen[9]) sulle. Den sal he billiche benennen[9]). Abir[10]) nicht andirs darf he benennen[9]), wen einen richter unde[11]) anderen sinen gezuk.

[§ 6.] Nu der richter muz im[1]) sinen gezuk twingen, ab[2]) he is in manit, als recht ist. Wirret[3]) iz an dem richtere[4]), so muz man[5]) anderen tac bescheiden, biz also lange daz[6]) der gezuk vorkumet. Nu he kume vor di benke unde stadele sinen gezuk. Einen richter muz he alrest stadiln, ab iz derselbe richter si, der daz dinc[7]) sitzet, oder ein ander richter, der vor im gewest ist, ab di sache lichte[8]) vor eime anderen richter geschen were. Wenne he denne einen richter gestellet, so volvert he billiche. Alse he denne sinen gezuk gestadilt, so sullen si kein gespreche beidersit me[9]) haben. Dirre mac einis urteilis[10]) biten: wi dicke he sich irholen sulle he unde ander[1]) sin gezuk. Daz[11]) sal he tun[11]) zwir na dem ersten. Unde wen[12]) man alrest manen sulle. Daz sal man den[13]) richter[14]) zu rechte. So mac he einis urteilis vregen: wi man in manen sulle, wen he ein richter si. So sal man teilen: man sulle in manen mit mines[15]) herren hulden. Der vorderer sal boten biten zu dem gezuge unde sal einis urteiles vragen[16]): ab he icht benennen[17]) sulle, waz he bezugen[18]) wolle[19]). Daz sal he[20]) benennen[17]) zu rechte. Da[21]) sullen di boten zuhoren. *p. 199.* Der sullen dri sin, nicht[22]) minner mac ir gesin[22]); wende ab[23]) si sich wurden werren an einer sache, wo denne di[24]) zwene hin wollen, den muz der dritte volgen. Unde sullen vil[1]) ebene horen unde merken[25]), wes he sich vermezze unde wi unde waz he benenne[26]). Also muz der richter gesten[27]) derselben worte unde nicht minner[28]): gestet he wol me[1]), daz schadet im[29]) nicht an sime gezuge.

[§ 7.] Nu sal he benennen[1]), waz he bezugen[2]) wil. So[3]) sprichet he alsus[3]): „Her richter, woldirz horen? Iz quam also verre, daz im der biderbe man schult gap umme zwenzic marc. Do sprach dirre: he were[4]) im nicht[5]) schuldic. Da ward in bescheiden beidersit ein[6]) endehaft tac zu dinge zu kumene. Do quam dirre zu demselben dinge unde he quam nicht. Do wart dirre man ledic gesaget umme di zwenzic marc mit rechten theidingen. Daz wil he bezugen“. Ist denne, daz si des zu rate werden, daz siz beidersit willekuren, daz der richter sage einvaldikliche, waz im wizzelich si umme di sache, so hat iz glicherwis craft, als ab he iz begriffe mit mines herren hulden. Unde da sullen di boten zuhoren. Di manunge get also: „Her richter, ich mane uch, daz ir saget, waz uch wizzelich si umme di[7]) sache“. Ist abir, daz siz nicht willekuren wollen, so[8]) sal man in manen alsus: „Her richter, ich mane uch mit mines herren hulden[8]), daz ir[9]) saget, waz uch[10]) wizzelich si umme di[7]) sache, als he sich vermezzen hat“[11]). So sal he zu hant sprechen an underlaz: „Ich begrif iz mit[12]) mines herren hulden, daz mir daz wizzelich ist, daz daz also geschach ader also". Gestet he denne also[13]), alse sich der sachwalde vermezzen hat, so sal man di boten manen. Bekennen si is, daz he also gestanden[14]) si, als he benant hatte, so ist he gestanden[14]).

[§ 8.] So sal man den sachwalden manen mit dem eide, den he zu dem vride gesworn habe zu allir slachte recht, ab di rede recht unde war si, di der richter vor gesprochen habe. Nu[1]) mant[2]) man di boten[3]). Sprechen si, daz he[4]) gestanden si, so sal man den dritten manen mit dem eide, den he zu dem vride gesworn habe zu aller slachte recht, ab di rede recht unde war si, di der richter vor gesprochen habe[1]) unde her Heinrich nach. Nu sal man aber di boten manen. Sprechen si, daz he ouch gestanden si, so ist der gezuc volkumen[5]). So mac he eines urteilis biten der sachwalde, ab he nu[6]) zu rechte icht ledic von[6]) im[6]) si umme di zwenzic marc. So sal man im[7]) teilen, daz he ir[8]) billiche ledic si. So mac der richter[9]) eines urteiles biten: ab der kleger icht verbuzen sulle, daz he bezuget si. So sal man im[7]) teilen: he sulle iz[10]) verbuzen. Daz sint vir schillinge zu rechte. Di muz ouch[8]) he leisten in virzehn tagen.

Noten zu Cap. XIII.

Vergl. XXIX § 2. Sb. I No. 156. — Ssp. I, 7. 8 § 1. 3. III, 54 § 1. 88 § 1. Gosl. 36,6. 69,39. 78,39. 92,1. 8. 94,12. Dist. IV, 43 d. 1. 45 d. 2. 46 d. 1—4. 6. VI, 23 d. 1. — Benseler 221 ff. Platner Entw. 2,218. 335. Platner Bürgsch. 153. Homeyer Richtst. 468. 476. **§ 1.** *Vergl. II § 3. — Behrend Observ. 18. Laband 30. Planck GV. 2,163. 166. 176* **§ 3.** *Planck GV. 1,331 f. 2,202.* **§ 4.** *Laband 24. Planck GV. 2,94. 323.* **§ 5.** *Planck GV. 2,222.* **§ 6.** *Siegel Erh. u. Wand. 237. 240. 243. Planck GV. 1,240. 2,79. 85. 93 f. 97 f. 169. 220. 231.* **§ 7.** *Laband 30. 40. Planck GV. 1,660. 2,79. 86 f. 95. 97. 158. 169.* **§ 8.** *Behrend Observ. 31. Laband 40. Planck GV. 2,87. 97. 163. 166. 233.*

[§ 1.] [1]) ein dingk oder (eine) sache *HW.* [2]) ader umme *C.* odder *D.* [3]) oder—hat *fehlt D.* [4]) vor gerichte *fehlt B.* [5]) ader *C.* [6]) sie *BC.* sey *D.* [7]) iw *B.* ir *C. fehlt DHW.* [8]) eyme *CD.* [9]) schöppen *HW.* [10]) *fehlt D.* [11]) *fehlt B.*

[12]) *fehlt BCD.* [13]) *fehlt DHW.* [14]) muz he *fehlt BCD.* [15]) habe *A.* [16]) die *D.* [17]) wider *D.* [18]) beczugen *BCD.* — [§ 2.] [1]) Ists *D.* [2]) ihr *Zusatz D.* [3]) *fehlt D.* [4]) *fehlt BCD.* [5]) im *A.* [6]) gezeugenn *HW.* — [§ 3.] [1]) ist *D.* [2]) *fehlt D.* [3]) unde — urteilis *AB.* und bitte ein urteylß *C.* bey einer uhr *D.* [4]) *fehlt B.* [5]) umb *D.* [6]) yemant *CDW.* [7]) ym *Zusatz C.* [8]) hatt *D.* [9]) in *B.* [10]) einen *Zusatz D.* [11]) soll *D.* [12]) seinn *D.* [13]) binnen dinges *ABCD.* bei gdinges zeit *H.* zu dinge *W.* [14]) synneboten *C.* sendebothe *H.* [15]) bestettenn *D.* [16]) thût ader *Zusatz C.* [17]) im *fehlt BCD.* is im *fehlt H.* — [§ 4.] [1]) *Fehlt BCD.* [2]) rechte *D.* [3]) aber *Zusatz BCD.* [4]) so—biten *A.* iener bitte eyns urteils *BCD.* [5]) noch *B.* [6]) *fehlt D.* [7]) *fehlt BD.* [8]) iw *B.* ie *D.* [9]) bekennen *C.* benhemenn *D.* [10]) ienis vorsprecbe *A.* iener *BCDW.* [11]) wartet *BD.* [12]) urteills *D.* [13]) *fehlt B.* [14]) geczugen *BCD.* [15]) geczugen *B.* [16]) *fehlt CD.* [17]) pflictik *A.* [18]) wider getheidingen *AD.* geteydingen kegin *BC.* [19]) *fehlt BD.* ader *C.* [20]) her muß *BC.* — [§ 5.] [1]) in ûberczûgen *C.* [2]) do *C.* [3]) ab he wolde *A.* wolde her *BCD.* [4]) *fehlt DW.* [5]) oder *HW.* [6]) richter *HW.* [7]) er icht *D.* [8]) goczug icht *BC.* [9]) benhemenn *D.* [10]) Ab her *C.* [11]) denn *Zusatz D.* — [§ 6.] [1]) *Fehlt D.* [2]) alß *C.* [3]) Unde wirret *BCD.* [4]) rechten *C.* [5]) ym *Zusatz C.* ime einen *Zusatz D.* [6]) biz also lange daz *AC.* also lange bis daz *B.* bis so lange *D.* [7]) gedinge *H.* [8]) gleich *D.* vielleichte *H.* [9]) *fehlt BCD.* [10]) einis urteilis *ABC.* ein urtheill *D.* [11]) Daz—tun *fehlt BCD.* [12]) wenn *C.* [13]) dan *D.* [14]) richtenn *D.* [15]) seines *D.* [16]) bitten *BCD.* [17]) benhemen *D.* [18]) geczûgen *C.* [19]) sûlle ader welle *C.* [20]) her im *B.* [21]) Des *D.* [22]) nicht — gesin *ABC.* mag der nicht seinn *D.* [23]) wende ab *ABC.* so *D.* [24]) *fehlt BC.* [25]) unde merken *fehlt BCD.* [26]) benheme *D.* [27]) bestehen *B.* [28]) weniger *D.* [29]) *fehlt B.* — [§ 7.] [1]) benhemenn *DW.* [2]) gezeugenn *D.* [3]) So — alsus *fehlt BCD.* [4]) ir *Zusatz B.* [5]) nichtes *D.* [6]) *fehlt C.* [7]) dese *BC(H).* [8]) so — hulden *ABCD.* so soll man denn richtter mahnen mit m. g. h. hulde *HW.* [9]) er *HW.* [10]) ihm *HW.* [11]) *fehlt D.* [12]) bey *HW.* [13]) *fehlt BD.* [14]) bestanden *BC.* — [§ 8.] [1]) Nu — habe *fehlt D.* [2]) mane *B.* sal *C.* [3]) manen *Zusatz C.* [4]) her ouch *C.* [5]) vorlorenn *D.* [6]) *fehlt D.* [7]) *fehlt C.* [8]) *fehlt BCD.* [9]) voit *BCD.* [10]) billich *Zusatz C.*

Cap. XIV.

p. 200.

Diz ist di verwindunge mit den ratluten umme bezzerunge.

§ 1. Von Sühnen wegen Todschlag und Wunden, der Klage bei Nichterfüllung der gelobten Leistungen und dem Angebote des Beweises mit den Vermittlern der Sühne (Ratleuten). § 2. Von Führung des Beweises mit Ratleuten und der Buße der unterliegenden Partei.

[§ 1.] Swo[1]) wunden oder totslege bezzert[2]) werden mit rate, daz heizet mit erhaften luten geebent[3]), daz biderbe lute[4]) dazwisschen gehn unde theidingen also lange, biz daz man iz[5]) in[6]) in di haut gibet beidersit, di gehn denne zusamene unde raten, wi si daz ebenen wollen. Alse[7]) denne der rat uber geht[7]), waz si denne da[8]) setcen unde benennen[9]), daz muz vor sich gehn, iz si silber oder pfenninge, wi si daz setcen, in di haut oder zu tagen. Oder waz si setcen von[10]) gelubde von[11]) gebirge oder von teilen, ane[12]) di[13]) teil[8]), di ein man denne[14]) hat zu der cit[15]), man[16]) neme si danne mit namen drin[16]), wo einen man got berate, daz[17]) im werden dri marc oder zwu[18]), daz he denne eine gebe, von vir marken oder von[14]) sechsen zwu unde daz also lange tribe, biz daz im ein genant gelt werde. Unde waz di ratlute da[14]) benennen[19]) oder theidingen an[20]) selmessen oder woran iz ist biz an ein cil, daz sal also besten[21]). Unde wer daz gelobet alda unde iz nicht leisten wolde deme[22]), dem iz gelobt wurde, oder woldis im loiken, derselbe verwindet[23]) in wol der sache unde des gelubdes[24]) mit den ratluten, di daruber gewest sin, unde get di klage also: „Her richter, he klagit[25]) zu hern H.[26]) umme siner rechten[27]) bezzerunge[28]) zwei pfunt oder wi vil is ist, di he im gelobte an einer[29]) bezzerunge[30]) umme einen totslac oder umme wunden. Wil he im des bekennen, daz[31]) ist im lip[32]). Wil he is[33]) loiken, he wil is in[34]) uberwinden mit sime rate. Unde bitet eines urteiles: wande he is in uberwinden[35]) wil mit sime rate, ab he iz icht[36]) baz getu muge, wen he kein teidinc da inkegen[37]) brengen muge“. Daz sal man teilen: he muze is[38]) im gestaten der verwindunge[39]), wen iz ein bezzerunge[40]) ist umme wunden. Unde[41]) daz muz he zume nehisten dinge tun. Ienre mac eines urteiles biten: ab he sinen rat icht nennen[42]) sulle. He sal[43]) zu der cit nicht anderes nennen[44]), wen[45]) sinen rat. Unde[46]) der voit sal im sinen rat[46]) twingen, ab he is[14]) in manit, als recht ist, oder sal im[47]) anderen tac bescheiden. Kumit he zume nehisten dinge unde kumet sin rat nicht, so mac ienre[48]) eines urteiles biten: ab der voit icht bekennen sulle, ab he gemanet si umme den rat. *p. 201.* Daz[49]) sal man teilen: he[50]) sulle is[51]) billiche bekennen. Als he is denne bekennet, daz[52]) he[53]) gemanet si, so mac ienre eines urteiles biten: ab he den rat icht benennen[54]) sulle mit namen, wen he den voit drumme gemanet habe unde[55]) in im benant habe[55]). So sal he in zu rechte benennen[56]) mit namen. So mac he aber eines urteiles biten[57]): ab he cheine andere lute gestellen muge an siner verwindunge[58]), wen diselben[59]) zwene, di da[60]) benant sin[61]). Daz sal man[62]) ouch teilen zu rechte. Diselben zwene, di da benant sin, der muz iquedersit[63]) einer gewest sin an deme rate[64]), si sint besezzen oder nicht; so volkumit he mite zu rechte. Sint aber si einsit[65]) gewest beide, so mac he nicht volkumen.

[§ 2.] Nu he kume zu dinge mit sime rate. He darf nicht me tun, wen[1]) daz he[2]) laze bi sich treten diselben[3]) vor gerichte unde spreche also: „Her richter, hi bin ich mit mime rate unde wil volkumen, als ich mich vermezzen habe, umme zwei pfunt, als he mir gelobte an der bezzerunge uf den[4]) tac, da dise herren[5]) ratlute druber[6]) waren. Unde vreget si, waz in darumme wizzelich si"[7]). Der voit sal si[5]) vregen darumme einvaldikliche unde sal si heizen sagen, waz in darumme wizzelich si. Wil der[8]) widersache boten biten zu dem bekentnisse, daz mac he tun. Wes denne di[9]) bekennen, daz he im gelobet habe, unde wes[10]) sich dirre vermezzen hat zu[11]) verwindene[12]), daz muz im ienre leisten ane widerrede, unde he[5]) verbuzet vir schillinge dem richtere[13]) dazu, wende he da verwunden[14]) ist; di muz he leisten in virzehn tagen.

Noten zu Cap. XIV.

Vergl. XV § 2. Verzählbuch B 96. Gb. No. 130. 165 u. ö. — Benseler 242 f. Schäfer Sachsenchr. 2,121 ff. Planck G V. 1,333 f. **§ 1.** *Behrend Observ. 18. Planck*

GV. 1,335. 337. 2,131. 220. Leuthold: Ztschr. f. BR. 21,35. **§ 2.** *Löning Vertragsbr. 339. Planck GV. 1,336.*

[§ 1.] 1) Wo *BCDH.* 2) gebusset *BH.* gebossert *CD.* 3) geebnet oder vertragen *H.* 4) biderbe luthe *ABC.* biderleuthe *DH.* 5) *fehlt H.* 6) in *fehlt A.* 7) Alse — geht *ABCH.* Wan sie also zu rathe geben *D.* 8) *fehlt B.* 9) benhemen *D.* benumen *H.* 10) unnd *D.* 11) ader von *B.* 12) oder *D.* 13) den *B. fehlt CD.* 14) *fehlt D.* 15) zu der cit *fehlt BCD.* 16) man—drin *fehlt D.* 17) unnd *D.* 18) oder zwu *fehlt B.* ader czwů marg *C.* 19) benhemen *D.* 20) one *D.* 21) resten *C.* stehenn *D.* 22) *fehlt BD.* 23) uberwindett *D.* 24) des gelubdes *ABC.* gelubde *D.* 25) he klagit *A.* her clayt uch *B.* ich clage ůch *C.* er clagett euch *D.* 26) Otten *B.* Hotten *C.* Otto *D.* 27) siner rechten *A.* syne rechte *BCD.* 28) beczůgunge *B.* 29) seine *D.* 30) beczugunge *B.* 31) is *BCD.* 32) recht unnd lieb *D.* 33) he is *A.* hers im *B.* herz ym aber *C.* ers ime *D.* 34) he—wil is in *ABC.* odder will es inen *D.* 35) vorwynden *B.* 36) nicht *B.* 37) da inkegen *A.* dorkegin *BCD.* 38) ouch *Zusatz B.* 39) uberwindunge *D.* 40) beczugunge *B.* 41) *fehlt BCD.* 42) billich nhemen *D.* 43) in *Zusatz C.* 44) nhemen *D.* 45) denne *B.* wenne donne *C.* dan *D.* 46) Unde—rat *fehlt D.* 47) einen *Zusatz D.* 48) er *D.* 49) Dan *D.* 50) das her *B.* 51) *fehlt C.* 52) als *D.* 53) her is *B.* der *D.* 54) nennen *B.* benhemen *D.* 55) unde—habe *fehlt B.* 56) benemhen *D.* 57) fregen *BCD.* 58) uberwindunge *D.* 59) di *D.* 60) her *BCD.* 61) babe *BC.* hatt *D.* 62) im *Zusatz B.* 63) iglicher syt *B.* ietzweder sit *C.* iederseitts *D.* 64) rechte *CD.* 65) einsit *ABC.* eines *D.* — **[§ 2.]** 1) dan *D.* 2) sie *Zusatz BCD.* 3) *fehlt BCD.* 4) diesen *H.* 5) *fehlt D.* 6) uber *H.* 7) were *B.* 8) iener der *BC.* 9) denne di *A.* sie denne da *BCD.* 10) des *BC.* der *D.* 11) in czů *C.* 12) uberwinden *D.* 13) voite *BCD.* 14) uberwunden *D.*

Cap. XV.

Diz ist di verwindunge umme gelubde an bezzerunge.

§ 1. Von der Klage wegen Nichterfüllung eines für den Fall bergmännischen Gewinnes geleisteten Gelöbnisses und dem Beweise desselben mit Rathleuten. § 2. Wann ist der Beweis mit Rathleuten unzulässig.

• **[§ 1.]** Swo[1]) ein man deme anderen schuldic ist gelubde von bergen an einer[2]) bezzerunge umme totslege oder umme[3]) wunden unde wil im daz nicht leisten, ab in got beretit von teilen, der mac im schult geben mit sinem vorsprechen[4]) also: „Her richter, he klagit uch zu dem[5]) manne[6]), daz he im gelobte[7]) ein gelubde an einer bezzerunge, wo in got berite von[8]) teilen oder von erce, zweier[9]) oder drier marke, daz he im eine sölde geben also lange, biz daz[10]) he im cehn marc geleiste[11]). p. 202. Daz im daz worden ist an der stat an dem berge unde im nu nicht leisten wil, daz klaget he uch unde bitet uch darumme gerichtes". Ienre spreche: he si im nicht schuldic. Dirre spreche: „Her richter, he wil is in ubirwinden[12]) mit sime rate, unde bitet[13]) eines urteiles, wen iz ein gelubde ist an einer bezzerunge umme wunden unde he in des ubirwinden[14]) wil mit sime rate, ab he daz icht[15]) baz getun muge, wen he im cheine unschult davor gebiten muge". Daz[16]) sal man teilen also: waz mit rate hingeleit[17]) werde an totslegen unde[18]) an[3]) wunden, daz man daz mit denselben ratluten baz verwinden[19]) muge unde billicher, wen[20]) zu rechte imant davor[3]) gesweren muge. Unde[21]) daz muz he tun zume nehisten dinge[22]). Unde der richter muz im sinen rat[23]) twingen, theidinget he iz[3]) mit urteilen unde manet he is[3]) in, als recht ist. Unde di wile iz an dem richter wirret, so muz man[24]) iu[25]) einen[26]) anderen tac bescheiden. Unde wenne he kumit zu dinge mit sime rate, der muz[27]) iquedersit[28]) einer sin[29]) gewest der ratlute, der[30]) sullen zwene sin[31]); di sal he bi sich heizen treten unde di sal man einvaldikliche manen. Der widersache kan dawider nicht geteidingen, he wolle denne boten biten zu der verwindunge[32]). Unde mac eines urteiles biten, ab ienre icht benennen[33]) sulle[34]), waz he[35]) verwinden[36]) wolle[37]). Daz muz he benennen[33]) zu rechte. Were[38]), daz he iz wol[39]) verswigen wolde, di ratlute mochten selbe darnach iagen[40]) unde mochten sprechen also: „Her richter, ir habet uns her betwungen[41]); wir vernemen gerne, wes[42]) man sich hi[43]) vermezzen hette mit uns zu verwindene"[44]). Darumme so muz[45]) ienre zu rechte benennen[33]) unde sprechen also: „Her richter[46]), iz quam also verre[3]), daz wunden geslagen wurden im selbim oder sinem vrunde: di wurden gebezzert mit rate. In derselben bezzerunge gelobete he im daz gelubde, wo in got berite an[47]) teilen oder an[48]) erce zweier marke oder drier[49]), so solde[50]) he im eine geben also lange, biz[51]) he im cehn marc geleiste". Nu sal man den rat manen einvaldikliche unde der richter sal sprechen also: „Ir herren, waz uch wizzelich si umme di sache, des[52]) bekennet". So mugen si sich[3]) besprechen[53]), ab si wollen[54]). Wes si denne bekennen, daz hat craft. Bekennen si also, alse he sich vermezzen hat, so muz ienre leisten di cehn marc an widderrede unde[55]) verbuzet dem[56]) voite vir schillinge dazu. Bekennen si aber nicht also, so wirdet ienre ledic der sache[57]) unde dirre[58]) verbuzet vir schillinge dem[59]) voite, di muz he leisten in vircehn tagen.

[§ 2.] Keinerleie andere[1]) bezzerunge noch ebenunge ane umme wunden unde umme[1]) totslege mac man mit cheime rate verwinden[2]) noch mit ratluten, iz si umme gelt oder
p. 203. umme[3]) gelubde; so mac man nimande verwinden[2]), man tu iz denne mit deme richtere[4]).

Noten zu Cap. XV.

Vergl. Cod. dipl. II. 13,7 10 (1328 Mai 18). — Benseler 243 f. Schäfer Sachsenchron. 2,121 ff. Löning Vertragsbr. 331. 333. 339. Planck GV. 1,333. 336 f. 2,131. 220. 222. Leuthold: Zschr. f. BR. 21,35. 29,94. (iagen:) *Ermisch Bergrecht LVII.*

[§ 1.] 1) Wo *BCD.* 2) an einer *ABC.* odder an anderer *D.* 3) *fehlt D.* 4) mit sinem vorsprechen *fehlt BCD.* 5) zu dem *ABC.* uber den *D.* 6) Heinrich *Zusatz BCD.* 7) gelobit habe *BCD.* 8) an *BD.* 9) mark *Zusatz BCD.* 10) *fehlt CD.* 11) geleistet *B.* 12) vorwinden *B.* 13) bitte *B.* 14) vorwinden *B.* uberzeugenn *D.* 15) nicht *D.* 16) Das ader *B.* 17) hinweg gelegett *D.* 18) adder *D.* 19) uberwinden *DH.* 20) dann ime *D.* 21) *fehlt BCDH.* 22) gedinge *H.* 23) geczuck *C.* 24) *fehlt A.* 25) imo *D.* 26) *fehlt BC.* 27) der muz *fehlt B.* 28) iglicher syte *B.* ietzwedirsyt *C.* iderseitts *D.* 29) si *A.* syn *BC.* sein *D.* 30) *fehlt BCD.* 31) gewesenn *Zusatz D.* 32) forderunge *B.* uberwindunge *D.* 33) benhemen *D.* 34) czů rechte *Zusatz C.* 35) waz he *ABD.* wez her in *C.* 36) uberwindenn *D.* 37) sůlle *C.* soll *D.* 38) Wer iz *C.* 39) Were—wol *ABC.* Wan er das *D.* 40) fragen *B.* 41) her betwungen *AB.* her gotwungen *C.* herob zwungenn *D.* her zwungen *H.*

42) was *D.* 43) zuvor *H.* 44) uberwindenn *DH.* 45) můz iz *C.* 46) Her richter *fehlt B.* 47) mit *BD.* von *C.* 48) von *BCD.* 49) 3 marck *D.* 50) weld *C.* soll *D.* 51) bis daz *B.* 52) daz *B.* 53) sprechenn *D.* 54) ab si wollen *A.* wollen sie *BCD.* 55) und her *C.* 56) dan dem *D.* 57) unde des gelubdes *Zusatz BCD.* 58) der *BD.* 59) darzu dem *D.* — [§ 2.] 1) *Fehlt B.* 2) uberwindenn *D.* 3) *fehlt D.* 4) rechte *C.*

Cap. XVI.

Diz ist zweier willekure zu luten vor gerichte.

Von Vorführung und Zeugnis von Zeugen, auf welche sich beide Parteien bezogen haben.

Swo[1]) zwene man sten vor gerichte unde ciben[2]) an erhafte lute beidersit umme eine sache, iz si umme gelt oder umme[3]) schult oder umme gelubde oder worumme iz ist, welcher under in[4]) alrest an si gezogen[5]) hat oder zuhet[5]), der muz si ouch brengen zu rechte[6]). Ist[7]), daz si zihen an einen man, den muz he nennen[8]). Zihen si sich[9]) an zwene oder an[3]) dri, di muzen si aber nennen[8]). Unde welchir alrest zu in gezogen hat, der muz si brengen zume nehesten dinge, ab in dunket, daz he si also wol vermuge, daz[10]) he si dar[11]) brengen muge[10]). Ist abir des nicht, so mac he eines urteiles biten: ab di lute durch sine libe zu dinge nicht kumen[12]) wollen, wer si mit rechte[13]) dazu[9]) twingen[14]) sulle. Da mac ienre[15]) eines urteiles biten dakegen: wende he zu in gezogen hat, ab he si selbe zu rechte icht dar[16]) brengen sulle. So sal man teilen zu rechte: welchir durch sine libe oder durch sine[17]) bete nicht dar kumen[18]) wolle, den sulle im der richter dar twingen. Den[19]) muz he manen darumme zu rechte[19]). Kumen si[20]) nicht, so sal man in anderen[21]) tac bescheiden. Wenne si denne vorkumen, so sal man si einvaldikliche manen, waz in umme di sache wizzenlich si. Wes si denne bekennen, daz get vor sich[22]). Unde[23]) welchir da[24]) verlusit[25]), der verbuzet deme richtere[26]) vir schillinge.

Noten zu Cap. XVI.

Behrend Observ. 31. Löning Vertragsbr. 331.

[1]) Wo *BCD.* [2]) czihen sich *BC.* [3]) *fehlt D.* [4]) under in *fehlt BCD.* [5]) gezogen—zuhet *ABC.* gezeugett ist odder zeugett *D.* [6]) gerichte *D.* [7]) Ist iz *C.* Ists *D.* [8]) nhemen *D.* [9]) *fehlt BCD.* [10]) daz—muge *fehlt C.* [11]) *fehlt BD.* [12]) *fehlt CD.* [13]) mit rechte *ABC.* zu recht *D.* [14]) bringenn *D.* [15]) er *D.* [16]) *fehlt BCD.* [17]) oder durch sine *ABCD.* noch *H.* [18]) *fehlt BCDH.* [19]) Den—rechte *fehlt D.* [20]) auß ermhanen zu rechte *Zusatz D.* [21]) einn andern *D.* [22]) get vor sich *ACD.* muß vor sich gen *B.* [23]) *fehlt B.* [24]) die *D.* [25]) vorbûsset *C.* [26]) voite *BCD.*

Cap. XVII.

Diz ist, wi man gezuk mit gezuge brechen sal.

§ 1. Wo und wann kann man den angebotenen Zeugenbeweis der Gegenpartei durch selbst geführten Zeugenbeweis verhindern. § 2. Vom Verfahren in diesem Falle.

[§ 1.] Swelch[1]) man wil einen gezuk mit gezuge brechen, daz muz he tun an derselben stat zu rechte. Ist iz[2]), daz sich ein man gezuges vermizzet uf einen anderen man[3]), daz mac he[3]) tun zu tage. Dunket aber ienen man[4]), uf den der gezuk get[5]), daz he damite[6]) gewinnen muge, unde wil im[3]) sinen gezuk brechen mit gezuge, daz tut he wol in dem dinge, mac[7]) *p. 204.* he sinen gezuk da bi im gehaben[7]). Ist des nicht, so warte he[8]) sines tages, alse[9]) sich ienre vermezzen hat unde alse im hin wider[4]) bescheiden wirt[10]).

[§ 2.] Nu[1]) si kumen zu dinge beidersit, unde der erste stadele[2]) sinen gezuk. Dirre bite[3]) einis urteiles: ab he icht benennen[4]) sulle, waz he gezugen[5]) wolle. Daz muz he benennen[4]) zu rechte. Horet denne ienre[6]) an dem[7]) benentnisse[8]), daz he gewinnen muge[9]) daran[10]) mit sime gezuge, he sprichet wol[11]) also: „Her richter, di sache[12]) geschach also oder alsus“, unde[13]) benennet di, als he si haben wil, „daz wil ich gezugen, als ich zu rechte sal, unde wil im sinen gezuk mit mime gezuge[14]) brechen[15]) unde bite eines urteiles, wen ich im[1]) sinen gezuk mit[16]) gezuge[17]) brechen wil, ab ich iz icht[18]) baz getun muge, den[19]) daz sin gezuk vor sich ge“. Daz sal man teilen: wer gezuk[20]) mit gezuge[20]) brechen wil[21]) alzuhant binnen dinges[21]), daz he iz[22]) wol getun muge. Hat he denne sinen richter da[23]), einen[24]) anderen den mac he[24]) stadelen. Sal[25]) he aber ienen richter haben, der dort gestadilt ist, der muz zu rechte von ieme gezuge treten her zu diseme, unde noch einen man[1]) muz he haben. Darf he denne eines gespreches mit sime gezuge, daz muz[26]) man im[27]) irlouben. Alse he denne sich gestadilt mit sime gezuge, so sal he nichein gespreche me haben. Unde ienre sal[28]) boten biten zu deme gezuge. Den richter muz man manen, alse recht ist. Gestet he denne, alse sich dirre vermezzen hatte, so ist[29]) ienre vorderste gezuk verlorn unde dirre[30]) gewinnet di sache. Ist aber, daz he gestet, alse sich ienre lichte vor[10]) vermezzen hatte[31]), daz stet an den boten, di muz man manen; wes di bekennen, daz muz vor sich gen zu rechte.

Noten zu Cap. XVII.

Planck Beweisurtheil 70. Homeyer Richtst. 487. Laband 49. Planck 2,100. 168. Löning Reinigungseid 29. 36.

[§ 1.] 1) Welch *BCD.* 2) *fehlt BW.* 3) *fehlt C.* 4) *fehlt D.* 5) der gezuk get *ABC.* er gezeugeth *D.* der gezeugte gehet *W.* 6) *fehlt BCD.* 7) mac—gehaben *A.* had her synen geczug bie im ader mag her in da (bey ime *D*) gehaben *BCD.* 8) so warte he *A.* her warte *BC.* er warehett *D.* so warttet er *W.* 9) ob *D.* 10) ist odder *Zusatz D.* — [§ 2.] 1) *Fehlt D.* 2) gestadiln *B.* 3) bittet *BC.* 4) benhemen *DW.* 5) beczugen *BCD.* zeugen *W.* 6) dirre *BC.* der *D.* 7) der *D.* 8) benhemunge *D.* 9) *fehlt AW.* 10) *fehlt BCD.* 11) he sprichet wol *ABC.* so spreche er *D.* er sprach wohl *W.* 12) di sache *ABC.* denn sachenn *D.* 13) oder alsus unde *fehlt D.* 14) sinen—gezuge *ACD.* mit mynem geczugo synen geczug *B.* seine gezeugen mit zeugen *W.* 15) als ich zu recht solle *Zusatz D.* 16) myme *Zusatz C.* 17) meynem *D.* zeugen *W.* 18) nicht *BW.* 19) wenne *B.* 20) geczugen *B.* 21) wil—dinges *A.* wolle bynnen dinges alczuhand *BCD.* 22) das *B.* *fehlt W.* 23) da nicht *D.* 24) einen—he *ABC.* da mag er einen andern *D.* 25) So sal *C.* 26) soll *D.* 27) geben unde *Zusatz BCD.* 28) muß *BCD.* 29) had *B.* 30) iener *D.* 31) had *BCD.*

Cap. XVIII.

Diz ist welch man sinen vormunden verlorn hat.

§ 1–3. Keinen (gerichtl.) Vormund haben Verzählte (zugleich vom Beweise mit der Bürger Briefe), § 4. solche, die Richter oder Geschworene in der Stadt oder auf dem Gebirge sind oder waren und § 5. die vor Gericht geantwortet haben.

(§ I.) **[§ 1.]** Swelch[1]) man verzalt wirdit in dem[2]) wicbilde zu Vriberc oder uf dem gebirge, daz herin in di stat[3]) gehoret, der mac zu rechte keinen vormunden me[4]) gehaben. Stet he[5]) ioch[6]) vorme dinge unde swiget also lange, daz man vingere unde zungen uf in irhebit, he mac zu rechte keinen vormunden me gehaben.

(§ II.) **[§ 2.]** Welch man an der burger brive stet umme sine unzucht[1]), der sal zu rechte keinen vormunden haben, he mac sich wol dran[2]) bitten, so darf ienre, der[3]) uf in vorderet unde klagit[3]), keines anderen gezuges wenne des brives[4]). He bite
p. 205. niwan[5]) einis urteiles, wendiz derselbe also verre bracht habe mit siner[6]) unvuge, daz he an der burger brive ste, unde he in des uberwinden[7]) wolle[8]) mit dem brive, ab he zu rechte keinen vormunden gehaben muge[9]). Daz sal man teilen: verwinde[10]) he in, alse recht si, mit dem brive, daz he selbe antwerten muze. Daz muz he tun zume nehisten dinge. So mac he eines urteiles biten: wer im zu rechte des brives sulle gehelfen. Daz sal der richter tun, wirdet he is gemanet, alse recht ist. Den[11]) sal he manen darumme des tages, alse he des anderen tages volkumen sal. Der richter muz vorwert[12]) manen[13]) den burgermeister, daz he den brif zu dinge brenge. So mac ouch dirre eines urteiles biten: ab he den richter manet unde ab iz an im wirret, daz der brif zu dinge nicht inkumet, ab man im icht[14]) anderen tac bescheiden sulle. Daz sal man teilen zu rechte.

[§ 3.] Nu der brif kume zu dinge. Den sal der richter lazen lesen uber lut. Stet ienis name dran[1]), so hat he den vormunden verlorn, so muz he selbe antwerten.

[§ 4.] Welch man richter oder gesworn ist oder[1]) gewest ist[1]) in der-stat unde[2]) uf dem[3]) gebirge, der mac ouch zu rechte keinen vormunden gehaben.

[§ 5.] Welch man geantwertit hat ichtesicht vor gerichte, der hat ouch sinen vormunden verlorn zu rechte. Doch so muz man in brechen eime iklicheme manne mit gezuge, der sich dran bittet vor gerichte, unde muz in bezugen mit eime richtere unde noch mit einem manne darzu unde muz klagen also: „Her richter, sprichet he dawider icht[1]), he ne habe geantwertit also verre, daz he mir unde eime iklicheme manne[2]) antwerten sal zu rechte, daz wil ich bezugen, als ich zu rechte sal“. Da kan ienre nicht wider geteidingen, he muz den[3]) gezuk liden. Daz gezuget man wol mit[3]) den richteren von dem gebirge her in di stat[4]). Di muz ouch dirre richter herin twingen, als recht ist, unde also lange, daz si herin kumen.

Noten zu Cap. XVIII.

Vergl. Cod. dipl. II. 12,43 29 (1305 Juni 24). — Budde Rechtl. 34. **§ 1.** *Vergl. XXIII § 1. Frb. BR. A § 3. — Ssp. I. 48 § 1. III, 16 § 2. Dist. I, 49 d. 4. IV, 23 d. 10. — Klotzsch Urspr. 256. Klotzsch Verzellen 11. 98 ff. (Budde Rechtl. 35 ff.) Bienko 23. 50. Leuthold: Ztschr. f. BR. 21,29. Frensdorff Recht u. Rede 452. Ermisch Bergr. XXXIX f. (= Cod. dipl. II. 12, XXXI f.) LXII.* **§ 2. 3.** *Planck GV. 2,201. 221. 228. Bienko 23. 50.* **§ 4.** *Ssp. III, 30 § 1. — Leuthold: Ztschr. f. BR. 21,29.* **§ 5.** *Vergl. Frb. BR. A § 6. — Planck GV. 2,220.*

[§ 1.] [1]) Welch *BCD.* [2]) *fehlt B.* [3]) in di stat *fehlt BCD.* [4]) *fehlt D.* [5]) het *A. fehlt B.* [6]) yhe *D.* — [§ 2.] [1]) umme sine unzucht *ABC.* umb unzucht die er begangen hatt *D.* [2]) wol dran *A.* doran wol *BC.* darvhonn wol *D.* [3]) der—klagit *fehlt BCD.* [4]) des brives *fehlt BCD.* [5]) ock *B.* oc *C.* nur *D.* [6]) *fehlt B.* [7]) vorwinden *BC.* [8]) haben ader wellen *C.* [9]) gehaben muge *A.* haben sulle oder gehaben müge *BC.* habenn soll odder muge gehaben *D.* [10]) uberwindett *D.* [11]) Dan *D.* [12]) forbert *B.* vorbaß *D.* [13]) bitten *BCD.* [14]) nicht einen *D.* — [§ 3.] [1]) geschreben *Zusatz B.* — [§ 4.] [1]) *Fehlt D.* [2]) ader *BC. fehlt D.* [3]) ym *C.* – [§ 5.] [1]) ader *Zusatz C.* [2]) *fehlt C.* [3]) den—mit *fehlt C.* [4]) di stat *fehlt BCD.*

Cap. XIX.

Diz ist von deme diebe.

§ 1. Von Ueberführung des auf frischer That erschlagenen oder verwundeten Diebes und der Straflosigkeit des Thäters. § 2—4. Von Festnahme des flüchtigen Diebes. Wann richtet man über ihn. § 5—9. Von der Vorführung des Diebes im Dinge, dem Geschrei und der sonstigen Einleitung des Verfahrens. § 10. 11. Vom rechten Diebesgruße und der Klaggewehre. § 12—14. Von der Ueberführung des Diebes und seiner Strafe.

(§ I.) **[§ 1.]** Wirdet einem manne sin gut oder sine[1]) habe verstoln[2]) unde he begrife[3]) den dip an hanthafter[4]) tat unde wil sich der dip weren, also daz in der vorderer wundet oder
p. 206. zu tode[5]) slet, daz sal he denne kunt tun deme gerichte unde sal[6]) di dube[7]) zu im brengen. So volbrengit[8]) he den[9]) dip baz[10]) mit derselben[11]) dube[12]), wen imant keine wunde oder[13]) keinen[6]) totslac uf in gevorderen muge mit keime rechte.

(§ II.) **[§ 2.]** Ist abir, daz einem manne sine habe verstoln[1]) wirt unde hinwec kumit unde ist[2]) he der dube[3]) nachvolgende[4]) also lange, biz daz[5]) he begrifet sinen dip mit der dube[3]), den dip[6]) sal he zu gerichte brengen mit der dube[3]) unde sal klagen uber sinen dip unde der[7]) lantlute[8]) dip unde sal di dube[3]) da[9]) uf im[10]) bewisen[11]). So sal im der richter bescheiden in daz neiste dinc unde sal den diep heizen behalden unde sal die dube[12]) antwerten eime gemeinem manne.

[§ 3.] Ist abir, daz di burger wollen, si[1]) mugen heizen[2]) richten zu hant oder uber twere[3]) nacht oder wenne si wollen.

(§ III.) **[§ 4.]** Iz insal kein man, der uf den lip[1]) sitcet gevangen, lenger sitzen wen[2]) biz zume neisten dinge. Volvordirt man denne nicht, he ist[3]) ledic zu rechte. Ist aber, daz he iz[4]) willekurt vor gerichte, so schadit iz nicht. Wollenz abir di burger ufeihen durch ein recht oder durch eine sache, di haben di gewalt wol[5]). Andirs hat si ouch nimant nach der stat recht.

[§ 5.] Nu man wolle dingen umme den dip. Der kleger nimet einen man, der sin wort sprichet also[1]): „Her richter, wold ir sin[2]) wort vernemen hern Ians[2])? He[3]) hat ufgehalden einen[4]) dip mit der offenen dube[5]) unde brachte den zu gerichte unde hat den[6]) von gerichte in uwer hafte bracht. Dem wil he zutheidingen mit dem rechte, als recht ist. Unde bitet einis urteilis, ab he in zu rechte hervor icht sulle brengen". So sal man teilen: wolle he zu im teidingen, he sulle in ouch zu rechte vorbrengen. So mac he vregen einis urteilis: wi he in zu rechte sulle vorbrengen. So sal man[7]) teilen: alse he in[3]) in di hafte bracht habe, also sulle he in ouch vorbrengen[8]). So mac he einis urteilis vregen: ab he in icht binden sulle. So sal man[7]) teilen: he sulle im zu rechte die hende hinder[9]) den[10]) rucke binden. So mac he biten einis urteilis[11]): ab[12]) he[13]) di dube[14]) uf in icht[15]) binden sulle. So[16]) sal man teilen: he sulle di dube zu rechte uf in binden[16]). So mac he einis urteils vregen[12]): ab he icht ubir in schrien sulle. So sal man teilen: he[17]) sulle billiche uber in schrien, wen he ein dip si. So mac he einis urteilis[18]) vregen: wi dicke he schrien sulle. So sal man teilen[17]): zwir nach dem ersten. So mac he eines urteiles vregen: wo he zu rechte schrien sulle. So sal man teilen: wo in di boten heizen schrien, daz[19]) he da sulle schrien[19]). Di boten sullen in heizen schrien zume ersten male vorme stocke unde[15]) zume anderen male[15]) zu halben wege zwisschen dem stocke unde dem dinchus unde zume dritten male sal he schrien vor dem dinchus also: „Cetar[20]) ubir minen dip unde der[21]) lantlute dip". So mac he eines urteiles vregen[22]): ab he also schriet, als in di boten wisen unde leren, ab he denne icht volkumen si an deme schreie[23]). So sal man *p. 207.*

teilen: wo[15]) he schriet, da[24]) in di boten heizen[25]) schrien, daz he billiche damite volkume[26]). So sal he boten[25]) biten dri man, di sal im der richter geben.

[§ 6.] Nu[1]) di boten sullen mite gen zu der[2]) hafte unde sullen den vorderer heizen schrien, als recht ist. So si denne den dip vor gerichte brengen, so sal man im einen man geben, der sin wort spreche. Der mac vregen: ab man in icht inpinden[3]) sulle, di wile he an sime worte si unde vor in theidinge. Des sal man nicht tun nach[4]) der burger kure unde nach der stat recht; so sal he gebunden sten. So sal he[5]) vregen eines urteiles: ab man di boten icht manen sulle, ab he vorbracht si, als recht ist. Des[6]) sullen di boten bekennen. Ist he denne vorbracht, als recht ist[6]), mit geschreie unde mit[1]) der[1]) dube[7]) unde[1]) gebunden unde gevangen, so sal der vorderer vregen einis urteilis: ab sich der dip icht nennen sulle. Daz sal man teilen: he sulle sich billiche nennen.

[§ 7.] Nu he heize[1]) Heinrich. So sal he vregen eines urteiles: ab he im keinen anderen namen[2]) geschepphen muge, he sulle im[3]) mit demselben namen antwerten zu gewinne unde zu[4]) verlust. So sal man teilen: daz he keinen anderen namen gehaben muge an der klage, di wile sie gewert[5]). So mac der dip eines urteiles biten: ab der richter zu[4]) rechte[4]) icht bekennen sulle, wi he vor in bracht si von erst unde[6]) in di hafte kumen si unde ab he also vor di benke bracht si[7]). So sal man teilen zu rechte: der[8]) richter sulle is bekennen. Da mac der dip boten zu[9]) biten zu dem bekenntnisse.

[§ 8.] Nu man heize den richter bekennen, waz im wizzentlich si darumme. Der spreche[1]) also: „He wart vor mich bracht mit derselben dube[2]) unde quam ouch in di hafte also unde[3]) ist ouch mit derselben dube[2]) hervor[4]) bracht". Bekennet he also unde gesten des di boten, so mac man im zuteidingen wol mit rechte, alse dibes recht ist. Bekennet aber he, daz he nicht bi im hette, do he in ansichtik wurde von erst oder sine[5]) gewalt, so sullen di boten bekennen, daz he ein schone man si unde daz man in[6]) nicht volbrengen muge, unde der Heinrich wirdit ledic, unde der vorderer verbuzit sechzic schillinge, di muz he leisten in virzehn tagen.

[§ 9.] Ist ouch, daz man den diep brengit in di hafte[1]) mit offener[2]) dube[3]), ee man in brenge dem richter oder siner gewalt zu huse unde zu[4]) hove, daz ist nicht recht. Des[5]) sal ouch der richter bekennen. So wirdet der dip ledic mit rechte unde ienre verbuzet sechzic schillinge; wande man sal zu rechte iu[6]) den dip mit offener dube[3]) vuren zu dem richter oder zu siner gewalt zu huse unde zu[4]) hove, ee man in in keine hafte brenge. Man sal ouch di dube[3]) bi im bewisen des allirersten, daz[7]) man[8]) in zu gerichte brenget[9]) oder wo in der richter ansichtic wirdet von erst, daz di dube[3]) denne bi im si.

[§ 10.] Nu ist, daz der dip vorbracht wirdit mit alle dem p. 208.
rechte, als recht ist an allen sachen, daz[1]) di boten sprechen[2]) unde gesten[3]), man muge zu im teidingen, wi man wil, nach rechte[4]), so muz man in begruzen[5]), alse dibes recht ist. So sal der dip boten biten derselben oder anderre, di da zuhoren, daz im sin lip angewunnen[6]) werde, als recht ist. Der vorderer (§ IV.)
unde sin vorspreche sal also sprechen: „Her richter, wold ir nu[7]) hern Iohannus[8]) wort[9]) vernemen? He klaget unsem herren gote unde unsem herren dem konige[10]), wo der ist, unde uch herre[11]) her richter unde alle den, di da vride unde gnade wollen haben, uber denselben Heinrich, der da kegenwertik stet, sinen dip unde der lantlute dip, daz[12]) der[13]) quam an di stat[12]), da[14]) Iohan unde[15]) sin[16]) gut[17]) vride unde[18]) gnade solde haben. Da brach he den vride[18]) an Iohan[19]) unde an[20]) sime gute unde stal im daz dupliche[21]). Do[22]) was

he also lange nachvolgende sime verdubeten gute[22]), biz[23]) he denselben Heinrich sinen dip unde der lantlute dip begreif[24]) mit der offenen dube[25]) unde brachte in[20]) zu gerichte unde von gerichte in di hafte unde hat in uz der hafte bracht gebunden unde gevangen unde mit geschreie, als in[20]) di boten wisten unde larten[26]), her vor gerichte. Wil[27]) he is im bekennen, so bitet he uch gerichtes[27]). Wil he is im[28]) loiken, he wil[29]) denselben Heinrich sinen dip unde der lantlute dip volbrengen[30]) mit alle dem rechte, als he zu rechte sal volbrengen[30]) sinen dip unde der lantlute dip[6]). Daz ist der rechte dibesgruz unde[28]) ansprache[28]). Waz sin minner ist, des ist[31]) zu wenic.

[§ 11.] Nu sal man di boten manen: ab he in begruzet[1]) habe, als recht ist[2]). Wenne di boten des[3]) bekennen, so ist iz geschen. Bekennen si is aber nicht unde irvellet der vorderer[4]) dri stunt nach[5]) einander an[6]) der ansprache unde[6]) an dem gruze, so ist der dip ledic zu rechte, unde der kleger verbuzit sechzic schillinge. Gestet he aber an[7]) der ansprache unde[7]) an dem gruze, so mac der dip biten der were umme di klage unde bite der mit urteile. So mac der vorderer biten der boten; unde bite eines urteilis: ab man di boten[8]) icht manen sulle. Bekennen di boten[8]), daz he in begruzit habe unde[8]) angesprochen[8]), als recht ist: ab he in denne icht baz unde billicher[9]) volbrengen muge, wen he im keine were tun sulle. So sal man teilen zu rechte: man sulle die boten manen. Bekennen si[10]) des[8]), daz he in begruzet habe als dibes recht ist, so mac he in baz volbrengen, wen he im keine were davor[11]) getun sulle oder muge[11]).

[§ 12.] Ist der vorderer ein besezzen man oder ein inman, daz he zu der stat gehort, so mac he vregen eines
p. 209. urteiles: wi he in zu rechte denne volbrengen sulle, wen he

besezzen si. So sal man teilen zu rechte: mit sin eines hant. So sal he sweren mit zwen vingern uf den heiligen, ab is in der dip nicht wil irlazen, oder kein den heiligen also: daz derselbe Heinrich sin dip si unde der lantlute dip, daz im got so helfe unde alle heiligen.

[§ 13.] Nu sal man di boten manen: ab he gesworn habe, als recht ist. Bekennen si des, daz he gesworn habe, als recht ist, so ist der dip gewunnen. Irvellet aber he an dem eide dri stunt nach[1]) einander, so ist der dip genesen unde he verbuzet sechzic schillinge.

[§ 14.] Ist abir, daz der vorderer ist ein uzman, so muz he den dip volbrengen selbesibende unde muz ouch alle di teidinc vuren, di[1]) da vor geschriben sten, unde muz ouch[2]) zume ersten sweren also: daz derselbe Heinrich sin dip si unde der lantlute dip, daz im got so helfe unde alle heiligen. So muzen di sechse ouch sweren hinden nach. So sal der[3]) vorderer einis urteilis biten[3]): ab di sechse mit einander sweren sullen oder al enceln[4]). So sal man teilen: daz[5]) si alle mit einander sullen[5]) sweren. So mac he vregen eines urteiles: wende si mit einander sweren sullen, ab si ouch mit einander icht sullen uf di heiligen legin. Daz sal man teilen zu rechte, daz iz[6]) in[7]) unschedelich si, wi si mit einander uflegin, wen iz[8]) mit urteile bewart ist. So mac he eines urteiles vregen: ab einer den anderen rure mit den vingern uffin heiligen oder ab eine vingere uf den anderen ligen oder ligen[9]) muzen, ab in daz an irme rechte[10]) icht gewerren kunne[11]). So sal man teilen: iz werre[12]) in icht, wen iz mit urteile bewart ist. So mac he vregen eines urteilis: wi dicke si sich irholen sullen di sechse. So[13]) sal man teilen: zwir nach dem ersten. So mac he vregen eines urteiles: wende sie mit einander sweren sullen, ab si mit einander nachsprechen iklicher sine sprache,

alse man den eit vorsprichet, ab si zu rechte icht volkumen sin. So sal man teilen: daz sie billiche volkumen sin, wen iz mit urteile bewart ist. Nu muzen si sweren, wil si is der dip nicht irlazen, also mit einander: den[14]) eit, den Iohan vor gesworn[15]) hat, der ist reine unde unmeine[16]), daz in got so helfe unde alle heiligen. Gesten si also, so sint si volkumen. Irvilen[17]) si abir dri stunt nach einander, so wurde der dip ledik mit rechte. Bekennen aber di boten, daz si volkumen sin mit einander an den eiden[18]), so ist der dip gewunnen. So sal der vorderer vregen eines urteiles: wi he zu rechte zu[19]) im richten sulle. Des urteils sal man den butel vregen. Der sal teilen: mit dem strange oder mit der wide. So mac he vregen eines urteiles: ab he im di dube[20]) von dem rucke icht binden sulle. So sal
p. 210. man teilen: he muge iz wol tun ane vare. So mac he vregen einis urteilis: wes di habe nu zu rechte si. So sal man teilen: des vordereres[21]), des si[22]) ouch vor gewest ist[7]). So mac he einis urteilis vregen: ab he im di ougen icht verbinden sulle. Daz sal man teilen. So mac he danken dem richtere gutes gerichtes unde mac in biten, daz he bi im si, biz[6]) daz he gerichte, als recht ist. Daz[23]) sal he zu rechte tun[23]). Ist iz abir ein uzman, daz he den dip wil hinwec vuren in sine geinnote[24]) unde wil da richten, so muz he burgen setcen diseme gerichte, ab si is im gunnen wollen, daz he anderswo richte, alse recht si[25]).

Noten zu Cap. XIX.

Benseler 196 ff. Homeyer Richtsteig 442 ff. Eschenburg 30. **§ 1.** *Ssp. I, 64. 66 § 1. II, 69. Dist. IV, 22 d. 17. 18. VI, 3 d. 2. — (Planck GV. 1,767. 800.) London 96.* **§ 2.** *Ssp. II, 35. III, 35 § 1. Gosl. 34,9. 11. 45,40. Brünn. SchB. 305. 306. Dist. IV, 9 d. 10. — Maurer StV. 3,648. v. Kries 171. Planck GV. 1,(767.) 770. London 125.* **§ 3.** *Vergl. XX § 1. XXXI § 2. — Maurer StV. 3,647. v. Kries 172.* **§ 4.** *Planck GV. 1,770. (2,369.)* **§ 5.** *Vergl. VII § 2. XX § 2. — Ssp. II, 64 § 2. Wb. XXXVI. Brünn. SchB. 307. Dist. IV, 6 d. 7. 8. — Klotzsch: S. V. N. 6,75. Homeyer Richtsteig 444 f. 478. Bienko 10.*

Planck GV. 1,764. **§ 6.** *Maurer GV. 224. Planck GV. 1,177.* **§ 7.** *Vergl. VII § 3. XX § 3. — v. Kries 172.* **§ 8.** *Eschenburg 36. Löning Vertragsbruch 333. v. Kries 172. Planck GV. 1,773.* **§ 9.** *Eschenburg 21. Löning Vertragsbruch 333.* **§ 10.** *Homeyer Richtsteig 444. Eschenburg 32. 37. Maurer StV. 3,625. 742. Planck GV. 1,772. Frensdorff Recht u. Rede 458.* **§ 11.** *Ssp. III, 14 § 2. Wb. XL § 2. Dist. IV, 39 d. 5. — Löning Vertragsbruch 333.* **§ 12.** *v. Kries 174. Planck GV. 2,142.* **§ 13.** *Siegel Erh. u. Wand. 242. Eschenburg 57. Löning Vertragsbruch 333.* **§ 14.** *Vergl. XX § 6. XXII § 4. — Ssp. II, 13 § 1. Gosl. 37,11. Dist. IV, 9 d. 2. — (Maurer GV. 244. Grimm RA. 684. 882.) Benseler 245. Sachße 280 f. Homeyer Richtst. 468 f. 473. Platner Bürgsch. 47. Siegel Erh. und Wand. 237. 240. 242. Siegel Gefahr 121. 134. 142. Eschenburg 53. 57. Maurer StV. 3,715 f 723. v. Kries 11. 174. Planck GV. 2,88. 95—97. 142 f. 236. 267. London 14.*

[§ 1.] [1]) *Fehlt DHW.* [2]) gestolbenn *DHW.* [3]) he begrife *AB.* begryfet her *C.* er ergreiffet *H.* er begreifftt *DW.* [4]) der handthafftigen *HW.* [5]) zu tode *ACDH.* tot *BW.* [6]) *fehlt D.* [7]) dieberey *D.* die deube unnd dieberey *H.* dem dieb oder die dieberey *W.* [8]) verbrengett *HW.* [9]) denselbigen *D.* [10]) *fehlt H.* [11]) der *D.* [12]) dieberey *D.* [13]) keine wunde oder *fehlt H.* — **[§ 2.]** [1]) gestolbenn *D.* [2]) thutt *D.* [3]) diebereye *D.* [4]) nachvolgen *D.* [5]) *fehlt BCD.* [6]) *fehlt B.* [7]) über der *C.* uber ander *D.* [8]) leuthe *D.* [9]) *fehlt D.* [10]) yn *BC.* inenn *D.* [11]) wisen *B.* [12]) dube heissin *B.* dieberey *D.* — **[§ 3.]** [1]) so *B.* [2]) ihn *Zusatz D.* [3]) II *D.* quere (zwerche) *H.* 2 *W.* — **[§ 4.]** [1]) halß *D.* [2]) denne *C. fehlt D.* [3]) he ist *A.* so ist her *BCD.* [4]) *fehlt BC.* [5]) *fehlt D.* — **[§ 5.]** [1]) sprichet also *ABC.* reden solle *D.* [2]) sin—Ians *A.* syn wort vornemen hern Hannuß *B.* sein wort vornemen? Her Hans *C.* herr Iohannß worth vornhemen *D.* [3]) *fehlt C.* [4]) einen seinen *D.* [5]) diebereye *D.* [6]) in *D.* [7]) man im *BC.* [8]) vor gerichte bringenn *D.* [9]) auff *D.* [10]) *fehlt B.* [11]) ader vrogen *Zusatz C.* [12]) ab—vregen *fehlt B.* [13]) er icht *D.* [14]) diberey zu rechte *D.* [15]) *fehlt D.* [16]) So — binden *fehlt D.* [17]) he — teilen *fehlt C.* [18]) einis urteilis *fehlt BD.* [19]) daz — schrien *fehlt C.* [20]) Czeter *B.* Cczether *C.* Zeether *D.* Zetter *H.* [21]) über der *DH.* [22]) bittenn *D.* [23]) geschreye *BCD.* [24]) als *Zusatz D.* [25]) heizen—boton *fehlt C.* [26]) vollkommen sey *D.* — **[§ 6.]** [1]) *Fehlt D.* [2]) zu der *ABC.* vor die *D.* [3]) enttbindenn *D.* [4]) denne nach *C.* [5]) So sal he *ABC.* Unnd *D.* [6]) Des — ist *fehlt CD.* [7]) diebereye *D.* — **[§ 7.]** [1]) he heize *ACD.* her *B.* [2]) *fehlt B.* [3]) he sulle in *ABD.* ader her sülle *C.* [4]) *fehlt D.* [5]) woret *BD.* [6]) von erst unde *ABC.* unnd vonn ersten *D.* [7]) bracht si *ACD.* komen sie ader bracht *B.* [8]) den *B.* [9]) *fehlt BD.* — **[§ 8.]** [1]) Der spreche *ABC.* spreche er *D.* [2]) dûberye *C.* deube *D.* [3]) *fehlt D.* [4]) hÿ vor *C.* herfurher *D.* [5]) oder sine *ABC.* unnder seiner *D.* [6]) *fehlt B.* — **[§ 9.]** [1]) in di hafte *fehlt B.* [2]) der offenen *D.* [3]) dûberye *C.* deube *D.* [4]) *fehlt D.* [5]) Daz *BC.* [6]) iw *B. fehlt C.* ihe *D.* [7]) des *D.* [8]) sie *BCD.* [9]) brengen *BCD.* — **[§ 10.]** [1]) des dan *D.* [2]) bekennhenn *D.* [3]) gestehenn unnd sprechenn *D.* [4]) nach rechte *fehlt BCD.* [5]) beczugen *B.* [6]) abgewonnhenn *D.* [7]) nu horen *B.* zuhoren *H. fehlt D.* [8]) Iohannes *B.* Hannus *C.* Iohannis *D.* Hansen *H.* [9]) unde

Zusatz BH. [10]) marcgreven *auf einer Rasur von späterer Hand A.* [11]) *fehlt DH.* [12]) daz—stat *fehlt BH.* [13]) er *D.* [14]) her *Zusatz CH.* [15]) *fehlt H.* [16]) seinen *H.* [17]) guthen *H.* [18]) unde—vride *fehlt C.* [19]) im *BCDH.* [20]) *fehlt C.* [21]) deublichenn *D.* [22]) Do—gut *ABCH.* Da volgette er seinem diblichenn guthe nach *D.* [23]) bis daz *BH.* also lannge biß *D.* [24]) ergrieffen *D. Mit diesem Worte schließt die Handschrift D; vergl. den Vorbericht.* [25]) dûberey *C.* [26]) lorten *B.* lorntenn *H.* [27]) Wil—gerichtes *fehlt H.* [28]) *fehlt BCH.* [29]) wil iz *C.* [30]) vorbrengen *H.* [31]) des ist *A.* daz ist *CH.* das ist syn *B.* — **[§ 11.]** [1]) beczugit *B.* [2]) sie *BC.* [3]) di boten des *A.* sie is *BC.* [4]) der vorderer *A.* her *BC.* [5]) an *B.* [6]) an—unde *fehlt BC; dafür ist in B* an eynander *wiederholt.* [7]) an—unde *fehlt BC.* [8]) *fehlt BC.* [9]) billich *B.* [10]) dз̊ *C.* [11]) davor—muge *A.* thun sulle *BC.* — **[§ 13.]** [1]) an *B.* — **[§ 14.]** [1]) als sie *BC.* [2]) zcu rechte *Zusatz BC.* [3]) der—biten *A.* her eynes urteils bitten der forderer *BC.* [4]) enczelinge *B.* [5]) daz—sullen *A.* sie sullen alle mit eynander *BC.* [6]) *fehlt C.* [7]) *fehlt B.* [8]) iz in *bei Schott erklärt sich daraus, daß in A, wie dieß öfters vorkommt, am Ende der Zeile der erste Buchstabe des folgenden Wortes* mit, *jedoch mit einem Punkte als Zeichen der Tilgung darunter, zur Ausfüllung benutzt ist.* [9]) ligen oder ligen *A.* lege ader ligen *B.* legen ader legen *C.* [10]) an irme rechte *fehlt BC.* [11]) gewerren kunne *AB.* geschaden mûge *C.* [12]) schade *C.* [13]) Daz *C.* [14]) der *B.* [15]) gesprochen *B.* [16]) unmeyneid *B.* [17]) Irvallen *B.* [18]) den eyden *AB.* deme eyde *C.* [19]) nû czu *C.* [20]) dûberye *C.* [21]) vôrderen *C.* [22]) sie sy *B.* [23]) Daz — tun *fehlt BC.* [24]) gegenate *B.* gegenôte *C.* [25]) ist *BC.*

Cap. XX.

Diz ist von dem roubere.

§ 1. Von der Festnahme des Räubers, § 2. seiner Vorführung im Dinge und § 3. der sonstigen Einleitung des Verfahrens. § 4—6. Von der Klage um Raub, der Klaggewere, der Ueberführung und Bestrafung des Räubers.

[§ 1.] Wirdet ein man beroubet uf der[1]) vrien straze oder in dem dorfe oder in dem vorwerke oder wo iz ist, der roup werde vertan, der man werde den rouber ansichtic uber ein halb iar oder uber ein gantz iar oder noch lenger, der rouber mac umme di rede nicht ledic gesin zu rechte, ab he den roup vertan hat unde is bi im nicht inhat. Der man mac den rouber ufhalden unde brenge zu im eine unschuldige habe, einen mantel oder einen rok oder ein swert oder waz iz ist; daz sal he also zu im brengen, daz is der richter noch kein geswom man gewar werde; unde sal in brengen zu gerichte zu[2]) huse unde zu hove des voites unde schrie ubir sinen rouber unde der[3]) lantlute rouber unde klage, daz he in geroubet habe uf der vrien straze oder wo iz gewest si, unde bite gerichtes unde bewise bi im, daz he da zu im bracht habe, unde spreche, he wolle in volbrengen mit alle dem rechte, alse recht si. Der voit oder sine gewalt sullen den man lazen halden unde den roup dazu unde sullen zu rechte keinen[4]) burgen von im nemen. Unde man sal in bescheiden beidersit in daz neiste dinc. Wollen aber di burger, di mugen heizen richten zu hant oder wenne si wollen.

[§ 2.] Nu der vorderer kume zu dinge[1]) mit sime vorsprechen. Der spreche also: „Her richter, sal ich sin wort sprechen? Ich irdinge[2]) im sin wandel, als recht ist[3]); ab ich in versume, daz he des[4]) holunge habe mit mir oder mit eime baz sprechenden manne[5]), e dan[6]) iz[7]) zu urteilen[8]) kume, daz ich is ane buze blibe unde he sime rechte deste verrer icht[9]) si. He hat ufgehalden einen sinen rouber, der in geroubet[10]) hat p. 211.
uf der vrien straze oder wo iz ist gewest[11]), unde bitet[12]) eines rechten[4]) urteiles, ab he in zu rechte icht vorbrengen sulle mit uwer helfe". So sal man teilen: wende he zu im teidingen wolle, daz he in billiche alrest sulle vorbrengen. So mac he eines urteilis vregen: wi he in zu rechte sulle vorbrengen. So sal man teilen: rechte als he in in di hafte bracht habe. So mac he einis urteilis vregen: ab he im di hende hinder den[13]) rucke icht binden sulle. Daz sal man teilen: wende he ein rouber si, daz man im billiche di hende binden sulle. So mac he eines urteiles vregen: ab he den roup icht uf in binden sulle. So sal man teilen: wolle he in volbrengen, daz he den roup zu rechte uf in binden muze[14]). So mac he einis urteiles vregen[15]): ab he icht uber in schrien sulle, wen he in geroubet

hat. So sal man teilen: daz he billiche uber in schrien sulle, wen he ein rouber si. So mac he vregen eines urteilis: wi dicke he uber in schrien sulle. So sal man teilen: zwir nach dem ersten. Unde sal schrien also: „Cetar[16] uber minen rouber unde der[17] lantlute rouber“. So mac he vregen eines[13] urteiles[13]: wo he zu rechte schrien sulle. So sal man teilen: wo in di boten[18] heizen schrien. Di sullen in heizen schrien zu rechte zume ersten male[19] vor dem stocke, zume anderen male[20] zu halbem wege unde zume dritten male vor dem dinchuse. So mac[4] he vregen eines urteiles: ab he schriet, wo in di boten heizen schrien, ab he icht volkumen si damite. So sal man teilen: schriet he, als in di boten heizen unde[21] leren, daz he is[22] billiche genize. So sal der vorderer boten biten mit urteile dri man. Den sal der richter gebiten, daz si boten sin. Di sullen mit im gen zu der hafte nach dem rouber unde sullen in heizen unde leren schrien, als recht ist, unde sullen mit im wider inkumen[23] zu gerichte. Alse he den rouber brenget vor[24] gerichte unde di boten mit im kumen, so mac der vorderer vregen eines urteiles, ab man di boten icht manen sulle, ab he in rechte[25] vor habe bracht unde gebart habe, als recht si. So sal man teilen: man sulle sie billiche[26] darumme manen. Bekennen denne di boten, daz he in vor habe bracht, alse recht si, so mac he im ouch wol zu[27] teidingen, alse rouberis recht ist.

[§ 3.] Dem rouber sal man geben einen man, der sin wort spreche; der mac im dingen sin wandel unde al sin recht. Man sal in nicht intpinden[1] zu rechte nach der burger kure. Der rouber oder sin vorspreche[2] mac eines urteilis vregen: ab der richter icht bekennen sulle, wi he vor[3] in bracht si unde womite unde wi he in di hafte kumen si. Daz sal man teilen zu rechte: der richter sulle bekennen, waz im darumme wizzentlich si. Bekennit denne der richter, daz he mit dem offenen roube vor in[4]) bracht si unde ouch in di hafte damite[5]) *p. 212.* kumen si[3]), als he da stet vor gerichte, so mac im der vorderer wol zuteidingen, alse rouberis recht ist, unde sal vregen eines urteilis: ab he sich icht nennen sulle. Daz sal man teilen: daz he sich billiche nennen sulle. He nenne sich Herman; keinen anderen[6]) namen mac he[7]) gehaben wen den. Nu sal der rouber boten biten, ab he ir vor nicht gehabet hat, zu dem bekentnisse. So bite he derselben[8]), di he vor gehabit hat, oder anderre unde bite der durch got unde mit urteile, daz si da zuhoren, daz im sin lip angewunnen werde, als recht ist[9]).

[§ 4.] Der vorderer unde sin vorspreche muz[1]) denne klagen ansprechende[2]) unde begruzende[3]) den rouber also: „He klaget unseme herren gote unde unseme herren dem konige[4]), wo der ist, unde uch herre her[5]) richter unde alle den, di da[2]) vride unde genade wollen haben, uber denselben Herman, der da[5]) keinwertik stet, sinen rouber unde der lantlute rouber, daz der quam an di stat, da her Cunrat unde sin gut[6]) vride unde[7]) genade solde haben. Da brach he den vride an hern Cunrate unde an sime gute unde roubete im daz abe mit unrechter gewalt[8]). Da was he im also lange nachvolgende demeselben Hermanne sime roubere unde der lantlute roubere, biz daz he in begreif mit dem offenen roube unde brachte in zu gerichte unde von gerichte in uwer hafte unde hat in uz der hafte bracht gebunden unde gevangen mit dem offenen roube unde mit geschreie her[5]) vor gerichte, als in di boten wiseten unde larten. Wil he is im bekennen, he bitet uch gerichtes. Wil he is im loiken, he wil denselben Herman sinen rouber unde der lantlute rouber volbrengen mit alle dem rechte, als he[9]) zu rechte sal volbrengen sinen rouber unde der lantlute rouber."

[§ 5.] Der rouber mac keine widerrede gehaben noch

vinden an nichte dawider[1]), he bite denne der were umme di clage. So bitet der vorderer der boten, ab man di icht manen sulle. Di muz man manen zu rechte. Sprechen di, daz he in begruzet[2]) habe, als recht si, so mac he in baz volbrengen, wen he ichtisicht[3]) darunder[4]) gestozen muge. So mac der vorderer vregen einis urteilis: wi he in zu rechte volbrengen sulle. So sal man im[1]) teilen zu rechte: ist he ein inman, so sulle he in zu rechte volbrengen mit sin eines[5]) hant mit zwen vingern uffin heiligen. Ist abir he ein uzman, so sal man teilen: he sulle in selbesibende volbrengen uffin heiligen.

[§ 6.] Ist iz denne ein inman, der zu der stat gehort, der muz sweren also: daz derselbe Herman si sin rouber unde der lantlute rouber, daz im got so helfe unde alle heiligen. Ist he abir ein uzman, so muz he ouch[1]) sweren denselben eit p. 213. unde di[1]) sechse muzen[2]) sweren hinden nach mit einander also: den[3]) eit, den her Cunrat vor[4]) gesworn hat, der ist reine unde unmeine, daz in got so helfe unde alle heiligen. So mac man di boten manen. Sprechen di, daz si volkumen sin an den[5]) eiden[6]) unde rechte gesworn haben, so ist der rouber gewunnen. So mac der vorderer vregen eines urteiles: wi he nu zu rechte uber in richten sulle. Des urteiles sal man den butel vregen. Der sal teilen zu rechte: mit deme swerte. So mac he vregen eines[4]) urteiles[4]): ab he den roup icht von im binden sulle. Daz sal man im[7]) teilen: he muge iz wol ane vare tun. So mac he vregen eines[4]) urteiles[4]): wes die habe nu zu rechte si. So sal man teilen zu[4]) rechte[4]): des sie ouch[1]) vor[8]) was, daz[9]) si des ouch nu zu rechte unde billiche si unde nimandes anders[9]). So mac he den richter biten, daz he bi im si, biz daz[1]) he gerichte, alse recht si. Daz sal ouch[1]) der richter zu rechte tun. So[10]) mac he denne dem richter danken gutis gerichtes[10]).

Noten zu Cap. XX.

Benseler 193 ff. Homeyer Richtst. 442 ff. Eschenburg 30. **§ 1.** *Vergl. XIX § 1. 2. XLVIII § 6. — Ssp. II, 64 § 2. Homeyer Richtst. 445. v. Kries 173. London 205.* **§ 2.** *Vergl. VII § 2. 3. XIX § 5. 6. — Wb. XXXVI. — Siegel Erh. u. Wand. 212. 217. 219. Planck GV. 1,67. 204. 214. 764. London 205.* **§ 3.** *Vergl. XIX § 6—10. — Nietzsche 30. Planck GV. 1,177. London 205.* **§ 4.** *Vergl. XIX § 10. — Homeyer Richtst. 444 Maurer StV. 3,742.* **§ 5.** *Vergl. XIX § 11. 12. — Maurer StV. 3,716. 742. Planck 1,85.* **§ 6.** *Vergl. XIX § 12—14 — Benseler 245. Sachße 282. Homeyer Richtst. 468 f. Maurer StV. 3.715 f. Planck GV. 2,88. 142 f. 236. 267. London 14.*

[§ 1.] [1]) einer *BC.* [2]) ader zu *BC.* [3]) uber der *C.* [4]) keyne *B.* — **[§ 2.]** [1]) gedinge *H.* [2]) bdinge *H.* [3]) als recht ist *AB.* und allez recht *C.* alss recht *H.* [4]) *fehlt C.* [5]) baz—manne *ABC.* besseren vorsprechen denn mano *H.* [6]) daz *BCH.* [7]) ich *B.* [8]) urteil *B.* [9]) desto verrer icht *A.* icht dester verrer *B.* nicht dester verrer *C.* nichts dest ferner *H.* [10]) beroubit *B.* [11]) geschên *C.* [12]) bitte *C.* [13]) *fehlt B.* [14]) múge *B.* súlle *C.* [15]) bitten *C.* [16]) Czeter *B.* Czether *C.* Zetter *H.* [17]) über der *CH.* [18]) czû rechte *Zusatz C.* [19]) zume ersten male *A.* eyns *BC.* [20]) zume andern male *B.* unde eyns *BC.* [21]) schryen und in *C.* [22]) sin *C.* [23]) komen *B.* [24]) zcu *B.* [25]) *fehlt BC.* [26]) sie billiche *AB.* billich dſ boten *C.* [27]) im—zu *AC.* ouch wol zcu im *B.* — **[§ 3.]** [1]) enpynden *B.* inpynden *C.* [2]) oder sin vorspreche *fehlt BC.* [3]) *fehlt C.* [4]) komen sſ unde *Zusatz C.* [5]) *fehlt BC.* [6]) *fehlt B.* [7]) zcu rechte *Zusatz BC.* [8]) dſelben *C.* [9]) sſ *C.* — **[§ 4.]** [1]) mûssen *B.* musten *H.* [2]) *fehlt BCH.* [3]) begrussen *BCH.* [4]) marcgreven *auf einer Rasur von späterer Hand A.* kinge *C.* [5]) *fehlt BH.* [6]) unde sin gut *fehlt BH.* [7]) vride unde *ABC.* unnd die *H.* [8]) *Am Rande (von alter Hand):* raubers grusse *H.* [9]) her in *B.* — **[§ 5.]** [1]) *Fehlt BC.* [2]) gegrussit *B.* [3]) ichtis *B.* [4]) dorwidder *B.* [5]) sin eines *AC.* synes *B.* — **[§ 6.]** [1]) *Fehlt B.* [2]) ouch *Zusatz C.* [3]) der *B.* [4]) *fehlt BC.* [5]) deme *C.* [6]) cyde *C.* [7]) *fehlt C.* [8]) vor do *C.* [9]) daz—anders *fehlt BC.* [10]) So—gerichtes *fehlt BC.*

Cap. XXI.

Diz ist von verzalten luten umme dube oder umme roup.

§ 1. Von der Klage um Raub und Diebstahl und dem Einheischen des abwesenden Beklagten. § 2. Vom Beweise des Raubes oder Diebstahls in Abwesenheit des Beklagten, dem Richten mit Fingern und Zungen und den Folgen der Verzählung. § 3. Von der Publikation der Verzählung.

[§ 1.] Wirdet einem manne sin gut abegeroubet oder abegestoln[1]), wo daz ist oder wi daz geschit, unde weiz he, wer di sint, di iz[2]) getan haben, der man[3]) mac di lute wol lazen ineischen[4]) umme den roup oder umme di dube[5]) unde muz klagen also: „Her[3]) richter[3]), he klaget unseme herren gote unde uch uber einen Cunrat unde[6]) einen Ditrich[7]), daz di quamen an di stat, da her Gunther unde sin gut vride unde genade solde haben. Da brachen si den vride an im unde an sime gute unde roubeten im daz abe mit gewalt oder stalen im daz abe dupliche, unde haben den vride an im gebrochen. Unde bitet eines rechten urteiles: ab man si umme den roup oder umme di dube[8]) icht ineischen sulle". So sal man teilen: man sulle si zu rechte ineischen. So[9]) sal man si ineischen[9]). Daz sal der butel tun also: „Ich eische in denselben Cunrat unde ouch[10]) den[11]) Ditrich umme den roup oder umme di dube[8]), di den vride gebrochen haben, zu einem male, zume andern male, zume[12]) dritten male". Ist imant hi, der si borgen p. 214. wolle, man gibet si zu borge uf ir recht. So sal der vorderer vregen eines urteiles: wes he nu zu rechte darumme warten sulle, wende daz sin erste dinc si. So sal man im[11]) teilen: man sulle im unde ienen[13]) beidersit, wo si sint, bescheiden[14]) in daz neiste dinc. Also sal in[15]) der voit bescheiden.

[§ 2.] Nu zu dem neisten dinge sal[1]) der vorderer kumen unde sal aber[2]) klagen diselbe klage, alse davor stet, unde sal si lazen ineischen. Wil he si denne verceln uf iren hals, so muz he haben zwene man zu im, di da besezzen sin mit eigenem rouche. Mit den muz he daz[3]) bewisen, daz der roup oder di dube[4]) an im geschen si. So muz he teidingen also: „Her richter, diz[5]) ist sin letste dinc, daz he den luten gevolget hat, als recht ist. Nu ist he hi unde wil daz bewisen mit erhaften luten sinen nakeburen, daz der roup oder di dube[6]) an im geschen ist". Di lute sullen denne bi im sten. So sal he sprechen: „Her richter, vregit hern Otten unde ouch[2]) hern Vrideriche, ab iz[7]) in wizzenlich si[8]) oder nicht". So sal der richter sprechen also unde sal si vregen einvaldikliche: „Her Otte unde her Vriderich, ist uch daz[9]) wizzelich, daz im sin gut abegeroubet wart oder sine habe[10]) gestoln ist?“ Sprechen si denne: „Ia, iz ist uns wizzelich“, si durfen ouch nicht me sprechen zu rechte. So mac der vorderer eines urteiles vregen: wen he bewiset habe den roup oder di dube[11]), wi man im nu[12]) zu rechte richten sulle. So sal man im[2]) teilen: mit vingern unde mit zungen. Also sal der voit gebiten allen den, di in dem dinge sint. So sal ein iklich man ufrecken einen vinger zu rechte, unde daz heizet verzalt mit vingern unde mit zungen. So mac der vorderer eines urteiles vregen[13]): wer si[9]) after dem tage huset oder hovet ir keinen, wi[14]) im der zu rechte bestanden si. So sal man teilen: wer si huse oder hove after dem tage, der si desselben bestanden, des ouch iene bestanden sint, he wolle si[15]) denne zu rechten teidingen stellen[16]). So mac he eines urteiles vregen: ab he ir[2]) keinen ansichtic werde after dem tage, wi oder mit weme he sie ufhalden sulle. So sal man im teilen zu rechte: mit alle den, di vride unde genade haben wollen. So mac he vregen eines urteils: ab he si ufhalden wolle unde sie sich[17]) weren, ab he oder kein sin vrunt oder kein sin helfer keinen vride an in gebrechen muge. So sal man[18]) teilen zu rechte: daz after dem tage he noch kein sin vrunt keinen vride an im gebrechen muge, wolle he in[19]) volbrengen als recht si[20]). Daz sal he denne besetcen mit dem richtere unde mit den dincwarten[21]), daz di lute also sine verzalten sint[22]) umme den roup oder umme di dube[23]) uf iren hals, unde sal si ouch also brengen an der burger brif. Ist denne, daz he ir[12]) einen ufheldet, den volbrenget he ouch[9]) wol mit der burger brive, alse recht ist.

[§ 3.] Wenn iz so verre kumit, daz ein man mit rechte *p. 215.*
vor deme richtere umme dube ader umme roub mit rechte

verczalt wirt, so sal der richter vor di burgere tretin, da di meiste menie der burgere si, und sprechen: „Mir ist wizzentlich, daz der man umme roub ader umme dube also vor mir verczalt ist“, daz man in nu zu rechte an den brief setzin sal und mach.

Noten zu Cap. XXI.

Cod. dipl. II. 12,43 f. — Benseler 250 ff. Homeyer Richtst. 442 ff. (Grimm RA. 881.) **§ 1.** *Ssp. I, 67 § 1. Gosl. 56,28. 36. 57,5. Dist. IV, 20 d. 1. 21 d. 1—3. — Bienko 25. Planck GV. 1,83.* **§ 2. 3.** *Vergl. XXVII § 5. XXVIII § 11. Verzählb. B 947. Stb. I No. 22. Cod. dipl. II. 12,127 (§ 9). — Ssp. I, 67 § 1. 2. (II, 4 § 1.) III, 23. Gosl. 57,6. 59,1. 29. Igl. SchB. 134. Brünn. SchB. 602. 603. Brünn. St. 205. Dist. IV, 20 d. 1. 21 d. 1. 2. 9. 10. 12—14. 16—21. — Klotzsch Verzellen 98 ff. 106. Budde Rechtlos. 153. Homeyer Richtst. 468. (Osenbrüggen Hausfr. 50 ff.) Bienko 12. 17. 24. 28—33. 52. Maurer StV. 3,687. 703 f. Planck 1,331. 2,87. 201. 306 f. Frensdorff Recht u. Rede 466.*

[§ 1.] [1]) oder abegestoln *fehlt B.* [2]) das *B.* [3]) *fehlt B.* [4]) beischen *B.* heison *W.* [5]) duberye *C.* [6]) unde uber *B.* [7]) Dythero *C.* [8]) duberye *C.* [9]) So—incischen *fehlt CW.* [10]) *fehlt BC.* [11] *fehlt C.* [12]) unde zcu dem *B.* [13]) in *Zusatz BC.* [14]) andern tag bescheyden *C.* [15]) denne *Zusatz BC.* — **[§ 2.]** [1]) aber *Zusatz BC.* [2]) *fehlt BC.* [3]) do *B.* [4]) dûbereye *C.* [5]) daz *BC.* [6]) oder di dube *fehlt B.* ader dȝ dûberyo *C.* [7]) her *B.* [8]) ist *B.* [9]) *fehlt C.* [10]) sine habe *AC.* syn gut *B.* [11]) dûbery *C.* [12]) *fehlt B.* [13]) bitton *BC.* [14]) wez *C.* [15]) in *C.* [16]) gestellen *C.* [17]) dez *Zusatz C.* [18]) in *Zusatz B.* [19]) se *C.* [20]) ist *B.* [21]) gdingswarten *H.* [22]) sine verzalten sint *A.* syn vorczalt *BH.* vorczalt syn *C.* [23]) dûberye *C.* — **[§ 3.]** *In A von späterer Hand (IV). Fehlt BC. Vergl. Vorbericht.*

Cap. XXII.

Ouch dazselbe von den verzalten uf den hals umme dube oder umme roup, wi man di gewinnen sal.

§ 1. Von der Festnahme des Verzählten, § 2. seiner Vorführung im Dinge. § 3. 4. Vom Beweise der Verzählung mit der Bürger Briefe und der Bestrafung des Verzählten.

[§ 1.] Nu iz kume also verre, daz derselbe vorderer der einen[1]) ansichtic werde, di he also verzalt hat umme roup[2]) oder umme dube[3]) uf iren hals, he[4]) darf nicht me tun zu rechte, wen daz he in ufhalde unde vure in zu gerichte zu huse unde zu hove unde spreche also zu dem voite oder zu siner gewalt: „Der man hat mich geroubet mines gutis oder hat mir verstoln[5]) mine habe. Den hab ich darumme verzalt nach der stat recht unde wil in des volbrengen, als ich zu rechte sal. Lazet mir in behalden unde bescheidet mir ein dinc; ich wil volvorderen, als recht ist". Den sal man halden zu rechte. He mac keinen burgen gehaben noch insal. Der voit sal in beiden bescheiden in daz neiste dinc.

[§ 2.] Nu der[1]) vorderer kume zu dinge[1]). So sal sin[2]) vorspreche theidingen also[2]): „Her richter, her Gunther hat ufgehalden einen sinen verzalten man umme einen[3]) roup oder[4]) umme eine dube[4]) unde hat den[5]) in die hafte bracht. Der ist sin verzalter. Den lazet im hervor[6]) brengen[7]), zu dem wil he teidingen mit dem rechte, als recht ist". So sal der richter mit[8]) im senden, unde man sal in vorbrengen ane boten unde an geschreie. Eines urteiles mac he biten: wende he sin rouber si oder sin dip, darumme he verzalt ist, unde he[9]) in des volbrengen wolle, alse recht si, ab he im zu rechte[10]) di hende icht hinder den rucke binden sulle. So sal man teilen: wen he im an sinen lip theidingen wolle unde iz umme eine dube[11]) oder umme einen roup si, daz he in billiche binden muge.

[§ 3.] Nu he brenge in zu dinge. Der vorderer unde sin vorspreche sal teidingen also: „Her richter, wold ir sin wort vernemen? Iz quam also verre, daz derselbe Cunrat, der da *p. 216.* keinwertic stet, der roubete im abe sin gut mit unrechter gewalt oder stal im abe sin gut dupliche. Den liz he[1]) ineischen zcimal[2]) unde zum anderen mal unde bewisete daz mit erhaften luten zu dem mal, daz der[3]) roup oder di dube[4]) an im geschen was, unde wart im[5]) do gericht mit vingeren unde mit zungen, als recht ist. Wil he im des glouben, daz ist im lip. Wil he is im[6]) nicht gelouben, so wil he in volbrengen mit der burger brive, als recht ist, daz derselbe Herman sin rechter verzalter ist umme denselben[7]) roup oder[8]) umme diselbe dube[9]). Unde bitet eines rechten[10]) urteiles[11]), ab im des got gehilfet unde sin gut recht, daz he in des verwindet mit dem brive, als recht ist, wi he im zu rechte bestanden si". So sal man teilen: vindet man in[12]) an der burger brive, daz he sin[13]) verzalter[14]) si[13]) umme eine dube[4]) oder umme einen roup, als he sich vermezzen hat, daz he im zu rechte bestanden si mit deme halse. So mac he biten eines urteiles: wer im zu rechte des brives gehelfen sulle. So sal man teilen: daz sulle der richter tun. So mac he sprechen: „Her richter, mac mir der brif werden binnen dinges, ich nem in gerne". Mac des nicht gesin, so sal im der richter bescheiden zume neisten dinge. So mac he biten eines urteiles: ab he den richter manit[15]) umme den brif unde ab[16]) he is im nicht gehilfet zume neisten dinge, ab man im zu rechte icht anderen tac bescheiden sulle. So sal man teilen: wirret iz an dem richter, daz man im billiche anderen tac bescheiden sulle[17]). So sal man aber den man behalden[18]) biz zume nehisten dinge.

[§ 4.] Nu zume neisten dinge so brenge man in wider vor unde der brif kume ouch zu dinge. So darf man nicht me tun, wen daz man den brif lesen sal. Da mugen si boten zu biten, ab si wollen[1]). Vindet man in an dem brive steende also, alse he sich vermezzen hat, daz he sin verzalter si umme einen roup oder umme eine dube[2]), unde bekennen[3]) des di boten, so mac der vorderer eines urteils vregen[4]), wi he zu rechte zu im richten sulle. Des sal man den butel zu rechte[5]) vregen. Der sal teilen also: ist iz umme eine dube[6]), so sulle man richten mit dem strange; ist iz[7]) umme einen[8]) roup oder umme einen totslac oder umme kampere wunden[9]), so sal man richten mit deme swerte. So mac he vregen[10]) einis urteiles:

ab he nicht gebunden ist, ab he im zu rechte di hende hinder den rucke icht binden sulle. Daz sal man im vinden[11]) zu rechte. So darf he nicht me tun, wen daz he in uzvure[12]) unde richte, als im irteilt ist. Den richter mac he biten, daz he da[13]) bi im si. Der sal iz ouch tun zu rechte.

Noten zu Cap. XXII.

Vergl. XXI. — Brünn. SchB. 482. — Benseler 252 ff. Homeyer Richtst. 442 ff. **§ 1. 2.** *Planck GV. 2,307. Frensdorff Recht u. Rede 466.* **§ 3. 4.** *Vergl. Stb. I No. 24. — Ssp. I, 66 § 2. 68 § 5. III, 88 § 2. 3. Gosl. 59,10. 14. Dist. IV, 21 d. 13. 14. — Budde Rechtlos. 153. Gözenbach: Ztschr. f. D. R. 9,333. Bienko 25,39. Maurer StV. 3,687. v. Kries 34. Planck GV. 2,301. 308.*

[§ 1.] [1]) eynen also *C.* *b)* den roup *B.* [3]) die dube *B.* dubereye *C.* [4]) der *C.* [5]) gestolen *C.* — [§ 2.] [1]) der — dinge *A.* her kome zcu dinge der forderer *BC.* [2]) sin — also *B.* her teydingen also syn vorspreche *BC.* [3]) synen *B.* [4]) oder — dube *fehlt BC.* [5]) yn *B.* [6]) vor *B.* [7]) gen *C.* [8]) nach *B.* [9]) *fehlt BC.* [10]) zu rechte *fehlt C.* [11]) dûberye *C.* — [§ 3.] [1]) ich *B.* [2]) zcu eynem male *BC.* [3]) derselbe *BC.* [4]) dûberey *C.* [5]) nw *B.* [6]) is im *AC.* im des *B.* [7]) den *BC.* [8]) unde *B.* [9]) dûberye *C.* [10]) *fehlt BC.* [11]) noch rechte *Zusatz B.* [12]) einen *H.* [13]) *fehlt H.* [14]) verzalt *H.* [15]) mane *C.* [16]) *fehlt C.* [17]) bescheiden sulle *A.* bescheide *BC.* [18]) So — behalden *A.* Den man sal man aber halden *BC.* — [§ 4.] [1]) ab sie wollen *A.* wollen sie *BC.* [2]) dûberye *C.* [3]) gestehen *BC.* [4]) bitten *BC.* [5]) zu rechte *fehlt C.* [6]) dûberye *C.* [7]) aber *Zusatz C.* [8]) *fehlt B.* [9]) kampere wunden *A.* eyne kampfwunde *B.* eyne kampere wunde *C.* [10]) biten *C.* [11]) im vinden *AB.* teylen *C.* [12]) daz he in uzvure *A.* fure yn uß *BC.* [13]) *fehlt BC.*

Cap. XXIII. *p. 217.*

Diz ist von den vormunden umme totslege oder wunden.

§ 1. Wann verlieren die um Wunden oder Todtschlag Beklagten wegen Nichterscheinens im Dinge ihren (gerichtlichen) Vormund. § 2. Vom Bitten des um Wunden oder Todtschlag Beklagten an seinen Vormund. § 3. Von der Gestellung des Vormundes. Wann dürfen Frauen Vormund sein. Von der Klage gegen den Vormund und § 4. der Antwort desselben.

[§ 1.] Geschit ein urhap, daz wunden[1]) geslagen werden oder totslege von den, die ir vormunden noch haben unde nicht geantwertet haben, uber di klaget man wol dem richter zu huse unde zu hove. Man lezet si ouch[2]) wol ineischen zume neisten dinge. Daz schadit in dennoch nicht an irme vormunde unde an irme rechte. Zume anderen dinge lezet man si aber ineischen, als recht ist. Werden denne[3]) di wunden zu kampe[4]) besaget, alse recht ist, so richtet man uber si mit vingern unde mit zungen. Daz schadit in dennoch nicht an iren vormunden, kumen si binnen dinges unde antwerten, als recht ist. Ist abir, daz si daz dinc versumen unde kumen doch[3]) binnen deme tage unde setcen burgen, daz si antwerten wollen, so haben si den vormunden verlorn, davon daz mit vingeren unde mit zungen uber si gerichtet ist, daz si daz dinc versumet haben, in deme iz geschen ist. Kumen abir si zu dinge zu dem ersten[2]) unde zu dem anderen, ee dan der richter ufgestet, unde sprechen also oder ir vorspreche: „Her richter, in ist zu wizzene worden, man habe si lazen ineisschen. Hi sint si unde wollen tun, daz recht ist", der richter sal in bescheiden, di wile daz dinc wert.

[§ 2.] Der vorderer kume[1]) unde volge na siner klage unde laze di wunden besagen, alse recht ist. Iene muzen burgen setcen dem vorderer, lute die besezzen sint mit eigen unde mit erbe. So muz in der vorderer kempliche[2]) zuteidingen als recht ist; he muz si beschrien, he muz si begruzen kempliche[3]), als recht ist. So bitten sich iene an ire vormunden, wende si nicht me geantwertit haben. Kan in denne der vorderer ir vormunden nicht gebrechen, so muz he biten eines urteiles: wenne si ir vormunden[4]) brengen sullen zu rehete[5]). So[6]) sal man[7]) teilen: zume neisten dinge sullen si si gestellen. Also sal man in bescheiden.

[§ 3.] Nu si kumen zume neisten dinge unde brengen[1]) ire vormunde unde gestellen di[1]), iz si wip oder man, welchir iz ist, damite volvaren si wol. Der vorderer mac sprechen: „Her richter, vregit di vrowe", ab iz ein vrowe ist, „ab si vor in antwerten wolle". Ist iz ein man, so vrege he dazselbe. Sprichet di vrowe denne: ia, si wolle vor in antwerten, so mac der vorderer teidingen also: „Her richter, he wil der vrowen des nicht gelouben, daz si in in irem brote herbracht habe[2]) also verre unde also lange, daz si zu rechte[3]) vor in p. 218. antwerten sulle, unde bitet eines urteiles: wi si daz zu rechte bewisen sulle unde in[4]) in ir brot zihn sulle". So sal man teilen zu rechte: si sulle in in ir brot zihn mit zwen vingeren uf den heiligen. Unde get der eit also: daz si denselben Heinrich also lange unde also verre in irem brote herbracht habe, daz si billiche unde zu rechte vor in antwerte, daz ir got so helfe unde alle heiligen. Zu dem eide sal man boten biten. So sal der richter di boten vregen: ab di vrowe gestanden si an dem eide. Ist si nicht gestanden, so sal man ir aber[5]) anderweide den eit staben[6]) unde sal daz triben also lange, biz daz si rechte geswert; wende si noch keine vrowe mac nicht irvallen an keime eide. Alse denne daz geschit, so mac der vorderer aber teidingen also: „Her richter, he wil ouch der vrowen des nicht gelouben, daz si also verre zu im gebunden si an sippeteil oder an mageschaft, daz si zu rechte vor in[3]) antwerten sulle umme di wunden oder umme den totslac. Unde bitet eines rechten[7]) urteiles, wi si daz zu rechte bewisen sulle, daz si so nahe zu im gebunden si, daz si iz billiche tu". So sal man teilen: si sulle iz bewisen mit zwen erhaften mannen, di da besezzen sint mit eigenem rouche, di muzen da keinwertik sin. Di sal der voit einvaldikliche vragen: ab iz in wizzentlich si, daz si also[8]) zu im gebunden si, daz si billiche vor in antwertet umme di wunden. Sprechen si denne: ia, so muz sich die vrowe nennen, ab sie sich nicht vor genant hat. So muz der vorderer schult geben der vrowen also: „Her richter, he klaget uch zu der vrowen[9]) unde zu irer gewalt

Cunrate, daz di quam unde ir gewalt[10]) an di stat, da[11]) Heinrich unde sin vrunt Friderich vride unde genade solde haben, unde brach den vride an im unde an sinem vrunde unde wunte[12]) im den unde watscharte[13]) im den unde hat im eine offene wunde gestochen oder geslagen unde bitet uch darumme gerichtes". Nu mac sich di vrowe biten zu irvarne an irer gewalt umme di sache, als he ir schult hat gegeben mit rechte, ab si wil. Des muz man ir vrist lazen[14]) biz[15]) zume neisten dinge. Wil si abir da zu hant antwerten, daz tut si wol. Nu man bescheide in beidersit aber[16]) zume neisten dinge. Burgen muz si seteen, di mit eigen unde mit erbe besezzen sin.

[§ 4.] Nu di vrowe kume zume neisten dinge mit irer gewalt[1]) unde wolle antwerten, als recht si. Were iz aber also[2]), daz ein andere vrowe queme unde wolde antwerten derselben klage, ab iz dise lichte beruwen[3]) hette oder ab si nicht sweren wolde, so hette der vorderer[4]) sine klage irvolget[5]) uf den burgen. Were iz ein totslac, so were he bestanden zu rechte mit dem halse; were iz aber[6]) eine wunde, so were he
p. 219. bestanden mit der hant; iz were denne also vil, daz he si geborget hette di vrowe mit eime huse oder mit eime benanten erbe, daz were zu rechte verlorn. Ist aber, daz di vrowe vor kumet di recht schuldige mit irer gewalt, so sal der vorderer den voit biten, daz he si vrege, wi si sich irvarn habe. So mac si sprechen oder ir vorspreche: „Her richter, wold irz vernemen? Wes ir her Heinrich unde sin vrunt Friderich[7]) schult hat gegeben unde irer gewalt[8]), des ist si unschuldic unde ir gewalt unde wil is[7]) unschuldic werden, als recht ist". So mac der vorderer biten eines urteiles: wi si is unde ir gewalt unschuldic werden sulle. So sal man teilen zu rechte: uffen heiligen, ab si sweren tar. Da sal der vorderer boten zu biten, di da zuhoren, biz daz[9]) si geswert, als recht ist. So mac di

vrowe eines urteiles biten: wi dicke si sich irholen sulle, wen[10]) si ein vrowe si. So sal man teilen: also lange, biz daz si gesweret. So mac si eines urteiles biten: ab si die gewalt in di hant icht[11]) nemen sulle. So sal man teilen: wende iz umme wunden si, daz si si billiche in di hant nemen sulle. So mac si eines urteiles biten: in welche hant si die gewalt nemen sulle. So sal man teilen: si sulle si in ir linke hant nemen unde sulle mit der rechten[12]) di wile sweren. Unde get der eit also: „Des uch her Heinrich unde sin vrunt Friderich schult gibet unde uwerre gewalt umme di wunde[13]), des sit ir unschuldic unde uwer gewalt, daz uch got so helfe unde alle heiligen“. Wenne sie also gestet, daz des di boten bekennen, so ist si gestanden. So mac si eines urteiles vregen: ab si di gewalt uz der hant icht lazen sulle. So sal man teilen: wen si gesworn habe, als recht ist, daz si si wol uz der hant lazen[14]) muge. So mac si vregen eines urteiles: ab si unde ir gewalt icht[15]) beide ledic sin. So sal man teilen: daz si umme di sache ledic sint[16]). Unde mac vregen ouch: ab ir burge icht ledic si. Daz sal man teilen ouch zu rechte.

Noten zu Cap. XXIII.

Benseler 234 ff. Homeyer Richtst. 426. Schäfer Sachsenchron. 2,127 ff. **§ 1.** *Vergl. XVIII § 1. 2. XXVII § 6. Cod. dipl. II. 12,43 29. — Klotzsch Verzellen 103. Bienko 50. Frensdorff Recht u. Rede 452.* **§ 2.** *Vergl. II § 1. — Wb. XXXVI.* **§ 3. 4.** *Vergl. II § 1. V § 2. XLIX § 26. Cod. dipl. II. 12,94 3. — Wb. XCI. — Nietzsche 15. Sachße 26. Siegel Erh. u. Wand. 228. v. Kries 5. 71. Planck GV. 1,193 f. 2,24. Löning Reinig. 133. 266.* (wunden u. watscharn:) *Frensdorff Recht u. Rede 468.*

[§ 1.] [1]) do *Zusatz C.* [2]) *fehlt C.* [3]) *fehlt BC.* [4]) kampf *BC.* — [§ 2.] [1]) der kome *B.* [2]) kempflich *B.* [3]) kempflichen *B.* [4]) ir vormunden *A.* sio *BC.* [5]) gerichte *C.* [6]) Daz *BC.* [7]) man im *B.* — [§ 3.] [1]) brengen—di *AB.* gestellen ire vormunden und brengen dz *C.* [2]) herbracht habe *AB.* habe gehabit *C.* [3]) icht *Zusatz C.* [4]) *fehlt AB.* [5]) *fehlt BH.* [6]) reyten *B.* [7]) *fehlt BC.* [8]) also naben *C.* [9]) frawen Elsen *B.* frawen vorn Elzen *C.* [10]) Cunrad *Zusatz B.* [11]) her *Zusatz C.* [12]) wundten *B.* [13]) wuntscharten *B.* [14]) geben *C.* [15]) *fehlt B.* [16]) widder bis *BC.* — [§ 4.] [1]) mit irer gewalt *fehlt B.* [2]) also vil *BC.* [3]) berawen *B.* icht berûwen *C.* 4) zcu rechte *Zusatz B.* 5) *fehlt B.* czu rechte irvolgit *C.* 6) sš *Zusatz C.* 7) *fehlt B.* 8) umme di wunden *Zusatz BC.* 9) *fehlt C.* 10) also als *B.* 11) *fehlt H.* 12) hand *Zusatz BCH.* 13) wunden *BC.* 14) welle ader *Zusatz C.* 15) nicht *H.* 16) So—sint *fehlt B.*

Cap. XXIV.

Diz ist von den vormunden umme den vride unde umme schult.

§ 1. 2. Von der Gestellung des Vormundes bei Klagen um den Frieden und um Schuld und den Folgen seines Nichterscheinens für die Partei.

(§ I.) **[§ 1.]** Swelch[1]) man sich bittet an sinen[2]) vormunden, den man beklaget umme den[3]) vride, der muz in brengen zu dem neisten dinge. Unde burgen muz he setzen. He kume zume nehisten dinge unde muge sines vormunden nicht gehaben, he[4]) mac selbe denne[5]) wol antwerten ane vare, he darf[6]) darumme[7]) nicht verbuzen.

(§ II.) **[§ 2.]** Welch man sich bittet an sinen vormunden, den
p. 220. man beklaget umme schult, deme sal man bescheiden uber virzehn tage sinen vormunden zu gestellene[1]), wen iz umme schult ist. Burgen muz he setcen. He kume ubir virzehn tage, so sal man im aber bescheiden ubir virzehn tage zume anderen male. He kume aber, so sal man im abir[2]) bescheiden ubir virzehn tage zume dritten male. Welch zit he abir nicht queme, als im bescheiden wirdet, so hette in der kleger di[3]) pfenninge irvolget uf dem burgen. Zu dem virdem male sal man[4]) bescheiden ubir[5]) iar unde ubir[6]) tac. Di cit sal der schriber schriben. Alse daz iar uzkumet zume neisten dinge darnach, so mac he kumen mit sinem vormunden unde mac den gestellen. Deme muz denne[7]) der kleger schult geben[7]) unde siner gewalt umme diselben pfenninge. Der vormunde mac sich bitten zu irvarne an siner gewalt umme di klage. Di vrist muz man

im lazen biz zume neisten dinge. So kumet he denne zume neisten dinge unde muz iehen oder loiken. Ist abir, daz ienre keinen vormunden gehaben mac ubir iar unde[8]) tac, als im bescheiden ist, he tritet dar unde sprichet[9]): „Her richter, ich mac minen vormunden nicht gehaben unde wil selbe antwerten, als mir her bescheiden ist“, daz tut he wol anc vare unde darf keine buze darumme nicht liden. Loikent he der pfenninge, he muz alda sweren davor. Bekennet[10]) he abir, so muz he[11]) leisten in drin tagen oder he verbuzit vir schillinge[10]). Bekennit he aber ein teil unde loikent ein teil, so muz he di[12]) leisten, der he da bekennit[13]), in drin tagen unde der he da[14]) loikent, da muz he davor[15]) sweren, alse di[6]) dri tage vorgehn, da he im inne leisten sal, zume neisten dinge nach den drin tagen. Unde also sal in beidersit der voit bescheiden umme den eit oder ab der eide me ist[16]).

Noten zu Cap. XXIV.

Benseler 233. Homeyer Richtst. 426. **§ 1.** *Vergl. III § 1.* **§ 2.** *Vergl. II § 4. Zus. 2 § 3. — Platner Bürgsch. 160.*

[§ 1.] [1]) Welch *BC.* [2]) synem *C.* [3]) eynen *B.* [4]) der *B.* [5]) selbe denne *AC.* denne selber *B.* [6]) mag *C.* [7]) *fehlt BC.* — **[§ 2.]** [1]) stellen *B.* [2]) teylen und *C.* [3]) syne *BC.* [4]) ym *Zusatz C.* [5]) ein *Zusatz C.* [6]) *fehlt B.* [7]) denne—geben *A.* her denne scholt geben der cleger *BC.* [8]) über *Zusatz C.* [9]) also *C.* [10]) Bekennet—schillinge *fehlt B.* [11]) so muz he *A.* her müz se *C.* [12]) die da *B.* [13]) da bekennit *AB.* bekant hat *C.* [14]) dẜ *C.* [15]) vor *B.* [16]) synt *C.*

Cap. XXV.

Diz ist wer des anderen vormunde wirdet.

§ 1. Wie lange antwortet der Vormund für die Partei und wie muß er sie aufgeben. § 2. In welchem Falle braucht der Vormund auf Wiederklage nicht zu antworten. § 3. Von der Pfändung des Vormundes.

[§ 1.] Swelch[1]) man des anderen vormunde wirdet, der mac vor in antwerten alse lange, als in lustet. Beklagit in ein man umme eine marc in unde[2]) sine gewalt unde he antwerte des unde he beklage in danach umme cehn marc an derselben stat unde he spreche, he ne[3]) wolle nicht me vor in antwerten, des mac nicht gesin zu rechte. Der kleger bitet eines urteiles: wende he bestanden habe vor in zu antwertene unde im geantwertit habe einer klage, ab he im icht vollen antwerten sulle an der stat, des[4]) he im schult gebe, als recht p. 221. si. So sal man teilen: wande he im geantwert habe also verre vor in[5]), daz he im vor in[5]) billiche vorwert antwerten sulle. Alse daz[6]) geteidinget wirdet uf ein cil, so mac he dartreten, wil he nicht me vor in antwerten, unde spreche[7]) also: „Her richter, ich gebe in[8]) uf hi, vor den ich geantwertit habe, ich wil sin vormunde nicht me sin, ich[9]) wil ouch nicht me vor in[10]) antwerten“. Tut he daz, so mac he sin darnach[11]) ledic sin mit[12]) rechte[12]). Tut he is aber[13]) nicht, begrifet in ein ander man mit klage in demeselben dinge, di wile he in nicht ufgegeben hat, unde sprichet also: „Her richter, ich klage uch zu im unde zu siner gewalt umme zwu marc oder umme dri[14]), der vormunde spreche, he wolle nicht vor in antwerten, der kleger sal eines urteiles biten, wende he in demselben dinge vor in geantwertit hat unde in nicht ufgegeben hat, als recht si, ab he im ouch icht zu[12]) rechte[12]) antwerten sulle. So sal man teilen: habe he in dem dinge geantwertet vor in unde habe in sint dem mal nicht[15]) ufgegeben, daz he im zu rechte ouch antwerten sulle.

[§ 2.] Beklaget ein vormunde von siner gewalt wegen einen man umme eine sache unde antwertet im der man der sache, iz si worumme iz si, biz an ein ende, ist daz denne, daz[1]) der vormunde ufgibet sine gewalt, als recht ist, unde sprichet, he wolle nicht me vor in antwerten, unde tut daz, ee in ienre mit klage begrifit umme diselbe sache, da he im vor umme schult hat gegeben, he darf im nicht antwerten zu rechte. He sprichet also: „Her richter, ich habe in ufgegeben, als recht ist, unde bite eines urteiles, wen ich in ufgegeben habe, als recht ist, ab ich im zu rechte keine antwerte durfe geben". So mac ienre eines urteiles biten: wend he im geantwertit habe im unde siner gewalt, wes he[2]) im[3]) schult habe gegeben, ab he im zu rechte ouch icht wider antwerten sulle umme di-selbe sache. So sal man teilen: hat he in ufgegeben, alse recht ist, ee he in mit der[4]) klage begriffen habe, daz he im zu rechte nicht antwerten durfe, he ne[5]) wolle iz denne gerne tun. Ist aber, daz he in mit der[4]) klage begrifet, ee he in ufgegibet, so muz he im antwerten zu rechte umme di sache, wes he im schult gibet.

[§ 3.] Ist, daz ein man pfandunge irteidinget[1]) uf einen vormunden unde uf sine gewalt, so sal der richter pfandes helfen zu deme vormunden unde zu[2]) siner gewalt oder wo he sie vindet pfant di sin sint. Ist[3]), daz der vormunde nicht pfant hat, so sal he wisen uf sine gewalt, dannen di klage herkumen ist, unde da sal der richter pfandes helfen zu rechte[5]).

Noten zu Cap. XXV.

Benseler 232 f. Homeyer Richtst. 426. **§ 1.** *Planck GV. 1,191.*

[§ 1.] [1]) Welch *BC.* [2]) *Für* in unde *ein undeutliches Zeichen C.* [3]) *fehlt C.* [4]) als *B.* [5]) vor in *fehlt BC.* [6]) do *B.* [7]) sprechen *A.* [8]) *fehlt BW.* [9]) unde *B.* [10]) nicht me vor in *AC.* vor yn nymme *B.* [11]) *fehlt BC.* [12]) *fehlt B.* [13]) is aber *AC.* aber syn *B.* [14]) oder umme dri *fehlt BC.* [15]) *fehlt B.* — [§ 2.] [1]) *Fehlt BC.* [2]) man *B.* [3]) in *B.* [4]) *fehlt C.* [5]) *fehlt B.* in *C.* — [§ 3.] [1]) ein—irteidinget *AB.* eyne phfandungo irteydingit wirt *C.* [2]) in *AB.* [3]) Ist—rechte *fehlt B.*

Cap. XXVI. *p. 222.*

Diz ist von der burger brive, waz rechtis di haben, di dran sten.

§ 1. 2. Von dem Verfahren bei der Verwundung und § 3. 4. Tödtung eines Verzählten und dem Beweise der Verzählung mit der Bürger Briefe. § 5. Welche

Rechtsnachtheile treffen den Verzählten, der Wunden schlägt, bei der Kampfklage. § 6. Vom Verfahren bei Verwundung eines Verzählten durch einen anderen Verzählten.

[§ 1.] Wirdet ein man wunt, der an der burger brive stet umme sine unvuge, der mac ouch wol[1]) klagen zu huse unde zu hove als ein ander man. He kume ouch zu gerichte unde klage ouch da unde laze ienen ineischen umme die wunde[2]) zu einem mal unde zume anderen dinge ouch. Kumet he nicht vor, he vervestit in mit rechte uf sinen hals alse wol als ein ander man, der an dem brive nicht stunde.

[§ 2.] Ist abir, daz ienre vorkumet unde antwertet unde sprichet also[1]): „Her richter, derselbe Cunrat hat iz also verre bracht mit siner unvuge, daz he an der burger brive stet", unde wil in des verwinden mit[2]) dem brive unde bitit eines urteiles: wende he in des verwinden[2]) wil mit dem brive[3]), ab he im zu rechte keine antwerte sulle geben, so sal man teilen: verwinde he in mit dem brive, daz he dran gelesen werde, he sulle im[4]) zu rechte keine antwerte darumme[5]) geben umme di wunde[6]). Unde daz sal he teidingen, ee he boten bite zu dem kemplichen gruze. Ist abir, daz he boten bitit unde lezet sich beschrien unde begruzen kempliche, so mac he zu rechte mit dem brive nicht gewinnen, wen he selbe boten gebeten hat; di sal man zu rechte manen, unde wes di bekennen, daz muz zu rechte[7]) vor sich gehn.

[§ 3.] Wirdet ouch ein man zu tode irslagen[1]), der an der burger brive stet umme sine unvuge, sine vrunt mugen klagen dem vogete[2]) zu huse unde zu hove unde mugen in[3]) verburgen, ab si in vinden, als recht ist, oder mugen in lazen ineischen. Kumet aber he vor unde wil antwerten, der vorderer tritit dar unde eischet burgen da, daz he im antwerte eines totslages. Den burgen[4]) muz he im setcen. Unde he[5]) muz sich ouch nennen. So teidinget der vorderer also oder sin vorspreche: „Her richter, ungerete ist im geschen, daz einer sin vrunt gewunt unde gewatschart ist unde mit derselben wunden von deme lebene zu dem[4]) tode bracht[6]) ist. Daz wil he vorderen kempfliche mit allem[7]) rechte, als recht ist, zu demeselben Heinriche, der da keinwertik stet. Unde bitit einis urteilis: wende he kempfliche vorderen wil, ab he icht schrien sulle“. So[8]) mac[9]) man im teilen: wande he kempfliche vorderen wil, daz he billiche schrien sulle[8]). So sal[10]) ienre einis urteilis biten: ab he icht benennen sulle, wer der vrunt si, des wunden he vordere, davon he von deme lebene zume tode si *p. 223.* kumen. So sal man teilen zu[4]) rechte[4]): daz he in billiche benennen[11]) sulle. So nenne he einen Cunrat. So mac dirre sprechen: „Her richter, vregit in, ab iz sin wort si“. Sprichet he denne: „Ia“, so sal der widersache teidingen also: „Her richter, derselbe[12]) Cunrat, den he hi[13]) vordert, der hat iz also verre bracht mit siner unvuge, daz he an der burger brive stet; unde bite einis rechten urteilis, wend ich in des verwinden wil mit dem brive, ab ich im zu rechte keine antwerte umme in geben sulle“. So sal man teilen zu rechte: verwinde he in mit dem brive, daz he dran gelesen werde, daz he im zu rechte keine antwerte umme denselben Cunrate geben sulle. So mac der[14]) vorderer[4]) einis urteilis biten: wenne he in des zu[5]) rechte[5]) verwinden sulle mit[15]) dem brive. So sal man teilen: zu dem neisten dinge, ab he iz da nicht[16]) getun mac. So mac der widersache einis urteilis biten: wer im des brives zu rechte gehelfen sulle. So sal man teilen: daz sulle tun[17]) der richter, werde he is gemanit[18]), als recht ist. So mac he biten einis urteilis: ab he den richter manit unde[5]) ab iz an im[19]) werre, daz der brif[5]) zu dinge nicht kume, ab man im icht einen[20]) anderen tac bescheiden sulle. So sal man teilen: mane he den richter, als recht ist, werre iz an[21]) im, daz man im[6]) billiche anderen tac bescheide[22]). So sal in der richter beidersit bescheiden in daz neiste dinc.

[§ 4.] Der widersache sal den richter manen umme den brif an deme tage davor[1]), als[2]) he des anderen tages dingen[3]) sal. Ist, daz he den richter nicht manet unde daz der brif zu dinge nicht kumet unde bekennet des der richter, daz he in nicht gemanit habe, so hat der vorderer sine klage irstanden, also daz im der widersache kamptis antwerten muz. Kumit aber der brif zu dinge, wi he dar kumet von manunge oder von bete, daz he gelesen wirdet, unde stet derselbe Cunrat denne[4]) dran, so darf im der widersache keine antwerte darumme geben unde mac einis urteilis biten, ab he denne zu rechte icht ledic von im si. So sal man teilen: daz he zu rechte der clage ledic si.

[§ 5.] Sleht ein man wunden, der an der burger brive stet umme sine unvuge, he kume zu dinge unde wolle antwerten, he mac zu rechte keinen vormunden nicht gehaben, wende he an dem brive stet. Man muz in beschrien unde begruzen als einen anderen man; man darf aber keine schreilute uber in nicht[1]) haben, wend he an dem brive stet. He mac ouch keinen vorworchten nicht gehaben; der vorderer hat sinen vorworchten wol. Dirre muz selbe in den creiz durch daz, daz[2]) he an dem brive stet. He mac ouch keinen grizwarten nicht gehaben; der vorderer hat sinen grizwarten wol. Ver-
p. 224 lusit he ouch den sik, der[3]) an dem brive stet, umme eine slechte kampere[4]) wunde geht iz im an den hals, so iz dem vorderer oder eime anderen an di hant geht, der[5]) an dem brive nicht steht.

[§ 6.] Sleht ein man wunden, der an dem brive stet, eime andern[1]), der ouch an dem brive stet, also daz si beidersit an der burger[2]) brive steen umme ir unvuge, kumen si zu dinge unde klagen, so muzen si einander[3]) antwerten zu rechte. Si sullen abir beide brivesrecht behalden, also daz ir keiner keinen vormunden mac gehaben zu rechte. Si durfen ouch keine schreilute nicht haben[4]) einer uf den anderen. Si mugen ouch keine vurwurchten nicht[5]) gehaben zu rechte; si muzen beide selbe[6]) in den creiz. Si mugen ouch keine[7]) grizwarten nicht[5]) gehaben beidersit[8]). Unde welchir under in[9]) sigelos wirdit, dem slehet man abe den hals, iz si umme eine slechte[10]) kampere[11]) wunde oder umme einen totslac, so geet iz im iu an den hals.

Noten zu Cap. XXVI.

Vergl. XVIII § 2. 3. XXI § 2. 3. XXVII § 12. Frb. BR. A § 3. — Ssp. I, 64. Gosl. 59,8. Dist. IV, 22 d. 18. — Buhle Rechtl. 153. Benseler 325. Bienko 39. Planck GV. 2,201. 297. **§ 1.** *Bienko 46.* (vervesten:) *Frensdorff Recht u. Rede 466.* **§ 2.** *Bienko 46 f.* **§ 3.** (wunden u. watscharn:) *Frensdorff a. O. 468.* **§ 5. 6.** *Klotzsch: S. V. N. 6,76. Bienko 42. 51.*

[§ 1.] [1]) *fehlt C.* [2]) wunden *C.* — **[§ 2.]** [1]) *Fehlt B.* [2]) mit—verwinden *fehlt C.* [3]) daz her daran gelozen werde *Zusatz C.* [4]) he sulle im *AB.* so sulle her ym *C.* [5]) *fehlt C.* [6]) wunden *BC.* [7]) zu rechte *fehlt BC.* — **[§ 3.]** [1]) geslagen *BC.* [2]) dem vogete *fehlt C.* [3]) ienen *BC.* [4]) *fehlt C.* [5]) *fehlt B.* [6]) komen *C.* [7]) allem dem *B.* [8]) So—sulle *fehlt B.* [9]) sal *C.* [10]) mag *C.* [11]) nennen *C.* [12]) denselben *B.* [13]) alhie *B.* [14]) her *C.* [15]) rechte und mit *Zusatz C.* [16]) *fehlt A.* zcu hande nicht *B.* [17]) daz sulle tun *fehlt BC.* [18]) werde—gemanit *AB.* ab her iz gemant wirt *C.* [19]) byndere ader *Zusatz B.* [20]) *fehlt BC.* [21]) am *A.* [22]) bescheyden sulle *C.* — **[§ 4.]** [1]) *Fehlt C.* [2]) so *B.* [3]) teydingen *C.* [4]) *fehlt B.* — **[§ 5.]** [1]) *Fehlt B.* [2]) durch daz daz *A.* wenne *BC.* [3]) iener der *BC.* [4]) kampfbare *B.* [5]) *fehlt C.* — **[§ 6.]** [1]) manne *Zusatz BC.* [2]) der burger *AC.* dem *B.* [3]) an eynander *B.* [4]) nicht haben *AC.* gehaben *B.* [5]) *fehlt C.* [6]) beide selbe *AC.* selber beyde *B.* [7]) keynen *BC.* [8]) ader keynen bowmtreger mogen sie nicht gehaben beydersite *Zusatz B.* noch boumtregere gehaben beydersyt *C.* [9]) under in *fehlt BC.* [10]) slechte *fehlt A.* [11]) kamp *B.*

Cap. XXVII.

Diz ist von dem kampfe.

§ 1. Vom Beginne der Klage um Wunden und der Fristertheilung für dieselbe. § 2—4. Von der Vorklage bei Verwundungen. Wann ist man verpflichtet, die Klage durchzuführen. § 5. 6. Von Einheischung des Beklagten, Besichtigung der Wunden,

Verzählung des ausbleibenden Beklagten, dem Verluste des Vormundes durch den Beklagten. § 7. Von Bürgenstellung durch denselben. § 8. Von der Klage um Kampferwunden. § 9. 10. Von Nennung des Verwundeten, Bezeichnung der Wunde. Anerkennung der Klage durch den Verwundeten. § 11. Vom Geschrei und dem kämpflichen Gruße. § 12. Von den Folgen der Verzählung für den Forderer und den Verwundeten und dem Beweise derselben. Vom Erfallen beim kämpflichen Gruß. Vom Vorbeschied der Parteien auf einen endehaften Tag. § 13. Vom Beweise des Geschreies mit sieben Schreileuten. § 14. 15. Vom Angreifen des Beklagten, dem Gelöbnis und dem Empfangen des Kampfes, der Rüstung, der Abgrenzung des Kreises und § 16. 17. weiteren Vorbereitungen des Kampfes. Von den Grießwarten und § 18. Siegewarten. Vom Kampfe selbst. § 19. Von den Folgen des Unterliegens im Kampfe.

(§ I.) **[§ 1.]** Swo[1]) wunden geslagen werden, di sal man klagen zu rechter cit dem undervoite zu huse unde zu hove, unde zu dem neisten dinge sal man si beginnen zu vorderne. Ist abir, daz man nicht weiz rechte, wer si geslagen hat[2]), so sal man kumen zu dem neisten dinge unde sal biten der vrist *(§ II.)* also: „Her richter, unse vrunt der[3]) ist wunt worden unde ist uns verhowen, daz wizze wir noch nicht rechte, wer iz[4]) getan hat, unde wolden[5]) herte ungerne[6]) an di stat vorderen, da iz nicht recht were, unde biten uch, daz[7]) irz durch got tut[7]) unde gebit[8]) uns di vrist biz zume neisten dinge, daz wir binnen[9]) des mugen irvarn, wi wirz an di stat brengen unde legin, da[10]) iz zu rechte unde billiche lit unde von dem iz geschen ist". Di vrist stet[11]) an dem gerichte, ab si di vrist[12]) geben wollen; abir[13]) durch got unde durch[14]) ein recht so gibet man sie *(§ III.)* gerne. Verswiget man abir daz neiste dinc[15]), daz man die wunden nicht offenbart unde belutbert[16]) also vor gerichte oder daz man ir nicht beginnet zu vorderne, so ist di wunde verlorn, also daz man ir nicht gevorderen mac kempfliche, als recht[17]) ist. Eine slechte klage mac man wol darumme tun, der muz man antwerten.

(§ IV.) p. 225. **[§ 2.]** Swo[1]) ein urhap geschit in Vriberc, daz sich lute werren unde wunden[2]) slahen einander, si sin beseczen oder

nicht besezzen, welche alrest[3]) kumen zu des aftervogitis huse unde hove unde klagen, iz si man oder vrowe oder[4]) knecht oder mait, unde klage also: daz sin herre oder sin vrunt verhowen si unde si gewunt[5]), daz habe getan der man unde sin unrechte volleist, der beheldit di erste klage. Kumen di anderen hinden na unde klagen ouch, daz hilfet sie nicht. Iene di[6]) haben di erste klage zu rechte, ab si kampere[7]) wunden haben.

[§ 3.] Ist iz[1]) abir, daz di wunden, di die ersten kleger haben, daz di[2]) blutrunste sin unde dort iensit eine kampere[3]) wunde ist[4]) ader me, di behalden di erste clage mit der kamperen[5]) wunden zu rechte[4]), si haben geklagit oder nicht, wende si den grosten smercen haben; so muz man in antwerten umme di kampere[6]) wunden zu rechte.

[§ 4.] Ist iz[1]) abir, daz dise, di di erste klage haben gewunnen, kampere[2]) wunden haben unde daz[3]) dort ienehalp[4]) ein totslac ist oder wirdet, ee man dinget oder gerichte sitcet, di behalden die erste klage mit dem totslage zu rechte, daz[5]) in dise muzen antwerten[6]). Unde wer di erste klage beheldet zu huse unde zu hove mit[7]) rechte[5]) unde der offene wunden hat, der mac zihen in sine klage, wen he wil, unde der bi im gewest ist in dem urhabe. Unde iene, di di erste klage verlisen unde doch wunden haben, di mugen ouch boten biten zu den wunden unde lazen si[8]) besehn unde besagen unde bewaren daz mit urteile, ab di wunden zuheilen in der vrist, daz si ienen antwerten muzen, ab si[9]) mit den narewen glicherwis icht zuzihen unde vorderen mugen alse mit den offenen wunden; unde bewaren daz, ab in got gehilfet, daz si sich von in intprechen mit rechte, ab si in[10]) denne icht glicherwis herwider antwerten sullen umme di wunden oder waz si in schult geben alse nu. Swer[11]) da[12]) boten bitet zu den wunden, (§ v.)
derselbe muz volvorderen kempfliche, iz mac kein ander man

getun[13]). Wil[14]) he is aber nicht tun[14]), so muz he sechzic schillinge verbuzen unde klaget[15]) denne eine slechte klage, ab he wil.

(§ VI.) [§ 5.] Ist aber, daz ein man tritet vor gerichte unde klaget umme[1]) sines vrundes wunden uber einen man unde bitet eines urteiles[2]), ab man den icht eischen sulle, den sal man eischen, wi wol he besezzen ist, unde sal im denne unde ieme bescheiden in daz nehiste dinc, wo he ist. So mac he boten biten zu sines vrundes wunden. Di sal man im geben unde sal in ouch bescheiden in daz nehiste dinc. Wollen si si aber da[3]) besehn unde[4]) besagen oder mugen si iz getun, so darf man ir nicht me besehn noch besagen, wirdet iz bewart p. 226. mit urteile. Zume neisten dinge kume[5]) der vorderer unde volge siner klage unde laze den man aber ineischen umme sines vrundes wunden unde bite eines urteilis[2]), wende di wunde[6]) besehn unde besait si[7]) zu kampfe unde he[8]) gevolget habe also lange, daz daz sin letste dinc si, wi man im nu zu rechte richten sulle. Daz sal man tun mit vingeren unde mit zungen. Also sal der voit gebiten allen den, di in deme dinge sint, daz ein iklich man einen vinger ufrecke[9]). So mac he biten eines urteiles: wer in after dem tage huse unde[10]) hove, wi im[3]) der zu rechte bestanden si[11]). Daz ist he desselben[12]), des ouch ienre bestanden ist, he wolle in denne zu rechten teidingen gestellen. So vrege he denne eines urteiles: ab he in after deme tage ansichtic wirdet, wi oder mit weme he in zu[3]) rechte[3]) ufhalden sulle. Daz sal he[13]) tun mit allen den, die vride unde genade wollen haben. So sal he denne vregen eines urteiles: ab he in after deme tage[14]) ansichtic wirdet unde in ufhalden wolle unde ab he sich des[3]) wert, ab he oder kein sin helfer keinen vride an im gebrechen muge. Daz[15]) sal man ouch[16]) teilen zu rechte.

[§ 6.] Kumet der man dennoch[1]) binnen dinges, he ist unverzalt, he mac antwerten. Hat he sinen vormunden noch, da mac he sich an bitten; mit der klage hat he in noch nicht verlorn. Kumet he ot[2]) binnen dinges, ee dan der richter ufgeste, he blibet wol bi sime rechte. Kumet he binnen dinges nicht unde kumet he in demeselben tage bi schinender sunnen unde setcet burgen, daz he antwerten wolle, als recht si, he ist noch unverzalt; aber keinen vormunden mac he nicht gehaben, wende he daz dinc versumet hat[3]), in deme uber in gerichtet ist mit vingern unde mit zungen. Anderz sin recht beheldet he albetalle[4]) wol. Kumet aber he in[5]) dem tage nicht, so ist he ein recht verzalter man an allen sachen. So sal man in schriben an der burger brif bi andere verzalte lute.

[§ 7.] Ist abir, daz ein man tritet vor gerichte unde wil (§ VII.) vorderen sines vrundes wunden unde ienre kume[1]) vor unde wolle[2]) antwerten, der[3]) muz burgen setcen einen besezzenen man, der[4]) mit eigen unde mit erbe besezzen ist[4]). Unde daz muz he bewisen, daz he also wol besezzen si mit eigen unde mit erbe[5]), mit zwen anderen besezzenen mannen. Di zwene man, mit den he iz bewisen wil[6]), di durfen nicht mit eigen unde[7]) mit erbe besezzen sin; haben si zwene einshafte hove unde eigenen rouch unde schozzen unde wachen, so gestehn si is wol. So muz he sich nennen. He heize Heinrich.

[§ 8.] Nu[1]) der vorderer unde sin vorspreche sal also teidingen: „Her richter, ungerete ist im geschehen an eime sime vrunde Cunrate, daz im der ist verhowen unde ist gewunt[2]) unde gewatschart[3]) unde ist im eine offene wunde geslagen. Daz wil he vorderen kempfliche mit alle dem rechte, als he zu rechte sal, zu demselben Heinriche, der da keinwertik stet. Unde bitet[4]) eines urteiles: wende he kempfliche vorderen p. 227. wil, ab he icht schrien sulle“. So sal man teilen: daz he billiche schrien sulle. So sal he vregen eines urteilis: wi dicke he schrien sulle. So sal man teilen: he sulle schrien[5]) zwir na dem ersten. So sal he vregen eines urteiles: ab he schriet cetar[6]) oder wafen[7]), ab im daz icht[8]) gewerren kunne[9]) an sime rechte. So sal man teilen: wen iz mit urteile bewart ist, daz he mit eime also wol volkumet[10]) alse mit dem anderen. So mac he vregen eines[5]) urteiles[5]): wi dicke he sich irholen sulle an dem geschreie. So sal man[11]) teilen: he sulle keine holunge nicht[12]) haben an dem geschreie.

[§ 9.] Der widersache[1]) unde sin vorspreche mac teidingen also: „Her richter, he bitet[2]) eines urteils: ab he icht[3]) benennen sulle zu rechte[4]), wer der Cunrat si, den he hi vordert"[5]). Daz[6]) sal man teilen: daz he in benennen[7]) sulle zu rechte[8]). So mac[9]) he eines urteiles vregen[10]): ab he me wunden hat[11]) den eine, wo di wunde si oder[12]) welchen enden an sime libe[12]), di he hi vordirt. Daz sal he zu rechte ouch benennen: welche wunde iz si, di he da vordert, wen he me wunden[13]) hat wen[14]) eine. Alse[15]) he denne di wunde[16]) benennet, so mac der widersache aber teidingen also: „Her richter, he[17]) wil im des nicht gelouben[17]), daz iz desselben Cunratis wort si, daz[18]) he hi vordert die wunde[18]), unde bitet eines urteiles[19]), ab man zu im icht senden sulle unde sulle in darumme[20]) vregen, ab iz sin wort si, daz he hi[21]) vordert, oder nicht". So sal man teilen: wil he is im[22]) nicht gelouben, daz man in billiche darumme vregen sulle[23]). „Her[24]) richter, so bitet he uch, daz ir dar sendet"[24]). So sal der richter kisen zwene man oder dri in den vir benken unde sal di[22]) dar zu im senden von gerichtes wegen, daz si in vregen, ab iz sin wort si, daz der[22]) man da vordert, oder nicht. Sprichet he denne: „Ia", so sullen di boten[25]) wider kumen zu dinge unde sullen sprechen: „Her richter, waz der man hi vordert, daz ist sin wort".

[§ 10.] Ist aber, daz he sprichet, iz si sin wort nicht, unde di boten kumen unde[1]) sprechen: „Her richter, iz ist sin wort nicht, daz he bi vordirt unde gevordirt hat“, so ist di wunde verlorn, also daz man si[2]) nicht kempfliche gevorderen mac; unde derselbe vorderer verbuzit sechzic schillinge darumme, daz he boten bat zu der wunden unde an di vorderunge trat. Wande welch man boten bitet zu einer wunden vor gerichte, derselbe muz ouch volvorderen di wunde. Wirdet derselbe abegeworfen mit rechten teidingen oder wi daz ist, kein ander man mac di wunde me[3]) gevorderen kempfliche.

[§ 11.] Ist aber, daz der vorderer volvert, daz ienre[1]) wunte an sin wort ieht, so muz der widersache boten biten *p. 228.* dazu, daz he beschriet unde begruzet werde kempflichen, als recht ist. Di boten sullen da zuhoren. Der vorderer unde sin vorspreche sal sprechen also: „Her richter, muz he denne schrien?“ „Ia“. So sal he schrien also der vorderer selbe: „Cetar[2]) ubir einen Heinrich, der minen vrunt Cunrat gewunt unde gewatschart hat“. Abir eins: „Cetar[2]) uber einen Heinrich, der minen vrunt Cunrat gewunt unde gewatschart hat“. Aber[3]) eins: „Cetar[4]) uber einen Heinrich, der minen vrunt Cunrat gewunt unde gewatschart hat“[5]). Schriet he also, so ist he rechte[6]) volkumen an dem geschreie. So sal der richter vregen: warumme he geschriet habe. Sin vorspreche der[6]) sal[5]) sprechen[7]) also: „Her richter, woldir daz vernemen? He klaget unseme herren gote unde unseme herren dem[8]) konige[9]), wo der ist[10]), unde uch herre[5]) her richter unde allen den, di da[11]) vride unde genade wollen haben, uber denselben Heinrich, der da keinwertik stet, daz der[12]) quam an di stat, da[13]) Friderich unde sin vrunt Cunrat vride unde genade[14]) solde haben; da brach he den vride an Frideriche unde an sinem vrunde Cunrate unde wundete im den[15]) unde wartscharte im den unde sluc im eine offene wunde, alse he wol bewisen mac mit sinen boten[16]), alse si besehn unde besaget ist zu kampfe. Do sach he in, da beschrei he in. Hi hat he in gesehn[17]), hi hat he in beschriet. Wil he is im[5]) bekennen, so bitet he uch gerichtes. Wil he is im[18]) loiken, he wil is in[19]) uberreden mit sime libe an den[11]) sinen oder mit sineme vurwurchten an den sinen unde wil in des volbrengen mit sinen schreiluten unde mit sinen boten unde mit alle deme rechte, als he zu rechte sal, nach der stat recht". Der widersache mac lazen vregen: ab iz sin wort si. Sprichet[20]) he denne: „Ia", so mac he biten der were umme di klage. So sal der vorderer biten der boten unde sal eines urteiles biten: ab man di boten[6]) icht manen sulle. Gesten di boten, daz he in begruzet[21]) habe, als recht si[22]): ab he im denne icht billicher kampfes antwerten sulle, wen[23]) he im keine were darumme sulle tun[24]). So sal man teilen: man sulle di boten manen; gesten si, daz he in begruzet habe, als recht si, daz he im billiche[25]) kampfes antwerten sulle[26]).

[§ 12.] Were[1]) abir, daz den widersachen duchte, daz derselbe Friderich der vorderer oder daz[2]) sin vrunt Cunrat, den he da vordert, daz ir ein[3]) an dem brive stunde, so mochte he teidingen also, unde daz muste geschen, ee he der boten bete zu dem gruze: „Her richter, derselbe Friderich, der da vordirt hi, oder derselbe Cunrat, den he vordert, hat iz also verre bracht mit siner unvuge, daz he an der burger brive stet;
p. 229. unde wil in des ubirwinden mit dem brive. Unde bitet eines urteiles: ab im des got gehilfet, daz he in des[4]) uberwindet mit dem brive[5]), ab he[6]) im zu rechte keine antwerte sulle[7]) geben". So[8]) sal man teilen: verwinde he in mit deme brive, daz man in dran lese, he sulle im zu rechte keine antwerte darumme nicht[4]) geben[8]). Des sal man in bescheiden beidersit

in daz neiste dinc. Den richter muz he manen umme den brif, als recht ist. Wirret iz an dem richtere, als he in gemanit, man sal im anderen tac bescheiden. Kumet der brif zu dinge unde stet he daran geschriben, also daz man sinen namen daran liset, so ist die wunde verlorn unde ienre wirdet ledic also, daz he im keine antwerte darf geben, unde der vorderer verbuzet sechzic schillinge; di muz he leisten in vircehn tagen. Stet aber he an dem brive nicht, so verbuzet der widersache vir schillinge, der sich vermezzen hat mit dem brive zu verwindene unde nicht volkumen mac; di muz he leisten ouch in vircehn tagen. Unde der vorderer muz in[4]) beschrien unde begruzen, alse davor geschriben stet. Irvellet he dri stunt an dem gruze[9]), di wunde ist[10]) aber verlorn unde he verbuzet sechzic schillinge. Ist abir, daz he in begruzet, als recht ist, daz des di boten bekennen, so mac he keine widerredc gehaben; he[11]) muze kampfis antwerten. So mac sich der vorderer vermezzen zu volkumene uber ein unde zwenzic nacht oder darunder, wenne he wil. So sal man in beidersit bescheiden endehaften tac uf den tac, alse sich der vorderer vermizzet zu volkumene. So muzzen si ouch beidersit kumen zu dinge, wende ir keiner mac keinen sinneboten nicht gehaben an der stat unde zu der cit, si muzen beidersit selbe kumen: welchir[12]) nicht kumit, der verluset[13]).

[§ 13.] Der vorderer muz haben siben schreilute, erhafte lute, di ir echt unde ir recht behalden haben, si sint besezzen oder unbesezzen[1]), so gesten si im wol an der stat an sime geschreie. Nu si kumen beidersit wider[2]) zu dinge uf den tac, als in bescheiden ist. Der vorderer tritet dar unde sin vorspreche unde sprichet also: „Her richter, ir habet hern Frideriche hute[3]) her[4]) bescheiden einen endehaften tac umme einen kampf. Hi ist be[5]) unde wil volkumen, lezet is in[6]) got geramen unde bitet eines urteiles, wi manichen man he haben sulle zu sime geschreie. So sal man teilen: he sulle haben siben man dazu. So sal he vregen eines urteiles: ab he selbesibende sin sulle oder ab he siben man zu im[7]) haben sulle. So sal man teilen: he sulle haben siben man ane in. So sal he biten[8]) eines urteiles: wi manicher under den sibenen gesten sulle, daz he volkumen si an dem geschreie. So sal man teilen: wenne[9]) dri man gesten[9]) uz den sibenen, so si he volkumen. p. 230. So sal he vregen eines urteiles: ab di dri gesten[10]) nach einander oder vorne oder mittene oder hindene oder wi si gesten uz den sibenen, ab im daz icht glicherwis hulfelich si, als ab si nach einander gestunden. Daz sal man ouch teilen zu rechte: wenne oder wo[11]) dri gesten uz den sibenen, welchen enden si gesten, daz he billiche volkumen si an dem geschreie. So mac he vregen eines urteilis: ab man daz geschreie icht[12]) reiten sulle. So sal man teilen: man sulle iz billiche reiten. So sal he di siben man bi sich stadiln alle nach einander unde bi einander. So sal he vregen eines urteiles: wer daz geschreie reiten sulle. So sal man teilen: di boten. So sal der widersache boten biten, di da zuhoren, daz da geschriet werde, alse recht ist. Den boten sal der richter gebiten, daz si da zuhoren. Der vorderer sal eines urteiles biten: wen man alrest manen sulle. So sal man teilen: den he alrest gestadilt habe. So sal he vregen einis urteilis: wi man in[13]) manen sulle. So sal man teilen: mit dem eide, alse daz geschreie get. „Her richter, so heizet den cit reiten alrest“. Den sullen di boten reiten also: „Man sal denselben Diterich manen mit dem eide, den he zu dem vride gesworn hat, ab he zu dem wafenrufte[14]) queme, da[15]) Friderich Heinriche beschriete mit dem wafenrufte[14]) in des konigis[16]) stat, da Heinrich den vride an[17]) Frideriche unde an sinem vrunde Cunrate brach unde deme eine offene wunde stach an sines selbis libe, darumme nu[18]) zu rechte Heinrich[19]) Frideriche gevangens gestaten sulle". Daz ist der eit gereitet. Nu sal in der voit manen also: „Her Diterich[20]), ich mane uch mit dem eide, den ir zu dem vride gesworn habet, ab ir zu dem wafenrufte[21]) quemit, do[22]) her Friderich hern Heinriche beschriete mit dem wafenrufte[22]) in des konigis[23]) stat, da her Heinrich den[2]) vride[2]) an hern Frideriche unde an sinem vrunde Cunrate brach unde deme eine offene wunde stach an sines selbis libe, darumme nu zu rechte her[3]) Heinrich hern Frideriche gevangens gestaten sulle". Nu sal he zu hant antwerten an underlaz also: „Ich begrife iz mit dem eide, den ich zume vride gesworn habe, daz ich zume wafenrufte[24]) quam, da her Friderich hern Heinriche beschriete[25]) mit dem wafenrufte[26]) in des konigis[27]) stat, da her Heinrich den vride an hern Frideriche unde an sinem vrunde Cunrate brach unde im eine offene wunde stach an sines selbis libe; darumme nu[18]) zu rechte[28]) her Heinrich hern Frideriche gevangens gestaten sal". Welchir[29]) also gestet, der ist gestanden[30]). Si haben keine holunge nicht di schreilute. Welchir[29]) zeimal[31]) irvellet, der ist irvallen; der[32]) mac nicht me gesten. Ist abir, daz ir dri gesten in[33]) den sibenen, so ist daz geschreie volkumen. Ist aber, daz ir[2]) nicht dri gesten der schreilute uz *p. 231.* den sibenen, so ist der kampf verlorn unde der vorderer verbuzet sechzik schillinge unde der widersache wirdet ledic gesaget mit rechte.

[§ 14.] Ist aber, daz he an dem geschreie volkumet, alse[1]) dri gesten, so mac he eines urteiles vragen: wend im dri[2]) gestanden sint an sime geschreie, ab he nu icht[3]) zu rechte volkumen si. So sal man im[3]) teilen: daz he billiche volkumen si. So mac he vregen eines urteiles: ab he sine schreilute[4]) icht muge laze zugeen ane vare unde[5]) scheiden von einander[5]).

So sal man teilen: daz iz im[5]) unschedelich si, daz[6]) si von einander gehn[6]). So sal der vorderer eines urteiles vregen: ab he in zu rechte nu icht sulle angrifen. So sal man teilen: wende he volkumen si an deme[7]) geschreie, daz he in billiche sulle angrifen. So sal he vregen eins urteiles: wi he in an sulle grifen. So sal man teilen: mit zwen vingern in[8]) sin obirste kleit. So sal he vregen eines urteiles: wen im geteilt si mit zwen vingeren, ab der andere vingere keiner darzu kumit oder dran ruret von ungeschichte oder wi iz[9]) ist[10]), ab iz im an keime sime rechte gewerren[11]) kunne[12]). So sal man teilen: wen iz mit urteile bewart si, daz iz im nicht schade. So mac he eines urteiles vregen: ab he[13]) von ungeschichte oder ane sinen danc der anderen kleidere keinez irwischet oder ruret, ab im daz icht geschaden muge an[14]) sime rechte. So sal man teilen: daz iz im nicht schade[15]) zu rechte. So sal he vregen eines urteiles: ab he in angrifet unde von im gedrungen[16]) oder gestozen wirdet von geschichte oder von ungeschichte, daz he in lazen muz, ab im daz icht geschaden muge zu sime rechte[17]), he sulle in wider angrifen. So sal man teilen: geschee iz also, daz he in billiche wider angrifen sulle. So[18]) sal he vregen eines urteiles: ab he in angrifet unde he im snowe oder snappe[19]) nach der hant also, daz he in laze, ab he in zu rechte icht wider an sulle grifen. So sal man teilen: geschee iz also, daz he in billiche wider an sulle grifen[18]).

[§ 15.] Nu sal der widersache boten biten, di da zusehen, daz he angegriffen werde unde gehalden[1]) unde gelazen werde[2]), als recht ist. He sal in angrifen mit zwen vingeren in[3]) sin obirste kleit unde sal denne vregen eines urteiles: ab he im nu zu rechte icht den kampf geloben sulle. So sal man[4]) teilen: he sulle in im billiche geloben. So sal he vregen eines urteiles: wi he in im geloben sulle. So sal man teilen: he sulle einen vinger ufrecken. So sal he ufrecken einen vinger. So sal he biten eines urteiles: ab he den kampf zu[5]) rechte[5]) icht intphahen sulle. So sal man teilen: he sulle in billiche intphaen. So sal der vorderer mit der anderen hant ufrecken einen vinger; damite sal he den kampf intphahen. So sal man di boten manen. Bekennen di boten[6]), daz da[7]) *p. 232.* rechte gebart si, so sal he vregen eins urteilis: ab si zu rechte nu[6]) icht nider sullen nemen di vingere. So sal man teilen: wen di boten gestanden sint, daz da rechte gebart si, daz si[8]) billiche di vingere[9]) nider nemen[10]). So sal he denne eines urteiles vregen: ab he in ouch zu rechte nu[6]) icht lazen sulle. Daz sal man im[5]) teilen: daz he in wol lazen muge ane vare. So sal der vorderer sprechen: „Her richter, wes bescheidet ir uns[11]) nu?“ Der richter sal sprechen: „Ich bescheide uch beidersit[12]) in den creiz“. So sal der vorderer biten zwene man, di dabi sin, daz sin widersache gegerwet werde, alse recht ist. So sal der widersache ouch boten biten zwene man, di dabi sin, daz der vorderer gegerwet werde, ouch als recht si. Den boten sal der voit gebiten, daz si beidersit dabi sin von gerichtes wegen unde daz si[13]) sehn dazu, daz si rechte gegerwet werden, unde sal in denne[5]) ouch bescheiden in den creiz, daz si da bekennen, ab si rechte beide[14]) gegerwet sin[15]). Nu di butele sullen den creiz ceten[16]). Di voyte sullen alrest kumen in den creiz unde di burger darnach. Di mugen antun, waz si wollen, unde ir gesinde unde weme si iz irlouben durch den vride.

[§ 16.] Der vorderer sal zume ersten[1]) kumen an den creiz. So sal sin vorspreche gehn zu dem voite unde sal sprechen also: „Her richter, der vorderer ist kumen unde gert des creizes unde bitet des mit urteile“, unde bite im[2]) eins rechten urteiles, ab he is also gebeten habe, daz he in zu rechte haben sulle. So sal man teilen: daz he in billiche haben sulle. „Her richter, he bitet uch ouch[3]) durch got, daz ir im irloubit, daz sine vrundichin mit im muzen herin gehn, sin creizbrenger, sin stultreger unde andere sine vrunt, unde muzen also lange mit im hinne[4]) sin, biz[5]) he uf sinen stul kume". Daz sal im der richter irlouben zu rechte. So sal he geen in den creiz mit sinen vrunden vor den richter hin, unde sin vorspreche sal sprechen also: „Her richter, hi ist[6]) Friderich, als ir im her bescheiden habt in disen creiz, unde wil volkumen, let[7]) is in[8]) got geramen unde bitet eines urteiles: ab im nimant nachvolget, ab he zu rechte sine klage icht irvolget habe uffen burgen. Daz sal man im[9]) teilen zu rechte: volgit im nimant na, daz he sine klage[10]) irvolgit habe. So mac he eines urteiles vregen[11]): ab sin burge nu zu rechte icht ledic si, wen he in den creiz si kumen. So sal man teilen: wolle he in halden[12]), biz he uf sinen boum kume, daz[13]) muge[14]) he tun. Des[14]) sal in der richter vregen: ab he in halden[12]) wolle, biz[15]) he uf sinen boum kume[13]). Sprichet he denne: „Ia", so mac der[16]) kempfe[17]) umme gen in dem creize unde mac[18]) di p. 233. lute bitten unde manen, daz si unsen herren got vor in biten, daz he im helfe nach genaden unde nach rechte. Unde mac sich denne setcen in deme creize unde[9]) na der sunnen[19]), wo he wil oder wi he wil[20]).

[§ 17.] Nu ienre muz ouch kumen zu creize, der da[1]) angesprochen ist. Deme muz man ouch den creiz gewinnen alse diseme unde tritet ouch hin[1]) vor gerichte, unde sin vorspreche bitet im[2]) eins urteiles: wen he zu creize kumen si unde wolle volvarn, ab sin burge icht ledic si. So sal in der richter ouch vregen: ab he in halden wolle biz uf den boum. Der mac ouch umme gen in dem creize, ab[3]) he wil, unde biten di lute, daz si[4]) vor in biten, daz im got helfe. Der setcet sich ouch[5]) in dem creize, wo he wil. So muzen si[6]) denne uf vor gerichte gen[7]) beide mit einander[6]). So muz man di boten manen, ab si rechte gegerwet sint beidersit. Wenne des di boten[8]) bekennen, so muz der vorderer sweren kegen den heiligen, daz he rechte schult habe zu[9]) dem widersachen umme di wunde. Alse daz geschit, so muz ir[1]) iklicher einen grizwarten haben, der sinen boum trage. Den muz he gewinnen mit bete unde ouch mit urteile also: „Her richter, he gert eines grizwarten der vorderer unde bitet hern Ludewiges, daz he sinen boum trage, unde bitet sin durch got unde ouch mit urteile“. Dem sal der richter gebiten, daz he sinen boum trage also: „Her Ludewic, ich gebite[10]) uch, daz ir sinen boum traget von gerichtes wegen“. „Her richter, sal ich denne sinen boum tragen, so bite ich eines urteiles, wi manigen totstich oder totslac ich in beschuteen sulle ane vare“. So sal man teilen: dri zu rechte; waz sin me ist, daz stet im zu vare unde daz muz he verbuzen. Dazselbe recht hat ienre ander grizwarte ouch. Di boumtregere sullen sie[11]) nichtes[12]) irren zu rechte; wen welchir den boum eischet unde[13]) sin gert, deme sullen si in geben, wenne iz di sigewarten heizen; so tun si iz ane vare. Ist, daz einer vellet, so mac he, di wile he lit, keinen boum gehaben zu rechte.

[§ 18.] Nu si muzen ouch haben vire sigewarten zu rechte[1]). Di muz daz gerichte kisen, daz si da zusehn unde dabi sin, als recht ist. Der sullen vire sin. Unde wenne si di kempfen[2]), di[3]) da vechten sullen[3]), heizen ufsten, so sullen si ufsten unde sullen uf di boume kumen. Unde wenne diselben sigewarten di boume heizen uzzihen, so sullen si[4]) di grizwarten uzzihen. So sal der vorderer ienen suchen mit drin howen, alse recht ist; zwene howe sal he howen uber sime[5]) schilde, umme sin houbt in[6]) der luft; mit deme dritten slage p. 234. sal he zu ieme[7]) kumen also nahe, daz he treffe sinen schilt oder sin swert oder den man selbe. Wenne daz also geschit, so hat he in rechte gesuchet. Suchet he in[8]) also nicht, so verbuzit he sechzic schillinge unde muz in[9]) anderweide suchen also lange, biz daz[10]) di sigewarten bekennen, daz he in rechte gesuchet habe. Unde so vechten si denne vor sich hin. Si stechen oder slahen sich, si bizen[11]) oder crimmen[12]) sich oder waz si tun, da sal nimant zu[13]) kumen. Ist aber, daz ir einer des boumes gert, alse recht ist, den sal man darstozen; di sigewarten sullenz[14]) aber heizen, unde wenne si heizen[4]) di[15]) boume uzzihen, so sullen di[16]) boumtreger uzzihen. Ist aber, daz ir[17]) einer vellet, di da vechten[18]), der mac keines boumes nicht[17]) gegern[19]) zu rechte, di wile he lit, man sal is im ouch nicht geben. Diz muzen si triben also lange, biz ir einer sigelos wirdet oder getotet wirdet in dem creize. Unde des muzen die sigewarten, di dazu gesatzit sint, vil rechte warten, welchir sichert[20]) oder des siges bekennet oder sigelos wirdet, daz si daz sehn unde horen. Unde diselben vire man sullen zu rechte der geswornen[21]) sin zu[22]) der stat.

[§ 19.] Ist, daz der vorderer sigelos wirdet, daz des di sigewarten bekennen, so wirdet ienre ledic sin widersache der wunden oder des totslages, darumme he angesprochen ist, unde der vorderer verbuzet vumftehalp[1]) pfunt dazu, deme richter sechzik schillinge unde ieme sime widersachen drizik schillinge, darumme daz he im angesiget hat. Wirdet aber ienre der widersache, der[2]) da[3]) angesprochen ist[2]), sigelos, ist iz um eine kampere[4]) wunde, so slet man im di hant abe unde der darf keine buze me tun; ist iz aber umme einen totslac, so slet man im abe den hals. Unde welchir sigelos wirdet in dem creize, di gare unde daz kampfgeschirre daz blibet dem richter zu rechte, ab he in begrifet in dem creize; ist aber, daz he uz dem creize[5]) kumet damite, so hat der richter dran nicht. Queme der kempfen[6]) keiner uz dem creize von geschichte oder von ungeschichte, der hette den sik verlorn, ab is di sigewarten bekennen.

Noten zu Cap. XXVII.

Vergl. Cod. dipl. II. 12,43 29. — Tittmann 1,165. Benseler 237 ff. Platner Entw. 2,403. Schäfer Sachsenchr. 2,141 ff. Maurer StV. 3,734. 741 ff. v. Kries 42 ff. Planck GV. 1,794 ff. **§ 1.** *Platner Entw. 2,299. Homeyer Richtst. 440. Behrend Observ. 3. 5. 9. v. Kries 194. Planck GV. 1,370. 790. 809. Löning Reinig. 26. 32.* **§ 2. 3.** *Vergl. XXXIII § 13. 14. — Gosl. 32,30 ff. Brünn. SchB. 21. Dist. IV, 4 d. 5. 6 d. 16—18. — Planck GV. 1,808 f. 812.* **§ 4.** *Vergl. § 1. 10* (slecht). *XXXIII § 8. 9. 15. — Ssp. I. 53 § 1. Dist. IV, 5 d. 11. — Planck GV. 1,807. 810—812.* **§ 5.** *Vergl. II § 3. XXI § 2. 3 (und die dort angef. Stellen). Verzählb. A 2. 24—31. 77. 80. 108. B 165. 485. 549 u. ö. Cod. dipl. II. 12,43 (1305 Juni 24). — Deutschbr. (32).* **§ 6.** *Vergl. XVIII § 1—3. XXIII § 1. — Klotzsch Verzellen 11. Osenbrüggen Hausfr. 52.* **§ 7.** *Vergl. II § 1. 3.* **§ 8.** *Vergl. XXIII § 3. — Ssp. I, 63 § 1. Wb. XXXV § 1. Dist. IV, 22 d. 1. — Maurer StV. 3,563. 600. 647. 788. Frensdorff Recht u. Rede 468.* **§ 10.** *Vergl. § 4 a. E.* **§ 11.** *Ssp. I. 63 § 2. Igl. 73 B. Wb. XXXVI. XL § 2. Dist. IV, 22 d. 1. — Platner Entw. 2,300 f. v. Kries 84 f.* **§ 12.** *Vergl. XXVI § 2—4. XLIX § 18. — Planck GV. 1,795. 2,297. Löning Reinigungseid 77.* **§ 13.** *Vergl. II § 3. — Budde Rechtlos. 147. v. Kries 85. Planck GV. 1,790. Löning Reinigungseid 82.* **§ 14. 15.** *Vergl. XXX § 14. — Ssp. I, 63 § 1. 4. Wb. XXXV § 1. 8. Dist. IV, 22 d. 1. 9. 10—12. — Grimm RA. 140 f. 159. Klotzsch Verzellen 102 f. Platner Entw. 2,300. Maurer StV. 3,563. Planck GV. 1,794—796. Löning Reinig. 77. Heusler Inst. 1,48.* **§ 16.** *Ssp. I, 63 § 4. 5. Wb. XXXV § 12. Dist. IV, 22 d. 13. 14. 16. — Maurer StV. 3,599.* **§ 17.** *Ssp. I. 63 § 4. Dist. IV, 22 d. 11. 13. — Siegel Gefahr 121. Maurer StV. 3,734. Planck GV. 1,796 f.* **§ 18.** *Ssp. I, 63 § 4. 5. Dist. IV, 22 d. 11. 15. 16. — Planck GV. 1,797. Löning Reinigungseid 77.* **§ 19.** *Ssp. I, 53 § 1. 63 § 4. II, 16 § 2. Wb. XXXV § 11. LXXIX § 1. Dist. IV, 23 d. (1.) 4—6. — Tittmann 1,155. Benseler 245. Maurer StV. 3,730. Planck GV. 1,793.*

[§ 1.] [1]) Wo *BC.* [2]) habe *B.* [3]) *fehlt BC.* [4]) daz *CW.* [5]) wollen *B.* [6]) gerne *B.* [7]) daz—tut *AB.* durch got daz ir also wol thut *C.* [8]) lassit *BC.* [9]) in *C.* [10]) das *B.* [11]) ligit *BC.* [12]) di vrist *A.* sie *BC.* [13]) ader *B.* [14]) *fehlt C.* [15]) geding *HW.* [16]) belenthert *H.* bleibet *W.* [17]) *fehlt C.* — [§ 2.] [1]) Wo *BCH.* [2]) unde wunden *ACW.* unde wunden hawen unde *B.* wunden halben oder *H.* [3]) alrest *A.* aller ersto *B.* daz allerersten *C.* [4]) *fehlt B.* [5]) vorwundt *B.* [6]) *fehlt C.* [7]) kampf *B.* kämpfer *W.* — [§ 3.] [1]) *Fehlt BC.* [2]) sie *B.* [3]) kamp *B.* [4]) ist—rechte *fehlt AW.* [5]) kampf *B.* kämpfer *W.* [6]) kampf *B.* — [§ 4.] [1]) *Fehlt BC.*

2) kampf *B.* kämpfer *W.* 3) *fehlt C.* 4) iensyt *C.* 5) daz—rechte *fehlt B.* 6) czu rechte *Zusatz C.* 7) czu *C.* 8) dꝫ *C.* 9) sie sie *B.* 10) *fehlt B.* 11) Wer *BC.* 12) die *B.* 13) czu rechte *Zusatz C.* 14) Wil—tun *fehlt B.* 15) clage *C.* — **[§ 5.]** 1) *Fehlt B.* 2) eines urteiles *AC.* cyn urteil *B.* 3) *fehlt C.* 4) ader *B.* 5) komet *BW.* kome her *C.* 6) wunden *B.* 7) syn *B.* 8) *fehlt BC.* 9) uff yn recke *B.* 10) ader *C.* 11) Daz sal man teylen *Zusatz C.* 12) bestanden *Zusatz B.* 13) Daz sal he *AB.* So sal man teylen: her sůlle iz *C.* 14) *fehlt A.* 15) So *C.* 16) ym *B. fehlt C.* — **[§ 6.]** 1) noch *B.* 2) ock *B.* og *C.* 3) *fehlt C.* 4) allenthalben *B.* alle *W.* 5) an *B.* — **[§ 7.]** 1) kömbtt *HW.* 2) wil *BHW.* 3) her *C.* 4) der—ist *fehlt H.* 5) mit eigen u. mit erbe *fehlt HW.* 6) bewisen wil *A.* bewiset *BC.* 7) noch *C.* — **[§ 8.]** 1) Nů sal *C.* 2) vorwundt *B.* 3) gewaltschart *B.* 4) bitte *C.* 5) *fehlt B.* 6) czether *BC.* zetter *H.* 7) woffen *B.* 8) nicht *C.* 9) moge *BCH.* 10) volkome *C.* vorkhomet *H.* 11) ym *Zusatz C.* 12) *fehlt C.* — **[§ 9.]** 1) vȯrderer *C.* 2) he bitet *A.* ich bitte *BC.* 3) nicht *C.* 4) zu rechte *fehlt BC.* 5) fordere *BC.* 6) So *B.* 7) billich nennen *C.* 8) zu rechte *fehlt BC.* 9) sal *B.* 10) bitten *B.* 11) habe *B.* 12) oder—libe *A.* an synem libe welchen enden *B.* an syme libe ader welchen enden *C.* 13) me wunden *A.* ir mehir *BC.* 14) denne *B.* 15) Ab *B.* 16) *fehlt BC.* 17) he—gelouben *AC.* ich bitte eynes urteils, wenne her im des nicht gelewben wil *B.* 18) daz—wunde *fehlt B.* 19) bitet eines urteiles *fehlt B.* 20) *fehlt BC.* 21) yn *B.* 22) *fehlt C.* 23) můzze *C.* 24) Her—sendot *fehlt BC.* 25) so sullen di boten *A.* die boten sullen *BC.* — **[§ 10.]** 1) kumen unde *fehlt C.* 2) ir *C.* 3) *fehlt C.* — **[§ 11.]** 1) der *C.* 2) Czother *BC.* 3) Aber—hat *fehlt C.* 4) Czether *B.* 5) *fehlt B.* 6) *fehlt BC.* 7) spreche *B.* 8) unseme herren dem *AC.* unsern hern den *B.* 9) marcgreven *auf einer Rasur von späterer Hand A.* fůrsten *B.* kůnige *C.* 10) wo der ist *fehlt B.* 11) *fehlt C.* 12) her *B.* 13) her *Zusatz C.* 14) gemach *B.* 15) im den *AC.* yn *B.* 16) ader *Zusatz B.* 17) besehen *B.* 18) aber *Zusatz C.* 19) denselben H *C.* 20) So spricht *C.* 21) gegrussit *B.* 22) ist *B.* 23) denne *B.* 24) sulle tun *A.* thu *B.* thun sůlle *C.* 25) billicher *B.* 26) den her ym keyne were thu *Zusatz B.* — **[§ 12.]** 1) Were is *BC.* 2) *fehlt B.* 3) eyner *BC.* 4) *fehlt C.* 5) daz man yn doran lese *Zusatz B.* 6) ab he *AC.* her sulle *B.* 7) dorumbe *B.* 8) So—geben *fehlt B.* 9) geschreye *B.* 10) di wunde ist *AC.* so ist die wunde *B.* 11) ader her *C.* 12) welcher ir *C.* 13) vorbůzzot *C.* — **[§ 13.]** 1) nicht besessen *C.* 2) *fehlt B.* 3) *fehlt C.* 4) *fehlt H.* 5) der *C.* 6) ihme *H.* 7) nemen ader *Zusatz C.* 8) fregen *BC.* 9) wenne—gesten *A.* drie man wenne die gestehen *B.* gesten ym dry man *C.* 10) uß den siben *Zusatz B.* 11) oder wo *AB.* vire ader *C.* 12) nicht *C.* 13) man in *AC. B.* her 14) woffenrufte *B.* wafenrůfe *C.* 15) her *Zusatz C.* 16) marcgreven *auf einer Rasur von späterer Hand A.* kinges *C.* 17) hern *Zusatz BC.* 18) ym *B.* 19) hern *Zusatz C.* 20) Friderich *C.* 21) wafengerůfte *B.* wofenrůfe *C.* 22) do—wafenrufte (wofenrufte *B*) *fehlt C.* 23) marcgreven *auf einer Rasur von späterer Hand A.* 24) wofenrufte *B.* wofenrůfe *C.* 25) schriete *B.* 26) quam—wafenrufte *fehlt C.* 27) marcgreven *auf einer Rasur von späterer Hand A.* 28) nu zu rechte *fehlt C.* 29) Welcher ir *C.* 30) Welchir—gestanden *fehlt B.* 31) zcu eynem

male *BC.* 32) her *C.* 33) under *B.* — [§ 14.] 1) alß daz *C.* 2) die drie *B.* 3) *fehlt B.* 4) geschreylute *C.* 5) unde—einander *fehlt BC.* 6) daz—geln *fehlt BC.* 7) syme *B.* 8) an *BC.* 9) das *BC.* 10) komet *B.* 11) icht geschaden *C.* 12) müge *C.* 13) is *B.* 14) zcu *BC.* 15) geschaden moge *B.* 16) getrungen wirt *C.* 17) ader *Zusatz C.* 18) So—grifen *fehlt C.* 19) snabete *B.* — [§ 15.] 1) behalden werde *C.* 2) widder *B.* 3) an *BC.* 4) ym *Zusatz C.* 5) *fehlt C.* 6) *fehlt B.* 7) her *B.* 8) se se *C.* 9) di vingere *fehlt B.* se *C.* 10) süllen *Zusatz C.* 11) beydersyt *Zusatz C.* 12) beyder *B.* 13) daz si *fehlt BC.* 14) *fehlt BC.* 15) ader nicht *Zusatz BC.* 16) czeten *BC.* — [§ 16.] 1) zume ersten *AC.* allererst *B.* 2) nw *B.* 3) *fehlt C.* 4) *fehlt B.* hſ ynne *C.* 5) bis das *B.* 6) her *Zusatz C.* 7) lost *BC.* 8) ym *B.* 9) *fehlt B.* 10) czu rechte *Zusatz C.* 11) bitten *B.* 12) behalden *C.* 13) daz—kume *fehlt B.* 14) muge—Des *fehlt C.* 15) also lange biz *C.* 16) her *C.* 17) kempf denne *B.* 18) *fehlt BC.* 19) unde *Zusatz B.* 20) oder wi he wil *fehlt BC.* — [§ 17.] 1) *Fehlt BC.* 2) bitet im *A.* undo bittet *B.* und bit *C.* 3) wo *C.* 4) se got *C.* 5) denno ouch *B.* ouch denne *C.* 6) si — einander *AC.* denne sie beyde uffstehen unde vor gerichte mit eynander gehen *B.* 7) *fehlt C.* 8) des di boten *A.* is denne die *B.* iz dſ *C.* 9) gein *B.* 10) bitte *B.* 11) ouch *Zusatz C.* 12) hyndern noch *Zusatz C.* 13) ader *B.* — [§ 18.] 1) zu rechte *fehlt C.* 2) kempfer *B.* kemphen *C.* 3) di — sullen *fehlt BC.* 4) *fehlt B.* 5) dem *B.* 6) an *B.* 7) ym *B.* 8) aber yn *B.* in aber *C.* 9) yn doch *BC.* 10) *fehlt C.* 11) boissen *B.* byzen *C.* 12) krymmen *B.* crymmen *C.* 13) czů in *C.* 14) die sullen is *B.* 15) czů *C.* 16) se dſ *C.* 17) *fehlt BC.* 18) di da vechten *fehlt BC.* 19) begern *B.* 20) sigert *B.* schryet *C.* *Vielleicht in* siget *zu emendiren.* 21) der geswornen *AC.* gesworne *B.* 22) von *C.* — [§ 19.] 1) funf *B.* 2) der—ist *fehlt C.* 3) *fehlt B.* 4) kampf *B.* 5) dem creize *AC.* im *B.* 6) kempfer *B.*

Cap. XXVIII.

Diz ist von der heimsuchunge.

§ 1—3. Vom Begriffe der Heimsuchung und der auf sie gesetzten Strafe. § 4. Von der Nothwehr des Hausherrn. § 5. 6. Wann kann einer, der feilen Trank hat, um Heimsuchung klagen. § 7. Vom Beginne der Klage um Heimsuchung. § 8. Vom Verfahren gegen den aufgehaltenen oder verbürgten Beklagten bez. gegen die Bürgen. § 9—11. Vom Einheischen des nicht aufgehaltenen Beklagten, Besichtigung und Besagung der Wunden. Beweise der Heimsuchung mit den Nachbarn und Verzählung des abwesenden Beklagten. § 12. Von der Klage um Heimsuchung gegen den anwesenden Beklagten. § 13. 14. Vom Beweise der Heimsuchung mit den Nachbarn und der Strafe des überführten Hausfriedensbrechers.

[§ 1.] Wirdet ein man uberloufen in sime huse oder in sime gemache, wo daz ist, von gewaldigeren1) oder2) von luten, wer si sint, di da[3]) triben unrechte[4]) gewalt in deme huse also lange, biz[5]) daz der wirt wunt wirdet oder kein sin[6]) *p. 235.* ingesinde wizzenliche den nakeburen obenwendic[7]) unde nidenwendic, der mac eine heimsuchunge wol volbrengen mit rechte.

[§ 2.] Oder wirdet ein man geiaget in eines anderen mannes hus mit howen[1]) unde mit slegen unde he[2]) darin loufet durch vride unde durch[3]) genade[4]) unde si des wirtes nicht schonen unde volgen im nach in daz hus mit unrechter gewalt unde mit gerukter were[5]) unde triben daz also lange, biz[6]) si den man[3]) wunden wizzentliche den nakeburen obenwendic[7]) unde nidenwendic, der wirt mac ouch[8]) eine heimsuchunge volbrengen mit rechte.

[§ 3.] Geschit ein urhap in einer gazzen, daz sich lute werren unde slan unde stechen uf einander, also daz di einen intwichen in ein hus durch den vride, iz si eines mannes hus[1]) oder einer witewen[2]), unde di anderen[3]) schonen des wirtes nicht oder der[4]) witewen[5]) unde volgen na mit howen unde mit stichen[6]) in di[7]) thur unde in di venster unde triben daz also lange, daz[8]) si kumen in daz hus mit gewapenter hant unde mit gerukter were wizzenliche den nakeburen, diz heizen alliz rechte[4]) heimsuchunge[9]), di man wol[10]) volbrengen mac mit rechte. Aber keine heimsuchunge mac[11]) gesin ane kampere[12]) wunden. Unde di lute, di sulche unrechte gewalt begehen, wi vil der ioch[13]) ist, di volbrengit man alle wol mit einer kamperer[14]) wunden also samfte alse mit cehenen. Ist ir vire, sechse oder[10]) cehene derselben vridebrecher oder wi vil ir ist da gewest an hanthafter tat, di volbrenget man[4]) alle wol mit der einen kamperer[15]) wunden unde mit den nakeburen, di iz gesehn unde gehort haben, unde slet in abe di helse mit rechte. Kumen diselben vridebrecher vor gerichte, si mugen keine vormunden zu rechte nicht[16]) gehaben, wende man si volbrengen wil umme di heimsuchunge. Ist aber, daz si nicht vorkumen unde antwerten, so mac man si vervesten alle uf di helse. Man muz aber di wunden alrest lazen[4]) besagen, daz si kamper[17]) si, unde muz denne di heimsuchunge[18]) bewisen mit erhaften luten[19]), di beseczen sint[19]), di iz gesehn unde gehort haben, daz di heimsuchunge[18]) an im ist geschen[20]); so vercelt man si alle uf di helse.

[§ 4.] Ist ouch der wirt also biderbe[1]), daz he sich wert der unrechter[2]) gewalt in sime huse oder hilfet sime ingesinde, daz man da slet, oder hilfet ouch den, di in sin hus wichen oder vlihen, daz sie gerne vride hetten, unde daz im des got hilfet, daz si iene alle wunden oder ioch etislichen zu tode slahen, unde hat der wirt unde[3]) sine helfere unde sin gesinde albetalle[4]) nicht den[5]) ein einige kampere[6]) wunde, mit[7]) derselben kamperer[8]) wunden[7]) unde mit sinen nakeburen volbrenget he di alle baz, wen si im mit rechte keine antwerte angewinnen kunnen. Daz kumet davon, daz di kampere[6]) wunde mit der heimsuche wizzentliche den nakeburen gewinnet di ere[9]) klage eime totslage an mit rechte. *p. 236.*

[§ 5.] Ein iklich man, he habe veilen tranc[1]) oder nicht oder wer he ist, der volbrenget eine heimsuche[2]) wol, hat he is sine nakebur zu helfe[3]). Ist aber, daz ein man veilen tranc hat, win oder[4]) mete oder bir, unde kumen lute in sin hus gegangen zu deme tranke, alse gewonlich ist, unde setcen sich nider unde trinken alse lange, biz[5]) daz sich[6]) ein gestoze[7]) hebit[8]) under in[9]), iz si von trunkenheit oder wi daz[10]) si, daz si sich werren mit einander also lange, biz daz wunden geslagen werden, daz ist kein heimsuchunge[11]) nicht, uf di[12]) mac der wirt keine heimsuche[13]) nicht[4]) volbrengen[14]) zu rechte.

[§ 6.] Ist aber, daz lute kumen geloufen uz anderen

gazzen oder von anderen husern zu dem huse mit gewapenter hant mit gerukter were[1]) an gerichte unde kumen des in daz hus mit unrechter gewalt unde mit slegen unde mit stichen[2]), varen[3]) unbescheideliche unde schonen des wirtes nicht unde triben daz also lange, biz daz[4]) der wirt wunt wirdet oder sin ingesinde oder siner helfere keiner, hat he des sine nakebur, di iz sehn unde horen, he volbrenget eine heimsuche wol uf diselben mit rechte.

[§ 7.] Wo di heimsuchunge[1]) geschit also, alse da[2]) vor geschriben stet, di sal man klagen zu huse unde zu hove des aftervoites unde sal[3]) zu dem neisten dinge beginnen zu vorderne unde sal boten biten zu den wunden unde sal di lazen besehn unde besagen. Ist der wunden nicheine kamper[4]), so mac da keine heimsuche nicht[5]) volbracht werden, wi sere ioch iene geunvuget haben, so muz man in antwerten, haben si kampere[6]) wunden.

[§ 8.] Ist aber, daz der wirt oder kein sines gesindes oder siner[1]) helfere haben kampere[2]) wunden eine oder me, der sal treten vor gerichte, hat he iene ufgehalden oder verburget. Man muz burgen wol von in zu rechte nemen, di wile si nicht verwunden sin. Unde ist denne, daz si burgen setcen, so sal der wirt zu dinge kumen unde sal ir warten. Kumen sie nicht zu dinge, der wirt sal di wunden lazen besagen unde sal bewisen mit sinen nakeburen, daz di heimsuchunge[3]) an im geschen ist, unde sal iene vervesten uf ir helse; unde der burge ist bestanden zu rechte mit dem halse dazu[4]), wen he ir[5]) nicht gestellen mac. Ist aber, daz he si geborget hat bi eime huse oder bi eime genanten erbe unde anders nicht, daz ist verlorn zu rechte, unde[6]) he ist ledic unde iene sint verzalt uf ir helse[6]).

[§ 9.] Ist aber des nicht, daz he si[1]) nicht ufheldet

noch[2]) verburget, so sal he si zu rechte lazen ineischen also: „Her richter, he klaget unsem herren gote unde uch uber einen Herman unde uber einen Cunrat unde wi vil ir ist (di mac he nennen), daz di quamen an die stat, da her Nicklaus unde sin ingesinde unde sine geste in sime huse[3]) vride unde genade solden haben, unde brachen[4]) den vride an im unde heimsuchten[5]) in mit gewapenter hant[6]), mit gerukter were[7]), *p. 237.* mit howen unde mit stichen[8]) unde haben wunden geslagen in sime huse, unde bitit einis urteilis, ab man si[9]) darumme icht eischen[10]) sulle". So sal man teilen: man sulle si[11]) zu rechte eischen[12]), wi wol si ioch[13]) besezzen sint. Di sal der butel eischen[14]) also[15]): „Ich eische denselben Herman[6]), denselben Cunrat umme di wunden unde umme di heimsuche, di den vride gebrochen haben[15]), zu einem mal, zume anderen mal, zume dritten mal". Ist imant hi, der si borgen wolle, man gibet si im zu borge uf ir recht. So mac der vorderer eines urteiles biten: wende si geeischet sint zu dem ersten male, wes he nu zu rechte darumme warten sulle. So sal man im[11]) teilen: man sulle im unde ienen bescheiden in daz neiste dinc[16]). Also sal in der richter bescheiden. So sal der wirt boten biten zu den wunden dri man, di si besehn unde besagen; den sal man ouch bescheiden in daz neiste dinc.

[§ 10.] Ist abir, daz da andere vorderer sint, di di[1]) wunden vorderen, unde biten di boten darzu, werden si besehn unde besaget kamper[2]) vor gerichte in den vir benken, daz hat also groze craft zu der heimsuchunge[3]) zu volbrengene, alse ab si[4]) der wirt selbe lize besehn unde besagen, wen iz ot[5]) in derselben heimsuche geschen ist unde in dem urhabe. Darumme so mugen iene di wunden vorderen mit kampfe unde der wirt der[6]) vorderet sine heimsuche, di an im geschen ist, mit denselben wunden, di benennet he niwan[7]) daz si zu kampfe besaget sint. He muz aber mit sinen nakeburen di heimsuche bewisen unde volbrengen, als recht ist.

[§ 11.] Nu der wirt der kume aber zu dem anderen dinge, als im bescheiden ist, unde[1]) volge siner klage[2]) unde klage aber diselbe klage, als he zu dem ersten dinge klagete. unde iene kumen nicht, man sal si aber lazen ineischen, alse man si inisch[3]) umme di wunden unde umme di heimsuche. Unde di wunden sal man besagen zu dem dinge, ab si vor nicht besaget sint; von weme daz geschit, daz si ot[4]) zu kampe besaget werden, so ist sin genuk. Nu muz der wirt haben zwene[5]) siner nakebure, di da besezzen sint mit[6]) eigenem rouche, unde wo si gesezzen[7]) sint[6]) in der virden oder[8]) in der sechsten gazzen, daz heizen alliz nakebur. Mit den so[9]) muz he bewisen, daz di heimsuche an im geschen ist, unde muz teidingen also sin vorspreche: „Her richter, he[10]) wil bewisen, daz di heimsuche an im geschen ist, mit erhaften luten, daz diselben, di he bi hat lazen ineischen, quamen mit gewapenter hant unde mit gerukter were unde heimsuchten[11]) mit slegen unde mit stichen[12]) unde quamen des in sin hus unde triben daz also lange, biz da[13]) kampere[14]) wunden geslagen wurden. Her richter, da vreget di zwene man umme, waz in darumme
p. 238. wizzenlich si". Die sullen[15]) bi im sten. Di sal denne der richter manen einvaldikliche unde vregen: waz in darumme wizzenlich si. Di sullen sprechen also: „Her richter, uns ist wizzenlich, daz diselben, di he hat lazen ineischen, quamen vor sin hus unde heimsuchten in[16]) mit gewapenter hant mit gerukter were unde slugen unde stachen in sine thur unde in sine venster unde quamen des in sin hus unde triben daz also lange, biz da[17]) kampere[18]) wunden geslagen wurden". Nu sal der wirt vregen eines urteiles: wen di wunden besehn unde besaget sin zu kampfe unde he di heimsuchunge[19])

bewiset habe[20]), als recht si[21]), wi man nu zu rechte richten sulle. So sal man teilen: mit vingeren unde mit zungen. Also[22]) sal der richter gebiten allen den, di in deme dinge sin, daz iklicher einen vinger sal ufrecken. So sal der wirt vregen eines urteiles: wer si after dem tage buse unde hove, wi im der zu rechte bestanden si. So sal man teilen: desselben[23]), des im ouch iene bestanden sin[23]), he wolle si denne zu rechten teidingen halden[24]). So sal[25]) he eines urteiles vregen: ab he si after dem tage ansichtic werde, wi oder mit weme he si zu rechte ufhalden sulle. So sal man teilen: mit alle den[1]), di da[9]) vride unde genade wollen haben. So sal[25]) he eines urteiles biten[26]): ab he in ansichtic werde unde in ufhalden wolle, ab he oder kein sin vrunt an im den vride gebrechen muge. So sal man teilen: daz noch[9]) he noch kein sin helfer[27]) keinen[28]) vride an im gebrechen muge, wolle he in volbrengen, als recht ist.

[§ 12.] Ist aber, daz der vridebrecher oder der heimsucher keiner vor gerichte kumet unde wil antwerten, so mac der wirt eines urteiles biten[1]), ab he sich zu rechte icht nennen sulle. So sal man teilen: he sulle sich billiche nennen, wen he zu im teidingen[2]) wolle. He nenne sich Cunrat. Mit demselben[3]) namen muz he im[4]) antwerten zu rechte, wes[5]) he im schult gibet. So mac[6]) he burgen von im eisschen; den[7]) muz he im setcen. So sal he klagen also sin vorspreche: „He klaget unseme herren gote unde unsem herren dem konige[8]), wo der ist, unde uch herre[9]) her richter unde alle den, di da[4]) vride unde genade wollen haben, uber denselben Cunrat, der da kegenwertik stet, daz der[10]) quam an di stat, da her Nicklaus unde sin ingesinde[11]) oder[12]) sine geste in sime huse vride unde genade[13]) solden haben. Da brach he den vride an im unde an sime gesinde oder[14]) an sinen gesten unde heimsuchte

in mit gewapenter hant unde mit gerukter were mit howen unde mit stichen in sin thur unde in sin venster wizzenliche sinen nakeburen obenwendic[15]) unde nidenwendic unde treip[16]) daz also lange, biz daz da offene wunden geslagen wurden, alse si besehn unde besaget sin zu kampfe. Wil he im des bekennen, he bitet uch gerichtes. Wil he is im[17]) loiken, he wil denselben Cunrat umme die[18]) heimsuche volbrengen mit
p. 239. sinen nakeburen obenwendic[15]) unde nidenwendic unde mit alle deme rechte, alse he zu rechte sal volbrengen eine heimsuche". Hat ienre boten gehabet zu dem gruze, di mac he manen. Ist aber, daz he sich bittet an sinen vormunden, so sal der wirt eines urteiles biten: wende he eine[19]) heimsuche zu im geklaget habe mit offenen wunden unde[20]) di uf in volbrengen wil mit sinen nakeburen, als recht ist, ab he keinen vormunden zu rechte gehaben muge. So sal man teilen: sint dem mal daz he eine heimsuche zu[14]) im[14]) geklagit habe mit offenen wunden[20]) unde[21]) in des volbrengen wolle, daz he zu rechte keinen vormunden haben[22]) sulle. So muz he antwerten zu rechte. So mac sin vorspreche sprechen: „Her richter, ich verneme gerne, wes he[23]) im schult gebe". So muz in der wirt anderweide begruzen, wil he is nicht intperen. Da sal he boten zu biten, daz he begruzet werde, als recht ist. So muz he in beklagen[24]) alles dinges, alse da vor geschriben[25]) stet. So mac ienre keine teidinc dawider vinden zu rechte, daz im icht hulfelich si. He[26]) mac der were biten mit urteile. So bite dirre eines urteiles dawider[27]): wen he in[9]) volbrengen wolle unde[28]) begruzet habe, als recht ist, umme di heimsuche, ab he dawider icht[29]) geteidingen muge, he muze sin volbrengen liden. So sal man teilen: volbrenge he in, als recht ist, daz he iz baz getun muge, wen[30]) he kein teidinc dawider gehaben muge.

[§ 13.] Hat der wirt denne sine nakebur alda, he mac alda volkumen[1]), ab he wil. Ist des nicht, he mac sich vermezzen zu dem nehisten dinge. Also muz man in bescheiden zu rechte[2]) beidersit. So sal he[3]) eines urteiles biten der[4]) wirt[4]), ab sine nakebur dar nicht wollen durch sine libe[5]) oder durch sine bete, daz si im helfen zu siner not, wer si im zu rechte dar twingen sulle. So sal man teilen: daz sulle der[6]) richter zu rechte tun[6]). So mac ienre eines urteiles biten: ab he di nakebur icht nennen sulle. So sal man teilen: he durfe ir nicht nennen an der stat; wenne he [si] sine nakebur nennet, damite[7]) ist is[8]) genuc. So mac der wirt eines urteiles biten: ab he den richter manet umme sine nakebur unde ab si zu dinge nicht kumen, ab man icht zu rechte anderen tac bescheiden[9]) sulle. So sal man teilen: mane he den richter unde werre iz an im, daz man im billiche anderen tac bescheide[10]). Ist, daz he den richter nicht manit, unde kumen sine[11]) nakebur nicht zu dinge durch sine bete, ienre wirdet ledic mit[12]) rechte.

[§ 14.] Ist abir, daz der wirt kumet zu dinge mit sinen nakeburen unde wil volkumen, als recht ist, so muz he teidingen also sin vorspreche[1]): „Her richter, hi ist her[2]) Nicklaus unde[3]) wil volkumen mit sinen nakeburen[3]), als[4]) he sich vermezzen hat, umme di heimsuche[4]), let[5]) is in got geramen unde bitet uch, daz ir gebitet hern Hermanne unde hern Otten, *p. 240.* daz si an sinen gezuk treten“. Daz sullen erhafte besezzene lute sin mit eigeneme rouche, di ir echt unde ir recht behalden haben. Den sal der richter gebiten, daz si an sinen gezuk treten. Nu he stadele sinen gezuk, unde ienre sal boten biten dazu[6]), di da horen[7]), daz he bezuget unde volbracht werde[8]), als recht ist. Den sal der richter gebiten, daz si da zuhoren. So sal der wirt eines urteiles biten: wen man alrest manen sulle, wen he[9] sinen gezuk gestadilt habe. So sal man teilen: welchen he alrest gestadilt habe. Daz ist der[10] Herman. So mac he einis urteiles vregen: wi man in manen sulle denselben Herman. So sal man teilen: mit dem eide. So mac he eines urteiles vregen[11]: wi dicke he sich irholen sulle an dem eide. So sal man teilen: zwir na dem ersten. So mac he einis urteiles biten[12]: ab man den eit icht reiten sulle. So sal man teilen: man sulle in billiche reiten. Unde kein gespreche sullen si haben[13] beidersit. So mac ienre eines urteiles biten: ab he icht benennen sulle, waz he bezugen wolle. So sal man teilen: he sulle iz billiche benennen. So sal der wirt benennen also: he wolle bezugen, daz[14] in derselbe Cunrat geheimsuchet habe mit gewapenter hant mit[15] gerukter were also lange, biz da[16] kampere[17] wunden geslagen wurden. Nu sullen di boten den eit reiten also: „Her richter, ir sult hern Hermanne manen mit dem eide, den he zu dem vride gesworn habe zu aller slachte recht: ab he daz gesehn unde gehort habe, daz Cunrat hern Nicklause geheimsuchit habe mit gewapenter hant mit[15] geruckter were also lange, biz da[18] kampere[17] wunden geslagen wurden". Also sal in der richter manen. Da sullen di boten zuhoren. So sal her[19] Herman zu hant sweren also, wenne in der richter gemanet: „Ich begrif iz mit dem eide, den ich zume vride gesworn habe zu aller slachte recht, daz ich daz[20] gesehn unde gehort habe, daz Cunrat hern Nicklause geheimsuchet hat mit gewapenter hant unde[21] mit gerukter were also lange, biz da[22] kampere[17] wunden geslagen wurden". Nu sal man di boten manen. Ist he gestanden, wol unde gut. Ist he nicht gestanden, so sal man in aber[23] manen. Irvellet he dri stunt, so[24] ist di klage verlorn. Ist aber, daz he gestet[24], so mac he eines urteiles biten[25]: wen man nu[21] zu rechte manen sulle. So sal man teilen: den wirt.

So mac he vregen eines urteiles: wi man in manen sulle. So sal man teilen: mit dem eide. So mac he vregen eines urteils: wi dicke he sich irholen sulle. Daz[26]) sal he tun[26]) zwir nach dem ersten. Den[27]) sal man manen also hern Niklause[27]) mit dem eide, den he zume vride habe gesworn[28]) zu aller slachte recht, ab di rede recht unde war si, di her *p. 241.* Herman vor[29]) gesprochen habe. Gestet he also, daz des di boten bekennen, so ist he gestanden. Nu mac he einis urteiles bitten[30]): wen man nu zu rechte manen sulle. So sal man teilen: den dritten oder den letsten. So mac he eines urteiles vregen: wi man in manen sulle. So sal man teilen: mit dem eide. So mac he eines urteiles biten[30]): wen he sweren sulle, wi dicke he sich irholen sulle. Daz sal he[31]) ouch tun[6]) zwir nach dem ersten. Den[32]) dritten sal man manen also: „Her Otte, ich mane uch mit dem eide, den ir zu dem vride gesworn habt zu aller slachte recht, ab di rede recht unde war si, di her Herman vor gesprochen hat unde her Nicklaus nach“. Gestet he also unde des di boten bekennen, so ist he gestanden. So mac he eines urteiles vregen: ab he nu icht volkumen si mit sime gezuge, wen si alle dri gestanden sint, als recht ist. So sal man teilen: daz he billiche volkumen si. So mac he eines urteiles vregen: ab he sinen gezuk icht brechen sulle[33]) ane vare. So sal man teilen: daz iz im unschedelich ist[34]), ab he in brichet[35]). Were iz aber, daz he irvile an dem gezuge, so wurde ienre ledic der klage mit[36]) rechte unde der wirt verbuzte[37]) sechzic schillinge; di muste[38]) he leisten in virzehn tagen. Ist aber, daz he volvert, als recht ist, an allen sachen, so sal he biten eines rechten urteiles, wen he eine heimsuchunge geklaget habe mit offenen wunden uf denselben Cunrat unde di bezuget unde volbracht hat uf in mit sinen nakeburen, als recht ist, wi man im zu rechte nu richten sulle.

Des[39]) urteiles[6]) sal man den butel vregen. Der sal teilen: man sulle richten zu rechte mit dem swerte. So mac he eines urteiles biten[25]): wen he verteilt si, ab he im zu rechte di hende icht hinder den rucke binden sulle. So[40]) sal man teilen: wende he verteilt si, daz man si im billiche[21]) hinderen rucke binden sulle[40]). So mac he den richter biten durch got unde durch iz[41]) recht, daz he mit im[42]) rite oder bi im si also lange, biz daz[21]) he gerichte, als im urteil geteilt[43]) haben. Daz sal der richter zu rechte tun. So sal he in uzvuren unde richten, als recht ist. So[44]) mac he danken dem richtere gutes gerichtes[44]).

Noten zu Cap. XXVIII.

Gosl. 33,35. 50,1 ff. Brünn. SchB. 395 ff. Brünn. St. 39. Wb. XXXVIII. Dist. II. 3 d. 1–4. — Tittmann Heinr. d. Erl. 2,122. Benseler 183 ff. Osenbrüggen Hausfr. 61 ff. 74 f. Eschenburg 30. Coith: Freib. Mitth. 13,1198. **§ 1. 2.** *v. Kries 191.* **§ 3.** *Deutschbr. (31). — Köstlin: Ztschr. f. D. R. 15,408. Osenbrüggen Hausfr. 76 f. 84. Eschenburg 38. v. Kries 191. Planck GV. 1,177. 799. Löning Reinigungseid 88.* **§ 4.** *Ssp. II, 69. Dist. VI, 3 d. 2. — (Geyer Nothwehr 117 ff.) Planck GV. 1,811 f.* **§ 5. 6.** *Gosl. 51,13. 21. Brünn. SchB. 398. Deutschbr. (36 f.). Dist. II, 3 d. 4. — (Osenbrüggen Hausfr. 8 f.)* **§ 7.** *Vergl. oben § 3. XXVII § 1.* **§ 8.** *Vergl. V § 16. 17. XXIII § 4. — Budde Rechtlosigk. 154. Bienko 31.* **§ 9. 10.** *Osenbrüggen Hausfr. 72.* **§ 11.** *Vergl. XXI § 2. Verzählbuch A 56. B 1143. 1256. Cod. dipl. II. 12,127 (§ 9). — Igl. 67. Brünn. SchB. 400. Deutschbr. (30). — Osenbrüggen Hausfr. 74 f. Bienko 12. 17. 33. v. Kries 193. Planck GV. 1,799. 2,87. 142. 306 f.* **§ 12.** *v. Kries 191 f. Löning Reinigungseid 133. 266.* **§ 13.** *Planck GV. 2,220. 222 f.* **§ 14.** *Vergl. II § 3. VIII § 3. 4. XII. XIII § 5 ff. — Igl. 67. Igl. SchB. 181. — Homeyer Richtsteig 468. v. Kries 192. Planck GV. 2,86. 94 f. Löning Reinig. 88.*

[§ 1.] [1]) gewaldigen *BW.* [2]) und *B.* [3]) di da *A.* unde *BC.* [4]) unrechte gewalt *AC.* ungerechte gewalt *B.* gewaltt unnd unrechtt *H.* unrecht und gewalt *W.* [5]) lange biz *fehlt HW.* [6]) kein sin *ABC.* gegenn sinem *H.* gegen seinen *W.* [7]) obendig *B.* obwendig *C.* — [§ 2.] [1]) ader mit stichen *Zusatz C.* [2]) *fehlt C.* [3]) *fehlt BW.* [4]) unde durch genade *fehlt C.* [5]) gewere *BCW.* [6]) bis das *B.* [7]) owendig *B.* obwendig *C.* [8]) wol *Zusatz C.* — [§ 3.] [1]) *Fehlt BC.* [2]) frawen *B.* [3]) di anderen *AC.* an den *B.* [4]) *fehlt B.* [5]) wirtynne *B.* [6]) stechen *BC.* [7]) der *C.* [8]) bis daz *B.* [9]) heymsuchungen *C.* [10]) *fehlt C.* [11]) nicht *Zusatz C.* [12]) kampf *B.* kampfbare *H.* kampfer *W.* [13]) inch *B.* *fehlt HW.* [14]) kampfbar *BH.* kampf *W.* [15]) kampf *B.* kampfbarn *H.* kampfer *W.* [16]) *fehlt CH.* [17]) kampfbar *B.* kampfer *W.* [18]) heymsuche *C.* [19]) luten—sint *AW.* besessen luten *BC.*

20) ist geschen A. gescheen ist B. geschên sỷ C. — [§ 4.] 1) bedirbe B. bothenmäßig W. 2) ungerechten B. 3) umme B. 4) alle mit alle B. alle HW. 5) wenne B. me denne CHW. 6) kampf B. kampfbare H. kämpfer W. 7) mit — wunden *fehlt* HW. mit der C. 8) kampf B. 9) irste C. erste W. — [§ 5.] 1) kouff C. 2) haußsuchung W. *Osenbrüggen Hausfr. 60 f. führt mehrere Beispiele für Haussuchung in der Bedeutung von Heimsuchung an; aber hier liegt zweifellos nur ein Versehen vor.* 3) hulfe BC. 4) *fehlt* BCW. 5) *fehlt* C. 6) sie BC. 7) gestöre B. 8) heben BC. 9) under in *fehlt* BC. 10) is B. 11) heymsuche C. 12) den C. 13) heymsuchunge B. 14) vorbrengen C. — [§ 6.] 1) gewere B. 2) stechen BC. 3) *fehlt* BC. 4) *fehlt* C. — [§ 7.] 1) heymsuche BC. 2) *fehlt* C. 3) sie *Zusatz* BC. 4) kampfbar B. kämpfer W. 5) *fehlt* BC. 6) kampf B. — [§ 8.] 1) syn B. 2) kampf B. kämpfer W. 3) heymsuche BC. 4) *fehlt* H. 5) *fehlt* HW. 6) unde—helse *fehlt* B. — [§ 9.] 1) ir C. 2) ader B. 3) in sime huse *fehlt* C. 4) brach C. 5) heymsuchte C. 6) und *Zusatz* CW. 7) gewere B. 8) stechen BW. 9) die B. *fehlt* W. 10) inheyschen BC. 11) *fehlt* C. 12) man sulle—eischen (ynheischen BC) ABC. Is HW. 13) iach B. auch HW. 14) heischen B. inheyschen C. 15) also—haben ABC. nach der klage wie oben verlaut (H) W. 16) geding W. — [§ 10.] 1) da BW. 2) kampfbar B. kämpfer W. 3) heymsuche BC. 4) *fehlt* B. 5) og BC. *fehlt* W. 6) *fehlt* BCW. 7) yn wan B. nüer C. — [§ 11.] 1) *Fehlt* C. 2) siner klage AC. synen clagen B. 3) si inisch A. hiesch B. si hyschz C. 4) og B. oc C. 5) czwene man B. *fehlt* C. 6) mit—sint *fehlt* C. 7) besessin B. 8) und B. 9) *fehlt* BC. 10) ich B. 11) in *Zusatz* C. 12) stechen B. 13) das B. daz do C. 14) kamp B. 15) da *Zusatz* B. 16) *fehlt* B. 17) das B. 18) kampf B. 19) heymsuche BC. 20) had B. 21) ist B. 22) So B. 23) desselben—sin A. mit dem halse bestanden als yene B. her sỷ mit deme halse bestanden alß iene C. 24) gestellen C. 25) mag BC. 26) fregen BC. 27) frunt B. 28) den B. — [§ 12.] 1) fregen BC. 2) sülle ader *Zusatz* C. 3) dem BC. 4) *fehlt* BC. 5) wer B. 6) muß B. 7) die B. 8) marcgreven *auf einer Rasur von späterer Hand* A. 9) *fehlt* B. 10) her B. 11) in synem buß ader do her Niclaus *Zusatz* BC. 12) undo BC. 13) gemach B. 14) *fehlt* C. 15) obendig B. obwendyg C. 16) treypt C. 17) ym aber C. 18) umme die AC. mit der B. 19) umbo B. 20) unde—wunden *fehlt* B. 21) unde her B. 22) nicht haben B. 23) man C. 24) unde begrussen *Zusatz* BC. 25) beschreben B. 26) Denne her C. 27) dokegen C. 28) und in C. 29) dawider icht AB. icht dokegen C. 30) denne B. — [§ 13.] 1) komen C. 2) zu rechte *fehlt* B. 3) der wirt B. 4) *fehlt* B. 5) sine libe AC. synen willen B. 6) der—tun A. thun der richter BC. 7) so BC. 8) sein C. 9) scheyden C. 10) bescheiden sulle B. 11) dỷ C. 12) zen B. — [§ 14.] 1) sin vorspreche *fehlt* BCW. 2) der C. 3) unde—nakeburen AC. mit synen nagkebuwer unde wil volkomen B. 4) als—heimsuche (heymsuchunge CW) *fehlt* B. 5) lest B. 6) *fehlt* BC. 7) zeuhoren BC. 8) umbe die heymsuche *Zusatz* BC. 9) her allererst B. 10) er B. 11) bitten BC. 12) *In B ist das Wort von einer späteren Hand (Saec. XVI?) in* fragen *verwandelt.* 13) nicht haben B. 14) also daz C. 15) und mit C. 16) das BC. 17) kampf B. 18) daz B. 19) der B. 20) do C. 21) *fehlt* B. 22) das B.

[33]) anderweit *B.* [34]) so—gestet *fehlt B.* [35]) vrogen *C.* [36]) Daz—tun *fehlt BC.* [37]) Den — Niklause *AC.* Den ern Niclaus sal man manen also *B.* [38]) habe gesworn *A.* gesworn had *B.* gesworn habe *C.* [39]) vor gerichte *B.* [30]) fregen *B.* [31]) Daz sal he *fehlt BC.* [32]) Denselben *B.* [33]) mûge *C.* [34]) sie *B.* [35]) ab he in brichet *fehlt BC.* [36]) czu *C.* [37]) vorbûsset *B.* vorbuzzet *C.* [38]) mus *B.* muz *C.* [39]) Den *C.* [40]) So—sulle *fehlt C.* [41]) das *B.* [42]) mit im *AB.* mite *C.* [43]) erteilt *B.* [44]) So—gerichtes *fehlt BC.*

Cap. XXIX.

Diz ist von dem richter zu irsetzene.

§ 1. Wie ersetzt man beim Beweise mit Gerichtszeugnis den verstorbenen oder abwesenden Richter. § 2. Was muß man mit dem Richter bezeugen. § 3. Vom Beweise des Schuldversprechens mit dem Richter und dem Ersatz desselben. § 4. 5. Vom Verfahren beim Ersatz des Richters und der Führung des Zeugenbeweises mit ersetztem Richter.

[§ 1.] Swelch[1]) man sinen richter irseteen wil oder muz[2]) an eime gezuge, deme he abe ist gegangen von gotis gewelden p. 242. oder gevarn ist beteverte oder von dem lande gescheiden ist[3]), also[4]) daz he sin nicht gehaben mac zu siner not, der muz haben siben man an desselben richters stat erhafter lute, di ir echt unde ir recht behalden haben, si sint besezzen oder nicht besezzen, so volvert he wol. Unde[5]) darnach[6]) muz he selbe sweren unde muz denne[7]) darnach haben noch einen man[8]), der muz ouch sweren, unde der muz[9]) besezzen sin zu rechte. Unde he muz benennen[10]), wer sin richter gewest ist[11]), den he da irsetcet[12]).

[§ 2.] Allez, daz vor gerichte geschit oder geschen mac, daz bezuget[1]) man wol unde zu rechte mit dem richter. Wer aber des richters[2]) nicht gehaben mac, der verluset sine sache, ab is ienre loikenen wil, oder he muz den richter irseteen.

[§ 3.] Gelobet ein man dem anderen zwenzic marc vor gerichte uf einen tac, wo der richter[1]) ist, iz si in den benken oder druz, uffem marcte oder in den gazzen[2]), wo iz ist, da hat iz iu craft, also daz is der richter iu[3]) gesten muz unde daz[4]) vor gerichte geschen ist. Unde gelobet denne ein man dem anderen zwenzic marc vor gerichte uf einen tac unde der richter ge abe under des von gots gewelden unde dirre sprebe, he si im nicht schuldic, alse iz kumet zu deme tage, solde he umme di rede sin gelt verlisen, daz were unbillich; mac he di lute gehaben, so irsetcet he sinen richter wol mit gote unde mit[5]) rechte unde gewinnit iz im an vil billicher, wen[6]) he zu siner unschult grife.

[§ 4.] Nu he brenge in zu gerichte unde klage also: „Her richter, he klagit uch uber hern Cunrate umme zwenzic marc, di he im gelobete vor gerichte uf den tac zu leistene unde des nicht getan hat, unde bitet uch darumme gerichtes". Ienre der[1]) spreche: he si is unschuldic. So[2]) sal sprechen disses vorsprecbe[2]): „Her richter, nu he horet, daz he is im loikent, nu wil he is in uberzugen, als he zu rechte sal, unde bitet eines urteiles: wende he is in uberzugen wil, ab he daz[3]) icht baz getun muge, den[4]) he zu keiner unschult darumme[1]) kumen muge". So sal man teilen: vermezze he sich zu gezugene[5]), alse recht ist, daz he iz baz getun muge, den[6]) im ienre davor gesweren muge. So mac ienre eines urteiles biten[7]): wi oder mit weme he daz bezugen[8]) sulle. So sal man teilen: mit dem richtere unde mit den dinewarten. So mac he vregen darumme eines[1]) urteiles[1]): wenne[9]) he iz tun sulle[10]). So[11]) mac sich der vorderer vermezzen uf einen tac under ein unde zwenzic nachten, wenne he wil, unde sal denne teidingen also: „Her voit, sin richter, vor dem[12]) di teidinc geschen ist, der ist im abegegangen von gotis gewelden, daz he von deme lebene zume tode ist kumen[13]); den wil he irsetcen, als recht ist, unde bitet eines rechten urteils, wi he in[14]) zu *p. 243.* rechte irsetcen sulle". So sal man teilen: mit siben mannen erhafter lute. So sal he sprechen sin[15]) vorspreche[16]): „Her richter, daz wil he gerne tun, let[17]) is in got geramen unde bitet[18]) eines urteiles[15]): ab diselbe lute durch[19]) sine bete her nicht kumen[1]) wollen, wer si im zu rechte her zu[14]) dinge[14]) twingen sulle unde ouch anderen sinen gezuk. So sal man teilen: iz sulle zu rechte der richter tun, werde he is gemanet, als recht si. Irret[20]) iz an dem richter, daz si nicht kumen, so sal man im anderen tac bescheiden. Nu mac ienre eines urteilis biten[21]): ab he den richter icht sulle nennen, wer der gewest si, den he da irsetcen wil. So sal man teilen: he sulle in zu rechte nennen. So mac he eines urteiles biten[22]): ab he di sibene icht nennen sulle, di he an sine stat stadiln wil. So sal man teilen: he durfe ir zu dem mal nicht nennen, he wolle iz denne gerne tun. Nu sal in der richter bescheiden einen endehaften tac uf den tac[23]), als he sich vermezzen hat. Alse der tac kumet, so sal he des anderen tages davor den richter manen umme di sibene unde ouch umme anderen sinen gezuk unde sal si im[24]) alle nennen mit namen. Sint si besezzen[25]) oder[26]) husgenozen, daz man pfandunge vor si liden wil, so sal man in vorgebiten von gerichtis wegen; ist des nicht, der richter sal si verburgen. Sint si aber uf dem gebirge wonehaft, der richter sal si[27]) herin twingen. Di wile iz an dem richtere wirret, daz si nicht[28]) zu dinge kumen, di wile he in[14]) ouch manet darumme, als recht ist, so sal man im immer[14]) anderen tac bescheiden. Ist, daz iz an dem richter wirret, daz si zu dinge nicht kumen, unde wil iz ienre der widersache iagen mit urteile, so muz he denne benennen[29]) di sibene mit namen. So sal he eines urteiles biten: ab he keine andere gestadelen muge, den[30]) di he benant habe[31]). Daz sal man im ouch teilen zu rechte: daz he keinen[32]) anderen gestadelen muge[33]). Der vorderer mac[34]) eines urteiles biten[35]): ab im in der wile keiner abe gee von gotis gewelden wizzenliche, ab he icht zu rechte[36]) einen anderen stadelen[37]) muge an sine stat. Daz sal man[38]) ouch teilen zu rechte: get im einer abe von gotis gewelden wizzenliche, daz he wol einen anderen haben mac an sine stat. Wenne he aber den richter nicht manet unde he im des inpfellit, daz he nicht gemanet si, so ist der gezuk verlorn, ab si selbe nicht zu dinge kumen durch sine bete. Kumen si aber selbe zu dinge[39]) von geschichte oder von ungeschichte, ab si ioch der richter nicht twinget, so volvert he wol mit[14]) in[14]), ab si im gesteen, als recht ist.

[§ 5.] Nu he kume zu dinge mit sinen gezugen allen. *p. 244.* Sin[1]) vorspreche der[2]) spreche[3]): „Her richter, wold ir hern Albrechtis wort vernemen? He hat sich eines gezuges her vermezzen unde wil volvarn[4]), let[5]) is in got geramen unde bitet[6]) uch, daz ir gebitet den herren, daz si an sinen gezuk treten“. Der richter sal in gebiten, daz si an sinen gezuc treten. So sal he eines urteiles biten[7]): wend im geteilt si, daz he siben man sulle haben an des richters stat, ab he diselben[8]) siben man icht stadelen sulle nach einander zume ersten an sinen gezuk oder waz darumme recht si. So sal man teilen: wolle he sinen richter irsetcen, so sulle he siben man bi einander stadelen an des richters stat. So sal he biten[7]) eines urteiles: wende he[9]) vorderer si unde gezugen wolle, ab he zu rechte icht[10]) darnach sten sulle oder waz darumme recht si. So sal man teilen: wen[11]) he der selpschuldige si, daz he billiche danach sten sulle bi den richter, wolle he gezugen, als recht ist. So sal he eines urteiles vregen: wen he gezugen wolle, ab he icht zu rechte noch einen man haben sulle zu dem richtere[12]) unde zu im unde ab he keines mannes me durfe den also. So sal man teilen zu rechte: habe he siben man gestalt vor den richter unde sich darnach unde noch einen man dazu, daz he damite wol[10]) volvert zu rechte. So sal he eines urteiles biten: wende he sich gestadilt habe unde gezugen wolle, wen man alrest manen sulle. So sal man teilen: den richter. So sal he eines urteiles vragen: wen he den richter irsatcet habe mit siben mannen, als recht ist, ab man zu rechte icht einen man manen sulle uz den sibenen, daz der sage, waz im wizzelich si umme di sache, als he sich vermezzen hat, unde di sechse hinden nach, oder ab man si alle sibene mit einander manen sulle, wen si an des richters stat sten. So sal man teilen zu rechte: man sulle einen manen[13]) uz den sibenen, welchen he[10]) kuset[14]) der vorderer, daz der sage, waz im wizzelich si umme di sache, als he sich vermezzen hat zu gezugene. Ist, daz der gestet, als recht ist, so sullen di sechse sweren darnach, als recht ist. Unde denselben, den he wil lazen manen, den sal he stadelen zu vordirst unde di sechse bi in nach einander. So sal he sprechen[3]): „Her richter, he wil, daz man[15]) mane hern Heinriche, der da zu vorderst stet, unde bitet eines urteiles: wi man in zu rechte manen sulle“. So sal man teilen: mit mines herren hulden, wen he an des richters stat steet. So sal he eines urteiles biten[7]): wi dicke he sich irholen sulle. So sal man teilen: zwir na dem ersten. Nu mac der widersache vregen: ab he sinen gezuk gestadilt habe. Sprichet he: „Ia“, so sullen si beidersit nichein gespreche me[16]) haben. So sal der widersache boten biten zu dem gezuge; den sal der richter gebieten[17]), daz si da zuhoren. So sal he biten eines urteiles: p. 245. ab he icht benemen sulle, waz he bezugen wolle. Daz sal man[18]) teilen: daz he iz billiche benennen sal. Zu dem benentnisse[19]) sullen di boten horen[20]). „Her richter, he benennet hi, daz im her Cunrat gelobte zwenzik marc zu leistene uf den tac vor gerichte“. Nu sal he biten eines urteiles: wi man in manen sulle. So sal man teilen: mit mines herren hulden, wen he ans richters stat stet. So sal in der richter manen also: „Her Heinrich, ich manc uch mit mines herren hulden, daz ir saget, waz uch wizzelich si umme di sache, alse sich her Albrecht vermezzen hat zu gezugene". „Ich begrife iz mit mines herren hulden, daz mir daz wizzelich ist, daz her Cunrat gelobte hern Albrechte zwenzik marc zu leistene uf den tac vor gerichte". Gestet he also, so ist he gestanden zu rechte. So sal man di boten manen, ab he gestanden si. Sprechen si: „Ia", so sal der vorderer eines urteiles biten: wende her Heinrich gestanden si vor, ab man nu zu rechte di sechse icht manen sulle. So sal man teilen: man sulle si manen. So mac he eins urteilis biten[7]): ab man si mit einander manen sulle oder al encelu. So sal man teilen zu rechte: man sulle si mit einander manen. So sal[21]) he eines urteiles biten[7]): wi man si manen sulle. So sal man teilen: mit dem eide. So mac he eines urteiles biten[7]): wi dicke si[22]) sich irholen sullen[23]) an dem eide. Zwir na dem ersten. So sal he eines urteiles biten[7]): ab man den eit icht[24]) reiten sulle. Den sullen di boten reiten also: die rede, di Heinrich[25]) gesprochen hat, daz di si reine unde unmeine, daz in got so helfe unde alle heiligen. Also sullen si mit einander sweren[26]) alle sechse, mit einander[26]) ufheben[27]), mit einander niderlazen. Unde wenne di boten gesten, daz si gesworn haben, als recht ist, so sal der vorderer eines urteiles biten[7]), wen man nu zu rechte manen sulle. So sal man teilen: den selpschuldigen, wende der richter vor gestanden si. So mac he eines urteiles biten[7]): wi man in manen sulle. So sal man teilen: mit dem eide. So sal he eines urteiles biten[28]): wi dicke he sich irholen sulle[29]). Zwir na dem ersten. So sal he eines urteiles vregen[30]): ab man den eit icht sulle reiten. Den sullen di boten reiten also: man

sal hern Albrechte manen mit dem eide, den he zu dem vride gesworn hat zu aller slachte recht, ab di rede recht unde war si, di der richter vor gesprochen hat. Gestet he also, daz des di boten bekennen, so ist he ouch[10]) gestanden. So sal he eines urteiles biten[28]): wen man nu zu rechte manen sulle, wen der richter vor gestanden si unde der selpschuldige nach. So sal man teilen: man sulle den letsten manen zu rechte. So sal[30]) he eines urteiles biten[28]): wi man in manen sulle. Daz sal man ouch[32]) mit dem eide. So mac he[33]) vregen: wi dicke
p. 246. he sich irholen sulle. Zwir na dem ersten. So mac he vregen eines urteiles: ab man den eit icht reiten sulle. Den sullen di boten reiten also: man sulle hern Niklause manen mit dem eide, den he zu dem vride gesworn habe zu aller slachte recht, ab di rede[10]) recht unde war si, di[34]) der richter vor gesprochen[35]) habe[36]) unde her Albrecht nach. Wenne he also gestet unde daz des di boten bekennen, so ist der gezuk volkumen. So muz im ienre leisten di zwenzic marc binnen dinges unde muz vir schillinge dazu verbuzen dem richtere in vircehn tagen zu[2]) leistene[2]). Leistet he im nicht binnen dinges, so verbuzet he sechzik schillinge[37]), unde[38]) der voit der[10]) hilfet im pfandes, wo he iz hat. Ist aber, daz he im pfant wil setcen in dem dinge[38]), damite wert he sich der[10]) buze, unde[39]) di pfant muz ouch ienre nemen zu rechte[39]). Hat he nicht varnder pfant[40]), daz he daz bewiset uf den heiligen[41]), so muz he eigen unde erbe von im nemen zu rechte[42]), daz also gut ist alse di zwenzik marc.

Noten zu Cap. XXIX.

Benseler 224 ff. Sachße 282 f. Planck GV. 2,88. 139. 160. **§ 1.** *Vergl. II § 3. — Buhle Rechtl. 147.* **§ 2.** *Vergl. XIII. Eb. BR. A § 5. — Ssp. I. 7. 18 § 2. Gosl. 78,39. 92,1. Dist. IV, 43 d. 1. 46 d. 1.* **§ 3.** *Vergl. XIII.* **§ 4.** *Planck GV. 2,220. 222. 231. Schmidt 164.* (iagen:) *Ermisch Bergr. LVII.* **§ 5.** *Sachße 281.*

Siegel Erh. u. Wand. 237. 240. 243. Laband 30. Planck GV. 2,88. (93.) 95. 97. 169. 247. 249.

[§ 1.] 1) Welch *BC.* 2) oder muz *fehlt B.* 3) *fehlt C.* 4) ader wie das also ist *B.* ader also *C.* 5) *fehlt B.* 6) so *Zusatz B.* 7) donnoch *B.* 8) unde *Zusatz B.* 9) ouch *Zusatz B.* 10) nennen *B.* 11) sie *B.* 12) irsetczen wil *B.* — [§ 2.] 1) geczugit *BC.* 2) gerichtes *C.* — [§ 3.] 1) *Fehlt B.* 2) ader *Zusatz B.* 3) *fehlt BC.* 4) daz iz *C.* 5) mitme *C.* 6) denne *B.* — [§ 4.] 1) *Fehlt BC.* 2) So — vorsprecbe *fehlt BC.* 3) is *B.* iz *C.* 4) wenne *BC.* 5) beczugen *B.* 6) wenne *BC.* 7) fregen *BC.* 8) gerzûgen *C.* 9) *fehlt C.* 10) welle *C.* 11) Unde *B.* 12) dese rede ader *Zusatz B.* 13) ader wie daz ist, das her syn nicht gehaben kan *Zusatz B.* 14) *fehlt B.* 15) sin — urteiles *fehlt B.* 16) sin vorspreche *fehlt C.* 17) lest *C.* 18) bitte *C.* 19) syner (syne *C*) liebe adder durch *Zusatz BC.* 20) Wirret *C.* 21) vrogen *C.* 22) fregen *B.* 23) uf den tac *fehlt B.* 24) nû *C.* 25) gesessen *BC.* 26) sint sie *Zusatz BC.* 27) im *Zusatz BC.* 28) herin *Zusatz C.* 29) nennen *B.* 30) wenne *C.* 31) had *B.* 32) keyne *C.* 33) an syne stat. Daz sal man ym ouch teilen *Zusatz B.* wenne dẜ her benant habe. Daz sal man ym ouch teyle czû rechte *Zusatz C.* 34) sal *B.* vroget *C.* 35) fregen *B. fehlt C.* 36) zu rechte *fehlt C.* 37) gestadiln *B.* 38) ym *Zusatz B.* 39) Kumen—dinge *ABC.* Kommen die gezeugen auch vor gerichte ohne geheiße und gezwanck des richtters es [sey] *H(W).* — [§ 5.] 1) Unde syn *B.* 2) *fehlt BC.* 3) also *Zusatz B.* 4) volkomen *B.* vorvaren *C.* 5) lest *BC.* 6) bitte *C.* 7) frogen *B.* 8) die *B.* 9) her der *BC.* 10) *fehlt B.* 11) were *B.* 12) rechte *C.* 13) man *B.* 14) uz den sibenen *Zusatz C.* 15) her *B.* 16) nicht *B.* 17) den—gebieten *fehlt A.* 18) im *Zusatz B.* 19) bekentnysse *C.* 20) czûhôren *C.* 21) mag *B.* 22) her *BC.* 23) sulle *BC.* 24) nicht *C.* 25) her Heynrich vor *C.* 26) sweren—einander *fehlt C.* 27) ufflegen und *C.* 28) fregen *BC.* 29) So sal man teylen *Zusatz C.* 30) bitten *C.* 31) mag *BC.* 32) thun *Zusatz B.* 33) einz urteylß *Zusatz C.* 34) *fehlt C.* 35) gesworen *B.* 36) had *B.* 37) schilling pfennige *HW.* 38) unde—dinge *ABC.* Will er ihm pfandts darfur seczenn *HW.* 39) unde—rechte *fehlt HW.* 40) habe *H.* 41) uf den heiligen *fehlt B.* 42) zu rechte *fehlt HW.*

Cap. XXX.

Diz ist von den wunden luten, di der richter vorderen muz zu rechte.

§ 1. Bei Tödtung von Fremden. § 2. auf Antrag der Witwe des Erschlagenen oder § 3. auf Antrag des Verwundeten, dessen Verwandte nicht klagen wollen, erhebt der Richter die Klage. § 4. Wie gewinnt man den Richter mit dem Eide. § 5. 6. Von der Klage des Richters um Wunden und Volleist, vom Einheischen des Beklagten, Besichtigung der Wunden und Verzählung des abwesenden Beklagten. § 7. Von der Klage des Richters gegen Anwesende um Volleist, § 8. um Wunden und Todtschlag.

§ 9. 10. Vom Geschreie, dem kämpflichen Gruße und dem Vorbeschied der Parteien auf einen endehaften Tag. § 11. 12. Von den Vorbereitungen des Kampfes, insbesondere dem Beweise mit sieben Schreileuten. § 13. Vom Angreifen des Beklagten. § 14. Vom Kampfe.

[§ 1.] Wirdet ein man irslagen, der ellende[1]) ist unde nimandes hat, wo[2]) daz geschit in dem wikbilde, vor der stat oder in der stat, in den gazzen oder[3]) wo iz[4]) ist, den sal der burgermeister lazen ufheben unde der voit der[3]) sal in vorderen, alse recht ist, ab da wol nimant ist, der in gewinne mit dem eide.

[§ 2.] Wirdet ein man irslagen, der ouch ellende[1]) ist, unde hat ein wip, daz wip sal den richter gewinnen mit dem eide, unde der richter sal in ouch vorderen, alse recht ist.

[§ 3.] Wirdet ein man wunt, der nicht vorderere hat unde doch zu der stat gehort oder[1]) ioch geborn ist zu der stat oder[2]) vrunt hat wizzeliche, di in nicht vorderen wollen noch enmugen, der richter muz in vorderen, gewinnet in derselbe[3]) man, der da wunt ist[3]), mit dem eide, alse recht ist. Sint aber die wunden nicht kamper[4]), der richter darf in nicht vorderen zu rechte. Unde sint di wunden wol kamper[5]) unde wollen si[6]) einvaldikliche klagen eine slechte klage, der richter tut aber wol, weder he wil; he ist der vorderunge wol ledic mit rechte.

[§ 4.] Ist aber, daz der richter vorderen muz, so sal man in gewinnen alrest[1]) mit dem eide, alse recht ist. Ist, daz ienre gesprechen[2]) mac, der da wunt ist, der muz iu selbe
p. 247. sweren unde den richter gewinnen. Mac[3]) aber he nicht gesprechen, so muz sin wip sweren unde den richter gewinnen[3]). Hat he nicht wibes, so swere sin neiste geteline[4]) unde gewinne den richter also: daz he binnenwendic landes nimandes habe, der sin ungemach gevorderen kunne oder muge oder wolle, an den richter alleine, daz im got so helfe unde alle heiligen.

Unde man muz der teidinge beginnen, wenne di wunden geslagen werden, zu deme neisten dinge darnach unde muz teidingen also: „Her richter, ungemach ist dirre vrowen geschen, daz ir man verhowen[5] ist unde gewunt unde gewatschart ist; der hat binnen landes nimandes, der sin ungemach gevorderen kunne oder muge oder wolle; unde wil daz geweren uf den heiligen, als recht ist, unde bitet eines rechten urteiles, wen he oder si[6] daz geweren wil uf den heiligen, wer in[7] zu rechte vorderen sulle". So sal man teilen: der richter sulle in[8] vorderen, werde he gewunnen, als recht ist. So sal man teidingen also[9]: „Her richter, sendet dazu, wen ir wollet, he wil uch gerne gewinnen[10], alse he zu rechte sal, unde bitet eines urteiles, ab ir zu rechte icht dazu senden sullet". So sal man teilen: he sulle zu rechte boten dazu senden, die[11] daz horen, daz he in gewinne, als recht ist. So sal der richter boten senden darzu[11] dri man unde einen butel, der den eit stabe. Di boten sullen da zuhoren, daz der eit gesworn werde[12] also: daz he binnenwendic landes nimandes habe, der sin ungemach gevorderen kunne oder muge oder wolle, ane den richter alleine, daz im got so helfe unde alle heiligen. Unde der richter sal den boten bevelen, daz si den wunten[13] gichtigen unde manen dazu, daz he di wunden[14] rechte lege an die stat, dannen[15] iz im[1] geschen ist, unde anders nirgen. Die boten sullen wider kumen unde sullen sagen dem richtere, daz he gewunnen si, als recht ist, unde uf wen he di wunden geleget habe, daz sullen si im ouch sagen, ab si is irvarn haben[16].

[§ 5.] So sal der richter ufsten unde sal einen anderen richter setcen. Unde sal klagen also sin vorspreche: „Wold ir des richteris wort vernemen? He klaget uch uber einen Herman, daz der quam an di stat, da der richter unde sine gewalt Cunrat, der in[1]) uf den heiligen gewunnen hat, vride unde genade solde haben, unde brach den vride an im unde an siner gewalt unde hat im den gewunt unde gewatschart. Unde bitet eines urteiles, ab man in umme di wunde[2]) icht ineischen[3]) sulle". So sal man im[4]) teilen, daz man in billiche ineischen[3]) sulle, wi wol he ioch[4]) besezzen[5]) si. So[6]) sal der richter den butel heizen, daz he in ineische also: „Ich eische[6]) p. 248. denselben Herman[7]) zu einem mal, zu dem anderen mal, zu dem dritten mal. Ich bite in zu borge". Ist imant hi, der in borgen wolle, man gibet in im[8]) zu borge uf sin recht. Also mac he ir[9]) lazen ineischen[10]) umme di wunden[11]) also vil, alse[12]) der[13]) ist. Unde ouch umme di volleist mac he[14]) lazen di lute beklagen unde lazen ineischen[10]) also, di nicht besezzen sint: „He klaget uch uber einen Rudiger, daz der quam an di stat, da der richter unde sine gewalt Cunrat, der in uf den heiligen gewunnen hat, vride unde genade solde haben, unde was an[15]) volge[16]) unde an[15]) geverte, da sine gewalt gewunt unde gewatschart wart, unde brach den vride an im unde an siner gewalt. Unde bitet eines urteiles, ab man in darumme icht ineischen[3]) sulle". So sal man teilen: ist he nicht besezzen, man sulle in billiche ineischen[17]). Also mac he si[18]) lazen ineischen[3]) ouch umme di volleist, wi vil der[19]) ist. So sal he denne eines urteiles biten: wende he si ingeeischit[20]) habe[21]) zu dem ersten mal, wes he nu zu rechte darumme[22]) warten sulle. So sal man teilen: man sulle im unde ienen bescheiden in daz neiste dinc. So sal im der richter bescheiden unde ienen allen in daz[23]) neiste dinc.

[§ 6.] So sal der richter boten biten zu den wunden dri man, die di wunden besehn unde denne besagen da oder zume nehisten dinge, als recht ist. Nu di boten kumen zu dinge unde besagen di wunden, die da kamper[1]) sint, waz der ist[2]) unde[3]) wi vil der ist; di sal der richter kempfliche vorderen mit rechte ane widerrede. Der richter sal aber ufsten zu dem anderen dinge unde sal einen anderen richter setcen unde klage aber, als he zu dem ersten dinge klagete, vor sich unde vor sine gewalt, di in uf den heiligen gewunnen hat, unde laze si denne[4]) ineischen. Kumen si nicht vor in dem dinge, so mac he si verceln iene umme di kampere[1]) wunden uf ir helse[5]), als recht ist, unde[6]) iene umme di volleist uf ir buze, ouch als recht ist[6]).

[§ 7.] Ist aber, daz ir etelicher[1]) vorkumet iener, der da beklaget ist umme di[2]) volleist, so muz der richter sinen[3]) vorsprechen lazen klagen also[4]): „Her voit, der richter klaget uch uber denselben Rudiger, der da stet, daz der quam an di stat, da der richter unde sine gewalt Cunrat, di in uf den heiligen gewunnen hat, vride unde genade solde haben. Da brach he den vride an im unde an siner gewalt unde was an[5]) volge[6]) unde an[5]) geverte, da[7]) sine gewalt gewunt unde gewatschart wart. Unde bitet uch darumme gerichtes". Der muz im antwerten, als recht ist.

[§ 8.] Ist aber, daz iener keiner vorkumet, di da beklaget sint umme[1]) wunden oder umme totslege, unde wil antwerten, so muz der richter[2]) ufsten unde sal einen anderen richter setcen unde neme einen vorsprechen, der sal teidingen also: „Her voit, dem richter ist ein ungerete geschen, daz im eine sine gewalt Cunrat, di in uf den heiligen gewunnen hat, *p. 249.*
verhowen ist[3]) unde ist im gewunt unde gewatschart. Daz wil he vorderen kempfliche mit allem dem rechte, als recht ist, zu dem iungen manne, der da keinwertik stet, unde weiz sines namen nicht rechte unde bitet[4]) eines urteiles: ab he sich zu rechte icht nennen sulle". So sal man teilen: he sulle sich billiche nennen. He[5]) heize Herman. So sal he vregen eines

urteiles: ab he im keinen anderen namen gescheppfen muge, he[6]) muze[7]) mit dem[8]) namen antwerten, wes man im schult gebe. Daz sal man teilen zu rechte: das he nicheinen anderen namen gehaben muge. So mac der richter burgen eischen von im. Den muz he im setcen zu rechte einen besezzenen man, der mit eigen unde mit erbe besezzen si[9]), unde daz muz he bewisen.

[§ 9.] So muz der richter teidingen also unde sin vorspreche: „Her voit, des richters gewalt Cunrat, di in uf den heiligen gewunnen hat, di ist im[1]) verhowen unde ist[1]) gewunt unde gewatschart. Daz wil he vorderen kempfliche, als recht ist, zu demselben Herman unde bitit eines urteiles: ab he icht schrien sulle zu rechte". So sal man teilen: wolle he kempfliche vorderen, daz he billiche schrien sulle. So sal he vregen eines urteiles: wi dicke he schrien sulle. Daz sal he[2]) zwir nach dem ersten. So sal he[3]) vregen: ab he sich icht irholn sulle an dem geschreie. So sal man teilen: he sulle nicheine[4]) holunge haben an dem geschreie. So sal he[5]) vregen: ab he schrie cetar[6]) oder wafen[7]), welchiz he begrifet, ab im einz icht glicherwis hulfelich si alse daz andere. So sal man teilen: wen iz mit urteile bewart wirdet, welchiz he denne schriet, daz im daz hulfelich si. So sal he[5]) vregen: ab man daz geschreie icht reiten sulle. So sal man teilen: man sulle iz billiche reiten. Ienre[8]) sal boten biten zu rechte, di da zuhoren, daz he beschriet unde begruzet werde, als recht ist. Also bescheidenliche ab he nicheinen vormunden gehaben mac unde ouch sich an den brif nicht eihen wil, so mac he boten biten.

[§ 10.] So sal der richter schrien also: „Cetar[1]) uber einen Herman, der mine gewalt Cunrate gewunt unde gewatschart hat". Also muz he schrien dri stund nach einander ane underlaz. Ist iz aber ein totslac, so muz he zume dritten male schrien also: „Cetar[1]) uber einen Herman, der mine gewalt Cunrate[2]) gewunt unde gewatschart hat unde mit derselben wunden von deme lebene zume tode hat bracht“. Sprichet he also, so ist he volkumen an deme geschreie. So sal der voit vregen: warumme he geschriet habe. „Wold ir daz vernemen? He klaget unseme herren gote unde[3]) unsem herren dem konige[4]), wo der ist, unde uch herre her richter *p. 250.* unde alle den, di da[3]) vride unde genade wollen haben, uber denselben Herman, der da kegenwertik stet, daz der quam an di stat, da der richter unde sine gewalt Cunrat, di in uf den heiligen gewunnen hat, vride unde genade solde haben. Da brach he den vride an dem richter unde an siner gewalt Cunrate, di in uf den heiligen gewunnen hat, unde wunte im den unde watscharte im den unde stach im eine offene wunde, alse he wol bewisen mac mit sinen[5]) boten, unde hat in mit derselben wunden von dem lebene[3]) zume tode bracht. Da sach he in, da beschrei he in. Hi hat he in geseln, hi hat he in beschriet. Wil he is im bekennen, he bitet uch gerichtes. Wil he is im loiken, he wil is in bereden mit sime libe an den[3]) sinen oder mit sinem vorworchten an den sinen unde wil in des volbrengen mit sinen schreiluten[6]), mit sinen boten unde mit alle dem rechte, als he zu rechte sal nach der stat rechte“. Ist[7]), daz sich ienre bittit[7]) an sinen vormunden, ab he nicheine[8]) boten gebeten hat zu dem gruze, den[9]) vormunden muz im der voit brechen mit gezuge[9]), als recht ist. Ist aber, daz des richters gewalt, der da wunt ist, an dem brive stet, so mac he in uberwinden mit dem brive unde wirdit denne also ledic von dem richtere unde von siner gewalt des kampfes oder[3]) der wunden oder des totslages. Ist aber des nicht, so mac he denne nicheine widerrede me[2]) gehaben, den[10]) he mac bitten der were umme di klage mit urteile.

So sal der richter biten der boten unde sal[11]) vregen eines urteiles: ab man di boten icht manen sulle, ab man in begruzit habe, als recht si[12]). Bekennen[13]) si, daz he in kempflich begruzit habe, als recht ist[13]), ab he im denne icht billicher[14]) kampfes antwerten sulle, den he im cheine were tu. Daz sal man[15]) teilen: bekennen si, daz he in begruzet habe rechtliche, daz he im nicheine were tun sulle unde ienre muz im[3]) zu rechte kampfes antwerten. So mac sich der richter vermezzen zu volkumene zu sime rechten endehaften tage uber ein unde zwencic nacht oder da binnen[16]), wenne he wil. Also sal in beiden der richter bescheiden[17]).

[§ 11.] Der richter muz schaffen umme einen vorwurchten unde umme kampfgezowe[1]) unde ouch umme schreilute, ab ir ienre nicht gehaben mac. Daz[2]) gerichte sal di kost tun an allen sachen, ab ir ienre nicht gehaben mac[2]). Nu der richter muz zu dinge kumen, als im bescheiden ist, mit sinen schreiluten. Der muzen sibene sin ane in erhafter lute, di ir echt unde ir recht behalden haben, si sin besezzen oder nicht, so gesten[3]) si wol. Unde muz di stadiln bi einander. So sal ienre boten biten zu dem geschreie. Daz[4]) geschreie sal man reiten[4]). Unde gesten dri uz den sibenen, iz si vorne oder mittene oder hindene, so ist he[5]) volkumen zu rechte an dem geschreie. Unde der eit unde[6]) daz geschreie get also:

[§ 12.] „Ich begriff iz mit dem eide, den ich zu dem *p. 251.* vride gesworn habe[1]), daz ich zu dem wafenrufte[2]) quam, do der richter Hermanne beschriete mit dem wafenrufte[3]) in des konigis[4]) stat, do Herman den vride an dem richtere unde an siner gewalt Cunrate brach unde dem eine offene wunde stach an sines selbes libe, darumme nu zu rechte Herman dem richtere gevangens gestaten sal“. Gesten ir also[5]) dri, so ist he volkumen an dem geschreic. Gesten ir aber nicht dri uz[6]) den sibenen, so ist di klage verlorn zu rechte.

[§ 13.] Ist aber, daz he volvert an dem geschreie, so muz der richter ienen angrifen, alse davor in dem anderen kampfe geschriben stet. Da sal ienre boten zu biten, di daz selm, daz he in angrife unde halde, als recht ist. Unde wenne is di boten[1]) bekennen, so ist der kampf gewunnen. Unde griffe he in nicht an, also recht were[2]), daz im des di boten intpfilen[3]), so wurde ienre ledic aber mit[4]) rechte.

[§ 14.] Ist aber, daz he volkumet, als recht ist, an allen sachen, so sal man in bescheiden beidersit in den creiz zu kumene[1]). So sal iklicher boten biten zu des anderen gerwunge zwene man, di sullen dabi sin, daz man si antu unde[2]) gerwe[3]), als recht ist, unde sullen gen mit in in[4]) den creiz unde sullen denne da bekennen, ab si gegerwet sint, alse recht ist. Nu sullen si kumen beidersit zu creize, der vorderer vor unde ienre darnach, unde sullen gebaren unde tun an allen sachen, alse da vor geschriben stet in dem vordersten[5]) kampfe, unde anders nicht.

Noten zu Cap. XXX.

Gosl. 33,17. Brünn. St. 106. Dist. IV, 6 d. 4. 5. — Benseler 216 ff. Schäfer Sachsenchr. 2,132 ff. **§ 1.** *Igl. SchB. 114. — Maurer StV. 3,622.* **§ 2.** *Gosl. 33,10. Dist. IV, 6 d. 3.* **§ 3.** *Behrend Observ. 3—5. Maurer StV. 3,622. Planck GV. 1,370.* **§ 4.** *Vergl. § 2.* **§ 5.** *Vergl. XXVII § 5. — Brünn. SchB. 725. — Maurer StV. 3,600. 623.* **§ 6.** *Vergl. XXVII § 5. 6. Verz. A 17. 32. 78. 79. B 365. (119.) u. ö. — Dist. IV. 8 d. 6. — Klotzsch Verz. 12. Bienko 43. (Planck GV. 2,292.)* **§ 7.** *Dist. IV, 8 d. 1. 2.* **§ 8.** *Vergl. XXVII § 7. Deutschbr. (34).* **§ 9.** *Vergl. XXVII § 8. Siegel Gefahr 141.* **§ 10—14.** *Nietzsche 2. Maurer StV. 3,740.* **§ 10.** *Vergl. XXVII § 11. — Wb. XL § 2.* **§ 11.** *Vergl. XXVII § 13. — Ssp. I, 63 § 3. Dist. IV, 22 d. 7.* **§ 12.** *Vergl. XXVII § 13.* **§ 13.** *Vergl. XXVII § 14.* **§ 14.** *Vergl. XXVII § 15—19.*

[§ 1.] [1]) elende *B.* enlende *C.* [2]) wie *B.* [3]) *fehlt BC.* [4]) das *BC.* — [§ 2.] [1]) elende *B.* enlende *C.* — [§ 3.] [1]) der *B.* [2]) der *C.* [3]) derselbe— ist *AW.* der wunde man *BC.* [4]) kampfbar *W.* kämpfer *B.* [5]) kampbar *B.* kampffbar *H.* kämpfer *W.* [6]) slechtlichen unde *Zusatz B.* — [§ 4.] [1]) *Fehlt B.*

[2]) hat ader *Zusatz C.* [3]) Mac—gewinnen *fehlt B.* [4]) geteyling *B.* götelyng *C.* [5]) gehawen *B.* [6]) oder si *fehlt BC.* [7]) nw *Zusatz B.* [8]) czu rechte *Zusatz C.* [9]) *fehlt BC.* [10] alß recht ist und *Zusatz C.* [11]) die—darzu *fehlt C.* [12]) alß recht ist *Zusatz C.* [13]) gewunten *B.* wunden *C.* [14]) wunde *B.* [15]) doran *B.* [16]) ab—haben *fehlt A.* — [§ 5.] [1]) ader die yn *Zusatz B.* [2]) wunden *B.* [3]) heischen *BC.* [4]) *fehlt BC.* [5]) gesessen *C.* [6]) So—eische *AC.* So sal der buttil heischen *B.* [7]) umbe di wunden (wunde *C*), der den frede gebrochen had *Zusatz BC.* [8]) *fehlt B.* [9]) yn *B.* [10]) heischen *B.* [11]) wunde *C.* [12]) her wil und alß *Zusatz C.* [13]) ir *B.* [14]) her yn *B.* [15]) eyn *B.* [16]) volke *A* (*vergl. Verzählbuch A 57. 107 u. ö.*). [17]) man—ineischen (heyschen *C*) *AC.* daz man yn billichen heischen sulle *B.* [18]) ir *BC.* [19]) ir *B.* [20]) geheischit *B.* geheyschzt *C.* [21]) had *B.* [22]) *fehlt C.* [23]) syn *BC.* — [§ 6.] [1]) kampbar *B.* kämpfer *W.* [2]) *fehlt B.* [3]) ader *C.* [4]) aber *BC.* [5]) ir helse *A.* iren hals *BC.* [6]) unde—ist *fehlt B.* — [§ 7.] [1]) ir etelicher *AB.* etzlicher *C.* [2]) *fehlt C.* [3]) sinen — (*§ 8 N. 2*) der richter *fehlt C.* [4]) sinen vorsprechen lazen klagen also *A.* clagin also sin vorspreche *B.* [5]) eyn *B.* [6]) volke *A* (*vergl. § 5 N. 16*). [7]) ym *Zusatz B.* — [§ 8.] [1]) umbe die *B.* [2]) *vergl. § 7 N. 3.* [3]) *fehlt B.* [4]) bitte *B.* bit *C.* [5]) Der *B.* [6]) ader her *C.* [7]) enmuß ym *B.* [8]) demselben *B.* [9]) ist *BC.* — [§ 9.] [1]) *Fehlt B.* [2]) her tun *B.* [3]) eyns urteils *Zusatz BC.* [4]) nicht me *C.* keyne *B.* [5]) eyns urteils *Zusatz B.* [6]) czether *BC.* [7]) woffen *B.* wofen *C.* [8]) der *Zusatz B.* — [§ 10.] [1]) Czether *BC.* [2]) *fehlt B.* [3]) *fehlt C.* [4]) marcgroven *auf einer Rasur von späterer Hand A.* [5]) den *C.* [6]) und *Zusatz C.* [7]) Ist—bittit *A.* Bittit sich denne iener *BC.* [8]) nicht eynen *B.* keynen *C.* [9]) den—gezuge *fehlt C.* [10]) wenne *B.* [11]) *fehlt BC.* [12]) ist *B.* [13]) Bekennen—ist *fehlt A.* Bekennen sẏ daz her in begrüst habe alß recht sẏ kemplich *C.* [14]) billichen *B.* billich *C.* [15]) ym *Zusatz C.* [16]) da binnen *A.* dorunder *BC.* [17]) Also—bescheiden *fehlt B.* — [§ 11.] [1]) kampfgeczauwe *B.* kamphgeczeŭwe *C.* [2]) Daz—mac *fehlt AB.* [3]) besten *C.* [4]) Daz—reiten *fehlt B.* [5]) her iw *B.* her iẘ *C.* [6]) der eit unde *fehlt B.* — [§ 12.] [1]) zcu aller slacht rechte *Zusatz B.* [2]) bofenrufte *B.* wofenrůfe *C.* [3]) wofenrůfe *C.* [4]) marcgreven *auf einer Rasur von späterer Hand A.* [5]) *fehlt B.* [6]) yn *B.* — [§ 13.] [1]) *Fehlt BC.* [2]) ist *B.* [3]) enpflilen *B.* enphfylen *C.* [4]) zcu *BC.* — [§ 14.] [1]) volkomen *B.* [2]) antu unde *fehlt BC.* [3]) gerwit *C.* [4]) biß in *C.* [5]) vörderen *C.*

Cap. XXXI.

Diz ist von dem gerichte, di wile der richter dinget.

§ 1. Von den drei wöchentlichen. § 2. von außerordentlichen Gerichten. § 3. Man kann seine Sache ohne Vorsprechen führen. § 4—8. Pflichten und Rechte des, der ohne Vorsprechen antwortet. § 9—22. Von der Bitte um einen Vorsprechen, der Verpflichtung Vorspreche zu sein und den Fällen, in denen man es ablehnen kann. § 23. 24. Von Holung und Wandel des Sachwalden dem Vorsprechen gegenüber.

§ 25. 26. Von der Theilnahme der Geschwornen, die als Vorsprechen oder sonst bei einer Rechtssache betheiligt waren, an der Urtelfindung. § 27. Von der Wahl der Geschwornen zu Boten. § 28. Von Strafung des Urtels eines Geschwornen durch einen gemeinen Mann. § 29—34. Von der Pflicht zur Urtelfindung, den Fällen, in denen man sich ihr entziehen kann, der Fristung der Urtel an den Rath. § 35—37. Vom Urtelschelten.

[§ 1.] In Vriberc sal man dri stunt gerichte[1]) sitcen in (§ I.) der wochen: daz erste dinc an dem mantage, daz andere an der mittewochen, daz dritte dinc[2]) an dem vritage.

[§ 2.] Ist aber, daz is not geschit, daz man dingins[1]) bedarf umme einen morder, rouber, velscher oder[2]) diep oder umme[3]) so getane notige sache, daz mac man anme dinstage wol tun mit rechte unde anme donristage unde ouch an deme sunnabende oder wenne iz die burgere heizen oder wollen, iz si spete oder vru, so muz daz geschen.

[§ 3.] Unde wenne sich der richter setzet an[1]) daz gerichte, alse he dingen wil, so mac ein iklich man wol sin selbis wort sprechen ane buze[2]), der iz kan unde iz tun wil, unde mac ouch wol antwerten durch daz iar[3]) ane buze, an[4]) alleine in den vardingen[5]), so hat der richter sine buze dran[4]).

[§ 4.] Ist aber, daz ein man sin wort selbe sprichit (§ II.) unde beginnet strandelen[1]) daran, also daz he eines vor- p. 252. sprechen[2]) wol bedorfte[3]), unde bittet denne[4]) eines mannes, der sin wort spreche, des mac nicht gesin zu rechte. Wende[5]) ienre, der kegen im teidinget, bitet eines urteiles, wende[6]) he selbe sin wort gesprochen habe[7]), ab he keinen vorsprechen[8]) haben sulle an den teidingen[9]). So sal man teilen: he sulle keinen[10]) haben umme di teidinc in[11]) deme dinge, sin widersache[12]) wolle is im denne gunnen; unde[13]) gan is im der, so mac is im der richter nicht gewern[14]), he ne hat ouch nicheine buze daran[13]) zu rechte.

[§ 5.] Ist aber, daz is[1]) im[2]) ienre nicht engan[3]), so spreche dirre: „Her richter, ich wil iz verbuzen unde bitte eines urteiles, wen[4]) ich iz verbuzen wil, ab ich zu rechte icht einen vorsprechen haben sulle[4])“. So sal man teilen: he verbuze[5]) vil oder wenic, di wile[6]) is im dirre[7]) nicht gunnen wil[8]), so sal he nicheinen vorsprechen haben umme di sache, di wile (§ III.) daz dinc[9]) wert. Ist, daz sich[1]) die sache nicht volendit in deme dinge, so[10]) daz man in[11]) ein ander dinc bescheiden muz, unde ist, daz ienre im ein urteil lezet werden, ab he zu deme nehsten dinge einen anderen[12]) vorsprechen gehaben muge zu rechte, damite hat he in verlorn, daz he in zume neisten dinge ouch nicht gehaben mac. Ist aber, daz he daz verswiget unde kumit zume neisten dinge unde bittet eines mannes, der sin wort spreche[13]), den hat he denne wol mit rechte vor sich hin, di wile die sache wert; den mac im nimant benemen[14]) zu rechte.

(§ IV.) [§ 6.] Ist ouch, daz ein man selbe antwertet, der[1]) muz ouch vollen antwerten, he mac nicheinen vorsprechen gehaben umme die teidinc in deme dinge.

[§ 7.] Ist, daz ein man antwertet[1]) unde sprichet also: ich bin is unschuldic[2]) oder ich bin im[3]) nicht schuldic, der muz ouch selbe von dem eide kumen. Ist, daz he is[4]) nicht inkan unde[5]) von deme eide nicht[5]) kumen mac[5]) unde bittet der kleger denne gerichtes, der richter sal im gebieten, daz he im recht tu, zu einem male, zu deme anderen male, zume dritten male. Tut he sin nicht, ienre irvolget sine klage uf in zu[6]) rechte, wende dirre mac nicheinen vorsprechen gehaben[7]) noch gewinnen, he verbuze vil oder wenic, ienre wolle is[8]) denne gunnen. Unde ist, daz he sine klage uf in irvolgit, so hat der voit sine buze dran. Ist iz umme den vride, so hat der voit[9]) sechzic schillinge[10]) uf in. Ist iz aber umme pfenninge oder gelubde oder waz iz ist, so hat der voit[9]) vir schillinge[10]) buze[11]) uf in, unde ienre irvolget uf[6]) in[6]), waz he da[12]) benant hat.

[§ 8.] Unde welch man sin wort also selbe sprechen muz, deme sal man gespreche geben, wi dicke he[1]) sin bittit, zu rechte. *p. 253.*

[§ 9.] Ist, daz ein man bittit eines mannes, der sin wort *(§ V.)* spreche, unde[1]) sprichet also: „Her richter, ich bitte eines mannes, der min wort spreche[1]), unde bitte[2]) hern Cunratis". „Her Cunrat, sprechet[3]) sin wort". „Her richter, ich insprech is[4]) nicht oder ich enkan is[4]) nicht", unde geht des hinwec uzen benken, der verbuzet sechzik schillinge, unde dirre bittet wol einen anderen man mit rechte, der sin wort spreche[5]).

[§ 10.] Ist, daz ein man bittit eines mannes, der sin *(§ VI.)* wort spreche vor gerichte[1]), mit urteile, der in den benken ist, deme sal der richter[2]) gebieten, daz he sin wort spreche, von gerichtes wegen. Get he uber daz hinwec, der verbuzet ouch sechzik schillinge in virzehn tagen zu leistene.

[§ 11.] Ist aber, daz der[1]) man uzenwendic den benken *(§ VII.)* stet, des man da bittet zu vorsprechen, iz si mit urteile oder an urteil, wi na he ioch den benken steht, ab he dran kniete oder wie na iz were uzenwendic, der tut wol, weder he wil, he geht wol sinen[2]) wec ane buze; der richter mac im ouch nicht gebieten, wen he in den benken nicht gewest ist.

[§ 12.] Der kleger bittet aber eines anderen mannes[1]), *(§ VIII.)* der sin wort spreche, mit urteile. Der mochte eines urteiles biten: wen he eines anderen vor gebeten hette, ab he zu rechte sin wort icht sprechen sulle. Da ist nicht an. Man sal teilen: wen ienre hinwec ist[2]), daz iz[1]) im der richter nicht gebieten mac[3]), daz dirre man sin wort sprechen muze, oder muze iz verbuzen mit sechzic schillingen. Wolde aber he sich *(§ IX.)* der buze weren unde spreche, he inkonde is nicht, daz muz he intpfuren uf den heiligen, so wirdet he is ledic.

[§ 13.] Der kleger oder der da antwerten sal mac aber wol eines anderen mannes bitten, der sin wort spreche, mit urteile; der muz iz sprechen oder muz iz verbuzen oder muz iz intpfuren uf den heiligen, daz he is nicht kunne.

[§ 14.] Also lange muz ein man bitten eines nach deme anderen, di wile si is im mit rechte intgehn, biz daz im ein vorspreche wirdet.

(§ X.) [§ 15.] Bittet ein man eines mannes, der sin wort spreche, wider sinen willen mit urteile, der voit gebiete iz im, ienre spreche[1]): „Her voit, vreget in, uf wen he teidingen wolle". So spreche he: uf den man. „Her[2]) voit, ich wil syn wort nicht sprechen uff den man"[2]). Ienre vrege einis urteiles: wen he sin mit[3]) urteile gebeten habe, ab he sin wort icht sprechen sulle. Dirre spreche aber: „Her voit, ich spreche sines wortes nicht", also lange daz[4]) im der voit die buze zuteidinget, daz sint sechzik schillinge. Ist, daz he blibet in den benken, der kleger mac sin aber bitten mit urteile, daz he sin wort spreche. Alda muz he[5]) sin wort sprechen zu rechte, he ist sin darumme nicht ledic, daz he verbuzet hat, di wile he in den benken ist, he muz sin wort sprechen oder[6]) muz iz anderweide verbuzen oder muz hinwec gehn.

(§ XI.) p. 254. [§ 16.] Bittet ein man eines mannes, der sin wort spreche, den he vindet in den benken, mit urteile, der richter sal iz im gebieten, daz he sin wort spreche. Daz sal he tun zu rechte. Ist aber, daz ienre, der sin[1]) mit urteile gebeten hat, teidingen wil uffe sinen man oder uf sinen herren, des man he ist dirre der da sprechen sal, oder uf sinen gebornen mac oder uf sinen swager oder[2]) uf einen so getanen sinen vrunt[2]), des mac he wol ledic sin[3]) also bescheidenliche, ab iz in[4]) an ir echt oder[5]) an ir recht geht; he bittit[6]) wol eines urteiles, wen he also na[4]) zu zim[7]) gebunden si[8]), ab in imant dazu getwingen muge, daz he uf in theidinge. So mac der kleger eines urteiles bitten: wen he sin gebeten habe in den benken mit urteile, ab he zu rechte sin wort icht sprechen sulle. So sal man teilen: ist he im also na zugebunden[9]), wen iz im an sin echt unde an sin recht geht, daz he is wol mit rechte ledic muge sin. Ienre mac eines urteiles bitten: ab he iz icht bewisen sulle oder wi he iz bewisen sulle. So sal man teilen: mit zwen vingeren uf den heiligen.

[§ 17.] Ist[1]) aber, daz iz im an sin echt unde an sin recht nicht engeht, waz iz andere[2]) sache ist, so muz he in sin wort sprechen, iz si umme erbe oder umme schult, gelubde oder[3]) teil oder waz iz andere sache ist, so muz he in sin wort sprechen zu rechte oder muz is mit der buze abegehn.

[§ 18.] Bitit ein man eines mannes, daz he sin wort *(§ XII.)* spreche vor gerichte, ane urteil, unde bittit sin darnach ein ander man mit urteile, des wort muz he sprechen zu rechte, der sin mit urteile gebeten hat, iz si vor oder nach.

[§ 19.] Bittet ein man eines mannes, der sin wort spreche, der vor gerichte nicht ist, unde sprichet also: „Ich bitte hern Cunratis, wo der ist, daz he min wort spreche, mit urteile", der voit spreche: „Ich gan is uch wol", unde he kumme darnach gehnde[1]) in di benke unde ein ander[2]) bitte sin denne ouch mit urteile, daz he sin wort spreche, unde[3]) der voit gebiete iz im, desselben wort sprichet he billicher den ienis, der sin vor gebeten hat[4]), di wile he nicht vor gerichte was.

[§ 20.] Bittet ein man eines gesworncn[1]) mannes, der in *(§ XIII.)* den benken sitzet[2]), vor gerichte, daz he sin wort spreche, wil he iz tun, he tut iz wol; wil he is aber nicht tun, he ist sin[3]) wol ledik zu[4]) rechte. Der richter mac iz im nicht gebieten, wen he ein gesworn man ist.

[§ 21.] Bittet ein man eines mannes, der sin wort spreche, *(§ XIV.)*

den der voit dar getwungen hat umme einen gezuc oder umme[1]) andere notige sache, der bittet eines urteiles: wend in der voit[2]) dar getwungen habe[3]), ab he imandes wort sulle sprechen, he tu iz denne gerne. So sal man teilen: bekenne is der voit, daz he in dar getwungen habe, daz he sin wol ledik muge sin mit rechte.

(§ XV.) **[§ 22.]** Brenget ein man einen vorsprechen mit im[1]) zu dinge vor di benke, den he gebeten hat unde der im gelobit p. 255. hat vor in zu teidingene, unde sin widersache trete dar unde bite sin mit urteile alrest, unde der richter gebite im, daz he sin wort spreche, he spreche[2]): „Her richter, dirre man hat mich her gebeten unde her[3]) bracht, vor den wil ich teidingen, unde bite eines urteiles, wen ich uzenwendic den[4]) benken bin, ab zu rechte di kure an mir icht ste unde ab ir mir des[5]) icht gebieten muget“. So mac ienre eines urteiles bitten: wen he sin mit urteile alrest gebeten habe, ab he zu rechte sin wort icht sprechen sulle. So sal man teilen: daz di kure an im ste zu rechte, wen he uzenwendic den benken si.

(§ XVI.) **[§ 23.]** Bittit ein man eines mannes, der sin wort spreche, der trete an sin wort unde irdinge[1]) im sin wandel, als recht ist; daz[2]) hat he dri stunt zu rechte. Irvellet[3]) der vorspreche zu einem male, daz ienre an sin wort nicht eniehet[4]), so verbuzet he einen schillinc, den[5]) sal he leisten binnen dinges. Leistet he is[6]) nicht binnen dingis[7]), so verbuzet he sechzik schillinge[8]), di muz he leisten in vircehn tagen; unde ienre hat dennoch sine holunge zwir[9]). Der bittit aber[10]) eines mannes, der sin wort spreche, unde bittit aber[11]) desselben oder eines anderen. Der tritet denne aber an sin wort unde teidinget vor in. Ist aber, daz der sachwalde[12]) sprichet, iz si sin wort nicht, zume anderen male, so verbuzet der vorspreche aber einen schillinc[8]), den muz he ouch leisten binnen dinges, oder[13]) sechzic schillinge[8]) darzu[14]) in vircehn tagen[15]): dennoch[16]) hat der sachwalde holunge noch[17]) zu einem male[18]) unde muz aber bitten eines mannes, der sin wort spreche, desselben[19]) oder eines anderen. Der[19]) trete aber[20]) an sin wort zum dritten male unde teidinge vor in. Ist[21]) denne, daz he aber[22]) an sin wort nicht iehit zu dem dritten male, so verbuzet der vorspreche aber[23]) einen schillinc, unde alle di[24]) sache, di da beteidinget[25]) unde benant ist, di[24]) ist verlorn zu rechte alles dinges, wen he mac nicheinen vorsprechen noch nicheine holunge me gehaben. Ist aber, daz he an sin wort iehet zu deme dritten male[21]), waz der vorspreche[26]) geteidinget hat[27]), iz si schedelich oder vrumelich[28]), daz muz vor sich gehn zu alleme rechte.

[§ 24.] Bittet ein man eines mannes, der sin wort (§ XVII.) spreche vor gerichte, der trete an sin wort unde irdinge im des wandels nicht unde he[1]) irvalle an sinem worte, daz ienre an sin wort nicht iehe, so ist di teidinc unde di sache verlorn, waz he da benante; wen he der holunge nicht irdinget hat unde des wandels, so mac he nicheinen vorsprechen me gehaben umme di sache; unde derselbe vorspreche verbuzet ouch einen schillinc binnen dinges zu leistene oder sechzik schillinge in vircehn tagen. Ist[2]) aber, daz he an sin wort iehit, so muz iz vor sich gehn, als he geteidingit hat, iz si zu gewinne oder zu verlust[2]).

[§ 25.] Sprichet ein gesworn man eines mannes wort (§ XVIII.) vor gerichte unde werden urteil gevristet under die burger p. 256. umme di teidinc, derselbe gesworne man sal bi den burgeren nicht sin, die wile daz si uber den urteilen sitzen unde di teilen; vor unde nach mac he bi in sin, alse recht ist.

[§ 26.] Hat ein gesworne man zu teidingen vor gerichte (§ XIX.) oder nimet sich sines vrundes teidinc an offenliche, waz da urteil gevregit werden in dem dinge[1]) umme di teidinc[2]), zu den urteilen unde zu dem gespreche sal he nicht gehn in dem (§ XX) dinge[3]). Ist aber, daz urteil gevristet werden under di burger in ir[4]) morgensprache, da mac he zu gehn, wenne si alle zusamene gehn[5]) oder zu einander[5]) kumen unde teilen denne, daz recht ist[6]).

(§ XXI) [§ 27.] Ein iklich gesworn man, der da sitzet in den benken vor gerichte, des mac man wol bitten zu boten zu allirleie sache, he ne mac is ouch nicht geweigern darumme, daz he ein gesworn man ist, he sal iz zu rechte tun unde tut[1]) iz billicher den ein ander[2]), wen he gesworn hat zume rechten.

(§ XXII) [§ 28.] Ist ouch, daz ein gesworn man ein unrecht urteil teilet, den mac ein gemeine man wol strafen unde zihe sich mit der strafunge[1]) under di anderen geswornen. Ist, daz der gemeine man verlusit[2]) mit sime urteile, so muz he verbuzen iklicheme gesworen drizik schillinge[3]) zu rechte unde dem[4]) voite[5]) sechzik schillinge[3]). Ist aber, daz der gemeine man gewinnet unde der gesworne[6]) verlusit mit sime urteile, der darf nimande nicht buzen[7]) zu rechte; aber[8]) schemde unde smaheit[9]) hat he vil dran, wen he zume rechten gesworn hat unde unrecht geteilet hat, unde mochte lieber zwir buzen.

(§ XXIII) [§ 29.] Wirdet ein man eines urteiles gevragit, der uzenwendic den benken ist[1]), wi na he stet den benken, der teilet iz wol oder tut wol[2]), weder he wil. Der richter mac iz im nicht gebieten, wen he uzenwendic den benken[3]) ist; he get wol hinwec ane buze, ab he wil.

(§ XXIV) [§ 30.] Wirdit ein man eines urteiles gevragit, der in den benken sitzet, der sal iz vinden zu rechte oder he muz sweren, daz he is nicht kunne vinden. He mac sich wol besprechen mit den luten[1]). Ist, daz he sprichit, man wolle is in nicht leren, wil he is in denne[2]) nicht verwizzen, he[3]) enkunne iz wol, so muz he iz im zu rechte[4]) inpfuren uf den heiligen, daz he is nicht kunne, oder muz iz teilen. Nicheine vrist mac he[5]) gehaben ane gunst[6]). Ist aber, daz di burger keinwertik *(§ xxv.)* sint, einer, zwene[7]), dri oder vire[8]), unde heizen in[9]) daz[10]) bi namen, daz he sich vriste under di burger mit dem urteile, so hat he denne di vrist mit[11]) allem rechte.

[§ 31.] Wirdit ein man eines urteiles gevragit unde int- *(§ xxvi.)* pfuret he daz uf den heiligen, daz he is nicht kunne, derselbe man sal daz urteil holen under den burgeren: nicheinen anderen man sal man is me vregen zu rechte.

[§ 32.] Wirdit ein man eines urteiles gevreget unde[1]) *(§ xxvii.) p. 257.* he[2]) spreche: „Her voit, vregit is einen anderen man, iz tritet minen vrunt an", da ist nicht an, he mac[3]) is damite nicht ledic[4]) werden, he muz iz zu rechte teilen.

[§ 33.] Wirdet ein man eines urteiles gevregit unde[1]) *(§ xxviii.)* he ste uf unde ge sinen wec unde vinde is nicht, der sal iz verbuzen zu rechte, wen he vrebeliche[2]) hinwec geht uz den benken, daz sint sechzik schillinge[3]), unde ein ander muz daz urteil vinden zu rechte, wen he iz verbuzet hat.

[§ 34.] Wirdet aber ein man eines urteilis gevreget, der *(§ xxix.)* sitce stille unde[1]) spreche, he kunne is nicht oder he pflege nicheine urteil zu teilne oder he habe sinen vormunden noch oder spreche: „Vregit is einen anderen", oder wi daz ist, daz he is nicht vindet unde daz[2]) der voit[3]) einen anderen vreget, der tut wol, weder he wil, he teilet iz oder[1]) let[4]) iz, wen is ein ander vor[5]) gevregit ist: iz ensi denne also vil, daz ienre sinen vormunden noch hat oder sich is irwert[6]) mit rechte, so muz he iz teilen zu rechte.

[§ 35.] Wirdit ein man eines urteiles gevragit, der ge *(§ xxx.)* uz unde bespreche sich unde vinde der burger ein teil, zwene, vire oder sechse, di leren in daz urteil, also si dunket, daz iz recht si, unde he kume in unde teile also unde he werde gestrafit unde[1]) ienre, der iz strafet[1]), cihe sich under di burger mit der strafunge unde di burger treten dar unde gesten im des, daz si iz geteilet haben, daz hilfit nicht: di strafunge sal bestehn biz under di andere burger. Waz di denne teilen, daz sal vor sich gehn. Unde welchir denne da gewinnet under den zwen, wen iz gemeine lute sint, an der strafunge, der gewinnet vumftehalp[2]) pfunt, di muz ienre leisten, der[3]) da verlusct; der sullen sechzik schillinge dem voite[3]) in vircehn tagen, unde ieme sal[4]) he leisten drizik schillinge[4]) in den acht tagen darnach.

(§ XXXI.) **[§ 36.]** Ist, daz ein man ein unrecht urteil[1]) teilet, daz mac ein iklich man wol strafen. He ste uf unde spreche also: „Her richter, daz urteil ist unrecht, daz wil ich strafen unde wil uch ein rechterz[2]) vinden unde teile uch also zu rechte unde bitte[3]) mich[4]) mit der strafunge under mines herren[5]) burger unde bitte boten dazu den man unde den, daz si di urteil brengen under di burger, also si hi geteilit unde gestrafit sint". Den zuk mit der strafunge sal he zu rechte haben under di burger. Wen nimant sal zu rechte cheine strafunge intscheiden, wo si geschit, den[6]) di zwelf geswornen zu[1]) rechte[1]).

(§ XXXII.) **[§ 37.]** Welch[1]) man ein urteil strafen wil, der sal iz tun zu rechte alzuhant, als iz geteilt ist[2]). Kumit icht darunder, so mac iz nicht gesin, oder get he uz unde besprichet sich, so ist di volge ubergangen, so mac he is nicht gestrafen zu rechte, iz muz vor sich gehn, als iz geteilet ist.

Noten zu Cap. XXXI.

§ 1. *Vergl. Zus. 2 § 1. Cod. dipl. II. 12,69 (1344 Nov. 9). 92 (1373 März 6). — Tittmann 1,160. Benseler 215. 227 ff. Maurer St V. 3,597.* **§ 2.** *Vergl. XIX § 3. XX § 1 a. E. — Ssp. II, 10 § 1. Dist. IV, 6 d. 6. 21 d. 34. — Tittmann 1,160. Benseler 215. Maurer St V. 3,597. (Planck G V. 1,774.)* **§ 3.** *Ssp. I, 59*

§ 2. 60 § 1. Brünn. SchB. 59 a. Wb. XVI § 4. Dist. IV, 26 d. 12. — Maurer GV. 124 f. Benseler 215. Behrend Observat. 31. Nietzsche 27. Maurer StV. 3,581. 599. Planck GV. 1,195. **§ 4. 5.** *Gosl. 69,31. — Maurer GV. 225. Nietzsche 53. Maurer StV. 3,581. 599. Planck GV. 1,196. 200. 209.* **§ 6.** *Ssp. III, 30 § 1. — Planck GV. 1,196.* **§ 7.** *Nietzsche 45. Behrend Observ. 28. 32. Planck GV. 1,196. Löning Vertragsbruch 333. 338. 375.* **§ 9—22.** *Mgdb. 1295 § 17. Ssp. I, 60 § 2. 3. 61 § 2. 4. 5. Gosl. 69,30. Dist. IV, 26 d. 2—5. 8. 9. 11. — Maurer StV. 3,581 f. 591. Planck GV. 1,66. 128. 2,316.* **§ 10.** *Nietzsche 44.* **§ 12.** *Nietzsche 44. 48.* **§ 15.** *Nietzsche 46.* **§ 16. 17.** *Nietzsche 44. 47. Budde Rechtlosigkeit 142.* **§ 18.** *Brünn. SchB. 59 c. — Planck GV. 1,197.* **§ 19.** *Nietzsche 46.* **§ 20.** *Nietzsche 73. Planck GV. 1,199.* **§ 21.** *Nietzsche 47.* **§ 22.** *Brünn. SchB. 59 c.* **§ 23. 24.** *Ssp. I, 60 § 1. 62 § 7. 11. III, 14 § 1. Gosl. 69,31. Dist. IV, 26 d. 12. 15. Igl. 19. — Nietzsche 52. 61 f. Siegel Erholung u. Wandelung 212. 219. 221. 223. Planck GV. 1,202. 205. 210. 221.* **§ 25. 26.** *Dist. IV, 25 d. 19. — Nietzsche 75. Planck GV. 1,111. 199 f. 260. 292. Ermisch Bergrecht XLII (Cod. dipl. II. 13, XXXIII).* **§ 27.** *Planck GV. 1,67.* **§ 28.** *Ssp. II, 12 § 3. 5. Brünn. SchB. 234. 235. Dist. IV, 25 d. 6. 8. — Maurer StV. 3,750. Planck GV. 1,269. 292 f. 299 f. Ermisch Bergr. XLII (Cod. dipl. II. 13, XXXIII). Löning: Ztschr. f. d. ges. Strafr. 7,547.* **§ 29—35.** *Homeyer Richtsteig 506. Maurer StV. 3,575.* **§ 29.** *Maurer StV. 3,573. Planck GV. 1,66. Ermisch Bergr. XLII (Cod. dipl. II. 13, XXXIII).* **§ 30. 31.** *Vergl. Gb. No. 108. 117. — Ssp. I, 60 § 2 a. E. II, 12 § 2. 7. Igl. 26 (B). Prag. Rb. 54. Dist. IV, 25 d. 4. 10. 19. — Maurer StV. 3,602. 750. 757. Planck GV. 1,254. 259 f. 293. Ermisch Bergr. XLII (Cod. dipl. II. 13, XXXIII).* **§ 32.** *Ssp. II, 12 § 1. Dist. IV, 25 § 5. — Planck GV. 1,66.* **§ 33.** *Planck GV. 1,66. 253. Ermisch Bergr. XLII (Cod. dipl. II. 13, XXXIII).* **§ 34.** *Ssp. II, 12 § 7. Dist. IV, 25 § 10. — Planck GV. 1,253.* **§ 35. 36.** *Ssp. II, 12 § 4. 5. 9—11. Richtsteig 49. 50. Gosl. 84,25. 26. 86,32. Igl. 34. 35. Wb. LXXIII. Dist. IV, 25 d. 7. 8. 14. 45 d. 16. — Planck Beweisurt. 23. Rößler 1,109. Maurer StV. 3,749. 752. 757. Planck GV. 1,254. 270. 276—278. 286. 292 f. 299 f. Ermisch Bergr. XLII (Cod. dipl. II. 13, XXXIII f.).* **§ 37.** *Ssp. II, 6 § 4. Gosl. 86,31. 35. Igl. SchB. 44. Dist. IV, 25 d. 20—22. — Siegel Gefahr 146. Maurer StV. 3,749. Planck GV. 1,274 f. Schultze 1,148. Ermisch Bergr. XLII (Cod. dipl. II. 13, XXXIV).*

[§ 1.] 1) dyng *C.* 2) *fehlt BC.* — [§ 2.] 1) dinges *BCW.* 2) umbe eynen *Zusatz BC.* 3) eyne *Zusatz C.* — [§ 3.] 1) inn *H.* 2) ane buze *fehlt HW.* 3) durch daz iar *fehlt HW.* 4) an — dran *fehlt HW.* 5) den vardingen *A.* dem vordinge *B.* den vördyngen *C.* — [§ 4.] 1) zu standen oder zu straudeln (strandeln) *H.* zu stammeln oder zu strudeln *W.* 2) vorsprechers *HW.* 3) bedarff *HW.* 4) allererst *Zusatz HW.* 5) *fehlt C.* 6) dieweil *HW.* 7) had *B.* undt begunst hatt *HW.* 8) keinen vorsprechen *ABC.* eines vorsprechers *HW.* 9) an den teidingen *fehlt HW.* 10) vorsprechen *Zusatz B.* 11) unnd zu *HW.* 12) vorspreche *B.* 13) unde — daran *ABC.* Der richter mag es alsdann nicht gewehren (gewaltigen *W*) noch keine buße darann habenn *HW.* 14) erweren noch gehyndern *B.* gewêren noch gehyndern *C.* — [§ 5.] [1]) *Fehlt C.* [2]) *fehlt BHW.* [3]) gûnnen wil *BC.* [4]) wen—sulle *fehlt HW.* [5]) buße *BC.* [6]) wenn *HW.* [7]) iener *HW.* [8]) gunnen wil *A.* engan *BC.* [9]) vordyng *C.* [10]) *fehlt BC.* [11]) *fehlt B.* [12]) einen anderen *A.* keynen *BC.* [13]) der sin wort spreche *fehlt B.* [14]) benonnen *C.* — [§ 6.] [1]) der—(*§ 7*) antwertet *fehlt B.* — [§ 7.] [1]) *Vergl. § 6 Note 1.* [2]) schuldig *B.* [3]) bin im *A.* byn is *B.* bym *C.* [4]) *fehlt C.* [5]) *fehlt BC.* [6]) mit *B.* [7]) mit rechte *Zusatz B.* [8]) ym *Zusatz BC.* [9]) der voit *A.* her *BC.* [10]) pf. *Zusatz W.* [11]) *fehlt B.* [12]) waz he da *A.* da was her *BC.* — [§ 8.] [1]) her wil unde *B.* — [§ 9.] [1]) unde—spreche *fehlt B.* [2]) bittit *B.* [3]) spricht *B.* [4]) sin *C.* [5]) sprichet *BC.* — [§ 10.] [1]) vor gerichte *fehlt C.* [2]) wo er geschickt ist und thun wolle *Zusatz W.* — [§ 11.] [1]) ein *C.* [2]) *fehlt BW.* — [§ 12.] [1]) *Fehlt BC.* [2]) mit der buße ader hynweg ist *Zusatz BC.* [3]) mochte *BC.* — [§ 15.] [1]) ienre spreche *fehlt BC.* [2]) Her—man *fehlt A.* [3]) rechtem *Zusatz C.* [4]) biß das *B.* [5]) Alda muz he *A.* Her muß *BC.* [6]) her *Zusatz B.* — [§ 16.] [1]) da *B.* [2]) oder—vrunt *fehlt BC.* [3]) gesyn *B.* [4]) *fehlt B.* [5]) unde *B.* [6]) he bittit *AB.* so bittet her *C.* [7]) ym *BC.* [8]) ist *B.* [9]) gebunden czû *C.* — [§ 17.] [1]) Ist is *BC.* [2]) anderre *A.* [3]) umme *Zusatz C.* — [§ 19.] [1]) gegangen *B.* geunde *C.* [2]) ander der *B.* [3]) *fehlt C.* [4]) hatte *B.* — [§ 20.] [1]) *Fehlt B.* [2]) ist *B.* [3]) is *B.* [4]) mit *C.* — [§ 21.] [1]) eyne *Zusatz C.* [2]) richter *B.* [3]) had *B.* — [§ 22.] [1]) *Fehlt B.* [2]) he spreche *fehlt AC.* [3]) *fehlt BC.* [4]) vier *Zusatz BC.* [5]) is *B.* iz *C.* — [§ 23.] [1]) bedinge *HW.* [2]) diß *B.* [3]) fehlett *H.* erfolget *W.* [4]) iebet *B.* iactt *H.* iaget *W.* [5]) einen schillinc den *ABC.* vier schilling pfennige die *HW.* [6]) yn *B.* das *HW.* [7]) binnen dinges *fehlt HW.* [8]) schilling pfennige *HW.* [9]) eines andern wo er wust (weiß *W*) zu erholen *Zusatz HW.* [10]) *fehlt CHW.* [11]) *fehlt BC.* [12]) widersache *B.* [13]) verbußet *Zusatz HW.* [14]) *fehlt BHW.* [15]) zu leistenn *Zusatz HW.* [16]) darnach *HW.* [17]) *fehlt C.* [18]) zu einem male *ACHW.* eyn mole *B.* [19]) desselben—der *ABC.* Derselbige oder ein ander *HW.* [20]) *fehlt HW.* [21]) Ist—dritten male *fehlt HW.* [22]) denne daz he aber *BC.* aber denne daz he *A.* [23]) *fehlt C.* [24]) *fehlt B.* [25]) geteydingit *C.* [26]) denne *Zusatz BHW.* [27]) denne *Zusatz C.* [28]) unschedelich *C.* — [§ 24.] [1]) *Fehlt B.* [2]) Ist—verlust *fehlt C.* — [§ 26.] [1]) in dem dinge *fehlt B.* [2]) umme di teidinc *fehlt C.* [3]) *fehlt C.* [4]) die *B.* [5]) gehn—einander *fehlt BC.* [6]) sie *BC.* — [§ 27.] [1]) her *Zusatz B.* [2]) man *Zusatz CW.* — [§ 28.] [1]) straffe *H.* [2]) vorbûssit *B.* [3]) pfennige *Zusatz HW.* [4]) den *H.* [5]) bottenn *HW.* [6]) gesworne man *B.* man *C.* [7]) geben busse *HW.* [8]) ader *B.* denn *HW.* [9]) smacheit *BC.* schmach *HW.* — [§ 29.] [1]) stet *C.* [2]) *fehlt B.* [3]) den benken *fehlt BC.* — [§ 30.] [1]) andern schöppen *W.* [2]) wil he is in denne *AB.* wil iz in denne der *C.* [3]) ader her *C.* [4]) zu rechte *fehlt BW.* [5]) her nicht *B.* [6]) man erlowbe is ym denne unde man gunne is ym *Zusatz B.* [7]) ader *Zusatz B.* [8]) oder vire *fehlt BC.* [9]) *fehlt BC.* [10]) iz do *C.* [11]) zcu *BC.* — [§ 32.] [1]) *Fehlt BC.* [2]) der *C.* [3]) kan *B.* [4]) gesyn nach ledig *B.* — [§ 33.] [1]) *Fehlt B.* [2]) frevelichen *B.* vrevilich *C.* [3]) pf. *Zusatz W.* — [§ 34.] [1]) her *Zusatz B.* [2]) *fehlt B.* [3]) des *Zusatz B.* [4]) lest *BC.* [5]) ein ander vor *AC.* eynen andern man *B.* [6]) erferit *B.* — [§ 35.] [1]) unde—strafet *fehlt B.*

[2]) funff *B.* [3]) der—voite *fehlt C.* [4]) sal—schillinge *AC.* drissig schillinge die sal her leisten *B.* — **[§ 36.]** [1]) *Fehlt C.* [2]) rechtis *B.* [3]) biete *BC.* [4]) *fehlt BW.* [5]) mines herren *AC.* die *B.* [6]) wenne *BC.* — **[§ 37.]** [1]) So welch *B.* [2]) wirdt *BC.*

Cap. XXXII. *p. 258.*

Diz ist von deme aftervogete unde siner gewalt.

§ 1. Von der Bestätigung des Untervogts durch den Rath. § 2. Von seinen Verpflichtungen im Dinge. § 3—7. Wo ist das Gericht des Untervogts und wo kann man rechtsgiltige Handlungen vor ihm vornehmen. § 8. Welche Rechtskraft haben Handlungen, die vor seinen Vertretern vorgenommen worden sind. § 9. 10. Vom Varding. § 10—16. Von der Verpflichtung im Dinge zu antworten und der Buße wegen Nichtantwortens. § 17. Wie soll der Richter geleugnete Buße beweisen. § 18. Verfahren bei Nichtleistung der Buße. § 19. Von gütlicher Beilegung von Streitigkeiten durch den Richter.

[§ 1.] Des undervoitis[1]) gerichte hat nicheine craft nicht, *(§ 1.)* ee he bestetiget werde von den burgeren. Di sullen in bestetigen zu rechte mit dem eide, also daz he swere recht richter zu sine eime als dem anderen, dem armen alse deme richen. Unde wenne daz geschit, so hat sin gerichte vorbazme craft unde anders nicht.

[§ 2.] Unde wenne he gerichte sitzet, he sal[1]) nichein urteil teilen, he ne sal ouch keinez strafen zu rechte; he sal urteil vregen, unde waz vor im geteidingit wirdit, daz sal he richten nach rechte.

[§ 3.] Swenne[1]) he denne also bestetigit wirdit von den burgeren, wo he denne ist in dem wicbilde, iz si vor der stat oder in den gazzen oder in den husen, uf dem marcte oder wo he[2]) ist, da[3]) ist[4]) in gerichte. Waz man vor im gelobet oder geteidinget, daz hat glicher wise[5]) diselbe craft als in den benken.

[§ 4.] Unde[1]) ioch wo man eigen unde erbe vor im ufgibit in dem wikbilde, wo daz ist, daz hat also groze craft als in den benken[1]).

[§ 5.] Ist, daz in der kirchen oder uf[1]) dem kirchhove icht geschit vor im gelubdis oder icht geteidingit vor im[2]) wirdit, daz he hort, des gestet he wol, iz hat glicher wis craft als uf dem marcte oder in den gazzen.

[§ 6.] Ist, daz derselbe richter kumit uz disem[1]) wicbilde uf daz velt oder in ein dorf oder in ein vorwerc unde ab da icht geschee vor im, iz were von geschichte oder von ungeschichte, daz da icht gelobit wurde oder geteidingit wurde vor im, daz he horte, daz daz geschee, von den[2]), di[3]) in sin gerichte horten[4]), oder[5]) ioch ein teil, di nicht in sin gerichte gehorten[5]), unde quem iz also verre, daz di sache zu teidingen queme hi in disem[6]) wicbilde unde daz man gezuges[7]) bedorfte, so bezugete[8]) man wol mit im unde[9]) zu[10]) allem rechte.

[§ 7.] Ist ouch, daz he kumit uffiz gebirge, daz her[1]) in diz[2]) gerichte horet[3]), oder in di hutten, di ouch herin gehoren, oder in den spital, der ouch in di stat gehort unde der burger gestifte ist, waz he[4]) siht unde hort, daz bezuget man wol mit im zu rechte.

[§ 8.] Ist, daz he uzritet unde heizet den schriber[1]) dingen oder einen anderen man an siner stat, der mac wol dingen. Iz hat aber keine craft nicht, waz vor im geteidinget wirdit; wil man iz halden, so ist iz gut. Geht iz aber an ein gezugen, so mac man mit deme, den[2]) he da[2]) gesatzt hat,
p. 259. noch mit nimande bezugen[3]) den mit deme richtere, den di burgere bestetiget haben zu richtene, ane also vil als derselbe richter sin gerichte sitzet, den die burger bestetigit haben. Ist, daz is[2]) im not geschit, daz he zu teidingene hat unde ufstet unde nimet einen man, der sin wort sprichit, unde setzet einen richter di wile, der di wile sitzet unde richtet, daz he zu klagene hat, unde waz die wile geteidinget wirdet, ee he

sich wider nidersetzet, daz hat craft unde muz vor sich gehn[4]) zu rechte.

[§ 9.] (§ II.) Unde wenne man vardinc[1]) haben sal, so sal derselbe[2]) richter[3]) sin dinc hegin zu rechte[4]) also: „Ich vrege uch eines urteiles, wen diz der drier vardinge[5]) einiz ist, ab wirz zu rechte icht hegin sullen". So sal man teilen: wen iz ein vardinc[1]) si[6]), daz man iz billiche hegin sulle. „So hege wir diz dinc von gerichtes wegen, daz ein iklich man sal hi[3]) zuchteklichen teidingen, unde wer icht zu teidingen habe, daz der neme einen man, der sin wort spreche, als recht ist. Unde wir[7]) gebieten[8]) disem dinge vride[9]): wer in breche mit den[3]) worten, daz ge im an sine pfenninge, unde wer in breche mit den werken, daz ge im an sinen hals".

[§ 10.] (§ III.) Welch[1]) man denne in dem dinge sin wort selbe sprichet, der muz iz[2]) verbuzen zu[3]) rechte. Der buze ist ein schilling, den muz he leisten[3]) binnen dinges, oder sechzik schillinge in vircehn tagen.

[§ 11.] (§ IV.) Kumit ein man in di vir benke, iz si vardinc[1]) oder nicht oder[2]) he[3]) si besezzen oder nicht[3]) oder im si vorgeboten oder nicht, der muz antwerten zu rechte, wes man im schult gibet.

[§ 12.] (§ V.) Stet aber ein man uzwendic den benken, der da besezzen[1]) ist, im si vorgeboten oder nicht, deme mac der richter nicht gebieten zu antwertene wider sinen willen; he tut wol, weder he wil. Ist im nicht vorgeboten, he geht wol[2]) hinwec[3]) ane buze, wen he besezzen ist. Ist im aber vorgeboten, he get aber hinwec uf di buze, di des vorgebotis recht ist.

[§ 13.] (§ VI.) Kumet ein man in di benke vor gerichte unde ein ander man spreche: „Her voit, gebietit hern Cunrate, daz he mir antwerte", der voit spreche: „Her Cunrat, antwertet im[1]) hi[2])“, he swige stille unde ge hinwec unde antwerte nicht, der richter teidingit im di buze zu mit rechte, daz he vrebeliche[3]) uz den benken ist gegangen unde sin gebot versmehit hat; daz sint sechzik schillinge in vircehn tagen zu[1]) leistene[1]). Aber ienre mac nicht uf in irvolgen zu rechte, wen he nicht benant hat.

(§ VII) **[§ 14.]** Ist abir, daz ein man kumit vor gerichte in di benke, unde ein ander man spreche also: „Her richter, ich klage uch uf hern Herman umme eine marc; gebietit im, daz he mir antwerte“, der voit spreche: „Her Herman, antwertit hi[1])“, unde he ge uber daz hinwec unde antwerte nicht, der kleger bittet eines urteiles: wen he im schult gebe umme eine marc unde im der voit gebute zu antwertene, ab he im nicht p. 260. antwertit, ab he zu rechte di klage uf in icht irvolget habe umme di marc, so sal man teilen: habe he iz gehort, daz he klagete unde daz im der voit gebot zu antwertene, daz he di marc uf in billiche irvolget habe; unde der voit hat ouch sechzik schillinge uf in in vircehn tagen zu leistene[2]), daz he vreveliche hinwec ist gegangen.

[§ 15.] Ist aber, daz he wider kumet in demeselbin dinge, ee der voit ufstet, unde sprichit also: „Her richter, mir ist zu wizzene worden, mir si buze hi irteilet unde si beklagit hi; ich bin hi, her richter, unde wil antwerten, wes man mir schult gibet; unde bitte eines urteiles, wen ich antwerten wil unde ir noch nicht ufgestanden sit, ab ich zu rechte keine buze liden sulle, unde ab ouch nimant uf mich klaget, ab ich ouch[1]) zu rechte icht[2]) ledic sulle sin[3])“. So sal man teilen: wen he binnen dingis kumen si, daz he der buze zu rechte ledic si, unde klage ouch nimant uf in, daz he des irvolgens ouch billiche ledic si.

(§ VIII) **[§ 16.]** Ist, daz der voit gebutit einem manne zu antwertene, der in den benken ist, eime anderen manne umme gelt, der man swige stille unde tu, als ab[1]) he is nicht hore, oder hore is nicht unde gee hinwec, der voit teile im di buze unde ienre irvolge sine klage uf im, ienre man swige also lange, biz daz[2]) im der richter[3]) di buze eische[4]). „Her richter[3]), ich wuste gerne, warumme ich buzwirdic[5]) were worden, ich enweiz darumme nicht“. „Ich gebot uch zu antwertene, do ginget ir hinwec unde antwertet nicht, da wart mir buze uf uch irteilet“. „Her voit, des horte ich nicht, da[6]) ir mirz gebutet. Wold ir mir des nicht gelouben, ich wil iz behalden uffin heiligen“. Der voit muz zu deme rechte grifen oder muz in uberzugen, daz im di buze uf in irteilet si mit rechten teidingen, unde ienre umme daz gelt, daz he uf in irvolgit hat, da[7]) muz he zu sime rechte ouch grifen oder muz in bezugen[8]), daz he iz uf in irvolgit habe mit rechten teidingen.

[§ 17.] Wirdit ein man buzhaft[1]) eime richter, welchir (§ IX.) iz ist, unde loukent der buze, der richter mac in nicht verwinden mit cheiner tafelen noch mit keime schribere. He muz zu sime rechte grifen oder muz in uberzugen selbdritte, wil he di buze haben; he muz zwene dincwarten zu im haben, di ir echt unde ir recht behalden haben, si sint besezzen[2]) oder nicht, so gesten si wol. Unde der richter muz vor gesten unde di zwene darnach, alse gezugis recht ist.

[§ 18.] Ist, daz ein man buzehaft wirdit eime richtere, (§ X.) wer he ist, unde di buze nicht leistet zu siner rechter zit, der richter mac die buze wol anderweiden zu rechte[1]) zwir nach deme ersten unde nicht me zu rechte. Leistet he ouch denne nicht zu deme dritten male binnen dingis, alse recht ist, so mac he[2]) pfenden davor mit rechte[3]).

[§ 19.] Ist, daz lute sten vor gerichte unde eihn beidersit (§ XI.) an den richter mit gutem willen einer sache oder waz teidinge p. 261.

iz ist, si si groz oder kleine, di sal der richter intscheiden zu rechte alda binnen dinges ane widerrede. Keine vrist sal he haben, man darf in ouch andirs dazu nicht twingen mit keinen teidingen; darumme muz he si intscheiden zu rechte, wen si beidersit an in gezogen haben mit willen. Unde sine buze hat he dran an deme, der da verluset; unde wer da gewinnet, dem muz man leisten, alse gezugis recht ist.

Noten zu Cap. XXXII.

Klotzsch bei Schott 3,35 f. Benseler 119. **§ 1.** *Vergl. XXXIII § 20. — Tittmann 1,161. 327. 337. Hingst: Frb. Mitth. 6,564 ff. Ermisch Bergrecht XLI (Cod. dipl. II. 13, XXXIII).* **§ 2.** *Ssp. III, 30 § 2. Gosl. 86,11. Brünn. SchB. 405. Dist. IV, 25 d. 2. 45 d. 1. — Tittmann 1,161. Benseler 216. 227. Maurer StV. 3.570. 750. Planck GV. 1.89. Ermisch Bergrecht XLI (Cod. dipl. II. 13, XXXIII).* **§ 3–7.** *Vergl. Gerichtsbuch I (passim). — Ssp. I, 62 § 10. Gosl. 32,35. Dist. IV, 5 d. 18. — Tittmann 1,161.* **§ 7.** *Frb. BR. A § 5. — Leuthold: Ztschr. f. BR. 21,29. Ermisch Bergrecht XLI f. (Cod. dipl. II. 13, XXXII).* **§ 8.** *Vergl. XXXV.* **§ 9. 10.** *Vergl. XXXI § 3. — Ssp. I, 53 § 1. Gosl. 73,9. Igl. 81. Wb. XVI § 2. 3. Dist. III, 5. — Benseler 216. 245. Nietzsche 27 f. Siegel Erh. u. Wand. 205. Planck GV. 1.195.* **§ 11–16.** *Vergl. XLIX § 30. — Ssp. II, 3 § 3. 45. III. 39 § 3. Gosl. 74.20. 75,9. Dist. III, 15 d. 3. 4. IV, 45 d. 18. — Behrend Observ. 32. (Planck GV. 1,349.)* **§ 12.** *Vergl. Zus. 2 § 2. 5.* **§ 16.** (buzwirdic:) *Frensdorff Recht u. Rede 468.* **§ 17.** *Vergl. Frb. BR. B § 42. — Benseler 221.*

[§ 1.] [1]) richters *W.* — **[§ 2.]** [1]) he sal *A.* so sal her *BC.* — **[§ 3.]** [1]) So wenne *B.* Wenne *C.* [2]) is *B.* [3]) *fehlt C.* [4]) hat is *B. fehlt C.* [5]) daz—wise *fehlt A.* — **[§ 4.]** [1]) Unde—benken *fehlt C.* — **[§ 5.]** [1]) in *C.* [2]) vor im *fehlt B.* — **[§ 6.]** [1]) dem *B.* [2]) deme *HW.* [3]) der *HW.* [4]) gehôrten *BC.* gehörett *HW.* [5]) oder — gehorten *fehlt B.* [6]) dem *BC.* [7]) gezeugnis *HW.* [8]) geczûgete *C.* bezeugett *H.* bezeuge *W.* [9]) *fehlt BCHW.* [10]) mit *B.* inn *H.* — **[§ 7.]** [1]) *Fehlt B.* [2]) syn *B.* daz *C.* [3]) gehort *BC.* [4]) her do *BC.* — **[§ 8.]** [1]) volgt *W.* [2]) *fehlt B.* [3]) geczugen *BW.* [4]) geht *A.* — **[§ 9.]** [1]) vording *BC.* ding *W.* [2]) der *BCW.* [3]) *fehlt B.* [4]) zu rechte *fehlt C.* [5]) vordinge *BC.* [6]) ist *B.* [7]) *fehlt BC.* [8]) gebiete *BC.* [9]) rechten frede *BC.* — **[§ 10.]** [1]) So welch *B.* [2]) *fehlt B.* [3]) zu—leisten *fehlt A.* — **[§ 11.]** [1]) vording *BC.* [2]) *fehlt BC.* [3]) he—nicht *fehlt C.* — **[§ 12.]** [1]) gesessen *C.* [2]) *fehlt BC.* [3]) syn weg *C.* — **[§ 13.]** [1]) *Fehlt C.* [2]) *fehlt B.* [3]) frevelichen *B.* vrevelich *C.* — **[§ 14.]** [1]) ym *B.* [2]) zu leistene *fehlt BC.* — **[§ 15.]** [1]) *Fehlt B.* [2]) nicht *B.* [3]) si *A.* — **[§ 16.]** [1]) *Fehlt C.* [2]) *fehlt B.* [3]) voit *BC.* [4]) anheissche *B.* anvordert *C.* [5]) ader bußhaft *Zusatz B.* [6]) das *BC.* [7]) das *B.* [8]) uberczugen *BC.* — **[§ 17.]** [1]) bußwirdig *BC.* [2]) gesessen *C.* — **[§ 18.]** [1]) zu rechte *fehlt BCW.* [2]) wol *Zusatz C.* [3]) mit rechte *ACW.* also recht ist *B.*

Cap. XXXIII.

Diz ist von der eren klage.

§ 1. Vom Eingreifen des Richters bei Schlägereien u. s. w. am Tage und § 2. bei Nacht. § 3—9. Wie behält man bei Schlägereien ohne Kampferwunden die Vorklage und wen darf man in dieselbe hineinziehen. § 10—12. Vom Verhältnis des Vorgebots zur Vorklage. § 13—14. Von der Vorklage bei Kampferwunden und § 15. Todschlägen. § 16. Vom Aufhalten des Schuldners durch den Gläubiger. § 17. Von Verbürgung mit dem Büttel. § 18. Von der Rechtshilfe des Richters. § 19. Von Widersetzlichkeit gegen das Gericht. § 20. Vom Verhältnis des Untervogts zum Rath und seinen Einkünften.

[§ 1.] Ist, daz sich ein gestoze[1]) hebit in der stat, wo (§ 1.) daz ist, daz sich lute slahen unde[2]) stechen mit einander an deme tage, unde kumet man geloufen nach dem voite, der sal zu rechte dazu gehn, die wile iz tac ist, unde sal da richten, als recht ist. Ist, daz si sich an in nicht keren noch sines gerichtes nicht achten noch[3]) gehorchen wollen, he sal denselben wec herabe gehn, den he dar kumen ist[4]), unde vordere sin dinc mit rechte.

[§ 2.] Ist aber, daz iz des nachtes geschit, daz sich lute slahn unde[1]) stechin mit einander, kumit man nach dem richtere[2]) geloufen, he sal dazu nicht gehn zu rechte, wen iz nacht[3]) ist, he wolle iz denne gerne tun.

[§ 3.] Ist, daz lute sich werren mit einander unde loufen zu gerichte unde wollen[1]) klagen, der eine loufe zu dem obirstin richter unde zu sime huse unde zu[2]) hove, der ander loufe zu dem undervoite unde zu sime huse unde zu[2]) hove[3]), der beheldet di ere klage zu rechte zu[4]) dem undervoite.

[§ 4.] Ist, daz sich lute werren mit einander unde loufen zu gerichte unde wollen klagen, der eine loufe zu dem aftervoite[1]), wo der ste, an der gazzen oder an dem marcte, unde klage, der ander[2]) loufe zu huse unde zu hove des aftervoitis[3]) unde klage der vrowen oder dem knechte oder der mait, derselbe beheldet di ere[4]) klage zu rechte.

[§ 5.] Ist, daz sich lute[1]) werren ane wunden, di besezzen sint, der eine laze[2]) dem anderen vorgebieten, der ander ge[3]) denne[4]) darnach unde klage[5]) zu huse unde zu hove[6]) unde laze[2]) ieme[7]) ouch[8]) vorgebieten, daz hilfet nicht, ienre beheldit di ere[9]) klage mit dem[10]) vorgebote, wen si beide besezzen sint.

[§ 6.] Ist, daz sich lute werren mit einander unde werden des gescheiden, der eine ge nach dem butele unde kume zu ieme unde wolle in verburgen, ienre swige al stille unde intloufe im unde ge zu huse unde zu hove des voites unde *p. 262.* klage uber disen selbe[1]), der[2]) beheldet di ere[3]) klage zu rechte, wen he zu huse unde zu hove alrest geklagit hat. Were aber, daz ienre alrest were kumen zu gerichte unde hette geklagit uber ienen, unde hette denne des richteris boten genumen[4]) unde hette in gewolt[5]) verburgen, also hulfe iz ienen nicht, ab he im intliefe unde denne queme zu huse unde zu hove unde klagete, ienre behilde di ere[3]) klage, wen he vor zu gerichte were gewest.

[§ 7.] Ist, daz sich lute werren mit einander in der zit, daz man dinget, der eine loufe zu huse unde zu hove unde klage, der ander loufe zu dem[1]) gerichte, da man dinget[2]), unde laze ienen incischen, ab he nicht besezzen ist, so beheldit aber ienre di ere klage zu rechte, der zu huse unde zu hove geklagit hat.

[§ 8.] Ist, daz sich lute werren kegen einander vire kegen anderen viren oder sechse kegen anderen sechsen unde daz di gescheiden werden ane kampere[1]) wunden, welche alrest zu huse unde zu hove kumen unde klagen, di behalden di ere[2]) klage, aber si mugen nimande in ir klage gecihen, si haben si denne benant mit namen unde von ir wegen beklagit[3]), daz an in geunvuget si, also bescheideliche ab uz den sechsen, di sich geworren haben kegen den anderen sechsen, niwan[4]) einer liefe zu gerichte zu huse unde zu hove unde spreche also: „Ich klage von deswegen unde ouch[5]) von des", unde nenne[6]) si alle, „unde ouch von miner wegen uber di herren, daz si an uns geunvuget haben", also behalden[7]) si alle di ere[2]) klage zu rechte.

[§ 9.] Ist, daz iene kumen hinden nach unde klagen ouch uber dise, daz hilfit si nicht zu[1]) der eren[2]) klage, iz were denne also vil, daz si einen nenten oder zwene, di vor nicht genant weren, unde di beklageten; unde di musten in denne antwerten zu rechte. Daz kumit davon. Nimant mac den anderen in sine ere klage geeihen unde brengen ane kampere[3]) wunden, he nenne in denne mit namen, alse he klagit.

[§ 10.] Ist, daz sich lute werren mit einander, di[1]) besezzen sint, unde werden des gescheiden von einander[1]) ane wunden, welchir ee kumit zu huse unde zu hove unde klaget uber den anderen unde lezit im vorgebieten dazu, der hat di ere klage zu rechte.

[§ 11.] Ist aber, daz einer klaget uber den anderen, di besezzene lute sint, unde lezet im nicht vorgebieten, unde[1]) klaget ienre nicht unde lezet diseme vorgebieten[1]), so gewinnet ienre, der da nicht geklagit hat unde[2]) hat diseme lazen vorgebieten, di ere klage zu[3]) rechte[2]) mit dem vorgebote; damite[4]) hat he in dinestudelic[5]) bracht[6]). Daz kumit davon. Eime iklicheme besezzenen manne muz man in vorgebieten; daz man vil uber in klagit zu huse unde zu hove ane wunden, daz schadit im nicht, man laze im denne vorgebieten unde gebe im schult, alse recht ist.

[§ 12.] Ist ouch, daz ienre diseme lezit[1]) vorgebieten, der uber in geklagit hat, daz sin vorgebot ee geschit den dissis, p. 263. der davor geklagit hat, daz hilfet in nicht zu rechte, wen ot[2]) des klegeris vorgebot[3]) geschit, iz si vor oder nach oder des tages oder des anderen tages, ab kein dinctac ist, so muz im ienre in antwerten, unde sin vorgebot ist verlorn.

[§ 13.] Ist, daz sich lute werren, daz kamper[1]) wunden geslagen werden, welche denne alrest kumen zu gerichte zu huse unde zu hove oder ir vrunt oder ir knecht oder ir mait unde klagen, daz ir herre oder ir vrunt gewundit si, daz habe getan der man unde[2]) andere sine volleist, der gewinnet di ere klage unde[3]) der mac cihen in sine ere[4]) klage[3]), wen he wil, di in deme urhabe gewest sin, wen he kampere[5]) wunden hat, si sin genant oder nicht[6]).

[§ 14.] Ist, daz iene kumen hinden nach unde klagen unde haben ouch kampere[1]) wunden, iz hilfit si nicht, si muzen disen[2]) alrest[3]) antwerten zu rechte.

[§ 15.] Ist aber, daz hi dissit ein totslac ist oder wirdit, ee man dingit, der totslac beheldit di ere klage zu rechte, he habe geklaget oder nicht, unde[1]) mac wol cihen in sine klage, wen he wil, di sine helfere sin gewest unde da gewest sin in dem urhabe, si sin beklagit oder nicht[1]), so beheldit he si in siner eren klage, daz man in[2]) antwerten muz von erst zu allem rechte.

(§ 11) [§ 16.] Ist, daz ein man den anderen ansichtic wirdit, der im schuldic ist, unde hat he des gerichtis bi im nicht, he mac wol sprechen mit rechte: „Iunger man[1]), steht, biz daz der richter oder sin bote kumit“. Wil he is denne nicht tun, ist he also starc, he mac in wol ufhalden mit gewalt an sinen danc[2]) zuchtekliche, he missetut dran nicht. He sal in abir nirgen vuren wider sinen willen. Wil he gutlichen mit im gen zu gerichte, iz si mit dem butele oder ane butele, daz tun si ouch wol mit rechte.

[§ 17.] Ist, daz ein man den anderen verburgen wil unde kumit mit dem butele, ist, daz ienre mit im gehn wil, daz mac he tun; wil he nicht mit im gehn, he mac iz lazen. An sinen danc sal man in nicht vuren, he wert sich ouch denne[1]) keines gerichtes nicht; wende der butel ist ein[2]) butel, he ist[2]) kein richter nicht.

[§ 18.] Ist, daz ein man den anderen ansichtik wirdit, der im schuldic ist oder zu dem he zu klagende hat unde der da[1]) nicht besezzen ist, der sal gen zu dem richter unde sal sprechen also[1]): „Her richter, ich weiz einen man an einer stat, zu dem habe ich zu teidingene, tut wol unde get mit mir unde helfet mir rechtis“. Daz sal der richter tun zu rechte. Ist aber, daz der richter alse unmuzic ist[2]) zu der zit, daz he dar[3]) nicht kumen mac, so mac he wol sprechen zu sinen boten: „Gee nach dem manne, heiz in kumen vor mich, daz he[4]) hi antwerte. Ist, daz he denne nicht kumen wil, unde ist[5]), daz der richter selbe nach im get[5]), so hat der richter wol di gewalt an der stat, daz he in[a]) in den stok setzet, ab he wil, oder daz he burgen von im nimet, ab he wil, wen he *p. 264.*
unbesezzen[6]) ist.

[§ 19.] Ist, daz sich imant uber daz[1]) gerichtes werit, *(§ III)*
da der richter selbe keinwertik ist, daz sal der richter vorderen mit rechte; he sal is[2]) selber nicht richter sin. Ist, daz he is in uberzuget mit zwen erhaften besezzenen mannen[3]), iz get im an sinen hals. Mac he is in nicht bezugen[4]), so muz he zu sime rechte grifen.

[§ 20.] Der[1]) undervoit[2]) sal ouch zu[3]) der burger ge- *(§ IV.)*
bote sten[3]) an allen sachen, an allem geheize, iz si groz oder kleine. Unde[4]) di schillinge an der buze di sint sin unde di[5])

vir schillinge alle unde allirleie urkunde, unde schozvri ist he, di wile he richter ist[4]).

Noten zu Cap. XXXIII.

Benseler 121. **§ 1. 2.** *Vergl. § 19. Frb. BR. B § 41. — Tittmann 2,29. 122.* **§ 3—15.** *Ssp. I, 61 § 2. Gosl. 32,30. 31. 69,5. Igl. 22. Dist. IV, 2 d. 2. 3. 5 d. 16. 18 d. 1. 26 d. 5.* **§ 3.** *Vergl. XXVII § 1. XXXIV § 1. — Tittmann 1,161. Planck GV. 1,809.* **§ 4.** *Brünn. SchB. 21. Deutschbr. (33). — Planck GV. 1,808.* **§ 5.** *Vergl. § 10—12. VIII § 1. — Planck GV. 1,810.* **§ 6.** *Planck GV. 1,809.* **§ 7.** *Wb. LXXXI. — Planck GV. 1,808 f.* **§ 8.** *Vergl. XXVII § 4. — Planck GV. 1,809.* **§ 9.** *Vergl. XXVII § 4.* **§ 10—12.** *Vergl. § 5. VIII § 1. — Planck GV. 2,316.* **§ 13. 14.** *Vergl. XXVII § 2—4. — Dist. IV, 4 d. 5. — Planck GV. 1,802. 809.* **§ 15.** *Vergl. XXVII § 4. — Planck GV. 1,802. 810 f.* **§ 16—18.** *Ssp. III, 13. Wb. XXXIV. Dist. IV, 39 d. 4. — Tittmann 1,164. Benseler 246. Planck GV. 2,359. 373 f. 378. 406.* **§ 19.** *Frb. BR. B § 41. — Benseler 246 f.* **§ 20.** *Vergl. XXXII § 1. — Gosl. 84,27. — Hingst: Frb. Mitth. 6,569.*

[§ 1.] [1]) gestôre ader eyn gestrowsse *B.* gestôze ader ein gestrûze *C.* geschrey *W.* [2]) ader *BC.* [3]) achten noch *fehlt B.* [4]) kumen ist *A.* quame *B.* ist komen *C.* — [§ 2.] [1]) ader *C.* [2]) voyte *C.* [3]) des nachtes *BC.* — [§ 3.] [1]) *Fehlt C.* [2]) zcu syme *B.* [3]) unde zu hove *fehlt C.* [4]) der zcu *B.* — [§ 4.] [1]) richter *W.* [2]) geo ader *Zusatz B.* [3]) richters *W.* [4]) erste *W.* — [§ 5.] [1]) zween mitt einander *H.* zwene *W.* [2]) lest *HW.* [3]) gebett *HW.* [4]) *fehlt BH.* [5]) unde klage *fehlt H.* [6]) des richters *Zusatz H.* [7]) ienre *C.* [8]) ouch *(in A am Rande) fehlt HW.* [9]) erste *HW.* [10]) *fehlt H.* — [§ 6.] [1]) selben *A.* *fehlt B.* [2]) derselbe *B.* [3]) erste *W.* [4]) gewunnen *B.* [5]) wolt *B.* — [§ 7.] [1]) zu dem *A.* vor das *BC.* [2]) da man dinget *fehlt BC.* — [§ 8.] [1]) kampf *B.* kampfer *W.* [2]) erste *W.* [3]) geclait *BC.* [4]) nicht wenne *B.* nûer *C.* [5]) *fehlt B.* [6]) nente *BC.* [7]) bebilden *BC.* — [§ 9.] [1]) an *BC.* [2]) ersten *W.* [3]) kampf *B.* kampfer *W.* — [§ 10.] [1]) di—einander *fehlt C.* — [§ 11.] [1]) unde—vorgebieten *fehlt H.* [2]) unde—rechte *ABCW.* die erste klage unnd hatt dießenn laßen vorgebiettenn zu rechte *H.* [3]) an czů *C.* [4]) dann damitt *HW.* [5]) dingstadelig *B.* dyngstudelg *C.* dingpflichtigk *HW.* [6]) gemacht *HW.* — [§ 12.] [1]) diseme lezit *ACW.* lessit im *B.* [2]) uwert (nwert?) *B.* og *C.* [3]) gebot *B.* — [§ 13.] [1]) kampfbar *B.* [2]) ader *B.* [3]) unde—klage *fehlt B.* [4]) *fehlt C.* [5]) kampfbare *B.* [6]) yn der clage *Zusatz BC.* — [§ 14.] [1]) kampfbare *B.* [2]) *fehlt B.* [3]) aller erste *B.* — [§ 15.] [1]) unde—nicht *fehlt B.* [2]) *fehlt B.* — [§ 16.] [1]) lunger man *AC.* lungher *B.* [2]) zcu rechte *Zusatz B.* — [§ 17.] [1]) domitte *BC.* [2]) ein—ist *fehlt BC.* — [§ 18.] [1]) *Fehlt B.* [2]) *fehlt C.* [3]) danne *B.* [4]) *fehlt A.* [5]) ist—get *A.* geht der selber nicht nach ym *B.* get der richter selber nach ym *C.* [6]) besessin *B.* unbessen *C.* — [§ 19.] [1]) uber daz *ABC.* des *HW.* [2]) aber *H.* *fehlt W.* [3]) besezzenen mannen *A.* mannen besessin *B.* mannen dȳ besessen sin *C(?)W*).

[4]) überczûgen *C.* — [§ 20.] [1]) Dem *B.* [2]) undervoite *B.* [3]) zu der burger gebote sten *AC.* der burger zcu gebote stehen *B.* czû gebote sten den bûrgern *C.* [4]) unde—ist *A.* unde schoßfrey ist her, die wile her richter ist, unde die schillinge an der busße die sint syne *B.* und schozvrȳ ist her, dȳ wile her richter ist, und dȳ schillinge an der bûzze dȳ sint sin und die vier schillinge und allerleye urkunde *C.* [5]) dir *A.*

Cap. XXXIV.

Diz ist von dem obersten voite.

§ 1—3. Von der Gerichtsgewalt des obersten Vogtes, insbesondere hinsichtlich des gerichtlichen Zeugnisses, und seinen Einkünften. § 4. Verbot der Klage bei Hofe außer im Falle der Rechtsverweigerung.

[§ 1.] Der obirste voit[1]) hat gerichte uber lip unde uber gut unde[2]) an allen sachen alse vaste unde alse wol unde baz den der underste voit, an alleine daz man keine ere klage mit im nicht behalden mac.

[§ 2.] Ist aber, daz vor im icht geschit oder icht vor im[1]) geteidingit wirdit oder waz he hort unde[2]) sicht, daz hat ouch craft an allen sachen, also daz man wol mit im bezugen mac allerleie dinc alse wol, als mit dem undirsten voite.

[§ 3.] Ist, daz he ein dinc sitzet oder zwei, ab der underste[1]) voit dabi nicht ist, waz vor im geteidingit wirdit an ein zil, daz bezugit man wol mit im, wen he gewaldiger richter ist unde sin[2]) gerichte von dem konige[3]) hat. Di sechzic schillinge an der buze di sint sin unde ouch di kempfe, unde alliz, daz an[4]) den vride tritit[5]), unde waz an roube unde an dube[6]) ist. Unde waz anz gerichte tritet an lip unde an gut, da hat he gerichte uber; aber anders nicht, den alse die burger teilen unde alse da geschriben stet zu rechte.

[§ 4.] Ist, daz imant uber daz wolde klagen zu hove,

dem kein recht hi versagit wurde, der sal cehn marc an di stat geben zu rechte.

Noten zu Cap. XXXIV.

Gedr.: Klotzsch Schrotamt 67. — Vergl. Schott 3,33. Benseler 118. Hingst: Frb. Mitth. 6,564 ff. **§ 1.** *Vergl. XXVII § 1. XXXIII § 3. — Planck G V. 1,809. Ermisch Bergrecht XLI (Cod. dipl. II. 13, XXXIII).* **§ 2.** *Vergl. XXXII § 3—7.* **§ 3.** *Vergl. XXXII § 2. — Ssp. III, 64 § 4. Gosl. 84,25. Dist. IV, 45 d. 16. VI, 19 d. 2.* **§ 4.** *Vergl. Stb. II No. 6. 352. Cod. dipl. II. 12,15 (1255 Juli 6). 225 (1466 Okt. 16). II. 5,341 (1325 Apr. 20). — Altenb. 1256 § 7. Igl. II. 35. Deutschbr. (34). — Posern-Klett Z. Gesch. d. Vf. 59. Maurer St V. 3,785.*

[§ 1.] [1]) der *Zusatz B.* [2]) *fehlt BC.* — **[§ 2.]** [1]) vor im *fehlt BC.* [2]) ader *BC.* — **[§ 3.]** [1]) under *B.* [2]) syne *B.* [3]) marcgreven *auf einer Rasur von späterer Hand A.* [4]) *fehlt C.* [5]) antryttet *C.* [6]) dûberye *C.*

Cap. XXXV.

Diz ist von der burger schriber.

Von den Einkünften des Gerichtsschreibers und seiner Schoßfreiheit.

Der schriber, der bi den voiten[1]) an dem gerichte sitzet, der hat kein sunderlich gerichte noch keine[2]) gewalt an p. 265. nichte[3]), den daz alleine, wo dem voite[4]) sin urkunde wirdit unde[5]) gevellet[6]) zu rechte, da wirdit im[7]) sin schribelon[8]) zu rechte. Waz da anders dinges ist zu schribene umme bescheidunge[9]) oder[10]) umme ledic lazen oder umme buze abezutunde oder waz des ist, da sal man im zu rechte[11]) umme geben, he[12]) wolle iz denne gerne tun. Unde schozvri ist he, di wile he schriber ist.

Noten zu Cap. XXXV.

Tittmann 1,345. Benseler 227. Maurer St V. 3,580.

[1]) den voiten *A.* dem voite *BC.* dem richter *HW.* [2]) *fehlt BC.* [3]) an nichte *fehlt H.* [4]) richter *HW.* [5]) ader *B.* [6]) geteylet wirdt *B.* [7]) ouch *Zusatz BC.* [8]) schreibogelt *B.* [9]) scheidunge *B.* [10]) *fehlt C.* [11]) nicht *Zusatz C.* [12]) man *BC.*

Cap. XXXVI.

Diz ist von den butelen.

§ 1. Von der Stellung und dem Lohne des Büttels. § 2. Von der Haltung Gefangener und dem Vorgebot. § 3. Von dem Aufhalten und Bekümmern von Gästen. § 4. Von den Pflichten des Büttels im Dinge.

[§ 1.] Die butele haben ouch keine gewalt an nichte, den[1]) daz si tun[2]), waz[3]) si di burger heizen unde der voit[4]); daz sullen si tun unde anders nicht. Einen[5]) man sullen si ufhalden unde[5]) verburgen[6]) umme einen pfennink, unde sullen[6]) einem manne vorgebieten also lange, biz daz he vorkumet, umme einen pfenninc[7]).

[§ 2.] Di[1]) butele sullen eime iklichem manne, der besezzen ist oder zu der stat gehoret, sinen diep halden oder sinen rouber ane lon biz zu dem nehisten dinge. Unde einen iklichen gevangenen umme schult oder worumme iz ist sullen si halden ane lon unde ane hute biz zu dem neisten dinge zu rechte[1]). Ir stokmite[2]) mugen si nemen, als recht ist. Si sullen eineme besezzenem[3]) manne vorgebieten, di wile iz schone[4]) tac ist, unde anders nicht.

[§ 3.] Einen gast mugen si ufhalden zu aller zit[1]) unde sine pfert versprechen[2]) oder sine habe, iz si tac oder nacht, zu rechte.

[§ 4.] Di butele sullen in dem dinge[1]) sin[2]), wenne der voit[3]) gerichte sitzet, unde sullen eide staben unde di lute ineischen unde sullen di lute heizen swigen unde sullen nimandes wort sprechen[4]), di wile si butele sin[5]).

Noten zu Cap. XXXVI.

Ssp. III, 56. Dist. III, 1 d. 3. VI, 21 d. 3—8. — Benseler 215. 245. Maurer StV. 3,583. (Planck GV. 1,97 ff.). **§ 1.** *Vergl. I § 36. 40. XXXIII § 16. 17. Cod. dipl. II. 12,126 (§ 20). — Igl. SchB. 183. Prag. St. 74. 121. Prag. Rb. 17. — Planck GV. 2,379.* **§ 2. 3.** *Vergl. XIX § 2. 4. 5. XX § 1. 2.*

XXXIII § 18. — Gosl. 63,1. Igl. 48. Deutschbr. (35). Prag. St. 121. Prag. Rb. 59. Dist. III, 2 d. 1. — Osenbrüggen Hausfr. 35. **§ 4.** *Verzählbuch B 1171. — Nietzsche 40. Planck GV. 1,199. Frensdorff Recht u. Rede 457.*

[§ 1.] 1) wenne *B.* 2) daz si tun *fehlt BC.* 3) *fehlt C.* 4) richtter *HW.* 5) einen — unde *fehlt W.* 6) verburgen — sullen *fehlt HW.* 7) einem frembden aber umb 2 pf. *Zusatz HW.* — **[§ 2.]** 1) Di — rechte *fehlt HW.* 2) stockrechtt *H.* stockgeld *W.* 3) gesessene *C.* 4) schôn *BW.* schône *C.* noch schôner *H.* — **[§ 3.]** 1) frist *H.* 2) vorkummern *HW.* — **[§ 4.]** 1) geding *H.* 2) vorhanden sein *HW.* 3) richter *HW.* 4) zcu rechte *Zusatz B.* 5) czů rechte *Zusatz C.*

Cap. XXXVII.

Diz ist von dem bercmeistere.

§ 1. Von der Gerichtsgewalt des Bergmeisters und seinen Rechten und Pflichten der Stadt gegenüber. § 2—5. 8. Von seiner Gerichtsbarkeit auf Bergwerken und seiner Stellung zum Stadtgericht. § 6. Vom Zeugnisse der in Freiberg Ansässigen im Gericht des Bergmeisters und § 7. der auf dem Gebirge Ansässigen im Stadtgericht. § 9. Vom Waffentragen der Bergrichter und Berggeschwornen, § 10. des Stadtrichters, der Stadtgeschwornen und der ansässigen Bürger. § 11. Bergrichter, Berggeschworne und Bergleute können keine für die Stadt verbindlichen Satzungen machen. § 12. Von der Verleihung freier Gänge.

(§ 1.) **[§ 1.]** Der bercmeister hat ouch gerichte unde gewalt uber lip unde uber gut uf allem gebirge in des koniges[1]) lande, daz in di munce zu Vriberc gehort, unde weme he si lazen wil. Unde swert unde mezzer mac he tragen, unde sal zu rechte wonen mit huse[2]) zu Vriberc in der muren unde sal *p. 266.* schozzen unde wachen mit den burgeren. Unde sin[3]) gerichte mac he sitzen in dem wicbilde, wo he wil.

[§ 2.] Ist, daz ein bercwerc wirdit[1]) in dem wicbilde, daz man schechte sinket oder kowen setzit oder vert gedinge oder howet mit howeren, unde daz sich lute werren in den kowen oder in den schechten, daz sal der bercmeister richten zu rechte, uzenwendic den kowen nicht.

[§ 3.] Ist, daz da keine kowen sin, waz da geschit in den gruben unde an den leitteren unde an der hengebanc, daz sal der bercmeister richten: waz aber da uzenwendic geschit, daz sal richten der statrichter.

[§ 4.] Der bercmeister mac nimande verburgen in dem wicbilde, he si besezzen oder nicht oder si bercman oder nicht, he tu iz denne mit der stat gerichte.

[§ 5.] Ist, daz der bercmeister sin[1]) gerichte sitzet in dem wicbilde, kumit ein besezzen man oder ein man, der zu der stat gehort, in sin[2]) gerichte[3]), der muz antwerten umme teil unde[4]) umme bercwerc; aber[4]) umme schult unde[5]) umme andere sache tut he wol, weder[6]) he wil, he hat di zucht wol biz vor sinen richter, der in der stat richtet. Vor[7]) den muz man im vorgebieten[8]) unde muz im da schult geben, als recht ist.

[§ 6.] Ein iklich besezzen man in der stat zu Vriberc der gestet wol an eime gezuge vor dem bercmeistere unde uf allem gebirge, iz si umme teil[1]), umme[2]) schult[1]), umme allerleie sache zu rechte.

[§ 7.] Ein iklich besezzen man uffim gebirge der gestet ouch wol an eime gezuge her in die stat[1]), iz si umme teil[2]) oder umme schult oder waz uf dem gebirge geteidinget wirdet vor gerichte, daz bezugit[3]) ein man wol herin mit dem richtere unde mit den geswornen[4]) luten. Unde der statrichter sal si herin twingen zu rechte.

[§ 8.] Der bercmeister mac ouch nimande gepfenden bi in der stat, der da inne besezzen ist; he muz im schult darumme geben, als recht ist. Oder ist he unbesezzen[1]), he muz in verburgen mit der stat gerichte.

[§ 9.] Alle richtere uf dem gebirge unde alle[1]) geswornen (§ 11.) von dem gebirge di sullen weder swert noch mezzer tragen in[2]) der stat zu Vriberc in dem wicbilde, man irloube iz in denne.

(§ III) [§ 10.] Ist aber, daz der statrichter unde di gesworunen von der stat unde ouch ander burger, di besezzen sint in der stat, kumen uf daz gebirge[1]) allen enden, wo daz ist in dem lande, unde haben da zu schaffene, di sullen swert unde mezzere tragen ane vare zu rechte. Daz ist der stat gesetze.

[§ 11.] Alle bercrichter unde alle bercgeswornen[1]) unde alle[2]) berclute die haben zu rechte kein gesetze zu setzene an nichte[3]) uf di burger unde uf di stat zu Vriberc unde uf alle, di da inne wonen.

[§ 12.] Der bercmeister hat ouch zu rechte[1]) di gewalt, daz he vric genge sal lien in dem lande uf unde nider, wo si gen oder wo man si vindet, umme mines[2]) herren des *koniges[3]) recht[1]).

Noten zu Cap. XXXVII.

Gedr.: Klotzsch: S. V. N. 3,238. — Vergl. Frb. BR. A § 2. 6. 7. BO. § 1—5. — Klotzsch bei Schott 3,36 f. Benseler 96 ff. Schäfer Sachsenchr. 2,125 ff. Hingst: Frb. Mitth. 6,565 f. Ermisch Bergrecht LIX. LXII. **§ 1.** *Vergl. § 9. 10. XXXVIII § 1. XXXIX § 1. 6. XL § 1. — (Sep. II, 71 § 2. Dist. VI, 6 d. 1.) — Klotzsch: S. V. N. 3,180. 6,15. 50. Klotzsch Münzgesch. 1,48. Tittmann 1,202. 345. Leuthold: Ztschr. f. BR. 21,30. Ermisch Bergrecht XLIII (Cod. dipl. II. 13, XXXIV).* **§ 2—6.** *Klotzsch Urspr. 54. Klotzsch Verzellen 45 f. Klotzsch: S. V. N. 3,181. Tittmann 1,103. 202 f. Leuthold: Ztschr. f. BR. 21,32. Ermisch Bergrecht XLIII (Cod. dipl. II. 13, XXXIV).* **§ 7.** *Vergl. II § 10. 11. Frb. BR. A § 6. — Planck GV. 2,220. Leuthold: Ztschr. f. BR. 21,29.* **§ 8.** *Vergl. XXXIII § 17. 18. — Tittmann 1,103. Leuthold: Ztschr. f. BR. 21,32.* **§ 9. 10.** *Vergl. oben § 1. — Tittmann 1,328. Leuthold: Ztschr. f. BR. 21,30.* **§ 11.** *Tittmann 1,328. Leuthold: Ztschr. f. BR. 21,32.* **§ 12.** *Vergl. Frb. BR. B § 2 (und die dort angef. Stellen). — Klotzsch: S. V. N. 3,183. Leuthold: Ztschr. f. BR. 21,33. 29,82. Ermisch: N. Arch. f. Sächs. Gesch. 7,96. 105. Ermisch Bergrecht XXX. LXXVII.*

[§ 1.] [1]) marcgreven *auf einer Rasur von späterer Hand A.* [2]) mit huse *fehlt B.* [3]) syne *B.* — **[§ 2.]** [1]) ader ist *Zusatz B.* — **[§ 5.]** [1]) *Fehlt B.* [2]) syne *B.* [3]) geende *Zusatz BC.* [4]) ader *B.* oder *W.* [5]) ador *C.* oder *W.* [6]) wl *CW.* [7]) Von *C.* [8]) gebieten *BC.* vor *ist in A am Rande nachgetragen.* — **[§ 6.]** [1]) ader *Zusatz B.* [2]) umme — (§ 7) umme teil *fehlt C.* — **[§ 7.]** [1]) die stat *fehlt B.* [2]) gelt *B. Vergl. § 6 Note 2.* [3]) geczüget *C.* [4]) besessin *BC.* — **[§ 8.]** [1]) ungesessen *C.* — **[§ 9.]** [1]) dš *Zusatz C.* [2]) die *B.* — **[§ 10.]** [1]) an *Zusatz C.* — **[§ 11.]** [1]) geswornen *C.* [2]) *fehlt B.* [3]) ichte *B.* — **[§ 12.]** *Fehlt B.* — [1]) zu rechte *fehlt C.* [2]) unserz *C.* [3]) marcgreven *auf einer Rasur von späterer Hand A.*

margraphen C. *Daß auf der Stelle der Rasur in A* koniges *oder ähnlich gestanden hat, darf nach Analogie der übrigen Stellen als zweifellos gelten. Sehr auffällig ist die Lesart von C, da diese Handschrift sonst stets an den betreffenden Stellen die ältere Lesart zeigt. Vergl. die Einleitung.*

Cap. XXXVIII. *p. 267.*

Ditz ist von den munzmeisteren.

§ 1. Von der Amtsgewalt des Münzmeisters. § 2. Vom Verbot und Brechen alter Pfennige. § 3—8. Vom Verfahren bei Auffindung ungerechter Pfennige und der Haussuchung. § 9. Nicht der Besitz, sondern § 10. nur der Handel mit berkarem Silber ist straffällig.

[§ 1.] Di munzmeistere haben ouch gewalt, aber ane *(§ 1.)* gerichte nicht. Si sullen den richter bi in haben, waz si tun wollen. Unde swert unde mezzer mugen si tragen, wen si munzmeistere sint.

[§ 2.] Swenne[1]) di munzmeistere von erst[2]) nuwe pfenninge uzwerfen, so sullen si di alden verbieten lazen. Di mugen dannoch gen virzehn tage ane vare. Darnach mugen si si brechen, wo si si vinden, uf dem marcte: daz sal aber nimant tun zu rechte den[3]) der munzmeister selber mit dem richter. Kein sin knecht noch kein sin vrunt von siner wegen hat keine gewalt nicht, daz he imande sine pfenninge brechen sulle, he si gast oder wirt, an keiner stat. Tut he iz uber daz, he tut unrechte unde brichet den vride unde der stat ir recht.

[§ 3.] Ist, daz der munzmeister get uf dem marcte mit deme richtere unde wil besehen der lute pfenninge, alse recht ist, unde vindet[1]) ungebe pfenninge bi einem manne oder bi einer vrowen oder bi eime knechte oder bi einer mait unde sprichet[2]) also: „Wannen kumen uch dise[3]) pfenninge?" „Der man gap si mir", oder: „Min herre gap si mir", oder: „Min vrowe“, deme manne oder dem boten sal man volgen zu rechte biz zu dem huse unde sal vregen den, uf den he geichen hat, ab he im di pfenninge gegeben habe. Sprichet he: „Ia“, so ist der bote ledic. Unde so mac man suchen mit rechte in deme huse unde in siner gewalt in kasten, in[4]) kameren unde allen enden, ab man der pfenninge icht me vinde. Unde vindet man icht me, daz[5]) unrecht ist, ader[6]) der ungeben pfenninge, da mac man im mite zuteidingen, alse recht ist; unde der bote ist ledic, wenne ienre bekant hat. Ist, daz man da nicht vindet, so mac man im umme daz bekentnisse zuteidingen, alse recht ist.

[§ 4.] Ist aber, daz der herre oder[1]) di vrowe loukenen der pfenninge, daz si si dem manne oder deme boten icht gegeben haben, so sal man da nicht suchen zu rechte in[2]) keiner siner gewalt. Aber ienen mugen si ufhalden, bi dem si di pfenninge begriffen haben, unde sullen mit den pfenningen zu zim[3]) teidingen, alse recht ist.

[§ 5.] Uber di sache, di[1]) itzunt geredit ist[1]), so ne haben di munzmeistere kein recht noch nicheine gewalt zu suchende in keines mannes huse mit dem richtere noch ane richter zu suchene[2]), he si biderbe oder bose, riche oder arm, si sullen uber sine swelle ioch nicht kumen.

[§ 6.] Ist, daz[1]) di munzmeistere uber daz nicht lazen wollen, si ne[2]) wollen der stat ir recht brechen unde wollen suchen in eines mannes huse anders, den davor geschriben p. 268. stet, ist, daz der wirt sich des werit oder irweren mac mit vuge oder mit unvuge, da tut he kein unrecht nicht an. Wen he der stat recht brichet an im unde he mit vrevel unde mit gewalt suchet in sime huse wider sinen willen, waz der wirt[3]) darumme tut oder begeht, di wile si in sime huse sin, da hat he nichein unrecht an begangen.

[§ 7.] Ist, daz der munzmeister oder di munzmeistere uber daz also starc weren oder wurden, daz si suchten mit gewalt in eines mannes huse, wen is der wirt nicht werte noch geweren mochte, waz si denne da inne vunden in siner gewalt, iz were in kasten oder in kameren, da mugen[1]) si in nicht mite volbrengen, ab iz wol ungebe were unde ungerecht[2]), daz si da vunden[3]), iz kan im nicht geschaden; he blibet ein schone[4]) man zu rechte darumme, daz si an rede unde ane recht gesuchet haben unde mit gewalt in sime huse zu unrechte[5]). Darumme mochten si in mit nichte[6]) volbrengen.

[§ 8.] Manic man hat in siner gewalt oder in sime kasten daz, wi iz im worden ist, wizzende oder[1]) unwizzende oder nach sinem werde, daz he doch herte[2]) ungerne wolde uzgeben oder uzbieten, da[3]) iz[4]) im selbe oder imande schedelich were[5]) oder imande[6]) zu schaden mochte kumen.

[§ 9.] Ist[1]), daz ein man berkar[2]) silber vuret oder treit (§ 11.) in sinem buseme, in siner taschen, in sinem butele, in[3]) siner hant, wo[4]) he daz vuret oder treit uber den marct, in den[5]) gazzen, zu dem thore uz oder in, daz sal im zu rechte nimant nemen weder munzmeister noch[6]) richter, di wile he iz nicht uzbutit noch nicht wechsilt noch nicht mite koufet noch verkoufet, so sal man iz im zu rechte nicht nemen, wen iz ist sin; wi[7]) iz im worden ist, so ist iz iu[8]) sin. Duchte den munzmeister oder imande des, daz he iz gewechsilt hette umme pfenninge oder genumen hette umme sine habe, da muz he im schult umme geben zu rechte.

[§ 10.] Ist aber, daz man einen damite begrifet an[1]) hanthafter tat, da[2]) he dazselbe[3]) berkar[4]) silber wechsilt umme pfenninge oder koufet mite oder verkoufet, so ist daz silber verlorn, unde he verbuzet dazu deme munzmeistere sechzik schillinge.

Noten zu Cap. XXXVIII.

Gedr.: Klotzsch: S. V. N. 6,102. v. Posern-Klett Münzstätten 333. — Vergl. Klotzsch bei Schott 3,36. Benseler 93 ff. Hingst: Frb. Mitth. 6,567. Ermisch Bergrecht LIX. **§ 1.** *Klotzsch: S. V. N. 6,45. 50. Tittmann 1,210.* **§ 2.** *Vergl. VI § 1. 14. — Ssp. II, 26 § 6. Dist. IV, 17 d. 11. — Klotzsch: S. V. N. 6,38. 45 f. Klotzsch Münzgesch. 1,42. Tittmann 1,210. (Gersdorf: Cod. dipl. Sax. reg. II. 1, XXVIII f.)* **§ 3—8.** *Ssp. II, 26 § 2. Gosl. 37,23 ff. 50,24. 83,3. (114,5.) Iglau 12. — Brünn. St. 95. Deutschbr. (33). Dist. IV, 17 d. 7—9. — Klotzsch: S. V. N. 6,46. Tittmann 1,169. 210. (Osenbrüggen Hausfrieden 31 f.)* **§ 9. 10.** *Vergl. VI § 15. — Klotzsch: S. V. N. 6,82 ff. Leuthold: Ztschr. f. BR. 21,38. Ermisch Bergrecht XXXVII.*

[§ 2.] [1]) Wenne *BC.* [2]) von erst *fehlt BC.* [3]) wenne *B.* — **[§ 3.]** [1]) vynden *B.* vinde *C.* [2]) sprechen *B.* spreche *C.* [3]) die *B.* [4]) unde yn *BC.* [5]) daz—ader *fehlt A; hinter* me *ist jedoch das Wörtchen* daz *durch Unterpunktiren getilgt.* daz unrecht ist *C.* — **[§ 4.]** [1]) *Fehlt C.* [2]) an *B.* [3]) ym *BC.* — **[§ 5.]** [1]) di—ist *fehlt BC.* [2]) zu suchene *fehlt B.* — **[§ 6.]** [1]) daz iz *C.* [2]) si ne *A.* sie yn *B.* ader so *C.* [3]) denne *Zusatz B.* — **[§ 7.]** [1]) mochten *BC.* [2]) unde ungerecht *fehlt BC.* [3]) hetten *Zusatz BC.* [4]) schône *BC.* [5]) gesucht hetten *Zusatz B.* [6]) mit nichte *AB.* nicht *C.* — **[§ 8.]** [1]) wizzende oder *fehlt BC.* [2]) vil *BC.* [3]) daz *BC.* [4]) *fehlt C.* [5]) *fehlt B.* [6]) *fehlt BC.* — **[§ 9.]** [1]) Ist is *B.* [2]) bergkar *B.* berggar *C.* [3]) ader in *BC.* [4]) ader wo *B.* [5]) der *C.* [6]) ader *B.* [7]) wi° wo *C.* [8]) iw *B.* *fehlt C.* — **[§ 10.]** [1]) in *C.* [2]) daz *C.* [3]) daz *B.* iz *C.* [4]) *fehlt BC.*

Cap. XXXIX.

Diz ist von dem lantrichtere.

§ 1. Vom Gerichte des Landrichters und seinem wie seiner Leute Recht zum Waffentragen in der Stadt. § 2—4. Von seinen Bürgerpflichten. § 5. Wen und wo darf er nicht pfänden, aufhalten, verbürgen. § 6. Vom Waffentragen der Bürger und Bergleute außerhalb der Stadt. § 7. Wann richtet der Landrichter, § 8. wann der Stadtrichter über Wunden.

(§ 1.) [§ 1.] Der lantrichter hat kein gerichte noch keine gewalt in dem wicbilde an nichte, wen daz he swert unde mezzer treit; unde kein sin knecht sal is nicht tragen ane der burger willen. Sin gerichte mac he sitzen vor der burc mit sinen schultheizen; di sullen ouch weder swert noch mezzer tragen.

[§ 2.] Ist he gesezzen uf der burc oder vor der burc *p. 269.* oder vor der stat, he sal nicht schozzen, he habe denne gut in dem wicbilde; da muz he von schozzen zu rechte.

[§ 3.] Ist he ein herkumen man, he si ritter oder knecht, unde setzet sich in die stat wonehaft[1]), he muz schozzen unde wachen mit den burgeren, si wollen is in denne[2]) irlazen.

[§ 4.] Ist ouch, daz ein burger[1]) diz[2]) lantgerichte gewinnet oder[3]) wer iz gewinnet[3]), der[4]) muz schozzen unde wachen, zu dinge gen unde alles des rechtes pflegen, des ein ander man pfliget der stat zu rechte.

[§ 5.] Der lantrichter mac ouch keinen man[1]), der gesezzen[2]) ist[3]) in der stat oder[4]) zu der stat gehoret, pfenden vor sine buze. He[5]) mac ouch[6]) keinen kolvurer noch keinen man ufgehalden noch verburgen in dem wicbilde[6]), he tu iz denne mit der stat gerichte.

[§ 6.] Alle burger unde kouflute, di zu der stat ge- *(§ II.)* horen, unde alle[1]) berclute unde huttelute[2]), arme unde riche, di mugen tragen unde vuren allerleie gewere, waz si haben, in diseme lantgerichte unde ioch uberal in des konigis[3]) lande ane vare, wo si icht zu schaffene haben, zu dem gebirge, zu den hutten, zu den vorwerken[4]) oder wo si wanderen in des konigis[5]) lande, da mugen si vuren spitze[6]), swert, grellen, armbrust unde bogen; der lantrichter noch kein richter hat kein gerichte noch keine buze daran zu rechte.

[§ 7.] Geschit ein urhap, daz sich lute werren unde *(§ III.)* swert rucken in dem wicbilde unde iagen sich denne uz dem wicbilde biz[1]) in daz lantgerichte unde slahen denne wunden, die sal der lantrichter richten[2]).

[§ 8.] Ist ouch, daz sich lute werren in dem lantgerichte unde kumen des in daz wikbilde unde slan da wunden oder waz si da tun, daz sal der statrichter richten zu rechte. Unde bi namen wo wunden geslagen werden, in welcheme gerichte daz geschit, da sal man iz ouch[1]) zu rechte richten.

Noten zu Cap. XXXIX.

Klotzsch bei Schott 3,37. Benseler 120 f. **§ 1.** *Vergl. XXXVII § 1. — Tittmann 1,138. Hingst: Frb. Mitth. 6,565.* **§ 2—4.** *Tittmann 1,345.* **§ 5.** *Leuthold: Ztschr. f. BR. 21,37.* **§ 6.** *Vergl. XXXVII § 1. 10. Cod. dipl. II. 12,127 (§ 4). — Klotzsch: S.V. N. 6,50. Leuthold: Ztschr. f. BR. 21,37. Ermisch Bergrecht XXXIX (Cod. dipl II. 13,XXXII).* **§ 7. 8.** *Vergl. V § 19. — Planck G V. 1,81.*

[§ 3.] 1) wonhaftig *B W.* 2) gerne *Zusatz B.* — [§ 4.] 1) der zcu der stat gehort *Zusatz BC.* 2) daz *C.* 3) oder—gewinnet *fehlt C.* 4) her *B.* — [§ 5.] 1) besessin man *B.* 2) besessen *CW.* 3) der gesezzen ist *fehlt B.* 4) der *Zusatz BC.* 5) Der *C.* 6) zcu rechte *Zusatz BC.* — [§ 6.] 1) *Fehlt BC.* 2) hutlute *B.* 3) marcgreven *auf einer Rasur von späterer Hand A.* 4) vorbergen *B.* 5) marcgreven *auf einer Rasur von späterer Hand A.* 6) spiesse *B.* spize *C.* — [§ 7.] 1) *Fehlt B.* 2) zcu rechte *Zusatz BC.* — [§ 8.] 1) ynnen *Zusatz B.*

Cap. XL.

Diz ist von dem tzolnere.

§ 1. Von der Amtsgewalt des Zöllners und seinen Rechten und Pflichten der Stadt gegenüber. § 2—9. Von der Zollfreiheit der Stadt- und Gebirgsbewohner und dem Verfahren des Zöllners bei Mißbrauch derselben. § 10. Was ist stets zollfrei. § 11—14. Von Hinterziehung des Zolls durch Gäste und dem Verfahren des Zöllners gegen den Hinterzieher. § 15. 16. Von Verträgen zwischen dem Zöllner und dem Gaste wegen der Verzollung. § 17. Von Schadenersatzleistung des Zöllners bei widerrechtlich erhobenen Ansprüchen. § 18. 19. Wie soll man Güter verzollen, die theils einem Gaste und theils einem Einheimischen gehören.

[§ 1.] Der zolner hat ouch keine gewalt ane gerichte. He muz ouch schozzen unde wachen mit den burgeren. He sal ouch weder swert noch mezzer tragen, di burger irlouben iz im denne.

[§ 2.] Welch man zu der stat gehort, he si besezzen oder si[1]) husgenoz, wenne he ot[2]) der stat rechtis pfligit, der sal zu rechte nicht zollen. Waz he uz- oder invurẹt oder treit an allen dingen, daz ist zolvri.

[§ 3.] Welch man wonet uf dem gebirge, daz in dise munce unde in di stat gehort, der ist zu rechte zolvri.

[§ 4.] Ist, daz ein man herin vurit von dem gebirge rinderc oder swin[1]) unde verkoufet di uf dem marcte, he sal p. 270. zu rechte davon nicht zollen, wen he uf dem gebirge gesezzen ist.

[§ 5.] Swelch[1]) man sich herin halden wil von anderen stetin unde mietit ein hus oder wil[2]) husgenoze sin, wo he wonen wil in dem wikbilde, der sal[3]) burgen setzen, daz he ein iar wolle rechtis pflegen der stat mit den burgeren, unde sal zolvri sin an allen dingen.

[§ 6.] Ist, daz ein man sin silber sendit zu[1]) Lomatsch[2]) oder wo iz ist in di lant, ab he selbe dar[3]) nicht kumen mac noch inwil unde[4]) ouch[3]) keinen knecht hat zu sendene[5]), unde sendet daz silber dar bi[6]) eineme vurman oder bi weme iz ist unde waget daz silber uf die[7]) straze unde gibit sin vurlon, alse recht ist, tar he daz behalden uf den heiligen, daz daz silber sin si gewest hi unde dort unde uf der straze, he sal zu rechte nicht zollen. Wil is im der zolner nicht gelouben, so sal he sinen eit nemen unde sal in lazen varen ane widerrede unde ane hindernisse.

[§ 7.] Swelch[1]) man zolvri ist unde der[2]) gut brenget oder koufschatz oder deme man iz brenget her in di stat, daz[3]) sin ist, daz he behalden wil unde tar uf den heiligen, der sal zu rechte kein pfant setzen weder dem zolner noch an dem thore, unde der zolner sal di wagene lazen varen an hindernisse. Wil he is dem wirte nicht gelouben, daz dazselbe gut sin si, so[4]) mac he sin recht umme nemen, unde dem vurmanne sal he zu rechte noch enmac keine schult umme[5]) gegeben umme daz gut, daz der wirt sich anzuwet[6]) unde versten[7]) wil mit sime eide, daz iz sin si. Den wagen sal he lazen gen.

[§ 8.] Ist aber, daz he denselben[1]) vurman ufhalden wil unde wil im umme[2]) andere sache schult geben, daz sal he tun alzuhant unde sal rechte teidinc[3]) von im nemen unde sal in lazen varen.

[§ 9.] Ist, daz ein man[1]) uber daz[2]) thusschet, der zolvri ist, mit deme zolle unde wil einen anderen man ledic[3]) machen, der zu rechte zollen sal, unde sprichet, daz gut si sin, oder wi daz ist, daz he den zolner effit, unde mac in[4]) der zolner uberzugen mit zwen beseczzenen mannen, der man muz vunf marc geben den burgeren an di stat. Unde di habe, di in dem gezuge benant[5]) wirdit, da he mite gethusschit[6]) unde unrechte gevarn hat an dem zolle, wi vil der[7]) ist, di ist des zolneris zu rechte. Unde di gezuge[8]) muzen gesten mit eiden unde muzen sweren, alse gezugis recht ist.

[§ 10.] Waz[1]) man in der werlde herin vuret oder treit zu marcte veile, daz da[2]) sechs pfenninge gildet oder darunder, daz ist zolvri, iz sal zu rechte nimant verzollen; da sal ouch nimant keinen zol von nemen.

[§ 11.] Kein man mac zu rechte keinen zol noch geleite intpfuren her in di stat, wen an iklicheme thore ein zolner sitzet, der sal sin warten zu aller zit, als recht ist.

[§ 12.] Ist, daz ein man sinen rechten[1]) zol intpfuret
p. 271. oder sin geleite uz dem wikbilde, deme[1]) sal der zolner volgen[2]) mit dem lantgerichte. Unde ist, daz he[1]) in begrifet[3]) an banthafter[4]) tat, waz he da gutis vindit, daz ist verlorn; des mac sich der zolner underwinden mit rechte. Der lantrichter hat sine buze darzu, der ist drizic schillinge.

[§ 13.] Ist aber, daz der zolner deme gaste unrecht tut oder daz sich der gast[1]) von im inprichet mit rechte, so hat der lantrichter keine buze dran. Ist, daz sie den gast herin vuren wider inz wikbilde, waz si denne zu teidingene haben mit einander, daz sal der statrichter richten zu rechte. Ist aber, daz si kein gut keinwertik vinden bi dem gaste, alse sie im nachriten, ab iz lichte vor hinwec[2]) ist oder wi daz ist, unde der gast sprichet, he si im nicheinen zol schuldic, unde mac in des der zolner nicht verwinden, als recht ist, der zolner muz zu sime eide grifen. Da hat ouch[1]) denne nimant keine buze an.

[§ 14.] Ist, daz ein gast brengit gut her in di stat, daz geleite geben sal, unde wil daz verzollen unde sprichet, is si also vil, also swer oder[1]) also manic soum oder also manic centener, unde sprichit daz bi siner warheit, der zolner spreche, is si me oder si[1]) swerer, der gast spreche: „Ich wil iz uch[2]) vor also vil verzollen; wold ir mir des nicht glouben, so[3]) bindet iz uf uf uwer recht", ist denne, daz iz[4]) der zolner ufbindet unde ist iz also, alse der gast gesagit hat, so muz der zolner daz bindelon gelden[5]), waz daz kostet; ist aber da icht me, den der gast bekant[6]) hat, daz ist des zolneris zu rechte.

[§ 15.] Ist, daz ein gast gut brengit, daz da geleite gibet, unde kumen zu einander der zolner unde he unde berichten sich des ane underscheit gutliche, daz der gast sinen zol gibet unde daz in der zolner nimet, so ist der gast ledic, daz he mac varen, wo[1]) he wil, zu rechte. Ab wol den zolner ichtes beduchte darnach[2]) unde in[3]) beruwen hette[4]), daz he im gut[5]) hette getan oder wi daz were[6]), daz he im nach wolde riten unde wolde in bekummeren, daz ist nicht recht. Di ballen unde di wagene, di he besach, do der gast zollete, da sal he im zu rechte nicheinen zol me von geben.

[§ 16.] Ist aber, daz ein gast verzollet ein[1]) geleitehaft[2]) gut mit underscheide, daz ein zolner sprichet: „Waz ir mir verzollet, daz neme ich wol; des ubrigen[3]) wil ich uch nicht ledic lazen; vart uf uwer recht", oder daz ein gast sprichet zu

eime zolner: „Set, also vil wil ich uch verzollen, in den[4]) ballen ist nicht me; wold ir mir des nicht gelouben, so muget ir tun, wi ir wollet", ist, daz si[5]) also ubereinkumen mit der underscheit unde mit der willekure, daz der zolner nimit sinen zol unde[6]) also vil, als he im bekant hat, unde scheiden sich des an ende, der gast vare sinen wec, der zolner rite im[7]) nach unde halde in uf, iz si in dem thore oder vor dem thore oder uf dem velde, unde binde im daz gut uf oder[8]) vure iz her in di stat[9]) unde binde iz uf[8]), unde ist iz also, alse der
p. 272. gast gesprochen hat, so muz der zolner beide[10]) bindelon unde allen den[10]) schaden abelegen zu rechte dem gaste, den he davon hat. Ist aber, daz man da[10]) me vindet, denne der gast benant unde verzollit hat, daz ist ouch des zolneris zu rechte.

[§ 17.] Ist, daz ein man verzollet sine habe unde zogit sinen wec, der zolner kume unde spreche, he habe[1]) nicht verzollet, unde wolle in muwen unde[2]) potewarn[3]) zu unrechte, mac der gast denne bewisen mit sime wirte oder mit anderen erhaften luten, daz he gezollet[4]) habe, he wirdit ledic zu rechte von dem zolnere, der zolner sal im sinen[5]) schaden abelegen.

[§ 18.] Ist, daz ein vurman vuret zweierleie gut uf einem wagene, ein teil eines gastes unde ein teil eines wirtes oder eines husgenozen von[1]) der stat, der nicht zollen sal, alse vil, als der gast uf dem wagene hat[2]), daz sal man verzollen; waz des anderen ist, daz ist zolvri zu rechte.

[§ 19.] Ist, daz[1]) eine geselleschaft ist, daz ein wirt unde ein gast gliche vil uf einem wagene haben, der gast sal[2]) halben wagenzol geben: der ander halbe wagen ist zolvri. Hat der gast me denne[3]) halp uf dem wagene, he sal me denne halben zol geben. Hat[4]) he minnir den halb uf deme wagene, he sal minnir den halb geben[4]). Unde des wirtes teil sal nimant verzollen zu rechte[5]).

Noten zu Cap. XL.

Vergl. Zusatz I. — Denseler 125 ff. W. Sickel: Ztschr. f. d. ges. Strafrechtswiss. 7,509. **§ 1.** *Cod. dipl. II. 12,65 10 (1336 Apr. 23). — Tittmann 1,103. 345. Hingst: Frb. Mitth. 6,567.* **§ 2.** *Zusatz I § 31. Cod. dipl. II. 12,34 (1291 Aug. 23, 27). 225. 264. 267. 284. Urk. f. Pirna v. 1325 Apr. 20: ebenda II. 5,340. — Tittmann 1,195.* **§ 3. 4.** *Zusatz I § 31. 32. — Klotzsch: S. V. N. 6,16. Leuthold: Ztschr. f. BR. 21,19. 29. Ermisch Bergrecht XXXIX (Cod. dipl. II. 13, XXXI f.).* **§ 6.** *Klotzsch: S. V. N. 6,24. Klotzsch Münzgesch. 1,6. Leuthold: Ztschr. f. BR. 21,38.* **§ 9.** *Vergl. Verzählbuch B 1211. — Hingst: Frb. Mitth. 6,567.* **§ 10.** *Vergl. Zus. I § 31.* **§ 11.** *Vergl. Cod. dipl. II. 12,36.* **§ 12.** *Tittmann 1,103. 155. Hingst: Frb. Mitth. 6,567. W. Sickel: Ztschr. f. d. ges. Strafrechtswiss. 7,514.*

[§ 2.] 1) *Fehlt B.* her sey *C.* 2) ock *B.* og *C.* — **[§ 4.]** 1) rindere oder swin *fehlt C.* — **[§ 5.]** 1) So welch *B.* Welch *C.* 2) eyn *Zusatz B.* 3) mus *BC.* — **[§ 6.]** 1) gegen *CW.* 2) Lomatz *C.* Lumenitzsch *W.* 3) *fehlt B.* 4) nach *B.* 5) zu sendene *fehlt BC.* 6) mit *C.* 7) der *B.* — **[§ 7.]** 1) So welch *B.* 2) *fehlt B.* 3) der *BC.* 4) do *C.* 5) dorumme *B. fehlt C.* 6) anczuhet *B.* anczůhot *C.* 7) vorstehen *B.* vorsten *C.* — **[§ 8.]** 1) den *B.* 2) *fehlt BC.* 3) *fehlt B.* — **[§ 9.]** 1) ein man *AC.* yn *B.* 2) uber daz *fehlt C.* 3) czolles ledig *B.* 4) *fehlt C.* 5) ist ader *Zusatz B.* 6) getuppirt had unde getůschet *B.* 7) des *B.* daz *C.* 8) geczugen die *B.* — **[§ 10.]** 1) Wie *B.* 2) *fehlt BC.* — **[§ 12.]** 1) *Fehlt C.* 2) nachvolgenn *HW.* 3) ergreifftt *H.* 4) worhafter *B.* wahrhafftiger *HW.* — **[§ 13.]** 1) *Fehlt C.* 2) hin *C.* — **[§ 14.]** 1) *Fehlt B.* 2) ouch ůch *C.* 3) slaht is uff unde *Zusatz B.* slat iz uff ader *desgl. C.* 4) *fehlt C.* 5) geben *C.* 6) benant *C.* — **[§ 15.]** 1) wǒhyn *C.* 2) ichtes beduchte darnach *AB.* do ichtz bedůchte *C.* 3) *fehlt B.* 4) beruwen hette *A.* berawet *B.* berůwete *C.* 5) gůtlich *C.* 6) ist *B.* — **[§ 16.]** 1) *Fehlt B.* 2) geleyteschaft *B.* 3) des uberigen *AC.* das uberige *B.* 4) deme *C.* 5) des *Zusatz BC.* 6) von ym *C.* 7) *fehlt BC.* 8) oder—uf *fehlt B.* 9) di stat *fehlt C.* 10) *fehlt C.* — **[§ 17.]** 1) ym *Zusatz B.* 2) *fehlt B.* 3) *fehlt BC.* 4) vorczollet *BC.* 5) *fehlt C.* — **[§ 18.]** 1) uß *B.* 2) uf—hat *A.* daruff had uff dem wagene *BC.* — **[§ 19.]** 1) das is *B. fehlt C.* 2) sal von dem *B.* 3) wenne *B.* 4) Hat—geben *fehlt BC.* 5) zu rechte *fehlt B.*

Cap. XLI.

Diz ist von den lantherren.

§ 1. Von dem Rechte der Bürger, die Güter von Landherren in der Stadt zu kümmern, und der Pflicht der letzteren, vor dem Stadtgerichte zu antworten. § 2—4. Vom Aufhalten der Zinsleute von Landherren um Schuld.

[§ 1.] Di burger unde di stat zu Vriberc1) arme unde riche haben ouch daz recht i unde i2) von allen vursten her gehabit, daz kein lantherre so ho ist noch so achper, he si burcgreve[3]) oder ratgebe oder ritter oder ritters kint, kumet he[4]) her in diz[5]) wikbilde, man verspreche[6]) im sine pfert wol mit rechte oder waz he gutis oder habe hi inne hat, unde he muz antwerten, wes man im schult gibet, unde der richter unde di burger sullen helfen rechtes eime iklichem manne, der uf si oder uf ir gut icht zu vorderne hat zu rechte. Unde waz also geteidinget wirdit unde waz[7]) ein man irvorderet uf si mit rechte, daz beheldit he wol nach der stat recht.

[§ 2.] Eines iklichen herren unde[1]) eines iklichen mannes lute, he si ho oder nider, der da schuldic ist hi in der stat, di heldet man wol uf vor in umme di schult mit rechte. Aber nicht verrer mac man si ufgehalden[2]), den[3]) als der cins wendit, den si[4]) in deme iare[5]) geben sullen. Ouch[6]) mac man in nicht nehir geteidingen den[7]) zu sogetanen tagen, alse si in
p. 273. geben sullen[6]). Wil man is in nicht gelouben, di tage behalden si wol[8]) uf den heiligen.

[§ 3.] Ist aber, daz si den cins von deme iare gegeben haben oder verlobet haben vor iren herren an ein ander stat unde wollen daz behalden uf den heiligen, daz tun si wol mit rechte, man mac in nicht nehir geteidingen.

[§ 4.] Von dem anderen iare, daz noch nicht ingetreten ist, mac man nicheinis mannis lute ufgehalden zu rechte noch bekummeren mit nichte; daz[1]) iar si[2]) alrest vergangen[3]) unde daz ander iar[4]) trete in, so mac man iz wol[3]) tun mit rechte.

Noten zu Cap. XLI.

Vergl. Cod. dipl. II. 12,155 (1437 März 19). Urkk. f. Dresden v. 1260 März 27 u. f. Pirna von 1336 Jan. 5 u. 1359 Juni 24 ebenda II. 5,1. 351. 362. — Altenb. 1256 § 30. 31. Igl. III. Brünn. St. 75. — Tittmann 1,168. Benseler 116. Planck GV. 1,84 (2,372). **§ 2—4.** *Ssp. I. 54 § 1. — Planck GV. 2,388.*

[§ 1.] [1]) zu Vriberc *fehlt BC.* [2]) i unde i *A.* ye unde ye *B.* ÿ *C.* [3]) burger *B.* [4]) *fehlt BC.* [5]) das *BC.* [6]) vorsprichet *B.* [7]) daz *BC.* — **[§ 2.]** [1]) ader *C.*

[2]) nach vorburgen *Zusatz BC.* [3]) wenne *C.* [4]) iren herren *Zusatz B.* [5]) in deme iare *AB.* ym daz iar *C.* [6]) Ouch—sullen *fehlt B.* [7]) wenne *C.* [8]) *fehlt C.* — [§ 4.] [1]) diz *C.* [2]) gehe *B.* vorge *C.* [3]) *fehlt BC.* [4]) daz ander iar *A.* ienes *BC.*

Cap. XLII.

Diz ist von den beckeren ir innunge.

§ 1. Von der Aufnahme in die Innung und den Innungsmeistern. § 2—5. Vom Aufschneiden des Brotes, Brotpreis und Brotgewicht und vom Hausbacken. § 6. 7. Von der Morgensprache und dem Backen „mit Gesetze“. § 8. 9. Vom Einführen fremden Brotes und fremden Bäckern. § 10. Von Meisterkindern. § 11. 12. Vom Getreideverkaufe. § 13—15. Von der Pfandnahme durch den Bäcker. § 16. Von der Gewalt des Rathes.

[§ 1.] Die beckere haben eine[1]) innunge hi in der stat zu Vriberc, also daz kein man ane[1]) innunge[1]) sal[2]) veile backen. Unde welch man sich herin halden wil vonme lande oder[3]) von anderen stetin unde backen wil veile, der muz alrest di innunge unde sin were gewinnen mit den beckeren unde muz geben ein pfunt: des sal daz dritte teil dem obirsten voite unde daz andere dritte teil den burgeren unde daz dritte teil den gewerken. Unde zwene meistere sullen si haben: di sullen di burger selbe kisen alle iar unde sullen si bestetigen mit eiden[4]) also, daz si rechten kouf schaffen[5]) unde ir gewerken rechte meistern an allen sachen, daz zu bakwerke gehort.

[§ 2.] Unde dri stunt sal man ir brot sniden in der wochen zu rechte. Daz sal tun der richter, unde der[1]) burger sullen zwene oder einer dabi sin, unde di meistere sullen ouch dabi sin, beide oder einer. Unde daz brot sal man denne nicht thurer geben, den alse man iz setzet mit deme snite. Unde welch becker iz daruber thurer verkoufit, iz si umme pfenninge oder uf[2]) pfant oder zu borge, der verbuzet achtehalben schilline zu rechte. Der buze geburt drizik pfenninge dem voite unde[3]) drizik pfenninge[3]) den burgeren unde[4]) drizik pfenninge[3]) den meisteren.

[§ 3.] Ist, daz einer zu kleine beckit unde wo daz gerugit wirdit oder daz[1]) zu kleine brot gewiset oder besagit wirdit under[2]) den burgeren oder von den meisteren berugit[3]) wirdit[2]), daz ist alliz achtehalp schillinc zu rechte.

[§ 4.] Unde backen sullen si eime iklichem manne, der p. 274. zu der stat gehort, husbacken brot dri scheffele, zwene oder einen zu rechte.

[§ 5.] Unde zu keiner zit sullen si die stat ane brot lazen sten. Si sullen backen ein brot umme einen pfenninc unde einez umme einen halben unde nicht hohir, iz wurden denne also thure iar, daz si is nicht mochten zukumen; dannoch sullen si is nicht tun ane der burger willen.

[§ 6.] Morgensprache mugen si wol haben. Si sullen aber nicht mit urteilen teidingen in der morgensprache zu rechte ane der burgere willen.

[§ 7.] Si sullen ouch nicht backen zu rechte mit keime gesetze.

[§ 8.] Unde alle sunnabende sal man brot hervuren zu rechte, wer da wil[1]), unde an deme heiligen cristesabende ouch darzu. Unde wenne di stat oder daz laut eine not antrittit, also daz di burgere dunkit unde kisen, daz iz[2]) nutze si, so sal man[3]) dazu brot hervuren in der wochen, an welchem[4]) tage die[5]) burger heizen unde wollen, an eime tage oder an zwen oder wi si daz haben wollen; di gewalt stet an den burgeren, also daz iz der stat zu[6]) nutze unde zu gute kumen muge[7]).

[§ 9.] Unde unse becker von der stat[1]) sullen zu rechte nicht sten mit[2]) den vremden beckeren, di[3]) brot hervuren veile, si tun iz denne mit der burger gunst. Unde wenne is[4]) di burger nicht me staten[5]) wollen, so sullen si iz lazen.

[§ 10.] Ist, daz eines meistirs sun sin werc[1]) gewinnen wil, der gibit nicht[2]) den vumf schillinge zu rechte, unde sin tochter[3]) achtehalben schillinc; da haben di burger nicht an.

[§ 11.] Ist, daz korn oder weize kumet zu dem marcte veile oder mel, daz ist vri[1]) zu koufene eime iklichem manne. Ist aber, daz iz di beckere koufen, unde kumit ein besezzen man dazu, der sin darf[2]) zu siner spise, unde bittet, daz man im des[3]) laze umme eine marc oder umme eine halbe oder umme einen virdunc, daz sullen di becker tun zu rechte ane widerrede.

[§ 12.] Ist, daz di beckere oder kein man geht vor daz thor oder uf daz velt unde koufet getreigede da, ee iz in di stat her[1]) kumit uf den marct, der sal zu rechte ein pfunt geben an di stat, he si becker oder melcer oder wer he[2]) si. Unde nicheine underkoufer sullen hi[3]) sin zu dem getregide zu keiner zit. Daz getreide sal kumen hi[4]) zu dem marcte unde sal vri sin, daz ein iklich man selbe[1]) dazu gee unde koufe wol habe wol[6]) ane underkoufere.

[§ 13.] Di becker sullen pfant nemen von eime iklichem manne vor ir brot ane widerrede, di zwir also gut sint, unde sullen di halden[1]) vircehn tage zu rechte. Unde welch becker kein pfant halden wil, daz sal man den meisteren sagen; di sullen dar senden oder[2]) gehn unde sullen im gebieten, daz he die pfant[3]) halde. Wil he is denne nicht tun, so sal in der voit pfenden vor achtehalben schillinc oder[4]) di meistere sullen in rugen vor den burgeren, di[5]) lazen in denne[5]) pfenden vor p. 275. achtehalben schillinc[4]).

[§ 14.] Unde waz pfant den beckeren gesatzet werden vor einen schillinc oder darunder, wenne di vircehn tage uzkumen unde si[1]) ir nicht lenger wollen halden, so sullen si si geben einem butele, der sal si tragen zu huse unde zu hove ienem manne, des sie sin, unde sal si da ufbieten. Loset he ir[2]) denne nicht, so sal si der becker senden uffe den marct; unde[3]) waz si me gelden, daz sal he widerkeren.

[§ 15.] Waz aber si andere pfant haben, di me sten den einen schillinc, wenne di vircehn tage uzkumen unde ir nicht lenger halden wollen, so sullen si mite tun, daz[1]) recht ist.

[§ 16.] Uber alle dise vorgesprochene sache unde uber alliz daz recht, daz di beckere gehaben mugen mit innunge oder ane innunge, so haben die burger in di hoiste gewalt uber si, waz si setzen zu nutze unde zu rate der stat an allen dingen, daz si daz[1]) halden ane widerrede, oder si muzen zu rechte di kure[2]) liden, di di burger[3]) daruf setzen.

Noten zu Cap. XLII.

Dist. V, 3. — Tittmann 1,357. Benseler 122. 213. Hingst: Frb. Mitth. 6,568 f. **§ 1.** *Tittmann 1,340. 352. 359. 2,27.* — (gewerke:) *Knebel: Frb. Mitth. 23,78. Ermisch Bergrecht LXXXVIII.* **§ 2. 3.** *Verzählbuch B 1501. 1786. — Tittmann 2,27 f.* **§ 4.** *Cod. dipl. II. 12,272 (1470).* **§ 5.** *Cod. dipl. II. 12,316 8. — Tittmann 2,48.* **§ 6.** *Tittmann 1,358.* **§ 11.** *Klotzsch: S. V. N. 6,56.*

[§ 1.] [1]) *Fehlt B.* [2]) mag *B.* [3]) und *B.* [4]) deme eyde *C.* [5]) schatczen *B.* — **[§ 2.]** [1]) d$ *C.* [2]) umbe *B.* [3]) *fehlt BC.* [4]) *fehlt C.* — **[§ 3.]** [1]) wo *B.* [2]) under—wirdit *fehlt B.* [3]) gerûgit *C.* — **[§ 4.]** *Fehlt C.* — **[§ 6.]** *Fehlt B.* — **[§ 8.]** [1]) ader von wannen man wil *Zusatz B.* [2]) yn *B.* [3]) *fehlt B.* [4]) an welchem *AB.* welche *C.* [5]) iz d$ *C.* [6]) zu nutze — (*§ 9 Note 1*) stat *fehlt C.* [7]) kumen muge *A.* komet *B.* — **[§ 9.]** [1]) *Vergl. § 8 Note 6.* [2]) bie *BC.* [3]) d$ do *C.* [4]) iz denne *C.* [5]) gestaten *BC.* — **[§ 10.]** [1]) gewynnet und *Zusatz C.* [2]) nicht me *C.* [3]) tochte *A.* — **[§ 11.]** [1]) ist vri *BC.* vri ist *A.* [2]) bedarff *B.* [3]) man im des *A.* mans ym *B.* man syn ym *C.* — **[§ 12.]** [1]) *Fehlt C.* [2]) her nw *B.* [3]) albie *B.* [4]) byn *B.* [5]) ane underkeuffe unde *Zusatz B.* — **[§ 13.]** [1]) haben *B.* [2]) und *B.* [3]) die pfant *A.* sie *BC.* [4]) oder—schillinc *fehlt C.* [5]) di—denne *A.* die sullen yn denne lassen *B.* — **[§ 14.]** [1]) *Fehlt BC.* [2]) sie *B.* [3]) sal sie vorkeuffen *Zusatz B.* — **[§ 15.]** [1]) als *B.* — **[§ 16.]** [1]) si daz *AB.* sullen si *C.* [2]) bûzze *C.* [3]) di burger *A.* sie *BC.*

Cap. XLIII.

Diz ist von den vleischhoweren ir innunge.

§ 1—3. Von der Gewalt der Innung, der Aufnahme in dieselbe, den Innungsmeistern und den Fleischpreisen. § 4. Vom Verkauf finnigen Fleisches. § 5. Wann soll man die Bänke aufthun. § 6. Vom Verkauf von Vieh, § 7. 8. insbesondere von finnigen Schweinen. § 9. 10. Von Einfuhr fremden Fleisches. § 11. Vom Schlagen „mit Gesetz", § 12. der Morgensprache, § 13. der „Verlobung" von Viehverkäufern. § 14. Von Meistersöhnen. § 15. Von der Gewalt des Rathes.

[§ 1.] Die vleischower haben ouch eine innunge zu Vriberc in der stat. Aber keine gewalt haben si an nichte den[1]) also vil, als[2]) in[3]) di burger verhengen, unde[3]) also, daz kein man vleischwerc sal veile[4]) haben ane innunge.

[§ 2.] Unde welch man des[1]) hantwerkis unde des amechtes[1]) sich herin halden wil vonme lande oder von anderen stetin, der muz alrest di innunge gewinnen wider si mit vunf unde zwenzic schillingen, ab[2]) he vleischwerc wirken wil[2]); der[3]) gevallen sechzen schillinge deme vursten oder weme he si verliet unde di acht schillinge[4]) den burgeren[3]).

[§ 3.] Unde zwene meistere sullen si haben; di sullen di burger alle iar selbe kisen unde sullen si ouch bestetigen mit dem eide, also daz si an allen dingen rechte tun, unde sullen zu der burger[1]) gebote stehn. Unde sullen rechten kouf geben also[1]), alse di burger heizen unde setzen. Unde welchir des nicht tut, iz si an swinsbeinen oder an braten oder woran iz ist, der verbuzet achtehalben schillinc zu rechte; der geburn drizik pfenninge dem obirsten voite unde drizic den burgeren unde drizik den meisteren.

[§ 4.] Kein vleischower insal vinnecht[1]) vleisch veile haben nirgen me den in den benken, di dazu gekorn sin von alder. Wer iz anderswo veile hat[2]), der verbuzet achtehalben schillinc. Unde weme[3]) he iz ouch[4]) verkoufet vor reine vleisch *p. 276.*

unde alse manigem manne he iz verkoufet, also manichen[5]) achtehalben schillinc verbuzet he[5]).

[§ 5.] Wenne man zu mittage[1]) lutet zu deme anderen male, so sullen si di benke uftun zu rechte.

[§ 6.] Ist, daz vihe[1]) zu dem marcte kumit veile, iz sin ochsen[2]) oder swin, da[3]) sullen die burger ee koufen den di vleischower zu rechte. Wenne di marctzit vergeht oder waz man abetribet[4]) von dem marcte, so mugen di vleischower koufen ane vare.

[§ 7.] Ist, daz swin kumen zu dem marcte veile, welch man di koufet, der ein vleischower ist, oder wo he si koufet, welch swin denne vinnecht geretit, deme muz man lazen achzehn pfenninge davon zu rechte, ab iz[1]) volwachsen ist. Ist iz aber halpwachsen oder also, so muz man di achzen pfenninge schichten darnach, alse recht ist.

[§ 8.] Ist aber, daz ein burger oder ein ander man swin koufit, di da vinnecht sint, daz ist ane vare; der kouf zugeht wol, daz ein iklich man bi deme sinen wol[1]) blibet.

[§ 9.] Alle sunnabende sal herin vuren[1]) vleisch zu verkoufene[2]), wer da wil, unde sal iz[3]) verkoufen unde veile haben unde an deme heiligen cristesabende dazu ane vare.

[§ 10.] Durch daz iar mac ein iklich man wol hervuren unde brengen[1]) bachen unde[2]) siten unde schulderen unde hammen[3]) unde[4]) gesalzen rintvleisch unde schefin vleisch unde[2]) wurste unde waz getrockent ist unde unslit unde mugen daz hi verkoufen ane vare.

[§ 11.] Di vleischower[1]) sullen ouch mit keime gesetze slan zu keiner zit under di benke.

[§ 12.] Si sullen ouch nicht mit urteilen teidingen in irer morgensprache, si tun iz denne mit der burger urlobe unde mit irem willen.

[§ 13.] Si sullen ouch keinen man verloben, der zu der stat gehort, ab he icht veiles hat, iz si swin oder waz iz ist, daz si des nicht koufen, wen iz ist unrecht; si sullen nimande verloben. Tut in ein man icht, daz sullen si vorderen mit rechte.

[§ 14.] Der vleischower innunge[1]) erbit uf den iungisten sun zu rechte[2]) ane pfenninge. Waz ein man andere sune hat, die muzen si[3]) gewinnen alse thure als ein uzman.

[§ 15.] Die vleischower sullen zu der burger gebote stehn an allen sachen[1]), wi[2]) si innunge haben, alse[3]) andere[4]) lute, oder si muzen liden di kure, di di burger daruf setzen unde kisen zu rechte.

Noten zu Cap. XLIII.

Dist. V, 5. — Tittmann 1,357. Benseler 122. 180 f. Hingst: Frb. Mitth. 6,568 f. **§ 2.** *Tittmann 1,340. 359.* **§ 3.** *Klotzsch: S. V. N. 6,65. Tittmann 2,27 f.* **§ 4.** *Vergl. Verzählbuch A 87. — Dist. V, 5 d. 2. — Tittmann 2,28.* **§ 6. 9.** *Verzählb. B 1124. — Tittmann 2,28.* **§ 10.** *Dist. V, 5 d. 5.* **§ 12.** *Tittmann 1,358.* **§ 14.** *Knebel: Frb. Mitth. 22,17.*

[§ 1.] [1]) wenne *BC.* [2]) *fehlt C.* [3]) *fehlt B.* [4]) *fehlt A.* — [§ 2.] [1]) des—amechtes *fehlt BC.* [2]) ab—wil *fehlt B.* [3]) der—burgeren *AC.* dem fursten ader wem her sie vorlihet dem gevallen die sechczehn schillinge unde den burgern acht schillinge *B.* [4]) süllen *C.* — [§ 3.] [1]) *Fehlt B.* — [§ 4.] [1]) unrecht *C.* [2]) hette *B.* [3]) wenne *B.* [4]) *fehlt B.* [5]) manichen—he *AC.* manich male vorbußt her VIII schilling *B.* — [§ 5.] [1]) zu mittage *A.* mittentag *BC.* — [§ 6.] [1]) icht *C.* [2]) rynder *Zusatz B.* [3]) dʒ *C.* [4]) also trybit *C.* — [§ 7.] [1]) Is wol *B.* — [§ 8.] [1]) *Fehlt BC.* — [§ 9.] [1]) und brengen *Zusatz C.* [2]) zu verkoufene *fehlt BC.* [3]) sal iz *fehlt BC.* — [§ 10.] [1]) hervuren unde brengen *AC.* heryn brengen unde furen *B.* [2]) *fehlt B.* [3]) unde hammen *fehlt BC.* [4]) ouch *Zusatz BC.* — [§ 11.] [1]) die *Zusatz B.* — [§ 14.] [1]) *Fehlt B.* [2]) die ynnunge *Zusatz B.* [3]) die *B.* — [§ 15.] [1]) zu—sachen *AC.* zcu gebote stehen an allen sachen den bürgern *B.* [2]) wie wol *B.* wo *C.* [3]) als wol als *BC.* [4]) ander gemeyne *B.*

Cap. XLIV.

Diz ist von den schuworchten ir innunge.

§ 1. Von der Aufnahme in die Innung der Schuster und Gerber. § 2. Von den Innungsmeistern und der Buße für unrechten Verkauf. § 3—5. Vom Lederhandel.

[§ 1.] Die schuworchten unde di gerewer haben ouch eine innunge mit einander hi in der stat, also daz nimant ge- p. 277. rewen noch schuwere wirken sal, he habe[1]) ir innunge gewunnen mit eime halben pfunde; der geburn vumf[2]) schillinge den burgeren unde[2]) vumf schillinge[3]) den gewerken. Unde welchis meistirs sun sin werc gewinnen wil, der gibet niwan[4]) vumf schillinge, di sint halp der burger unde halp der gewerken[5]).

[§ 2.] Zwene meistere sullen[1]) si haben. Di sullen di burger selbe kisen alle iar. Unde ist[2]), daz si icht missetreten an irem werke, also daz si verkoufen schefin leder vor cigin oder cigin leder[3]) vor böckinz[4]) oder wolden unrechten kouf geben, daz sullen si ouch verbuzen zu rechte. Der buze ist vumf schillinge, der sullen zwenzic pfenninge den burgeren, den meisteren zwenzik pfenninge[5]) unde zwencik[6]) den gewerken.

[§ 3.] Ein iklich man, der zu der stat gehort, der mac wol ruwe[1]) leder koufen unde verkoufen an innunge.

[§ 4.] Ein iklich gast mac wol koufen wider einen wirt oder wider einen anderen gast leder unde verkoufen unde uzunde invuren unde tragen[1]) ane vare.

[§ 5.] Ein iklich man, der zu der stat gehort, mac wol lazen leder gerewen zu sime geschude[1]) also vil, alse he unde[2]) sin gesinde[2]) bedarf[3]), mit rechte.

Noten zu Cap. XLIV.

Vergl. Cod. dipl. II. 12,102 (Innungsordnung der Kürschner und Weißgerber von 1390 Mai 24). — Dist. V, 7. — Tittmann 1,357. Benseler 210 f. Hingst: Frb. Mitth. 6,568 f. — **§ 1. 2.** *Klotzsch: S. V. N. 6,64 f. Tittmann 1,340. 359. 2,27.* (gewerke:) *Ermisch Bergrecht LXXXVIII.* **§ 3. 4.** *Dist. V, 7 d. 3. 4.*

[§ 1.] [1]) denne *Zusatz B.* [2]) vumf—unde *fehlt C.* [3]) *fehlt B.* [4]) nwert *B.* nûer *C.* [5]) zcu rechte *Zusatz BC.* — **[§ 2.]** [1]) die sullen *B.* [2]) Unde ist *fehlt B.* [3]) cigin leder *AC.* czigens *B.* [4]) *Corrigiert aus* buckinz *A.* buckens *B.* byckyns *C.* [5]) *fehlt B.* [6]) phfennynge *Zusatz C.* — **[§ 3.]** [1]) rauch *B.* — **[§ 4.]** [1]) unde tragen *fehlt BC.* — **[§ 5.]** [1]) geschuche *C.* [2]) *fehlt BC.* [3]) darf *C.*

Cap. XLV.

Diz ist von den schroteren ir innunge.

§ 1. Von der Aufnahme in die Innung der Schneider. § 2. Wo sollen sie ihr Handwerk treiben. § 3. Von den Innungsmeistern und dem Verbot besonderer Handwerksgesetze. § 4. 5. Von der Ersatzpflicht der Innung für verdorbenes und entwandtes Tuch.

[§ 1.] Die schroter haben ouch eine innunge in Vriberc, also daz nimant sal schrotwerc[1]) wirken, he habe[2]) alrest ir innunge gewunnen mit eime pfunde; des geburt daz dritte teil dem obirsten voite, daz andere[3]) dritte[4]) teil den burgeren, daz dritte teil den gewerken.

[§ 2.] Unde ir schrotwerc sullen si nirgen me uben noch wirken zu rechte denne[1]) under dem koufhus zu Vriberc.

[§ 3.] Zwene meistere sullen si haben, die sullen di burger selbe kisen zu rechte alle iar. Unde kein gesetce sullen si haben an schrotwerke noch an nichte[1]); wen[2]) waz di burger setcen unde gebieten, daz sullen si halden[3]) als andere lute an allen dingen.

[§ 4.] Ist, daz ein schroter ein meister einem manne sin gewant verterbet mit dem snidene sin gewant[1]) oder minnirt an dem gewande, daz sal he tragen unde wisen den meisteren, daz iz di besehen. Di sullen pruven unde merken bi irme eide, wi dem gewande geschen si, unde sullen den schroter heizen unde sullen[2]) im[3]) gebieten, daz he daz widertu, als recht ist. Tut he is[4]) nicht, he sal sin werc verlorn haben, unde di meistere sullen iz selbe widertun.

[§ 5.] Ist, daz ein man gewant gibit zu snidene einem schroter unde intpfurt he iz im, so[1]) daz he damite hinwec zogit[1]), daz sullen di meistere unde di[2]) gewerken[3]) zu rechte *p. 278.*
gelden also gut, als iz ist. Tun si des[4]) nicht, so haben si[5]) ir innunge verlorn zu rechte.

Noten zu Cap. XLV.

Dist. V, 13. — Klotzsch Schrotamt 24 [hält die **schroter** *irrthümlich für Tuchscherer; sie sind die* **sartores** *der älteren Handwerksmeisterverzeichnisse]. Tittmann 1,357. Benseler 122. 211. Hingst: Frb. Mitth. 6,568 f.* — **§ 1.** *Tittmann 1,340. 352. 359. Ermisch Bergrecht LXXXVIII.* **§ 2.** *Tittmann 2,68.* **§ 3.** *Tittmann 1,358. 2,27.* **§ 5.** *Dist. V, 13 d. 1.*

[§ 1.] [1]) schrotwer *A.* [2]) denne *Zusatz BC.* [3]) *fehlt C.* [4]) *fehlt B.* — [§ 2.] [1]) wenne *B.* — [§ 3.] [1]) ichte *B.* [2]) denne *B.* [3]) haben *B.* haben und halden *C.* — [§ 4.] [1]) sin gewant *fehlt BC.* [2]) *fehlt BC.* [3]) *fehlt B.* [4]) des *B.* — [§ 5.] [1]) so—zogit *fehlt BC.* [2]) *fehlt B.* [3]) werken *C.* [4]) is *B.* iz *C.* [5]) so haben si *A.* sie haben *BC.*

Cap. XLVI.

Diz ist von den cremeren ir innunge.

§ 1. Von der Aufnahme in die Innung der Krämer. § 2. 3. Von Gästen, die Kramwaaren einführen. § 4. Von den Krämen. § 5. Von den Meistern und der Handwerksbuße.

[§ 1.] Die cremer haben ouch eine innunge, also daz nimant kein cramgewant noch kramerie veile sal haben in Vriberc, he[1]) gewinne alrest ir innunge mit drizik schillingen, der geburn cehn[2]) schillinge deme obirsten richtere unde cehn schillinge[1]) den burgeren unde cehn schillinge[1]) den gewerken zu rechte.

[§ 2.] Ist, daz ein gast herkumit mit cramerie oder mit cramgewande, di[1]) sal he zumale verkoufen mit einander den cremeren.

[§ 3.] Ist, daz di cremere die cramerie dingen unde koufen wider den gast, kumit ein burger da zu dem koufe oder ein besezzen[1]) man oder wer iz ist, der zu der stat gehort, unde bedarf[2]) des cramgewandes icht zu siner spise oder wozu iz ist, daz sullen im di cramer lazen[3]), als iz in geburt, an dem koufe zu rechte ane widerrede.

[§ 4.] Unde wer ir[1]) innunge gewinnet der cremere[2]), der sal einen cram gewinnen oder mieten under den alden cremen, di von[3]) alder gewest sin, oder in di[4]) nuwen, di di burger gemachet haben, under dem brothus oder under dem dinchus. Uf dem marcte sal zu rechte nimant stehn.

[§ 5.] Zwene meister sullen si haben; di sullen di burger selbe kisen alle iar. Unde ist, daz si an ichte missetreten, daz sullen sie verbuzen mit achtehalben schillinge, der sullen vumf schillinge[1]) den burgeren unde drizic pfenninge[2]) den gewerken.

Noten zu Cap. XLVI.

Dist. V. 9. — Tittmann 1,357. Beuseler 122. 212. Hingst: Frb. Mitth. 6,568 f. — **§ 1.** *Tittmann 1,340. 352. 359. Ermisch Bergrecht LXXXVIII.* **§ 2. 3.** *Gosl. 103,16 ff. Dist. V, 9 d. 6. 8—20. — Tittmann 2,28.* **§ 5.** *Klotzsch: S. V. N. 6,65. Tittmann 2,27.*

[§ 1.] [1]) *Fehlt B.* [2]) czwen *C.* — **[§ 2.]** [1]) daz *C.* — **[§ 3.]** [1]) gesessen *C.* [2]) darff *BC.* [3]) was her is bedarf *Zusatz B.* — **[§ 4.]** [1]) der kremer *B.* [2]) der cremere *fehlt B.* [3]) vor *B.* [4]) den *C.* — **[§ 5.]** [1]) *Fehlt B.* [2]) drizic pfenninge *A.* drittehalber *B.* dryttehalb schilling *C.*

Cap. XLVII.

Diz ist von den koufluten, waz di rechtes haben.

§ 1. Von der Innung der Kaufleute (Gewandschneider), dem Kaufhause und dem Gewandverkauf in der Stadt und § 2. auf dem Gebirge.

[§ 1.] Di kouflute, di gewant sniden under deme koufhuse, di haben ouch eine innunge in dem koufhuse unde anders nirgen unde also, daz nimant kein gewant veile sniden sal denne in der burger koufhuse zu Vriberc. Unde alle, di mittene in dem koufhuse sten[1]), di sullen geben uz der[2]) kameren vumf virdunge[3]) alle[1]) iar[1]) zu rechte. Unde alle, di undene sten in den kelren unde gewant sniden, die sullen geben uz dem kelre[4]) anderhalben virdunc[3]) alle iar zu rechte. *p. 279.*

Unde allerleie gewant mugen si wol[1]) sniden zu rechte[5]) undene als obene, ane drierleie gewant sullen di understen[6]) nicht sniden zu rechte; daz[7]) ist Ginthisch gewant unde Ypirsch unde Broslisch gewant[7]); di daz sniden wollen, di sullen obene uf treten in[8]) di obirsten koufgadem[8]) unde sullen vumf virdunge[3]) geben zu rechte.

[§ 2.] Uf allem gebirge, daz in di stat gehort, sal nimant kein gewant veile sniden ane gra gewant, des[1]) di elle[2]) vumf pfenninge gildet[1]) oder darunder; daz mac man sniden ane vare. Waz daruber ist, iz si ho oder nider, daz sal nimant sniden noch verkoufen. Wer iz[3]) uber daz tut unde wen man damite irwischet an hanthafter tat, daz gewant ist verlorn zu rechte; des sal sich der richter underwinden, unde he verbuzet dazu sechzik schillinge[4]).

Noten zu Cap. XLVII.

Tittmann 1,357. 2,27. Benseler 211 f. Hingst: Frb. Mitth. 6,568 f. — **§ 1.** *Vergl. Cod. dipl. II. 12,98. — Gosl. 103,10. Dist. V. 9 d. 5. — Tittmann 2,68.* **§ 2.** *Leuthold: Ztschr. f. BR. 21,29.*

[§ 1.] [1]) *Fehlt B.* [2]) den *B.* [3]) pfunt *B.* [4]) dem kelre *AC.* den kellorn *B.* [5]) zu rechte *fehlt C.* [6]) underen *C.* [7]) daz—gewant *A.* das Gyntische Yperisch unde Bruchslisch gewant *B.* daz ist Gyntyschz und Ypyrischz und Bröslichz *C.* [8]) in—koufgadem *A.* czů rechte *BC.* — [§ 2.] [1]) *Fehlt B.* [2]) umbe *Zusatz B.* [3]) is aber *B.* [4]) *In A sind auf der hinter Cap. XLVII offen gelassenen Lücke die Innungsartikel der Schmiede (Zusatz 4) nachgetragen worden.*

Cap. XLVIII.

Diz ist von den burgeren, di haben gewalt uber dise alle.

§ 1—3. Von der Gewalt der zwölf geschworenen Bürger und der Strafe derer, die ihren Satzungen nicht gehorchen. § 4. Von der jährlichen Erneuerung des Rathes. § 5. 6. Vom Rechte der Geschwornen, peinlich Beklagte ledig zu machen. § 7. Vom Verfahren gegen die von einem Geschwornen bei Verwundung oder Todtschlag Ergriffenen. § 8. Von der Bestrafung des, der in Gegenwart eines Geschwornen frevelt.

[§ 1.] Uber alle disc amechtlute unde uber alle, di da[1]) amecht gehaben mugen, unde uber alle disc innunge, di da[1]) vor geschriben sint, unde uber[2]) allez, daz da ist in dem wikbilde unde gesin mac, ouch uf dem gebirge, daz her in[3]) di stat gehort[3]), so haben di burger di[4]) zwelf gesworne in di hoiste unde die groziste[5]) gewalt unde gerichte, ich meine di burger di zwelf gesworne in Vriberg[4]), daz sie sullen unde mugen setcen unde heizen unde gebieten allez, daz[6]) si wizzen unde daz si dunket gut unde nutze sin der stat unde den[7]) luten armen unde richen[7]) ane widerrede.

[§ 2.] Unde alliz, daz si vinden unde setcen der stat zu nutce unde zu rate, daz mac nimant gestrafen, unde alliz, daz si lazen gebieten, daz sal vor sich gehn, unde alliz, daz si verbieten[1]), daz sal ein iklich man halden zu rechte, oder he muz besten mit der buze unde mit der kure, di si daruf setcen.

[§ 3.] Wer[1]) sich dawider setzen wolde, iz were mit worten oder mit werken, di gewalt haben si wol, daz si daz dem[2]) mugen abenemen an dem libe oder an deme gute oder mugen in krenken oder zuchtigen mit gevenknisse oder wi sie wollen unde[3]) zu rate werden.

[§ 4.] Diselben zwelf gesworne zu Vriberc sullen sich anderweiden alle iar zu rechte zu unser vrowen tage[1]) lichtwiie[2]). Unde wenne ir iar uzkumit, so sullen diselben zwelve sechse kisen uz der stat gemeine[3]), unde diselben sechse, di si gekorn haben, di sullen denne[4]) ouch sechse kisen zu[5]) zin *p. 280.* uz den zwelfen[5]), daz ir ouch zwelve werden. Di sullen denne sweren[6]) unde sullen daz iar burger sin. Also sullen si sich vernuwen alle iar.

[§ 5.] Ein gesworn man zu Vriberc hat di craft, daz he einen unschuldigen man, uf den man legit einen totslac oder eine wunde zu unrechte, daz he in uzzuwet[1]) alleine, daz he ledic wirdit mit rechte. Unde daz muz he begrifen mit den hulden, di he dem riche[2]) getan hat, daz der man, deme man der wunden oder des totslagis schult gibet, zu der zit, daz[3]) iz geschee, were bi im oder were an der stat oder an der unde daz he des totslagis oder der wunden vor gote unschuldic si. Also wirdet der[4]) man ledic, unde di wunde[5]) oder der totslac ist verlorn zu rechte.

[§ 6.] Ein gesworn man hat ouch di craft, daz he mac uzcihen einen iklichen man, den man mit unschuldiger habe volbrengen wil. Siht he, daz man si uf in wirfet oder zu zim[1]) brenget, so mac he in[2]) wol uzcihen[3]) mit rechte, daz he ledic wirdit.

[§ 7.] Ein gesworn man hat ouch di craft, siht he, daz einer den anderen[1]) stichet oder wundet, unde kumet dazu unde heldet den uf unde begrifet im[2]) daz mezzer oder daz swert in der hant blutik unde brengit in zu gerichte also mit hanthafter tat, der man mac[3]) zu keime rechte me[4]) kumen den[5]) also vil: ist iz eine kampere[6]) wunde, di he geslagen oder gestochen hat, man slet im di hant abe mit[7]) rechte; ist[8]) iz aber ein totslac, man slet im den hals abe ouch zu[9]) rechte[10]).

[§ 8.] Ein gesworn man hat ouch die craft, ist[1]), daz imant[2]) unfugit[3]) vor ime, daz he horit adir[4]) siet, mit wortin adir mit werkin, derselbe vorbuzit[5]) iklichim geswornin burgere drizic schillinge unde dem obirsten voite sechzic schillinge[6]).

Noten zu Cap. XLVIII.

Tittmann 1,326 ff. Benseler 247. Hingst: Frb. Mitth. 6,565 ff. **§ 1—3.** *Vergl. Cod. dipl. II. 12,38 14 (1294 Mai 27). 126 (§ 1). 198 ss. 302. II. 5,3. — Igl. IV. — Möller 1,342. Klotzsch Verzellen 90 f. Klotzsch: S. V. N. 6,48. Klotzsch bei Schott 3,36. Tittmann 1,350. Maurer St V. 3,185. Leuthold Ztschr. f. BR. 21,29 f. Ermisch Bergrecht XXXIX f. (Cod. dipl. II. 13, XXXI f.). LIV.* **§ 4.** *Cod. dipl. II. 12,44 (1307 Nov. 19). — Klotzsch: S. V. N. 6,14. Klotzsch Münzgesch. 1,44. Tittmann 1,338. 353 f.* **§ 5.** *Vergl. V § 24. (Eid:) Cod. dipl. II. 12,43 26. 40. —*

Tittmann 1,167. Planck GV. 2,139. **§ 6.** *Vergl. XX § 1. — Planck GV. 2,139.* **§ 7.** *Planck GV. 2,139.* **§ 8.** *Vergl. Igl. 44. 81. 84. Brünn. SchB. 222. Prag. St. 85.*

Dieses und zum größeren Theile auch das folgende Capitel sind in A zwar von derselben Hand geschrieben, wie die übrigen Abschnitte des Stadtrechts, dürften aber doch nachträglich hinzugefügt worden sein. Im Register sind sie erst von einer späteren Hand nachgetragen worden (vergl. Reg. in A Note 1). Die Capitelzahlen im Texte (XLVIII *und* XLIX) *rühren von einer späteren Hand her, und der Raum, der für die Initialen* V *und* H *am Anfange der beiden Capitel frei gelassen ist, ist nicht ausgefüllt worden. Doch ist die Ansicht von Klotzsch (bei Schott 3,27f.), daß die Abfassung von Cap. XLVIII erst nach der Urkunde des Markgrafen Friedrich über die Rathswahl von 1307 Nov. 19 erfolgt sein könne, aus den Cod. dipl. Sax. reg. II. 12,44 angeführten Gründen nicht haltbar.* — **[§ 1.]** [1]) *Fehlt BC.* [2]) *fehlt B.* [3]) in—gehort *AC.* yn gehort yn die stat *B.* [4]) di—Vriberg *AC.* iw die hoeste gewalt die czwelf gesworne unde gerichte yn Friberg *B.* [5]) unde die groziste *fehlt CW.* [6]) daz daz *C.* [7]) den—richen *AB.* den armen und den richen lûten *C.* — **[§ 2.]** [1]) lassen vorbieten *B.* — **[§ 3.]** [1]) So wer *B.* [2]) dene *B.* [3]) ader *B.* — **[§ 4.]** [1]) lichtmesse adder *Zusatz B.* [2]) *Febr. 2.* [3]) lute *Zusatz B.* [4]) *fehlt B.* [5]) zu—zwelfen *A.* uß den czwelfen zcu yn *BC.* [6]) weren *B.* — **[§ 5.]** [1]) ußcznhet *B.* uzczyhet *C.* [2]) riche *ist in A ausradirt, doch kann man die Buchstaben noch erkennen. An den Rand hat eine Hand Saec. XIV.* herren *geschrieben.* gerichte *B.* richtere *C.* [3]) als *B.* do *C.* [4]) *fehlt C.* [5]) unde di wunde *fehlt C.* — **[§ 6.]** [1]) ym *BC.* [2]) *fehlt B.* [3]) zcuczihen *B.* — **[§ 7.]** [1]) slebt *Zusatz B.* [2]) die were *B.* [3]) mag nicht *B.* [4]) *fehlt B.* [5]) wenne *BC.* [6]) kampfbar *B.* kämpfer *W.* [7]) ouch zcu *B.* [8]) ist—rechte *fehlt C.* [9]) ouch zu *A.* mit *B.* — **[§ 8.]** *ist in A von wenig späterer Hand (II) hinzugefügt.* [1]) ist is *B.* [2]) man *C.* [3]) virebilt *A.* verhielte *W.* [4]) unde *B.* [5]) vergildet *BC.* [6]) unde—schillinge *fehlt A; anstatt dieser Worte findet sich eine Rasur. Auf der hinter Cap. XLVIII offen gelassenen Lücke in A sind die Innungsartikel der Messerschmiede (Zusatz 5) nachgetragen worden.*

Cap. XLIX.

Diz ist von der antwerte, welch man dem anderen billiche antwerten sulle zu rechte oder nicht.

§ 1. 2. Vom Züchtigungsrechte gegen Dienstboten. § 3. 4. Von der Klage um Lidlohn. § 5—7. Von der gerichtlichen Vertretung der Dienstboten durch den Herrn. § 8—11. Vom Antworten für den durch Pferde, § 12. 13. Hunde, § 14. 15. Schweine und § 16. andere Thiere verursachten Schaden. § 17—19. 27. 28. Von der gerichtlichen Vertretung eines anderen. § 23—26. Von der gerichtlichen Handlungsfähigkeit der Ehefrau. § 27. 28 (s. o. § 17—19). § 29. Wer haftet für ein

gekümmertes Pferd. § 30. Von der Antwortspflicht. § 31—33. Auf wie viel Klagen muß man in einem Dinge antworten und wie lange kann der Kläger den Beklagten in seiner Klage halten. § 34—38. Von den Klagen um Schuld und Schaden. § 39. Vom Zeugnisse mit einem auswärtigen Richter. § 40—44. Von den Einwendungen des Beklagten bei Klage um Kaufschatz und Geld. § 45. 46. Von der gütlichen Beilegung von Händeln. § 47. Wie viel kann ein Haussohn verspielen.

[§ 1.] Hat ein man gesinde gemietit, iz si knecht oder mait, di mac he wol zuchtigen, ab si iz verdinen, mit worten, mit slahene unde mit roufene ane blutrunst, unde darf in nicheine antwerte darumme geben, wen si sine gemiette boten sin. (§ II.) Wil is aber der bote nicht inpern[1]), he muz iz bewisen mit sinen nakeburen, daz he sin gemiette bote si. Wi di nakebure p. 281. besezzen sin, so[2]) gesten si[3]) wol, si durfen nicht den[4]) einvaldikliche sprechen, daz iz in wizzelich si. Unde[5]) wenne he iz also bewiset, so darf he in nicheine antwerte geben. Bewisit he iz aber nicht, he muz in[6]) antwerten.

[§ 2.] Ist aber, daz ein blutrunst da ist, he bewise iz oder bewise iz[1]) nicht, he muz im in[2]) antwerten.

(§ III.) [§ 3.] Blibet ein man lon schuldic sime gemietten boten, iz si knecht oder mait, unde wil im des nicht[1]) gelden, daz heizet lidelon, wil der bote daz vorderen unde behalden, so muz he klagen also: „Her richter, he klagit uch zu sime herren umme sines rechten lidelonis zwelftehalben pfenninc. Wil he is im[2]) louken, he wil iz behalden, alse he zu rechte sal, uf den heiligen“. Daz beheldit he wol zu rechte. He muz aber[3]) bewisen, wil is der herre[4]) nicht inpern, daz he sin gemiette bote si[5]) gewest, mit den nakeburen. Alse daz geschit, so beheldit he dri stunt zwelftehalben pfenninc sines lidelones mit driu eiden mit sinen zwen vingeren uf den heiligen in eime dinge unde denne nicht me; weder in deme dinge noch in keime dinge[6]) mac he nicht[6]) me uf in behalden[7]). Ist he me schuldic, da muz he zu sime rechte umme grifen.

Unde waz he beheldit lidelonis uffin heiligen, daz muz im sin herre leisten in deme dinge[8]).

[§ 4.] *(§ IV.)* Waz ein man anderes lonis schuldic ist, iz si tagelon oder waz iz si oder worumme iz ist, daz mac nimant me behalden uf den heiligen zu rechte; ein iklich man stet davor mit sime[1]) rechte.

[§ 5.] *(§ V.)* Hat ein man gesinde, iz si knecht oder mait, di in sinem brote sin, he habe si gemietit oder ungemiettit, di heizen sin gewalt, also daz he vor si klagen unde antwerten mac, ab he wil.

[§ 6.] Ist ouch, daz he klagit vor si unde daz[1]) man im antwertet, demeselbin, der im antwertit, deme muz he ouch vor si wider antwerten zu rechte alle der sache, di[2]) in di klage zuht oder gehort, di he gevordirt hat. Was anderre sache ist, der mac he ledic sin.

[§ 7.] *(§ VI.)* Hat ein man gesinde, knechte oder meide, an den man unvuge begeht, daz mac der man wol vorderen, daz an im geschen ist, daz man sin nicht geschonit hat an sime gesinde unde habe den vride an im gebrochen. Des[1]) muz man im antwerten zu rechte. Unde sin gesinde mac ouch vorderen, daz an im selbin geschen ist. Des muz man im ouch antwerten zu rechte.

[§ 8.] *(§ VII.)* Hat ein man ein pfert, daz werde ledic unde loufe unde tu einen schaden unde kume des[1]) wider heim in sin hus, daz pfert mac he borgen biz zu deme nehisten dinge ane vare, also daz he[2]) di willekure wol hat biz[3]) zume neisten dinge. Ist der schade also groz, daz he sich des pferdes getrosten wil, so gestellit he iz vor daz dinc unde uzent[4]) sich sin unde wirdit ledic. Ist aber, daz he davor antwerten wil, so beheldit *p. 282.* he sin pfert unde antwertit, als recht ist.

[§ 9.] *(§ VIII.)* Welch[1]) man sitzet uf einem pferde, he si herre oder knecht, di[2]) wile daz pfert einen schaden tut, in welcher wis daz geschit, so muz der man davor[3]) antwerten vor den schaden zu rechte, der uf dem pferde sitzet, unde daz pfert ist ledic.

(§ IX.) [§ 10.] Tretit[1]) ein wagen ein kint oder ein swin oder waz iz ist, der wagen ist unschuldic unde di[2]) pfert; ienre, der den wagen vuret, der ist schuldic unde der muz antwerten vor den schaden. Des aber di pfert sin unde der wagen, der beheldet si mit rechte.

[§ 11.] Stunde aber ein wagen mit pferden ane hute unde wurden di pfert loufen oder gehn mit dem wagene unde teten einen schaden, den[1]) muzen di pfert gelden, oder ir meister muste davor[2]) antwerten, wolde he sich ir underwinden.

(§ X.) [§ 12.] Hat ein man einen hunt, der di lute bizet oder anbillet, vor den mac he antwerten, ab he wil. Ist aber, daz he in dazu zuhit oder hetzet zu den luten, des muz he antwerten.

[§ 13.] Hat ein man einen hunt, der di lute bizet oder anbillet, unde wirdit der hunt geslagen oder geworfen darumme unde wil he daz vorderen, he muz ouch vor den hunt antwerten, waz he schaden getan hat in demselben urhabe, als he geslagen oder geworfen ist, zu rechte.

(§ XI.) [§ 14.] Hat ein man ein howende swin, daz einen schaden tut, he muz davor antwerten zu rechte, wendiz ein howende swin ist, oder muz sich sin uzen[1]).

(§ XII.) [§ 15.] Hat ein man sus ein nerswin, daz da billiche ledic loufet, tut daz einen schaden also an obze[1]), an getreide oder woran iz ist, der darf davor nicht antwerten zu rechte, wen iz ein unwizzende vi ist, unde beheldet doch sin swin mit rechte; ienre sal einen stecken nemen unde sal iz von im slan.

[§ 16.] Hat ein man eine[1]) creature, ein thir, welcherleie daz ist, iz si eine hinde, ein hirz, ein mart, iz si ein vuchs oder ein wolf oder[1]) waz iz si, daz da schedelich si den luten unde den nakeburen, daz sullen di lute unde di nakebure im kunt tun, daz iz schedelich si, unde sullen in heizen oder bitten, daz he iz von dem wege brenge oder[2]) abetu[3]). Wil he is denne nicht tun, he muz zu rechte davor antwerten unde vor al den schaden, den iz tut[4]). *(§ XIII.)*

[§ 17.] Welch[1]) man gut umme ere nimit, deme darf nimant antwerten umme keinen vride noch umme[2]) blutrunst alse wol; aber umme kampere[3]) wunden unde umme schult muz man im antwerten zu rechte. *(§ XIV.)*

[§ 18.] Welch[1]) man an der burger brive stet umme sine unvuge, deme darf nimant antwerten umme keinen vride, he si ho oder nider, iz si totslac oder wunden; aber[2]) umme schult unde umme gelubde sal man im antwerten zu rechte. *(§ XV.)*

[§ 19.] Welch[1]) man in dem banne ist wizzentliche, deme darf nimant keine antwerte geben, weder[2]) umme einiz[3]) oder[4]) umme iz[5]) andere. *(§ XVI.) p. 283.*

[§ 20.] Kein man mac vor den anderen geklagen noch geantwerten, he habe in denne vor gerichte zu vormunde gekorn; he[1]) si denne sin brotezze[2]). *(§ XVII.)*

[§ 21.] Kein man mac[1]) vor sinen sun geklagen noch geantwerten, der in einer anderen stat ist oder in eime anderen lande unde iz weder siht noch hort. *(§ XVIII.)*

[§ 22.] Kein man mac den anderen vorteidingen[1]) mit urteile, he ste denne bi im unde iehe an sin wort. *(§ XIX.)*

[§ 23.] Welch[1]) vrowe einen elichen man hat, di darf nimande antwerten zu rechte. Si muz aber bewisen mit zwen besezzenen mannen, daz si einen man[2]) habe. *(§ XX.)*

[§ 24.] Kein man darf ouch keiner vrowen antwerten, *(§ XXI.)*

di einen elichen man hat; he muz iz aber ouch bewisen mit besezzenen luten, daz si einen elichen man hat. So wirdit he der antwerte ledik.

(§ XXII.) [§ 25.] Welche[1]) vrowe einen elichen man hat, des dinc also stet unde[2]) gewant ist, daz he zu dinge nicht wil noch enmac, ab in lichte irrete[3]) suchte[4]) oder unbederbekeit oder manicherleie sache, wi daz ist, unde di vrowe trittet vor gerichte unde willekurt daz zu eime rechte, daz si recht geben unde nemen[5]) wolle an ires mannes stat, der muz man antwerten zu rechte, waz si zu klagene hat. Sie muz ouch antwerten allermanneglich.

(§ XXIII.) [§ 26.] Welche[1]) vrowe einen elichen man hat, di mac nimandes vormunde gesin vorbaz zu rechte.

(§ XXIV.) [§ 27.] Ist ein man ein[1]) munich oder begeben gewest unde hat gehorsam getan wizzentliche unde ist uzgeloufen mit unrechte, deme darf nimant keine antwerte geben, waz he zu klagene hat.

[§ 28.] Ist ein man verteilit gewest[1]) unde blibet lebendic[2]), iz si[3]) von geschichte oder von ungeschichte, deme darf nimant keine antwerte geben umme den vride; aber umme schult muz[4]) man im antwerten[5]).

(§ XXV.) [§ 29.] Welch[1]) man ein pfert ritet in eines mannes hus, derselbe, der iz darin brenget, der muz iz ouch versten[2]) unde muz davor[3]) antwerten, ab man iz[4]) im[5]) darinne versprichet[6]). Nichein ander[4]) man mac iz verstehn[2]) denne derselbe[7]), ab iz wol geligen were oder ab he iz gemietet hette, so muz he iz in ledic machen unde verstehn[2]) an der stat.

(§ XXVI.) [§ 30.] Ein iklich man muz[1]) dem andirn antwertin vor gerichte, wes he ime schult gibit, der in den benkin ist adir dem vorgebotin ist. Keiner rechnunge mac he gebittin noch an keine tafil sich geczin, he muz in[2]) da ien odir loukin.

Und ein iklich man muz benennin, warumme he ime di[3]) schult schuldic si[4]), ab is ienir mutit.

[§ 31.] Ein man mac dem andirn nicht me schult gegebin wan[1]) drier slechtin clage in eime dinge[2]), umme gelt, umme erbe, umme teil, umme gelubede adir waz slechtir clage ist, ane umme den[3]) vride, he enwolle danne von willin mer clage antwortin: daz stet an ime. Unde wil derselbe cleger icht me zu ime[4]) teidingen da[5]) denne[6]) dri clage, so muz he im abir vorgebitin. Ist abir, daz sich[7]) der antwurter mit deme cleger berichtit der drier clage wizintlich deme richtere, welch irre[5]) danne deme andirn er vorgebutit, deme muz man eir[5]) antwurtin. (§ XXVII) p. 284.

[§ 32.] Unde[1]) kein man sal noch[2]) enmac den andirin gehaldin[3]) in siner clage von dinge zu dinge nicht lengir wanne[4]) driu dinc, also daz he in deme drittin dinge alle sine clage mit ime[1]) ende. Danach sal he ime wider antwortin zume nehistin dinge adir wenne he wil. (§ XXVIII.)

[§ 33.] Hat abir ein man czum andirn icht zu clagin umme den vride, deme muz man antwortin alse manchir clage, alse he vordirt, in eime dinge umme den vride. (§ XXIX.)

[§ 34.] Wirdit ein man beclait umme gelt vor gerichte, loikint ime ienr des unde kumt zu sime rechte, daz sal he tun in deme dinge. Wes he ime denne schult gibit umme schadin von demeselbin gelde, do indarf he im kein antworte umme gebin. (§ XXX.)

[§ 35.] Ist abir, daz ein man dem andirn schult gibit einir sache unde clagit schadin domite in einer clage, dem muz man antwortin zu rechte. (§ XXXI.)

[§ 36.] Gibit ein man dem andirn schult umme gelt, genir bekenn is unde spreche, he habe sin tac, den tac muz he behaldin undir eime iare, welchin he wil, mit sim eide, (§ XXXII.)

unde keinen leugir. He endarf ouch umme keinin schadin antwortin des geldis, e der tac vorkume. He inmac ouch keinen andirn tac me[1]) behaldin umme daz gelt.

(§ XXXIII.) [§ 37.] Ist, daz ein man dem andirn schult gibit umme gelt, genr spreche: „Desselbin geldis hat he mir vrist gegebin, biz daz ich iz wol gehabin mac ane schadin adir biz[1]) daz[2]) ich iz irerbeite adir biz daz mich[3]) got beretit; wes he mir darubir schult gibit, des bin ich unschuldic“, wer also antwertit, der blibit ouch[4]) dabi, tar hez swerin; he indarf ouch umme keinen schadin antwertin, e dan he virgelde[5]).

(§ XXXIV.) [§ 38.] Ist, daz ein man dem andirn schult gibit umme gelt, genir bekenn is[1]) unde spreche: he habe ime tac gegebin, daz wolle he[2]) bezuigin mit deme richter ubir ein unde zwenzic nacht, des muz man ime gestatin, ist iz nicht me zu clage kumin. Ist iz abir me zu clage kumin, so muz he iz da tun adir zum nehistin dinge. Unde umme keinin schadin darf he antwertin, e[3]) der gezuc[4]) irge.

(§ XXXV.) [§ 39.] Welch man sich gezugis virmizt also mit eime[1]) p. 285. richter, dem bescheidin wirt zu dinge, unde ist der voit denne gemant, alse recht ist, so sal he den richter nennin mit namin, umme den he gemant ist. Ist danne, daz he nennit einin richter, der uzewendic landis ist adir uzewendic sinis gerichtis, den he nicht getwingin[2]) mac noch ensal, so ist der gezuk vorlorn also bescheideliche. Ist der gezuc gewest umme einin tac zu bezugene einir schult, den mac he denne selbe behaldin uffin heiligin adir sal iz gelt leistin binnin[3]) drin tagin. Ist der zuc gewest umme gelt zu gewinnin, da muz he genis mannis[4]) recht vor[5]) nemin unde dem[6]) voite vire schillinge buzin[7]).

(§ XXXVI.) [§ 40.] Virmizt sich ein man gezugis umme koufschatz mit erhaftin luitin, alse recht ist, ienr spreche, he si iz ime schuldic, he hab is abir tac also lange undir eime iare, welchin[1]) he nennit, tar he swerin, den tac beheldit he[2]) baz mit siu einis hant, dan in genir bezugin muge; unde umme keinin schadin sal he im antwortin, e sin tac vorkumit.

[§ 41.] Virmizt sich ein man gezugis umme koufschatz, (§ XXXVII.) ienir trete dar unde spreche, he habe dazselbe gelt vorgoldin, des muz he volkumin, unde[1]) der gezuc get abe; unde muz des volkumin[1]) selbdritte uffin heiligin erhafter lute[2]), di ir echt unde ir recht behaldin han, si sin besezin adir nicht, so volvert he wol. Daz sal he tun da adir zume nehstin dinge, unde der voit sal si ime twingen, ab hes darf[3]), unde in[4]) deme dinge sal he ir nicht nennin. Nu he[5]) kume zum nestin dinge selbdritte, als im bescheidin ist, he habe den voit gemant adir nicht, daz schat ime nicht, so sal der selbschuldige alrerst suerin, daz he[6]) dazselbe gelt, da ime Cunrat schult umme gebe, virgoldin habe, daz ime got so helfe und alle heiligin. So sullin di zwene swerin danach mit einandir: „Der[7]) eit, den Herman gesworn hat, der ist[8]) reine und unmeine, daz in got so helfe unde alle heiligin“. Also wirt he ledic[9]).

[§ 42.] Virmizt sich ein man gezugis umme gelt mitme[1]) (§ XXXVIII.) richter, daz im gelobit adir bekant vor im ist, ienir trete dar unde spreche: „Iz ist alwar, ich gelobit im[2]) adir bekant ime[2]) geldis, daz hab ich vorgoldin, des wil ich[3]) volkumin“; di[4]) volkumunge get vor den gezuc. Ouch des muz he volkumin[4]) mit zwen erhaftin gesezinin mannin[5]), wen iz an der stat keime[6]) richter lit.

[§ 43.] Gibt ein man dem andiren schult umme gelt, (§ XXXIX.) genir spreche[1]), he hab ime pfant davor gesatzt, dez muz he ouch volkumin selbdritte, alse recht ist, unde di[2]) pfant muz he benennin.

[§ 44.] Gibt ein man dem andirn schult umme gelt, genir (§ XL.)

spreche, dazselbe gelt si im wordin, wes he im da ubir schult gebe, des[1]) si he unschuldic, bi der unschult mac he nicht blibin; he muz sin io volkumin selbdritte uffin heiligin, daz im
p. 286. daz gelt wordin si.

(§ XLI.) **[§ 45.]** Wirrit sich ein man mit eime[1]) anderen, daz[2]) si sich slan ader reufen ane totslege und ane campere[3]) wunden, und berichten si sich des und vereben[4]) sich ungeclait, si indurfen noch ensullen darumme nimanne keine buze tun.

(§ XLII.) **[§ 46.]** Wo sich lute werren umme eine sache, welcherleie die[1]) si, und lazen di sache und setzin si[2]) czu rate eraftir lute wizintlich, di sullin di sache uzrichten nach iren truwen und nach iren eren, und waz si si heizin tun umme di sache, daz sullen si[3]) beidersit halden und mugens nicht geweigern darumme, da si di sache uz ir[4]) hant gaben, da waren si ir nicht me gewaldic.

[§ 47.] Man sal keines mannis sun an spile hoer vorpflegin[1]), wenne[2]) alse vil alse[3]) he[4]) cleider[5]) ame halse hat. Und nimet der sun deme vatere sines gutes icht, iz si, waz iz si, pfert, ku, bette, pful, harnasch ader waz he im nimet und setzet iz vor sin spilgelt, wo iz denne der vater ankumt, do mac her[4]) sich iz mit gerichte underwinden, iz si, wi lange iz iener gehalden hat verborgen, daz hilft in nicht.

Noten zu Cap. XLIX.

§ 1. 2. *Igl. SchB. 157. — Tittmann 2,122. Benseler 141. Köstlin: Ztschr. f. D. R. 15,223. Hertz 30 ff. Planck GV. 1,411. 417. Knebel: Frb. Mitth. 22,24. 23,78.* **§ 3.** *Igl. SchB. 199. Brünn. SchB. 174. Brünn. St. 196. Wb. LXXVII. — Benseler 141. Laband 27. Löning Vertragsbr. 298. Hertz 85. Planck GV. 1,363. 442. 448. Frensdorff Recht u. Rede 468. Knebel: Frb. Mitth. 23,55. 79.* **§ 4.** *Hertz 85. Planck GV. 1,442.* **§ 5—7.** *Vergl. § 20. II § 14. Ssp. II (19 § 2) 32 § 1. 34 § 1. 2. Brünn. SchB. 16. Dist. IV, 36 d. 1—3. Benseler 141. Sachße 26. Hertz 9. 39 f. Planck GV. 1,193. Knebel: Frb. Mitth. 23,27.* **§ 8—16.** *Ssp. II, 40. 62 § 1—3. III, 48 § 4. 49. Gosl. 40,40. 41,1. 43,1. 31. 89,37. Brünn. SchB. 17. Brünn. St. 235. Prag. Rb. 120. 176. Wb. CXX. Dist. II, 8 d. 1. 2. 4. 5. 9 d. 1—4.*

IV, 33 B. d. 1. 2. — Benseler 142 f. Hertz 48. (Planck GV. 1,408 f. Stobbe Privatr. 3,401 ff. Hammer 85 ff.). **§ 17.** *Ssp. I, 38 § 1. Dist. IV, 24 d. 1. — (Planck GV. 1,791.)* **§ 18.** *Vergl. VIII § 4. XXI § 2. XXVI. XXVII § 12. XXX § 10. — Ssp. III, 63 § 3. Gosl. 69,14 ff. Dist. IV, 21 d. 27. VI, 17 d. 2. —* **§ 19.** *Ssp. III, 63 § 2. Gosl. 69,11. Dist. III, 8 d. 3. VI, 17 d. 1. —* **§ 20.** *Vergl. § 5—7. — Gosl. 70,8. Dist. III, 10 d. 3. — Planck GV. 1,191. 193.* **§ 21.** *Benseler 139.* **§ 22.** *Homeyer Richtsteig 426. Planck GV. 1,194. Schmidt 150.* **§ 23. 24.** *Gb. No. 132. — Gosl. 78,1. — Benseler 140. Agricola 247.* **§ 25.** *Benseler 140.* **§ 26.** *Vergl. XXIII § 3. 4. — Benseler 141.* **§ 28.** *Ssp. I, 38 § 1. 65 § 2. Dist. IV, 24 d. 1.* **§ 30.** *Vergl. III § 1. XXXII § 11—16. Zus. 2 § 2. 3. Verzählbuch B 495. — Ssp. III, 41 § 4. Gosl. 69,19. Igl. SchB. 85. Brünn. SchB. 171. Wb. XXXIV. C § 2. Dist. III, 10 d. 1. — Laband 11. 18. Behrend Observ. 3. 6. Planck GV. 1,378.* **§ 31.** *Igl. 36. Brünn. St. 104. — Platner Entw. 2,290 f. 295. 323. Platner Bürgsch. 60. Homeyer Richtsteig 440. Behrend Observ. 3. 40. Planck GV. 1,389. Löning Reinig. 26.* **§ 32.** *Benseler 205. Platner Entw. 2,290. Planck GV. 1,390.* **§ 33.** *Platner Entw. 2,290. 295. Platner Bürgsch. 60. Planck GV. 1,389.* **§ 34. 35.** *Igl. St. (Tomaschek Oberhof 370). Brünn. SchB. 109. 152. — Laband 6. 24. Löning Vertragsbr. 304 f.* **§ 36—38.** *Vergl. Zus. 2 § 3. — Gosl. 70,13. 72,19 ff. Dist. III, 10 d. 5. 13 d. 2. — Benseler 205. Platner Entw. 2,137. 239. Behrend Observ. 27 f.* **§ 40.** *Vergl. XII.* **§ 41. 42.** *Vergl. II § 3. XII. — Ssp. II, 6 § 2. Gosl. 72,13. Dist. III, 13 d. 1. — Budde Rechtlos. 147. Benseler 205. Sachße Bew. 282. Homeyer Richtst. 469. Behrend Observ. 27. Laband 39. 47. 153. Planck GV. 2,82. 88. 95. 220. 223. Löning Reinig. 81.* **§ 44.** *Dist. III, 13 d. 1. — Laband 47.* **§ 45.** *Vergl. XIV. XV. — Gosl. 64,16. Wb. L. LI. Igl. 18. Dist. III, 3 d. 4. — Platner Entw. 2,266.* **§ 46.** *Gosl. 80,16. Dist. IV, 43 d. 8. — Budde Rechtlos. 97. Platner Entw. 2,266.* **§ 47.** *Vergl. V § 9. — Igl. 65. Brünn. SchB. 484. Brünn. St. 28. 68. Deutschbr. (35). Weichb. CI. (Ssp. III, 6 § 1. Gosl. 82,18.) Dist. IV, 36 d. (5.) 7. 8. — Wilda: Ztschr. f. D. R. 2,152. Benseler 139 f. 189. Laband 81 f. Schuster 120. Kern 29. Stobbe Privatr. 4,359 f.*

Vergl. oben die Bemerkung zu Cap. XLVIII. — **[§ 1.]** [1]) entun *B.* [2]) *fehlt C.* [3]) sie ym *BC.* [4]) wenne *C.* [5]) *fehlt B.* [6]) he muz in *AC.* so muß her yn *B.* — **[§ 2.]** [1]) bewise iz *fehlt B.* [2]) he muz im iu *AC.* so muß her yn *B.* — **[§ 3.]** [1]) geben nach *Zusatz B.* [2]) is im *AC.* ym das *B.* [3]) is aber *B.* [4]) richter *B.* [5]) *fehlt C.* [6]) *fehlt BC.* [7]) halden *C.* [8]) in demo dinge *A.* bynnen dingis *BC.* — **[§ 4.]** [1]) *Fehlt CW.* — **[§ 6.]** [1]) *Fehlt C.* [2]) die her *B.* d^{z} sich *C.* — **[§ 7.]** [1]) Daz *C.* Darvor *H.* Dafür *W.* — **[§ 8.]** [1]) *Fehlt B.* [2]) die wilo *Zusatz B.* [3]) *fehlt C.* [4]) üssert *B.* — **[§ 9.]** [1]) So welch *B.* [2]) ab d^{z} *C.* [3]) *fehlt BC.* — **[§ 10.]** *Fehlt B.* [1]) aber *Zusatz C.* [2]) *fehlt C.* — **[§ 11.]** [1]) das unde den schaden *B.* daz *C.* [2]) vor den schaden *B.* — **[§ 14.]** [1]) ussern *B.* uzenen *C.* — **[§ 15.]** [1]) obisse *B.* — **[§ 16.]** [1]) eine—oder *A.* thire, iß sie wilde ader czam, is sie eyn marder ader eyn fuchs ader eyn wolf ader eyn hirsse ader eyn hynde ader *B.* eyne creature, welcherleye d^{z} ist, iz s^{z} ein mart, iz s^{z} ein vuchz ader wolf ader *C.* [2]) brenge oder *fehlt B.* [3]) thue *B.* [4]) zcu rechte *Zusatz B.* — [§ 17.] [1]) So welch *B.* [2]) keyne *Zusatz C.* [3]) kampf *B.* kämpfer *W.* — [§ 18.] *Fehlt in C (obwohl das Register ihn enthält).* [1]) So welch *B.* [2]) ader *B.* — [§ 19.] [1]) So welch *B.* [2]) wedir nach *B.* [3]) das eyne *BC.* [4]) nach *BC.* [5]) das *BC.* — [§ 20.] [1]) ader her *C.* oder *HW.* [2]) denne sin brotezze *ABC.* sey an seynem brotte *HW.* — [§ 21.] [1]) mag ouch *C.* — [§ 22.] [1]) vorgeteydingen *B.* — [§ 23.] [1]) So welche *B.* [2]) elichen man *BC.* — [§ 25.] [1]) So welch *B.* [2]) syn tun also *Zusatz B.* [3]) ader hyndert *Zusatz B.* [4]) sichtum *B.* süche *C.* [5]) wil ader *Zusatz B.* — [§ 26.] [1]) So welche *B.* — [§ 27.] [1]) *Fehlt C.* — [§ 28.] [1]) gewest ist *B.* [2]) lebende *BC.* [3]) iz si *fehlt B.* [4]) so muß *B.* [5]) antwort geben *B.* — [§ 29.] [1]) So welch *B.* [2]) vorsten *BC.* [3]) dorumbe *B.* [4]) *fehlt C.* [5]) *fehlt B.* ym icht *C.* [6]) darinne verspricht *AB.* do vorsperryt ader vorspricht *C.* [7]) der *BC.* — [§§ 30—40.] *sind in A von einer ungefähr gleichzeitigen Hand (II) hinzugefügt.* — [§ 30.] [1]) der muz *C.* [2]) *fehlt BC.* [3]) *fehlt B.* [4]) zcu rechte *Zusatz BC.* — [§ 31.] [1]) denne *C.* denn umb *H.* [2]) geding *H.* [3]) *fehlt B.* [4]) zur zime *A.* [5]) *fehlt BC.* [6]) *fehlt C.* [7]) daz sich *fehlt B.* — [§ 32.] [1]) *Fehlt BC.* [2]) ioch *C.* [3]) geladen *B.* [4]) denne *C.* — [§ 36.] [1]) *Fehlt B.* — [§ 37.] [1]) *Fehlt C.* [2]) *fehlt B.* [3]) mich syn *B.* mich iz *C.* [4]) ouch wol *BC.* [5]) vorgelde *BC.* — [§ 38.] [1]) *Fehlt C.* [2]) *fehlt A.* [3]) ebe das *B.* [4]) czůg *C.* — [§ 39.] [1]) dem *BC.* [2]) betwingen *B.* [3]) byͤ *C.* [4]) *fehlt B.* [5]) umbe *B.* [6]) de *A.* [7]) vorbůzzen *C.* — [§ 40.] [1]) tag *Zusatz B.* [2]) *fehlt A.* — [§ 41.] [1]) unde—volkumin *fehlt BW.* [2]) erhafter lute *BC.* erhaftin lutin *A.* [3]) bedarff *C.* [4]) mit *C.* [5]) *fehlt A.* [6]) daz he *fehlt A.* her *fehlt C.* [7]) Den *BC.* [8]) syͤ *C.* [9]) der scholt *Zusatz B.* — [§ 42.] [1]) mit dem *BC.* [2]) *fehlt BC.* [3]) yn *Zusatz B.* [4]) di—volkumin *fehlt BC.* [5]) gesezinin mannin *A.* mannen die (da) besessin sin *BC.* [6]) keine *A.* gegen dem *BC.* — [§ 43.] [1]) her habe ym darůber schult gebe ader *Zusatz C.* [2]) *fehlt A.* — [§ 44.] [1]) der *C.* — [§ 45—47.] *sind in A von einer jüngeren Hand (III) und zwar, wie sich aus der Verschiedenheit der Tinte schließen läßt, zu verschiedenen Zeiten hinzugefügt worden.* — [§ 45.] [1]) dem *B.* [2]) also daz *BC.* [3]) kampfbar *B.* [4]) vorebenen *B.* vorebenen se *C.* — [§ 46.] [1]) *Fehlt A.* se *C.* [2]) die *B.* [3]) *fehlt A.* [4]) der *BC.* — [§ 47.] [1]) verpfenden *AW.* [2]) denne *BC.* [3]) alse vil alse *fehlt BC.* [4]) *fehlt A.* [5]) *fehlt BC.*

Zusatz 1.

Zolltarif der Stadt Freiberg. *(Um 1336.)*

Hec sunt iura de theolonio civitatis Fribergensis, sicuti *p. 299.* domini de Honsberg habent pro se in eorum registro.

[§ 1.] Currus oneratus cum plumbo veniens de Polonia de centum centeneris, sive ducantur in uno curru sive in pluribus, dabit quatuor solidos. Si vero veniat de Meydeburg vel de Goslaria ad Friberg, dabit ibidem XVI denarios. Si autem veniat de Bohemia, dabit de centenero unum denarium et nichil de curru.

[§ 2.] Currus oneratus cum frumento veniens Friberg sive cum quatuor equis sive cum pluribus duos solidos.

[§ 3.] Currus oneratus cum ordeo vel cum brasio veniens per stratam Gyten vel Mitteweide vel Frankenberg vel de aliis locis, dum tantum per eandem stratam venerit, dabit XVIII denarios.

[§ 4.] Currus autem veniens de Lypczk vel Grymme transiens Russewyn cum ordeo vel cum brasio dabit XVI denarios.

[§ 5.] Item currus cum vino veniens per stratam Gyten vel Mitteweide vel Frankenberg dabit XVI denarios. Qui autem venit de Lypczk per stratam Grymme vel Russewyn cum vino, dabit de curru unum solidum.

[§ 6.] Currus oneratus cum ordeo, de quibuscumque locis veniat exceptis predictis, dabit XVIII denarios; qui autem de Lomacz venit cum ordeo, unum solidum.

[§ 7.] Item currus veniens Friberg cum vino de quibus- *p. 300.* cumque locis absque Bohemia dabit XVI denarios.

[§ 8.] Currus vero veniens Friberg oneratus cum pannis vel cum mercimoniis institorum vel cutibus vel cera vel oleo vel allecibus vel humulo vel cupro vel piscibus salsis vel salsis carnibus vel sepo vel arvina vel lineo panno dabit duos solidos.

[§ 9.] Mercatores de Friberg de pannis, quos ducunt de nundinis, vel institores eiusdem loci de suis mercimoniis dabunt de curru unum solidum.

[§ 10.] Item currus oneratus cum sale, de quibuscumque locis venerit, dabit XVIII denarios. Carruca onerata cum quibuscumque rebus dabit dimidium theolonium, sicut de curru superius expressum est.

[§ 11.] Item currus veniens de Bohemia cum IIII^{or} equis vel cum pluribus, sive portet siliginem vel triticum vel ordeum vel pisa vel papaver, dabit triginta denarios; si vero veniat cum tribus equis vel duobus vel uno, dabit de quolibet VI denarios.

[§ 12.] Item currus veniens de Bohemia oneratus cum quibuscumque mercimoniis transiens Friberg dabit duos solidos et de una souma VIII° denarios.

[§ 13.] Item quilibet currus oneratus cum pannis vel mercimoniis institorum transiens Friberg et vadens versus Bohemiam dabit duos solidos et de souma VIII° denarios.

[§ 14.] Si autem mercatores ibidem ad vendendum res suas deposuerint, de curru non dabunt theolonium, sed de souma VIII° denarios.

[§ 15.] Similiter de vino, quod de Bohemia ducitur, dabunt de souma VI d.

[§ 16.] Currus oneratus cum allecibus vadens ad Bohemiam dabit duos solidos et de souma VI d. Qui autem ducit unam mensuram, dabit V denarios.

[§ 17.] Qui autem ducit sal versus Bohemiam in curru, dabit de equo unum solidum; si vero ducit in equis, de souma II d.

[§ 18.] Item currus oneratus cum carnibus non salsis sive piscibus sive avena sive ferro veniens Friberg dabit unum solidum. Carruca onerata cum predictis dabit dimidium theolonium.

[§ 19.] Qui vero ducit carnes salsas sive pisces in equo, dabit VI d. Qui autem ducit carnes non salsas sive pisces in equo, dabit III d.

[§ 20.] Item souma, que ducitur in equo, cum frumento vel farina vel tritico de quibuscumque locis, dabit III d.: si vero non est integra souma, dabit de mensura unum d. Si autem ducitur ordeum in equo de quibuscumque locis absque Bohemia, dabit II d.

[§ 21.] Item currus, qui ducit pira vel poma vel alios fructus arborum, dabit unum solidum; carruca onerata cum predictis VI d., et de souma earundem II d.: de souma vero earundem veniente de Bohemia III d.

[§ 22.] Quicumque ducit ordeum in uno equo in terra marchionis, dabit IIII^{or} d. Et qui ducit sal versus Bohemiam in uno equo, similiter dabit IIII^{or} d. Qui portat humulum super dorsum suum, III d. Item quicumque portat sepum de Bohemia, III d.; qui autem portat sepum in terra marchionis, II d.

[§ 23.] De pullis, qui ducuntur in equis de Bohemia, III d. et de aliis locis II d.

[§ 24.] Omnis enim, qui portat in dorso suo de Bohemia *p. 301.*
pullos vel ova vel caseos, dabit alterum dimidium d. et in aliis locis in terra marchionis unum d. Souma integra cum avena Iȝ d.; si vero non est integra, I d. Souma pisc Iȝ d., souma wicken Iȝ d.

[§ 25.] Item currus oneratus cum rapulis IIII^{or} d.: de sacco rapularum, qui ducitur in equo, unus obulus.

[§ 26.] Item currus, qui ducit mel, duos solidos: de souma ipsius mellis IIIIor d.

[§ 27.] Hospes advena, qui ducit pecora de Bohemia, de vacca vel de bove dabit III d., de porco vero II d.

[§ 28.] Homines morantes Friberg de vacca vel de bove ij d., de porco vero I d. Ita dico si predicta volunt vendere; si nolunt vendere, nichil dabunt inde.

[§ 29.] De quibuscumque aliis locis excepta Bohemia pecora ducuntur Friberg, de vacca vel de bove ij d., de porco vero I d., de ove obulus, de vitulo obulus, de capra obulus, de quatuor agnis I d., de centum agnis II solidos.

[§ 30.] Qui autem portat pisces recentes in sporta, I d., et de salsis in sporta ij d.; de esoce, qui portatur de Albea, ij d.; qui autem de Scapa, I d. Omnis, [qui] portat pisces, qui capti sunt in Muldav vel in Bobericz vel in aliis parvis rivulis, nichil dabit inde.

[§ 31.] De lacticiniis, qui portantur ad civitatem de quibuscumque locis, vel de ovis nichil dabitur. Omne, quod venale fertur ad civitatem et non potest vendi VI d., nullum theolonium dabit. Omnes homines habitantes Friberg vel in montibus ad eandem civitatem pertinentibus, quidquid emunt ad victum eorum, inde nullum dabunt theolonium. Si aliquis venderet quitquam de predictis victualibus et theolonarius posset hoc probare per honestos viros, idem daret penam LX solidos; si autem non posset probare, ille simpliciter accusatus expurgaret se iuramento.

[§ 32.] Item de quacumque re datum fuerit theolonium in civitate, de hac in montibus secundo non est dandum theolonium. Item quicumque homo de villa in civitatem Friberg venerit et ibi frumentum ad vescendum vel seminandum agros suos emerit, audens hoc iuramento suo confirmare, quod ad suos usus habere voluerit et non ad alios, nullum inde theolonium dabit. Item quicumque burgensis annonam de allodiis sumptam vel de decimis sive molendinis collectam vel de aliis quibuscumque redditibus acceptam in predictam civitatem duxerit, nullum inde dabit theolonium. Item quicumque gebuschirre in eandem civitatem duxerit, sive sit vir advena vel eciam notus, nullum dabit inde theolonium, nisi ipse ducat mercimonia inter res suas; tunc dabit theolonium et eciam penam.

[§ 33.] Item circumquaque de civitate usque ad unum miliare nusquam debet braxari cervisia venalis vel pistari panes vel caro mactari vel brasium fieri.

Noten zu Zusatz 1.

Hdschr.: A fol. 161. Fehlt in BC. — Gedr.: Schott 3,299 (unter M). — Zusatz 1 ist in A von einer der ersten Hälfte oder der Mitte des 14. Jahrhunderts angehörenden Hand eingetragen; wahrscheinlich derselben, welche in der Bergrechtshandschrift des Freiberger Rathsarchivs das Iglauer Bergrecht und das Freiberger Bergrecht A geschrieben hat (Cod. dipl. II. 13, XIX; vergl. ebenda Schriftprobe I). Der Tarif, der die Rechte der Freiberger Bürger hinsichtlich der Zollfreiheit gegenüber den Bestimmungen des Stadtrechts beschränkt, wurde wohl bald nach dem Verkaufe des Zolls an die Gebrüder von Honsberg (1336 Apr. 23, Cod. dipl. II. 12,64), wahrscheinlich unter Zugrundelegung eines älteren Tarifs, aufgestellt.

Vergl. die Pirnaische Zollrolle von 1325 Apr. 20 Cod. dipl. II. 5,337. Benseler 129 ff. — ***§ 31. 32.*** *Vergl. XI. § 2—10. Cod. dipl. II. 12,34 f. — Ermisch Bergrecht XXXIX (Cod. dipl. II. 13, XXXII).* ***§ 33.*** *Vergl. II § 12. — Benseler 123.*

Zusatz 2.

Rathswillkür über die Abhaltung des wöchentlichen Gerichtstages und einige andere Punkte des gerichtlichen Verfahrens. (Um 1344—1350.)

Diß ist die willikwr der burger zcu Friberg unde der *p. 302.*
gemeyne unde der hantwercke mit hern Thomasins rate des munczmeisters zcu den geczyten zcu Friberg[1]).

[§ 1.] Die burger zcu Friberg syn zcu rate worden mit

hern Thomasino dem munczmeister unde mit der gemeyne unde mit den hantwerken[1]), daz man sal eyns yn der wochen gerichte[2]) siteczen. Das sal syn an der mitwochen.

[§ 2.] Welch man denne zcu dem andern icht zcu clagen had umbe scholt ader welcherleye daz sie, der sal ym die wochen laßen vorgebieten, welchen tag das ist, von dem donerstage biß an[1]) den dinstag, wo her yn besiht yn der stat; an dem tage sal her ym lassen vorgebieten. So sal iener des dingis warten an der mitwochen. Were aber, das her nicht vorqueme unde des dingis unde des gerichtis nicht enwarte, so sal yn der richter pfenden vor vier schillinge. Were aber, das her vorqueme, so sal[2]) yn iener beclagen umbe syn[3]) gelt, des sie vil ader wenig, unde sal keynen fride doreczu legen. So sal iener sprechen: her sy ym das gelt scholdig ader sie is ym nicht scholdig.

[§ 3.] Were aber, das sich iener der clage welde czihen an synen vormunden umbe dazselbe gelt, do her im umbe scholt hette gegeben, das ensal in nicht helfen; her sal iw sprechen, her sie is ym scholdig ader nicht scholdig[1]). Were aber, daz her sich umbe dazselbe gelt welde czihen an eynen tag und welde den behalden, daz sal in nicht helfen; her sal iw sprechen, her sie is ym scholdig ader nicht[1]). Is were denne, das her ym tag hette gegeben wissintlich erhaften luten, das die daz welden behalden uff den heiligen; den tag sulde man ym laßen. Were aber, daz iener sich welde[2]) czihen an eynen tag unde[2]) welde den geczugen uber[3]) eyn unde czwenczig nacht umbe dazselbige gelt, da man yn umbe beschuldiget
p. 303. hette, des mag her sich wol weren mit rechte unde mag eyns urteils bitten: wenne her ym scholt habe gegeben vor gerichte, ab her ym icht iehen ader leuken sulle. So sal iener sprechen: her sie ym das gelt scholdig ader nicht.

[§ 4.] Were[1]) aber, das eynem manne vorgeboten wurde, der eynen sendeboten welde[2]) senden vor gerichte umme das vorgebote, der synnebote sal yn nicht helfin: her sal selber komen vor gerichte.

[§ 5.] Were aber, das der man, dem vorgeboten wurde yn der wochen, nicht vorquem zcu dem dinge uff die mitwoche, so sal yn der richter pfenden vor vier schillinge[1]) unde sal yn laßen anderweit vorgebieten von des obersten richters[2]) wegin. Were[3]) aber, daz her denne nicht vorqueme zcu dem andern dinge, so sal ym der obirste richter lassen zcu ym teylen sechczig schillinge unde sal dovor pfenden[4]).

[§ 6.] Were is aber also, das der underrichter[1]) welde *wen halden[2]) ader der oberrichter[3]) welde *wen halden[1]) durch irer frunde willen, daz das den burgern geclait wurde, die sullen is mit dem richter reden.

[§ 7.] Were[1]) aber also, das die richter eynen man nicht konden vorbrengen[2]), daz sullen sie an die burger brengen, die sullen dorczu helfen, das eyme iglichen manne recht[3]) geschee, dem armen als dem reichen.

[§ 8.] Were is aber also, das eyn man wurde vorbracht vor gerichte unde wurde beclait umbe gelt, des her bekente, das sal ym der richter gebieten zcu gelden bie den[1]) acht tagen bie der buße.

[§ 9.] Were aber, das her is[4]) nicht gulde bie den acht tagen ader is mit ienes fruntschaft behilde, so mochte ym iener man wol wider laßen vorgebieten unde sulde[2]) ym schult geben umbe dasselbe gelt, als her yn vor beschuldigit hette, zcu dem nehsten dinge, das her ym das nicht gegulden hette, als ym der richter geboten hette[3]). Wenne denne der richter uffgesteht, so sal he ieme manne pfandis helfin vor syn[4]) gelt, unde vor syne buße sal her pfenden, wo iener man wiset, uff syne varnde habe ader uff syn erbe. Had her der farnden habe nicht nach des erbes, so sal ym der richter zcu ym selbis helfen.

[§ 10.] Were is aber also, das der man hette syn gut uffgegeben synen kyndern ader andern synen frunden, daz man ieme manne nicht mochte pfandis gehelfen vor syn gut, daz her erclait hette vor gerichte, das uffgeben sal yn nicht helfen; man sal ieme manne pfandis helfen zcu demselben gute.

[§ 11.] Were[1]) aber, daz derselbe man, zcu dem das gut erstanden were, eyme andern manne hette gesaczt syn gut unde syn habe zcu pfande vor redliche scholt, bekennet des der richter, unde wil is iener behalden uff den heiligen, daz is syn pfant sie, der ist is nehir zcu behalden, wenne is ym ymand[2]) mag enpfuren.

[§ 12.] Were ouch, daz eynem manne vorgeboten wurde, der da wegefertig[1]) were, der sulde zcu dem richter gehen
p. 304. unde sulde sprechen: „Her richter, der man had mir laßen vorgebieten". So sulde[2]) der richter nach ieme manne senden unde solde vorhören, was her ieme[3]) scholt hette zcu geben, dem her vor hette geboten, unde hulfe dem rechtis an stoppender[4]) stat.

[§ 13.] Were is also, das her ym bekente, so sulde ym der richter gebieten zcu geldene glicher wise als vor[1]) den vier benken. Were is aber, das her ym lewkente, so hulfe her ym aber eynes rechten unde neme dorczu erhafte lute unde ließ ienen man syner narunge warten.

[§ 14.] Were is ouch also, daz eyn man also süchte sich[1]) were, das her zcu deme[2]) dinge nicht komen möchte, der solde eynen boten uff das dinghus senden unde solde das dem voite[3]) kundigen. Wenne denne der richter uffgestunde, so sulde her gen vor syn bette unde sulde rechtis helfen uber syme bettebret.

Noten zu Zusatz 2.

Hdschr.: B fol. 69^{b}. C fol. 77. Fehlt in A. — Gedr.: Schott 3,302 (unter N). — Während Cap. XXXI § 1 drei wöchentliche Dingtage vorschreibt, wird 1344 Nov. 9 den Bürgern gestattet, nur einmal wöchentlich des Stadtgerichts zu warten (Cod. dipl. II. 12,69). Wir dürfen wohl annehmen, daß die Willkür, als deren Bestätigung diese Urkunde aufzufassen ist, nicht lange vorher vereinbart worden. Thomasinus erscheint 1351 Mai 7 als **montanorum nostrorum urburarius** *(Cod. dipl. II. 12,73 17). Die Aemter des Urbarers und des Münzmeisters waren damals in der Regel verbunden; so werden in den ältesten Münzbriefen vielfach Münze und Urbar denselben Personen übertragen (1360—1380: Cod. dipl. II. 13.14 1. 21 34. 27 4. 29 27. 31 18. 37 19. 38 32. 41 18. 46 16). Auch Nickel Monhaupt, der spätestens 1353, vielleicht als Nachfolger Thomasius, Münzmeister wurde, wird gelegentlich als Urbarer bezeichnet (Cod. dipl. II. 13,XLIV f.). Die Namen der Münzmeister aus der ersten Hälfte des 14. Jahrhunderts sind nicht bekannt. Hiernach dürfte die nachstehende Willkür etwa zwischen 1344 und 1350 zu setzen sein. Sie wurde in originaler Form in die Dinghaushdschr. (s. Einleitung) eingetragen und ging hieraus in B und C über. — Später ließ sich die Stadt den Inhalt dieser Willkür mit einigen Abänderungen und Zusätzen durch eine landesherrliche Urkunde von 1373 März 6 bestätigen; vergl. Cod. dipl. II. 12,92. Wohl mit Rücksicht auf diese Urkunde hielt man die Aufnahme der nunmehr veralteten Willkür in A bei dessen Ergänzung (nach 1375, s. Einl.) für nicht erforderlich, während Zusatz 3 damals dort Aufnahme fand. — Der Einfluß des Münzmeisters auf die Feststellung dieser Willkür erklärt sich daraus, daß wohl schon damals wie später (1360—1380: Cod. dipl. II. 13,14. 18. 21. 27. 29. 31. 37. 38. 41. 46) das Stadtgericht dem Münzmeister übertragen war. — Da angenommen werden muß, daß der Urkunde von 1373 die Originalniederschrift der Willkür vorgelegen hat, so wurde überall der Lesart C vor B der Vorzug gegeben, wo erstere mit der Urkunde übereinstimmte; § 6 Note 2 zeigen sowohl B als C eine verderbte Lesart, die mit Hilfe der Urkunde emendirt wurde.*

§ 1. *Vergl. Gerichtsbuch I (passim).* **§ 2—5.** *Vergl. II § 9. III § 1. XXIV § 2. XXXII § 11—16. XLIX § 30. Gb. No. 108. — Gosl. 52,3. 64,30. Dist. III, 3 d. 1.* **§ 6.** *Vergl. Frb. BR. B § 37. — Gosl. 83,38. Dist. IV, 45 d. 13. —* **§ 8.** *Dist. III, 9 d. 1. Löning Vertragsbr. 294. 356.* **§ 9.** *Vergl. II § 8. 9.* **§ 12. 13.** *Vergl. III § 3. — Weichb. LXV. — Behrend Observ. 15.* **§ 14.** *Vergl. III § 2. Cod. dipl. II.12,93 f.*

1) Diß—Friberg *B.* Diz sint dſ willekůren der stat, wſ dſ bůrger mit herren Thomasyno deme myntzemeistere und mit der gemeyne czů rate syn worden an gerichte czů sitzen, wſ man iz domytte halden sulle *C.* — [§ 1.] 1) hantwerkern *B.* 2) eyns—gerichte *B.* cynz dſ woche dyng ader gerichte *C.* — [§ 2.] 1) uff *C.* 2) *fehlt C.* 3) ein *C.* — [§ 3.] 1) scholdig—nicht *fehlt B.* 2) welde—unde *fehlt C.* 3) under *C.* — [§ 4.] 1) Were is *B.* 2) haben unde den Zusatz *B.* — [§ 5.] 1) vor vier schillinge *fehlt B.* 2) gerichtis *B.* 3) Wer iz *C.* 4) sechczig—pfenden *fehlt B.* — [§ 6.] 1) ůndere richter *C.* 2) wen haldin *Urk. 1373.* win haldin *B.* umhalden *C.* 3) ǒbere richter *C.* — [§ 7.] 1) Were

is *B.* [3]) konden vorbrengen *B.* vor möchten brengen *C.* [4]) gerecht *B.* — [§ 8.] [1]) *Fehlt B.* — [§ 9.] [1]) *Fehlt B.* [2]) möchte *C.* [3]) geboten hette *B.* gebot *C.* [4]) gut ader *Zusatz B.* — [§ 11.] [1]) Wer iz *C.* [2]) nyemant *C.* — [§ 12.] [1]) gegenwartyg *C.* [2]) sulder *B.* solde *C.* [3]) manne *Zusatz C.* [4]) stoppynder *C.* — [§ 13.] [1]) yn *B.* — [§ 14.] [1]) suchtig *B.* [2]) *fehlt B.* [3]) richter *C.*

Zusatz 3.

Innungsartikel der Wollenweber. *(Um 1350—1379.)*

p. 291. [§ 1.] Dy wullenweber[1]) sullen ouch eyne innunge haben yn der stat zcu Friberg[2]) alzo. Wer daz hantwerk wil tryben, der muz syne innunge gewynnen mit czwelf grosen phfennyngen und mit czweyn phfunden wachsez. Dẏ czwelf grose gebůrn den bůrgern und dẏ czweẏ phfunt wachsez gebůrn den gewerken uf deme hantwerke.

[§ 2.] Welch meister syne innunge alzo hat gewunnen, dẏselbe innunge sal uf sin iungiste kint erben, daz man deme syne innunge ane gelt sal lazen ungehindert. Weren[1]) aber me kindere dezselben mannes, dẏ[2]) czů deme hantwerke welden keren, der muste iczlichz sine innunge gegen den

p. 292. bůrgern mit sechz grosen und gegen den meistern mit eyme phfunde wachz gewynnen[3]).

[§ 3.] Dẏ wullenweber[1]) czu Friberg mogin och ere tůch myt rotir[2]), myt gruner, mit blawer[2]), mit bruner[3]), wyser[3]), scwarzcir unde mit grawer varbe[4]) machen.

[§ 4.] Welch man of dem hantwerck gerobittir adir gestoluer habe wissintlichen eyn phůnt gewichte adir me kofte, daz sal an den burgern sten, wẏ sie is mit dem wellen schicken[1]) adir keren.

[§ 5.] Welch man begriffen wirt, daz her valsche tuch alzo[1]) von horen adir von vlocken hat lazen machen, dẏselbin tůch[1]) sal man vor dẏ burger brengen. Kisen denne dẏ burger mit den meistirn, daz dẏ tuch valsch[2]) unde ungerecht sint, zo sal man dẏ tůch vorbůrnen. Unde waz pyne adir buze der velscher[3]), der dẏ tůch hot lazen machen, dorůmme sal liden, daz sal sten czu[4]) der burger unde der[4]) meistir genaden.

[§ 6.] Och sal eyn iczlich[1]) tuch an syner lenge, alz iz gar[2]) bereyt wirt[3]), vierczig ellen behalden. Beheldit iz aber mynre, daz sal ienre, dez daz tuch ist, sagen deme, der daz tuch keůfet. Ader wo dẏ meystere kẏsyn, daz ein tuch gebrechelich ist an syner lenge ader daz czů wenig garnes darin ist getragen, darúmme sal ienre, dez daz tuch ist, vier groze den burgern und czwene groze den meystern gėben czů buze und sal denne dazselbe tůch in eyne andere stat fůren und sal iz hẏ nicht vorkeufen.

[§ 7.] Wer ouch tůch mit ungerechter[1]) varbe verbit und darúmme wirt besayt von den meystern, der sal iz der stat nach[2]) der búrgere genaden[2]) bessern.

[§ 8.] Ouch sal eyn iczlich schortůch[1]) dryer ellen breyt ane eyn vierteil behalden vor deme kambe[2]); und welchz besayt wúrde von den meistern, daz iz mynre behylde, so múste ienre, dez daz tuch wer, den búrgern[3]) sechz grose und den meistern drẏ grose darúmme czů buze gėben. Ouch sal ein steyn seechezen wėberphfunt behalden.

[§ 9.] Welch man uf deme hantwerke ein phfunt hette, daz czů gerynge were, der sǒlde darúmme den meistern eynen grosen phfennyng[1]) czů buze gėben.

[§ 10.] Welch man uf deme hantwerke von wollenslegern ader von spynnerynnen vor[1]) den meistern úmme ir lon, daz se vordyent haben, wirt beclayt, demselben manne sullen dy meistere sin werg niderlegen alzo lange, biz her sich mit den lúten úmme ir ledelon[2]) berichtet.

[§ 11.] Welch man uf dem hantwerke roufwolle wil undermengen, der sal se von irst den meistern wisen. Mengit her se aber under ane der meistere wissen, so sal her iz gegen den burgern mit vier grosen unde gegen den meistern mit czwen grosen vorbůzen. Eyn iczlich man sal ouch den
p. 293. meistern syne roufwolle bynnen vierezen tagen weisen.

[§ 12.] Ouch sullen dŷ wollenweber[1]) morgensprache haben, wenne iz irn meystern fůget und se iz notdurft[2]) důnkt.

Noten zu Zusatz 3.

Hdschr.: A fol. 144b. B fol. 70b. C fol. 71b. (Ueberschrift in BC: Von der wullenweber ynnunge unde von irem rechte.) — *Gedr.: Schott 3,291 (unter E). — Die Innung der Wollenweber bestand spätestens schon 1379; seit diesem Jahre wurden die Innungsmeister in der Rathsmatrikel (Cod. dipl. Sax. reg. II. 14) genannt. Die Abfassungszeit der Artikel fällt also zwischen den Abschluß des Stadtrechts und dieses Jahr. Die Originalniederschrift befand sich wohl in der Dinghaushandschrift. B schließt die Ordnung unmittelbar an Zus. 2 an, und danach ist sie wohl für später als dieser zu halten. C versucht sie den Innungsordnungen des Stadtrechts einzureihen und hängt sie an Cap. XLVII an. In A hat sie der Stadtschreiber Paul Balksleger (1382—1389) nachgetragen; nur die zweite Spalte (vergl. § 2 Note 3) ist von einer anderen Hand.*

Vergl. Dist. V, 8. **§ 5—8.** *Vergl. Cod. dipl. II. 12.138. 150 (1434 Nov. 7). Verzählbuch B 1167. 1168. — Dist. V, 8 d. 2. 4. 5.* **§ 10.** *Vergl. XLIX § 3. — Knebel: Frb. Mitth. 23,55.*

[§ 1.] [1]) tůchmecher *A.* [2]) yn—Friberg *fehlt A.* — **[§ 2.]** [1]) Nota valde bene *am Rande C.* [2]) dezselben mannes dŷ *A.* die desselben mannes weren unde *BC.* [3]) gewynnen—iczlich *(§ 6 Note 1) ist in A von einer anderen, gleichzeitigen Hand eingetragen.* — **[§ 3.]** [1]) tůchmecher *A.* [2]) unde *Zusatz B.* [3]) mit *Zusatz C.* [4]) warbe *A.* — **[§ 4.]** [1]) sie—schicken *BC.* ze daz sicken *A.* — **[§ 5.]** [1]) alzo—tůch *fehlt C.* [2]) walsebz *A.* [3]) welchser *A.* [4]) czu—der *AB.* czů den burgern und czů der *C.* — **[§ 6.]** [1]) *Vergl. § 2 Note 3.* [2]) *fehlt A.* [3]) ist *B.* — **[§ 7.]** [1]) unrechter *B.* [2]) nach—genaden *AB.* nach genaden und den bůrgern *C.* — **[§ 8.]** [1]) schone tuch *B.* [2]) kamme *B.* [3]) den bůrgern *fehlt B.* — **[§ 9.]** [1]) grosen phfennyng *AC.* groschen *B.* — **[§ 10.]** [1]) von *A.* [2]) lidelon *B.* — **[§ 12.]** [1]) tůchmechere *A.* [2]) not *A.*

Zusatz 4.

Innungsartikel der Schmiede. (Um 1380.)

p. 257 **[§ 1.]** [D]i[1]) smyde[2]) und zarworchten und platener und alle, dŷ uz essen smyden, haben ouch eyne ynnunge in der stat czů Fryberg, alzo daz nÿmant der hantwerke keynz trÿben noch ůben sal, iz insy denne, daz her habe ire ynnunge gewunnen myt sechz grosen phfennyngen, dy gebůrn den bůrgern, und myt czweyn phfunden wachziz, dÿ gebůrn deme hantwerke. Und welchiz meysterz sun dazselbe hantwerk tryben wil und der sÿch syn neren wil, der sal ire ynnunge gewynnen gegen den burgern mit sechz grosen und gegen deme hantwerke myt czweyn phfunden wachsez. Ouch sal dÿ ynnunge komen an eynz iczlichen meysterz iungiste sun, daz her keynz durffe gewynnen gegen den bůrgern noch keyns gegen don meistern. Wer ouch, ab sich ÿmant welde in dÿ stat herin halden von deme lande ader von andern steten, der muste alrist dÿ ynnunge gewynnen gegen den bůrgern und gegen den meystern.

[§ 2.] Und czwene meister sullen se haben. Dÿ sullen dÿ burger selber kysen alle iar und sullen se ouch bestêtigen mit deme eyde alzo, daz se an allen dyngen recht tun, und sullen ouch czů der bůrgere gebot sten.

[§ 3.] Ouch sullen se mit keyme gesecze smyden noch dy stat ubersecczen mit irre erbeyt, iz insÿ denne, daz se iz tun mit der burgere wille.

[§ 4.] Und wenne dÿ meystere irkennen, daz iz not sÿ deme hantwerke, so mûgen se wol morgensprache haben. Aber mit keynen urteilen sullen se nicht teidyngen in irre morginsprache ane der burgere wille.

[§ 5.] Und ouch waz dÿ burgere irkennen deme hantwerke czů nucze und czů vromen und lissen daz gebiten ader p. 288. hissen iz selber, wer sich dowider seczte, der sulde den meistern und deme hantwerke geben eyn phfunt wachsis alzo dikke, alzo daz gesche[1]).

Noten zu Zusatz 4.

Hdschr.: A fol. 134 (eingeschaltet zwischen Cap. XLVII und XLVIII). Fehlt in BC. — Gedr.: Schott 3,287 (unter A). — Die Begründung der Schmiedeinnung und also wohl auch die Entstehung ihrer Ordnung fällt in das Jahr 1380 oder 1381; in der Rathsmatrikel erscheinen die Handwerksmeister der Schmiede seit 1381. Der Eintrag in A rührt von der Hand des Stadtschreibers Paul Bulksleger (1382—1389) her, ist also nur wenig später.

Vergl. Gosl. 104,28. Dist. V, 11 u. 14. — Vergl. Benseler 151. **§ 1.** *Klotzsch: Samml. Verm. Nachr. 3,357. Klotzsch Münzgesch. 1,61.* **§ 2.** *Vergl. XLIII § 3.*

[§ 1.] [1]) *Für die Initiale ist Raum gelassen.* [2]) **und messersmyde** *ausgestrichen.* — **[§ 5.]** [1]) *Darunter von anderer Hand Saec. XV (?):* **Dose innunge ist abegethan.**

Zusatz 5.

Aeltere Innungsartikel der Messerschmiede. *(Um 1390?)*

[§ 1.] [D]ie[1]) messersmyde zcu Friberg haben ouch besundern ire ynnunge, also das nymandes das hantwerck sal trieben nach messer machen, er habe denne syn hantwerck gelart von eyme ires hantwerges unde gewinne czuvor syn burgerrecht unde dornoch syne ynnunge mit eyner marg, das sient vier schillinge grosschin, der geborn XVI gr. den burgern, XVI dem obirsten gerichte unde XVI den gewercken, unde eyn pfund wachs zcu den kerczen. Unde welcher denne under den, die also ynnunge gewonnen haben, abestirbet, des ynnunge erbet uff syn iungisten zon, das er keyns darff gewinnen gegen dem rate, gerichte nach gewercken.

[§ 2.] Unde nymandes sullen sie yn ire czeche unde ynnunge nemen, er sie denne elichen geborn von vater unde muter unde habe sich frommelich gehalden unde habe des redeliche gute kuntschaft.

[§ 3.] Ouch sullen die gesworne meistere yres ha[n]twercks mit fliesse czuzeln unde weren, das nymandes ysenschussige messer mache ader ysenschussige messer uff blye slyeffe, ouch das nymandes sal czwey czeichen slan uff keyne klinge, sie sye denne von dryen stucken.

[§ 4.] Welch man ouch uf dem hantwercke den gesworn czechenmeistern nicht gehorsam sin wolde, den mogen sie buessen mit czwen pfunden wachs ane gefer.

[§ 5.] Ouch welch meister den andern synen knecht ader gesinde enpfremdet weder synen wissen unde willen, der sal ouch dem hantwercke dorumb buessen czwey pfund wachs.

[§ 6.] Morgensprache mogen sie haben; ader mit keynen orteiln sullen sie dorynne teydingen.

[§ 7.] Ouch sullen sie keynerley eynunge ader gesetcze machen, die unsern hern, der stat ader dem bergwercke schedelichen weren; sundern alle ding sullen sie halden noch rate unde gebote der czwelff gesworn burger ane wedersprache.

Noten zu Zusatz 5.

Hdschr.: A fol. 136ᵇ (eingeschaltet zwischen Cap. XLVIII und XLIX). Fehlt in BC. — Gedr.: Schott 3,288 (unter B). — Zusatz 5 ist in A von einer wohl noch dem 14. Jahrh. angehörigen Hand eingetragen. In der Rathsmatrikel sind die Meister der Messerschmiede erst seit 1440 aufgeführt; s. Zusatz 6. Die mit den nachstehenden etwa gleichzeitigen Innungsartikel des Kürschnerhandwerks von 1390 Mai 24 (Cod. dipl. Sax. reg. II. 12,102), die manche Verwandtschaft zeigen, haben keine Aufnahme in die Stadtrechtshandschriften gefunden.

Vergl. Dist. V, 21. **§ 1.** *Cod. dipl. II. 12,102 16 ff. — Klotzsch: S. V. N. 6,58 f. Klotzsch Münzgesch. 1,32 f.* **§ 2.** *Vergl. Zus. 6 § 11.* **§ 5.** *Löning Vertragsbruch 475.* **§ 6.** *Vergl. Cod. dipl. II. 12,103 s.*

[§ 1.] ¹) *Für die Initiale ist Raum gelassen.*

Zusatz 6.

Jüngere Innungsartikel der Messerschmiede. (Um 1440.)

[§ 1.] [D]ie¹) messersmyde sullen ouch eyn ynunge *p. 293.*
haben, also das nymandt sal fremde messer veil haben alhy

zu Freibergk, es sey denne an dem iarmargkte oder an *den[2]) applasen.

[§ 2.] Ouch sal nu hinfur nymandes mer fremde klingen gross noch kleyn erbeyttn, er lase die machen yn der stadt Freybergk oder in endirn steten, und feyl haben denne under seinem *zeichen[1]), und sullen die machen uff das beste yglicher nach seinem vormugen, alles getreulichen und ungeverlichen.

[§ 3.] Item das kein meister der messersmyde hentwergk noch geselle nymandis nicht keyn gross noch kleyn messer bereytten und machen sal, es sey denne einem burger des radts oder wolbesessen manne yn der stat Freibergk, und einer personen oben berurt nicht mehr durch bethe bereittenn sullen in eynem iare denne eyn gross und zwey *kleyne[1]) messer.

[§ 4.] Ouch ob das were, ob ymandes von senssensmyden oder endirn luthen eyme burger oder wolbesessen manne eyne klynge geschenckt wurde, die sal keyner bereittn noch sleiffen lassen, es sey denne under seynem zeichen. Und wer suliche klinge bereitten wil lassen, in mase oben begriffen, der sal zu einem meister gen und yn vleissiglich bitten, das er ym die klinge bereytte. Das sal och herwederumb keyn meyster sollichen besessen luthen keiner nicht vorsagen under seinem zeichen zu machen.

[§ 5.] Item es sal ouch keyn meister keym ledigen gesellen keyn klynge gross noch kleyn bereitten bey straffung und erkentnusse des radts.

[§ 6.] Es sullen ouch die zwene zechmeister, wer die seyn werden, alle achtage umbgen under dy kromen uff dem margkte und sullen die messer beschauen, und was wandelbar ist, das sullen sy nemen, und welicher meister die gemacht hat, der sal[1]) sy ym wendeln.

[§ 7.] *Item eyn[1]) yderman, der meister werden wil, der sal das hentwergk derweisen, als man thut yn endirn redlichen landen und steten, nemelichen mit einem grosen messer zu machen yn einem tage und das sal gut seyn. Item mehr sal er machen yn einem tage zwenczigk sniczer mit wederwurffen bertten und das die ouch gut sein. Item mehr sal er eyn tag machen sechs hynden und vornne gestolte messer und sal die reyne ausstechen und die stucke wol bereyten. Und p. 294. sal die stucke machen zu einem zechmeister mitsambt den scheiden, und wenn er die stucke alle bereit und gemacht hat, so sal er sy brengen vor das gencze hentwergk.

[§ 8.] Ob einer neme eyn meisterynne oder eins meisters tochter oder eins meisters sone hie in der stadt Freibergk, derselbige bedarff der stucke obin gemelt keins machen und nicht zeche gewynnen; oder was das hentwergk, den radt oder houbtman antridt, darynne haben sy nicht zu halden.

[§ 9.] Item ob wergkgeczeugk herquweme dem hentwergk zu gute, es were, was das were zu dem hentwerg gehorende, das sal nymandis kouffen uber eyn schock. Were es aber ubir eyn schock, so sal er gen zu den zechmeistern und sal sy fragen, ob man solliches wercksgezeuge bedurffe uff das hentwerg. Derkentten sy denne, das man sein nicht durffte, so magk es eyn iglicher wol kouffen ane geverde. Wurde aber sollichs das hentwerg bedurffende sein, so sullen die zwene zechmeister dahin gen und den kouffen dem hentwerg zu gute. Und wer das durffen wurde, der sal den zweien zechmeistern einen burgen davor seczen, uff das man den frommen luthen dester bas gehalden magk.

[§ 10.] Es sal ouch keyn meister mer gesellen halden wenn drey[1]) und eyn iungen, is wer denne, das yderman gesyndes ein notturfft hette.

[§ 11.] Och sal nymandis einen yungen lernnen under zweien iaren und sal gute kuntschafft brengen und haben, das der elich geboren sey von vater und muter, und sal geben eyn phundt wachs yn die zeche.

[§ 12.] Ouch ob eyn lernyunge eynem meister entlieffe, ee her ausgelernte, so sal man ym keynen brieff geben, her eyne sich denne gutlichen mit seinem lernmeister.

[§ 13.] Ouch sal nymandts under uns hantwergmeistern uffinbar yn unser ynunge kosen oder sagen, es sey denne dem radte.

[§ 14.] Ouch ob einem meister sturbe sein weib oder sein kyndt und vier kerczen hette zu der leichen, so sal er eyne geben yn die zeche: und bey derselbigen leiche und opper sal eyn ieder meister und meisterynne seyn bey der busse, und wen die zechmeister heissen leichen oder kerczen tragen, der sal sy tragen ane widerrede.

[§ 15.] Ouch ob einem meister sturbe eyn kindt oder sein gesynde, so sal ye eines bey der leiche und oppfer seyn, und wer der stucke nicht halden welde, der sal in der meister buss sein darumb, das wir nicht bedurffen allewege fur den erberen radt zu louffen.

[§ 16.] Item die obingeschreben ynung hat der erber radt, der yczundt ist oder kumfftiglich sein wirdet, noch erkentnusse der gemeyne und der genczen stadt Freibergk nucz und bestes zu sein macht und krafft[1]) die zu hohen, nydern, mynner[n] oder merern ungeverlichen.

Noten zu Zusatz 6.

Hdschr.: A fol. 146. Fehlt in BC. — Gedr.: Schott 3,293 (unter F). — Wahrscheinlich um 1440, seit welchem Jahre die Rathsmatrikel die beiden Innungsmeister der cultellifabri anführt.

§ 2. *Vergl. Verzählbuch B 1395.* **§ 3.** *Vergl. Verzählbuch B 1156.* **§ 5.** *Knebel: Frb. Mitth. 23,44.* **§ 11.** *Vergl. Zus. 5 § 2. Knebel: Frb. Mitth. 22,18.*

[§ 1.] [1]) *Für die Initiale ist Raum gelassen.* [2]) dem. — [§ 2.] [1]) zeichem. — [§ 3.] [1]) kleynee. — [§ 6.] [1]) sal *von anderer Hand über der Zeile nachgetragen.* — [§ 7.] [1]) Item eyn Item ein. — [§ 10.] [1]) aber II, *von anderer Hand übergeschrieben* — [§ 16.] [1]) krafft *von derselben (!) Hand über der Zeile nachgetragen.*

Zusatz 7.

Innungsartikel der Böttcher. (*Um 1450.*)

[§ 1.] [D]ie[1]) bender zu Freibergk sullen eyn ynunge *p. 295.*
haben in maßen, als hernach geschriben stet. Czum ersten wer ires hentwergkes begert und meister daruff werdin wil, das der brive seiner geburt brenge, das er von vater unde muter elichen geboren sey, from und ouch nicht von gerenden luthen, scheffern noch sust von andern luthen, darumb er des hantwergkes darben muste und von der wegen davon mochte vorworffen werden, geboren sey.

[§ 2.] Item darnnach sal er sein burgerrecht gewynnen mit zwenczigk groschen, als gewonlichen ist, unde sein meisterrecht mit vir und zwainczig groschen, der sullen zwelff den burgern und zwelffe dem hentwergke.

[§ 3.] Item wanne die meistern das hentwergk besenden zusampne zu komen, welcher under yn denne nicht komen und gehorsam sein werde, den sullen sy pussen umb eyn pfundt wachs und umb die pusse sein wergk legen, die weile er der nicht gebet. Was ouch andere bushafftige sachin under in uffstunden und sich vorlieffen, die sullen dy meister an den rat brengen, der die denne vorhoren und dy straffen wil nach gelegenheit der sachin und des nicht vorhalden.

[§ 4.] Item so sullen die pender alle fas, nemelichen kuffen, halbe fuder, virteil thunnen, und eine thunne sal einen eymer behalden, und ouch halbe thunnen yn einen reiff machin und sullen darczu ouch nemen gut und bestendigk holcz und das ouch darczu zu rechter zeit ausrichten und schicken. Und wellicher under yn das uberfure, der des nicht thete und hielde, den sullen dy meister darumb straffen umbe eyn phunt wachs, als uffte des not sein wirdet.

[§ 5.] Ouch sullen sy uf das landt nymandes fas, thunnen noch halbe thunnen machen anders denne in den reiff, als sy die den leuthen in der stadt machen. Und wer das daruber thete und uberkomen wurde, den wil der radt darumb straffen noch erkantnusse.

[§ 6.] Was ouch von cleinem gefesse wochelichen her in die stadt bracht wirdet zu dem margkte, als kubeln, boymkannen *(sic)* ader andern cleinem gefesse, das sullen die bender zugeben, daryn nicht halden nach sprechen und den freien margkt damitte darneder legen. Welcher under yn des nicht hilde und uberkommen wurde, den wil der rat darumb straffen noch irkentnusse.

[§ 7.] Item stirbet ein meister, so mac sein weib, die er lessit, das hentwergk treiben, die weil ir das ebin ist, und darff dovon nichts thun. Nymmet sy aber einen andern man, der das hentwerg treiben wil, und hat das vor, er her sy genomen hat, nicht gewunnen, des sal er gewynnen in massen, als vor berurt ist.

[§ 8.] Item alle ire kindere als sone und thochtere sullen das wergk haben und sullen davon zwey pfundt wachs geben.

[§ 9.] Item die bender sullen auch keinen zu zechmeister kiesen, er sey denne in der stadt beerbet. *p. 29c.*

[§ 10.] Item sy sullen och keyne morgensprache haben nach newe ufseczcze finden, thun noch machen hinder dem rathe. Wer das uberfure, den wulde der rat darumb straffin und bussen.

[§ 11.] Item uber alle dise vorgesprochene sachen und

uber alles das recht, das die bender gehaben mugen mit innunge ader ane ynunge, so haben die burgere yo die hochste gewalt, was sy seczczen zu nucze und rate der stat in allen dingen, das sy das halden sollen ane wederrede ader sy musten zu rechte dy pusse leiden, dy die burger darruff seczin. Der radt hat ouch macht die yunungc zu hoen, zu nedern ader gencz-[lich] abezuthun, wie sy das am besten irkennen, ane der bender wedersprechen.

[§ 12.] Item die burger haben zugegeben, das keyn meister sal vorgriff lozzen seynen gesellen bey dreien phunden wachs, den burgern eins, dem hentwercke zwey.

[§ 13.] Item die burger haben zugegeben, das keiner dem andern in seinem kretscheme erbitten sal, er gebe denne vor dem bender sein lon und eine sich mit ym in guten, bey dreien phunden wachs, den burgern eins, dem hentwergke zwey.

[§ 14.] Item welch meister eyme gesellen mehe gebe wenne fumff groschen, der eins meisters stat vorsten kan, der sal geben drey pfundt wachs, den burgern eins, dem hent-wergke zwey.

[§ 15.] Item welcher meister sein und werden wil, der sal seine meisterschafft beweren mit einer wannen und vasse unde sal geben zu meysterrecht den burgern zwelff groschen und dem hentwercke zwelffe, das sein vierundzwenczigk groschen.

[§ 16.] Item wer da wil meister werden uf dem buttner-hentwergk, der sal sich vinden uf die quatuor temporum nach cinerum in der vasten.

[§ 17.] Item wenn einer das hantwerg beweisen wil, das sal er thun mit einem bottichen, mit eyner wannen und mit einem halben fuder. Wurde denne erkandt von iung und aldt, das her damitte nicht geweren kande, derselbige salde nach ein iar wandern. Und zu sulchem gevesse sullen ym die meister gezeug vorlegen.

Noten zu Zusatz 7.

Hdschr.: A fol. 147[b]*. Fehlt in BC. — Gedr.: Schott 3,295 (unter G). — Die* doliatores *erscheinen seit 1451 in der Rathsmatrikel.*

§ 2. *Vergl. § 15.* **§ 12.** *Knebel: Frb. Mitth. 23,81.* **§ 14.** *Knebel: Frb. Mitth. 23,54. 82.*

[§ 1.] [1]) *Für die Initiale ist Raum gelassen. —* **[§ 18.]** *Nachträglich ausgestrichen.*

Zusatz 8.

Innungsartikel der Sensenschmiede. (Um 1465.)

p. 290. [§ 1.] [D]ie[1]) sen[sen]smede zu Friberg haben sulche ynnunge, das nymand ir handwerg in dem wichbilde zu Friberg wirken noch erbeiten sal, er habe danne sein burgerrecht und dornoch sine ynnunge gewonnen mit eyner marg, das sind vir schillinge nuwer groschin Friberger muntcz, der geburen sechczehn den burgern, sechczehn dem obirsten gerichte und sechczehn groschin den gewerken des handwergks und zcwey pfund wachs, und dem schriber eynen groschin, iglichem zcechmeister eynen groschin und dem boten eynen groschin. Und zuvoran wer in ir handwerg komen wil, der sal sich vorhin mit briffen beweißen und mit siner erbeit, als gewonheit und mogelichen ist; und so er sein handwerg mit zcweyn sensen biweißet had, so sullen dieselben sensen dem handwerge bliben.

[§ 2.] Ouch so sal in dem hantwerge dy großte buße achczehn groschin sien, dem houbtmanne sechs groschin, den burgern sechs groschin, dem handwerge sechs groschin; dy geringeste buße ist eyn pfund wachs dem handwerge zu kerczen.

[§ 3.] Welchir denne undir den, dy ire ynnunge also gewunnen haben, abestirbet, der sal sein werg und ynnunge erben uff sinen iungesten son.

[§ 4.] Zcwene meister sullen sy haben undir yn, dy *p. 291.* sullen dy burger kißen.

[§ 5.] Und kein gesetcze sullen sy haben an irem handwerge noch an nichts, denne was die burger setczen und gebieten, das sullen sy halden als andere handwerge an allen dingen.

[§ 6.] Ouch wer ungefugliche wort in dem handwerge rette addir dem handwerge ungehorßam were, sullen sy stroffen noch handwergis gewonheit.

[§ 7.] Ouch ein iglicher meister, der eynen knecht uffnemen wil, der sal siner gebort vorhin mit brieffen beweißen und dem handwerge ein pfund wachs geben, dem schriber eyn groschin, dem boten eyn groschin.

[§ 8.] Ouch eyn iglicher, der uff dissem handwerge meister werden wil, sal dem handwerge eyn thonnen guts birs und eynen wissen broten geben.

[§ 9.] Ouch so sal keyne fremde erbeit obir sy nicht herin komen, so fer[ne] man ir bey yn gnug findet, ane zu dem iarmargkte und zu den zcweyn applaßen.

[§ 10.] Ouch so sal ein iglich meister erbeiten uff sinen eigenen gewerb und fromen und sal erbeiten vor eynem fewre und sal nicht mehir zume meisten danne drey gesellen und eynen iungen haben.

[§ 11.] Ouch sal keyner dem andern sein gesinde entpfrenden bey eynem halben fuder birs zu buße zu geben.

[§ 12.] Welch knecht ouch von eynem meister scheiden wil, dem sal sein meister sinen lon geben, adder dy handwergismeister sullen ym helffen von stund an.

[§ 13.] Ouch so sal keyner der meister andirswo ußwenig der stad kouffin und herin furen und ußbereiten und forder verkouffen.

[§ 14.] Ouch so sullen sy keynerley eynunge undir yn machen noch vornemen unsers gnedigen hern bergwerg, munteze addir gemeyner stad zu schaden, sundern alle ding sullen sy halden noch den zcwelff gesworonen des raths, dy sulche ire innunge mogen hohen, nydern und setczen noch irem erkenteniß.

Noten zu Zusatz 8.

Hdschr.: A fol. 143. Fehlt in BC. — Gedr.: Schott 3,290 (unter D). — Die Sensenschmiede erscheinen seit 1465 in der Rathsmatrikel.

§ 11. *Vergl. Löning Vertragsbruch 475.*

[§ 1.] [1]) *Für die Initiale ist Raum gelassen.*

Zusatz 9.

Innungsartikel der Goldschmiede. (*Um 1466.*)

p. 289. **[§ 1.]** [D]ie[1]) goltsmede zu Friberg sullen kein golt geringer machen, wenne als es yn geantwert wirdet, es sey danne mit willen und geheiße des, der es yn zu machen gegeben hat.

[§ 2.] Item es sal kein goltsmid geringe golt mit besserm vorgulden als Rinisch addir Postulatisch mit Vngerischem. Sie sullen ouch keynen messing vergulden noch kein koppfer zu beiden seiten, es sey danne das sy eynen snyd dorin thun, dorbey man es erkennen mag. Sy sullen ouch kein koppfer ynnewenig obirsilbern und ussewenig vergulden. Welchir in den obgenanten stucken addir eynem erfunden und bruchig wirt, sal von iglichem, als offt das geschiet, drey gulden geben, der sullen eyner unsern gnedigen herren, eyner dem rathe und eyner dem handwerge.

[§ 3.] Item sy sullen kein geringer silber erbeiten danne zu virczehn loten. Welchir das so geverlichen geringer machen wurde eyns halben lots addir dorundir, sal, als offt er das obirkomen wirdet, sechs[1]) Rinische gulden zu buße geben an die ende, als vor berurt ist: was abir obir ein halb lod geringer were, sal pinlich gestrafft werden. Und was sulchs gemechts addir gesmeides noch erkentteniß der meister zu geringe were, sullen die meister zuslaene.

[§ 4.] Item was ein iglich goltsmid silbers obir eyne halbe marg erbeit, sal er nicht usgeben, er hab es danne vor den gesworunen meistern geweißet, der sy zewene haben sullen, die yn der rath alle iar bestetigen sal, bey der buße drier Rinischer gulden.

[§ 5.] Item was ein iglich goltsmid erbeit uff eyne halbe marcg und dorubir, sal er sein zeeichen uff graben abir bey sulcher pena. Wurde er abir eyns andern zeeichen uff sine erbeit graben und des obirkomen, dorumbe sal er pinlich gestrafft werden.

[§ 6.] Item iglich goltsmid sal haben eynerley gewichte, doran er ynnemet und usgebit; bey welchem man das anders erfindet, sal dorumbe pinlich gestrafft werden.

[§ 7.] Item es sal nymand silber bornen addir prufen machen addir probiren, er sey danne eyn goltsmedemeister addir thu das mit willen syns herren addir meisters.

[§ 8.] Item es sal kein goltsmid in meisters weiße erbeiten, er habe danne ein offene lade, abir bey der pena der drier Rinischin gulden, als offt das gescheen wurde.

[§ 9.] Item ein gewonlich lon sullen sy von irer erbeit nemen und nymands obirsetczen; wurden sy abir ymands zu hoch obirsetczen wulle[n], mag yn der rath das lon selbs setczen.

[§ 10.] Item wer meister werden wil, der sal geben zu meisterrecht drey Rinische gulden abir an die orter, als obin berurt. Ist der abir eyns meisters son, der darff deme hand- p. 290. werge nichts geben. Nympt abir eyn geselle eyns meisters tochter, der sal anderhalben Rinischen gulden geben. Und eyn iglicher sal sine meisterschafft beweißen, als hirnach volget. Er sal eyn kelch machen. Item er sal ein sigil snyden und schild und helm dorin. Item der sal cynen krawspen ring snyden und dorin cynen stein vorsetczen. Und sal ouch sine lerciar vor beweißen.

[§ 11.] Item keyner sal keynen iungen uffnemen uff kurczere zceit danne uff vier iar uffs allirkurczste, und das der iunge ouch redeliche kuntschafft habe, das er guter lewte sey, die man uff andern handwergen, die ouch erliche ynnungen haben, nicht pfleget zu tadeln. Ouch sal iglich iunge, so balde er uffs handwerg genomen wirdet, dem handwerge zcwey pfund wachs geben.

[§ 12.] Item es sal kein goltsmid dem andern sein gesinde entspenen, es sey geselle addir iunge, es habe sich danne mit sinen herren guttlichen entscheiden. Wer das so obirtrete, sal gebußt werden noch des raths erkentteniß.

[§ 13.] Obir das allis beheldet der rath in siner macht das zu hoenn und zu nedern, zu welcher czeit und wy sy das ym besten erkennen.

[§ 14.] Item wenne die handwergmeister sy besenden, welchir ungehorßam ist und nicht kommet, sal dem handwerge ein halb pfund wachs geben. Wurde er sichs abir dowidder setczen, so sal er in des raths straffunge fallen.

Noten zu Zusatz 9.

Hdschr.: A fol. 141b (von derselben Hand wie Zus. 8). Fehlt in BC. — Gedr.: Schott 3,289 (unter C). — Die Goldschmiede erscheinen seit 1467 in der Rathsmatrikel.

§ 1. *Vergl. Dist. V, 10 d. 1.* **§ 3.** *ebenda d. 2.* **§ 6.** *ebenda d. 6.* **§ 11.** *Knebel: Frb. Mitth. 22,18.* **§ 12.** *Löning Vertragsbr. 475.*

[§ 1.] [1]) *Für die Initiale ist Raum gelassen.* — **[§ 3.]** [1]) **sal sechs.**

Zusatz 10.

Innungsartikel der Leineweber. *(Zwischen 1468 und 1486.)*

[§ 1.] Dy linenweber zu Friberg haben ouch eyne innunge *p. 296.* als hirnoch volget. Czum ersten das eyn iglicher, der das handwerg lernen wil, sal gute und gnugsame brieffe siner geburt und ouch siner eldern und sines enthaldes brengen und dornoch dem handwerge sine gerechtikeit geben, nemlichen vier pfund wachs, und sich gein dem handwerge ander siner gebuer gehorsamlichen halden. *p. 297.*

[§ 2.] Item welchir meisterrecht in demselben irem handwerge gewynnen wil, der sal dem handwerge vier pfund wachs und drittehalben Rinischen gulden geben, dorvon sullen sy dem rathe sechczehn gute groschin zu meisterrecht geben und sich forder noch des handwergis gewanheit gehorsamlichen halden. So vil abir unserm gnedigen hern dorvon geburt, ist vor sich selbs.

[§ 3.] Item es sal ouch kein fremder uff ir handwerg genomen werden, er habe danne das handwerg alhir bey yn addir in andern redelichen steten, do sy ouch czumpffte und ynnunge haben, und nicht uff dorffern gelernet.

[§ 4.] Item es sal kein fremder noch vorkouffer, der nicht burgerrecht had, widder uff dem margkte noch in den hewsern linwat snyden; ane in dem iarmargkte und in den applaßen, so ist das eynem ydermanne frey.

[§ 5.] Item es sal ouch nymand linwat, dy nicht tuchtig und zeweyer ellen breit ist, alhir feil haben. Wo das handwerg sulche linwat, dy am gewurchte und breite nicht recht ist, ankommet, dy mogen sy nemen und uff das rathuß antwerten. Desglichen wo sy garn uff dem margkte feil finden, das an der weifen und zcal der fedem nicht recht ist, mogen sy ouch so nemen und uff das rathuß antwerten, uff das dy einfeldigen lewte darmith nicht betrogen werden. Was abir slechte bawrßlewte und nicht vorkauffer sind, dy mogen zu irer noddurfft stucke linwat, sy sind groß addir cleyne, ane far vorkouffen.

[§ 6.] Item es sal auch kein fremder addir vorkouffer kein garn addir rohe linwat alhir uff dem margkte addir ynn hewsern uffkouffen bey vorloßt desselben, dy weile der wisch steckt.

[§ 7.] Item es sal ouch nymand, der nicht des handwergis ist, durch mitgesinde addir lerdiner slewr addir ellenbreit uff langem geczaw, den sy pflegen zu furen, erbeiten, auch keynen umbegehnden scherremen, keynen fuschemel, keyne fußgrube noch kein spulrath furen.

[§ 8.] Nochdem ouch ettliche uß den umbelegenden stetchin und mergkten wochenlich in der stad von hawße zu hawße louffen und den lewten ire erbeit anbieten, sal hinforder, wywol eynem yderman sein gespunste, wo er wil, zu wirken laßen frey ist, so nicht sien, sundern wo sy dy so besehn addir irfaren, sullen sy an eyn rath tragen, der wirdet yn des sine meynunge wol zu erkennen geben.

[§ 9.] Ouch mogen sy dy lenge an iren linwaten furen, dy die von Kempnitcz und von der Mitteweide furen, nemlichen eyn halbe linwat uff LIII ellen.

[§ 10.] Item so eyn meister ires handwergis todishalben abegeht, so mag sein weip, dy weile sy iren wittewen[stand] unverruckt helt, des handwergis noch irer notdurfft glich eynem andern meister ires handwergis gebruchen, allis dingis unvorhindert, doch also das sy sich gein dem handwerge irer gewonheit gehorsamlichen halde.

[§ 11.] Item welchir des handwergis undir yn mit untuchtiger erbeit erfunden addir sich in irer czeche unczuchticlichen addir ungehorsamlich halden wirdet, dem mogen sy das handwerg eyn monden legen addir das noch irkentteniß des *p. 298.* handwergis von ym verbust nemen, doch also das dem rathe sulche buße dy helffte volge.

[§ 12.] Und dorzu alle dy freyheit, darmith sy unser gnedigen herren begnad und gefreyet haben, behalden[1]) sy billich.

[§ 13.] Obir alle obin geschribenn stucke und punckte disser ynnunge vom rathe zugelaßen beheldet ym der rath in foller macht dy zu hoen, zu nydern, wo und wy sy das ym besten irkennen.

Noten zu Zusatz 10.

Hdschr.: A fol. 149. Fehlt in BC. — Gedr.: Schott 3,296 (unter H). — Zusatz 10 ist eingetragen von der Hand des Thomas Reße, der 1468—1486 Stadtschreiber war (vergl. Einleitung). Die Innung der Leineweber bestand schon im 14. Jahrhundert; ihre Innungsmeister erscheinen bereits 1381 (aber noch nicht 1379, vergl. die Rathsmatrikel). Doch findet sich keine aus jener Zeit stammende Innungsordnung; die älteste Notiz über das Handwerk (A fol. 166b) stammt aus dem Anfang des 15. Jahrhunderts und lautet: Die lynweber sullen ouch innunge haben also, wer das hantwerg tryben wil, der sal das werg gewinnen mit zcweyen phfunden wachs.

§ 6. *Vergl. Cod. dipl. II. 12,125 (§ 11).*

[§ 12.] [1]) und behalden.

Zusatz 11.

(Klage um verlorne oder versetzte Fahrhabe.)

Welch man eym andern lybet adir setz pherde adir cleider ader welcher *p. 299.* hande varnde habe daz ist, in welcher wise er die aus synen geweren lest mit willen, vorkäuft sy der, der sy in synen geweren hat, adir vorsetz sy adir wert sy im vörstolen adir abegeraubet, iener, der sy vorlygin hat adir vorsatz hat, enmag keyne forderunge daruff gehaben noch anefang gethun, sundir forderunge mag er wol gehaben zcu deme, deme er sy gelygen hat adir vorsatzt. Stirbet er, so mag er dy forderunge thun zcu synen erben noch syme gute mit recht.

Noten zu Zusatz 11.

Hdschr.: A. Innenseite des hinteren Deckels (Anfang Saec. XV). Fehlt in BC. — Gedr.: Schott 3,299 (unter L).

Aus Dist. IV, 42 d. 14 (nicht aus Ssp. II, 60). — Albrecht 87. 91. Budde De vinul. 47. Gaupp: Ztschr. f. D. R. 1,126. Brackenhöft ebd. 148. Platner Entw. 2,309. Stein 70. Laband 56. Fruin 28.

Zusatz 12.

Taxe für Rechtssprüche an Auswärtige.

Wer im eyn recht let sprechen, der uzwendig des wigbildis ist gesessen, der mus xvi gr. geben unde dem stadschreiber IIII gr.

Noten zu Zusatz 12.

Hdschr.: A fol. 166[b] (Anfang Saec. XV). Fehlt in BC. — Gedr.: Schott 3,34.

Zusatz 13.

Rathsbeschluß über die von wegziehenden Bürgern zu zahlende Gebühr für einen Geburtsbrief. (1516 Juli 3.)

p. 298. Ein beslus des raths.

Item durch den rat ist vorordent wurdenn, beslussen und befunden: ein iczlicher, der hie burger gewest mit behawsung ader ane haus gesessen und wegzeyhn wolde und bette umb eynen geburtsbriff, der sall *gleichwoll[1]) das vorlorne burgerrecht als XIIII gr. gebnn, unangesehen ap sich derselbige horen lisse, er wolde das burgerrecht ierlichn mit sechs gr. bey eym erbarn rate halten und nachgelassenn. Actum donerstag nach visitationis Marie anno domini xv[c] und sechzeenden iarn.

Noten zu Zusatz 13.

Hdschr.: A fol. 150. Fehlt in BC. — Gedr.: Walch 3.273. Schott 3.298 (unter I).

[1]) greichwoll *A*.

Zusatz 14.

Rathsbeschluß über Entrichtung der Bürgerrechtsgebühren. *([1516] Apr. 25!)*

[§ 1.] Item wu leuthe in der stat hie ader fur der stat[1]) *p. 298.* sitzn und burgerrecht gewunen ader dorzu gedrungen wurden, mag man ine das gelt uf zceit wol borgen. Kompt aber imandt fur den richter hie bitend eyn haus ime uberzuschreiben, sal man ime das nicht reichn nach leyhn, es sey dan, das er zuvor lege die alten geschos von sulchm hauße, ap hiruff welrn. Hat er auch das burgerrecht nicht, sal[2]) er das gewynnen nach gebure und mit parem gelde; dan hat er gelt zcum hauße anzugebnn, so vormag er auch das burgerrecht mit geld zu vorlegen[2]).

[§ 2.] Item hat eyn man burgerrecht hie, sal [er] das ierlichn mit sechs gr. halden, er sey hie aber andrswu. Zceucht er aber weg und gibt nach schickt nicht sulche VI gr. eynem erbaren rat ierlichn, so vorleuset derselbige man seyn burgerthumpt. Ist er aber hie und bisweylen im zeweyhn, viern iarn und lenger, er habe haus aber nicht ꝛc., nicht gemahnt wurden, dorzu selber nichts gegebn, so vorleust derselbige burger seyn burgerrecht nicht, ap er daß zu geben erbeuth, unangesehn ap die hern auch gleich bisweylen nord *(sic)* drey ader vier groschn ierlichn auß gunst, bete aber *p. 299.* armute willen zu geschoß nehmen und gegeben hetten. Actum freitag nach cantate durch den rath beslossenn.

Noten zu Zusatz 14.

Hdschr.: A fol. 150. Fehlt in BC. — Gedr.: Walch 3,274. Schott 3,298 (unter K).

§ 1. *Gosl. 24,6 ff. Dist. II, 4 d. 16.*

[§ 1.] [1]) ader fur der stat *fehlt W.* [2]) sal—vorlegen *A.* so soll er das zuvor gewinnen nach gebühr und erkänntniß des raths und der stadt, mag es ihm auch wohl stunden, wo sie ursache befinden, auf zeit zu legen *W.* — **[§ 2.]** *Fehlt W.*

REGISTER.

Die Register verweisen auf Capitel und Paragraphen des Stadtrechts sowie auf die §§ der Zusätze (Z.). Von Abkürzungen sind, mit Ausnahme etwa von d. = dinc (dinges, dinge), Ggs. = Gegensatz, nur allgemein gebräuchliche verwandt worden (S., N., s., s. a., s. d., s. v. a., u. ö., vergl. = Seite, Note, siehe, siehe auch, siehe dort, so viel als, und öfter, vergleiche). — Im Wort- und Sachregister gelten C (in deutschen Wörtern) = K bez. Z, Cz = Z, F (im Anlaut) = V, Y = I. — Vergleiche auch die Einleitung S. LXIX.

Namenregister.

Wort- und Sachregister.

B.

banc: 1) *die Gerichtsbank.* di benke, di vir benke: *Gerichtsstätte.* vil in di b. treten V, 27. in den vir b.'n, vor di vir b. I, 37. III, 2. VII, 5. IX, 2. X. XI. XIII, 1. XIX, 7. Z 2, 13 *u. ö.* vor gerichte in den vir benken XXVIII, 10. uzewendic den b. XXXI, 11. 22. 29 *u. ö.* uzen benken hinwec geben XXXI, 9. 33 *u. ö.* *Welchen rechtlichen Unterschied macht es, ob Jemand innerhalb oder außerhalb der* b. *steht* XXXI, 9. 10. 11. 15. 16. 19. 20. 22. 29. 30. XXXII, 11—16. XLIX, 30. *Das Gericht des Vogts ist nicht an die* vir b. *gebunden* XXXII, 3. 4. *Vergl.* XIII, 1. XXIX, 3. — 2) *Verkaufsstand (der Fleischer)* XLIII. 5. 11 *vergl.* 4.

bann: *Kirchenbann. Wer im* b. *ist, hat sein* echt und recht *verloren* II, 3. *Niemand braucht ihm zu antworten* XLIX, 19.

Bannmeile s. mile.

bart: *der dem Griff zunächst liegende Ansatz an der Messerklinge.* sniczer mit wederwurffen bertten Z 6, 7.

bauen s. buwen.

baz: *besser, mit mehr Recht* XV, 1 *u. ö.* billicher und b. I, 21 *u. ö.*

becker: *Innungsordnung der* b. XLII.

beerbet sin: *ein erbe besitzen* Z 7. 9.

begeben, sich: *ins Kloster gehen* V, 4. 5. XLIX, 27.

begehen: *thun* XXXVIII. 6. sich b. eines d.: *sich ernähren von etwas* IV, 9.

begnaden: mit freyheit b. und freyen Z 10, 12.

begraben: *vergraben* IV, 10.

begrifen: 1) *ergreifen, ertappen* Z 3, 5. einen (velscher, dip, rouber) e. mit einem d. VI, 19—21. VII, 4. XIX, 1. 2. 10. XX, 4. einen b. an dem koufe VI, 17. ein d. bi einem b. VII, 22. 23. XXXVIII, 4. — 2) *rechtlich erfassen.* einen mit der klage b. XXV, 2. b. mit deme eide (mit des herren bulden, uf ir sele): *beschwören* V, 2. 8. XII, 7. XIII, 7. XXVII, 13. XXIX, 5 *u. ö.* — 3) *wählen*: welchiz *(welche Art des Zetergeschreis)* he begrifet XXX, 9.

begruzen: *eine peinliche Klage (s.* gruz) *erheben* XIX, 10. 11. XX, 4. 5. XXVIII, 12 *u. ö.* kempliche b. XXIII. 2. XXVI, 2. (5.) XXVII, 11. 12. XXX, 10 *u. ö.*

Begünstigung, Beihilfe s. volge, volleist.

behalden: 1) *behalten* I, 33. V, 41 *u. ö.* — 2) *einen festhalten, in Haft halten* V, 32. XIX, 2. XXII, 1 *u. ö.* *S. a.* halden. — 3) *etwas durch Beweis* (mit zwen vingern uffen heiligen, mit sime eide *u. ä.*) *behaupten oder erstreiten* I, 21. 22. 23. 24. 29. 30. 31. V, 26. IX, 7 *u. ö.* iuramento confirmare Z 1, 32. ein d. uff einen b. I, 23. 29. *gerichtlich obsiegen* I, 24.

beiten: *warten* V, 37. VI, 12.

bekennen einem eines dinges *(Ggs.* loikenen): 1) *etwas durch Aussage vor Gericht bekräftigen (insbes. vom Richter und den Boten)* VII, 4. 6. XII, 2. 8. XIX, 6—9. 11 *u. ö.* *S. a.* besagen. — 2) *die Wahrheit einer klägerischen Behauptung vor Gericht zugestehen* I. 21. II, 5. 8. III, 1. VIII, 2. XIII, 1. XIX, 10. XLIX, 41 *u. ö.* *S. a.* iehen.

bekentnis: *Aussage (vor Gericht)* XIX, 7. XXXVIII, 3 *u. ö.* *S. a.* bekennen.

beklagen, einen umme ein d.: *gerichtlich verklagen* II, 5. 8. 9. V, 25. VI, 6. 9. VIII, 1. Z 2, 2 *u. ö.* *S. a.* schult (1).

bekummeren: *einen aufhalten, seine Habe mit Arrest belegen* XL, 15. XLI, 4.

belutbern: *zur Kenntnis des Gerichts bringen.* eine wunde offenbaren und b. XXVII, 1.

bender: *Böttcher. Innungsartikel* Z 7.

benemen: *einem etwas wegnehmen* V, 4. XXXI. 5.

benennen *s.* nennen.

benentnis: *die nähere Bezeichnung (des Gegenstandes eines Zeugenbeweises)* XVII, 1. XXIX, 5.

beraten: *für Jemand sorgen, ihn mit etwas versorgen.* got beretit einen von (an) teilen XIV, 1. XV, 1. *vergl.* XLIX, 37.

bereden, einen eines dinges: *überführen* XXX, 10.

bereiten: *zurecht machen* Z 6, 4. *vergl.* Z 3, 6.

berichten: *ordnen, ausrichten.* sin dinc setzen unde b.: *seine letztwilligen Verfügungen treffen* V, 1. sich b.: *sich gütlich einigen* XL, 15. XLIX, 31. 45.

berc: *Bergwerk* II, 11. XV, 1.

berkar: b.'es silber, *Silber, wie es aus der Hütte kommt, noch nicht fein gebranntes Silber (?)* VI, 15. XXXVIII, 9. 10.

bercgesworner *s.* gesworn.

berckost, kost: *die zum Betriebe des Bergbaues nöthigen Gelder. Wer soll die* b. *in der Münze nehmen* VI, 8. 9. 11. *Frist für Erhebung der* b. *in der Münze* VI, 12.

bercman, *pl.* **berclute:** *Bergbautreibender* I, 37. XXXVII, 4. *Der* b. *antwortet in der Stadt* II, 11. *schoßt mit den Bürgern* IV, 4. *trägt im Landgericht etc. Waffen* XXXIX, 6. *hat aber kein* gesetze zu setzen uf di burger XXXVII, 11. *S. a.* gebirge.

bercmeister: *darf in der Stadt Waffen tragen* XXXVII, 1. *Gerichtsgewalt* XXXVII, 1—8. *Er hat freie Gänge zu verleihen* XXXVII, 14.

bercrichter, richter uffim gebirge: *Verhältnis zum Stadtrichter* XVIII, 5. XXXVII, 7. 9. 11. *Er darf nicht Vormund sein* XVIII, 4.

bercwerc: 1) *der Bergbau und alles, was mit ihm zusammenhängt.* antwerten umme b. XXXVII, 5. dem b. schedelich Z 5, 7. Z 8, 14. — 2) *bergbauliche Anlage zur Gewinnung von Mineralien* XXXVII, 2.

beriuwen: *bereuen* XXIII, 4. XL, 15.

berouben *s.* rouben.

berugen *s.* rugen.

besagen: 1) *ein gerichtliches Gutachten über etwas abgeben (oft* besehen und b.) I, 33. VII, 4. 6. XXIII, 1. 2. XXVII, 4. 5. XXVIII, 3. 7—12. XXX, 6. XLII, 3. *S. a.* bekennen. — 2) *verklagen, beschuldigen* VI, 7. Z 3, 7. 8.

beschauen Z 6, 6 *s. v. a.* besehen.

bescheiden: 1) einem *od.* einen. *ihm Bescheid, Anweisung geben, anbefehlen* II, 4. XII, 3. XXX, 10. 11 *u. ö.* einem b. in (vor) daz dinc, *ihn vorbescheiden* II, 9. III, 4. VII, 1. IX, 1. 4. 6. XIII, 2. 3. XX, 1. XXI, 1. XXII. 1. XXX, 5 *u. ö.* (*s.* vorgebieten). *bestimmen, festsetzen:* einem tac (anderen, endehaften tac) b. VIII, 2. XII, 1. 2. XIII, 2—7. XIV, 1. XV, 1. XVI. XVIII, 2. XXVII, 12. XXVIII, 13. XXIX, 4. einem ein dinc b. XXII, 1. XXXI. 5. — 2) *letztwillig vermachen* I, 7. 8. 19. V, 1. 33.

bescheidenheit: durch eine b., *billiger Weise (oder um des darüber abzulegenden Zeugnisses willen?)* VII, 2.

bescheidenlich: also b. ab, *unter der Voraussetzung, daß* .... II, 3. XXX, 9. XXXI, 16 *u. ö.*

bescheidunge: *letztwilliges Vermächtnis* XXXV.

beschrien, einen: *gegen einen das geschrei (s. d.) rufen* XXIII, 2. XXVI.

für ihn bürgen II, 1. 2. XXVIII, 8. 9. *u. ö.* ein pfert b. XLIX, 8. *Welcher Ansässige kann für Todschlag u. Wunden* b. II, 1. *vergl.* XXIII, 2.3. XXVII, 7. XXX, 8. *welcher für anderes* II, 2. *Wer Lehngüter hat, kann weder* sich selben noch einen andern geborgen II, 7. *S. a.* verburgen.

burger: 1) *Bürger, wer zur Stadt gehört* I, 36. IV, 2. 5. XXI, 3. XXXVII, 10. XXXIX, 3. 4. XL, 5 *u. ö.* burgensis Z 1, 32. *Vorrechte der* b. *beim Handel mit Silber* VI, 16. *Die ansässigen Bürger haben das Recht auf dem Gebirge Waffen zu tragen* XXXVII, 10. XXXIX, 6. schozzen u. wachen mit den b. XXXIX, 3. *Vergl.* besezzen, gemeine, stat. — 2) *Häufiger: Rathsmitglied s.* rat.

burgermeister V, 12. XVIII, 2. XXX, 1.

burgerrecht, burgerthumpt: gewinnen Z 14, 1. halden, verlieren Z 14, 2. *Verlust des* b. *bei Wegzug aus der Stadt; Gebühr bei Aufgabe des* b. Z 13, *bei Erwerb des* b. Z 7, 2. *Das* b. *ist erforderlich zur Aufnahme in Innungen* Z 5, 1. Z 7, 2. Z 8, 1. *zum Leinwandverkauf* Z 10, 4.

burc: lantgericht vor der b. V, 19. XXXIX, 1. *Wohnung des Landrichters* XXXIX, 2.

burcgreve: *Burggraf* XLI, 1.

burnegadem: *Raum, in dem das Silber fein gebrannt wird.* b. *darf man nur in Freiberg haben* VI, 20.

burnen, bornen: silber b., *es fein brennen* Z 9, 7. *probieren* VII, 5. *Den Fälscher soll man* b. in dem vure VI, 20.

busem: in sinem b. tragen XXXVIII, 9.

butel: *Beutel* XXXVIII, 9.

butel: *Büttel, Gerichtsdiener. Der* b. *ist dem Vogt und Rath untergeordnet* XXXVI, 1. *hat keine eigene gerichtl. Gewalt* XXXIII, 17. XXXVI, 1. *Er ist im Ding zugegen* XXXVI, 4. *gebietet Schweigen* XXXVI, 4. *stabt den Eid* XXX, 4. XXXVI, 4. *ladet den Beklagten vor* XXI, 1. XXVIII, 9. XXX, 5. XXXVI, 1. 2. 4. *nimmt fest und verbürgt* XXXIII, 6. 16. 17. XXXVI, 1. 3. *hält in Haft* XXXVI, 2. cetet *den Kreis beim Kampfgerichte* XXVII, 15. *bietet verfallene Pfänder auf* I, 37. XLII, 14. *bestimmt die Art der Leibes- oder Lebensstrafe bei Verurtheilten* V, 8. VII, 6. 7. XIX, 14. XX, 6. XXII, 4. XXVIII, 14. *Dem* b. *zustehende Gebühren* I, 35. 37. XXXVI, 1. 2. *Vorspreche darf der* b. *nicht sein* XXXVI, 4.

buttnerhentwerk: *Böttcherhandwerk* Z 7, 16.

buwen: *bauen* I, 24. 29. *Was darf man auf dem Seinen bauen u. was nicht* I, 32. 33. uf einen b.: *zum Schaden Jemandes, auf dessen Besitzthum* b. I, 33.

buze, buße, pena, pyne: *die wegen Verletzung der Rechts- u. Gerichtsordnung zu zahlenden Strafgelder.* einem b. zuteidingen, b. uf einen geteidingen III, 1. XXXI, 15. XXXII, 13. einem b. tellen, irteilen XXXII, 15. 16. b. angewinnen VI, 7. di b. eischen XXXII, 16. b. liden XXXII, 15. verceln uf ir b. XXX, 6. ane b. XX, 2. XXXI, 3. XXXII, 14 *u. dergl. m.; s. a.* abegen. *Wie soll der Richter geleugnete* b. *beweisen* XXXII, 17. *Verfahren bei Nichtzahlung der* b. XXXII, 18 (*s.* anderweiden). *Die* b. *von 60 Schilling* (I, 31. 33. III, 1. V, 20. 32. VIII, 2—4. XII, 9. XIX, 8. 9. 11. 13. XXVII, 4. 10. 12. 13. 18. 19. XXVIII, 14. XXIX, 5. XXXI, 7. 9. 10. 12. 15. 23. 24. 28. 33. 35. XXXII, 10. 13. 14. 28. XLVII, 2) *erhält in der Regel der*

E.

gesello: 1) *(beim Handwerk)* Z 6, 3. Z 7, 12. Z 9, 12. *Zahl der* g., *die ein Meister halten darf* Z 6, 10. Z 8, 10. *Lohn der* g. Z 7, 14. — 2) lediger g.: *Junggeselle* Z 6, 5.

geselleschaft: *Genossenschaft zu Handelszwecken* IV, 16. XL, 19.

gesetze (ufsacz Z 7, 10): *Satzung, Ordnung.* Da ist kein g. uf V, 2. Daz ist der stat g. XXXVII, 10. *Bergrichter, Berggeschworne und Bergleute dürfen kein* gesetz setzen uf di burger *u.s.w.* XXXVII, 11. *Verbot der* g. *bei verschiedenen Handwerken* XLII, 7. XLIII, 11. XLV, 3. Z 4, 3. Z 5, 7. Z 7, 10. Z 8, 5.

gesezzen s. besezzen.

gesinde: *Dienerschaft* XII, 2. XXVIII, 8. XLIV, 5. Z 6, 10. 15. *Der Brotherr kann für sein* g. *klagen und antworten* XLIX, 5—7 *vergl.* II, 14. *Wann muß er dem* g. *antworten und wann nicht* XLIX, 1. 2. *S. a.* bote, enpfremden, lidelon.

gesmeide Z 9, 3.

gesprcche: *Berathung (außerhalb der vier Bänke).* g. *der Partei mit den Zeugen ist unzulässig, sobald der Zeuge gestadelt ist* VIII, 3. XII, 4. XIII, 6. XVII, 2. XXIX, 5. *vergl.* XXVIII, 14. g. *hat stets, wer keinen Vorsprechen hat* XXXI, 8. *In welchen Fällen darf der Geschworne nicht zum* g. *gehen* XXXI, 26. *Niemand darf zum* g. *der Boten gehen* XII, 8. *S. a.* besprechen.

gespunste: *Gespinst* Z 10, 8.

gestaten einem eines dinges: *gewähren, zugeben* I, 24. XXX, 12 *u. ö.*

gestellen einen (in daz dinc): *ihn zu Dinge bringen* V, 16. VIII, 3. XII, 1. 4. XIII, 6. XIV, 1. XXIII, 2. 3. XXIV, 2 *u. ö. S. a.* stadelen.

gesten *(auch* besten *s. d.)*: *bekennen (Gegensatz:* loikenen) XIX, 5 *u. ö.* einem eines dinges g.: *für Jemand giltiges Zeugnis über etwas ablegen* II, 8. 6. XII, 4. XXIX, 3. 4. XXX, 12. XXXII, 5 *u. ö.* g. (an dem eide, an dem gezuge): *einen formell richtigen Eid ablegen, Zeugenbeweis führen (Gegensatz:* irvallen *s. d.)* I, 20. 30. II, 3. V, 2. IX, 2. 3. X. XI. XII, 1. 8. 9. XIII, 3. XIX, 14. XXIII, 3 *u. ö.*

gestifte der burger *s.* spital.

gestolt: *gestählt* Z 6, 7.

gestoze (gestôre, gestreuße, gestrewsse, gestrûze VIII, 1 N. 1. XXXIII, 1 N. 1): *Streit, Handgemenge* XXVIII, 5. XXXIII, 1.

gestozen: darunter g., *dagegen einwenden* XX, 5.

gesundern: *verschieden behandeln* V, 1.

gesunt: *Gesundheit.* bi sime g. bliben V, 32. einem an sinen g. teidingen VII, 3. 4.

gesworn man, gesworn burger, gesworner des rathes, gesworner *s.* rat. gesworne lute von dem gebirge, bercgesworne XXXVII, 7. 9. 11 *vergl.* XVIII, 4. *(Gegensatz:* di gesworneu von der stat XXXVII, 10.) gesworner meister *s. d.*

geteline: *Verwandter. Der* nehiste g. vater halben *ist Vormund der unmündigen Kinder* I, 3. *Der* neiste g. *des Erschlagenen gewinnt den Richter* XXX, 4. *S. a.* mac, vrunt.

getreigede, **getreide** (frumentum, annona, korn oder weize) XLIX, 15. *Getreidekauf der Bäcker* XLII, 11. 12. *Zoll:* Z 1, 2. 11. 20. 32.

getriben: varnde habe, di man g. und getragen mac I, 37.

getrosten, sich, eines dinges: *darauf verzichten, es preisgeben* XLIX, 8.

Erhebung der peinlichen Klage veranlassen XXX, 1—7.

gewisheit: *Sicherstellung. Vom Vormund kann man g. heischen wegen des Vermögens der Mündel* I, 4.

gewurchte: *Arbeit.* nicht recht am g. Z 10, 5.

geczaw: *Werkzeug. Niemand, der nicht zur Leineweberinnung gehört, soll* uff langem geczaw erbeiten Z 10, 7.

gezeug: *Handwerkszeug oder Material* Z 7, 17.

gezugen (eines dinges): *etwas durch Zeugen beweisen, einen Zeugenbeweis führen* VIII, 2. XII, 2. XIII, 5. XVII, 2. XXIX, 5. XXXII, 8 *u. ö. S.* bezugen, uberzugen.

gezuc: 1) *Zeuge* XII, 4. XXIX, 4. 5. XL, 8. gebiten den gezugen XII, 4. den g. twingen XIII, 6. mit sinen gezugen allen XLIX, 39—42. — 2) *Meist: Gesamtheit der Zeugen, Zeugenbeweis, Zeugnis* V, 2. XXXI, 21. sinen g. stadelen *s. d.* der g. get uf einen, get vor sich XVII, 1. 2. irget XLIX, 38. *Jeder mag 3* gezuge vuren XII, 10. gezuges bedurfen XXXII, 6. sinen g. liden VIII, 2. XII, 1. 3. XVIII, 5. brechen XII, 4. 9. XXVIII, 14. g. mit gezuge brechen XVII. sich gezuges vermessen XII, 1. 3. XVII, 1. XXIX, 5. XLIX, 39—42 *u. ö.* an eines g. treten I, 36. XII, 4. XXVIII, 14. XXIX, 5. der g. ist volkomen VIII, 4, ist verlorn VIII, 3. 4. XVII, 2. XLIX, 39. (*s. a.* abegen). volkomen sin, gewinnen mit sime g. VIII, 4. XVII, 1. 2. gesten am g. II, 3. XXXVII, 6. 7. irsetcen an eime g. XXIX, 1. di wile der g. wert VIII, 3 *u. ö. Zeugen sind erforderlich bei Eignung eines Hauses* I, 36, *von Kistenpfändern* I. 37, *bei Errichtung von Testamenten* V, 1, *zur Entgegennahme der Aussage einer entführten Jungfrau* V, 6 *vergl.* 8 *u. ö.* — *Zum g. gehört der Eid der Zeugen* V, 2 (*vergl.* gezugis recht XXXII, 17. 19. XL, 9); *Fälle, in denen die Zeugen nicht schwören* XIV, 2. XV, 1. XXI, 2. *vergl.* XXII, 3. — *Meist sind 2 Zeugen erforderlich; s.* eit (selbdritt). *So zum Beweis der Ansässigkeit* (*s.* besezzen), *der letztwilligen Verfügung* V, 1, *der Einwilligung des Vaters zur Vermählung* V, 2, *der Absonderung von Kindern* V, 37. 38; *ebenso beim* gezuc umme den vride VIII, 2—4, *vergl.* II, 13, *um Raub u. Diebstahl* XXI, 2, *um Heimsuchung* XXVIII, 11. 12. 14, *um Kaufschatz* XII. XLIX, 40. 41, *um Geldschuld* XLIX, 42—44 (*vergl.* Z 2, 3), *zum Beweis der Hinterziehung des Zolls* XL, 9, *der Berechtigung einer Frau als Vormund um Wunden und Todschlag zu klagen* XXIII, 3. *Selbdritt muß der Richter Vorgänge im Dinge beweisen* XXXII, 16. 17. XXXIII, 19. — *Zeugnis des Richters (mit oder ohne Dingwarten oder andern Zeugen) über gerichtl. Vorgänge vor ihm oder im Dinge* (gezuc mit dem richtere) XIII, 1—8 *vergl.* I, 20. 36. II, 9. V, 25. 37. VI, (7.) 17. 22. VII, 3. XII, 1. XV, 2. XXIX, 2. 3. XXXII, (2—5) 6. 7. XLIX, 42. Z 2, 11. *S. a.* irsetzen. *Zeugnis des Obervogts* XXXIV, 2. 3, *des Bergrichters* XXXVII, 7, *gerichtlicher* boten *s. d. Qualität der Zeugen vergl.* besezzen, echt und recht, erhaft, nakebure, verceln. *Wann dürfen sie nicht der Partei verwandt sein* V, 2. 6. 8. *Ansässige auf dem Gebirge legen Zeugnis ab vor dem Stadtrichter* XXXVII, 7, *Ansässige in der Stadt vor dem Bergmeister* XXXVII, 6. *Nennung der Zeugen durch den Beweisführer* VIII, 2. 3. XII, 1. XIII, 5.

H.

hamme: *Hinterschenkel, Schinken* XLIII, 10.

handeln: *behandeln.* einen ubel h. VIII, 2.

hant, sich (einen) antwerten mit der h. *(in Schuldknechtschaft)* II, 8. 9. V, 30. 32. uz der h. lazen V, 32. einen in di h. nemen XXIII, 4. di hende binden *s. d.* in di h., uz der h. binden VII, 2. 5. 7. mit gewapenter h. *s.* wapenen. — di h. abeslahen, iz get einem an di h., bestanden sin mit der h. VI, 19. 22. 23. VII, 7. XXIII, 4. XXVI, 5. XXVII, 19. XLVIII, 7. — einem etwas in di h. geben: *es ihm anvertrauen* XIV, 1. — mit sin eines h. *s.* eit. — *Erbe bleibt in derselben* h. V, 37. — eine sache uz der h. geben XLIX, 46. — in di hant: *sofort (von Zahlungen)* XIV, 1. zu h, alzuhant: *sofort.* III, 1. 3. IX, 1. XII, 7. XIII, 7. XIX, 3. XXIII, 3. XXVII, 13. XXVIII, 14. XXXI, 37 *u. ö.*

hanthafte tat: *die frische That.* einen an h. t. begrifen VI, 23. XIX, 1. XXXVIII, 10. XL, 12. XLVII, 2. *vergl.* XXVIII, 3. einen zu gerichte bringen mit h. t. XLVIII, 7.

hantslan: *das Schlagen mit Händen* VIII, 1.

hantwerk: 1) *Handwerk.* das h. triben Z 3, 1. Z 4, 1. Z 5, 1 *u. ö.* bewisen *s. d.* (2). legen Z 10, 11 *u. dergl. Verbot des Handwerksbetriebs innerhalb der Meile* II, 12. Z 1, 38. — 2) *Innung (s. d.)* Z 5, 4. 5. Z 6, 8. 9. Z 7, 12—15. Z 9, 2. 10. 14. Z 10, 5. h. unde amecht XLIII, 2. burger, gemeyne und hantwercke Z 2 (S. 271 31). — 3) *Werkzeug* VI, 22.

handwergmeister *s.* meister.

har, hor *(im Tuche)* Z 3, 5.

harnasch: *Harnisch* XLIX, 47.

harte, herte: *sehr.* harte ebene I, 33. XII, 8. (vil ebene XIII, 6.) h. ungerne XXVII, 2. XXXVIII, 8.

hegen: daz dinc h. XXXII, 9.

heiligen, di: *die Reliquien (bez. der Reliquienschrein), auf welche man den Eid (s. d.) ablegte.* uffen h. geweren, behalden, volkumen, bewisen V, 36. XXIX, 5. mit zwen vingern uf den h. IX, 2. XIX, 12. XX, 5. XXXI, 16. uf di h. legen XIX, 14 *u. ö.*

heimelicher rat *s.* rat.

Heimfallrecht V, 34.

heimlichkeit: *Abtritt* I, 32.

heimsuche, heimsuchunge: *schwerer Hausfriedensbruch. Verfahren dabei* XXVIII.

heimsuchen, einen: *eine* heimsuche *an ihm begehen* XXVIII, 9. 11. 12. 14.

heimsucher XXVIII, 12.

heischen *s.* eischen.

helfen, gehelfen einem eines d., zu einem d., zu einem h.: *ihm zur Erlangung von etwas (richterliche) Hülfe leisten* I, 34. V, 32. XII, 9. Z 2, 7. 9. einem rechtes helfen XXXIII, 18. XLI, 1. Z 2, 13 *u. ö.* einem pfandes h. *s.* pfant. einem h. vor sine schult, vor sin gelt V, 26. 30. Z 2, 9. daz im got so helfe *(Eidesformel) s.* eit. — einen helfen, *ihm nützen:* daz hilft in nicht zu rechte V, 21. 27. XLIX, 47. Z 2, 3. 4 *u. ö.*

helfer *(beim Todtschlage)* XXXIII, 15. *S.* volleist.

helm *(als Wappentheil)* Z 9, 10.

hengebanc: *die an der Schachtmündung quer über die Pfühlbäume eines Haspels liegende, zum Aufsetzen der an- und abzuhängenden Kübel bestimmte Pfoste; dann überhaupt die Schachtmündung und deren nächste Umgebung* XXXVII, 3.

herabe: sein erbe h. nemen I, 2. 4.

herberge: *Wohnung*. gemitte h. *s.* miten. *Ort zum zeitweiligen Aufenthalt für Fremde* III, 3.

herbringen *s.* brot.

herinc (allec) XII, 1. *Zoll:* Z 1, 8. 16.

herkumen man: *einer, der aus der Fremde gekommen ist* XXXIX, 3.

herre, her: *Anrede des Richters* I, 21 *u. ö.*, *der Parteien* VIII, 3. 4 *u. ö.* *Brodherr* XXXIII, 13. XXXVIII, 3. 4. XLIX, 9 (*s.* gesinde). *Lehnherr* I, 11. XXXI, 16. XLI, 2 (*s.* lantherre). *Landesherr* I, 20. Z 5, 7. (gnediger herre) Z 8, 14. Z 9, 2. 10. Z 10, 2. 12. (*S. a.* hulde, konic, marcgreve, vurst).

herte *s.* harte.

hervor brengen VII, 2. XXII, 2. *s.* vorbrengen.

herwederumb Z 6, 4.

hetzen: hunde zu den luten h. XLIX, 12.

hinde: *Hirschkuh* XLIX, 16.

hinlegen: *beilegen, schlichten* (mit rate *s. d.*) XV, 1.

hirz: *Hirsch* XLIX, 16.

ho: *hoch* I, 32.

hof: 1) *Gehöft* I, 1 *u. ö.* hus unde h. *s.* hus. — 2) *Hof des Landesherrn. Wann darf man* zu hove *klagen* XXXIV, 4.

holunge: *die Erlaubnis, den Parteivortrag, besonders die Ableistung des Eides (drei Mal) zu wiederholen, falls das erste Mal Formfehler begangen worden sind.* h. dingen, irdingen, haben VIII, 3. IX, 2. XII, 4. XX, 2. XXXI, 23. 24. *Keine* h. *hat man am Geschrei bei der Kampfklage* XXVII, 8. 13. XXX, 9. *Vergl.* irholen, irvallen, wandel.

horen: 1) *hören. Folgen, wenn man das richterliche Gebot zur Antwort nicht* gehort *hat* XXXII, 16. — 2) *gehören.* in eines gerichte h. XXXII, 6.

hospes *s.* gast.

hou: *der Schlag.* mit howen und mit slegen XXVIII, 2. 3. 9.

houptman: *oberster Vogt* Z 6, 8. Z 8, 2.

hoven *s.* husen.

hovestat: *Grund und Boden, worauf ein Hof steht* I, 24. V, 21.

howen: *(Erz) hauen* VI, 10. XXXVII, 2. *S. a.* swin.

hower: *Häuer, Bergarbeiter* XXXVII, 2. *S. a.* lenhower.

hulde: *Gnade. Des Herrn* h. *verlieren* I, 20. *Huldigungseid: der Richter zeugt bei des Herrn* hulden XIII, 6. *ebenso sein Vertreter* XXIX, 5. *der geschworene Bürger* XLVIII, 5.

hulfelich: *Hülfe bringend, förderlich* VII, 6. XXX, 9 *s.* teidinc.

humulus: *Hopfen. Zoll:* Z 1, 8. 22.

hunt. *Wann kann und wann muß der Herr für seinen Hund antworten* XLIX, 12. 13.

hus, huz: *Haus* I, 1. 21—27 *u. ö.* wonen mit huse XXXVII, 1. h. unde hof I, 32. 34. 35. 37. V, 14. XLII, 14 *u. ö.* zu h. unde hof des richters *bringt man den Verbrecher, klagt man* VII, 1 VIII, 1. XIX, 9. XXII, 1. XXIII, 1. XXVI, 1. 3. XXVII, 1. 2. XXVIII, 8. XXXIII, 3—8. 10. 11. 13. zu gerichte daz ist zu h. und hove des richters IX, 1. di erste klage behalden zu huse u. zu hove XXVII, 4. *In eines* h. *darf man kein Pferd anvangen* IX, 1. *Wann darf der Münzmeister nach falschem Gelde in einem* h. *suchen* XXXVIII, 3—7. *S. a.* eigen, erbecins, heimsuchen, mist, miten, wec, wirt.

husbacken brot: *Verpflichtung der Bäcker dasselbe zu backen* XLII, 4.

husen und hoven: *soll Niemand den Verzählten* XXI, 2. XXVII, 5. XXVIII, 11.

K. C.

koson: *Uebles nachreden* Z 6, 13.

kost: di k. tun, *die Kosten bestreiten* XXX, 11. *S. a.* berckost.

kouf VI, 17. rechten, unrechten k. schaffen, geben XLII, 1. XLIII, 3. XLIV, 2. an dem k. lazen XLVI, 3 *u. dergl. m.*

koufen: huser I, 25—27. *Beweis des Kaufs mit dem* weren IX, 4. — *Zahlungsmittel* VI, 13—16. 18. XXXVIII, (2. 8.) 9. 10. — *S. a.* ufgeben.

koufgadem: *Laden (zum Tuchverkauf, s. a.* kamer) XLVII, 1.

koufhus: *Kaufhaus. Im* k. *arbeiten die Schneider* XLV, 2, *findet der Tuchverkauf statt* XLVII, 1.

koufman (mercator Z 1, 9. 14) VI, 17. *Innung der* kouflute *(Tuchhändler)* XLVII. kouflute, di zu der stat gehoren, *dürfen außerhalb derselben Waffen tragen* XXXIX, 6.

koufschatz: *Kaufmannswaare* I, 1. II, 11. XL, 7. *Was gilt als* k. XII, 1. gezuk umme k. II, 3. XII. XLIX, 40. 41.

kowe: *kleines Gebäude zu bergmännischen Zwecken, Ueberbau über einem Schachte u. dergl.* XXXVII, 2. 3.

craft: *Rechtskraft, rechtliche Geltung* V, 1. XII, 9. XIII, 7. XXIX, 3. XXXII. 1. 3—5. 8. XXXIV, 1. XLVIII, 5—8.

cram: *Kramladen* V, 25. XLVI, 4. di alden, nuwen cremen XLVI, 4. di kromen uf dem marcte Z 6, 6.

cramerie (mercimonia institorum): *Kramwaaren* XLVI, 1—3. Z 1, 8. (9. 12.) 13. (32.)

cramgewant: *Zeug, wie es die Krämer führen, Schnittwaare* XLVI, 1—3.

cranc: *körperlich schwach* V, 20. 32. *S. a.* sich.

krawsp: *nicht glatt, verziert.* ein krawspen rinc Z 9, 10.

creature: *Geschöpf* XLIX, 16.

creiz: *der eingehegte Kampfplatz* XXVI, 5. 6. XXVII, 18. 19. des creizes gern XXVII, 16. in den cr. bescheiden, kumen *u. ä.* XXVII. 15—17. XXX, 14.

creizbrenger: *der den Kämpfer in den* creiz *führt* XXVII, 16.

cremer (institor) Z 1, 8. 9. *Innungsordnung der* cr. XLVI.

krenken: *schädigen, bestrafen.* kr. oder zuchtigen mit gevenknisse XLVIII, 3.

kretschem: *Schenke* Z 7, 13.

crigen: *nicht einig sein* I, 33.

crimmen, sich: *einander kratzen* XXVII, 18.

cristen oder iude VI, 13.

cristesabend. *An dem* heiligen cr. *darf jeder Brot und Fleisch in die Stadt einführen* XLII, 8. XLIII, 9.

ku (vacca). *Vom* anvanc *(s. d.)* einer ku X. *Zoll:* Z 1, 27—29.

kubel: *Kübel, dürfen in die Stadt eingeführt werden* Z 7, 6.

kuffe: *ein kleines Faß* Z 7, 4.

kunt tun: *bekannt machen* V, 22.

kuntschaft: *Nachweis der ehelichen Geburt und der andern Erfordernisse zum Eintritt in ein Handwerk* Z 5, 2. Z 6, 11. Z 9, 11. *S. a.* brif.

cupferine pfenninge: *Strafe des, der damit ergriffen wird* VII, 7.

cupfir (cuprum). *Wie viel* c. *soll dem Silber bei der Vermünzung zugesetzt werden* VI, 2. *Strafe für Verfälschung des Silbers mit* c. VI, 20. VII, 7. *Zoll:* Z 1, 8. *Vergoldung von* koppfer Z 9, 2.

kure: 1) *Wahl* I, 1. V, 4. XXI, 22. — 2) *Willkür, Satzung des Rathes:* nach der burger k. XIX, 6. XX, 3. — 3) *vom dem Rathe auferlegtes Strafgeld:* di k. liden XLII, 16. XLIII, 15. eine k. uf ein d. setcen XLII, 16. XLIII, 15. XLVIII, 2.

L.

leitter: *Fahrt (beim Bergbau)* XXXVII, 3.
lenge. *Erforderliche* l. *des Tuchs* Z 3, 5, *der Leinwand* Z 10, 9.
lengut *wird nicht verschoßt* II, 7. *Der Pfaffe erbt nicht* l. V, 29. *S. a.* burgen, lihen; herre, man.
lenhof. lenhove *werden nicht verschoßt* II, 7.
lenhower: *Häuer, der ein fremdes Bergwerk gegen einen an die Gewerken desselben abzugebenden Gewinnantheil abbaut. Erzverkauf durch* l. VI, 10. 11. des l. cende: *der von ihnen abzugebende Gewinnantheil* VI, 11.
lerdiner: *Handwerkslehrling* Z 10, 7.
lerciar: sine l. bewisen *(beim Goldschmiedehandw.)* Z 9, 10. *Zahl der Lehrjahre* Z 6, 11. 12.
leron: urteil l. XXXI, 30. 35.
lernen ein hantwerg Z 10, 1. 3. *lehren* Z 6, 11.
let *s. v. a.* lezit, *läßt, vergl.* XXXI, 34.
lernyunge *s.* iunge.
lernmeister Z 6, 12.
libe: durch eines l., *ihm zu Liebe, ohne Zwang* XII, 1. XVI.
lichte: *vielleicht* V, 20. XIII, 6. XL, 13. XLIX, 25 *u. ö.*
lichtewie: unser vrowen tac l., *der 2. Februar. Aenderung der Münze* VI, 1. *Rathswechsel* XLVIII, 4.
lidelon, ledelon: *Dienstbotenlohn. (Ggs.:* tagelon.) *Klage um rückständigen* l. XLIX, 3. *vergl.* Z 3, 10. Z 8, 12.
liden: gezuc liden, *einen Zeugenbeweis sich gefallen lassen* XII, 1. XIII, 4.
ligen: der gast muz l., *in der Herberge bleiben* III, 1.
lihen, lien: *leihen.* lipgedinge, daz *(einer Frau)* geligen ist vonme herren I, 12. vrie genge *soll der Bergmeister* l. XXXVII, 12. — *Haftung für den Schaden, den ein geliehenes Pferd anrichtet* XLIX, 29. *Vindication geliehenen Gutes* Z 11.
licouf: *der beim Abschluß eines Kaufgeschäftes übliche Trunk.* l. trinken XII, 1.
likouflute: *Zeugen beim Abschluß eines Kaufes* XII, 1.
linenweber: *Innungsordnung* Z 10.
linwat (pannus lineus): *Leinwand. Qualität, Länge und Breite* Z 10, 5. 9. rohe l. Z 10, 6. l. snyden: *verkaufen* Z 10, 4. *Zoll:* Z 1, 8.
lip: *Leib, Leben.* bi lebendigem l. V, 1. gericht uber l. und uber gut XXXIV, 1. (3.) XXXVII, 1. uf den l. gevangen sitcen XIX, 4. einem den l. angewinnen XIX, 10. XX, 3. uberreden mit sime l. an den sinen, *durch gerichtl. Zweikampf überführen* XXVII, 11. *S. a.* abenemen, teidingen.
lipgedinge: 1) *Güter, die man nur auf Lebenszeit besitzt; sie zahlen halbes Geschoß* V, 14. — 2) *insbes. Leibzucht, Witthum der Ehefrau (Morgengabe)* I, 12. 13.
loben: einen zu einem elichen manne l. V, 8. *s.* verloben.
loikenen, loukenen, geloukenen. eines dinges: *leugnen, in Abrede stellen (Ggs.:* bekennen, iehen) I, 21—23. II, 5. 9. III, 1. VII, 4 *u. ö.* einem vor etwas l. V, 1.
lon: l. geben V, 39. l. nemen Z 9, 9. ane lon XXXVI, 2. *S. a.* lidelon, tagelon.
losen, gelosen: *auslösen (aus der Verpfändung)* I, 36. 37. V, 22. *S. a.* pfant.
lot: *Silber* zu 14 loten *(mit 2 Loth Zusatz)* Z 9, 3.
lotic: *fein, ohne Beimischung fremder Substanzen.* l. silber VI, 2. 4. 16. silbir l. burnen VI, 5.

O.

P.

T.

unbederbekeit: *körperliche Schwäche* XLIX, 25.

unbesezzen: *nicht ansässig* II, 6. IV, 17. XXVII, 13. XXXIII, 18. XXXVII, 8 *u. ö. S. a.* besezzen.

unbestatet: *unausgestattet, der noch nicht seinen Antheil am väterl. Vermögen erhalten hat* V, 9. *Vergl.* abewisen.

unbillich: *unrecht* XXIX, 3.

underkoufer: *Verbot der* u. *beim Getreidehandel* XLII, 12.

underlaz: ane u., *ohne Unterbrechung* I, 36. XXX, 10.

undermengen (roufwolle) Z 3, 11.

underrichter *s.* undervoit.

underscheiden: *von einander trennen (durch besondere Abmachung)* I, 15.

underscheit: *besondere Abmachung, Bedingung, Vorbehalt* XL, 15. 16.

undervoit, aftervoit, -voget, underster voit, underrichter (Z 2, 6): *wird vom Rathe mit dem Eide bestätigt* XXXII, 1. 3. *und ist ihm untergeordnet* XXXIII, 20. *Wo er sich befindet, da ist Gericht* XXXII, 3—5; *seine Competenz außerhalb des Weichbilds* XXXII, 6. 7. *Vom Vertreter des* u. XXXII, 8. *Er bezieht gewisse Bußen (s.* buze), *die* urkunde *(s. d.) und ist schoßfrei* XXXIII, 20. *Das Recht der* eren clage *(s. d.) kann nur durch Klage beim Untervogt* (zu huse unde zu hove) *erlangt werden* XXVII, 2. XXXIII, 3. 4. XXXIV, 1, *vergl.* VIII, 1. XXVII, 1. XXVIII, 7. *S. a.* richter.

underwinden, sich, eines dinges: *sich bemächtigen, in den Besitz setzen* V, 1. 34. IX, 2. XL, 12. XLVII, 2. XLIX, 47. *sich zum Besitz von etwas bekennen, es vertreten* XLIX, 11.

uneeliche *Kinder haben kein Erbrecht* I, 6.

ungebe: *was man nicht ausgeben darf.* u. pfenninge XXXVIII, 3 *vergl.* 7.

ungeclait: *ohne geklagt zu haben* XLIX, 45.

ungemach: *Verletzung, Leid* XXX, 4. *S. a.* ungerete.

ungemiettit XLIX, 5.

ungerecht: *nicht richtig, von ungesetzlicher Beschaffenheit.* u. pfenninge VII, 6. 7. XXXVIII, 7. u. tuch, varbe Z 3, 5. 7. *S. a.* unrecht.

ungerete: *Verletzung, Leid* IX, 2. XXVI, 3. XXVII, 8. XXX, 8. *S. a.* ungemach.

ungeschichte *s.* geschichte.

ungesundirt: *ohne daß eine Erbtheilung erfolgt ist* V, 38.

ungefuglich: *ungebührlich, unpassend.* u. wort Z 8, 6.

ungewynhaft: *keine Ausbeute gebend.* u. teil IV, 7 N. 4.

unmeine: *ohne Falsch s.* eit.

unmuzic: *beschäftigt* XXXIII, 18.

unrecht: *unrechtmäßig, unrichtig.* unrechter bu I, 33. V, 21. valsch ader u. VII, 4. zu unrechte, *mit Unrecht* XLVIII, 5. u. urteil, u. teilen XXXI, 28. 36 *u. dergl. m. S. a.* ungerecht.

unschuldic V, 24. XLVIII, 5. u. eines dinges sin I, 36. XXIII, 4. XXIX, 4. XXXI, 7. XLIX, 10. 44. u. werden *s.* eit. unschuldige habe: *solche, die einem ergriffenen Räuber oder Diebe an Stelle der gestohlenen in die Hand gebunden wird* XX, 1. XLVIII, 6.

unschult: *Reinigungseid des Beklagten* XV, 1. XXIX, 3. 4. XLIX, 44 *u. ö. S.* eit.

unslit: *Einfuhr u. Verkauf* XLIII, 10.

untuchtig: u. arbeit Z 10, 11.

unverzalt XXVII, 6. *s.* verceln.

unvuge: *Frevel* XVIII, 2. XXVI, 1. 2. 3. 5. XXVII, 12. XLIX, 7. 18. mit

V. F.

verierin: *verjähren. Erbansprüche von Kindern v. nicht, wenn letztere ungesondert bei einander bleiben* V, 38. *S. a.* bu, iar und tac.

verkoufen erb u. eigen V, 25. silber *s. d. Fleisch, Brot, Leder u. a.* XLII, 2. XLIII, 4. 9. 10. XLIV, 2—4. XLVI, 2 *u. ö.* v. uf dem marcte XL, 4.

verlemen: *lähmen* V, 32.

verlien: *verleihen (den Antheil des Landesherrn an Innungsgeldern)* XLIII, 2.

verliesen: *verlieren, unterliegen* XXVII, 12. XXXI, 28. sine clage, sache, sin gelt v. VIII, 2. XXIX, 2. 3. den sik v. XXVI, 5. di wunde, der kampf ist verlorn XXVII, 1. 10. 12. 13. XLVIII, 5. sin werc v. XLV, 4. *S. a.* gezuc. — *S. v. a.* verbuzen V, 20.

verloben: *etwas geloben zu geben* XLI, 3. sich v.: *Folgen der Verlobung wider Willen der Eltern* V, 2. 3. einen v.: *ihn in Verruf thun* XLIII, 13.

verloufen, sich: *vorgehen* Z 7, 3.

Vermächtnis s. bescheiden.

vermezzen: sich v. eines dinges (zu gezugene *u. dergl.*) uf einen tac, *sich anheischig machen* VIII, 2. XIII, 5—7. XIV, 2. XV, 1. XVII, 1. XXII, 3. 4. XXVII, 12. XXVIII, 13. 14. XXIX, 4. 5. XXX, 10. *S. a.* gezuk.

vermiten I, 29 *s.* miten, iarcins.

vernuwen: di munce v. VI, 1. sich v. *(vom Rathe der Stadt)* XLVIII, 4.

verpflegen an spile: *einen (durch Darlehn oder Bürgschaft) in die Lage versetzen spielen zu können* V, 9. XLIX, 47.

verre: *fern, weit.* es ist also v. kumen VII, 4. is also v. bringen XVIII, 2. XXVI, 2. 3. XXVII, 12. nicht verrer den: *nur insoweit* XLI, 2.

versagen: *verweigern. Wem man* recht versaget, *der kann zu Hofe klagen* XXXIV, 4.

vorschozzen *s.* schozzen.

versetcen: *verpfänden* I, 10. 36. V, 25. Z 11. *S. a.* setcen. eynen stein vorsetczen: *fassen* Z 9, 10.

versezzener erbcins: *Klage darum* I, 22.

versmehen *(das Gebot des Richters)* XXXII, 13.

versprechen, ein dinc: *es mit Beschlag belegen* I, 20. II, 11. V, 40. XXXVII, 3. XL, 1. XLIX, 29. einen gast v. III, 3.

versteln *s.* abesteln.

versten, virsten: *vertreten, für etwas stehen* V, 40. XL, 7. XLIX, 29. eines meisters stat vorsten Z 7, 14.

versumen: daz dinc XXIII, 1 *u. ö.* einen v.: *als Vorspreche seine Interessen nicht genügend wahrnehmen* XX, 2.

verswigen: *verschweigen* V, 28. XV, 1. daz dinc v.: *im Dinge nicht das Wort ergreifen* XXVII, 1. XXXI, 5.

verteilen: *zum Tode verurtheilen* V, 6. VII, 7. XXVIII, 14. *Wer* verteilit *war und am Leben geblieben ist, dem braucht man auf keine Klage zu antworten* XLIX, 28.

verterben: *verderben* XLV, 4.

vertigen: *zur Reise bereit machen* III, 3.

vertun: *verbrauchen* XX, 1.

vervesten *s.* verceln.

verwerfen: verworffen werden, *nicht zugelassen werden (zu Innungen)* Z 7, 1.

verwinden einen eines d.: *überführen* II, 9. VI, 19. 20. 22. XIV, 1. XV, 1. 2. XVIII, 2. XXVIII, 8. XXXII, 17. XL, 13. ein d. v.: *beweisen* XV, 1.

verwindunge: *Beweis, Ueberführung* XIV, 1. XV, 1.

verwirken: *durch sein Handeln verlieren* I, 31.

verwizzen einen eines dinges: *Gewißheit geben* XXXI, 30.

vorsprechen *einen Eid* XIX, 14.

vorteidingen, einen mit urteile: *ihn gerichtlich vertreten* XLIX, 22.

vortragen: daz in daz icht vortruge, *daß er sich nichts daraus machte* VII, 4.

vortwingen (den gezuk) XII, 2. *s.* twingen.

vorvare: *Ehemann einer früheren Ehe* V, 36.

vorwart, vorwort: *in Zukunft, fortan* I, 35. XVIII, 2. XXV, 1.

vorwere: *vor der Stadt gelegenes Landgut* I, 1. IV, 5. 10. VI, 24. XX, 1. XXXII, 6. XXXIX, 6.

vor-, vurworchte, -wurchte: *Vertreter der Partei beim gerichtl. Zweikampf* XXVI, 5. 6. XXVII, 11. XXX, 10. 11.

vrogen (urteil) I, 33. III, 1 *u. ö. Der Untervogt soll es thun* XXXII, 2. 9 *u. ö.*

vrevel: mit vr. unde mit gewalt XXXVIII, 6.

vrevelich, vrebelich: *frevelhaft, unter Verletzung des Rechts.* vr. hinwec gehen XXXI, 33. XXXII, 13. 14.

vri: *nicht zinspflichtig* I, 26. 27. IV, 12. V, 17. vrie straze: *offene Landstraße* IX, 1. 2. XX, 1. 2. vrie genge: *noch Niemandem verliehene Erzgänge* XXXVII, 12. vri (zu koufen) XLII, 11. 12. freier margkt Z 7, 6 *vergl.* Z 10, 4.

vride: *Sicherheit, Rechtsschutz.* durch vr. (und durch genade) XXVIII, 2. 3. *vergl.* 4. alle, di da vr. und genade wollen haben: *alle, die Rechtsschutz beanspruchen können* XIX, 10. XX, 4. XXI, 2. XXVII, 5. 11. XXVIII, 9. 11. 12 *u. ö.* di stat, da einer vr. und genade solde haben *(in der Klagformel)* VII, 4. VIII, 2. XIX, 10. XX, 4. XXI, 1. XXIII, 3. XXVII, 11. XXX, 5. 7. 10. vr. (gotes vr., des koniges vr. und des richters und alle der di da vr. u. gnade wollen haben *u. ä.)* wirken, geben I, 35. 36. V, 6. 8. gewalt u. vr. *des Hausbesitzers* I, 34. vr. brechen II, 13. VII, 4. XIX, 10. XX, 4. XXI, 1. XXIII, 3. XXVII, 11. 13. XXVIII, 9. 11. XXX, 5. 7. 10. 12. XXXII, 9. XXXVIII, 2. XLIX, 7 *u. ö.; insbesondere von leichteren Friedensbrüchen* VIII, 2. 3. *An wem kann man keinen* vr. *brechen* XXI, 2. XXVII, 5. XXVIII, 11. *vergl.* XLIX, 17. 18. 28. *einen beklagen, klagen um* vr. *(leichtere Friedensbrüche)* VIII, 2. XXIV, 1. XLIX, 31. 33. *vergl.* Z 2, 2. *Beweis* II, 13. VIII, 2—4. *Strafe* VIII, 4. ingeeischen ummo vr. II, 13. *Wer bürgt, wer ist Zeuge um* vr. II, 2. 3. *Alles,* daz an den vr. tritet, *gebührt dem Obervogt* XXXIV, 3. *Friedenseid s.* eit.

vridebrecher: XXVIII, 3. 12.

vridebruch VIII, 2 *vergl.* vride.

vrien: *freien, zur Gattin werben* I, 15. *S. a.* begnaden.

vrist: vr. haben III, 1. VI, 12. XXXII, 19. einem vrist lazen XXIII, 3 XXIV, 2. geben XLIX, 37. vr. biten XII, 8. XXVII, 1. *vergl.* XXXI, 30.

vristen: urteile vr., sich vr. mit dem urteile under di burger XXXI, 25. 26. 30.

from: *tüchtig, untadelhaft* Z 6, 9. Z 7, 1. *S. a.* vrumelich.

fromen: *Nutzen.* uf seinen gewerb und fr. arbeiten Z 8, 10.

vrowe: *Herrin* XXXVIII, 2. 3. *Ehefrau s.* eelich. *Wann ist eine Frau gerichtl. Vormund* XXIII, 3. 4. *Frauen können nicht* irvallen an dem eide V, 2. XXIII, 3. 4.

fructus arborum *s.* obz.

vrumelich: *nützlich.* schedelich oder vr. XXXI, 23. *untadelhaft:* sich frommelich halden Z 5, 2.

W.

Z. C. Cz.

Angeführte Literatur:

Agricola, A. Die Gewere zu rechter Vormundschaft als Princip des sächs. ehel. Güterrechts. Gotha 1869.

Albrecht, W. E. Die Gewere als Grundlage des älteren deutschen Sachenrechts. Königsberg 1828.

Arnold, W. Verfassungsgeschichte der deutschen Freistädte. 2 Bde. Hamburg u. Gotha 1854.

Behrend, J. Fr. Observationes de actione simplici (schlichte Klage) iuris Germanici. Diss. Gryph. 1871.

— Anevang und Erbengewere. Berlin 1885.

Benseler, G. E. Geschichte Freibergs und seines Bergbaues. Freiberg 1846.

Beseler, G. Die Lehre von den Erbverträgen. 2 Bde. Göttingen 1835 ff.

Bienko, A. F. P. De proscriptione secundum fontes iuris Saxonici. Diss. Regimont. 1867.

Bruns, C. G. Das Recht des Besitzes im Mittelalter und in der Gegenwart. Tübingen 1848.

Budde, Jo. Fr. De vindicatione rerum mobilium Germanica. Diss. Bonn. 1837.

— Ueber Rechtlosigkeit, Ehrlosigkeit und Echtlosigkeit. Bonn 1842.

Bülowius, Paul. Utrum ad dominum rerum immobilium transferendum secundum ius Saxonicum medii aevi resignatione solemni in iudicio facta opus fuerit necne. Diss. Regimont. 1870.

Delbrück, Berth. Die dingliche Klage des deutschen Rechts. Leipzig 1857.

Duncker, Ludw. Die Lehre von den Reallasten. Marburg 1837.

Ermisch, H. Das sächsische Bergrecht des Mittelalters. Leipzig 1887.

Eschenburg, Geo. De delicto manifesto iure Saxonico. Diss. Berolin. 1866.

Francke, O. Das Verfestungsbuch der Stadt Stralsund. Mit einer Einleitung von F. Frensdorff. Halle 1875. (Hansische Geschichtsquellen Bd. I).

Frensdorff, F. Recht und Rede. In: Historische Aufsätze dem Andenken an Georg Waitz gewidmet (Hannover 1886) 443 ff.

Fruin, J. A. De anfang en de slichte clage umme varende have naar het oudsaksische recht. Amsterdam 1871. (Verhandelingen der Koninklijke Akademie VI.)

v. Gerber, C. F. Gesammelte juristische Abhandlungen. 2 Bde. Jena 1872 ff.

Grimm, J. Deutsche Rechtsalterthümer. Göttingen 1828.

Grundig, J. G. De statutis Fribergensibus. Diss. Lips. 1766.

Hammer, Otto. Die Lehre vom Schadenersatze nach dem Sachsenspiegel und den verwandten Rechtsquellen. Breslau 1885. (Gierke, Untersuchungen zur deutschen Staats- und Rechtsgeschichte XIX.)

Herzog, E. Chronik d. Stadt Zwickau. 2 Thle. Zwickau 1839 ff.

Hertz, G. Die Rechtsverhältnisse des freien Gesindes nach den deutschen Rechtsquellen des Mittelalters. Breslau 1879. (Gierke, Untersuchungen VI.)

Heusler, A. Institutionen des deutschen Privatrechts. 2 Bde. Leipzig 1885 f.

Homeyer, C. G. Der Richtsteig Landrechts. Berlin 1857.

Jahrbücher des gemeinen deutschen Rechts, herausgegeben von Bekker und Muther. 6 Bde. Leipzig 1857 ff.

Jahrbücher für die Dogmatik des heutigen römischen und deutschen Privatrechts, herausg. von C. F. v. Gerber, R. Ihering u. a. 26 Bde. Jena 1857 ff.

Kern, E. Entwickelung des Grundsatzes: „Hand muss Hand wahren". Diss. Breslau 1881.

(Klotzsch, Joh. Frdr.) Ursprung der Bergwerke in Sachsen. Chemnitz 1764.

Klotzsch, Joh. Frdr. Das Verzellen nach seiner Bedeutung aus der alten Rechts-Verfassung untersucht. Dresden 1765.

— Das Schrotamt aus richtigen Quellen des Alterthums entdecket und betrachtet. Dresden 1766.

— Versuch einer Chur-Sächsischen Münzgeschichte. 2 Theile. Chemnitz 1779 ff.

Kohler, J. Pfandrechtliche Forschungen. Jena 1882.

Kraut, W. Th. Die Vormundschaft nach den Grundsätzen des deutschen Rechts. 3 Bände. Göttingen 1835 fgg.

— Grundriß zu Vorlesungen über das deutsche Privatrecht, neu bearbeitet von F. Frensdorff. 6. Auflage. Berlin und Leipzig 1886.

v. Kries, A. Der Beweis im Strafprozeß des Mittelalters. Weimar 1878.

Laband, Paul. Die vermögensrechtlichen Klagen nach den sächsischen Rechtsquellen des Mittelalters dargestellt. Berlin 1869.

Leitzmann, J. J. Numismatische Zeitung. 40 Jahrgg. Weißensee 1834 ff.

Lewis, W. Die Succession des Erben in die Obligationen des Erblassers nach deutschem Recht. Berlin 1864.

Löning, R. Der Vertragsbruch im deutschen Recht. Straßburg 1876.

— Der Reinigungseid bei Ungerichtsklagen im deutschen Mittelalter. Heidelberg 1880.

London, Paul. Die Anefangsklage in ihrer ursprüngl. Bedeutung. Berlin 1886.

v. Martitz, F. Das eheliche Güterrecht des Sachsenspiegels und der verwandten Rechtsquellen. Leipzig 1867.

Maurer, G. L. Geschichte des altgermanischen und namentlich des altbairischen öffentlich-mündlichen Gerichtsverfahrens. Heidelberg 1824.

— Geschichte der Städteverfassung in Deutschland. 4 Bde. Erlangen 1869 ff.

v. Meibom, V. Das deutsche Pfandrecht. Marburg 1867.

Mittheilungen des Freiberger Alterthumsvereins. Heft 1—24. Freiberg 1862 ff.

Möller, A. Theatrum Freibergense chronicum. 2 Thle. Freiberg 1653.
Nietzsche, Fr. A. De prolocutoribus commentatio iuris Germanici. Lipsiae 1831.
Ortloff, Fr. Sammlung deutscher Rechtsquellen. Bd. I. Das Rechtsbuch nach Distinctionen. Jena 1836.
Osenbrüggen, Ed. Der Hausfrieden. Erlangen 1857.
Planck, J. W. Die Lehre von dem Beweisurtheil. Göttingen 1848.
— Das deutsche Gerichtsverfahren im Mittelalter. 2 Bde. Braunschweig 1879 f.
Platner, V. Ueber die historische Entwicklung des Systems und des Charakters des deutschen Rechts. 2 Bde. Marburg 1852 ff.
— Die Bürgschaft. Leipzig 1857.
v. Posern-Klett, C. F. Münzstätten und Münzen der Städte und geistlichen Stifter Sachsens im Mittelalter. Leipzig 1846.
— K. Fr. Zur Geschichte der Verfassung der Markgrafschaft Meißen im 13. Jahrh. Leipzig 1863 (Mitth. der Deutschen Gesellschaft in Leipzig. Bd. II).
v. Praun, A. Gründliche Nachricht von dem Münzwesen insgemein. 3. Aufl. Leipzig 1784.
Rive, Fr. Geschichte der deutschen Vormundschaft. 2 Bde. Braunschweig 1862 ff.
Rößler, E. F. Deutsche Rechtsdenkmäler aus Böhmen und Mähren. 2 Bde. Prag 1845. 1852.
Rückert, L. Untersuchungen über das Sachenrecht der Rechtsbücher. Leipzig 1860.
Sachße, C. R. Das Beweisverfahren nach deutschem Recht. Erlangen 1851.
Sammlung vermischter Nachrichten zur sächs. Geschichte. 12 Bde. Chemnitz 1767 ff.
Schäfer, W. Sachsenchronik für Vergangenheit und Gegenwart. Dresden 1854.
— Der Montag vor Kiliani vor vierhundert Jahren. Irrungen und Rechtsstreit zwischen Kurf. Friedrich II. und Conrad von Kauffungen und der Prinzenraub. Dresden 1855.
Scherer, Ph. K. Die verworrene Lehre der ehelichen Gütergemeinschaft. 2 Theile. Mannheim 1799 ff.
Schletter, H. Th. Die Constitutionen Kurf. Augusts von Sachsen vom Jahre 1572. Leipzig 1857.
Schmidt, Arth. Echte Not. Leipzig 1888.
Schott, A. F. Sammlungen zu den Deutschen Land- und Stadtrechten. 3 Theile. Leipzig 1772 ff.
Schröder, R. Geschichte des ehelichen Güterrechts in Deutschland. 3 Thle. Stettin, Danzig, Elbing 1863 ff.
Schultze, Aug. Privatrecht und Prozeß in ihrer Wechselbeziehung. Bd. I. Freiberg und Tübingen 1883.
Schuster, Heinr. M. Das Spiel. Wien 1878.
Sickel, W. De possessione legitima. Diss. Berol. 1871.
Siegel, Heinr. Das deutsche Erbrecht nach den Rechtsquellen des Mittelalters. Heidelberg 1853.

Siegel, Heinr. Die Erholung und Wandelung im gerichtlichen Verfahren. In: Sitzungsberichte der Wiener Akademie der Wissenschaften. Phil.-hist. Cl. 42 (1863), 201 ff.

— Die Gefahr vor Gericht und im Rechtsgang: ebenda 51 (1866), 120 ff.

Stein, Fr. Die Entwickelung und Fortbildung des deutschen Sachenrechts. Erlangen 1857.

Stobbe, O. Zur Geschichte des deutschen Vertragsrechts. Leipzig 1855.

— Handbuch des deutschen Privatrechts. 5 Bde. 2. Aufl. Berlin 1882 ff.

Tittmann, Fr. W. Geschichte Heinrichs des Erlauchten. 2 Bde. Dresden und Leipzig 1845.

Tomaschek, J. A. Deutsches Recht in Oesterreich im 13. Jahrh. Wien 1859.

— Der Oberhof Iglau in Mähren und seine Schöffensprüche aus dem XIII.—XVI. Jahrh. Innsbruck 1868.

— Das Heimfallsrecht. Wien 1882.

Walch, C. F. Vermischte Beyträge zu dem deutschen Rechte. Theil III. Jena 1773.

Zeitschrift für Bergrecht. Herausg. von H. Brassert und H. Achenbach. Jahrg. I—XXVIII. Köln 1860 ff.

— für Deutsches Recht und Deutsche Rechtswissenschaft, herausg. von A. L. Reyscher, W. E. Wilda u. a. 20 Bde. Leipzig 1839 ff.

— für Rechtsgeschichte. 13 Bde. Weimar 1861 ff. Fortgesetzt u. d. T.:

— der Savigny-Stiftung u. s. w. Bd. I—VII. (Germanist. Abtheilung.) Weimar 1880 ff.

— für die gesammte Strafrechtswissenschaft. Bd. I—VII. Berlin 1881 ff.

Altenburg 1256 = Das Stadtprivileg Heinrichs des Erlauchten für Altenburg von 1256: bei Gengler, Deutsche Stadtrechte des Mittelalters (Erlangen 1852) 6 ff.

Brünn. SchB. = Das Brünner Schöffenbuch: bei Rößler (s. o.) 2,1 ff.

Brünn. StR. = Brünner Stadtrecht: ebenda 339 ff.

Cod. dipl. = Codex diplomaticus Saxoniae regiae.

Deutschbr. = Das Deutschbroder Stadt- und Bergrecht von 1278: bei Graf Sternberg, Umrisse einer Geschichte der böhmischen Bergwerke I, 2 Urkundenbuch 30 ff.

Dist. = Das Rechtsbuch nach Distinctionen: bei Ortloff s. o.

Eisenach 1283 = Das Stadtprivileg des Landgr. Albrecht für Eisenach von 1283: bei Gengler a. a. O. 101 ff.

Frb. BR. A und B = Das ältere und jüngere Freiberger Bergrecht: Cod. dipl. II. 13,267 ff. 285 ff. (und bei Ermisch s. o.).

Frb. BO. = Freiberger Berggerichtsordnung: Cod. dipl. II. 13,299 ff. (und bei Ermisch s. o.).

Gb. = Freiberger Gerichtsbuch (s. u.).

Gosl. = Die Goslarischen Statuten, herausg. von Otto Göschen. Berlin 1840.

Igl. = Das Iglauer Stadtrecht: bei Tomaschek Deutsches Recht (s. o.) 193 ff. [Die Zusätze der jüngeren Hdschr. sind mit B bezeichnet.]

Igl. SchB. = Aeltere Iglauer Schöffensprüche bis 1416: bei Tomaschek Der Oberhof Iglau 56 fgg.

Matr. civ. = Matricula civium Fribergensium s. u.

Mgdb. 1295 = Magdeburger Rechtsmittheilung nach Breslau von 1295: bei Tzschoppe u. Stenzel Urkundensammlung zur Gesch. des Urspr. der Städte u. s. w. in Schlesien und der Oberlausitz (Hamburg 1832) 428 ff.

Prag. Rb. = Das Prager Rechtsbuch: bei Rößler (s. o.) 1,101 ff.

Prag. St. = Prager Statutarrecht: ebenda 1 ff.

Richtst. = Der Richtsteig Landrechts herausg. von Homeyer (s. o.).

S. Lehnr. = Das sächsische Lehnrecht: C. G. Homeyer, Des Sachsenspiegels II. Theil nebst den verwandten Rechtsbüchern. Berlin 1844.

Stb. = Freiberger Stadtbuch s. u.

Ssp. = Des Sachsenspiegels erster Theil oder das sächsische Landrecht. Nach der Berliner Hdschr. vom J. 1369 herausg. von C. G. Homeyer. 3. Aufl. Berlin 1861.

Verz. = Freiberger Verzählbuch (s. u.).

Wb. = Das sächsische Weichbildrecht. Jus municipale Saxonicum. Herausg. von A. v. Daniels und Fr. v. Gruben. Bd. I. Berlin 1858.

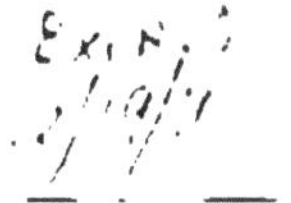

Druckfehler:

S. 24 Z. 24. Für *da zir* lies *daz ir.*
S. 25 Z. 21. Für *erg er* lies *erger.*

Leipzig, Giesecke & Devrient.